临海文物志

任林豪　马曙明　编著

文物出版社

责任编辑：李　睿
封面设计：周小玮
责任印制：王少华
责任校对：赵　宁　陈　婧

图书在版编目（CIP）数据

临海文物志/任林豪、马曙明编著．－北京：文物出
版社，2005.11
ISBN 7－5010－1777－8
Ⅰ．任… Ⅱ．马… Ⅲ．文物－概况－临
海市 Ⅳ．K872.553
中国版本图书馆 CIP 数据核字（2005）第 077381 号

临海文物志

任林豪　马曙明　编著

文物出版社出版发行
（北京五四大街 29 号 100009）
http://www.wenwu.com
E－mail：web@wenwu.com
北京达利天成印刷装订有限责任公司印刷
新 华 书 店 经 销
850×1168　1/32　印张：20.5
2005 年 11 月第 1 版　2005 年 11 月第 1 次印刷
ISBN 7－5010－1777－8/K·938　定价：88.00 元

《临海文物志》编委会名单

序

国家文物局科技专家组成员
南京博物院副院长、研究员　奚三彩

　　《临海文物志》在编著者和全体编委会成员的努力下，经多年积累，三载琢磨，最近终于结稿付梓了。这是临海文史与文博事业史上的一件大事，可喜可贺。

　　临海，堪称我国东南沿海的一颗明珠。她位于浙江中东部，台州湾的西北，三面环山，一面濒海，境内江河流注，峰峦耸立，古物遗址众多，是一座历史悠久的文化名城。古人赞美她是"会稽东部郡，不教更号小蓬莱"！今人则描绘她为"江南八达岭，巍巍临海城"。雄伟壮观的古城墙固然堪称临海的标志，但海山江河形胜的优美和悠久而丰富的历史文化，似更能体现临海的风貌和内涵特质。

　　临海之名始于三国吴，其历史可上溯到汉昭帝始元二年（前85年）。据文献记载，夏、商、周时期，临海属瓯地，春秋时属越，战国时属楚，秦统一六国后属闽中郡。西汉始元二年置回浦县。其后又增设东部都尉，东汉时改回浦为章安，为我国东南沿海重镇，控瓯越、闽越枢要。三国孙吴初期设临海县，孙吴太平二年（257年）析会稽东部置临海郡。郡的治所初在临海，寻徙章安。隋开皇九年（589年）废郡，唐武德四年（621年）于临海置台州，此后一千多年，直至二十世纪九十年代以前，临海都是台州政治和文化中心。

临海人杰地灵，自古以来人文荟萃。历代先民在这块丰饶的土地上繁衍开发，经营创造，生生不息，给后人留下了极其丰富的文化遗迹和珍贵文物。十几万年前的古猿人头骨化石的发现，为我们提供了临海古人类活动的信息。新中国成立后发现、发掘的大量遗址、墓葬、窑址和石器、陶瓷器、青铜器等文物，以及遗存的石刻、寺庙、祠堂、古民居等，遍布临海各地。这些文物既是先民们的创造，又是临海各届领导和几代文博工作者辛勤工作（包括发掘、保护、研究等）的成果，凝聚着许多人的汗水、智慧和心血。

临海的不少文化遗存，如史前文物、古城墙、桃渚抗倭古城、元代千佛塔等，在全国都占有重要地位。其中临海古城墙，是我国古代最早以砖筑城的范例，它创造性地将城墙修筑成十三座骑墙二层空心半圆弧"马面"形制墙台，既能御敌又能防洪，实属罕见，可谓独步古今，具有永恒的魅力和不可估量的科学价值。而春秋战国时期铜器窖藏、三国两晋南北朝窑址、明王士琦墓出土随葬品，以及抗倭、太平天国文物等也别具特色。这些文物瑰宝具有重要的历史、艺术、科学价值，从不同侧面展示出临海悠久的历史和灿烂的文化，成为增强民族自信、弘扬民族精神的象征物，及文明传承的纽带和根基，也是研究临海历史变迁和经济、政治、军事、对外交流、宗教文化的重要实物资料。

《临海文物志》约40多万字。编者以大量翔实的资料，用辩证唯物主义和历史唯物主义的观点分析、研究，去芜存菁，去伪存真，文字精练，体例允当，全面反映了临海现存文物遗迹的状况和内涵，并客观地记述了从汉建元三年（前138年）至公元2002年长达2140年间临海文博事业的发展脉络，有相当的可读性和学术价值，并体现出时代风貌和地方特色。

　　该书编著者之一任林豪先生是我的天台老乡，与我又有十几年的深交，嘱我作序，不敢推辞，谨写如上，敬请各位专家和读者教正。

2005 年 5 月 16 日

序

临海市政协主席 尤梯物

　　文物，作为人类自然和社会活动的实物遗存，无论最初它们是精神的还是物质的，先进的还是落后的，都从不同的侧面和领域揭示一定的历史现象，体现我国历代先民的思想道德和科学文化水平，它的价值和作用是永恒的。人们可以对某一段历史作出不同的评价，但是，反映这段历史的文物的价值并不受人们对历史评价的影响，都是保护、研究和利用的对象。

　　临海是国家级历史文化名城，从汉昭帝始元二年（前85年）立县以来，一直是六朝时的临海郡、隋时的临海镇、唐宋时的台州、元时的台州路、明清时的台州府的治所，历史内涵丰富，文化积淀深厚。现有全国重点文物保护单位二处、浙江省文物保护单位四处、浙江省自然化石产地保护区一处，并已公布市级文物保护单位四十四处。根据1980年以来文物大普查和历年文物普查复查的初步统计，全市文物史迹已超过二百余处；保存在国有文物收藏机构，以及民营博物馆内的可移动文物，更是数以万计。改革开放以来，特别是近几年，临海的文物考古和文物保护工作，在市委、市政府的正确领导下取得了重大成果。一大批的文物古迹得以进行有效保护和合理利用，极大地丰富了临海的文物宝库，并为广大人民所瞩目。

文物是历史的见证，它从各个方面，形象、直观、准确地反映了临海在不同的历史发展阶段政治、经济、文化、教育、科技、艺术等状况。文物是爱国主义的生动教材，它可以教育子孙后代正确认识中华民族勤劳勇敢、坚韧不拔、艰苦奋斗的光辉历史，继承和弘扬民族的优良传统，增强民族自信心和自豪感。文物又作为历史文化的载体，是历史研究的第一手史料，是科学发明和文艺创作的重要借鉴与源泉。在尚无文字记载的历史发展阶段，没有文物资料，就没有历史研究可言。我国许多专业学科的历史，例如农耕、冶金、建筑、陶瓷、纺织、雕刻等专业史，也正是利用了现存的大量文物资料，才得以理顺其来龙去脉和演变、发展历程。没有传统的文化，便没有文化传统；离开了历史文化遗产，便没有今天的科技文化的创新和发展。大量古代科技和艺术成果，至今还在被利用、借鉴和继承，成为发展、繁荣现代科技、文化、艺术不可缺少的条件。

保护文物，发挥文物的作用，对于建设社会主义现代化强国，学习"三个代表"，落实"三个代表"，有着多方面的重大意义。文物是丰富的文化遗产，丰富多彩的历史文物遍布临海大地，反映了临海人民几千年绵延不绝的生存、斗争、发展的历史，具有重要的历史、艺术和科学价值。因此，《临海文物志》的编撰，将为临海的文物保护工作开创一个新纪元。我相信，在临海建设经济强市、争创文化大市、旅游新市和人居佳市的过程中。市委、市政府在文物保护工作上的英明决策，无疑给文物提供了一个极好施展机会的天地，文物应能在发展中国社会主义先进文化方面作出自己的独特贡献。

序

临海市政协副主席　罗雪志

　　"临海"一词，源出无考。据文献记载，临海地域，《禹贡》九州，属扬州之域。春秋战国时，皆为越地。秦灭楚，全国实行郡县制。汉昭帝始元二年（前85年），以原东瓯王国地置回浦县，治章安（原属临海，今为椒江章安镇），临海属之。东汉章和元年（87年）时，改回浦县为章安县，治所仍在章安（原属临海，今为椒江章安镇）。三国吴太元二年（252年），分章安县西部部分地区，立临海县。吴太平二年（257年），割会稽郡东部地域，设立临海郡。以郡东北之临海山而名，治临海。这是古代台州的立郡之始。《太平御览》卷四十七引《临海记》："临海山，山有二水，合成溪曰临海。一水是始丰溪，一水是乐安溪，至州北两溪相合，即名临海溪。山因溪名。"清洪颐煊以为"临海山疑即今之大固山，临海立县或即因此山名"。临海郡领章安、临海、始平、永宁、松阳和安阳等六县，即今台州、丽水、温州及福建闽江以北地区。西晋以降，晋武帝于太康元年（280年）析临海县与鄞县部分地域，置宁海县。东晋永和三年（347年），又分始丰县的南乡，设乐安县（即今仙居县），属临海郡。隋文帝开皇九年（589年）废临海郡与所属各县，合一而为临海县。开皇十一年（591年），置临海镇于临海大固山（今临海古城街道），并移临海县治于此。唐武德四年（621年），于临海县置海州、台州，并分临海为章安、临海、始丰、乐安、宁海五县以属。此后延续一千多年，临海作为台州、台州府、台州路的治所，始终未曾改变。

临海历史文化源远流长，作为历史上区域性的政治文化中心，文化发达，名人辈出，素有"小邹鲁"之称。从远自地质年代的第四纪更新世晚期开始，就有人类化石遗存埋藏。祖先们生活在高山山麓，灵江之滨，聚族而居，刀耕火种，渔猎而食。开发了整个临海大地，创造了灿烂的古代文化。特别是唐宋以来，临海作为台州的首县，经济发达，城市繁荣，文风昌盛，人才辈出。唐代广文博士郑虔在临海设馆办学，成为台州教化之祖；唐临海龙兴寺（时称开元寺）高僧思托，跟随乃师鉴真和尚前后六次东渡日本成功，在日本广弘佛法，撰写僧传，创日本雕塑"唐招提派"，为临海的文化发展作出重要贡献。宋室南渡以后，随着台州成为辅郡，临海的教育文化事业得到了蓬勃发展。以科举而言，南宋浙江考取进士的有六千多名，而其中临海就有一百八十六人。从《宋史》统计，浙江籍凡一百三十六人，临海籍的也占有十人。南宋时，临海籍宰相、副相多达6人，还出过理宗皇后谢道清。及至明清，临海文化继续发扬光大，更是屡屡出现"一门三巡抚"、"兄弟四进士"、"父子同折桂"的盛况。社会经济和教育文化得到发展的同时，留下了大量的故城残垣、青瓷窑址、亭台塔庙、墓葬碑碣和摩崖石刻；出土了石器、陶器、青铜器、青瓷器、玉器、金银器，以及古钱币等文物。

党中央、国务院一再明确指出，"保护文物，人人有责"。在当前改革开放、建设社会主义现代化强国的新时期，文物保护工作遇到了许多前所未有的新情况、新问题，经济建设和群众生活的发展、变革，旅游事业的兴起、发达，文物自身的管理、修缮和考古发掘等等，都可能造成文物的破坏和损害。因此，用文字把文物古迹记录下来，流传下去，这是一件十分有意义的工作。基于文物保护工作的重要性，临海的文史和文物工作者，在市政协领导的支持下，在有关部门和人士的协助下，编著了这本图文并茂的《临海文物志》。《临海文物志》的编著出版，不仅为临海保存了一部完整的文物资料，也为临海今后的城市建设、科学研究、宣传教育和旅游事业的发展，提供了宝贵的文字资料，必将使文物在两个文明建设中发挥更大的作用。是为序！

目　　录

第一章　临海历史文物概说

　　临海位于浙江中东部，三面环山，一面濒海，境内峰峦群耸，丘陵遍布，地势自西北向东南倾斜。山海雄奇，气候温和，风景十分的秀丽。临海之名起于三国吴太元二年（252年），此年分章安县西部部分地区，设立临海县。临海之名虽始于三国吴，但其历史却可上溯到汉昭帝始元二年（前85年）。当时的东瓯王国因受闽越所迫，举国徙江淮间。朝廷乃以其地为"回浦县"，临海属之。此前，《禹贡》九州，属扬州之域。春秋战国时，皆为越地。秦灭楚，全国实行郡县制。西汉惠帝三年（前192年），以摇为东海王，立东瓯王国。闽越平定以后，汉武帝在今台、温、处（丽水）一带设立东部都尉，尉治初在鄞，后迁至章安（今椒江章安镇）。汉昭帝始元二年，以原东瓯王国地置回浦县，治章安（今椒江章安镇）。东汉章和元年（87年），改回浦县为章安县，治所仍在章安（今椒江章安镇）。三国吴黄龙三年（231年），分章安县西北部地域（相当于今天台、仙居两县境），设立始平县，属会稽郡。吴太元二年分章安县西部部分地区，立临海县。吴太平二年（257年），割会稽郡东部地域，设立临海郡。以郡东北之临海山而名，治临海。这是古代台州的立郡之始。据《太平御览》记载："临海山，山有二水，合成溪曰临海。一水是始丰溪，一水是乐安溪，至州北两溪相合，即名临海溪。山因溪名。"（《太平御览》卷四十七引《临海记》）清代洪颐煊以为"临海山疑即今之大固山，临海立县或即因此山名"（洪颐煊《台州札记》)。临海郡领章安、临海、始平、永宁、松阳和安阳等六县，所治地域相当于今台州、丽水、温州及福建闽江以北地区。西晋以降，晋武帝于太康元年（280年）改始平县为始丰县（即今天台县）。同年，析临海县与鄞县部分地域，置宁海县（今属宁波）。东晋永和三年（347年），分始丰县的南乡，设乐安县（即今仙居县），属临海郡。其后二百余年，变革相对稳定。及至隋灭南朝陈，于开皇九年（589年）废临海郡与所属各县，合一而为临海县。开皇十一年（591年），置临海镇于临海大固山（今临海城关），并移临海县治于此。唐武德四年（621年），于临海县置海州（台州建置沿革史上，有无"海州"之称，还是一个尚待解决的问题，详见丁伋《台州历史上有无"海州"之称》文）、台州，并分临海为章安、临海、始丰、乐安、宁海五县以属之。此后一千多年，自唐至清临海作为台州、台州府、台州路的治所，都未曾改变。

两汉以前的临海

　　根据历年来的考古发现和文物普查，我们在临海各地发现了许多旧石器和新石器时代的遗址和遗物，就目前所见到的材料分析，临海的原始人类活动区域主要是在灵江流域及其支流的依山傍水地带。从类型来说，临海的历史文化遗存大体上可分为三种类型。第一种类型是旧石器时代中期的文化，这种文化已发现古人阶段的人类化石一处，但没有发现旧石器时代中期的文化遗物。这种情况符合目前我国的旧石器时代中期的考古发现，即古人阶段的化石在我国南方和北方都有发现，重要的含文化遗物的地点仅在北方。人类化石发现于距临海东南二十多公里的涌泉镇凤凰山麓（图1），所发现的材料限于前额骨、下颌骨、股骨和牙齿，采集自灵江冲积流沙之中，至今未发现肢骨和其他体骨。这

图 1　涌泉凤凰山

些化石，石化程度高，较之与现代人，差别比较清楚。据中国社会科学院古脊椎动物与古人类研究所张森水教授考证，化石中的前额骨代表 20 岁左右的青年女性个体，下颌骨代表 20～30 岁青年男性个体。化石的年代近似于浙江"建德人"的年代，约在十万年左右（图 2）。对于这一古人化石，考古

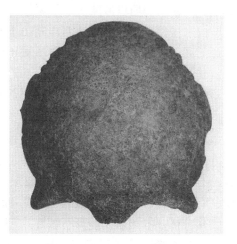

图 2　"灵江人"前额骨化石

学家和人类学家众说纷纭，莫衷一是。但不管怎么样，化石的年代约在十万年左右是肯定的。临海人类的历史究竟有多长？目前尚难作出准确的回答，但可以这样说，涌泉凤凰山麓发现的古人化石是迄今为止我们所能了解到的临海古人类活动的最早信息。

按照常规，我们可称他们为"灵江人"。第二种类型是新石器时代早期的文化，这种文化尚无确切地点，遗存也发现于涌泉镇的凤凰山麓，同样采自于灵江的冲积流沙之中。在这种类型中，石器和陶器共存。石器以玦、坠、钻、刀为多，陶器则有鳖、蛙等。此外，还有少量骨器，如骨制的珠，以及贝坠等。这种文化所表现的生活面貌，应当是以渔业捕捞为主的。有关考古专家进行认真地比对和分析后，认为这些文化遗物应属于新石器时代早期的文化，既不同于浙江境内发现的河姆渡文化，也不同于马家浜文化，完全是一种新的文化类型。第三种类型是一种以磨制石器为主的新石器文化。这种文化遗址，就目前所知，几乎遍布于临海的每一个乡镇。如在河头镇的下湾、古城街道的巾山和白云山、大洋街道的狗山和小两山、江南街道的小溪和仇家岙、大田街道的卢家塘和塘里砂滩头、邵家渡街道的红茅山和赤水及钓鱼亭、白水洋镇琳山、杜桥镇西洋湖山下和塘头庵及西外里坑和大汾道士周、桃渚镇杨家岙、上盘镇城山和滨海白沙等地都有所发现。其石器有斧、锛、镰、刀、矛、镞、钺、锤、轮、凿、犁壁、削刮器等。石斧型制多样，有单面刃、双面刃，有的近似于凿，还有的穿一孔；石锛均形制较小，制作精致；石刀为梳形和三角形，有孔；石镞菱形，表面光洁；削刮器数量较多，为扁平长方体，长短、大小、宽窄不等，整个器形接近于锛，又不同于锛；石凿数量最多，均长条形，长短、大小亦不等。这些石器中，有孔石斧、石锛、石钺等与杭嘉湖和宁绍地区的新石器时代的文化特征基本相似。菱形石镞和小型石锛等与温州飞云江流域文化十分接近。长条形石凿、梳形刀等，则是独特的土著文化。从以上石器的基本特点看，这种文化所反映的生活面貌仍以农业为主，采集和捕捞业为辅。但削刮器和长条形石凿的大量出现，说明造船业进入了初级阶段，捕捞业已相当发达（图3～15）。

随着历史的发展，临海境内居住的人类也越来越多，新的文化类型也不断出现。杜桥镇大汾的黄司岙炮头岗山发现了红陶器

石器遗存分布图

图3　新石器遗存分布图

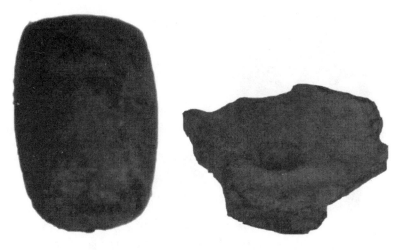

图4　河头镇下湾出土的石斧　　　图5　古城街道巾山出土的石犁壁

物残片。沿江镇的上山冯发现了地层清晰、内涵较为丰富的文化
堆积，出土了原始青瓷和印纹硬陶碎片，器形有罐、钵、碗、杯
等，纹饰为网纹、方格纹、米字纹、回纹等等。汛桥镇的利庄、

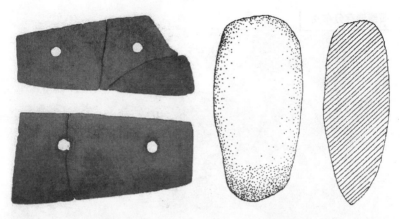

图6　大洋街道狗山出土的双孔石刀　　图7　江南街道仇家岙出土的石斧

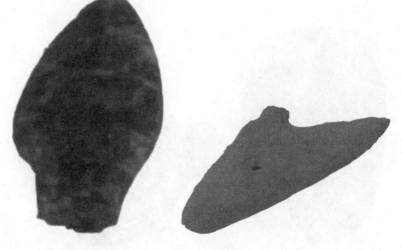

图8　江南街道出土的石矛　　　图9　邵家渡街道出土的石耥

施岙、宋岙等都发现了印纹硬陶的遗存，利庄发现的陶片有米字格纹、方格斗花纹，还有夹砂红陶扁足；施岙的遗存有米字格纹、回纹并网纹、方格纹、花窗纹等，另有夹砂陶足；宋岙的硬

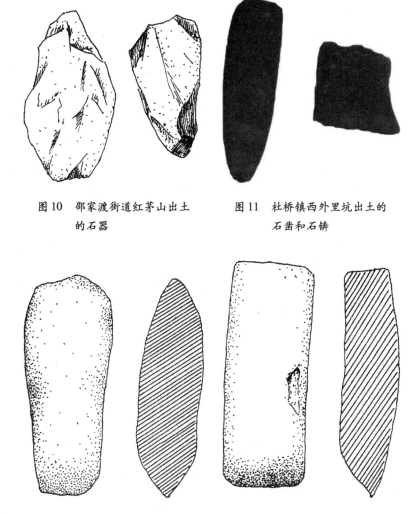

图10　邵家渡街道红茅山出土
　　　的石器

图11　杜桥镇西外里坑出土的
　　　石凿和石锛

图12　杜桥大汾道士周出土的石锛　　　图13　桃渚镇杨家岙出土的石斧

陶有米字格纹、回纹并网纹，还发现有粗沙方形锥足等（图16）。
最重要的发现是在江南街道姜家岙，文化层中有当时人类使用过
的红烧土块、瓦屑、灰烬等遗迹和大量的陶瓷片。从拣选的器物

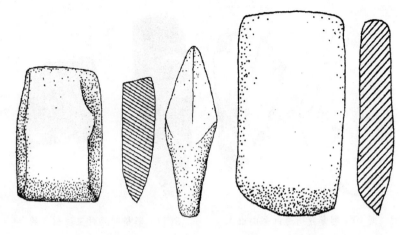

图 14　上盘镇城山出土的小石锛和　　图 15　上盘镇白沙岛出土的
　　　　石镞　　　　　　　　　　　　　　　　小石锛

标本看，陶器多为灰色硬陶、几何印纹硬陶及少量的夹砂红陶。
器形主要是釜、鼎、罐、盘、豆、壶和杯。纹饰有布纹、弦纹、
回纹、米字纹、斜方格纹、席纹和蕉叶纹等。还有部分器物表面
施一层厚玻璃质灰褐色釉的原始青瓷，其中还发现了石斧、石
锛、石弹丸和变体回纹凹底印纹陶罐。以上这些遗存和遗物的发
现，充分说明了这一时期临海境内的人类活动是比较频繁的，生
产和生活条件都有了显著的提高。所处的年代相当于中原内地的
夏商周时期。

　　夏商周时期，临海称为瓯地。居住在这一带的是瓯人，他们
断发纹身，习水作舟，基本上使用石器，过着刀耕火种的农业兼
渔猎生活。据《战国策·魏策》载："被发文身，错臂左衽，瓯
越之民也。"左衽被发与西羌同俗，故瓯人乃西羌的一个分支，
亦即夏人之一支。他们向东南迁至浙闽一带，因此特产丰富的临
海也就很自然的成为了他们生活居住之地。

　　由于瓯人始终是分散的部落，没有形成国家，整个居住的浙
闽地区包括临海，境内"非有城郭邑里也，处溪谷之间，篁竹之

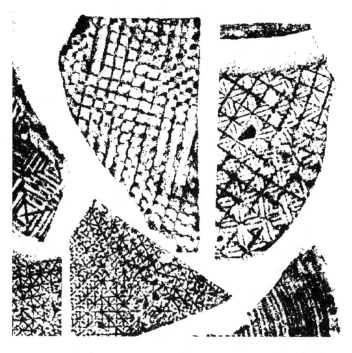

图 16　汛桥镇利庄、施岙、宋岙等地发现的印纹硬陶陶片拓片

中。……行数百千里，夹以深林丛林"。到了春秋战国时期，当越王允常崛起之时，因北面被强吴所阻，只得向重山阻隔而陆路又不通畅的南面的瓯人地域扩张，并运用高压手段把瓯人置于越国的统治之下。同时向瓯地进行移民，从此瓯人便称为瓯越，成为了越人的一支。是时，临海为越人居地。由于瓯人与越人的交融，一方面使越对临海的了解大为增进，另一方面经济的交流和生产技术的输入也越来越多。秦始皇统一中国后，在瓯、闽地区设置闽中郡，临海属之。但临海一带以越国遗族为主的越人和土著瓯越之部落联盟名义上接受秦王朝的统治，实际上依然拥兵自重。西汉初年，越族首领无诸和摇因助汉伐楚有功，分别得到了"王"号的封赏。据《史记》卷一一四《东越列传》第五十四记

载："汉击项籍，无诸、摇率越人佐汉。汉五年，复立无诸为闽越王，王闽中故地，都东冶。孝惠三年，举高帝时越功，曰闽君摇功多，其民便附，乃立摇为东海王，都东瓯，世俗号为东瓯王。"此后，亡走闽越的吴王子子驹，因怨东瓯杀其父，常劝闽越击东瓯。汉武帝建元三年（前138年），闽越在吴王濞之子子驹的唆使下，兵围东瓯。东海王乃向朝廷告急，朝廷遂自会稽（今绍兴）发兵浮海救东瓯。未至，闽越引兵而去。于是，惊恐之下的东瓯，便举国内迁于江、淮之间。北迁之际，大量的原住民因留恋故土，纷纷逃入了深山和海岛，成为后世史书上所说的"山越"。始元二年，汉昭帝于东瓯地设立回浦县，属会稽郡。同时在鄞县设东部都尉，以加强对东瓯和闽越的控制和统治。东汉章和元年，改回浦县为章安县。东汉阳嘉元年（132年），曾旌起义于海上，聚众千人攻打章安等地。这也是台州和临海有史籍记载以来首次农民起义。汉献帝建安元年（196年），孙策攻取会稽郡，东汉的会稽太守王朗经章安越海至东冶的侯官（今福建福州）。随后，王朗兵败。孙策遂控制了大片的东南沿海地区，临海一带也成为了孙策的势力范围。

　　春秋战国及先秦两汉时期，临海保存的历史文物非常丰富，反映的内容也十分广阔，既可以和文献记载相互印证，又可以弥补史料的不足。

　　一是青铜器窖藏的发现。1983年1月20日，沿江镇上山冯村青年农民冯西安、冯先清、蒋毓顺等帮助村人冯贻康在柏树坦挖土垫屋基时，发现了一处青铜器窖藏。窖藏的青铜器数量较多，分为青铜农具、青铜武器和青铜块三大类。青铜农具有犁形器、铲、镰、锸、斧等49件；青铜武器多为剑、矛，数量31件；同时出土的还有青铜块21.4公斤。据有关专家考证，这批青铜器的时代为春秋战国时期，与1963年3月温州永嘉县永临西岸出土的铜器相类似。此外，还发现了一处冶铜遗址。遗址内有较丰富的文化堆积层，出土直径1.2、高0.8米的锅形残窑一座以及原始青瓷和印纹硬陶碎片等。按《史记·越世家》记载：公元前324 年，楚国出兵越国，王无疆为楚所并，"而越以此散，诸族子争立，或为王，或为君，滨于江南海上（《正义》按：今台州临海县是也），服楚于朝"。因此，上山冯出土的这批窖藏青铜器或与《史记·越世家》记载的此事有关。

　　二是钱币窖藏的发现。根据考古调查和文物普查，临海境内曾发现多处属于汉代的钱币窖藏，重要的如永丰镇磨头村出土的钱币窖藏（图 17）。这个窖藏共出土钱币 66 公斤，其中钱文清晰可辨的为 25.3 公斤，计 11747 枚；种类有半两、磨郭五铢、剪轮

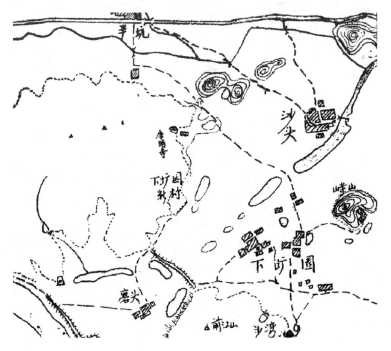

图 17　永丰镇磨头村位置图

五铢、綖环五铢、大泉五十、货泉、布泉和私铸钱等。根据这些钱的钱文以及大小特征，可以确定为汉钱（图 18）。此外，杜桥

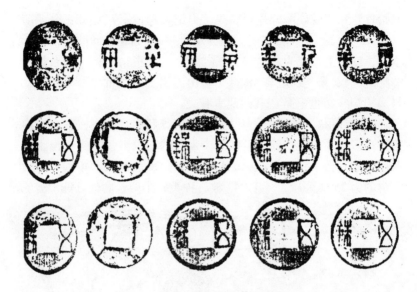

图 18　磨头钱币窖藏出土的钱币拓片

镇溪头村上山、邵家渡街道吕公岙村也都出土过近百斤的汉代钱币窖藏。从汉武帝发兵浮海救东瓯以后，至汉昭帝始元二年正式设立回浦县，作为统辖东瓯地区的最高行政长官，其治所设在章安（历史上一直为临海属地，20 世纪 80 年代划归椒江）。回浦县所管辖的范围包括后世的台、温、处等地，当时，仍有一部分越地山民经常啸聚生事。及至东汉章帝改回浦为章安和顺帝剿灭曾旌起义，东瓯之地的纷争才逐渐趋于平静。从此，汉朝政府在这里开垦农田，兴修水利，建立驿站，维修道路，发展经济，扩大物资交流，这些措施对于临海的历史发展起到了相当积极的作用。故临海境内发现的这些汉代钱币窖藏，充分反映了临海当时的经济情况，也表明了当时统一货币的流通和临海当地土著与中原内地人民经济上的密切联系。

　　三是墓葬的发现。历年来临海的文物工作者分别在杜桥镇的溪口、马岙、大汾、洋平、西洋，沿江镇的红光、水洋、黄土岭，以及涌泉镇等地发现了数量相当多的汉代墓葬，这些墓葬分布比较集中，多在半山腰和山脚，但绝大部分已遭到破坏和盗掘。通过对这些墓葬进行的调查和抢救性发掘，发现墓葬均为大型墓，不见小型墓，墓上有圆丘形封土，墓室均为竖穴砖室，平面多作刀形或长方形。随葬品普遍使用陶器和瓷器，陶器多见印纹硬陶及表面涂一层赭色陶衣的器物；瓷器以罐、壶为主，纹饰均为叶脉纹、编织纹、弦纹和波浪纹。如以沿江镇黄土山村进行抢救性发掘的砖室墓为例，其墓室分成前后两室，总长 8.5 米，宽 2.58 米，前后室间砌筑隔墙，墙宽 0.77 米。前室长 4.76 米，后室长 2.97 米，前室低于后室 0.24 米，呈梯级，墓底砖铺成两纵两横。墓砖纹饰有钱纹、叶脉纹、鸟纹、鱼纹和麦穗纹等。因该墓在 20 世纪 30 年代修公路时已遭破坏，加上盗掘，故所留随葬品不多。主要有罐 5 件，壶 3 件，坛 2 件，水盂 2 件，陶碗 2 件，魂瓶 1 件，罍 1 件，洗 1 件以及汉五铢钱百余枚。根据这些墓葬的文化内涵，可以清楚地反映出，当时临海的社会生活情况。那就是当时的达官贵人和经济条件相对较好的中产阶级多居住于濒临灵江的两岸地区，即今杜桥、涌泉、红光和章安（今属椒江）一带，而土著山越仍自据于山区。

　　四是陶瓷窑址的发现。杜桥镇溪口的铁场岙里坑，发现一处烧制陶瓷的窑址。这个窑址以烧制陶质器物为主，兼烧少量瓷器。产品种类比较单调，多为碗、罐、罍等物。采用轮制方法，胎骨坚细，多呈赭黄、灰白等色，内外施一层灰色陶衣。纹饰基本上为弦纹。窑具可分间隔具和垫具，间隔具有蹄形齿口式和三足支架二种。蹄形齿口式高矮大小不一，上有环形托面，面略凹，下端做成锯齿形，锯齿支点少。三足支架托面底部模印阳文铭文，有"金"、"宫"等字。垫具筒形束腰和盂形中间空。根据窑址出土的一些器物的特征判断，显然是东汉时期的遗物，具体的烧制时间约始于东汉晚期。可以想像得到，在当时有无数的临海人民在这里从事陶瓷的生产，付出了他们的辛勤劳动。这处遗

图 19　吞里坑窑址

址就是他们创造历史的最好见证（图 19）。

三国两晋南北朝时期的临海

　　三国时期，吴大帝孙权着意开发东南疆土以对抗北方的魏和西南的蜀两国。临海一带地处南进的前沿，地位显得非常重要，而设有行政管理机构的章安（今椒江章安镇），更是成为东南地区的军事重镇。黄龙二年（230 年），孙权遣大将卫温、诸葛直率甲士万人入海远规台湾。有学者认为："卫温、诸葛直的夷洲之航很可能是以临海放洋出海的。"（童隆福《浙江航运史》）更有学者以为，此次远航的出海口就在章安（叶哲明《东吴卫温、诸葛直远规台湾出海港口考析》，《东南文化》1990 年第 6 期）。这是我国历史上大陆与台湾大规模交往的第一次记录，也是我国第一次以政府名义出航"台湾"，并行使国家权力，意义非常重大。建兴二年（252年），会稽王孙亮废齐王孙奋为庶人，并迁居章安。太平三年（258年），孙亮复封孙奋为章安侯。建衡二年（270年），孙奋与临海太守奚熙联合反朝，并"断绝海道"，以阻吴三郡总督何植大兵。但谋反最终失败，孙奋及其五子随之被毒死。同时，对于仍然自据于山区的部分越族，东吴政权在其统治江东长达半个多世纪的时间里，仍是采取残酷的镇压手段，以致战事绵延不断，迫使越族逐渐式微。西晋对临海完全承袭了东吴的行政制度。泰始二年（266年），晋武帝封侯史光为临海侯；惠帝元年（291年），又封裴楷为临海侯。西晋统治崩溃后，随着越族与汉族的逐渐同化，临海一带的民族矛盾也随之淡化，代之而起的是阶级矛盾的激化。在这个过程中，临海几乎没有经过奴隶社会时期，而是在越族的部落联盟被镇压瓦解后，直接进入了封建社会。当封建地主阶级逐渐壮大、豪门世族逐渐形成之时，伴随着阶级压迫和剥削的不断加重，农民起义逐渐增多，规模也越来越大。东晋咸和二年（327年），历阳太守苏峻谋反，临海有人聚众响应，为晋将王舒剿灭。隆安三年（399年）十一月，孙恩发动了旨在推翻东晋王朝的起义，临海周胄起兵响应，临海郡太守新蔡王司马崇弃城逃跑。次年，孙恩攻打会稽，转入临海。隆安五年（401年），再次从会稽撤至临海。此时的临海，已是孙恩起义军的后方基地。孙恩后于元兴元年（402年），在临海大固山为临海太守辛景所败，投海而亡，随其自沉的教徒约有数百人之众。辛景与孙恩在临海大固山一战，造成了孙恩起义的最后失败。尽管战争的结局是残酷的，但这一场战争却为临海人民留下了一笔巨大的宝贵财富，那就是现为全国重点文物保护单位的"台州府城墙"。按《辞海》所说：台州府城墙"相传为辛景抵御孙恩所筑"。孙恩（？～402年）为东晋时的五斗米道道士，字灵秀，琅琊（今山东临沂县西）人。其家族世奉五斗米道，是永嘉南渡世族。隆安二年（398年）随其叔孙泰率教徒起事，孙泰事败被杀，孙恩避逃海岛。次年，孙恩重整旗鼓，率军攻克会稽（今绍兴），自号"征东将军"，称其教徒为"长生人"。浙东八郡群起响应，众至数十万。孙恩攻临海，有临海人周胄率众响应，由此推断，当时在临海，也有五斗米道教徒及五斗米道的影响。可见临海与内地的各种联系包括宗教上的已经是非常的密切了。南朝时，中央政权更替频繁，各地郡守与地方豪强往往割据一方，互相攻伐。南朝宋泰始五年（469年），临海人田流起兵，并据鄞县沿海山谷要地，设立屯营，对抗官府，并自称"东海王"。从他自封的称号看，明显地上承汉初东海王国的余绪，具有山越图谋恢复的色彩，后被刘宋战将周山图所剿灭。梁大同三年（537年），又有"临海、会稽诸县山民大起"的记载，也都以失败而告终。太平元年（558年），东阳州刺史张彪围临海太守王怀振于剡岩，梁军来援后才得以解围。同年，继任的太守庾持又被"山盗"劫持三个月，经朝廷派兵镇压，庾持才得免于一死。陈朝以降，统治者与临海郡的关系越来越密切和深厚，临海既是他们的势力基础，也是他们军事力量的主要来源。从某一种意义上说，当地汉、越两族的彻底融合，可能即于此时最后完成。

三国两晋南北朝时期，尽管临海一带战事频仍、纷争不息，但丰富的文物遗存，表明在这段时期内，临海随着汉、越两族的不断融合，社会获得了全面的发展。

首先是经济的发展。三国以来，农业生产发展加快，以水稻为主的粮食作物的种植已经比较普遍。例如，三国吴沈莹的《临海水土异物志》一书就对临海一带的农业和经济作物作了记载，其中就提到"丹丘谷夏秋再熟"。丹丘是当时临海郡的别称，因此，这段话可以证明，早在一千七八百年以前，临海的粮食生产已经实行一年两熟制。同时，经济作物的种类也很多，以豆最为普及，以姜最为出名。唐代官编《新修本草》曾称：姜"出临海章安者佳"。南朝时，临海郡的章安和临海的干姜已是贡品。《南史·孔诱之传》载，孔诱之"出为临海太守，在任清约。罢郡还，献干姜二十斤，齐武帝嫌其少，及知诱之清，乃叹息"。宋《嘉定赤城志》卷三十六引梁陶弘景对临海干姜制作的详细描述："干姜惟临海章安二三村善为之，其法以水淹三日，去皮，置流水中，更六日，又去皮，然后晒干置瓮瓯中，谓之酿也。"可见临海的干姜系精心加工而成。种姜不单是为了食用，亦可兼作药用，故种姜的目的显然是为了流通而换取其他物品。此外，蜜与栗也颇不错，《梁书·傅昭传》载，傅昭于"（天监）十七年（518年）出为智武将军、临海太守，郡有蜜岩，前后太守皆自封固，专收其利。昭以周文之囿，与百姓共之，大可喻小，乃教勿封"。又《临海水土异物志》所述种植或野生的经济类作物尚有般肠竹、狗竹、杨梅、猴泅子、关桃子、土翁子、枸槽子、鸡橘子、猴总子、王坛子、馀甘子和莿藤等。还有食品加工业也开始出现，如"杭（树皮）味似楮，用其皮汁和盐渍鸭子"（三国吴沈莹《临海水土异物志》），称为皮蛋（彩蛋）。渔业生产则相当发达，捕捞水域北至今嵊泗、岱山一带，南到大陈洋面。作业的船只，最大的称"鹰捕"，其次名"大钓"和"拉钓"。捕捞的水产品种类很多，鱼类有大小黄鱼、墨鱼、比目鱼和石斑鱼等；贝壳类有蚶、蛎、蛤蜊等。西晋文学家陆云曾记述当时的作业方法："若乃断遏回浦，隔截曲隈，随渐进退，采蚌捕渔，鳣鲔亦尾，锯齿比目，不可纪名。脍鲻鳆，炙鳖鲙，烹石首，臛砗螯，真东海之俊味，希膳之至妙也。其及蚌蛤之属，目所希见，品目数百，难以尽言。"而流经临海的灵江流域也有"罾网相连四百余里，江沪溪梁六十余所"及"渔捕沪业，交横塞水"（隋《国清百录》）的记载，可见捕捞规模之大。

船舶制造业有了很大的发展。三国时，临海郡的"横屿船屯"（今属浙江平阳）设有官营造船场，为造船业的中心。又"温麻五会者，永宁县出章林，合五板以为大船，因以五会为名"

（《太平御览》引周处《风土记》）。温麻船屯在今福建霞浦县，永宁县即今浙江温州，当时均属临海郡管辖。民间船舶的制造也很发达，东晋孙恩起义，在临海灵石山"毁材木以为船舸"（《太平寰宇记》），即是明证。临海的造船业由此可见一斑。

陶瓷业至是时几乎达到了鼎盛。目前临海境内已发现三国两晋南北朝时期的青瓷窑址7处，其中较为重要的为鲶鱼坑口窑址、安王山窑址和西岙窑址等。鲶鱼坑口窑址坡度堆积层较厚，内涵丰富。器形大方美观，釉色呈淡青或青中微黄，釉层薄而亮，少量器物上有褐色点彩，绝大部分施满釉。纹饰有鸡头、席纹、直条纹、斜格纹等。主要产品为碗、钵、罐、罍、瓶、壶以及盘、砚等。此外，采集到的标本残片尚有建筑模型流、兽形流、独角兽形流等，因残破严重，无法描述其详。另1989年4月10日，曾于窑址的堆积层中意外的采集到一件铜洗、二件铜熨斗和一件铜魁。铜洗，宽唇、平底微圆，三足，腹部饰四道弦纹及相对的二立式辅首穿孔耳，足为虎首蹄形。通高15.2厘米、口径39.2厘米，唇宽1.6厘米，底径30厘米。二件熨斗叠置于洗内，广唇圆腹。上面的一件通高5.2厘米，口径16.7厘米，柄长30.3厘米，唇部饰二道弦纹。下一件唇部较斜，亦无弦纹。因泥土与铜洗重度粘结，暂时未予以清理。魁有流与蹄形鼎足，柄长21厘米，柄端有孔，底部有一层火烧后的烟煤。通高7.5厘米，口径10.9厘米。窑具均为间隔具，有托面环形和蹄形齿口竹节形（图20～21）。

安王山窑址保存很好，出土品风格与鲶鱼坑口窑址比较接近，但产品种类明显减少。纹饰多为凹弦纹，另有斜格纹、米字纹等。器物点彩增多，多施釉，釉色青或青中微黄、带黄，光泽滋润。主要产品有碗、钵、罐等。窑具为蹄形齿口和齿口竹节形，托面饼状凸出，中间凹，个别托面系后粘（图22）。

西岙窑址遗物散落面积较大，部分窑址因西岙坑自然改道，已遭破坏。从采集的标本看，产品以碗、罐等为大宗。与上述几

图20　鲶鱼坑口窑址堆积层

窑相比，产品种类更少，器形则起了很大的变化，釉色普遍较前差，无光泽。窑具分垫具、间隔具二种，间隔具下端口斜收，成盂形。托面内凹，平口，两端都留有4至5个泥烧点（图23）。

从以上窑址中出土的器物看，所产器物的质量和精美程度绝不低于名闻中外的越窑产品，有的甚至有过之而无不及。当时临海的手工业除了陶瓷业以外，还有芒履、绢和蒲席的生产，其中尤以"芒履"为世人所瞩目。所谓"芒履"，实际上就是一种用络麻制作的高质量"草鞋"。它的主要服务对象是那些崇黄老、尚清谈、整日无所事事、纵情于青山绿水之间的文人士大夫们。由于使用者都是社会上层人物，故与之相适应的"芒履"必然具有较高的质量。也正因为如此，临海太守王筠在梁大同元年（535年）离任时一次就带走"两舫"。绢的生产也颇有名声，梁天监十七年（518年），傅昭任临海太守时，"县令常饷栗，置绢

图 21　鲶鱼坑口窑址出土的西晋青铜洗、青铜熨斗和青铜魁

于薄下，昭笑而还之"（《梁书》卷二六）。这些手工业产品的生产充分反映出当时临海人民的劳动智慧和与内地经济、技术等方面交流的密切程度。

　　六朝时期临海的制砖业也相当发达，从历年发现的古遗址、古墓葬中出土的砖瓦看，当时的烧造工艺水平很高。砖的形制有方形砖、楔形砖和空心砖，纹饰有钱纹、鱼纹、龙纹、虎纹、鸟纹、凤纹、鹿纹、羽毛纹、兽面纹、人神面纹以及几何图案等，并有多种图案组合。也有少量描绘田猎生活的画像砖。砖的侧面和上下端，往往为文字，大都是年号月日、制作人、墓主等纪时、纪事类。书体有篆、隶、真及带行笔的书体，书法水平较高。瓦有板瓦、筒瓦等，瓦当上饰有图案或文字。涌泉镇的管岙一带，曾发现大批的这类废砖瓦，说明当时的管岙是制砖的大砖场。

　　临海的六朝古遗址，最重要的当为义城遗址。义城遗址位于灵江南侧支流义城江下游江南街道姜家岙村，坐落在大岭山南麓梯形的斜坦中，现已夷为一片水田。此遗址于 1985 年首次发现，

图 22　安王山窑址堆积层

经步测，文化层散布面积约 70 万平方米，遗址的北缘还发现有残段夯土城墙。调查中获取的标本表明，该遗址的主体文化为六朝时期的青瓷，器物多属生活用品、文具和明器等。如碗、钵、洗、杯、瓶、壶、罐、盂、砚和谷仓罐等。形制多为平底、凹底，也有少量圈足。器物胎胚厚重，胎骨坚硬，制作较精湛。通体施釉，胎釉结合紧密，釉色以淡青为主，也有青中泛黄。釉质滋润光泽，晶莹明快，呈玻璃状。表面多光素，少部分饰斜方格纹、弦纹、联珠纹和贴塑铺首。通过对遗址的考古调查和分析，有专家认为义城遗址可能就是六朝时期临海县治的故址。如此，则意义不言而喻。

　　临海境内的六朝古墓葬，主要集中在杜桥镇的湖山下、洋平、马岙，涌泉镇、沿江镇、江南街道和河头镇等地。大洋街道的五孔岙村也有一座，那是 1958 年发掘五孔窑址时发现的东晋

图 23　西岙窑址

太元年间（376～396 年）王氏墓，出土有青铜剑、青铜锸等器物。其中纪年墓有，杜桥镇西洋晋太康四年（283 年）墓，大田街道洋渡晋咸和五年（330 年）墓和蓝田晋永和十年（354 年）墓等。据清代的记载，纪年墓早在清代就有大量的发现。如《台州府志·金石录》所载，临海境内发现的纪年墓就有，今大田街道山前岭出土的"……七年"墓，砖铭为"……七年，吴国弓氏"。河头镇出土的西晋"太康五年（284 年）"墓，砖铭为"太康五年八月一日，杨，太岁在甲辰作"。章安镇墩头（今属椒江）出土的西晋"太康九年（288 年）"墓，砖铭为"司马治，时太康九年太岁……"。河头镇出土的西晋"元康元年（291 年）"墓，砖铭为"元康元年疆头，□□□□日造"。垫廛（不详）出土的西晋"元康六年（296 年）"墓，砖铭为"元康六年八月十五日，董作"。河头镇出土的西晋"元康七年（297 年）"墓，砖铭为"陈，元康七年八月作"。白水洋镇下尤出土的西晋"元康八年（298年）"墓，砖铭为"元康八年八月十一日，俞敬□"。河头镇出土的西晋"元康八年"墓，砖铭为"元康八年七月十日，朱三所作"。章安镇墩头（今属椒江）出土的西晋"永康元年（300年）"墓，砖铭为"永康元年□□己未朔廿日戊寅章安刘氏甓范"。白水洋镇下尤出土的西晋"永宁（301～302年）"年间墓，砖铭为"永宁□□八月七日，吴定作"。河头镇出土的西晋"太安二年（303年）"墓，砖铭为"太安二年王太，陈顺合制"。河头镇出土的西晋"永嘉五年（311年）"墓，砖铭为"永嘉五年岁在辛未九月十日，何雁"。章安墩头（今属椒江）出土的西晋"永嘉（307～313年）"年间墓，砖铭为"永嘉。王氏辟（甓）"。河头镇出土的西晋"建兴二年（314年）"墓，砖铭为"建兴二年戊戌岁二月，虔通甓"。北山（今属邵家渡街道）出土的西晋"建兴二年"墓，砖铭为"建兴二年太岁在甲子八月，孝子秦赐"。北山（今属邵家渡街道）出土的西晋"建兴三年（315年）"墓，砖铭为"建兴三年太岁在癸亥，徐道周作。建武司马"。北山下（今属邵家渡街道）出土的西晋"建兴三年"墓，砖铭为"建兴三年太岁隐起"，背文"建武司马"。章安镇（今属椒江）出土的东晋"大兴三年（320年）"墓，砖铭为"大兴三年八月廿五日，蒋伧作"。大洋街道双桥出土的东晋"永昌元年（322年）"墓，砖铭为"永昌元年□□八月十五日，番有言立作"。大田街道出土的东晋"泰宁二年（324年）"墓，砖铭为"泰宁二年，岁，番文"。江南街道章家溪出土的东晋"泰宁三年（325年）"墓，砖铭为"泰宁三年七月廿一日，高茂周造。太岁在乙酉□□"。大洋街道双桥出土的东晋"咸和三年（328年）"墓，砖铭为"咸和三年，吴长芝"。大洋街道双桥出土的东晋"咸和四年（329年）"墓，砖铭为"……岁在丑（329年），……吴长芝，章重作"。大田街道蓝田檀胡岭出土的东晋"咸和五年（330年）"墓，砖铭为"咸和五年太岁丙寅七月卅日吴思功作",侧文"郡太守孔县令羊右尉明年番同",上端文"唐宠"。章安墩头(今属椒江)出土的"咸和五年"墓,砖铭为"咸和五年九月廿日立公,周一玉"。大田街道蓝田檀胡岭出土的东晋"咸康七年(341年)"墓,砖铭为"咸康七年八月十日富茂藏作",侧文"临海郡太守□载令魏在",下端文"太岁辛"。大洋街道双桥出土的东晋"建元元年(343年)"墓,砖铭为"建元元年太岁癸卯七月廿八日,桓氏却作,故纪识之"。河头镇出土的东晋"永和元年(345年)"墓,砖铭为"永和元年七月十五日,朱所……"。张岙(今属大洋街道)出土的"永和六年(350年)"墓,砖铭为"永和六年八月廿日,张宁作"。大田街道蓝田出土的东晋"永和六年"墓,砖铭为"永和六年太岁庚戌,富君举作"。大田街道蓝田出土的东晋"永和六年"墓,砖铭为"永和六年太岁在庚七月廿五日,富君甫,董休叶"。括苍镇张家渡王庄山出土的东晋"永和六年"墓,砖铭为"永和六年八月,陈肱作。陈祖肱。祖肱。府君公教。处士陈□书"。括苍镇张家渡王庄山出土的东晋"永和六年"墓,砖铭为"永和六年八月廿日,陈稚、陈祖谋、祖肱造"。张家渡王庄山出土的东晋"永和九年(353年)"墓,砖铭为"永和九年王氏作"。田山头(不详)出土的东晋"永和九年"墓,砖铭为"永和九年(353年)七月十三日,桓公道,丑岁作"。大田街道蓝田檀胡岭出土的东晋"永和十年(354年)"墓,砖铭为"永和十年太岁在寅",侧文"八月二日章孟山作",下端文"宋领校时",并饰有鱼形纹。大田街道蓝田檀胡岭出土的东晋"永和十年"墓,砖铭为"永和十□□岁在寅八月十三日,潘隋秋、隋创造作,番长达"。河头镇出土的"永和十年"墓,砖铭为"永和十年八月十日,吕道光刻之。太岁甲寅"。大田街道蓝田出土的东晋"永和十年"墓,砖铭为"永和十年太岁在甲寅,八月一日,章孟高作,孟达成"。西乡石塘出土的东晋"永和十一年(355年)"墓,砖铭为"永和十一年太岁在乙卯,八月作,薛"。石塘(今属括苍镇）出土的东晋"永和十一年"墓，砖铭为"永和十一年太岁在乙卯八月十六日，薛作"。江南街道上岙出土的东晋"兴宁二年（364年）"墓，砖铭为"兴宁二年八月廿日，高利达作"。溪口（今属杜桥镇）出土的东晋"兴宁二年"墓，砖铭为"兴宁二年九月四日，田厚唐作砖"。大田街道蓝田出土的东晋"兴宁二年"墓，砖铭为"兴宁二年七月廿日，桓氏芝作。桓，七月廿三"。南乡上岙（今属江南街道）出土的东晋"兴宁三年（365年）"墓，砖铭为"兴宁三年九月八日，高守文作"。大田街道蓝田出土的"兴宁三年"墓，砖铭为"兴宁三年太岁在乙丑，正月十八日，章孟蛾作"。古城街道鲤鱼山出土的东晋"泰和六年（371年）"墓，砖铭为"泰和六年九月戊申朔廿二日戊子，杨难作"。大汾石马山出土的"太和六年"墓，砖铭为"太和六年九月十七日，许作"。大洋街道双桥乌山头出土的东晋"咸安二年（372年）"墓，砖铭为"咸安二年八月十五日，王君章"。大田街道出土的东晋"太元二年（377年）"墓，砖铭为"太元二年七月十七日，吕作"。大洋双桥出土的东晋"太元十七年（392年）"墓，砖铭为"太元十七年太岁在壬辰八月七日，严君才"。河头镇出土的东晋"太元十七年"墓，砖铭为"太元十七年八月十日作。衰子王须、昕、泉三人作"。白水洋镇出土的东晋"隆安三年（399年）"墓，砖铭为"隆安三年九月十日，隆安年，任笔"。江南街道小溪出土的"晋故乐安令钜鹿程氏之墓"。大田街道出土的南朝宋"元嘉廿年（443年）"墓，砖铭为"宋元嘉廿年八月廿六日，富孝祖作"。古城街道龙顾山出土的南朝宋"元嘉二十五年（448年）"墓，砖铭为"宋故太岁戊子（考南朝刘宋仅一戊子，即元嘉二十五年）九月一日建，骆"。白水洋镇出土的南朝宋"孝建"年间（454～456年）墓，砖铭为"孝建（454～456年）□年，张称父"。江南街道叠石山出土的南朝宋"孝建二年（455年）"墓，砖铭为"孝建二年，高法贤"。大洋街道双桥出土的南朝宋"大明八年（464年）"墓，砖铭为"大明八年，陶□先，八月十日"。河头镇出土的"……十五日造"墓，砖铭为"……十五日造。……孝子王悝作"。河头镇出土的"……年"墓，砖铭为"……年八月二日，徐氏造"。不明出土地的西晋"元康（291～299年）"年间墓，砖铭为"元康……夏冢"。西晋"永宁二年（302年）"墓，砖铭为"永宁二年八月五日，章禄所作"。东晋"永和十年（354年）"墓，砖铭为"永和十年八月卅日，孝子余俭"。南朝齐的"隆昌元年（494年）"墓，砖铭为"齐隆昌元年四月廿七日，任夫之廊"。"……泰元年"墓，砖铭为"……泰元年八月廿日，富令举"。"……康五年"墓，砖铭为"……康五年九月，陈佺"。"……七年"墓，砖铭为"……七年六月十日，房敬德"等等。这些墓葬分布范围广，内涵丰富，墓穴大小不等，形制多样。出土的器物主要分青瓷器和青铜器二大类，青瓷器有罍、罐、壶、瓶、碗、盘、碟、

图24　六朝墓葬出土的西晋
青瓷虎子

图25　六朝墓葬出土的西晋青瓷
蛙盂和青瓷四系罐

水盂、虎子和狮形水注、青瓷羊等（图24～28）；青铜器有洗、魁、剑、镜和鐎斗等。另有铁剑、钱币和碏石等等。现就墓葬中比较重要的几座，编成2号。1号墓位于杜桥镇洋平村西约0.5公里的大木湾窑岗。墓为竖穴砖室，由墓道、墓室组成，平面呈不规则形。墓室长2.5、宽1.3、高1.6米，东面耳室宽0.6、高0.7米，券顶。墓砖纹饰为叶脉纹与钱纹等。2号墓位于杜桥镇

图26　六朝墓葬出土的西晋青瓷洗和青瓷四系罐

图27　六朝墓葬出土的西晋青瓷鸡首壶

以西5公里的湖山下村后的小山坡。该墓1963年发现，1964年进行了清理，清理时发现墓顶有一盗洞。墓葬为双穹隆顶砖室，由墓道、排水道、墓室组成，平面呈椭圆形。墓室地面用高低分为两室，成梯级。前为墓道，左侧为排水道，墓道中间两侧设耳室。总长度连墓道约7米，主室高3、宽3米。墓室铺地砖一竖一横，墓道铺地砖作"人"字形，墓壁砌法三横一竖。墓砖长

图28　六朝墓葬出土的西晋青瓷狮形水注和青瓷羊

0.365 米，宽 0.065 米，高 0.05 米。纹饰为钱纹、条纹、兽面纹等，部分墓砖有"元康二年□月三日造"铭文。由于以上墓葬均遭毁坏或盗掘，故出土遗物甚少。从墓葬的形制看，1 号墓平面呈不规则，形制为丹会类型中之 F 型 6 式，年代当为三国吴初期。2 号墓墓砖上有"元康二年□月三日造"铭文，元康为晋惠帝年号，元康二年即公元 292 年，故此墓的建造年代应是晋元康二年。此外，遭到破坏的六朝墓葬还有很多，基本上都集中在杜桥镇一带，尚有痕迹可寻的据不完全统计有，西洋 1 座、洋平 2 座、溪头 2 座、大汾岸头 2 座、溪口马岙 14 座，另有涌泉镇 2 座、沿江镇红光 2 座和河头镇的殿前 2 座。殿前的 2 座古墓葬，一为刀形砖室，出土鸡首壶一只，铜镜一枚；一为东晋竖穴土坑，出土点彩四系罐一只。殿前的东晋竖穴土坑墓，也是临海目前所知的唯一一座六朝土坑古墓葬。墓葬的大量发现，也足以证明临海一带当时的经济已相当发达。

南朝开始，临海已发展成为江南较为富庶的地区，与会稽、东阳、永嘉、新安等一起合称当时"政府财政所资"的浙东五郡。确如所说，这种不断发展的经济状况，还可以从文献中得到印证。如《宋书·臧质传》载：臧熹"为建威将军、临海太守，郡经兵寇，百不存一，熹绥缉纲纪，招聚流散，归之者千余家。孙季高海道袭广州，路由临海，熹资给发遣，得以无乏"。据《宋书》卷四九，孙季高即东晋振武将军孙处，"会稽永兴人也。籍注季高，故字行于世"。其"率众三千，自海道袭番禺"，是为追歼卢循义军。此事发生在义熙六年（410年），当时临海郡在孙恩之乱后，重新招聚的人口不过"千余家"，却能提供三千人的兵饷，可见当时的粮食生产水平。又《宋书·王僧达传》称："（僧达）兄锡罢临海郡还，送故及奉禄百万以上。"送故是指郡县官离任时百姓"按例"赠送的钱。王锡任临海太守当在刘宋元嘉中（424~453年），其离开临海时能够从百姓身上刮走"百万以上"之钱，则临海郡绝不是一个贫穷的地方。再如《南史·王筠传》所载，"（王筠）出为临海太守，在郡侵刻，还资有芒履两舫，他物称是，为有司奏，不调累年"。这也足以表明当时临海郡的特产是颇为丰富的。还有《陈书·王元规传》的记载，谓"元规八岁而孤，兄弟三人，随母依舅氏往临海郡，时年十二。郡土豪刘瑱者，资财巨万，以女妻之"。一个郡的豪绅，家中即有"资财百万"，由此可见临海经济的发展程度。

经济的发展带动了文化的发展，最有影响的当是宗教的传入。从有关文献分析，临海早期传入的宗教主要是佛道两教，其中道教可能早于佛教的传入，但是后来居上的佛教却超过了道教，影响更大。

道教是以"道"为最高信仰的传统宗教，它是沿袭方仙道、黄老道等某些宗教观念和修持方法而于东汉时逐渐形成的。道士之住临海，较早的有东汉著名道士葛玄。相传葛玄曾于临海盖竹山修炼，宋《嘉定赤城志》载有"仙翁茶园"，后又于临海的丹邱驿结茅修炼"九转金丹"。

东汉时居临海的著名道士，还有东阳人赵炳。《后汉书》称其东人章安，济世救民。章安令恶其惑众，而杀之。赵炳死后，

图 29　临海盖竹山

临海百姓于白鹤山建"灵康庙",用以祭祀。临海道观以开阳观为最古,据说建于东汉建武二年(26 年)。此说虽不一定可靠,开阳观也无踪迹可寻,但它建于东汉末期则是可能的。两晋南北朝时,居临海修道的著名道士见于史籍记载的很多。东晋有宋君、平仲节、葛洪、王世龙、赵道元、傅太初等。其前为不知名道士,晋时于临海县西六十里地处,建观以居,号"宅仙"。宅仙观几经兴废,所废年代亦不详。宋君,生平不详,晋时居括苍山修道。平仲节,河中人。五胡乱华时渡江入括苍山学道,受师宋君。存心镜之道,具百神,行洞房事。《天台山方外志》谓其"如此积四十五年,中精思身形更少,体有真气"。晋穆帝永和元年五月一日,中央黄老于沧浪云台遣迎,即日垂云驾龙,白日升天。葛洪(283~363 年),字稚川,自号抱朴子,丹阳句容(今属江苏)人。葛玄之侄孙,世称小仙翁。晋永康元年从葛玄的弟子郑隐(即郑思远)学,悉得其法。曾于临海的盖竹山和括苍山修道、炼丹(图 29)。其所著《抱朴子·内篇》云:"江东名山之可得住者，有……大小天台山、……盖竹山、括苍山。"又云"是以古之道士，合作神药，必入明山，不止凡山之中，正为此也。又按仙经，可以精思合作仙药者，有……大小天台山、……盖竹山、括苍山，此皆是正神在其山中。其中或有地仙之人"。王世龙、赵道元、傅太初，三人同居盖竹山，均为得道之人。东晋时还有句容人许迈，曾居临海盖竹山盖竹洞修炼养生之道。许迈，字叔玄，又名映，其博学多才，善于文章，性好清静无为、养生之道。《历世真仙体道通鉴》云其："世为胄族，冠冕相承。"又谓"总角好道，潜志幽契"。曾拜南海太守鲍靓为师，得中部之法及三皇内文。初隐余杭雷山，继迁桐庐恒山。东晋永和二年（346 年），移入临安西山。于是改名为玄，字远游。许迈于临海盖竹山曾建有一观，曰"栖真"，有石室、登霞台、葛玄礼斗坛、卧龙埠等。许迈游道天台赤城山时，于山中遇王世龙、赵道玄、傅太初。因师王世龙，"受解束反行之道，服玉液朝脑精。三年之中，面有童颜"。生平与王羲之交好，常有诗书往复。与王羲之书云："自天台山至临海，多有金台玉室，仙人芝草。"东晋升平五年（361 年），临海郡太守郗愔，感于社会动荡，遂以疾去职，隐章安修道，二十数载，著有"太清丹经"等道经百余卷。陶弘景为南朝齐梁时著名道士、医药学家、炼丹家。字通明，自号华阳隐居，丹阳秣陵（今南京）人。其传上清大洞经篆，开道教茅山宗，成为上清派的实际创始人。陶弘景曾居临海括苍山，并于临海灯坛山建灯坛观，且居观修炼多年。南朝时，居临海修道的还有郑元。郑元，字子阴，俗号"彭先生"。其相貌与常人有异，"多须缺前齿，左颊有赤痣"。常往来临海烧山中，以观人情及修道，踪迹诡异不定。此外，南朝兴建的道观，尚有梁天监二年（503 年）建成的临海崇真观，梁时所建的临海成德观等（图 30）。

　　佛教自创立后，通过贵霜王国和融合东西文化的犍陀罗与秣菟罗艺术，得到发展，并且不断传播到西域各国。然后，随着西

图30　临海括苍山

域各国胡人大批迁居中原及中国内地而传入。三国孙吴时期，由
于江左的社会比较安定，经济有了较大的发展，加上历代吴主对
佛教的支持，而刚刚开始发生的玄学思潮，也给佛教的传播提供
了一定的条件，因而就在这个时候，佛教开始进入了广泛传播的
阶段。三国吴是临海佛教的初传阶段。当时的临海境内有佛寺六
所，即建于吴赤乌二年（239年）的演教院和吴赤乌中（238～
251年）的广孝院、广化院、多福院、宝轮寺、东源寺（以上六
所寺院今属黄岩）。已有典可考记，这是临海佛教起始的标志。
事实上，临海佛教不仅仅是表现在六所佛寺的创建，而在其他方
面也有所体现，如临海市博物馆所藏西晋初年的"魂瓶"。该
"魂瓶"出土于沿江镇红光下白岩村，虽只余顶部，但值得一提
的是它的下层塑有一尊佛像。这尊佛像具有典型的秣菟罗风格，
后有头光，手作"禅定印"，结跏趺坐于莲台之上。青瓷"魂瓶"

上堆塑佛像，足以说明佛教深入民间的情况。两晋南北朝是中国佛教发展的重要历史阶段，更是临海佛教发展的重要历史阶段。这时，佛寺已由三国吴时的六所增加到二十一所。许多著名的寺院，多是这一时期的产物。如现存的涌泉寺、法轮寺、证道寺、延庆寺、云岩寺，以及佛教天台宗五祖章安大师出家的摄静寺（今属椒江）等。遗憾的是这一时期文献中绝少有僧人及僧人译经、弘化的记录。名号履里可考者仅应俊、法宗、慧明三人。应俊，里籍及生卒年代不详，南朝刘宋元嘉四年（427 年）创建了临海慧因寺。法宗，临海人，活动于南朝刘宋时期。博通《法华》、《维摩》，长于弘化。初于临海出家，后居剡中（今浙江嵊州）"法华台"，从其所学者有士大夫及庶人三千余。慧明，康居人，世居东吴，南朝齐时僧人。幼年出家于临海章安东寺，潜心于"佛性"的研习和传播，影响颇大。从现存文献记载来看，应俊生平无考，慧明时代稍晚，而临海人法宗则无疑是临海佛教史上第一位有影响的高僧。此外，又据《释迦方志》记载，东晋咸和年间（326~334 年），丹阳尹高悝在张侯桥浦地方发现一尊金身佛像，但却缺少了像足与趺坐，便将其供奉于长干寺。数年后，临海渔人张系世在当地海口打鱼时，忽见水面上浮出一个铜莲花座和像足，临海太守表奏朝廷，即敕送至长干寺，结果"宛然符合"。这一故事亦足说明佛教在临海已广泛深入于普通民众之中。

　　临海见于记载的书法家，最早是在东晋初期。东晋南渡，大批汉族士大夫随至江南，其中很大一批人进入临海，当时临海的主要书法家有：李式（275~328 年），字累则，江夏钟武人，东晋初期任临海太守。是著名女书法家卫夫人的侄子，王羲之称其书"是平南（王廙）之流，可比庾翼"。李廞，字宗子，号李公府，李式弟。好学善草隶，随兄来临海章安（今属椒江），后即定居于此。郗愔（313~384 年），字方回，高平金乡人，东晋时任临海太守。他是王羲之妻弟，善章草、隶、草书。王僧虔《论书》云："郗愔章草，亚于右军。"梁武帝评曰："郗愔书得意甚熟，而取妙特难，疏散风气，一无雅素。"孙绰（320～375年），字兴公，太原中都人。任临海章安令时，写过著名的《天台山赋》。其善书博学，是参加王羲之兰亭修楔的诗人和书法家。南朝时期，临海的书法大家尚有担任过临海太守和章安令的羊固、傅昭、周颙等。此外，东晋时曾于临海盖竹洞隐修的道士许迈，南朝中于临海灯坛山建灯坛观的道士陶弘景，他们也都是著名的书法家。许迈书有晋人风致而尤清逸；陶弘景书师钟王，真书劲利，欧虞往往不如，隶行入能，画品超逸，笔法清真。以上诸人在临海的活动和定居，对临海书法艺术的发展，起到过积极的作用。近现代临海境内出土的六朝墓砖上的文字，书法面貌多样，水平很高，可作印证。

随着文化的不断发展，三国两晋南北朝时期的临海，出现了一位著名文士和二部具有重大学术价值的著作。一位著名文士就是任旭，字次龙，生年不详，卒于东晋咸和二年（327年）。按史料记载，其为章安人。但近年有学者据新发现的任氏材料考证，确定为临海涌泉人。任旭一生"洁静其操，岁寒不移，精研坟典，居今行古，志操足以励俗，博学足以明道"（《晋书·儒林传》）。在晋代高层社会中名声很大，位列《晋书·隐逸传》，是见于正史的第一位临海人。此外，又有任颙，也应是高雅之士。据《世说新语·政事篇》："王丞相拜扬州，宾客数百人，并加霑接，人人有说色。唯有临海一客姓任（《语林》曰："任名颙，时官在都，豫王公坐。"），及数胡人为未洽，公因便还到，过任边，云：'君出，临海便无复人'。任大喜说。"二部重要著作，一部是三国吴沈莹的《临海水土异物志》，另一部是南朝宋孙诜的《临海记》。沈莹的《临海水土异物志》约作于公元264～280年之间，此书以记载临海郡的物产和风俗为主，是临海历史上现在尚能见到重辑本的最早学术著作。它的物产部分包括了动植物，尤其是对海生鳞介类动物的记载相当精确，可以看出古人认识和利用自然物并且对这些自然物进行鉴别和命名的能力。它记载的海洋捕捞动物共有 90 多种，如鹿鱼、土鱼、鲮鱼、比目鱼、鲤鱼、牛鱼、石首鱼、槌额鱼、黄灵鱼、印鱼、寄度鱼、邵鱼、陶鱼、石斑鱼、乌贼以及蚶、蛎、蛤蜊等等，这些至今仍是临海一带海洋和滩涂的主要海产品。它的风俗部分，记载有夷洲（今台湾）等地的风俗和历史，指明"夷洲在临海东，去郡两千里"。书中的记载，明确反映了当时夷洲与临海郡的密切关系，这也是我国古代文献中对夷洲的最早记载。孙诜的《临海记》，是继《临海水土异物志》之后临海历史上第二部学术著作，现尚存辑文 27 条。这两部方志类著作的问世，充分反映了当时的学者对于有关国计民生的研究有着超过其他领域的重视。

隋唐五代时期的临海

隋文帝开皇九年，隋灭南朝陈，废临海及所属各县并为临海县，改属处州（后改括州，治今丽水）。大业三年（607 年），括州改为永嘉郡（今温州），临海县随之改属。由于隋王朝立国中原，建都长安，因此对南朝以来的豪强世族予以打击。如当时陈朝的皇室、大臣、世族等，从建康等地迁徙到关中，凡尚书郎以上二百余人。《南史》卷一〇记之"自后主以下，大小在路，五百里累累不绝"。浙江的情况也是如此，据《资治通鉴》卷一百七十七载："江表自东晋已来，刑法疏缓，世族凌驾寒门。平陈之后，牧民者尽更变之。苏威复作《五教》，使民无长幼，悉诵之。士民嗟怨。民间复讹言，隋欲徙之入关，远近惊骇"。统治者采取的限制江南豪强世族利益的政策，尤其是实行均田制，使他们的经济基础受到严重损害。于是，江南士族和地方豪强纷纷起兵反隋，"陈之故境，大抵皆反"。开皇十年（590 年），临海县乐安（今仙居）的蔡道人起兵反隋，并自称大都督。但时间不长，即被隋将杨素所平定。开皇十一年（591年），为了防止地方豪强势力的死灰复燃，朝廷在临海的大固山设立军事据点"临海镇"。临海镇除镇捍防守外，且征收临海县的械甲粮饷，侵夺了县属之权。同时，亦将临海县治也迁至大固山。同年十一月，饶州吴世华反，自称大都督，隋大将军张骞于临海大破之。此后，社会慢慢稳定，加上赋税徭役的减轻，为社会生产的发展提供了有利的条件。而随着劳动力的大量增加，封建经济呈现出繁荣的景象。

隋朝灭亡以后，因临海一带远离政权中心，又陷入了混战割据局面，军阀们乘机各霸一方。此前在大业九年（613年），临海所属的永嘉郡即有苗海潮起兵反隋。唐武德元年（618年），隋炀帝在江都为宇文化及所"弑"，时任吴兴郡守的沈法兴随之在东阳举兵自立，很快就据有江南十余郡，并自署江南道总管，第二年称梁王。临海是时属于沈法兴的割据势力范围。武德三年（620年），李子通打败了沈法兴，定都于杭州，临海又改属李子通的势力范围。第二年，唐将杜伏威遣其将军王雄诞平定李子通。唐政府于临海县置海州，拆分临海县为临海、章安、始丰、乐安、宁海五县以属之。武德六年（623年），苗海潮降唐。至此，临海这一带才真正进入了唐王朝的版图。关于临海历史上有无建置过"海州"，专家对此表示了质疑（关于这个问题，临海博物馆丁伋先生有专文《台州历史上有无"海州"之称》。文载《台州地区志·志余辑要》，浙江人民出版社出版）。认为实际上当时的"海州"是在江苏北部，州初设于北魏，隋称东海郡，唐武德四年（621年）又重称海州，当时占据江南一隅，拥有临海的李子通就是海州人。临海在隋代曾设立过"临海镇"，而李子通老家的海州在隋以前属北朝，北魏时州内有一个属县也叫临海，也曾有过"临海镇"。后人不察，把两个临海混淆了起来。《旧唐书·地理志》载"武德四年平李子通，置海州……五年改为台州"，就是这样一种情况。在同一年设置两个同名的州，那是绝不可能的，显然是由于李子通的关系而产生张冠李戴的原因。武德四年，唐政府于临海县置台州，取境内天台山为名，恢复了原来的临海、章安、始丰、乐安、宁海五县的行政建置，并使之重新归属于中央政权之下。武德八年（625 年），又并台州各属县为临海县。贞观八年（634 年），自临海县复分设始丰县。上元二年（675 年），又将临海县的南部分划出来设置永宁县（后改名黄岩县）。永昌元年（689 年），再分临海县一部重新设置宁海县。从此，临海所属的台州政区才算稳定下来。

唐朝自玄宗以来，阶级矛盾日益尖锐，特别是安史之乱爆发后，统治阶级为了筹集军饷，采用各种方法，如"率贷"、"船头"、"捉驿"、"白著"等，更加强了对人民的多方榨取。北海郡录事参军第五琦更奏言玄宗："方今之急在兵，兵之强弱在赋，赋之所出，江淮居多。"（《旧唐书》卷一二七《列传》第七十三）因此南方江淮一带，剥削尤为严重。特别是租庸使元载，他不仅要征收自天宝十三载（754 年）至上元二年（761 年）这八年以来农民所欠的租调，而且还掠夺人民的粮食、布帛等，"不问负之有无，赀之高下，察民有粟帛者，发徒围之，籍其所有而中分之，甚者什取八九，谓之'白著'。有不服者，严刑以威之。民有蓄谷十斛者，则重足以待命"（《资治通鉴》卷二百二十二《唐纪》三十八）。人民不堪忍受，只好"相聚山泽"，铤而走险。

代宗宝应元年（762 年），由于社会矛盾和阶级矛盾不断激化，终于导致袁晁在临海发动了规模浩大的农民武装起义。袁晁为临海人，原是台州胥吏，只因不肯残虐百姓，又征赋不力，而遭受鞭背之刑。起义后，即攻破临海城，赶走了台州刺史史叙。随后连续攻克台、衢、温、婺、明、越、信、杭、苏、常等江东十州，一路所至，贪官污吏望风披靡，"民疲于赋敛者多归之"（《资治通鉴》卷二百二十二《唐纪》三十八），义军很快发展到20 多万人。接着又以临海为根据地，建立农民政权，年号"宝胜"。袁晁的起义震惊了朝廷上下，唐朝政府急派李光弼率领曾平定安史之乱的精锐部队前来镇压，前后十余战，义军失败。宝应二年（763年）四月，袁晁在唐兴石垒寨（今天台关岭）战败被俘，送到长安后被杀。虽然，袁晁的农民武装起义最后还是以失败告终。但是作为唐代中叶最大的一次农民起义，对统治者的震撼和对社会的影响却是巨大的。临海四周崇山峻岭，群峰盘亘，东越天台、四明二山，可抵明州（今宁波）军事重镇镇海；西北过会墅、天姥二岭，可达越州（今绍兴）、杭州；西南翻越括苍山，则可抵婺州（今金华）、衢州；南下可直趋处州（今丽水）、温州。出则可进取两浙，退则可割据自保，地理位置十分的重要，加上又是唐朝财赋的重要来源。因此，在袁晁起义过后，屡屡成为唐朝叛军和农民起义军的必争之地。贞元十四年（798年），明州（今宁波）守将栗锽杀本州刺史而反，次年二月退据临海。大中十三年（859年），天台裘甫发动起义，次年三月占领临海。乾符二年（875年），浙西狼山镇遏使王郢因节度使赵隐克扣衣粮，申诉无效，也起兵反抗，乾符四年（877年）攻下临海。中和元年（881年），临海人杜雄、刘文聚众起事，占据临海城后，两人相继自任台州刺史。光启二年（886年），杭州刺史董昌遣将钱镠攻越州（今绍兴），浙东观察史刘汉宏不敌而逃奔台州，杜雄于临海执刘汉宏以降董昌。乾宁四年（897年），镇海、镇东军节度使钱镠攻占临海，八月四日，昭宗皇帝赐钱镠以"金书铁券"。券文最后说："……是用赐其金版，申以誓词。长河有似带之期，泰华有如拳之日；惟我念功之旨，永将延祚子孙，使卿永袭宠荣，克保富贵。卿恕九死，子孙三死。或犯常刑，有司不得加责。承我信誓，往惟钦哉。宜付史馆，颁示天下。"它成为了钱氏永将延祚子孙、长袭宠荣、克保富贵的信物。钱镠在得券后十年，受后梁封为吴越王。自此，唐王朝在台州和临海的统治正式结束。

　　由于钱镠坚持"保境安民"的国策，使吴越境内得到了相对的安定。吴越国统治台州 82 年，临海境内基本上没有发生过战事，行政区划也大体不变。而且，统治者派到临海来的 28 任台州刺史中，钱氏王族就占了 9 任。其中龙德元年至三年（921～923 年）在任的钱镒是吴越国王钱镠的弟弟。开运三年（946 年）在任的钱弘俶，离任后当了 31 年的吴越国王。广顺二年（952 年），他又将台州刺史吴延福从临海调入杭州，入参相府事。同时以弟弟钱弘仰接任台州刺史，直到显德五年（958 年）。这种政治局势，使得临海的社会在唐末的战乱后，很快地得到休养生息。

临海隋唐五代的历史文物是十分丰富的。

临海城的始建年代是在东晋末期，隋代时城的规模还不大，后人考证仅仅是大固山的西北段至山麓一带，大体上相当于后来的子城，面积不过六万七千平方米。宋《嘉定赤城志》卷十九所引《壁记序》亦只称："隋平陈，并临海镇于大固山，以千人护其城。"可见当时城的范围确实较小。唐代时，临海城得到了扩建。从文献记载上看，明人王士性在其所著《广志绎》中认为：城为"唐武德间刺史杜伏威所建，李淳风所择"。而清《台州府志·建置》则说城是"唐尉迟敬德所造"。考之史籍，杜伏威没有任过台州刺史，尉迟敬德也没有到过临海。因此，很难说以上记载是可信的。但事实上，临海城规模进一步扩大的时间，在唐代初期是可以肯定的。据《嘉定赤城志》载："州城隍庙，在大固山东北，唐武德四年建。"我们知道，建城的一个辅助标志就是州城隍庙的出现，故州城也理当筑于武德年间。此外，临海城于唐时的扩建从唐著名诗人许浑的诗中可以得到印证，许浑在临海时曾写过一首《陪郑使君泛舟晚归》诗，诗的前两句为"南郭望归处，郡楼高抱帘"。"郭"即指外城，所谓南郭，就是指临海城濒临江岸的城郭。近年，文物工作者在对临海城进行维修时，对城的兴善门西侧城墙断面，给予了考古上的肯定。断面层次非常清楚，可以分辨出历朝历代整修加固的痕迹（图 31）。

图 31　临海城"兴善门"西侧城墙断面

　　在墓葬方面，临海发现有许多隋唐五代的土坑墓。这些墓葬分布很广，主要集中在临海的中部和西北部地区，如古城、大洋、大田、汇溪、河头、白水洋等地都有发现。由于这些墓葬都是在农田建设或取土中发现，因此基本上已被破坏得面目全非，其中比较完整的为大田街道塘里发现的竖穴土坑墓。这座墓是塘里村农民在做砖取土时发现的，墓为竖穴土坑，墓向西南，距地表约 50 厘米。发现时遭到了破坏，随葬器物也有部分流失。经过清理，出土棺木一具，无棺盖，两端亦无挡板。底板由两块木板拼接而成，长219、宽56、厚10厘米。随葬器物除流失的外，尚有铜镜一枚、青瓷盘口壶一只、青瓷两系罐一只、青瓷碗四口，以及冥钱一枚等。铜镜圆纽，纽座饰联珠纹，薄胎，凸沿，沿厚0.7厘米；镜背中间为凸起圆规纹，内饰葡萄纹，外饰缠枝纹；直径9.3厘米。盘口壶，盘口、鼓腹、平底；口部略残，肩部饰并联四系，施釉不及底，釉色青中微褐；高36.5、腹径24.9、底径13.9厘米。两系罐，侈口、鼓腹、平底；肩饰两横系，施青釉不及底；高15.4、口径9.8、腹径14.3、底径8厘米。碗分三式，其中一式二口，二式一口，三式一口。一式碗，敞口、折腹、敛底，胎体厚实，胎质呈紫红色，施青釉不及底；高8.4、口径15.7、底径6.9厘米。二式碗，口微敞、折腹、敛底，胎体较厚重，胎骨呈紫红色；施青釉不及底，釉色晶莹光洁，釉面开片；高4.9、口径12.3、底径5厘米。三式碗，直口、折腹下移、敛底；薄胎，胎骨紫红；施青釉不及底，釉色晶莹光洁，釉面开片；高4.8、口径11.3、底径5.1厘米。冥钱，瓜果形，折腹，上部刻成瓜楞形，顶部穿孔为纽，施青釉。从墓葬的分布地域上，可以看出临海的人口已由沿海及灵江两岸向内地集聚，经济重心也随着政治中心的转移而发生变化。

临海隋唐五代墓葬中出土的器物也很多，据不完全统计，白水洋镇埠头新大塘出土有多角瓶一只、青瓷盆二只；井头出土有青瓷盘口壶一只，青瓷钵一只，小陶罐一只；河头镇的前山出土有铁镰斗一只、铁剑一把，以及青瓷盘口壶和青瓷碗数件；临海机械厂工地出土有铁镰斗和青瓷碗、陶罐等；大田街道下沙涂出土有海马葡萄镜一枚，开元通宝钱无数；大田的大田刘出土有青瓷四系罐一只，青铜镜和开元通宝钱多件；汇溪镇的浚头出土有青瓷盘口壶、青瓷罐、青瓷钵、青瓷碗等；临海毛纺厂工地出土有青瓷四系线刻人物盘口壶一只、泥蛙一只、青瓷四系罐二只、青瓷钵二口、青瓷高足碗一口、青瓷莲花碗一口、青瓷平口小碗一口等等。特别是毛纺厂工地出土的青瓷四系线刻人物盘口壶，壶上划线人物共两个，似为一主一侍。主者头戴云巾，身穿衫状衣，右臂前屈，手举一马鞭状物；左手屈举过肩，横握一刀。面部略左侧，巾带高扬脑后，整个形象作左方行进状。侍者在主者之左，头戴莲花冠，身穿团领袍，冠上双飘带，亦向右方高扬；面部正对，两手笼袖，状似低眉屏息，大小仅及主者之半，位置在主者的侧后方，有一定距离感。人物刻画在壶腹的下半部，线条草率随意，人物的结构也不大严谨，可见其目的显然不是出于装饰，而是窑工的戏嬉之作。究其内容，实是杂剧表演形象在窑工头脑中的自然反映。它的发现，不但可以弥补史料之不足，同时又是一件临海乃至台州最早的戏剧文物，意义自是非同一般（图32～33）。

图32　临海毛纺厂工地出土的五代青瓷四系线刻人物盘口壶

图33　临海毛纺厂工地出土的五代青瓷四系线刻人物盘口壶局部

　　隋唐五代临海的社会经济，比南朝有较大的发展，主要原因就是土地和劳动力的增加。据统计，隋代从文帝开皇九年到炀帝大业二年（606年）这十八年中，全国的土地增加了将近三倍。一般而言，耕地面积的扩大是和人口的增长成正比的。人口增长了，耕地面积必然也随之扩大，全国是这样，浙江也不例外，临海也是如此。唐朝建立以后，特别是唐太宗时，进行了一系列的改革，出现了"贞观之治"。从"贞观之治"到玄宗开元年间（713～741年）的将近百年时间里，是唐朝经济的繁荣时期。这一时期，临海的户口数和人口数均有了显著的增加。据《旧唐书》卷四〇《地理志》记载，贞观（627～649年）时，台州领临海、始丰（今天台）二县，户数只有6583户，人口为35383人。到了天宝元年（742年），台州虽改名为临海郡，所领之县也变成了临海、唐兴（今天台）、黄岩、乐安（今仙居）、宁海和象山六县，实际上还是原来的土地，但户数已发展到83868户，489015人。整个台州在一百余年的时间里，户数增加将近13倍，人口也增加了13倍多。那临海的户口和人口数的增长，也就可想而知了。户口的增加，亦即劳动力的增加，劳动力的增加，说明了临海的社会经济有了相当大的发展。五代时，由于吴越国社会安定，战乱较少，因此，临海的社会经济仍然继续发展。

隋唐五代临海农业的发展，除了人口的增长外，生产工具的改进和水利的兴修是两个重要的因素。唐朝时，江浙一带的主要农业生产工具，如耕田的曲辕犁有了很大的进步。见于《耒耜经》记载的"江东犁"，是江南水田地区的一种曲辕犁，它由十一个部件构成，铁制的部分有犁镵和犁壁，木制的部分有犁底、压镵、策额、犁箭、犁辕、犁梢、犁评、犁建和犁盘。使用时，推进犁评，则犁箭向下，入土可深；拉退犁评，则犁箭向上，入土可浅。因此，这种犁能够根据实际需要，进行浅耕或深耕，操纵自如。临海当时使用的也是这种"江东犁"，对农业生产的提高起到了实实在在的作用。唐朝时全国各地兴修河渠陂塘堤堰工程约269处，其中浙江地区占了很大的一部分。五代吴越国设立了"都水营田司"作为统一规划水利事业的专门机构，并派专员负责。同时，又建立由士兵组成的"撩浅军"，或称"撩清"，专门从事水利事业。当时，临海的水利事业也非常发达，垦田面积亦有了大的扩充。有关史料表明，唐玄宗开元中，临海涌泉寺僧人怀玉和尚就曾在健跳（今属三门）筑健阳塘，堤长 500 米，这是临海历史上见于文献的最早的人工塘堤。五代天福八年（943年），临海资福寺（今属三门）僧人又在鳌峙东洋至石井岐之间筑堤围涂，造田 616 亩。水利工程的兴修和垦田面积的大大扩充，保证了临海农业生产的丰收。

临海在隋唐五代时期的经济发展还表现在手工业的生产方面。当时的手工业以制瓷、造船、制盐和矿冶业为主。制瓷业以青瓷最为著名，目前发现有窑址 9 处，其中以五孔岙、王安山和许墅等窑址最为典型。五孔岙窑址坐落在临海大洋五孔岙，始烧于南朝，继续于隋代，而盛于唐。窑址面积约 2000 平方米，堆积层丰厚。窑具主要有齿口蹄形、匣钵、支丁和筒形支垫。器形有壶、罐、瓶、碗、盘、洗、钵和砚，多为素面。釉质粗拙，釉色青中泛黄，釉层易剥落（图 34）。王安山窑址在永丰镇柴埠渡村西洋岙，为唐代早中期产品。器形以盘口壶为主，其次有罐、瓶、碗、钵、水注等，形制精巧别致，独具风格。胎骨坚硬呈灰色，器物表面大多素面，少数饰刻画花。釉色青中泛黄带微褐，釉层较厚，有流釉现象。也有少量青褐橙三色釉，釉质细腻，凝脂莹润，光亮照人。窑具品类多样，有凹底匣钵、蹄形钵、筒形钵、喇叭形钵和垫环等。许墅窑址在临海西 6 公里处，始烧于唐末五代初。它的器物种类丰富多样，以碗、盘、杯、罐、壶、灯盏和熏炉等为主。胎体轻薄致密，制作规整，造型精细，表面装饰以刻花最为多见。釉色清亮，玻化程度强。窑具装烧类中有凹底匣钵、钵形匣钵，垫烧类中有垫圈、垫饼、垫柱。总体烧造水平很高（图 35）。

造船业在六朝的基础上又有所发展。临海因地处海滨和水乡泽国，所以造船业特别发达。隋时，隋文帝为了防止地方豪强的

图 34　五孔岙窑址堆积层

叛乱，于开皇十八年（598 年）下诏说："吴、越之人，往承敝俗，所在之处，私造大船，因相聚结，致有侵害，其江南诸州，人间有船长三丈以上，悉括入官"（《隋书·高祖杨坚纪下》）。唐代临海的造船业比隋代有了新的发展，贞观二十一年（647年），为攻打高丽所需，唐太宗敕宋州刺史王波利等一次就发江南十二州工匠造大海船数百艘。据元胡三省考证，这江南十二州中，临海就位列其中。此后，临海县成为国内 14 个著名造船场所之一。唐代宗宝应年间（762～763 年）的临海袁晁起义，就拥有了大量的船只，可见民间的造船业也是很发达的。

　　临海的盐业生产在唐初已成规模，章安（今属椒江）之西的黄礁溪头村即设有亭场，为海盐集中转运之所。今亭场寨栅城遗址犹存，土城呈长方形，东西长 215 米，南北宽 187 米，城墙宽9 米，残高 0.5 米。后因江面淤涨，运驳不便，于乾元元年（758

图35　许墅窑址

年）迁至新亭头，设立盐监，专管盐业生产。代宗时（763～779年），新亭盐监成为江南十大盐监之一。由于当时生产的盐都隶属于中央的度支，因此盐税成为一项重要的收入。

临海的矿冶业起于何时不得而知，春秋战国之时即已有冶铜业出现。唐代时，"天下诸州出铜铁之所，听人私采，官收其税"（《旧唐书》卷四四《职官三》）。政府允许民间私自开采，根据产量向国家缴纳一定的税收。《新唐书》卷四一《地理志》载临海："有铁。"考古调查发现，临海梓林花园村（今属椒江）附近，有一古代矿渣堆积，分布范围很大，属于铁或铜等金属的冶炼废弃物。临海的溪口铁场村，就是古代专门炼铁和制造铁器的地方，也有大量铁矿渣的发现。又《嘉定赤城志》载：临海"天庆观铜钟，开元十二年（724年）铸"、"光孝寺（今龙兴寺）铜钟一，唐乾元癸亥（乾元无'癸亥'，当为'己亥'〈759年〉之误）铸"、"宁国院铜钟一，梁乾化中（911～912年）铸"。由此可知，当时临海的铜器制造业已是相当的兴盛。

随着农业、手工业的发展，临海的商品交换也发展起来。许多经济作物和土特产还成为了贡品，如《新唐书·地理志》所载："台州临海郡……，土贡金漆、乳桔、干姜、甲香、鲛革、飞生鸟"。并注明干姜，"出章安城门黄杜者佳"。《元和郡县志》还说章安每年进贡的干姜，数量是三百斤。特别值得一提的是海上贸易，唐代时，临海与日本、新罗等国的海上交流和往来已经屡见于史册。从现存文献记载看，天宝三载（744年），扬州大明寺鉴真和尚第四次东渡日本时，曾经来到临海。其目的就是寻找去日本的商船，可见此前即有临海与日本的交流往来，而且声名不小。大和八年（834年），又有日本商人到临海经商。最为直接的就是《三代实录》的记载，乾符四年（877年）六月一日，台州（临海）商人崔铎等63人从临海出发，于七月二十五日到达日本筑前国，搭乘此船的还有咸通十五年（874年）自日本来华求购香药的商人多治安江。更为重要的是，这条资料明言崔铎是从临海起航的。

临海与新罗的海上贸易也很频繁，五代时，新罗商人来临海经商的已经不是个例。《嘉定赤城志》载临海有"新罗屿"和"新罗山"。新罗屿"在（临海）县东南三十里，昔有新罗贾人舣舟于此，故名"（宋陈耆卿《嘉定赤城志》）。新罗山"在（临海）县西三十里，与八叠山相望"（宋陈耆卿《嘉定赤城志》）。据考证，从灵江水程及旧时航船上行因潮水过小或风向不顺往往在此一带等待换潮两点推测，新罗屿其地当在今汛桥镇之晒鲞岩。此处原为一古渡头，岸边有小山，符合字书关于"屿"的解释。从《嘉定赤城志》附图看，新罗山在八叠山之南，则即临海古城之后山。八叠山距城只20里，书云新罗山"三十"里，不符实际，或为"三"里之误。专家认为此山绵延至松山一线，上多古墓葬，或许新罗山之命名，即因有不少新罗商人客死安葬于此之故。

　　尽管随着经济的发展，临海在经济上的地位日趋重要，但临海毕竟远离统治中心。在统治者特别是唐王朝统治者的心目中，临海最终还只是一个荒僻的海隅天涯，大量的官吏远谪于此，也充分说明了这一点。如高宗显庆二年（657年），宰相来济因反对封立武后，被贬为台州刺史。永隆元年（680年），侍御史骆宾王因上书议论政事，触忤武后，被贬为临海县丞。垂拱中（685～688年），凤阁舍人孟诜因药金一事得罪武则天，而被贬为台州司马。中宗神龙（705～707年）时，给事中沈佺期被贬为台州录事参军。开元十一年（723年），户部尚书张嘉贞"坐与王守一交往"（《旧唐书》卷九九），被贬为台州刺史。开元中，侍中、吏部尚书裴光廷又被贬为台州刺史。乾元六年（758年），广文博士郑虔被贬为台州司户参军，七年后病死临海。元和中（806～820年），河中少尹陈谏也因党附王叔文等，被贬台州司马。

　　在经济发展的同时，文学和艺术也得到了迅猛的发展。唐朝的文学以诗最放异彩，因此临海独特的高山、大海和险关，不可避免地成为了著名诗人强烈向往的地方。如"唐初四杰"之一的骆宾王，字观光，义乌人。他幼年就才华出众，高宗永徽年间（650～655年）为道王李元庆府属，后以奉礼郎从军西域，久戍边疆。仪凤中（676～679年），由长安主簿入朝为侍御史，因上书议论政事，触忤武则天下狱，贬临海县丞，怏怏不得志，乃弃官而去。睿宗文明元年（684年），他以衰暮之年投奔徐敬业讨伐武则天，并写下了著名的《讨武曌檄》。武则天读到"一杯之土未乾，六尺之孤安在"，赞叹他很有才气，说"宰相安得失此人"（《新唐书·文艺传》）。在临海时，他曾写过一首《久客临海有怀》，借景抒情："天涯非日观，地迥望星楼。练光摇乱马，剑气上连牛。草湿姑苏夕，叶下洞庭秋。欲知凄断意，江上涉安流"。

　　骆宾王之后有李白、郑虔、顾况等。伟大的浪漫主义诗人李白据说也到过临海，并写下了"严光桐庐溪，谢客临海峤。功成谢人间，从此一投钓"的不朽名句。郑虔曾被唐玄宗誉为诗书画"三绝"，但在临海留存的诗不多，其主要功绩在于教化乡间，启迪末闻。顾况是大诗人白居易的老师，好吟咏，工山水。为一睹临海的山水风光，自荐知临海新亭盐监。在临海期间并结庐巾子山，有终老山野之志。他的三首《临海所居》，首首充满寂寂野气。如"家住双峰兰若边，一声秋磬发孤烟。山连极浦鸟类飞尽，月上青林人未眠"。

曾来过临海的唐代诗人还有孟浩然、陆龟蒙、杜荀鹤、钱起、李德裕、贯休、张祜、李绅、周瑀、许浑、任蕃等，他们都有吟咏临海山水、人文以及其他方面的壮丽诗篇。如许浑的《陪郑使君泛舟晚归》，诗中极尽临海山城形胜和灵江风貌的描写，但也大胆地渲染了朋友郑使君那种郁郁不得志的无奈与愤懑。任蕃对临海巾山特别青睐，自述"灵江江上巾峰寺，三十年来两度登"。第三次来游时，竟一住十年，并写下"岂堪沧海畔，为客十年来"之句。上元二年（761年）的台州刺史李嘉祐也以诗名，有"诗一卷，刊郡斋"（宋陈耆卿《嘉定赤城志》）。陈振孙《直斋书录解题》："《李嘉祐集》一卷，台州刺史李嘉祐从一撰。天宝七载（748年）进士，亦号《台阁集》。李肇称其'水田飞白鹭，夏木啭黄鹂'之句，王维取之以为七言。"此外，僧人清观也是一位诗文大家。清观，字明中，俗姓屈，临海人。十六岁时出家，曾为天台国清寺止观院主持。其善于文章，长于诗词。唐大中十二年（858年），日僧圆珍自国清寺回归日本，清观以"睿山新月冷，台峤古风清"诗相送。此诗被日本诗伯菅原道真视为"绝调"。

隋唐五代时期是中国书画艺术继两晋以后的又一高峰发展阶段，临海的书画艺术也进入了高潮。

临海绘画起于何时，史籍并无确切记载。据文字资料，可以追溯唐代的郑虔为临海画坛的开始。郑虔（685～764年），字若齐，郑州荥阳人。唐开元二十五年（737年）官广文馆博士，饥穷坎坷，好琴酒篇，与杜甫、李白为诗酒友。他的画以山水最为擅长，旁及鱼虫人物。其曾进诗篇及书画于唐玄宗，玄宗御书题曰："郑虔三绝"。至德二年（757 年）贬官台州后，对振兴临海和台州的文化艺术作出了极大的贡献。唐圣水寺木塔有其书画，沈阳博物馆藏山水一小幅，工致细密，水墨不着色。郑虔还是一位书法家，《大人赋》是其书法代表作。卒后葬临海，其后代遂

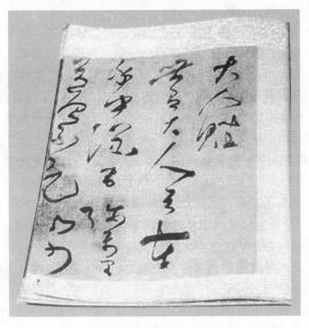

图 36　郑虔草书《大人赋》

留居临海和台州（图 36）。

　　唐代画家王默（又称王洽、王墨），早年曾受笔法于郑虔，得郑虔"泼墨山水，淋漓变幻，勃勃生动"之长。其作大画时，先饮酒至醺酣，即以墨泼，或笑或吟，脚蹙手抹，或挥或扫，或淡或浓，随其形状，为山为石，为云为水。这就是泼墨山水。明代董其昌说："云山不始于米元章，盖自唐时王洽泼墨，便已有

其意。"唐代著名诗人顾况,是王默的弟子。顾况在文词之外,兼攻山水,他为了使自己的画能具有王默的那种笔墨意趣,竟专门提出要担任负责台州盐务的临海新亭监,并直截了当地说出其目的是"余欲写貌海中山耳"(唐李绰《尚书故实》)。顾况来临海时,即奏请王默为新亭监副监,"仍辟善画者王默为副知也"(唐李绰《尚书故实》),以求得到王默的倾心指点。顾况为职半年解去,而后落笔有奇趣。著名画家黄宾虹先生在评论中国山水画时曾说过:"唐画如曲,宋画如酒,元画如醇。明以后之画,如酒中掺水,时代愈近,掺水愈多。"因此,我们可以自豪地说:这"唐画如曲"中,水墨云山一派,即起源于台州,起源于临海。

范子岷,唐时道士,善丹青,尤以画牛著称于世,曾居临海天庆观修道。宋楼钥有诗赞之:"中兴道士以牛鸣,淡墨百果尤著声。妙入神品仍有灵,我不识之钦其名。"另有僧清观也善书,有"结集"、"释签"等题刻于天台赤城山。

五代临海,属吴越国范围。吴越国王钱镠第十三子钱弘仰及弘仰子昭序,先后为台州刺史。他们均精于书法,尤其是昭序,好学喜收藏书籍,许多书都是自己亲自动手抄写的。

中国戏曲的形成,当以北齐至隋唐之际的《大面》、《拨头》、《踏谣娘》等歌舞戏的产生为标志。临海早期的歌舞戏,虽然没有在历史上留下点滴记载,也没有留下经历上述这种民间歌舞形式而形成的"台剧"。但临海(台州)的一种民歌(山歌)则保存了《踏谣娘》的帮腔"和来"的这种遗响,这应该是一个奇怪的现象。参军戏是一种以动作和说白为主要表演手段的戏剧样式,它产生的年代与歌舞戏同时或稍晚。据唐范摅的《云溪友议》:"(元稹)廉问浙东,……乃有俳优周季南、季崇及妻刘采春,自淮甸来,善弄《陆参军》,歌声彻云……元公……赠采春诗曰:'新妆巧样画双蛾,幔裹恒州透额罗。正面偷轮光滑笏,缓行轻踏皱纹鞋。言词雅措风流足,举止低徊秀媚多。更有恼人肠断处，选词能唱望夫歌。'·'望夫歌'者，即《罗唝》之曲也。"以上记载中所说的周家三人，显然是一家庭戏班，自淮甸至浙东，一路流动演出。这说明参军戏不仅在宫廷盛行，而且在民间也已流传开来。临海地处浙东，应该也是周家戏班的流动演出范围之内。另外，唐广文博士郑虔被贬临海之前，曾担任过协律郎的职务，与戏剧有过直接的关系。此前，参军戏即已在宫中演出。故他对参军戏的演出内容和方式了然于心，并完全有可能在其被贬之时将这种表演艺术带到临海。可以想像，郑虔在"选民间子弟教之"的同时，也将参军戏这种表演艺术教会了民众。因此，说唐晚期时临海已有参军戏的影响波及和演出，绝不会是过分的。其后，杂剧表演开始在临海盛行，这尽管没有文字上的依据，但考古发现为之作了证明。1986年，临海市东郊鲤鱼山南麓出土了一件晚唐至五代时期的青瓷划线人物盘口壶。壶下腹阴线浅刻半身人物两个，其中一人头戴云巾，右手持鞭、左手举刀，云巾前部绘有人面图案，是典型的杂剧演出情景。这件青瓷划线人物盘口壶的发现，说明最迟至五代，临海便已经有了普遍的滑稽戏的演出活动。

　　隋唐五代是临海佛教的鼎盛阶段，大批僧人居住或往来于临海弘扬佛法。有关文献表明，隋末有智顗、智越、灌顶、智璪，唐有怀玉、思托，五代有景霄、宗清、可周、幼璋、彦求、德韶等，皆其著者。隋代著名僧人、佛教天台宗的实际创始人智顗，是中国佛教史上具有代表性的人物之一。对佛教中国化的形成具有极其重要的作用，而对台州佛教的发展更是影响巨大。陈太建十三年（581年）智顗应陈宣猛将军、临海内史计尚儿之请，至临海州府转"法"轮，讲《金光明经》至《流水品》，并以身衣劝人赎沪一所，为放生池。经宣讲经典共赎得江溪沪业五十五所，三百余里江溪皆成放生池。自此开佛教寺院放生池之先河。隋平陈后，智顗又多次来临海走访镇将解拔国，为百姓宣示佛法。智越、灌顶、智璪均系智顗弟子，同为临海人。智越为天台宗国清寺首任住持，灌顶为天台宗第五代祖师，而智璪则为国清寺晋见隋文帝的僧使，三人佛法高越，各具大名声。怀玉是盛唐时期净土宗的著名僧人，居临海涌泉寺修持近四十年，每日"念弥陀佛五万"，一生"诵净土诸经通三百万"。思托为唐临海龙兴寺（时称开元寺）高僧，其学兼通南山与天台。跟随乃师鉴真和尚前后六次东渡日本成功，在日本广弘佛法，撰写僧传，创日本雕塑"唐招提派"。又唐临海人清观法师，一生弘扬天台之学，为天台国清寺的复兴，作出了巨大的贡献。唐昭宗曾宣赐紫衣，对他进行嘉奖。景霄、可周、彦求皆为五代律宗大德。景霄有《行事钞简正记》二十卷行世；可周著有《音训》五本，《解法华经序钞》一卷；彦求曾主临海六通院，为钱王所重。宗清为青原行思下三世法嗣，出道后住临海六通院，吴越王屡问心要，并赠"大师"之号。幼璋传禅宗曹洞一派。唐咸通十一年（872年），于临海静安乡创福田院以居，人称"增悲大王"。德韶是禅宗法眼一派承先启后的领袖人物，曾居临海多福院弘法，并重建保宁广福寺，创白塔。隋唐五代，临海境内的佛教宗派有天台宗、律宗、净土宗、曹洞宗、法眼宗等，其中最盛者，当首推天台。

隋唐五代时期，临海建有大批寺院，总计隋唐三十三座，五代三十五座。主要有龙兴寺、宝城寺、祈圣寺、净信寺、崇福寺、广福寺、资瑞寺、真如寺、楞伽寺、延丰寺、妙缘寺、惠安寺、定业寺、多福院、褒忠显绩寺、妙果寺、大安寺、福田寺、振兴寺、多福寺、法安院、普明寺、保宁广福寺、净土寺、慧门寺、资圣寺、昌国寺、保福院、澄灵寺、庆恩寺、鸿祐寺、龙华寺、顺咸寺、兜率寺等。最具代表性的为龙兴寺、资瑞寺、福田院和多福院。龙兴寺原为唐中宗敕建的神龙寺，后易中兴，景龙三年（709年）始改名"龙兴"，开元中又改名"开元"。该寺是台州僧司的驻锡之地，亦是台、临佛教的中心寺院（图37）。资瑞寺在康谷，唐元和六年（811年）僧重济重建，高僧大德多以

图 37 临海龙兴寺

此为居。福田寺建于唐咸通三年（862 年），为名僧幼璋所创。多福院在白沙，后唐长兴四年（933 年）国师德韶创居之。

值得提出的是，临海佛教在当时中日佛教文化交流中，起过重要作用。临海在中日佛教文化上的交流，首先应归功于鉴真大师的弟子思托和尚。思托（724～?），俗姓王，山东沂州（今山东临沂县）人。生于唐开元十一年，卒年不详。开元二十六年（738 年）据敕命出家，由鉴真大师受戒，并从之学习，深研律疏，多有所得。天宝二年（743 年），第一次随鉴真大师东渡日本。天宝三载（744 年）第四次东渡日本时，于浙江黄岩禅林寺被扣，渡海队伍强行解散，思托遂留居临海龙兴寺，入天台之门。自此长住临海龙兴寺（台州开元寺），成为临海龙兴寺高僧。临海龙兴寺亦因思托以后的东渡成功，而名闻日本。天宝七载（748 年），应鉴真之召恩托赴扬州，第五次东渡日本。未果，复回临海龙兴寺。天宝十三载（754年），思托随鉴真终于东渡成功。鉴真前后六次东渡日本，思托是唯一"始终六度，经逾十二年"追随的中国僧人，"四度造舟，五回入海"，虽历尽艰辛，备尝漂泊之苦，而总无退心，最后更和鉴真一样埋骨在异邦日本。到达日本之后，始终追随鉴真其后，和日僧普照具体主持执行唐招提寺的初创工作，除了受戒、讲律之外，积极参与造寺、写经和雕塑佛像等佛事活动。又应道璿之请，在大安寺唐院为其弟子忍基、常魏等讲法励《四分律疏》和《饰宗义记》（即《镇国记》）等。还多次为僧众讲述天台教义，播撒"天台"种子。期间，为反击代表顽固保守势力的日本旧教团对鉴真的诽谤攻击，思托以自己的亲身见闻和经历，撰写了《大唐传戒师僧名记大和上鉴真传》，驳斥旧教派的澜言。并在鉴真圆寂以后，约请当时"文人之首"的淡海三船利用他所写的《鉴真传》，改写成《和上东行传荃》，即今之所见的《唐大和上东征传》。日本延历七年（788年），思托又撰写《延历僧录》五卷、目录一卷，这是日本历史上最早的僧传。此外，鉴真圆寂后思托所制作的鉴真干漆夹苎坐像，是日本美术史上最早的雕塑，史称"唐招提派"。可以说，思托的日本传道，揭开了临海与日本佛教文化交流的序幕。

其后，日本天台宗创始人最澄大师的入唐求法，就是因为受到了思托传播的天台思想的直接影响所致。最澄，俗姓三津首，幼名广野，日本近江国滋贺郡人。少从近江国师行表高僧出家，后赴南部，在鉴真生前弘法的东大寺受具足戒，并学习鉴真和思托带来的天台宗经籍。日本延历七年，他在琵琶湖畔的比睿山自刻药师如来佛供奉，并建立了日枝山寺。此即日本天台宗的根本中堂，后称一乘止观院，也就是后来的延历寺。在这里，最澄阅读了天台"三大部"以及《维摩经疏》、《四教义》等天台教籍。自此深深皈依天台妙旨，萌发了入唐求法的愿望。唐贞元二十年（804年），他经日本天皇的批准，率弟子义真等，随日本第十二次遣唐副使石川道益抵中国。九月二十六日来到临海，遂谒见台州刺史陆淳（图38）。时天台十祖兴道道邃大师正应陆淳之请，于龙兴寺开讲天台教义，最澄乃从之学《摩诃止观》等。及往参天台山，礼国清寺并至佛陇寺从行满求学。后返回临海龙兴寺继续研习天台教观。同时，亲手抄写了大量的台宗典籍。道邃还于

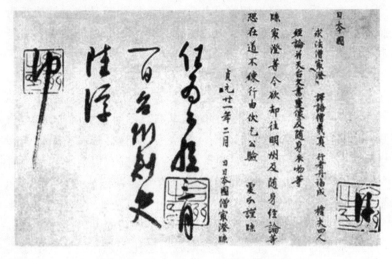

图38　唐台州刺史陆淳签发的最澄入唐牒

龙兴寺西厢"极乐净土院"，亲手为最澄授圆教菩萨戒（图39）。关于最澄在临海龙兴寺的求法，日本的《睿山大师传》是这样记述的："时台州刺史陆淳延天台山修禅寺座主僧道邃，於台州龙兴寺阐扬天台法门《摩诃止观》等。即便刺史见求法志随喜云：弘道在人，人能持道，我道兴隆今当时矣。则令邃座主勾当为天台法门，缮书写已，卷数如别。邃和上亲开心要，咸决义理，如泻瓶水，似得宝珠矣。又於邃和上所，为传三学之道，愿求三聚之戒。即邃和上照察丹诚庄严道场，奉请诸佛授与菩萨三聚大戒"。最澄回国时，自临海龙兴寺带去《法华经》等章疏一百二十八部、三百四十五卷，还携回王羲之等名家碑帖拓本十七种。回到日本后，在比睿山大兴天台教义，正式创立日本佛教天台

图39　临海龙兴寺"极乐净土院"

宗。临海龙兴寺遂成为日本天台宗祖庭，为历代日本天台宗僧人和信徒所瞩目。

　　圆珍（814～891年），俗姓和气，系日本弘法大师空海的外甥，赞岐国（今香川县）那珂郡人。十五岁入比睿山，师事日本天台宗二祖义真，受天台之学。二十岁得道受戒，其后住山十二年，任内供奉十禅师之一。唐大中七年（853年）入唐求法，回国后为日本天台宗第五代座主，又为寺门派开祖。圆珍大中七年入唐后，于十一月二十六日至临海，当日即上龙兴寺（开元寺），并"安置道真杜陀房中"（日本圆珍《行历抄》）。就行满和尚的弟子季皋、僧正清翰的弟子知建等学天台教法，知建"乍见喜欢，宛如骨肉。舍与《维摩》、《因明》二部义疏"（日本圆珍《行历抄》），直至十二月九日离开临海。圆珍一生著述甚多，所著游唐日记《行历抄》虽仅存札要，但其中保留的一些内容，对研究临海龙兴寺的历史沿革和对日本传灯大师圆载的研究，有着不可估量的作用。

　　临海与古代朝鲜的佛教文化交流也是比较频繁的，据有关史料记载，最早与临海发生关系的为高句丽僧人波若。波若于隋文帝开皇十六年（596年）来到天台山，入天台宗创始人智者大师门下。智者大师曾多次来临海传授佛学义理，波若亦每每相随。直至大师化身石城，才遵遗嘱，潜往华顶晓夜行道十六年，后寂于天台山。尽管波若居留临海时间不长，事迹也不甚清晰，但作为有史记载第一个与临海交往的外国僧人，他的点点滴滴都是非常珍贵与值得纪念的。唐景福元年（892年），新罗僧人道育又来到临海，他虽不通汉语，但善解人意，故而所得良多。后至天台山，留居平田寺禅修四十余年，期间亦曾多次往来于临海。唐光化三年（900年），新罗僧竟让渡海入唐，先达于江淮，继跻于天台和临海，并于临海遍谒龙兴寺以及松山寺、福田院、灵鹫院、证道院、六通院、多福院等禅居。最后诣湖南谷山道缘和尚，在华时间达二十五年之久。唐天祐三年（906年），新罗僧元晖西渡入唐游学。自浙江沿海登陆后，路出东阳，行经彭泽，遂至九峰山谒道乾能虔大师求学禅法。得之心要后，即云游临海等地，拜会著名禅僧可周、幼璋、光绪及宗清，最后抵于四明。后唐同光二年（924年）回国后，元晖不仅受到了国人的热烈欢迎，高丽太祖也给予了冠绝当时的宠荣，延入九重，降于三等，待以国师之礼。五代后周显德二年（955年），新罗僧智宗从海路止于杭州，投永明延寿求法，二年间时时勤修苦行，终得法眼禅之秘。之后，又至临海白沙，居永明延寿之师德韶国师所创的多福院习学。复往天台，从天台宗十五祖螺溪义寂受《大定慧论》等天台教旨。回国后，既弘法眼，又传天台，是一位禅教双弘的著名高僧，在韩国佛教史上占有重要的地位。

　　隋唐五代，临海道教也进入了鼎盛时期。上清派日臻兴起，先后有大批知名道士相继入住盖竹山等地。隋代主要有徐仙姑，为隋朝仆射徐之才女。《历世真仙体道通鉴》谓："不知师奉何人，已数百岁。状貌常如二十四、五岁，善禁咒。"曾寓止括苍山多年。唐代居临海的著名道士有范子泯等。范子泯，里籍无考，出家于处州，有道行。嗜好饮酒，常酣然落魄，而谈人意外事，多奇中。善丹青，尤以画牛著称于世，曾于临海天庆观修道多年。天庆观之壁画，即为其手笔，时人称妙。

　　唐代临海道教的兴盛，与封建统治者的扶持是分不开的。元和十三年（818 年），宪宗委派道士柳泌为台州刺史，以便为他采制仙药。《旧唐书》卷一四《宪宗本纪》载："丁亥，以山人柳泌为台州刺史，为上于天台山采仙药故也。"柳泌本名杨仁力，少习医术，言多诞妄。唐宪宗晚好神仙，皇甫镈因荐柳泌能合长生药，诏居兴唐观炼药。泌上言："天台山多灵草，群仙所会，臣尝知之，而为不能致。愿为天台长吏，因以求之。"（《旧唐书》卷一三五）遂起徒步授以台州刺史，赐金紫。另据《资治通鉴》卷二百四十一载："元和十四年（819 年），柳泌至台州，驱吏民采药，岁余，无所得而惧，举家进入山中。"以上的一切说明，唐朝皇帝对临海道教的扶持是十分积极的。

　　五代时，道士王乾符和朱霄外也颇知名。王乾符，临海人，生卒年代不详。少司举子业，善属文。时遇杜光庭授以栖真口诀，遂得神仙变化之法，居临海白云庵修炼。吴越王钱俶闻其高道，尊为"神霄教主"。"一日，命工图其形。乾符曰：'此幻尔，若欲图之，则更有异者。'遂现身丈余，皂袍金甲、披发跣足，如天神状。"曾劝钱王纳土归宋，钱王赠以诗，有"颜如寒梅眉紫青，泥丸夜诵蕊珠经"之句。朱霄外，临海大石人，生卒年代亦不详。幼入道，师事王乾符。洞晓天文，精究医药，善河图毖纬。初居临海白云庵练气养神，因其持法严甚，道行高洁，为钱王所重。《临海县志》云："钱忠懿王给驿以进，赐赉一不受，馆于都。"后命主天台山桐柏崇道观，后周广顺二年（952 年）于观建藏院，题云："吴越两街道统天台道门威仪，栖真明德大师通玄正一天师，特进检校太傅守太保上柱国、吴郡开国公食邑一千五百户朱霄外建"。后周广顺中（951～953年）退居临海，葺白云庵为观，号"栖霞宫"。北宋元丰中（1078～1085年）羽化，时见彩云覆室。

此外，后晋天福五年（940年），尚有名道黄永乾居临海天庆观修炼。据载："解化后半月，有州快足回，自金陵于道中邂逅。叙问欵密，且俾寄音观中道旧。暨归，则知以其日尸解矣"（宋陈耆卿《嘉定赤城志》引《道史属辞》）。另据史籍记载，吕洞宾遍游天下时，曾历天台山居福圣观。尝题一绝于山壁间，云："青蛇绕地月徘徊，夜静云闲鹤未回。欲度有缘人换骨，暂留踪迹在天台"。《天台山全志》谓其"灵应事迹甚多"，云："宋绍兴间（1131～1162年），一丐者负其母歌于市。但云：'只两口。'既久，询群丐所聚，则无是人。一日到台州，出崇和门（今临海崇和门）至泉井洋（今临海泉井洋）。掷其母于水，乃一巨瓢，跨而升空。人方思两口，乃吕字也"。

隋唐五代临海道教的兴盛和发展，还表现在"洞天福地"说和宫观规模的日益宏大。洞天与福地，道家谓神仙所居之所，洞天为真仙所居，福地由真人治之。据《恒真人升仙记》称，洞天福地"有长年之光景，日月不夜之山川。宝善层台，四时明媚。金壶盛不死之酒，琉璃藏延寿之丹。桃树花芳，千年一谢。云英珍结，万载圆成"。洞天福地始胪列于东晋的《道迹经》、《真诰》和南北朝的《敷斋威仪经》，至唐司马承祯总其成。司马承祯在《洞天福地天宫地府图并序》中，第一次将天下所有洞天福地一一排明次序，各予名号等。《嘉定赤城志》云："台以山名州，……按道书，洞天福地于是地为盛。"据《天宫地府图》记载，临海盖竹洞，为三十六小洞天之第十九。按《天宫地府图》，盖竹山洞，周围八十里，名曰"长耀宝光天"，在台州黄岩县，属仙人商丘子治之。但据史籍记载，所谓盖竹洞，共有东阳、乐清、临海、黄岩和天台五处之多。《东阳志》云："在县东南三十

图 40　临海盖竹洞

里泗渡涧之南岩，有石室三间，号为盖竹福地。"《乐清志》云：
"盖竹山，去县二、三里，后山绝顶有岩洞。可环坐数十人，俗
名杨八洞。"《七十二福地图》云："第二福地盖竹山，在台州黄

岩县。"《玉清璇极洞天图》云:"第十九盖竹洞,周迥一百八十里,在台州黄岩县西。"《天台志》云:"旧传石梁侧有盖竹洞天。"然洞实在临海。《舆地志》称:"临海郡之章安县西北有盖竹山,山有石室,晋许迈住此。"又云"一名竹叶山,中有洞,名长耀宝光之天"。葛洪说:"此山可合神丹,有仙翁茶园,旧传葛玄植茗于此。"《尘外记》以为山在临海,有洞周迥八十里,仙人陈仲林等居之,"中有石井,桥北小道直入,有杉六丛"(宋陈耆卿《嘉定赤城志》)。《道藏洞天记》及《名山记》皆云:"盖竹山福地,观、坛各一所,有竹如盖,故以为名。"《洞渊集》云临海盖竹山,所谓"第十九洞天也"。汤君达作记,号为"宝光长耀洞天"。明王士性《广志铎》云:"临海南三十里,第十九盖竹洞,为长耀宝光之天。"晋时,许迈曾建观以居,内有礼斗坛、石窗、石几、石床、石臼、石砚等。今洞、观尚存(图40)。

唐五代兴建、续建、重建的宫观也不少,著名的有:白鹤观,唐高宗封鹤时所建,沈佺期为之记,开元十二年铸钟。景星观,唐乾元中(758～760年)建。栖霞宫,旧名白云庵,唐中和间(881～885年)建。

两宋时期的临海

五代后周显德七年(960年),后周禁军统帅赵匡胤谎报北汉和辽朝会师来攻,于是奉命带兵北上,在开封东北四十五里的陈桥驿发动兵变,夺取了后周的政权,建立了宋朝,史称"北宋"。乾德元年(963年),北宋开始进行统一全国的军事行动。当年首先出兵灭掉荆南(即南平)和湖南,接着又陆续灭掉后蜀、南汉和南唐。太平兴国三年(978年),在强大的军事、政治压力下,吴越王钱弘俶遵照乃祖"善事中国,弗废臣礼"的训导,审时度势,将所辖十三州、八十六县、五十五万零七户、十一万五千卒，"纳土归宋"，实现和平统一。

　　北宋完成统一五代十国分立割据的局面后，为了"惩创五季，而矫唐末之失策"，朝廷相继采取了加强专制主义中央集权的措施，以维护国家的统一。如削减州郡一级长官的权力，不许他们兼任一个州郡以上的职务。州郡的兵权、财权和司法权也都收归朝廷。又规定州郡长官必须由文臣担任，长官之外另设"通判"，使其互相牵制。后来，又把全国州郡分为十五路，陆续在各路设转运使、提点刑狱、提举常平和安抚使等四司，统称"监司"。路、州、县的官员都由中央官兼摄，属于临时指派的性质，所谓"以京、朝官权知，三年一替"。此外，南方各州郡的城墙和护城河，绝大部分被毁填为平地，临海作为台州的州郡，其城墙亦"所存唯缭墙"（宋陈耆卿《嘉定赤城志》），直至北宋大中祥符年间（1008～1016 年）才得以全部恢复。

　　北宋一代，临海大体上还是比较安定的，社会也得到了很大的发展。社会的发展主要得益于当时的政治局势和中央政权的举措。一是尽管地域离统治中心比较远，但毕竟没有辽、夏的威胁和战火的纷扰，百姓得以安居乐业。二是由于北方的陆路对外贸易受阻，北宋政府不得不转而发展东南海上贸易，开拓海外贸易以扩大财源。特别是王安石的变法，更是给临海的发展带来极大的机遇。王安石主张，为了改变国贫的局面，必须采取"民不加赋而国用饶"的理财方针。一方面"摧制兼并"，把大商人、官僚、地主的部分剥削收入上交朝廷；另一方面扶植"农民"，减轻差役，兴修农田水利，发展生产，预防农民起义的兴起。并组织吕惠卿、曾布等人参与草拟新法，陆续制订了均输、青苗、农田水利、募役、市易、免行、方田均税、将兵、保甲、保马等"新法"。各路设提举常平官，督促州县推行新法。新法的推行，加强了政府对直接生产者的统治，也增加了国库的财政收入。在临海，均输法增加了财政官员的权力，夺取了富商大贾的部分利益，同时也稍稍减轻了纳税户的许多额外负担。市易法限制了大商人在市场方面的垄断，也增加了地方的财政收入。免行法规定，各行商铺依据利润的多少，每月交纳免行钱，不再轮流以实物或人力供应官府。青苗法限制了高利贷者的活动，官府也从中获得大量利息。募役法使原来轮流充役的农民回乡务农，原来享有免役特权的人户要交纳役钱，官府也增加了一项收入。方田均税法使赋税的负担与土地占有的实际情况相符合，保证了官府的田赋收入。农田水利法奖励开垦荒田，修筑堤防圩岸，使许多贫瘠的土地变成了良田。北宋熙宁四年（1071 年），钱弘俶之孙钱暄出任临海太守。钱暄主政台州期间，推行新法。当时人称临海城恶地下，秋潦暴集，辄圮溺人，村民多即山为居。钱暄于是增治城堞，垒石为台，并作堤扞之。现临海作为窗口景点之一的东湖，即为其所开，一则用以取土培城，二则可以导流分洪。钱暄

的惠政，极大的推动了临海社会的发展（图 41）。元祐元年（1086 年），金部员外郎吕和卿因曾建言吕惠卿行手实法，在宋神宗死后，为苏辙所劾，出知台州。吕和卿为变法派，虽然此时朝廷在司马光主持下废罢新法。但吕和卿在台州太守任上，还是不遗余力的施行新法，此举为临海社会的进一步发展打下了坚实的基础。

　　北宋后期，特别是宋徽宗统治的二十五年间（1101～1125 年），为北宋政治的最黑暗时期。由于朝廷的极其腐朽，使社会生

图 41　钱暄画像

产受到了严重的破坏。临海所属的两浙路是北宋经济最为发达的地区。封建王朝的财赋，有很大一部分来自这里，浙江几乎占岁输漕粮的三分之一。宋徽宗时，应奉局、花石纲之类，又对两浙

地区的广大农民、工匠大肆搜括和奴役，十多年间，人民备受荼毒，社会秩序动荡不定。宣和二年（1120年），江浙地区终于爆发了以方腊为首的大规模农民起义。方腊是睦州青溪县（今浙江淳安）人，雇工出身。当时，青溪及其附近地区盛产竹木漆茶等经济作物，造作局和应奉局每年从这里勒索去成千上万斤的漆，其他竹木花石的数量也极为庞大。小生产者和一般劳动人民的生活陷入了绝境，怨声载道，特别是对应奉局头子朱缅的胡作非为恨入骨髓。于是，方腊假托"得天符牒"，并以"诛朱缅"为名，发动群众，宣告起义。远近农民闻风响应，很快聚集起数万人。方腊自称"圣公"，并改元永乐，置将帅为六等。在起义的头三个月内，义军所向披靡，陆续攻占睦（今浙江建德梅城）、歙（今安徽歙县）、杭、婺（今浙江金华）、衢（今浙江衢州）、处（今浙江丽水）等六州五十多县。各地农民纷纷响应，临海所处的台州也有仙居人吕师囊屯粮聚众，举兵反抗，宣布以方腊"永乐"年号纪年。义军声势浩大，号称十万余众，在攻占仙居县城以后，三次攻打临海。由于临海为州府所在地，兵精粮足，且墙高河深，易守难攻。因此，三次的攻城之战，一次也没有成功。虽然临海城没有被义军所破，但是战争带来的直接后果却是明显的，那就是极大的阻滞了临海社会的发展。宣和七年（1125年），金军俘获了辽天祚帝后，乘胜于十一月侵宋。在外患内忧的情况下，宋徽宗急忙传位于太子赵桓（宋钦宗），企图南逃避难。靖康元年（1126年）正月，宋钦宗起用主战派李纲为亲征行营使，负责京城的防御。时任右司谏的临海人陈公辅力劾主和大臣太宰李邦彦，使其罢官。八月，金军再次南下。靖康二年（1127年）四月，金军俘虏徽、钦二帝和后妃、皇子、宗室贵戚及大肆搜罗的玉玺、法物、礼器、浑天仪等北撤。北宋从此灭亡。

靖康二年五月，康王赵构即位于南京应天府（今河南商丘），改元建炎元年，是为宋高宗。建炎三年（1129年），由于无力抗击金军的继续南侵，赵构被迫一路南逃。十二月在明州（今宁波）下海，泛舟于波涛之中。建炎四年（1130年）正月初二日，晚泊台州湾口。初三日，登临海的章安（今属椒江）金鳌山，驻锡山上之小寺。初四日，台州知州晁公为和来台州公干的朝廷户部员外郎李承造闻讯自临海前来接驾。此后，发运使宋辉、温州知州卢知原、御史中丞赵鼎等纷纷来此护驾。初八日，将军张俊引兵趋临海，十四日赶到章安金鳌山行在。十八日，因金兵攻破定海，战场形势吃紧，赵构遂离开章安，飘海前往温州（图42）。

图42　金鳌山

　　赵构在章安期间，曾游白枫山清修寺，并索笔为清修寺书"清修风景千年在，沧海烟岚一笑开"楹联。又于僧房中写下了二首绝句，一首为："古寺青山春更研，长松修竹翠含烟。汲茶拟欲增茶具，暂就僧房借榻眠"。另一首是："久坐方知春昼长，静中心地自清凉。人人圆觉何曾觉，但见尘劳尽日忙"。他呆了十七天的金鳌山小寺，始建年代不详，原为祥符塔院，临走之时赐额为"善济院"。山上留有御座，西有如画轩，可下瞰椒江，前对海门诸峰。后世每逢鼎革或多事之秋，多有到此拜谒御座、赋诗感慨者。今善济院等早已荒废，遗址则由椒江文物管理委员会树碑进行保护。

绍兴八年（1138年），赵构定都临安，南宋王朝正式开始。此后的将近一百五十年时间，临安一直是南宋的政治、经济与文化中心，台州成为辅郡。南宋时，由于北方沦陷，大量的包括皇族在内的望族大姓南迁临海，临海成为了吴越钱氏主流的聚居地。其著名人物，如钱忱、钱恒、钱端礼、钱象祖等皆居于此。钱忱（1083～1151年），字伯诚，宋会稽郡王钱景臻与秦鲁国大长公主长子，钱暄之孙，召见赐名。初除庄宅副使，历仁哲徽钦宗四朝秦延芭诸州团练防御使、宁武泸州二军观察留后承宣节度等使，开府仪同三司、检校少师、荣国公，累赠太师、汉国豫国公。绍兴元年（1131年）徙居临海，七年（1137年）赐府第临海东北白云山下（图43）。

图43　钱忱画像

钱忱之弟钱恒，字子平，宋会稽郡王钱景臻第三子。生于汴京赐第，初授承宣使。奉使金国，回迁德庆军节度使、开府仪同三司、检校太尉封秦国公。赠太师，咸宁郡王。靖康元年奉母大

图44　钱恒画像

长公主，随侍高宗，扈从车驾南渡。高宗赐公主第于临海，名"一行宅"。偕兄忱，弟恺定居临海（图44）。钱忱之弟钱恺，字

乐道，宋会稽郡王钱景臻第四子。南宋绍兴中（1131～1162 年）
与兄等同住临海，守"金书铁券"。以荫入仕，初官防御使，迁
承宣使。封吴兴郡公，赠少师开国公。钱忱之子钱端仁，字迪
道，居临海。官右朝散大夫、直秘阁知郢州，提举南京鸿庆宫兼
提举其祖母秦鲁国大长公主所居之临海"一行宅"事。赠正议大
夫、文华阁待制，累赠光禄大夫。

钱忱之子钱端礼（1109 ～ 1177
年），字处和，后以荫入仕，绍兴
三年（1133 年），添差通判台州，
累迁知临安府。绍兴三十一年
（1161 年）权户部侍郎兼枢密都承
旨，隆兴二年（1164 年）赐同进
士出身，除签书枢密院事兼权参
知政事，进参知政事兼权知枢密
院事。女为皇长子邓王夫人，邓
王立为太子，乾道元年（1165 年）
避嫌除资政殿大学士，提举洞霄
宫（图45）。钱端礼之子钱篴，字
淇父，官奉议郎、两浙东路安抚

图45　钱端礼画像

大使司干办公事，赠光禄大夫，累赠太师、郑国公。钱篴之子钱
象祖（1145～1211 年），字伯同，号止安。以祖端礼恩泽补官，
历太府寺主簿丞、刑部郎官、知处严抚诸州、江东运判侍右郎
官、枢密院检详、左司郎中权工部侍郎、知临安府、吏部侍郎、
工部尚书改兵部华文阁学士、知建康府、再除兵部尚书。嘉泰四
年（1204 年）四月，自吏部尚书赐出身同知枢密院事。开禧元年
（1205 年），除参知政事兼同知枢密院事。开禧二年（1206 年）
三月罢参知政事，为资政殿学士。俄夺官贬知信州，已而起复知
绍兴府，以知政殿学士提举万寿观，兼侍读。开禧三年（1207
年）四月，复除参知政事。十一月，兼枢密院事。十二月，授正

奉大夫兼国用使，除右丞相兼枢
密使。嘉定元年（1208 年）四
月，兼太子少傅。十月，除特进
左丞相兼枢密使、太子宾客。终
少保成国公，卒赠少师，追封魏
国公（图 46）。

图46　钱象祖画像

　　南宋临海与钱氏并盛的还有
地方势力谢氏，著者如谢廓然、
谢深甫、谢道清和谢堂等。谢廓
然，字开之，以其父谢升俊余荫
补官。孝宗淳熙四年（1177 年）
赐进士出身，七年（1180 年）
五月由刑部尚书除签书枢密院
事，八年（1181 年）八月自权
参知政事除同知枢密院事，九月复兼权参知政事，九年（1182
年）因病致仕。谢深甫，字子肃，号东江。孝宗乾道二年（1166
年）进士。宁宗庆元元年（1195 年）四月，自御史中丞兼侍读、
端明殿学士、签书枢密院事，二年（1196 年）正月除参知政事，
三年（1197 年）正月兼知枢密院事，四年（1198 年）八月除知

图47　谢深甫塑像

枢密院事兼参知政事，六年（1200 年）闰二月除右丞相。嘉泰三年（1203 年）正月以病重致仕。后以孙女谢道清为理宗皇后，追封信王，改封卫王、鲁王，谥惠正（图 47）。谢道清，十七岁入宫为通义郡夫人，十九岁册立为皇后。度宗立，尊为太后。恭宗立，又尊为太皇太后。恭宗继位时只有五岁，谢道清乃经"大臣屡请"，垂帘听政，实际上掌握了朝廷的最高统治权（图 48）。谢堂，字升道，号恕斋，为谢深甫曾孙，谢道清内侄。理宗淳祐三年（1243 年）由籍田令添差通判平江。恭宗德祐元年（1275 年）十二月赐进士出身，除同知枢密院事。次年正月除知枢密院，衔命与元军议和，被胁迫北迁，后死于北方。谢氏一门四代鼎盛，封赠为王的有：谢景之，鲁王；谢深甫，鲁王；谢渠伯，魏王；谢奕昌，赠太师、追封魏王；谢奕礼，赠少师，追封润王。目前，临海还保有谢氏的一些遗踪。城内"洗菜桥"巷，传为谢道清

图 48　谢道清塑像

入宫前经常洗菜的地方，大洋街道狗山一带原是谢深甫丞相府上台坊的范围，谢里（鲁）王村名沿用至今。

　　除钱、谢两族之外，临海官至宰辅的还有陈骙。陈骙，字叔进，绍兴二十四年（1154 年）参加礼部试，获得第一。绍熙三年（1192 年）六月，从礼部尚书除同知枢密院事，四年（1193 年）三月除参知政事，五年（1194 年）七月除知枢密院事，八月宁宗继位，又兼参知政事，十二月罢任。又南宋一朝客籍宰辅告老定居临海的共有七位，他们分别是：吕颐浩，祖籍山东乐陵。高宗时官尚书左仆射、同中书门下平章事，在职五年。吕颐浩先后二次罢相，第一次罢相时"徙家临海"，复职后力倾秦桧"专主和

议、植党专权",使秦桧罢相长达七年;第二次罢相后,取唐杜甫"穷老真无事,江山且定居"之意,选择临海巾子山东麓筑"退老堂"以居。他还曾在"溪径迂回,林峦秀艳"的景福寺消夏时,建石亭于寺旁。后人遂以命名,亭所处之山为"吕亭山",亭边之村为"吕亭山村",即今括苍镇上坪村。范宗尹,祖籍湖北襄樊。高宗时官尚书右仆射、同中书门下平章事,在职二年。翟汝文,祖籍江苏丹阳。高宗时任翰林院学士兼侍读,升参知政事,因与秦桧不合,在职仅二月。绍兴二年(1132年)携子定居临海,初寓巾子山景德寺(今茅庵),曾建观音殿。陈与义,祖籍河南洛阳。高宗时参知政事,在职一年半。贺允中,祖籍河南汝阳。高宗、孝宗时参知政事,在职二年,为官"清介刚直,凡所谏议,皆中机宜"。早在绍兴中就徙家临海,退休后定居东湖后湖的北侧,以唐诗人贺知章自况,并借之"唯有门前镜湖水,春风不改旧时波"诗意,命名东湖后湖为小鉴湖,同时于湖畔构建占春堂、枕流亭、漱石亭等。王之望,祖籍湖北襄阳谷城。孝宗时参知政事,在职三个月。王之望子孙兴旺,子王镛为房州知州、王铢荆门军知州、王铭太府卿、王鈜总管四川粮饷、王钦赠朝散郎;孙王涔户部郎中、婺州知州,王淦迪功郎、衡州知州。曾孙娶贺允中曾孙女为妻。王氏几代墓葬均在今尤溪镇白岩村,王之望墓数年前曾被发现,可惜已经盗掘,仅剩墓志。陈栋,祖籍四川眉州青城。理宗、度宗时参知政事,在职二年。还有临海城内赵巷一带,就是当时皇族南迁的聚居地。可见,临海的钱、谢两族和南迁寓居临海的名臣显族、赵氏宗族等,已成为南宋王朝的重要支柱。临海的社会地位有了质的飞跃,社会经济的发展也因此有了长足的进步。

德祐二年(1276年)一月,元军主将伯颜进占临安城外,对南宋迫降。太皇太后谢道清誓不出走避难,一方面嘱托陆秀夫带走恭帝之兄赵昰和之弟赵昺,前往江南西路、福建路和广南东路一带继续抗元,图谋复国。另一方面提升文天祥为右丞相,出城与伯颜谈判，谈判不成，文天祥亦被扣留。为了保全临安城的百姓，谢道清下定了"只要生灵不受涂炭，向元称臣亦不计较了"的决心，遂派左丞相仙居人吴坚赴大都（今北京）递送降表。二月，元军进驻临安城，恭帝和众大臣都被带往大都。八月，谢道清也被元人从临安迁往大都，并降封为寿春郡夫人。至此，临海人谢道清终没能挽回残局，勉强演出一百五十年的南宋正式落幕。七年后，谢道清病故，归葬于临海西郊，长伴其父谢渠伯陵室之侧。

两宋时期，临海的经济有了进一步的发展，特别是水利建设方面的修治，更是维护了沿海、沿江居民生活和农田的利益。临海城内的州河，始修于唐，时可通舟楫。"按旧经：源始平桥，平桥始石佛寺后山，流于括苍门，后颇湮塞。自括苍门衍于州南桥，东北流至东桥，并栖霞宫，又东北流越悟真桥、观桥，疏而为二：一南流至都酒务后，凡白塔桥、尼巷之水皆入焉；又东则入杨柳巷，出宝城巷水门。一东流直出都米仓前，稍南复东出崇和门水门，馀水南流，亦会于宝城巷，自馀兜率、六通一带之水，又出小固山水门，大抵地势西仰东卑，故河流亦如之。昔传河之名有三：曰清涟，曰新泽，曰清水。今皆汙壤，通涓流而已。"（宋陈耆卿《嘉定赤城志》）吴越纳土归宋以后，"先是城中水多壅塞，……埋为平陆，每霖雨则内水淹沮，值潮溢迸城，飘荡相望"（宋陈耆卿《嘉定赤城志》）。严重影响了城内外居民的生产、生活和农田水利。天禧中（1017～1021年），通判辛若济以"州泉汙涸，郡酿尤不给，乃自东北山流瀑斫石为槽，注入天庆观西南，为一圆井，又三百六十步为一方池，自池一百四十三步以达于务，人赖其用，号辛渠，且歌之。歌曰：'辛渠之水，来源十里。其易若何，如臂使指。涝亦不汙，旱亦不止。'"（宋陈耆卿《嘉定赤城志》）。仁宗庆历六年（1046年），元绛以屯田员外郎知台州。遂"自括苍门疏而之东南，由东北丰衍仓东南上崇和门水窦，又东越酒务，又东汇于崇和门，以池积水，号广惠渠"（宋陈耆卿《嘉定赤城志》）。并开凿通舟，"建十石梁以度车马焉"（宋陈耆卿《嘉定赤城志》），使群众受益不少。又神宗熙宁四年（1071年），台州太守钱暄在崇和门外，以废船场水军营开东湖。"时方累石修城，以水至漂溢，故凿湖以受众水，且以其土堤城之东，绝后患焉。"（宋陈耆卿《嘉定赤城志》）南宋绍兴二十年（1150年），萧振以左承议郎、徽猷阁待制知台州，"再加修辟"。乾道五年（1169年），向沟以右朝请大夫、直秘阁知台州，"复披故道，创城阛斗门，上覆以亭，又即故斗门筑三牐以通江"（宋陈耆卿《嘉定赤城志》）。淳熙十一年（1184年），太守江乙祖"亦复修焉"。大规模的疏浚河道和开挖东湖，不但化水害为水利，而且保证了此后东湖在农田水利和人民生活方面都起到了更大的作用（图49）。

为了扩大耕地面积，北宋熙宁七年（1074年），著名科学家沈括奉旨考察两浙水利，上疏提出："温、台、明州以东海滩涂

图49　临海东湖

地，以兴筑堤堰，围裹耕种，顷亩浩瀚，可以尽行根究修筑，收纳地利"（《宋会要辑稿·食货》）。宋神宗采纳了沈括的建议，命他"委选官吏"，付诸实施，并允许动用"陂湖遗利钱"以充经费。从此临海的沿海水利工程开始由民办转而得到政府的财政支持。宋室南渡以后，统治者非常重视农业生产，在奖励州县兴修水利的同时，并把其过程作为对州县官考绩的一项重要内容。《宋史》卷一七三《食货志上一》载："南渡后水田之利，富于中原，故水利大兴。"除修复久被湮废的水利之外，还修建了不少新的水利工程。临海修筑的各类水利设施有当时大固乡的周家堰、古泾湖梁埭；义诚乡的高湖堰；保乐乡的东山头浦、谢奥浦、堰泄浦、松浦泾、广济埭浦泾、林子浦径、吴志屋后浦泾、涂下浦泾、章安浦泾；遂仁乡的长石庙前浦、洋奥堰；明化乡的蛟龙泾、新创家子浦泾；安乐乡的道场砩、石牛砩、涌泉砩、胡超堰、下堰、吴丞有堰；重晖乡的长潭堰、黄肚堰、中沙堰、马银泉、杨木堰、潘婆泉；长乐乡的古泾埭和涌泉泾等。又淳熙中（1174～1189 年），临海县令陈居安还浚治了百步溪。

　　南宋时，圩田面积又有所扩大。这主要是朝廷极其重视对圩田的管理，州郡长官都兼任"提举圩田"或主管圩田的职务。《范文正公集·政府奏议》卷上《答手诏条陈十事》以为开辟圩田可做到"旱则开闸，引江水之利，潦则闭闸，拒江水之害，旱涝不及，为农美利"。由于圩田一般收获量较高，当时曾引来了一片赞美之声，杨万里江东圩田诗云："周遭圩岸缭金城，一眼圩田翠不分。行到秋苗初熟处，翠茸锦上织黄云"。临海在五代时已有圩田，到了南宋，就更加普遍。当时境内，圩田处处皆是。至南宋嘉定时（1208～1224 年），临海新围田 5612 亩。此外，临海还在沿海涂泛地区，叠石作堤坝，以防潮水，涂泥干后，种植庄稼，称为"海涂田"。据《嘉定赤城志》记载，南宋宁宗时（1195～1224 年），临海有"海涂田 24771 亩"。南宋末年，临海除新围田、海涂田外，尚有耕地 871972 亩，其中水田

637955 亩，旱地 234017 亩。

　　两宋时期，随着耕地面积的不断扩大，临海的农业生产技术也有了明显的提高。农业生产技术的改进，促使粮食作物获得高产。当时临海境内所种植的粮食作物有水稻和麦，水稻种植自三国以来就已经是"一年两熟"，到了两宋则不断培育出许多新品种。据《嘉定赤城志》所载，这些品种"其最早者曰六十日、曰随犁归、曰梅里白、曰便粮，其次早者曰白婢暴、曰红婢暴、曰八月白，晚者曰白香、曰白堇、曰大细，若是数者，名最著，土人通艺焉。又以色言之，则大青、矮青、光头青、黄散秫、马觜红、金珠之类是也，而马觜红尤香而甘。以次言之，则献台、相连、寄生、第二遍之类是也，而献台最贵。……糯之种相传有数十，而可记者有流水糯、白糯、黄糯、麻糯、荔枝糯、乌盐糯，皆以其色近似。至叶婆糯、郎君糯，则因其人得名。而矮子糯则以其穗短而称焉"。此外，临海境内种植的水稻还有"占城稻"和"剡秫"。陈耆卿还说："占城稻，自占城国至；剡秫自剡至；大中祥符五年以淮浙微旱，使于福建取种三万斛，分给种之，至今土俗谓之百日黄，是又其得之闽中者也。"（宋陈耆卿《嘉定赤城志》）又专家经过研究，认为"占城稻"不但耐旱高产，还可"不择地而生"，因而成为当时早籼稻的主要品种。

　　临海境内种植小麦，最早是北宋时，但范围并不广。宋室南渡后，由于熟悉种麦技术和习惯面食的北方人大批迁入临海，加上酿酒和军队的马料都需要麦子，因而促进了麦子的普遍种植。《嘉定赤城志》说南宋临海种植的小麦"有大小二种。……小者有赤白二色，以赤与白名者取其色。又有名穬麦、蚕麦者"。学者认为，麦子的普遍种植对粮食的增产具有重大的意义。除此之外，临海的其他粮食作物还有麻、粟、豆等。《嘉定赤城志》还记载，麻有三种，"胡麻可饭，油麻可压油，大麻可为乳酪"。粟"有秈、糯二种，江东呼曰粢"。豆"有赤、白、紫、褐、黑五色。又有形如虎爪、羊角或刀鞘者。又一种名白扁豆，生篱落间，可药可食。一种名蚕豆，蚕熟时有之"。

　　两宋时，临海的果蔬种植非常普遍，成为农村家庭的主要副业。水果以梅、桃、梨、桔、橙、李、莲、葡萄、枣、柿、瓜、菱等为大宗。梅的品种最多，"花白者为盛，馀则有绿萼梅、红梅、双梅、香梅、千叶梅、夏梅、寒梅，其实之酸则一也。又有黄色者为腊梅，无实"（宋陈耆卿《嘉定赤城志》）。桃的品种也不少，"皆夏熟，惟紫桃一名昆仑桃，以秋熟。更有名寒桃，以十月熟。又有实小如梅者曰御爱桃，又有水蜜桃、绵桃、饼子桃，其无实者为碧桃、绯桃"（宋陈耆卿《嘉定赤城志》）。梨有雪梨、梅梨、青消梨、水梨、红麖、黄麖等数种。桔有榻桔、绿桔、乳桔、朱桔等品种。橙有青橙、绉橙、香绵橙等种类。李有绿李、蜡李、朱李、紫抹李数种。莲花有红、白二种，又有碧莲、府莲、朝日莲。葡萄有紫色和青色二种，"紫者微酸，青绿者甘"（宋陈耆卿《嘉定赤城志》）。枣有马头枣、钟枣、盐官枣数种，"又一种名棘子，实小而圆"（宋陈耆卿《嘉定赤城志》）。柿有红、绿、乌、黄数色以及牛奶、八棱、无核、丁香等种。瓜有金瓜、银瓜等数种，"又有名八棱、约青、筹筒者"（宋陈耆卿《嘉定赤城志》）。菱则有牛头菱、绿菱、三角菱等数种。此外，还有杏、安石榴、枇杷、金柑、朱栾、柚、杨梅、樱桃、林檎、栗、榛、椎、银杏、椑、猕猴桃、木瓜、芡、荸荠、葛等等。另有藕，以出自蔡岭的质量最佳，茨菰也以蔡岭种植最多。

　　蔬类生产主要以笋、瓜、芥、菘、苋、苏、香菜等为主。笋有早笙、晚笙、江南、含肚、石笋、箭笋、燕笋、鞭笋、苦笋等品种；瓜有冬瓜、秋瓜、瓠瓜、稍瓜等数种；芥有紫芥、黄芥、青芥、油芥数种；菘"大曰白菜，小曰菘菜"（宋陈耆卿《嘉定赤城志》），又有白头、牛肚、早晚等数种；苋有五种，赤、白、紫三色，又有马苋、五色苋；苏有紫苏、花苏、板苏三种；香菜有细、大二种。其他的还有波棱、蒿、荠、韭、胡荽、蕨、葱、莴苣、苦、蒡荙、薤、大蒜、蕈、姜、萝卜、牛蒡、木耳、芋等等。

两宋时的临海，虽不是浙江主要的产茶区，但也有数家茶场生产茶叶，而且"延峰山茶"还是比较"珍"的名品。

海产品亦大规模进入流通领域，沿海的海门、葭芷（以上今属椒江）和健跳（今属三门）等港口均陆续设立鱼市。买卖的鱼类有鲈鱼、鲮鱼（石首）、鮲鱼（乌狼）、鲵鱼（鳖）、鳢鱼、鲳鱼、沙鱼、比目鱼、枫叶鱼、紫鱼（鲂鱼）、鲻鱼、鲋鱼（箭鱼）、鲞鱼、白鱼、海鲫鱼、梅鱼、马鲛鱼、短鱼、火鱼、鳜、竹夹、白袋、谢豹、乌泽、柿核、虹、鳝地青（邵阳鱼、鼠尾鱼）、细鳞、石勃卒（耒鱼）、鲇、苗子、华脐（老婆鱼）、带鱼、鳝鱼、鳗鱼、鲚鱼等，其中仅沙鱼就有白蒲沙、黄头沙、白眼沙、白荡沙、青顿沙、乌沙、斑沙、牛皮沙、狗沙、鹿文沙、鮸沙、鲣沙、燕沙、虎沙、犁到沙、昌沙、丫髻沙、刺沙等品种。其他上市交易的海产品还有章巨、江珧、香螺、辣螺、刺螺、丁螺、斑螺、黄螺、白螺、鹦鹉螺、车螯、红虾、白虾、青虾、黄虾、斑虾、梅虾、蚕虾、虾姑、虾王、乌贼、蛤蜊、蛏、蚶、蚬、龟脚、牡蛎、蛸蚌、母蟹、刚蟹、白蟹、彭越、千人擘、海月、石帆、石蟥、鲎、蛇（水母）、蛤、淡菜等等。

盐业生产在前朝的基础上日益发展，制盐工艺也由火煎海水改进为先刮泥淋卤，再煎制成盐。北宋熙宁五年（1072 年）又于沿海新建杜渎盐场，杜渎盐场范围很广，场址在承恩乡（今桃渚镇北涧），"东至海，西至分水岭界，南至海门卫，北至黄泥山界，延袤八十五里"（民国《临海县志》）。产量"按每岁旧纳正盐二万一千八百石，续增明州寄买六千二百石，总计盐二万八千石"（民国《临海县志》）。崇宁元年（1102 年）以来，"每岁八月后即拆灶住煎，不妨农务"（民国《临海县志》）。南宋绍兴时，有管栅一十八，产盐亭户二百三十六户，煎盐所用的灶五十四座。淳熙元年（1174 年）后，确定年产量为二万五千石。姚宽曾监杜渎盐场，生产中以莲子试卤，其说："余监台州杜渎盐场日，以莲子试卤，择莲子重者用之，卤浮三莲、四莲味重，五莲尤重。莲子取其浮而直，若二莲直或一直一横，即味差薄。若卤更薄，即莲沉于底，而煎盐不成。淋下卤水，以他水杂之，但识其旧痕，以饭甑盖之，于中掠去面上水，至旧处，元卤尽在，所去者皆他水。或以甑算隔之亦可，以他物则不可分矣"（宋姚宽《西溪丛语》）。当时的临海城内设有支盐仓，支盐仓即都盐仓，"在州东南二里崇法院"（宋陈耆卿《嘉定赤城志》）。南宋隆兴时（1163～1164 年）的参知政事王之望，曾"辟监台州盐仓"（《宋永州通判王淦墓志铭》）。

两宋时期，临海的手工业生产，伴随着农业和副业的发展，有了长足的进步。生产规模更为扩大，生产门类也有了增加。如纺织业、造船业、瓷器业、酿造业、造纸业、印刷业和矿冶铸造业等，都是当时主要的手工业。

纺织业是两宋临海的重要手工业之一，当时生产十分普遍，所产的纺织品花式品种也非常繁多，琳琅满目。绫有花绫、杜绫、绵绫、樗蒲绫；绉有绉纱、纺纱；布有葛布、纻布、麻布；䌷有搣绵䌷和搣茧䌷。又有绺、绢、绸、纱等，黄奢（今白水洋镇上尤、东方红一带）所产的绢还被《嘉定赤城志》列为佳品，"绢，出黄奢者佳"。据史料记载，南宋嘉定（1208～1224 年）时，除去老百姓自己消费的纺织品外，临海所属的台州每年合计第一等户要交纳绸 2535 匹，二三等户要交纳绢 1112 匹，四等户要交纳绢 434 匹。临海作为台州的州府所在和首县，交纳的绸绢等肯定占到了台州"岁上供帛"的绝大部分，这也充分说明了纺织业的发达。

造船业一直是临海的重要手工业，自唐代成为国内著名的造船场所以来，至两宋时造船场所不断增加，打造的船只品种和数量也越来越多。据《宋会要辑稿·食货》四六之一记载，北宋真宗天禧年间（1017～1021 年）下达全国各地打造漕船额定为 2915 艘，浙江总计 533 艘，其中临海所属的台州为 126 艘，占浙江总数的 1/4。除了承造的官船以外，临海的民间造船业也相当发达。营造的船只主要为渔船，类型很多，有大对船、小对船、墨渔船、大莆船、淡菜船、溜网船、拉钓船、小钓船、张网船、串网船、批钉船等，所造船只亦为民间船主所有。南宋开庆元年（1259 年），朝廷曾对民船进行过调查统计，《开庆四明续志》卷六记录了沿海的鄞县、定海（镇海）、象山、奉化、慈溪、昌国（舟山）、永嘉、平阳、乐清、瑞安、宁海、临海和黄岩等十三个县的民船情况。这十三县共拥有二丈以上船只 3833 艘，一丈以下船只 15454 艘，总计 19287 艘。其中临海拥有二丈以上船只 552 艘，一丈以下船只 1422 艘，合计 1974 艘，占十三县总数的 1/10 强。以上官府的调查统计是为了征用民船作海防之用而进行的，所以其中必有瞒报，实际拥有量肯定要比统计的大得多。仅此可以想见当时临海造船业的兴旺景象。

两宋时期的临海也是青瓷器的产地，窑址分布很广，已发现

图 50　梅浦凤凰山窑堆积层

的有古城街道的许墅山嘴头、松树坦；梅浦的后门山、凤凰山、岭下、马尾坑、瓦窑头和西泽里；永丰镇柴埠渡的王岸、牛山；大田街道的枪坦山等十余处。其中代表青瓷先进烧造水平的为许墅窑址和梅浦窑群（图50）。

　　许墅窑始烧于唐末五代初，盛于北宋中晚期。梅浦窑群亦烧于唐末五代初，而迄于南宋。它们烧造的器物种类丰富多样，以碗、盘、杯、罐、壶、灯盏和熏炉等为主。胎体轻薄致密，制作规整，特别是仿金银器风格的盘杯，造型精细别致，玲珑端巧。装饰技法有刻、划、刻划并用、镂孔等，以刻花最为多见。纹饰的题材有荷花、蝴蝶、牡丹、莲瓣、缠枝花草、飞鸟等，刻划技巧娴熟、细腻，一般都饰在碗、盘的内壁。更值得一提的是釉色，清亮、匀净、碧绿。比上林湖北宋越窑的器物釉色"似一泓清漪的春水般湖绿色"，有过之而无不及（图51～53）。窑具装烧类中有凹底匣钵、钵形匣钵，垫烧类中有垫圈、垫饼、垫柱。这些窑具制作精致，不同的规格，形制的多样，是其他

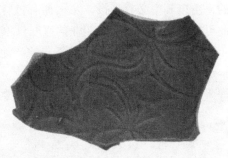

图51　梅浦凤凰山窑瓷片标本

窑址不多见的。此外，许墅窑还伴烧有少量黑瓷产品，有壶、罐、器盖、小盏等器形。这些产品造型规整，胎质致密，釉色匀净滋润，呈酱黑色。说明许墅窑的总体烧造水平很高，同样具有烧造高品质黑瓷的技艺。

　　酿造业随着粮食的增产而迅猛发展，整个两宋时期临海有酒坊28座。南宋淳熙二年（1175年），仅章安（今属椒江）就有乡间酒坊15家。至南宋嘉定时，临海尚有葛浦酒坊、长石酒坊、燥溪酒坊、柘溪酒坊、半坑酒坊、楼石酒坊、白茆酒坊、涌泉酒

图 52　梅浦凤凰山窑瓷片标本　　　　图 53　梅浦凤凰山窑瓷片标本

坊、黄奢酒坊、常风酒坊、潮漆酒坊、大小石酒坊、石新妇酒坊、上广酒坊、归溪酒坊等 15 座。州府于临海城设有都酒务、造曲坊，并在城内及章安置有官酤酒库、醋库，临海县亦设有酒税务与酒库。酒类品种繁多，"台州蒙泉"和"灵江风月"是当时省内名酒。

北宋初期，临海所产的纸已小有名气，造纸的原料主要有竹、桑皮、藤、山麻皮、楮以及笋壳等。宋室南渡以后，临海的造纸业有了更大的发展，制作的名纸为当时所珍重。《嘉定赤城志》记载称："今出临海者曰黄檀、曰东陈。"朱熹在其《文集》中曾述及唐仲友于南宋淳熙八年（1181 年）任台州知州时所刻的《荀子》一书，即"系黄檀纸印"。

造纸业的发展，还带动了印刷业的发达，并促使临海成为南宋浙江的主要刻书地之一。当时进行刻书的有台州公使库、郡斋、郡库、茶盐司、漕司、州学等，最著名的刻书家当为唐仲友，他所刻印的书籍，不但镂板刻工精，而且印刷技术很高。唐仲友（1136～1188 年），字与政，又称说斋先生，金华人。绍兴进士，曾知台州。著有《六经解》、《帝王经世图谱》、《说斋文集》等。其刻书活动主要是南宋淳熙间（1174～1189年）知台州在临海时，所刻之书有《荀子》、《杨子法言》、《中说》、《昌黎先生集》、《后典丽赋》等。

《荀子》二十卷，战国荀况撰，唐杨倞注。为唐仲友于淳熙八年在临海台州任上所刻。此书为二十卷本，版式半页八行，行大字十六，小字双行各二十四。为此书雕版的刻工共有十九人，其名为蒋辉、李忠、吴亮、宋琳、王定、叶祐、林俊、徐通、金华、陈岳、王震、林桧、周伉、周珣、周言、陈显、陈僖、徐逵、周安，以蒋辉所刻为最精。刻成后，人称"宋椠上驷"，赞其"雕镂之精，不在北宋蜀刻之下"。现日本尚有藏本，举为国宝（图54）。

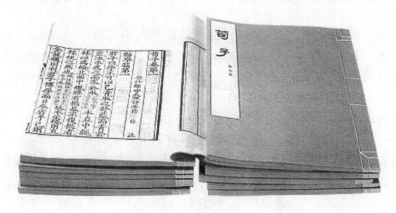

图54 唐仲友刻《荀子》二十卷

《杨子法言》十三卷，汉杨雄撰；《中说》十卷，隋王通撰；《昌黎先生集》四十卷，唐韩愈撰；《后典丽赋》四十卷，唐仲友自撰。此数书同为唐仲友于淳熙八年在临海所刻，但《后典丽赋》未收于《四库全书总目》，故传本不明。

宋代临海刻书比较著名的还有《曾竑诗集》、《曾几诗集》、《三礼图》、《颜氏家训》、《春秋左氏传事类始末》、《石林奏议》、《天台集》、《赤城志》、《净觉十谏书》、《赤城集》、《独断》等。

《曾纮诗集》，绍兴十六年（1146年）刻。

《曾几诗集》，绍兴二十六年（1156年）刻。

《三礼图》二十卷，宋聂崇义撰。淳熙二年，陈伯刚重刻。

《颜氏家训》七卷、《考证》一卷，北齐颜之推撰。淳熙七年（1180年），台州郡守沈揆在临海所刻，为台州公使库本。

《春秋左氏传事类始末》五卷，宋章冲撰。淳熙十四年（1187年），章冲在台州郡守任上所刻。

《石林奏议》十卷，宋叶梦得撰。此书于南宋开禧二年（1206年），由台州郡守叶筬在临海刻印。傅增湘先生的评价是："板式阔大，雕镌雅隽，海内孤帙，可宝也。"原刻本现藏日本静嘉堂文库。

《天台集》二卷、《别编》一卷、《续集》三卷，宋李庚、林师箴、林表民等编。南宋嘉定元年（1208年），台州太守李兼刻于临海的台州州学。

《赤城志》四十卷，宋齐硕等修、陈耆卿纂。嘉定十六年（1223年）刻于临海。

《净觉十谏书》二册，宋僧净觉撰。端平二年（1235年），临海白莲寺比丘宗岘开板流通，丹丘王庸刊。

《赤城集》十八卷，宋林表民编。淳祐八年（1248年），台州郡守丁璹、沈塈刻。

《独断》二卷，具体刻年不详。

此外，《净觉十谏书》的刻工王庸，是临海王氏石刻世家中的一员，刻碑和刻书本是两个行业，刊刻的材料、技法都有很大的不同，但在王氏手里都能互通，这也说明台州雕刻匠人功力的深厚。

在唐代民间开采金矿、铁矿的基础上，两宋的矿产开采规模有所加大。时有归溪铁场、大石铁场、雉溪铁场、吞公铁场、广济铁场等五处铁矿和高粱银场等一处银矿，还有兴国等地亦出铁矿。虽然矿场逐渐废弃，但冶炼和铸造技术却日益精臻。北宋皇祐四年（1052年），临海僧人可荣改作铜刻漏，"果得昼夜不正，迅速来往，指刻可验，观者得以知之"（宋马甫《台州新造刻漏记》）。南宋淳祐十一年（1251年），临海城关冶匠陈园清父子铸造的庆善寺铜钟高七尺余，重达三吨之多，且钟上铭文及捐资者姓名近万字，可见当时的铸造技术已相当高超。

石刻和雕塑也是两宋临海的重要手工业。宋代临海出现过一个石刻王氏世家，刻石延续时间相当长。起于北宋政、宣（1111～1125年）时期，迄于元初（1271～1294年），覆盖整个南宋，约计一百七十年。这个世家刻工人数众多，除了王大辂与王辂、王之才与王才、王之彬与王彬、王正已与王正各同为一人外。尚有王裳、王赏、王棠、王贯之、王之宾、王庠、王庸、王序、王绍祖、王仲、王信、王阶、王天佑，共十七人。临海有石刻文字，从隋唐开始。据不完全统计，唐至五代三百五十三年，可考的有碑记、墓志三十余种（不包括摩崖、经幢等，下同）；北宋一百六十八年，八十余种；南宋一百五十三年，二百七十余种。如果按各该时代的积年平均计算，则北宋为唐至五代的五倍，南宋为唐至五代的十七倍，又为北宋的三倍多。这种后来居上的情况同原来的估计是一致的，但它提供了一个数字化的依据。正是南宋石刻的广泛兴起，才出现了王氏石刻世家。

各种行业的迅速发展，带动了税收成倍的增长。当时临海的商税务，"在州南一里，抵当库、平准务附焉"（宋陈耆卿《嘉定赤城志》）。又抵当库，"在州治西二十步合同茶场左，嘉定四年（1211年）黄守訔建。先是，军民当春冬雪寒，质贷多弗售，……自十月至三月，每质不过五百，拘息一分，为簿书油索费"（宋陈耆卿《嘉定赤城志》）。著名的展子虔《游春图》上，"有台州市务房抵当库印，当是此库中物"（张丑《清河书画舫》）。此外，今藏故宫博物院的《赵昌蛱蝶图》、《崔白寒雀图》等画上，也有"台州市务房抵当库印"。以上三画原藏南宋宰相贾似道处，是台州抄没贾氏书画的明证。又至迟北宋晚年，临海已设立了大田商税茶盐务，地址在临海县东三十里的地方。政和年间（1111～1118年）的大田商税茶盐务为吴兴姚日拱。又淳熙九年（1182年），时任提举浙东常平茶盐公事的朱熹，至台州办理赈济事务，曾劾台州知州唐仲友于临海"违法收私盐税钱，岁计一二万缗，入公使库以资妄用"（宋朱熹《晦庵集·劾唐仲友六状》）。此事是非曲直姑且不论，但从另一方面却反映了临海经济的发展。又南宋绍定二年（1229年），"冬十月壬戌，诏：台州（临海）水灾，除民田租及茶、盐、酒酤诸杂税，郡县抑纳者监司察之"（《宋史》卷四一《理宗一》）。朝廷用减免田租和各种税收来扶持百姓生活与恢复生产。

两宋时期，临海不仅与国内各著名港口通商贸易，而且与朝鲜、日本、阇婆等国的交往也是十分兴盛的。据《临海涌泉冯氏宗谱》载，临海的章安曾设立过市舶务，资料见于谱中冯氏先世冯安国的一首诗。冯安国为宋高宗时人，其所作的一首诗，诗题是奉命巡视临海章安市舶。此后，元卢伦《金山集》也有如下的记载："观察使冯安国父宝，以武德大夫从高宗南渡。安国以荫仕观察，巡视金（临海章安的别称）、松门市舶。卒于台，葬海门赤山。子原吉，遂家临海"。章安是建炎四年（1130年）宋高宗受金兵追赶跨海南渡时的暂住之地，其曾作为古代台州和临海最早的郡、县治所，为两汉及三国时吴国经营东南的战略要地，至少在三国吴时已成为海上交通港口。随着历史的变迁，章安虽已不是郡、县治之所在，但它那特殊的历史和经济地位还得以保留。如宋代临海的酒库和醋库都还设在那里，说明此地的经济影响力还是非常大的，同时也还在发挥对外贸易港的积极作用。宋室南渡后，国家财政支出浩繁，经费筹措困难。因此，绍兴七年（1137年）高宗上谕说："市舶之利最厚，若措置合宜，所得动以百万计，岂不胜取之于民，朕所以留意于此，庶几可以少宽民

力尔"（《宋会要辑稿·职官》）。又绍兴十六年上谕说："市舶之
利，颇助国用，宜循旧法，以招徕远人，阜通货贿。"（《宋会要
辑稿·职官》）高宗认识到只有奖励对外贸易，才能增加国家财
政收入，故在章安设立市舶务亦是意中之事了。但不知为何，此
事正史及官书均失载。

临海与朝鲜的交往与贸易，早在隋唐就已经开始，但除了佛
教的一些交流外，具体资料已无从查考。宋代临海与朝鲜的交往
还是比较密切的，然所留下的信息却也不多，仅知北宋天圣九年
（1031 年），台州（临海）商人陈惟忠等 64 人出明州至高丽，及
宝元元年（1038 年）台州（临海）商人陈惟积与明州商人陈亮
等 147 人至高丽的记载。

两宋临海与日本的交往资料仅限于佛教文化交流方面，其最
著者为日本东大寺僧奝然。奝然（938～1016 年），俗姓秦。生于
京都，幼入东大寺从观理习三论宗，又从石山寺元杲习真言密
教。北宋太平兴国八年（983 年），为弘佛法，在克服诸僧的反对
和老母的支持下，奝然求学临海龙兴寺（台州开元寺）时，龙兴
寺已改"开元"之名。此时距日本天台宗创始人传教大师最澄于
龙兴寺西厢"极乐净土院"坛受圆教菩萨戒也有一百八十年的时
间了，但奝然仍把它作为求学的起始和回归之地，可见临海龙兴
寺在日本天台宗和奝然心目中之神圣。奝然在临海开元寺一住就
是一年时间，回国时，带去了大量的经书和物品，其中最著名
的，就是现存于日本京都五台山嵯峨清凉寺之释迦瑞像（图 55）。
关于这件释迦瑞像，据日本江都开元寺讲经论内殿倍从赐紫沙门
十明所辑之成算《优填王所造旃檀释迦瑞像历记》及《成算法师
记》云：天竺优填王，当释迦在世时，使毗首羯摩造其像，后传
于西域龟兹国，前秦苻坚使将军吕光伐龟兹，携至中国，历代王
室珍藏之；宋太祖安置于东京开宝寺永安院，太宗时迎入大内之
滋福殿，后移入启圣禅院。奝然入宋拜其像，命佛工张荣模刻而
携来。但事实上，成算法师所记并不准确，瑞像的雕刻是在临海

龙兴寺（台州开元寺）完成的。据《鉴端造立记》和《入瑞像五脏具记舍物表》，瑞像的雕刻时间是雍熙二年（985 年）七月二十一日至八月十八日，并且工匠张延皎、张延袭兄弟的名字明确书写于像背装藏洞的木盖板背后。此外，瑞像台座上还阴刻有"唐国台州开元寺（龙兴寺）僧保宁"十字。日本的牧田谛亮先生指出："东大寺的僧奝然，在达到去天台山巡礼的愿望之后，想仿刻供奉在台州开元寺（临海龙兴寺）的释迦瑞像。因此购买香木，拜托佛像雕刻师花了约一个月的时间，才雕刻完成。命叫魏氏樱桃的携回日本。"塚本善隆先生在《奝然请到日本的释迦瑞像胎内的北宋文物》一文中，更是记述了修理释迦瑞像时，在瑞像胎内发现的北宋文物。其中有奝然于北宋雍熙二年八月十八日在临海龙兴寺（台州开元寺）封藏的许多珍贵文物，主要有：

图 55　日僧奝然在临海龙兴寺雕刻的释迦瑞像，现藏日本京都清凉寺，为日本国宝

　　1.《奝然入宋求法巡礼行及瑞像造立记》一通，纸本墨书。此记首有"日本国东大寺法济大师赐紫奝然"，末有"雍熙二年太岁乙酉八月十八日记"字样。由台州开元寺（临海龙兴寺）僧鉴端书题。

　　2.《入瑞像五脏具记舍物表》，在包纸上题有"奝然谨封"字样，纸本墨书。目录内容为："台州都僧正景尧舍水精珠三颗，开元寺僧德宣舍水精珠三颗，僧保宁舍水精珠三颗，僧居信舍水精珠一颗，僧鸿粹舍水精珠一颗，僧鉴端舍水月观音镜子一面、铃子一个，僧清筭舍银弥勒佛一个、水月观音镜子一面，僧契蟾舍镂眼珠一双，僧契宗舍镜子一面，僧延宝舍金刚珠四颗，苏州道者舍水精珠一颗；妙善寺尼清晓、省荣、文庆并余七娘舍佛五脏一副，造像博士舍文殊像入肉髻珠中；陈妮儿年一岁舍入右手银钏子一枚；日本国东大寺法济大师赐紫奝然舍银舍利一颗、菩提念珠一钏、镜子一面、《最胜王经》一部、娑罗树叶、金玉宝石等；日本国僧嘉因舍小书《法华经》一部、灵山变相一幢。雍熙二年八月初七日造像之后，入佛牙于像面。至已后时，佛背出血一点，不知何瑞。众人咸见，故此记之，时雍熙二年八月十八日，法济大师赐紫奝然录，造像博士张延皎、勾当造像僧居信。"

图56　释迦瑞像腹内发现的版画"灵山变相图"，宋画院画家高文进画

3. 中国士女舍钱列名记。

4. 折本金刚般若波罗蜜经。

5. 版画灵山变相图（图56）。

6. 版画弥勒菩萨像。

7. 版画骑狮子文殊菩萨像。

8. 版画骑象普贤菩萨像。

9. 奝然生诞书。

10. 线刻水月观音像铜镜，镜纽上结绢带上有墨书"台州

女弟子朱口娘舍带子一条"
（图57）。

　　此外，尚有菩提子念珠、
水晶珠、玛瑙耳环、玻璃器及
绢制五脏六腑并愿文和种种绢
制小片。如罗縠、纹纱、艾纹
纱、无纹纱、纹罗、夹缬、绫
等。妙善寺诸尼还把请往日本
的释迦瑞像内封藏的情况，记
在白色手绢的背面（图58）。

　　端拱元年（988年），奝然
遣其弟子喜因奉表随台州宁海
县商人自日本来临海开元寺

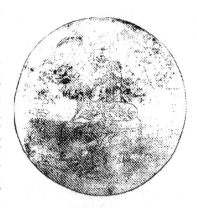

图57　释迦瑞像腹内发现的线刻
水月观音像铜镜

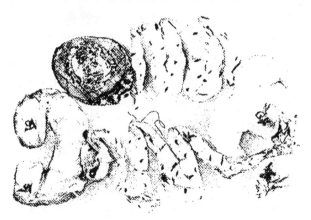

图58　释迦瑞像腹内发现的绢制五脏

（今龙兴寺）致谢。

　　祖元也是临海与日本进行佛教文化交流的一位重要人物。祖
元（1226～1286年），字子元，号无学，俗姓许，鄞县人。少从
居简禅师门下出家和受戒，后事无准师范禅师，参究"公案禅"。

无准死后，曾遍参名僧石溪心月、偃溪广闻、虚堂智愚、物初大观、退耕德宁等大德。其间历任诸寺书记、藏主、净头、首座、住持等，逐渐声名大起。南宋咸淳五年（1269 年），因道行高洁，宰相贾似道闻其名而请主临海真如寺。自此长住七年，大弘禅风，成就了其"老婆禅"之学。南宋祥兴二年（1279 年），祖元应日本时宗之请，赴日传法。关于祖元的东渡传法，木宫泰彦的《中日交通史》是这样记载的："弘安元年（1278 年）七月，道隆寂于建长寺，执权时宗欲迎宋之硕德继其任。是岁十二月，自作请帖，遣德诠、宗英二僧赴宋。二年五月，迎无学祖元来日。祖元与辨圆、普宁同为径山无准师范门下之俊杰；太傅贾似道曾请住台州真如寺，其地被蒙古侵略，不能安静举扬宗风，不得已去之明州天童山，依托法兄环溪唯一，而为其第一座。及见时宗请帖，游心顿动，遂偕法侄镜堂觉圆、弟子梵光一镜等来日。到镰仓住建长寺，与住寿福寺之正念对峙，大扬禅风。当时自执权时宗、武藏守宗政以下，诸镰仓武士，参谒者甚多"。由于祖元在日本临济宗发展上所作的贡献，他的法系在古代日本禅宗二十四派中称"佛光派"，死后被谥为"佛光禅师"。祖元的语录共为十卷，其中最主要的是在临海真如寺的传禅语录。

　　我们还可以看到几条临海对外交往与贸易的资料。一是宋《嘉定赤城志》载临海城内有"通远坊"，按"通远坊"，其意是通商货于远方，亦当为远方商人聚居之所。据考证，"通远坊"之名，国内其他城市也有，多为海外客商所居。临海"通远坊"所住的远方客商，虽不一定单指海外，但包括外国人则是无疑的。而宋代台州的"税务"就设于此，即今临海古城税务街一带，税务街的街名就是从宋代在此设立税务而来。二是洪迈《夷坚志》支庚卷五《真如寺藏神》条记云："台州临海县上亭保，有小刹曰真如院，东庑置轮藏。其神一躯，素著灵验，海商去来，祈祷供施无虚日。"书中所提到的上亭保，就在今临海沿江镇红光村稍东的灵江、澄江、椒江三江交汇处，宋时属明化乡。

这里就明确的说到了海商，当然是不是就是海外的客商，却难究其详。三是宋代铜钱漏海的现象十分严重，走私者不但有中国商人，也有日本商人。据《黄文献集》卷八，南宋乾道六年（1170年）左右，台州（临海）有商人船运铜钱下海；又理宗（1225～1264年）时，日本商人潜入台州（临海）等地抢购铜钱，一时造成市面上铜钱绝迹。以上资料充分说明了两宋时，临海的海上交通线的存在和与外国交流、贸易关系的密切。

两宋时期，特别是宋室南渡以后，随着杭州成为了政治、经济的重心，临海的社会经济也得到了飞速的发展。社会经济的发展，随之大大推动了教育文化事业的蓬勃发展。

首先是教育事业的兴旺。北宋景祐四年（1037年），临海县令范师道于临海孔庙建立县学。康定二年（1041年），台州太守李防又于州孔庙即庙建学，官学开始兴盛。南宋乾道七年（1171年），台州郡守朱江在州治东韩运判宅址建贡院，由于地方狭小，不能满足台州应试士子的需要，不久即迁徙兜率院。后又于巾山北新建，新建成的贡院"有监试位一，考试位六，后有亭曰搴秀，为会考之地，重庑参错，为屋三百一十楹，置试案卷棚"（宋陈耆卿《嘉定赤城志》）。但就是这样也不能解决参试士子人数日增的问题，如《嘉定赤城志》所说："近岁至八千人，始于报恩寺截行者寮附益之，犹虑不能容"。确实如此，地下的考古资料也证明了这一点。如近年发现于岭外的《陈容墓志铭》记载："有宋嘉泰元年（1201年），台之举进士者逾七千。"（马曙明、任林豪主编《临海墓志集录》）南宋嘉定（1208～1224年）时，台州州学与临海县学共有学田1837亩3角20步、地51亩3角、山62亩2角，保证了教育的兴旺和发展。

同时，书院亦开始出现。书院制度形成于北宋初期，当时国内出现了白鹿、石鼓、应天、岳麓四大书院，收聚生徒，开讲学之风。南宋时书院有了迅速的发展，临海的书院也应运而生。南宋景定三年（1262年），台州郡守王华甫于东湖创建上蔡书院。

据有关史料记载，上蔡书院的创建与著名理学家谢良佐有关。谢良佐，字显道，河南上蔡人。北宋元丰时（1078～1085年）进士，累官至朝奉郎散骑尉。曾与游酢、吕大临、杨时同受业于理学大师程颢和程颐，为"程门四先生"之一，著有《论语集解》等行世。谢良佐后遭党禁而死，先是台州郡守黄𩒎为纪念谢良佐，而祀良佐于州学。后得王华甫创建书院，以谢良佐为上蔡人而号曰"上蔡"。书院建成后，王华甫特邀参知政事杨栋为书院山主，又请来理学名家王柏前来讲学，并编有《上蔡书院讲仪》。此后，临海先后建立的规模较大的书院还有"溪山第一"和"观澜"等。

随着官学和书院的兴盛，乡间的义学也随之出现。从已知的史料来看，南宋临海的肯溪（今杜桥镇肯埠村）已办有义学，创办者为黄之奇。黄之奇，字瑞卿，临海肯溪人。其"创义学，延名师，以来学者，其间贫不自给，待以有养，人皆德之"（马曙明、任林豪主编《临海墓志集录》之《宋黄之奇圹记》）。

教育兴旺带来的直接效果就是人才辈出，学者蔚起。以科举而言，南宋浙江考取进士的有六千多名，而其中临海就有一百八十六人。从《宋史》统计，浙江籍入传的凡一百三十六人，临海籍的也有十人，即杨蟠、陈公辅、徐中行、徐庭筠、陈良翰、陈骙、谢深甫、商飞卿、谢道清和江仲明等。诚如全祖望所说，南宋时浙东有邹鲁之称。可见文化中心也和经济中心一样，已由中原移向东南沿海。教育的兴旺发展，不仅打破了封闭的局面，而且改变了人才结构和人际关系。同时也带动了其他学术文化、科学技术和各种艺术的发展。

理学盛于南宋，但初期在临海并没有流传，也没有影响。这主要原因是由于临海的陈公辅是一个坚定的反理学斗士。陈公辅时任右司谏，"颇号忠鲠"。《宋史纪事本末·道学崇黜》说："程学之禁，首发议于陈公辅，时绍兴之六年也。"理学在临海产生影响，缘于朱熹的两主台州崇道观和一次提举浙东按行台州。

期间，朱熹讲学授徒，广交朋友，于是朱子学说大行。临海朱子学说的代表人物主要有石𡐛和董楷。石𡐛（1128～1182年），字子重，号克斋，临海章安（今属椒江）人，南宋著名理学家。绍兴十五年（1145年）进士，初授迪功郎，任湖南郴州桂阳县主簿。乾道八年（1172年）迁福建南剑州尤溪知县，终知南康军事。尤溪是朱熹的家乡，石𡐛就任知县后，因建县学致函朱熹作记，遂与之交往甚密。又于故乡章安创建观澜书院，讲学授徒，名震一时。一生著有《周易集解》、《大学集解》、《中庸集解》等行世，后人尊为"台州大儒"。《嘉定赤城志》称其与朱熹游，"里人知有洛学"。明谢铎则称"台（州理）学之传，实自公始"（明谢铎《尊乡录节要》）。董楷，字正叔，一字克斋，生卒年不详，临海人。宝祐四年（1256年）进士，初为绩溪主簿，后至吏部郎中。其学出于朱熹的弟子陈器，故说《易》唯以洛闽为宗。董楷一生传朱子之学，主要贡献就是将程子和朱子之书合二为一，有著作《周易传义附录》十四卷。

史学自南宋开始有了较大的发展，其间影响最大、成就最高的为赵汝适和陈耆卿。赵汝适（1170～1231年），字伯可，宋太宗八世孙。祖籍河南开封，祖父南渡后，于绍兴初定居台州。他出身封建官僚家庭，父亲赵善待官至朝请大夫、岳州知州。绍熙元年（1190年），赵汝适以祖上遗泽，补将仕郎。绍熙二年（1191年），授迪功郎、临安府余杭县主簿。庆元三年（1197年），赐进士及第，授修职郎。后历任从政郎、文林郎、湘潭县丞、绍兴府观察判官、宣教郎、武义知县、奉议郎、承议郎、朝奉郎、临安府通判、朝散郎、朝请郎等。嘉定十六年（1223年），知南剑州。次年转朝奉大夫、朝散大夫、提举福建路市舶司。宝庆元年（1225年）七月兼权泉州市舶使，十一月又兼知南外宗正事。宝庆三年（1227年）除知安吉州，未赴任，又改知饶州。绍定元年（1228年），转朝请大夫。绍定三年（1230年），兼权江东提刑，旋主管华州云台观。绍定四年（1231年），转朝议大夫。

图59 赵汝适墓志

终官告院主管，死后葬于临海重晖乡之赵岙山。赵汝适在史学上最大的贡献，就是在福建路市舶司兼权泉州市舶使任上所撰著的《诸蕃志》。这是一部专门记述当时中国与海外各国贸易、交通等方面的著述，是《宋史·外国传》的主要底本。《四库全书总目提要》称其"叙述详核，为史家所据"（图59）。

陈耆卿（1180~1236年），字寿老，临海人。南宋嘉定七年（1214年）进士，初为浙江青田县主簿，迁庆元府学教授。宝庆二年（1226年）任秘书省正字，转校书郎。绍定元年除秘书卿，改著作郎。端平元年（1234年）兼国史馆编修，迁将作少监，终国子司业。陈耆卿受学于叶适，对文、史、哲，无不该通，文章法度，具有师承。《嘉定赤城志》是他的史学代表著作，世称名志。是志为台州总志，以所属临海、黄岩、天台、仙居、宁海五县，条分件系，分十五门。明陈相赞其"事实详明，颠末备具，千百年之文献一览可知"。清宋世荦认为其志"积十数年参考之功，创千百载遗缺之迹，词旨博赡，笔法精严，称杰构焉"（图60~61）。

诗文的创作开始在国内有了影响，著名的诗人和文学家为杨蟠和吴子良。杨蟠，字公济，临海章安（今属椒江）人。北宋庆历六年（1046年）进士，累官密、和二州推官，终知寿州。苏轼知杭州时，杨蟠为通判，他们间的诗交极深，苏轼的《东坡集》中仅和杨蟠的梅花诗就有20首。欧阳修亦对其非常赞许和推崇。《宋史·文苑传》称其"平生为诗数千篇"，可说是北宋临海第一诗人。吴子良（1198~1257年?），字明

图60　陈耆卿塑像

图 61 　《嘉定赤城志》

辅，号荆溪，临海人。南宋宝庆二年（1226 年）进士，历国子学录、司农丞。淳祐四年（1244 年）除秘书丞，复提举淮东。淳祐四年再除秘书丞，淳祐五年（1245 年）为两浙转运判官。淳祐六年（1246 年）除侍右郎官，淳祐八年（1248 年）以朝散大夫除直敷文阁、江南西路转运判官兼权隆兴府。终湖南运使、太府少卿。其自幼聪颖，16 岁时师从陈耆卿，后又就学于大学者叶适。叶适极为赏识，称其文"意特新，语特工，韵趣特高远"。著有《林下偶谈》和《荆溪集》。对于《林下偶谈》，《四库全书总目提要》说"此书皆其论诗评文之语，所见颇多精确"，"其识见高于时人远矣"。《荆溪集》虽已佚，但尚有遗文数十篇散见于《赤城集》等书。学者认为，他的文章皆有为而发，丰而不华，高而不泛，论证谨严，理意透彻，在当时作者中少有企及者。另外，南宋宁宗朝的丞相谢深甫，也是一个可称道的文人，著有《东江集》十卷，时人郑伯熊即有"文士世不乏，求具眼如深甫者实鲜"的说法。他的"性灵"之说，对清代著名文学家袁枚影响很大，袁枚在《随园诗话》卷十二就有这样的议论："谢深甫云：'诗之为道，标举性灵，发舒怀袍，使人易于矜伐'。"

词始于唐，兴于五代而盛于两宋。南宋初期，临海也出了一位著名的爱国词人陈克。陈克（1081～1137 年），字子高，号赤城居士。其出身于书香门第，父亲陈贻序和伯父陈贻范均进士及第，并都担任过州县官。他们不但文学造诣很高，而且陈贻范还是著名的藏书家。陈克自幼受家庭熏陶，才学日益长进，诗、词、文无不精通。他早年的诗，文辞优美，风格近温庭筠和李商隐，在"宋诗中另为一格"。他的词写得更好，佳作多多。陈振孙《直斋书录解题》称其"词格高丽，晏（殊）周（邦彦）流亚"。清李慈铭在所著《越缦堂读书记》一书中，论赞其词"在北宋诸家中，可与永叔（欧阳修）、子野（张先）抗衡一代，虽所传不多，吾浙称此事者，莫之先矣"。可惜的是，绍兴七年（1137 年），陈克随主战的兵部尚书吕祉去庐州收编王德、郦琼的部队时，不幸被叛军"积薪焚死"，留下了悲壮的一页。此外，南宋初年始侨居临海的参知政事王之望，也是一个词学大家。其"手未尝释卷，博学无所不通，谈论英发，听者忘倦。为词章下笔立成，豪赡宏博，切于事理"（《宋王之望墓志》）。有《汉滨集》行于世，所作之词，如《菩萨蛮》："华灯白乐明金碧，玳筵剧饮杯余湿。珠翠隔房栊，微闻笑语通。蓬瀛知已近，青鸟仍传信。应为整云鬟，教侬倒玉山"。又如《鹧鸪天》（台州倚江亭即席和李举之，时曹功显、贺子忱同坐）："撩乱江云雪欲飞，小轩幽会酒行时。佳人喜得鸳鸯侣，豪客争题鹦鹉词。歌舞地，喜追随。歙州端恨外迁迟。谪仙狂监从来识，七步初看子建时"等等。脍炙人口，享誉海内。

教育文化发展的同时，科学技术也得到了显著的提高。临海科学技术的提升，主要体现在中津浮桥的建造。中津浮桥，原在临海县南一里，创于南宋淳熙八年（1181年），为台州太守唐仲友所建。唐仲友于淳熙七年（1180年）来到临海，为了解决灵江潮汐河流的修桥事，"度高下，量广深，立程度，以寸拟丈（百分之一的比例模型），创木样置水池中。节水以箭，效潮进退，观者开喻，然后赋役"（宋唐仲友《中津桥记》）。根据实际的地形、水文情况，用模型模拟潮水升降，想出了巧妙的方法，在模型上研究透彻，然后再施工。此桥的规模是"筑两堤于皇华亭以东，甃以巨石，贯以坚木（埋了系缆桩）。载护以畚（堤外再植短桩保护），楗中为级道（中设踏步），两旁为却月形，三其层以杀水势。南堤上流为夹木岸以受水冲。堤间百十有五寻（九十二丈，约三百米），为桥二十有五节，旁翼以拦，载以五十舟，舟置一碇"（宋唐仲友《中津桥记》）。这种布置计五十舟，二舟为一组，称为一节。"桥不及岸十五寻（约四十米）。为六枙，维以柱二十，固以楗，筏随潮与桥岸低昂，续以版四。锻铁为四锁以固桥。纽竹为缆，凡四十有二，其四以维舟，其八以夹桥，其四以为水备，其二十有六以系枙。系锁以石囷四，系缆以石狮子十有一，石浮图二。缆当道者，植木为架。"（宋唐仲友《中津桥记》）这里随潮低昂的关键在柱和枙。六枙由圆木组成，上阁桥面板，板下为系枙竹缆。板上栏杆处亦为系枙竹缆及夹桥竹缆。这样，枙便好像六节铰接的木枙链。每枙中间各铰处都嵌在木柱炎间，作为随水升降的导向。靠岸枙端固定地"铰"接于石堤。靠船一端以船边竖木为导向。当高潮时，所有的枙都浮在水面，因为有柱的导向及竹缆系住，不会被潮流所冲动。在最低潮时，除枙最外端的所有枙端都落下搁在预设的有坡度的楗上。在高低潮之间，若干枙端浮在楗上，枙和船桥相接之处，桥面高低有差。同时枙链由于高低潮时倾斜度不同，其水平差距有伸缩，所以用四块跳板搁接，即"续以版四"。唐仲友用接活动引桥的方法，在八百年前解决了复杂的潮汐河流浮桥的问题，可称是一位不亚于沈括的实干家。可惜桥今已不存（图62）。

图 62　中津浮桥旧影

医药卫生方面，南宋乾道年间（1165～1173年），有王卿月通医学，所著医学专著《产宝诸方》。另就考古资料来看，宋代临海的医疗已有了明确的分工。如北宋临海日山塔遗址出土的铭文砖中，就有"攻小方脉李宗旦"之铭。清宋心芝说："《渊鉴类函》引《汉书》，张机字仲景，善于治疗，尤精经方。所著《伤寒论》三十二篇，为后世方脉之祖，此大方脉之名所由起也。小方脉，殆即儿科耳。"（清黄瑞《台州金石录》）可见，当时的医疗水平已有了很大的发展。

宋代，中国书画进入了一个新的发展阶段，临海的书画艺术也和全国一样普遍繁荣。随着文化教育的不断升温，书画艺术作为文化中的一个重要组成部分，在繁荣中逐渐普及。有宋一代临海的书画家主要有王珏、吕育、杨鸿举、杨蟠、僧仲能、僧若舟、蒋之道、钱忱、曹勋、贺允中、王之望、李庚、林鹏程、夏知言、钱端礼、僧智圆、王卿月、陈铸、谢深甫、陈达善、林师蒇、叶汉卿、姜郿、吕霜临、商飞卿、谢枭伯、应称、赵崇缜、谢奕修、谢奕恭、赵师宰、鹿祖烈、关庚、王亚夫、谢圭、张仁朗、谢堂、綦氏、王贞妇等，其中以杨蟠、蒋之道、王卿月、林师蒇、叶汉卿、姜郿、谢奕修和谢堂为最著。

　　杨蟠（约 1017～1106 年），其书法古劲，有广东碧落洞摩崖，又能篆书，于潜（今临安）长乐寺碑记即为杨蟠篆额。后为温州知州，在任二年，定城中三十六坊，民爱之如父母，所留政绩颇多。

　　蒋之道，字行甫，临海人。好道者，生平清标绝俗，行止轻骄，善书画。

　　王卿月，字清叔，临海人。乾道五年（1169 年）进士。历官至太府卿，世又称王经略。王卿月文武双全，先以武举进，又中文进士。凡兵事、词章、释老百家之学，无所不知，琴奕卜筮射医，无所不能，翰墨丹青，一一造妙，是一位书画全才。画学廉布，枯木、竹石、山水皆能，时人称其所为山水"当作烟雨半开，登高临远时想，苟求形似，便失妙处"。可见也是一位水墨写意山水画家。其正书，笔力劲健至美，今尚存其所书《宋李询墓志铭》。

　　林师蒇，字咏道，临海人。酷嗜书，好篆隶，其师虞似良每授简俾代书。

　　叶汉卿，临海人。善画墨竹，陈耆卿对其很是赞赏，有"奇态横发，修眼百尺。风披雨洒，如枕潇湘。故醉墨淋漓，纵横满屋"之句。

　　姜卿（1151～1212 年），字子西，临海人。历官温州乐清县尉、鄂州嘉鱼县知事。"习欧阳率更书，清劲有楷法"。

　　谢奕修，临海人，为丞相谢深甫长孙。历官至宝谟阁直学士，与弟奕恭俱善书，精鉴别。所居养浩斋，收藏历代法书名画，甲于一时。

　　谢堂，字升道，号恕斋，临海人。宋丞相谢深甫曾孙。德祐元年（1275 年）为两浙路镇抚使差知临安府，十二月除知枢密院事。善画"竹石松兰，清雅可爱"（《画史会要》）。又有"石刻千卷，号'金石友'"（《佩楚轩客谈》）。日本君台观藏有其画（图 63）。

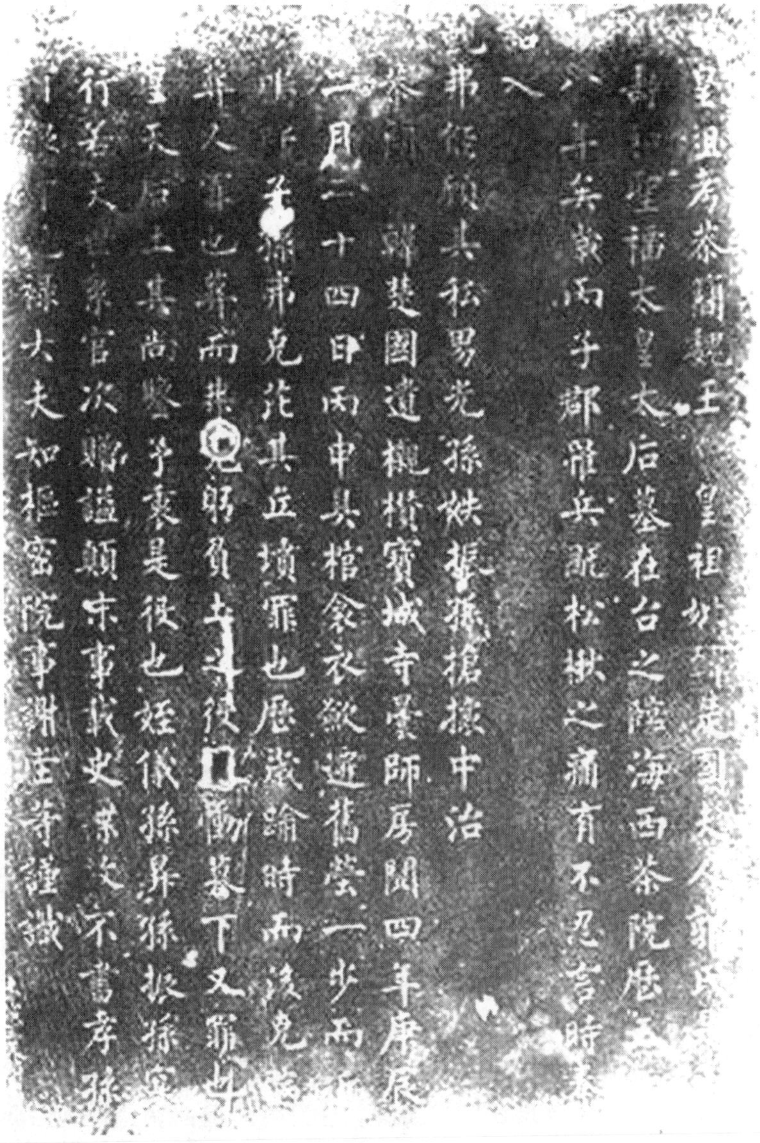

图63　谢堂撰《谢渠伯夫妇重葬墓志》

　　两宋时期，临海的雕塑艺术也进入了辉煌时期。佛教的兴盛和寺院的大量出现，为佛雕的创作提供了便利条件。随之也出现了许多闻名的佛像雕塑大师，并影响到日本的佛雕创作。其中最著名的就是北宋雍熙元年（984 年），日僧奝然在台州开元寺（临海龙兴寺）委托临海的佛像雕刻师张延皎所雕作释迦瑞像。这尊佛像高 160 厘米，身着通肩袈裟，右手曲臂伸五指，施无畏印。左手微曲下垂，结与愿印。背光透雕莲花唐草和十一尊化佛。佛像的背面还刻有"唐国台州开元寺僧保宁"等字样。这尊像在日本被称为清凉寺式，成为代表性流派之一。宋代遗留的雕塑作品还有很多，如临海真如寺的阿育王塔石刻。《台州金石录》引《两浙金石志》云："临海县东乡真如寺三门左右塔凡二所，砌石各三级四面，高六尺。左所中刻四如来像，上级刻四阿育王像。右所中级前三面刻如来像，后一面题记；上级亦刻四阿育王、七如来像。"据《台州府志·金石考》：朱戒宝于北宋天禧五年（1021 年）八月发愿建塔，翌年五月建成。清同治时，知府刘璈废寺埋塔于土中。光绪二十三年（1897 年），知府赵亮熙修寺时复出。现尚存石刻如来像一躯，高 30 厘米。佛像为半浮雕式，有莲花座，外表已风化剥落。石刻尽管已成残刻，但仍不失为一件精美的雕刻艺术品。

　　宋代时，杂剧的演出已成为临海人民日常生活中不可或缺的重要内容之一。宋室南渡以后，东南沿海地区经济条件不断发展，文化教育水平也逐步提高。具有自身特色的南戏，随之而产生。据有关记载，南戏约在南宋初年源于以温州为中心的浙闽沿海地区。临海所属的台州与温州毗临，历史上曾互为首府，互相统属。所以，南戏的蔚起，台州理应适当其会。关于这一点，史籍的记载是无可置疑的。如现存最早的南戏作品《张协状元》中，就有名为《台州歌》的曲牌。这只歌非但曲调是道地台州的，即连语言也都带有浓郁的台州乡土气息。研究者指出："《张协状元》不只是吸收了一支《台州歌》的曲调，连它的剧本创作也是有台州艺人参加的。"（丁伋《台州戏曲史话》，文载《台州地区志·志余辑要》）再如南戏作品《王月英月下留鞋》，据宋杨和甫《行都纪事》云："朱晦庵为仓使，而某郡太守颇遭捃摭，几为按治，忧惶百端。未几，晦庵移节他郡，喜可知也。有寄居官因招守饮，出宠姬歌［大圣乐］，至末句，云：'休眉锁，问朱盐去了，还更来么'！守为之启齿"。文中所言即淳熙九年（1182年）朱熹与台州太守唐仲友交恶事，而所说［大圣乐］，则见于《王月英月下留鞋》。显然，《王月英月下留鞋》这出戏文，又同台州人密切相关。可以这样说，作为台州首府的临海也是南戏的发源地之一。

南戏盛行的同时，临海又兴起一种称为"社会"的活动。这种活动的兴起，有一个重要的前提，就是商业城市的出现。临海在北宋晚期至南宋初，商业已是相当的发达。县城划十五坊五巷，仅城内，就有大街头市等11个集市，出现了"逢府日日市，逢县三六九"的盛况。随着经济的日益发展，"社会"也因之而同步产生。"社会"都是以酬神、娱神的面目出现；凡是"社会"，必有戏剧参加；"社会"亦吸收戏曲的表演来扩大招徕观众的效果。这种"社会"活动，后人称为"迎会"，或称"迎神赛会"。除此以外，南宋临海的戏曲演出活动还有木偶戏《蔡中郎》的流行。宋周密《浩然斋雅谈》载："广德村寺壁间，有四明王暨（文昌）题云：'奔驰尘土何时了，自叹一官如蚁小。半夜觅宿僧家园，梦里闻鸡霜月晓'！暨时为邑尉，后尉天台。张汝锴（俞仲）次韵云：'世事反观俱了了，鹍鹏何大亦何小。木人起舞中郎拍，问着木人应不晓！'二诗皆可录。"张汝锴是临海人，字俞仲，南宋淳祐元年（1241年）进士。一生喜山水钓游，不乐仕进。其诗作于王暨"尉天台"之后，显然是看了木偶戏《蔡中郎》的演出有感而发。

随着城市的日益繁荣，城市中的文艺市场便应运而生，出现了大量的民间职业艺人，形成了固定的游乐场所——瓦子、勾栏。临海在南宋时，也有了"勾栏"。据《临海县志》记载，现临海城内友兰巷，即原勾栏巷。除了民间的戏曲活动民间职业艺人外，宋代的台州还有官办的演剧组织，名为"散乐"。不但府一级有，县一级也有。演员中男女都有，他们同官妓一样，均归"伎乐司"管理。南宋淳熙九年，朱熹在按劾台州郡守唐仲友的状中，就指责唐多次"追拘"属县"弟子"（官妓）及散乐来府"祗应"，一次追拘的散乐艺人就达二三十人。其名字可考者有：宁海（今属宁波）的王丑奴、张百二，临海的刘丑等。此外，像当时著名的官妓严蕊等都居住在临海勾栏巷北面的璎珞巷，勾栏巷与璎珞巷两巷相连，又都附于州城，可见是刻意安排的。

　　两宋时期，同样是临海佛教的鼎盛时期。续有大批僧人住隐临海，知名者也不少。其中宋代最著名者为慈云遵式、神照本如、法真处咸、神悟处谦、慧因择交、楂庵有严、智涌了然等。遵式，宋代天台的著名高僧，通内外学，能诗文诸艺，尤精忏仪，于天台宗贡献颇巨，世称"百本忏主"，又称"慈云忏主"。著有杂著《金圆集》、《天竺别集》等。曾于北宋咸平五年（1002年），主临海东掖山，率众修念佛三昧。本如，天台宗十七祖四明知礼之三大弟子之一。通台宗三观十乘之法，树山家大旗。北宋大中祥符四年（1011年），出主临海东掖山承天寺，广弘天台学说达三十年。并结白莲社，创白莲寺，自成天台山家白莲一系，人所共仰。处咸，神照本如之弟子，曾代师讲论，道俗闻之，心容俱服。后主临海白莲寺五十年之久，著有《三慧论》、《光明十愿王》等。处谦，天台宗高僧神照本如之徒。曾主临海东掖山白莲寺凡十七年，法道大振。有《法华玄记十不二门显妙解》等著作行世。择交，天台宗高僧，师事于台宗十七祖四明知礼，得其心要。北宋天圣二年（1024年）主临海惠因寺，大讲天台学说。有严，神照本如之徒，得师学，精通天台"一心三观"之道和"法华三昧"之行。北宋绍圣中（1094～1098年），拒主能仁寺，乃隐居东掖山东峰"楂庵"。二十年间，专事净业。有

《心经注》、《法华文句记笺难》等行世。了然，天台宗高僧，世称虎溪尊者。一生博通经史，精弘台学，曾主临海白莲寺二十四年，学者归之约五、六百人。有著述《虎溪集》、《止观圆宗记》等行世。此外，宋代尚有重机明真、明智祖韶、临海慧舟、超果惟湛、居士左伸、寿安良弼、净住思聪、真教智仙、白莲梵章、行人能师、普安惟德、山堂元性、虚堂本空、法照中皎、证悟圆智、牧庵有朋、石头自回、兜率善戒、月堂慧询、石窗法恭、拙庵德光、遂翁处良、月溪法辉、白莲法希、白莲法雄、浙翁如琰、退谷义云、妙峰之善、同庵允宪、嘉枯长吉、白岩日损等高僧，住临海弘扬佛法。

　　两宋时期，临海又新建了一批寺院，据不完全统计，有六十六座之多。主要有：弥陀院，钱俶建，创于北宋建隆元年。重元寺，建隆四年（963年）建。资粮院，建隆四年建。妙智寺，建隆四年建。上方资国院，建隆中（960～963年）建。云水庵，建隆中建。普明寺，乾德二年（964年）建。光相院，乾德四年（966年）建，为傅光相道场。永福院，乾德五年（967年）建。永庆寺，郡守钱昱建，成于太平兴国二年（977年）。法海寺，太平兴国七年（982年）建。无量寺，景德中（1004～1007年）建。普贤寺，大中祥符元年（1008年）建。鹫峰寺，大中祥符元年建。永宁寺，大中祥符二年（1009年）建。小能仁院，大中祥符三年（1010年）建。灵峰寺，大中祥符七年（1014年）建。灵龟庵，大中祥符九年（1016年）建。般若寺，庆历间（1041～1048年）建。显孝南山寺，嘉祐八年（1063年）建。其中能仁寺与白莲寺，是临海宋代地位最高、名声最大的佛教寺院。能仁寺，旧名承天，宋代所创，始建年代不详，为天台宗山家派白莲系祖庭，显赫一时。白莲寺，旧名白莲庵，庆历五年（1045年）为能仁寺主神照本如所创。与能仁同为天台宗山家派白莲系祖庭，号"东掖两山"。宋元时期，临海最兴盛的宗派为天台宗，次为禅宗之临济和扬岐，其他宗派基本上没有位置。天台宗以拥有大量的寺院和大批僧人，执临海佛教之牛耳。天台宗在临海的兴盛是有其原因的，一是统治集团的有力支持，二是名僧神照本如的努力。神照在乃师知礼建立山家法统成功的基础上，继承了知礼的山家学说，成为了知礼的三大传人之一。本如在临海东掖山建立了弘扬天台学说的基地——能仁寺和白莲寺，以此全面阐发天台宗的固有观点。本如严格按照知礼"代代须得素业天台智者教乘，实有戒行，学众咸愿者，住持此院，继续演讲"和"勿事兼讲"的要求，积极大力宣传天台宗的"止观并重，定慧双修"。经本如的不懈努力，在相当长的时间内使能仁寺和白莲寺名僧云集，学者归信，成为了宋代弘扬天台宗的一个基地，并影响着整个宋代临海佛教的发展。

　　两宋时期，临海佛教寺院经济有了很大发展。寺院拥有大量的田地和山林，形成了独立的经济力量。南宋嘉定十五年（1222年）时，据不完全统计，当时临海的僧尼为七百六十九人，而一百二十六座寺院所占有的田地和山林，达到了九万一千七百一十亩，其中田四万五千一百三十五亩，地一万八千二百五十五亩，山林二万八千三百二十亩，并有寺基六千五十二丈。以人均算，为田五十八点七亩，地二十三点一亩，山林三十六点八亩。这些田地和山林，主要为一些大寺院所拥有。据《嘉定赤城志》所载，拥有一千亩田地以上的寺院即有七座：如报恩寺"田六千五百六十五亩，地四百七亩"；惠因寺"田二千六百八亩，地三百九亩，山林四百九十三亩"；衍庆院"田一千五百六十八亩，地一千一百五十四亩，山林二千六百六十八亩"；真如院"田一千一百一十四亩，地一百四十一亩，山林五十三亩"；能仁寺"田二千六百七十三亩，地三十三亩，山林八百四十亩"；白莲寺"田二千四百三亩，地二百四十二亩，山林三十三亩"；灵鹫院"田一千四百八十亩，地一百二十一亩，山林十二亩"。寺院经济的主要经营方式则为租佃制。如南宋景定二年（1261年）正真院就增"开田租十五石"。除田地和山林以外，寺院还有各种大小不一的园林。如普济寺"侧有井，井口有亭，……地多梅花"（宋陈耆卿《嘉定赤城志》）。开福院"旧有白莲堂，……旁地号鹭鸶林"（宋陈耆卿《嘉定赤城志》）。瑞相寺"寺有牡丹甚盛，每当春融花雨，郡之文士必挈伴来游"（宋陈耆卿《嘉定赤城志》）。寺院的园林一般说来，它们更多的是作为玩赏的场所，但也具有一定的经济成份。

两宋时期，临海道教续有发展，所居亦多著名道士。其中最出色的，当为张伯端和他所创立的金丹派南宗。张伯端（984～1082年），字平叔，后改名用成，号紫阳。他既是道教金丹派南宗的开创者，又是道教紫阳派的祖师。张伯端世居临海城内璎珞街，年轻时聪明好学，虽然热衷于道教和道法的研究，但对内丹之法，始终不得要领。五十岁以后，由于世态炎凉和仕途的失意，而对道教的信仰愈来愈强烈，急切向往神仙长生不老的生活。熙宁二年（1069年），八十五岁高龄的张伯端终于遇到了明师"得金液还丹之妙道"，使自己在精神和思想上获得了解脱。而熙宁八年（1075年）完成的《悟真篇》，给内丹修炼之术和当时的道教内部带来了新气象，使之出现了与当时三种趋向有别的新趋向。即向老庄归复，与禅学融合，屏异夸诞鄙俗的羽化飞升、祭醮禳禁等巫仪方术。从而逐渐巩固了其以内丹炼养为旨的宗教地位，不但开创了道教金丹南宗一派，也为后人留下了一笔巨大的精神和物质财富。

除了张伯端，宋时居临海修道的著名道士主要有：

徐守信（1032～1108年），号"神翁"，人称"徐二翁"，泰州海陵（今江苏泰州）人。十九岁入泰州天庆观（一说临海天庆观），供洒扫之役。后从余元吉得法，熙宁中（1068～1077年）度为道士。后多有灵异事，因号"虚静冲和先生"。徐神翁的神话传说流传相当广泛，并与王乔、陈戚子、刘伶、陈搏、毕卓、任风子、刘海蟾等位下洞八仙之列。临海也有徐神翁的神话传说。据陶宗仪《辍耕录》载："初宋高宗在潜邸日，泰州人徐神翁云，能知前来事。群阉言于徽宗，召至以宾礼接之。一日，献诗于帝曰：'牡蛎滩头一艇横，夕阳西去待潮生。与君不负登临约，同上金鳌背上行。'及两宫北狩，匹马南渡。建炎庚戌（1130年）正月三日，帝航海次章安镇（今属椒江）。滩浅阁州，落帆于镇之福济寺前。以候潮顾问左右曰：'此何山。'曰：'金鳌山。'又问：'此何所。'曰：'牡蛎滩。'因默思神翁之诗，乃屏去警跸，易衣徒步登岸。见此诗在寺壁间，题墨若新，方信其为异人也。"

叶士表，字文叔，临海人。曾为张伯端《悟真篇》作注，曹勋闻之，采访入朝。帝召见问曰："有无子孙"，对曰："无有"。后因思念故乡心切，遂降敕送归临海，赐号"冲虚先生"。

林灵真，一名伟夫，号君昭，自号"水南先生"，温州平阳（今浙江平阳）人。自谓学道法于林虚一、薛东华，闻临海括苍山有道隐者某，企其高，渴其道，因访之，扣以真机玄奥。后主温州天清观，有"灵宝通玄弘教法师教门高士"之号。

此外，尚有屈元应，里籍无考。深于易，善琴，大中祥符间（1008～1016年）居临海修炼，与范仲淹交好。张日损，居临海天庆观。无名道姑，姓名里籍不详，居临海后岭之巅修炼。一砍柴人见到，归诉于居人忻生。忻生乃至拜访，见庵畔有一蛇守护，遇到不善之人，则逐之，因号"蛇姑"。张得一，临海人。因谒蛇姑于后岭，蒙其授之诀曰："心湛之而无动，气绵绵而徘徊，精涓涓而运转，神混混而往来"。遂矍然解悟，游方不归。费德泓，卓庵临海北山修炼，颇有名声。绍兴十年（1140年），掘地得东晋永和九年（353年）断碑。

另有蒋之道，宋好道者，字行甫，临海人。常三日不食，神采愈旺。能知未来事，以诗酒自娱。长于五七言古体，尝自吟云："日出无所累，不为外物牵。欲专凡籍玩，且理丹青妍"。又精黄白吐纳之术，以一百一十一岁高龄而化。著有《内经》一卷，《撷芳亭稿》四卷等。

宋好道者还有黄之奇（1191～1241年）。黄之奇，字瑞卿，临海人。受道家篆，法名道真。其"主乡曲公论，息人之争，决众所疑，义事永往莫夺"（马曙明、任林豪主编《临海墓志集录》之《宋黄之奇圹记》）。

宋代临海道教拥有大批的宫观，一是旧有的宫观得到改名、赐额、重修、扩建和重建等。如临海白鹤观，大中祥符元年改名"护国"，二年诏改"天庆"，五年（1012年）创圣祖殿，淳熙四年（1177年）钱端礼重修。临海栖霞宫，大中祥符时赐额，元丰三年（1080年）建岳殿。临海栖真观、丹丘观，政和八年（1118年）重建。此外，尚有临海玉皇宫、悟真庵、丹山观等，亦为宋代所建。宋代临海道教的宫观，大都拥有自己的田地。其中临海天庆观有田837亩、地590丈又基247丈、山34亩。临海栖霞宫，田469亩、地115亩、山450亩。临海栖真观，田109亩、地9亩、山1000亩。临海丹山观，田13亩、地2亩、山47亩。这些宫观除了拥有大量的田地外，像临海天庆观在乡间还有自己专门的庄园。由此可见，当时临海道教的道教宫观经济，也是比较发达的。

社会经济和教育文化等方面的发展，给临海留下了大量的历史文物。

台州府城墙自北宋大中祥符年间重建以来，至熙宁四年（1071年）始形成今日我们所能看到的这个框架。当时的临海城设七门，东称崇和门，门上有惠风楼；南称镇宁门，门上有神秀楼；又有兴善门，门上有超然楼；西称括苍门，门上有集仙楼；东南称靖越门，门上有靖越楼；西南称丰泰门，门上有霞标楼；西北称朝天门，门上有兴公楼。子城设东、南、西三门，东为顺政门，楼名东山阁；南为谯门，上有谯楼；西为延庆门，楼名迎春楼。此后，历任郡守屡有修葺。大规模的修葺主要有二次。一是南宋淳熙二年（1175年），郡守赵汝愚对城墙进行大修。共费钱二十一万七千九百、米四千六百石，计用工一万五千三百七十六工。极大的增强了城墙的抗洪能力，保证了城内百姓的生命财产安全。二是南宋绍定二年（1229年），临海遭遇洪水的袭击，城墙多处被冲毁。浙东提举叶棠来临海督修，除修补崩塌之处外，将全部城墙增高二尺，加厚三尺，又在城的外侧加筑捍城。同时，堵塞括苍、丰泰二门，以降低水患对城内百姓生活的影响。完工后的台州府城，时人誉为"蠹然伟观，可并边城"。

宋代墓葬分布范围很广，在整个临海境内都有发现，并出土了大量的墓志。如括苍镇大岙村出土的《宋曹勋妻王氏墓志》、江南街道东山出土的《宋綦崇礼墓志铭》、江南街道白岩岙出土的《宋王之望墓志》、江南街道白岩岙出土的《宋王奉世妻卢氏圹志》、江南街道白岩岙杨梅湾出土的《宋王鼎臣墓志》、小芝镇梨岙村石柱坟山麓出土的《宋余焕墓志》、江南街道大岭头出土的《宋谢坦然妻宋氏墓志》、汛桥镇光明村出土的《宋谢烨墓志》、永丰镇留贤新堂山出土的《宋王玠暨妻范氏圹志》、江南街道张家岙出土的《宋陈椿墓志》、古城街道后岭下村馒头山出土的《宋朱增圹志》、江南街道白岩岙太阳山出土的《宋姜郿圹志》、大田街道田洋村出土的《宋谢开墓志》、大田街道岭外出土的《宋应讷圹记》、古城街道后岭下出土的《宋徐邦用墓志》、大田街道岭外出土的《宋陈容圹志》和《宋陈容墓志铭》、括苍镇大岭俞家岙出土的《宋陶骥圹志》、大洋街道蔡岭出土的《宋杨彦通圹志》、江南街道白岩岙村出土的《宋陈铕妻詹氏圹志》、东塍镇泄下庄山头出土的《宋胡炳暨妻黄氏圹志》、大田街道岭外村出土的《宋赵汝适圹志》、杜桥镇马岙村出土的《宋赵彦熙圹志》、江南街道紫沙岙出土的《宋赵汝俞妻杨氏墓志铭》、大田街道白竹村出土的《宋鹿愿圹志》、大田街道岭旬出土的《宋鹿祖烈圹记》、小芝镇虎柜头出土的《宋余璹妻何氏圹志》、邵家渡街道东山出土的《宋董亨复圹志》、杜桥镇上蔡瀑布山麓出土的《宋周希祖暨妻任氏圹志》、大田街道岭外出土的《宋陈文广圹志》、大田街道下西山出土的《宋谢奕久妻吴氏圹志》、古城街道溪头坊出土的《宋谢奕进生母蔡氏墓志》、古城街道茶院岭出土的《宋谢渠伯重葬墓志》、古城街道车门桥出土的《宋章穗妻缪洞真墓志》、白水洋镇前园陶岭出土的《宋杨辉圹志》、江南街道出土的《宋郑雄飞岁月记》、杜桥镇雉溪肯埠黄泥山头村出土的《宋黄之奇圹记》、杜桥镇雉溪肯埠黄泥山头村安山出土的《宋黄处恭圹志》、大洋街道蔡岭出土的《宋李舜瑛妻董氏墓志》、大田街道双山出土的《宋章飞卿圹志》、大田街道方家弄出土的《宋杜文甫圹志》等等。这些所出的墓志，具有相当的史料价值。其中《宋王之望墓志铭》、《宋陈容墓志铭》、《宋赵汝适圹志》、《宋谢渠伯重葬墓志》、《宋杜文甫圹志》等，透露出的信息和内容都是非常重要的。如《宋陈容墓志铭》为王象祖所撰，王象祖字德父，不仕而以文名。吴子良序其遗文十五卷，名《大田集》，但现仅存断简残编。此墓志铭是少有的佚文。又如《宋杜文甫圹志》，这是临海宋元之际唯一的一方人物墓志。此志虽残，却能印证若干史事，实属可贵。特别是《宋赵汝适圹志》，使赵汝适的生平经历得以大白于天下。赵汝适是名著《诸蕃志》的作者，其人其书对史学工作者和文物工作者来说都不是陌生的。研究宋代陶瓷的外销，更是少不了他那本"叙述详核"的不朽著作。但《宋史》并未为赵氏立传，其简单情况仅附见于《民国台州府志·寓贤》之赵不柔传中。据墓志，他是太宗的八世孙，生于乾道六年（1170年），从绍熙二年（1191年）起，曾先后在许多地方任过职，其中最重要的是嘉定十七年（1224年）至宝庆元年（1225年）任福建路市舶提举的那段经历。因此，《宋赵汝适圹志》的发现，对于宋代外销瓷和对外交流的研究是非常重要的。

没有发掘或没有被盗的墓葬也不少，比较重要的有南宋宁宗朝丞相谢深甫墓和礼部侍郎张布墓。谢深甫墓在白水洋镇水晶坦村保宁寺，墓室基本保存完好。整个墓区占地约2000平方米，首为放生池，长15、宽5米，其上坟坛五道，墓道分列两边，墓阔约15、高1米余。墓面系乱石砌成，中嵌约一平方米的斗形石构墓表，上刻"谢公深甫之墓"，为其裔孙所立。由于年代久远，墓前石雕明时即因保宁寺僧谋吞墓产而被破坏。考古调查发现，第三道坟坛坎脚尚存石雕文吏俑一个，高约 2 米，而部分略有崩

图 64　谢深甫墓

损。另有部分残雕分别散落在墓前放生池及山间等处（图 64）。张布墓在白水洋镇象坎村，墓室亦基本保存完好。张布（1139～1217 年），字伯敷，号澹斋，临海白水洋祥里人。举乾道八年1172 年）进士，历任信、潭、抚三州教授，以及大学录、枢密院编修、秘书院丞、刑部郎中、徽州郡守等职。后辞官归隐，著有《四子六经讲解》，卒赠礼部侍郎。其墓表已严重毁坏，但尚存石人、石马各一对（图 65）。

　　重要的考古发现为小芝真如寺塔地宫的发现。真如寺，在临海小芝镇。始建于唐武德二年（619 年），旧名"回向"。北宋大中祥符元年改今额。天禧五年（1021 年），朱戒宝于寺内发愿建

图65　张布墓

塔，翌年落成。元至正七年（1347年），名僧无旨可授出主丈席。后屡有兴废。清顺治十八年（1661年）遭界寺废。康熙九年（1670年）僧解正复业。乾隆间（1736～1795年）毁于火，嘉庆

图66　小芝真如寺塔地宫出土的佛像

三年（1798年）重建。同治中，台州知府刘敖取寺产充为书院膏火，寺又废。光绪二十二年（1896年），知府赵亮熙筹款复兴。清末民国初，当地于寺兴办小学，寺僧亦散。1958年兴建小芝中学，寺遂全废。真如寺塔地宫是小芝中学新建教学楼开挖地基时发现的，为块石凿制而成，长61、宽46、高34.5厘米，上盖有一块约1平方米的平整石板。地宫内放置一铜盒子，盒子底下铺有一层铜钱，经清点，共计435枚。盒子内则分东、西、北三边排列着八尊佛像，佛像中除了一尊为铜制外，其他均为银制。此外，盒子内还有镀金酒盅、水晶佛珠、铜钱、铜条等物。根据出土佛像的造型，以及钱币和其他器物的特征分析，应为宋代之物。估计为天禧五年（1021年），朱戒宝于寺内发愿建塔时所埋。这批文物的发现，对于研究宋代临海的佛教文化与当时的佛像制度、临海社会经济的发展和手工业技术，都具有重大的意义（图66）。

出土文物主要有西门自来水厂基建工地出土的铜勺和铜锹，湖头峙出土的龙泉青瓷月影梅纹碗、青瓷公道杯、青瓷盉，巾山西塔天宫出土的石雕佛像，下晏章山头出土的金银器和铜镜，留贤出土的铜锁、铜双鱼饰、铜镜和青瓷小碟等。其中以江南街道罗家坑村湖头峙出土的南宋龙泉青瓷月影梅纹碗和南宋青瓷公道杯最为重要。

龙泉青瓷月影梅纹碗，高5厘米，口径13厘米，底径3.1厘米。该碗胎质致密，釉色滋润匀净，呈淡青色。内壁刻划月影梅花，笔法生动洗练。碗的整体造型优美，突出的反映了当时的制瓷工艺水平。无论从艺术上还是工艺上，都具有较高的价值（图

图67　湖头峙出土的龙泉青瓷月影梅纹碗

67）。

龙泉青瓷公道杯，口径7.5厘米，底径2.9厘米，通高6.6厘米。其中杯体高5.7厘米，口沿略外侈，杯中央堆塑一寿星。寿星右下侧有一小孔，孔内开有通道，由下而上至胸处复折而下，至底部与底孔相接。杯的胎质坚硬致密，叩之有金属声。釉色淡青，釉面滋润光泽。外壁上端饰两道弦纹，腹部为菊瓣状垂直条纹，具有很高的工艺和艺术水平（图68）。

图68　湖头峙出土的龙泉青瓷公道杯

传世文物以"金书铁券"最为珍贵。其先，"金书铁券"一直珍藏于吴越国宫中。钱弘俶降宋迁汴后，铁券也随之进入其开封府第。还先后进呈宋太宗、仁宗、神宗御览。熙宁八年（1075年）三月，嫡嗣钱惟演之孙钱景臻尚仁宗第十女秦鲁国大长公主为驸马。"金书铁券"亦珍藏于钱景臻的驸马府。北宋末年，钱景臻之子钱忱奉母随宋室南迁。绍兴元年（1131年）徙居临海。绍兴四年夏，宋高宗赐大长公主第"一行"宅于临海美德坊，并御题"忠孝之家"四个字（图69）。绍兴七年（1137年），钱忱赐第临海府治东北白云山下。"金书铁券"亦携藏于临海宅第。其时，陆

图69　秦鲁国大长公主画像

游曾观而跋之："余年十二三时，尝侍先夫人于台州得谒见大公主，铁券尝藏卧内，状如筒瓦……"。自此铁券长留临海达七百六十四年之久（图70）。

图70　现藏中国历史博物馆的"金书铁券"

元明清时期的临海

南宋德祐二年（1276年），随着太皇太后临海人谢道清的一声令下，南宋正式灭亡。在临海，曾任兵部侍郎但已致仕寓居临海的仙居人陈仁玉，在明知朝廷已经降元且台州知州杨必大也已奉表献城的情况下，仍与台州权知州王珏、台州府学教授邵函等招募义军筑城，并死守临海城。面对汹汹而至的蒙古铁骑，势单力薄的义军尽管拼尽了全力，最后还是以临海被攻破而告终。城破以后，王珏、邵函死难，而陈仁玉则趁乱退隐于黄岩县石塘山（今属温岭）海中，嘱咐子孙"永不仕元"。此前，临海花桥

（今属三门县）人张和孙，倾家聚兵，追随自元营脱险的南宋丞相文天祥，结果也不幸被捕死难。其后，在元军进军台州各县的过程中。又有黄岩县人牟大昌与侄牟天与，率乡人数百扼守临海黄土岭奋勇进行抵抗，直至全部阵亡。元至元十四年（1277年），元镇国上将军、浙东宣慰使怀都率领军队，与还在继续活动的台州和庆元（今宁波）义军激战于黄奢岭（今临海白水洋镇境内），并"俘虏温、台民男女数千口"，幸遇接任浙东宣慰使的汉人陈祐的搭救，"悉夺还之"（《元史》卷一六八），才避免了许多家庭妻离子散的悲剧发生。

元朝建立统一的封建大帝国后，结束了自唐末藩镇割据以来国内的南北对峙，以及五六个民族政权长期并存的分裂和战乱局面，疆域"北逾阴山，西极流沙，东尽辽左，南越海表"。全国共设置了十个"行中书省"，即岭北、辽阳、河南、陕西、四川、甘肃、云南、江浙、江西、湖广。而山东、山西、河北、内蒙等则称为"腹里"，由中书省直辖。其中江浙行省，辖今江苏、安徽南部、江西东北部、浙江、福建，共三十路。属于今浙江省的有十一路，临海所属的台州即为其中一路。据《元史》卷六二《地理志五》所载，台州路总管府领录事司，临海、仙居、宁海、天台四县和黄岩（元贞元年升为州），辖196415户，1003833人。临海全县有六十八都，一百三十四图。

元朝对临海以及整个台州的统治，突出的表现在民族歧视和实行的残酷压迫上。首先是民族歧视，元统治者根据所属民族和被征服先后，把国内居民分为蒙古、色目、汉人和南人四等。所谓南人，是指南宋灭亡后南方的汉族和其他民族。这四等人在法律上的地位、政治上的待遇和经济上的负担，都有不同的规定。在法律上，规定蒙古、色目、汉人犯了罪，分属不同的机关审理。蒙古人殴打汉人，汉人只能申诉，不能还手。蒙古人酒醉打死汉人不获罪，仅拿出埋葬费即可了事。汉人、南人不准集体打猎，不准习学武术，不准演戏唱曲，不准举行宗教活动，更不准持有武器。由于临海是南宋末代太皇太后谢道清的故乡,百姓除了必须执行以上的所有规定外,甚至连农用的铁叉都不能拥有。更有甚者,相传当时每十户人家才准共用一把菜刀,而且还必须要用铁链锁在屋柱上。在官吏的配置上,以蒙古人任正职,汉人、南人充当副职。如设在临海的台州路总管府,先后23任达鲁花赤全为蒙古人或者色目人,而汉人和南人只能担任总管、同知。总管、同知互相牵制,都要服从达鲁花赤的指挥。在科举上,分进士为左右榜。蒙古人以右为上,左榜的汉人、南人低一级。蒙古人由科举出身者,一经委任就是从六品官,而其他的人则递降一级。孔齐《静斋至正直记》谓,在这种社会等级中,"色目与北人以右族贵人自居,视南人如奴隶"。

其次是残酷的压迫,这主要有以下几个方面。一是武装镇压,元统治者为了防止人民的反抗,在江浙行省常驻军211所,台州则置一万户府,专事镇压人民。当时法律也规定:"其夜禁之法,一更三点,钟声绝,禁人行。五更三点,钟声动,听人行。违者笞二十七下,有官者笞一下,准赎元宝钞一贯。"(《元典章》卷五七《刑部》一九《禁夜》)每夜禁钟以后,不准市井点灯买卖,也不准点灯读书和工作,甚至连民间集市买卖也被禁止。二是官吏贪暴,专事搜刮。三是土地兼并和掠夺,除官僚地主、一般地主进行侵夺、广占农地外,进驻各地的军队也掠夺大量民田屯垦,如江浙等处所辖屯田,就有五百顷之多。四是苛捐杂税,就全国总租赋来说,江浙的份额占十分之七。据《庚申外史》所记:"当元统、至元间,国家承平之时,一岁粮入京师一千三百五十万八千八百八十四石,而江浙四分强……金入凡三百锭,银入凡一千余锭,钞本入一千余万锭,丝入凡一百余万斤,棉入凡七万余斤,布帛入凡四十八万余匹,而江浙常居其半。"每年的夏税钞外,尚有金课、银课、铜课、铁课、铅课、锡课、矾课、硝碱课、竹木课等岁课,还有酒课、醋课、曲课、鱼课、池塘课等额外课。如至元十四年,江浙行省榷民商酒税。浙东道宣慰使陈祐以"兵火之余，伤残之民，宜从宽恤"（《元史》卷一六八）不报。虽然至今还未发现临海赋税方面的文字记载，但从江浙行省的赋税情况来看，临海的赋税负担肯定是不会少的。五是差役繁重，元朝虽有徭役负担的规定，但实际情况并非如此。而是差役不均，人民负担很重。如监察御史王龙泽在上御史台的呈文中所说："江南百姓见令各处官府，差拨夫役，有妨农业，废弃生理，饥饿贫困，死于道途，实可悯念。……但遇差夫，不问数目多少，便行一例差拨。其被差人数，或出钱三百五百，以至一贯以上，与坊正、里正人等宽免。每日又于市井辏集去处，拖扯买卖及入市农人，拘留一处，逐旋差拨，……虽无差拨，亦三四日不会还家，索要钞物才放免，以此人民失业，田地荒芜。"（《元典章》卷一二《夫役·主簿论差搬运人夫》）

伴随着元统治者残酷的统治和剥削，灾荒也接踵而至。据《元史》记载，自元成宗元贞至顺帝至正期间（1295～1368年），发生在临海及临海所属台州路的天灾有：元贞二年（1296年）七月，台州饥。大德四年（1300年）三月，……台州临海县风雹。大德七年（1303年），台州风水大作，宁海、临海二县死者五百五十人。至大元年（1308年），台州饥，死者甚众。至大元年春，绍兴、庆元、台州疫死者二万六千余人。虽然朝廷于至顺元年（1330年），以钞一十四万七千余锭、盐引五千道、粮三十万石，赈……台州（临海）等饥民。但随之，元统二年（1334年），……浙东台州，……饥。至正元年（1341年）四月辛卯，台州火。至正九年（1349年）六月，台州地震。至正十一年（1351年）十二月，台州大雨雷电。至正十四年（1354年）春，浙东台州，……等郡皆大饥，人相食。至正十九年（1359年）十二月，台州大雷电。至正二十三年（1363年）十二月丁巳，台州地震。天灾人祸带来的结果是，恶性通货膨胀，引起物价飞涨，社会经济陷入了严重的危机。同时，政治上的腐朽，也导致了元朝的统治已面临崩溃的边缘。

　　元顺帝至正八年（1348 年），方国珍等人在黄岩发动农民起义，从此揭开了元末农民大起义的序幕。方国珍，原名珍，字国珍，以字行。台州黄岩人，"世以贩盐浮海为业"（《明史》卷一二三《方国珍列传》）。关于方国珍反元的原因，《元史·泰不华传》是这样说的："台州黄岩民方国珍为蔡乱头、王伏之仇逼，遂入海为乱，劫掠漕运粮，执海道千户德流于实"。方国珍起义后，屡战屡胜。至正十年（1350 年）十一月，国珍率舟千艘，"借粮"于松门（今浙江温岭松门）。十二月，攻占温州及沿海诸县。至正十二年（1352 年），败台州路达鲁花赤泰不华于澄江王林洋，泰不华及随同的临海县尉李辅德、千户赤尽等人全部战死。至正十三年（1353 年），方国珍拥兵 10 万众，有战船 1300 艘。至正十四年，进军台州路，攻克临海城。此后，又相继攻下慈溪、昌国、余姚诸州县，占据浙东广大土地，形成了独立的局面。当时元朝的"海漕之利，惟浙中之粟独多"（清雍正《浙江通志》卷八〇《漕运》）。方国珍占据浙东，阻绝了元朝北运的粮道，不但在经济上给予元以致命的打击，而且也严重影响到元在江南的统治。但方国珍态度动摇，屡次降元，元惠宗曾授以江浙行省参知政事、海道运粮万户、江浙行省平章政事等职。后又以其为淮南行省左丞相，分省庆元（今宁波）。直至至正二十七年（1367 年），才在朱元璋大军的逼迫下，率众投降。

　　方国珍在攻陷临海城后，一面整修城池，一面派人在城隍山建造天坛。同时，又命杨氏官总管者在巾山改建江村精舍为祖庙。这样做的目的，就是建国称王。皇甫录在《皇明纪略》中曾引解缙恭维明太祖的话，说朱元璋削平了四个伪国："（陈）友谅为伪汉，张九四（士诚）为伪吴，明玉为伪夏，方国珍为伪宋"，这说明了方国珍所建的国号为"宋"。另据专家考证，方国珍在临海建国称王一事是可以肯定的。他定国号为"宋"，是以继赵宋之统自居，并以复宋为号召。此外，临海还长期流传着城关为方国珍京城的口碑和实际残存的建筑遗迹。京城之说是因为方国珍在这里建起了金殿和午门等。古老相传，金殿建于城隍山，午门则建于今古城文化路与北山路交叉口。金殿已无遗迹可寻，但也有人认为即原城隍庙改建，方国珍降元后又改回城隍庙。午门在20世纪50年代尚存，人称"红牌门"，因为它的梁柱全系红色花岗岩建造。当时所见到的"红牌门"为四柱冲天式，上部已毁，下面尚存四柱二枋，较高的一柱上端可见榫孔，孔内残留经火烧变焦的木质榫头。从其残存的形状看，与临海常见的普通石碑坊差不多，只是相比之下较为朴素。天坛近年已修葺一新，修复前虽已不见旧日规模，但上圆下方的基址还是比较清晰的。

元至正二十七年，朱元璋部将朱亮祖攻克台州。随着方国珍归顺朱元璋，元王朝以及方国珍经营十余年的"宋"国在临海的统治宣告结束。至正二十八年（1368年），朱元璋在应天府（今南京）正式即皇帝位，改元洪武，定国号为明，中国历史上一个新的封建王朝又开始了。

明朝初年，中央和地方的政治建制承袭元朝。中央设中书省，置左右丞相，总掌全国大政；地方设行中书省，置平章政事和左右丞相，总管一省军、政、司法。洪武九年（1376年），朝廷废行中书省，在全国陆续设置了十三个承宣布政使司，置左右布政使各一名，主管一省民政和财政；另设提刑按察使司、都指挥使司，分管刑法和军队。三者合称"三司"，互不统属。以布政使司统府、州，以府、州统县，州不能自成一级。据《明史·地理志》：浙江自洪武九年开始，改行中书省为承宣布政使司，领府十一、属州一、县七十五。临海所属的台州府，领县六：临海、黄岩、天台、仙居、宁海、太平（今温岭）。其中太平，"成化五年（1469年）十二月以黄岩县之太平乡置，析乐清地益之"（《明史》卷四四）。

洪武元年，为了减少方国珍的影响，保持临海政局的稳定。浙江提刑按察金事熊鼎，将方国珍在临海所署的台州官吏200人远迁江淮间。同时，朝廷又将随方国珍归顺的24000余人"尽徙濠州"。洪武二年（1369年），倭寇劫掠临海等地的滨海居民。
事实上，当时的倭寇还包括了少数不愿跟着方国珍投降的部属，
他们"多窜岛屿间，勾倭为寇"（《明史》卷九一）。洪武四年
（1371年）十二月，朝廷"命靖海侯吴祯籍方国珍所部温、台、
庆元三府军士及兰秀山无田粮之民，凡十一万余人，隶各卫为
军"（《明史》卷九一）。此举虽然解决了方国珍的旧部问题，而
且也缓解了地方的经济压力，但沿海的治安状况还是没有得到改
善。洪武二十年（1387年），由于倭乱日渐严重，信国公汤和奉
命巡视浙东西诸郡。为了整饬海防以御倭寇，汤和遂采纳方国珍
侄子方明谦的建议，在沿海险要地带筑城，增设卫所。民户四丁
以上者以一丁为戍卒，得五万八千七百余人，分戍诸卫。临海的
海门，当时就设置了海门卫，并拆除黄岩县城墙，用黄岩县城墙
的石料建起了海门卫城。洪武二十八年（1395年），在海门卫之
北置前千户所，筑前千户所城。洪武二十九年（1396年），在临
海滨海的下旧城置桃渚千户所，筑桃渚千户所城。同时，在桃渚
千户所下，设有蛟湖巡检司和连盘巡检司。永乐十五年（1417
年），倭寇进犯临海的沿海地区，宁波卫指挥万文率军在桃渚成
功的击退了来敌。永乐二十年（1422年），倭寇再次骚扰临海的
沿海地区，并侵袭桃渚。正统四年（1439年）五月，"倭船四十
艘连破临海桃渚、宁波大嵩二千户所，又陷昌国卫，大肆杀掠"
（《明史》卷三二二）。桃渚城"积骸如陵"，倭寇"束婴竿上，
沃以沸汤，视其啼号，拍手笑乐。捕得孕妇，卜度男女，剖视中
否为胜负饮酒"（明佚名《嘉靖东南平倭通录》附录《国朝典
汇》）。嘉靖十九年（1540年），由于倭寇频繁的侵扰，朝廷开始
在临海承恩乡的城门庄和关头庄设寨布防。嘉靖二十三年（1544
年），原驻杭州的巡视海道副使亦移驻临海，以加强临海和整个
台州的抗倭军事指挥。嘉靖二十六年（1547年），"倭船百艘久
泊宁、台二府"，造成临海海门港一带走私活动非常猖獗。嘉靖
二十七年（1548年），浙江巡抚朱纨遣都指挥卢镗从临海海门港

出兵直捣在舟山的主要走私贸易基地双屿港，驱逐了参与走私活动的葡萄牙商人、倭寇以及中国奸商。嘉靖三十一年（1552年），倭寇骚扰临海，台州府知事武暐于钓鱼岭（今临海沿江镇马头山西面小岭）迎敌时遇伏战死。随后，倭寇在进攻临海县城过程中，为台州知府宋治和仙居县令马濂合兵所败。嘉靖三十三年（1554年），倭寇又于临海的海门登岸，并进逼临海县城。嘉靖三十四年（1555年），谭纶自职方郎中，迁台州知府。谭纶为嘉靖二十三年进士，懂军事，通晓用兵之道。到任台州知府后，大力修城浚濠，积极训练兵卒，以抗击倭寇的来犯。同年秋，名将戚继光也由山东都指挥佥事改佥浙江都司，充参将，镇守宁波、绍兴、台州三府及所辖各县。嘉靖三十五年（1556年），倭寇再犯临海，百户郎官追击至两头门（今汇溪镇两头门村）时战死。嘉靖三十六年（1557年），倭寇劫掠桃渚、海门等地，复围临海县城，遭浙江佥事李三畏和台州知府谭纶合击。嘉靖三十七年（1558年），倭寇在临海的栅浦（今属椒江）建立据点，作为进犯台州各县的跳板。为彻底消灭台州及浙江沿海的倭患，戚继光主张训练新军，以浙人守卫浙土。嘉靖三十八年（1559年），戚继光在金华、义乌招募农民和矿工组建"戚家军"。"戚家军"经过严格训练，纪律严明，英勇善战，成为了抗倭斗争中的劲旅。

　　嘉靖三十八年三月，倭寇大举入侵临海桃渚，台州全境危急。四月，戚继光率"戚家军"南下台州，首战桃渚告捷，再战海门等地大胜。嘉靖三十九年（1560年），戚继光改任台、金、严参将，统率7000余名将士，驻军临海的海门卫。嘉靖四十年（1561年）四月，一、二万倭寇驾驶数百艘战船分路入侵台州，戚继光率军在临海的桃渚和小雄、里浦等地大败倭寇，又迅速回兵临海，在离台州府城（临海城）二里的花街，与倭寇展开激战，全歼来敌于灵江。五月，倭寇3000余人改出临海的大石往攻仙居县，戚继光领精兵1500人设伏于临海西乡的上风岭（今白水洋镇上风），在当地居民的全力协助下，最后尽歼这股倭寇。

"戚家军"胜利凯旋之际，临海百姓热烈欢庆，出迎队伍长达二十余里。戚继光是一位民族英雄，浙江东南沿海社会经济得到发展，是与他的抗倭功绩分不开的。今临海桃渚镇的桃渚城、白水洋镇白水洋村和博物馆碑林尚分别存有大败倭寇与纪念表功的"新建敌台碑记"、"战倭纪功碑"、"大参戎南塘戚公表功记"等（图71）。

　　在我国东南沿海倭患平定后不久，日本的"关白"丰臣秀吉，也顺利的完成了日本统一。为转移国内矛盾，又悍然发动了侵略朝鲜的战争。万历二十年（1592年）四月，丰臣秀吉突发十六万大军，以小西行长、加藤清正为先锋，进犯朝鲜。在釜山登陆后，当地军民皆望风而逃。倭军迅速北上，占领王京、平壤、安边等大片土地。王子李珲及陪臣被俘，国王李昖逃至义州。随后，倭军沿途屯兵，调集粮草。其真正的矛头所向，实为犯辽东而直下北京。李昖脱险后，连续遣使向明廷告急，请求出兵支援。明朝政府遂于同年八月派宋应昌经略备倭军务。十二月，宋应昌和东征提督李如松等，率兵四万渡过鸭绿江，大举援朝征倭。万历二十一年（1593年），驰援明军络绎参战，朝鲜李舜臣水师又切断了倭军的补给线，终大败倭军，迫使其先失平壤，继弃王京，从根本上扭转了战局。接着相继收复了开城和汉城，而后进行的幸州守城战，也取得了重大的胜利。在中朝两国军队的强大压力下，倭军不得不同意议和，并缔结了停战协定。万历二十五年（1597年），丰臣秀吉以十四万军队再次出征朝鲜。明政府也再派兵部尚书邢玠率军入朝，与倭军重开战端。万历二十六年（1598年）冬，中朝两国军队紧密配合，在朝鲜南海海面上与日本军队展开了激烈的决战，适逢丰臣秀吉猝死，使日军几乎全部被歼。此次战役是中国援朝抗倭重要的一战，不但取得了最后胜利，而且保证了朝鲜继续获得国家独立和民族自由达三百年之久。

　　援朝抗倭一役，自万历二十年前后绵延七年，"丧师数十万，

图71 战倭纪功碑

縻饷数百万"（《明史》卷三二〇），明政府朝野上下由此谈"倭"色变。尽管丰臣秀吉发动的侵朝战争以惨重的失败而告终，但明政府的国力也由此而大受影响。就援朝抗倭战争的最后胜因而言，有关记载往往都归结于日酋丰臣秀吉的适时死亡。但事实上，影响援朝抗倭战役最后结局的因素是战场上的胜利。而临海人王士琦就是导致战争胜利的关键人物，是他改变了战争的进程，是他改写了可能因战争而改变的历史。

王士琦（1551～1618年），字圭叔，号丰舆，浙江临海城关人。万历二十五年，第二次援朝抗倭战争爆发。王士琦就是此时由邢玠奏调，以四川按察副使迁任山东右参政，并以监刘綎军的身份，随之到达朝鲜的。到达后又兼监陈璘水师。当时的倭军占据了中西东三路，东路加藤清正所部，守蔚山；中路石曼子所部，据泗州；西路小西行长所部，在于顺天。中国的增援部队到达朝鲜后，邢玠根据战场以及倭军的态势，对明军重新作了部署。以麻贵军对付东路，董一元军对付中路，刘綎军对付西路，另以陈璘、邓子龙将水军于海上制敌。九月开始分路进军，初次接触之下，各路均小胜。但接着连遭败迹，尤以中路董一元军为最，全军溃散，影响了另外二路纷纷撤兵。此时王士琦正驻节南原，下定了力战的决心，以"强敌在前，有进死，无退生"，督促部队前进。在王士琦的坚定态度下，刘綎挥师前进至栗林，攻围十余日。同时，王士琦又命陈璘水师协同作战。随后，刘綎攻克了栗林和曳桥，"斩首数百级"。陈璘也于海上击败了前来救援的平义智与石曼子，毁敌船数百艘，并杀死了石曼子。刘陈两军因王士琦的指挥，沉重的打击了倭军，迅速扭转了明军汹汹崩溃的败势。王士琦又以先前投降倭军平义智的朝鲜陪臣郑六同为内应，焚毁倭军的火药库，而大败之。在参将季金的再次打击下，倭军几尽，首领小西行长仅以身免。这样，在王士琦指挥下，刘綎、陈璘两军的力战胜利，加之丰臣秀吉之死造成的倭军第二层将领之间的内应力失调，矛盾滋起。倭军不得不面对现实，撤退了尚未被消灭的部分力量，战争由此结束（图72）。

援朝抗倭战争结束以后，明廷叙功，承认陈璘、刘綎战功最著。王士琦亦由山东右参政，晋升河南左布政使。

有明一代，临海自然灾害频繁，仅史料记载的就

图72 王士琦塑像

有：正统六年（1441年）八月，台州（临海）、松门、海门海潮泛溢，坏城郭、官亭、民舍、军器。正统九年（1444年）闰七月，……台州俱大水。冬，绍兴、宁波、台州（临海）瘟疫大作，及明年死者三万余人。成化二十二年（1486年）六月，临海县灾，延烧千七百余家。正德元年（1506年）十一月己亥，临海县治火，延烧数千家。正德十五年（1520年）六月癸未夜，台州火陨三，大如盘，触草木皆焦。隆庆二年（1568年）七月，台州飓风，海潮大涨，挟天台山诸水入城（临海），三日溺死三万余人，没田十五万亩，坏庐舍五万区。

天灾未去，人祸又来。随着连年的灾荒和长期倭乱，军士衣食无着，加上军官欺凌、奴役，兵变也不断发生。万历四十二年（1614年）六月，驻防临海海门卫的明军水陆各营因缺饷发动哗变。万历四十八年（1620年）八月，海门卫士兵又因缺饷哗变，他们不但焚烧了把总衙署，进而攻入临海城，抢劫大户，扫掠街巷，并开监放囚。崇祯四年（1631年）八月，海门卫士兵再次哗变，烧毁位于海门的备倭公署。闰十一月，哗变兵士李芬、张华、王珙等又聚众“七千人”，围攻临海城，为台州知府傅梅所败。弘光元年（1645年）五月，海门卫明军因失饷激变，在劫掠了黄岩县城后，拥至临海城，“执辱兵道魏大复，推官潘应娄道，经知府戴立大劝谕始解”（民国《临海县志》）。这几起明军士兵

闹事的原因，究其缘由就是缺饷少粮。但从更深一层来说，却是削弱了明王朝的军事力量，预示着明朝政府的大厦已经摇摇欲坠。

弘光元年，明朝的福王朱由崧在南京建立南明小朝廷，南明鲁王朱以海寻徙居临海。同年六月，清军攻入杭州，并遣使至台州招降，为临海知县吴廷猷等所杀。闰六月，曾任明职方郎中的临海人陈函辉在临海起兵，会同前明兵部尚书张国维以及孙嘉绩、熊汝霖、张煌言等拥立鲁王监国。鲁王移驻绍兴后，授陈函辉少詹事兼侍读学士，后又召为礼部右侍郎，进尚书，兼理兵部事。清顺治三年（1646年），清军渡过钱塘江，鲁王回到临海。六月八日，清军攻破临海城。据城死守的南明太仆寺少卿沈颙祥、御史翁明英、都督佥事张廷绶、指挥史李唐禧等战死，礼部尚书陈函辉则自缢于云峰证道寺。而鲁王有幸脱险自临海转道海门，前往舟山。至此，明王朝在临海二百七十九年的统治正式宣告结束。

清朝取得全国的统治权以后，其中央政权机构多仿明制，但又有自己的特点。为了加强封建专制主义的中央集权统治，在中央政权中建立了内阁，又设吏、户、礼、兵、刑、工六部，分掌各项政务。议政王大臣会议和军机处，是清朝特设的权力机构。特别是军机处的设立，进一步加强了君主专制制度。清代的地方行政机构分为省、道、府、县四级。全国共有二百一十五府，一千三百五十八县。浙江布政使之下，分四道，十一府，一直隶厅，一州，一厅，七十六县。临海属于台州府、宁绍台道。

清初，由于政权尚未稳固，为了维护和加强其统治，在许多地方驻扎了军队，以防止人民的反抗。临海曾是浙东抗清斗争的政治中心，因此民族压迫与反压迫的斗争空前激烈。顺治五年（1648年），为反对朝廷的"薙发令"，临海八叠人谢以亮、大石人金白翠等集众抗清，他们以白巾裹头，号白头军，与台州境内其他抗清的白头军一样结寨自守，并遥相呼应。临海桐屿山上兰田东京村至今尚存"白头城"一座，可容千人驻扎。同年，朝廷在台州设"水师三营，营设将领八，共兵各三千"（《清史稿》卷一三一）。另"海门镇总兵统辖镇标三营，兼辖台州协、海门城守等营"（《清史稿》卷一三一）。目的是加强沿海一带的治安稳定。尽管白头军与朝廷的抗争最后还是以失败告终，但也有一部分白头军下海加入了张煌言的抗清队伍。顺治八年（1651 年），退到海上的抗清义军频繁的活动于东南沿海，朝廷"令宁波、温州、台州三府沿海居民内徙，以绝海盗之踪"（《清史稿》卷一三八）。顺治十二年（1655 年），"海贼掠温州、台州、宁波，复联结贼众数万犯舟山"（周琦《台州文化概论》引）。这里所说的"海贼"，实际上就是海上义军和郑成功的军队。当时，南明将领郑成功派军队自福建北上，战船游弋台州等地外海，如火如荼的抗清活动开始扩展到台州各地。对于郑成功军队和海上义军的活动，清政府为此厉行海禁，严禁商民下海交易，犯禁者不论官民一律处斩，货物没收。地方保甲不先告发的一律处死，当地文武官员一律革职，从重治罪。同年八月，郑成功部将陈六御与张煌言部将张名振攻取舟山后，积极联络台州守将马信。顺治十三年（1656 年）正月十三日，台州协副将马信反清，杀临海县丞刘希圣，活捉兵道傅梦籲、台州知府刘应科、通判李永盛、临海知县徐珏，并率领所属部队下海，"煌言以沙船五百迎之"（《清史稿》卷二二四）。同年，临海王廷栋反清，不但攻占了黄岩宁溪，而且结寨于仙居景星岩，并屡败清军。顺治十四年（1657 年），清政府为了进一步加强东南沿海一带的安全防卫，以应对郑成功和张煌言等部的进攻，于临海设宁台总镇。同年八月，郑成功以马信为前导，亲率部队在临海的三江口登陆，随后攻入临海城。清宁绍台道蔡琼枝叛降，台州知府刘维藩、临海知县黎岳詹等被掳，中军郑之文被杀。九月，留守临海的郑部总制张英，弃城而复入海，占据仙居景星岩的王廷栋也随之而去。顺治十五年（1658 年），清政府改宁台总镇为水师提督，寻改总兵。设黄岩镇标三营，水师二千七百七十五人，战哨船二十五艘，并在临海的海门驻游击等官。同年九月，郑成功再次派兵在临海的海门登陆，并由栅浦经黄岩向临海城进发。清军宁台总兵张杰设防于临海拗岭，临海县城为之闭守五十余日。而泊于三江口的郑成功水军，则因遭飓风袭击，船多沉没，遂撤退入海。及后，张杰于郑成功水军沉船处，捞获巨炮一门。此炮系荷兰所造，为清军所得后，转置于临海城东南转角楼，封"大将军"。"大将军"现尚存，陈列于台州府城墙之敌台上（图73）。十月，郑成功部将刘进忠叛逃至海门降清，而郑部另一将领周全斌则追围刘进忠于海门，最后攻占海门，海门营水师游击李宏德等战死。顺治十六年（1659年），郑成功与张煌言在临海会师，率领八十三营十七万水陆

图73　"大将军"巨炮

大军，直指南京。八月，联军兵败，郑成功复入海，张煌言辗转重返台州。顺治十七年（1660年），张煌言驻军临海桃渚，不久败退宁海临门。顺治十八年（1661年），清政府因台州沿海居民协助和接济郑成功、张煌言等进行抗清斗争，派遣户部尚书苏纳海至台州，撤临海、黄岩、太平、宁海等四县沿海30里内的居民入内地，设桩作遣界，拆民房建木城，空其地绝后援，并驻兵防守。同时规定，如有越界者，格杀勿论，悬尸木桩示众。所有沿海船只全部烧毁，"片板不许下水，粒货不许越疆"。致使沿海百姓流离失所，苦不堪言。清政府的"迁海"政策，给张煌言和郑成功的抗清斗争造成了很大的困难。张煌言因此无所得饷，开屯南田以自给。郑成功则收复台湾，以为抗清根本。康熙三年（1664年），随着张煌言的死难和郑成功的离去，发生在临海及台

州等东南沿海一带的轰轰烈烈的抗清斗争渐趋于平静。

　　康熙八年（1669年），朝廷的海禁政策略有松懈，于是临海沿海一带拆毁木城，展界十里。康熙十三年（1674年），安定了十余年的临海又遇战火。这次战争已由原来的抗清，转变成清廷内部的纷争。主角也从郑成功、张煌言变为清靖南王耿精忠。五月，耿精忠在福建起兵反叛，浙江提督塞白理率兵援温，部队经过台州时，大掠临海城。九月，耿精忠部都督曾养性与清降将祖弘勋领兵10万自温州北上，攻占了临海的海门等地。转而扎营于灵江南岸的章家溪、两水、龙潭岙等地，围攻临海城。十月，败清军于长天洋。在与清宁海将军固山贝子傅喇塔指挥的军队相持至次年八月，曾养性才退走温州。康熙二十二年（1683年），朝廷平定台湾以后，临海得以解除海禁，沿海一带全部展复遣界。

　　自顺治三年以来，由于前后延续四十年左右的战乱，临海的社会生产遭到了严重的破坏。特别是清政府的"迁海令"，强迫临海沿海一带居民内迁五十里。在先后三次的大迁移中，毁城郭，焚庐舍，"尽夷其地，空其人"。同时，自然灾害也纷至沓来。顺治三年，台州（临海）自三月不雨至于五月。顺治七年（1650年）六月，……台州……大水。顺治十五年三月，台州、临海大水。康熙六年（1667年），台州临海大雨，山崩。康熙八年七月，临海旱。康熙十五年（1676年）三月，台州、临海大水。康熙二十年（1681年），台州（临海）霪雨，麦无收。七月，台州（临海）……大水。康熙三十年（1691年），台州（临海）旱。八月，台州（临海）大水，平地高丈余。康熙四十七年（1708年）七月，台州（临海）大风拔木。康熙四十九年（1710年），台州（临海）……旱。康熙五十二年（1713年）夏，台州（临海）……旱，至十月不雨。康熙五十三年（1714年）六月，台州（临海）……旱。尽管朝廷曾在顺治十二年，免台州（临海）灾赋。顺治十六年，又免台州（临海）四年至十年被寇税赋。但战乱和自然灾害造成的社会经济的残破，却是不争的事实。

　　乾隆五十六年（1791年），临海沿海一带相对好转的社会状况又趋恶化，海寇赴台州（临海）沿海进行剽掠。浙江巡抚觉罗吉庆遂于岛岙编保甲，禁米出洋，严缉代卖盗赃。并兼署提督，捕获海盗陈言等，及临海邪匪李鹤皋。嘉庆五年（1800年）夏，海寇安南"夷艇"和广东水澳、凤尾等帮盗船百余艘及六、七千人，屯兵松门山下，并进逼台州府治临海。浙江巡抚阮元命定海镇总兵李长庚总统三镇水师，与黄岩镇驻军会师临海海门。时值飓风大作，盗船大多覆溺，众海寇弃船登陆，为清军所阻，活捉八百余人。安南四总兵三人淹死，另一总兵进禄侯伦贵利，为黄岩知县孙凤鸣俘获。嘉庆二十二年（1817年），"临海民纠众殴差，致酿大狱"（《清史稿》卷三五七）。浙江巡抚杨護坐褫职，降四品京堂。浙闽总督董教增兼权浙抚，"鞫治之"。咸丰元年（1851年）九月，定海、温州、黄岩三镇总兵护送粮饷自海道去天津，于螺头门洋面遭遇洋人布良带和布兴有率领的广东海寇，仓惶败退至王林港。布部海寇一直追入临海海门，登陆后烧毁海门房屋千余间，并进逼临海城，船至临海长甸搁浅而退。因布部盗船以涂漆绿色为标志，人称"绿壳"。从此，台州人称土匪为"绿壳"。咸丰十一年（1861年），临海大石人梁佩书受太平天国运动影响，聚众数百，经营百步村一带，控扼天临孔道。后到诸暨加入太平军，并引军南下台州。十月，太平天国侍王李世贤兵分两路攻台州。十一月一日，李世贤率军进入府城临海，设总部于蓉塘巷陈家（即今太平天国台门）。属下各部分驻后街黄宅、芝麻园洪家、更铺巷项宅等处。并由绵天福朱某、缘天福陆某出示安民，申明纪律："所有经过之地，毋许焚烧掳淫"，"只以诛妖为心，莫作害民之虐"。此后，台州十八党义军相继来会，临海成为太平军在台州的活动中心。太平军经过几个月与清军、临海黄秀德"北岸军"和各县民团的艰苦战斗，虽然取得了局部的胜利，并杀死了台州知府龚振麟、台州协副将奎成等。但由于战线拉得过长，以及内部和外部的一些原因，最终还是于同治元年（1862年）四月全线撤出台州。清军收复临海以后，朝廷采取了一些收买人心的措施，如诏蠲同治元、二年钱粮等。光绪五年（1879年），临海穿山（今属杜桥镇）人金满和桐峙山东林（今属东塍镇）人蒋世炳，因蒋世炳以"宿仇"杀同族一家3口之事，在桐坑聚众与官府对抗。光绪六年（1880年），谭钟麟以练军一营驻临海海门。同年，谭钟麟又对浙江沿海的乍浦，宁波之镇海、定海、石浦，临海之海门，温州之黄华关等三十余座炮台进行整顿检查，认为只有临海的海门镇炮台是合格的，并对海门镇的小港口炮台，咸加修改。又同年，金满在蒋世炳死后，以"平心大王"宣告起义，随后劫夺海门镇标营船自宁波领回之火药。光绪七年（1881年）二月，与海门镇总兵李新燕等激战桐坑，并于六月二十九日潜入临海，夜劫台州府监狱，释放项道志等19人。七月初一，劫宁海县西店厘局。初三日，劫临海小雄（今属三门）粮仓。二十八日，捣毁设于花桥（今属三门）的临海县丞署衙门，杀临海县丞邱洪源。其后，又劫黄岩县清厘金局。在与清军作战中，使其屡屡败北，并击毙都使叶富，台州知府成邦干因此撤职。直至光绪九年（1883年），在兵部尚书彭玉麟授意的天台廪生谢梦兰的调停下，这起浙江境内自太平天国失败到甲午战争期间，影响最大、时间最久的农民反封建起义才告平息。光绪十一年（1885年），土匪张福煊于临海新亭头劫黄岩盐声饷银2400余两。光绪二十五年（1899年），临海设立团防局。光绪三十年（1904年），临海人王文庆等在台州联络会党，并与陶成章、张任天于临海八仙岩上洞天纵论时局，认为革命必须联络会党，团结人民。光绪三十三年（1907年），临海人杨镇毅、屈映光、周琼、项需、洪士俊等，于县城创办台州耀梓体育学堂，以办学为名，组建光复会在台州的分支机构，培训革命志士。宣统三年（1911年），王文庆回到临海，与严秉铖、李惠人、杨哲商等建立台州国民尚武会，作为革命联络机关。九月十五日，传上海为革命党人所夺取，行驶于椒沪线的永利轮首先反正。二十三日，杭州光复。临海县绅周继漾、何奏簧等各聚势力，准备攫取政权。是晚，海门驻军统领雷廷瑞率部进入临海，宣布就任台州军政分府都督。数日后，浙江省军政府委派临海人姚桐豫接替雷廷瑞出任台州军政分府都督，并任命冯杰为临海县知事，葛良能为保卫队长，吴协澄为典史。同时罢免清台州知府嵩连，下令临海所有民、兵一概剪辫，并赦钱粮、免厘金。至此，临海彻底摆脱半封建半殖民地社会的桎梏，民国的大幕顺利拉开。

元明清时期，临海的社会经济相对来说还是有所发展的。

元代，临海同整个南方的情况一样，由于受战争的影响较少，因此生产一直在缓慢的发展着。虽然人户较南宋时有所减少，但元王朝"以农桑为急务"的政策，以及其他的一些诸如提倡垦殖、扩大屯田网、迁徙农户、兴修水利和减租等措施，多少也有益于国计民生。特别是元末方国珍对台州近二十年的统治，使临海的社会经济得到了不同程度的恢复和发展。

临海社会经济的发展主要是农业的发展。农业发展的表现，首先是水利设施的兴修和灌溉业的发达。尽管我们没有在文献中找到有关临海兴修水利的文字，但临海所属的台州其他地方还是留下了零星的记载。如元大德三年（1299 年），黄岩知州韩国宝先后化了三年时间浚河修闸，修理水利工程。至正中（1341～1368 年），陆续围筑的海塘有黄岩南境（今属温岭）的盘马山东抵松门的萧万户塘，大闾的长沙塘、塘下塘、横山截屿塘和坞根的赵万户塘。楚门（今属玉环县）一带的能仁塘、东呑塘、江心塘、九眼塘、崇德塘、三山塘、吊山塘、花岩塘、渡头塘、枫林塘、上青塘、陈司徒塘等。这些记载，说明了作为台州路和台州总管府所在地的临海，其水利设施的兴修和海塘的围筑肯定是不会少的。同时，也表明水利设施的兴修和海塘的围筑，对农业的发展是起很大作用的。其次是粮食产量的提高。元世祖时期，关、陕、陇、洛地区小麦"盛于天下"，出现了"年谷丰衍，民庶康乐"的景象。据统计，全国岁粮总数一千二百十一万四千七百八十石，江浙一省所交的就占了其中的三分之一强。由此可见，临海当时的粮食产量应该也是不低的。此外，元至元二十六年（1289 年），朝廷曾"置浙东……木棉提举司"，负责推广种植棉花，并"责民岁输木棉（布）十万匹"。元贞二年（1296年），又定江南夏税折征木棉等物，这充分说明地处江南和浙东的临海棉花种植已很普遍。

元代在临海的土地占有关系上，基本保持南宋的陈规，分官田和民田二种。官田是官府掌握的土地，包括南宋的入官田、内府庄田和南宋末年掠夺民田而设置的公田。民田是指地主贵族和一部分自耕农私人占有的土地。至元十四年（1277 年），浙东道宣慰使陈祐曾来临海"检覆……台州民田"（《元史》卷一六八）。

元代临海的商业也有了一定的发展，朝廷对盐、茶、酒、醋、农具、竹木等进行官营专卖。至元二十年（1283 年），官府于海门岩屿街设立海运千户所，章安港成为漕运装换出发港之一，并与朝鲜有海运往来。大德三年（1299 年），朝廷在杜渎（今桃渚北涧）设盐场一所，辟椒江南岸赤山以下滨海之地为产区，招徕盐民，立甲编团发给煎具，每 3～10 灶为 1 甲，10 甲为团，定二月起煎。又建赤山、沙北、沙南 3 仓，收储产区原盐。盐场所设司令一员，从七品；司丞一员，从八品；管勾一员，从九品。具体负责盐业生产、盐商行息、调整盐价和盐运事项。并于临海设检校所，"专验盐袋，毋过常度"（《元史》卷九一）。在元代的盐业生产上，临海人陈椿作出过重要的贡献。陈椿曾任华亭下砂盐场司令，著有《熬波图》一书，书中详尽记述了当时的制盐技术。据该书载，元代两浙盐区煎盐用的铁盘，不方不圆，可分可合，分大、中、小三种。"大盘广数丈，用铁桦十余片拼凑而成；中盘用铁桦四片拼凑而成；小盘用铁桦两片拼凑而成。"大盘可煎盐 600 斤，中盘可煎盐 400 斤，一昼夜煎 6 盘，可得盐 2400 斤至 3600 斤。有关专家认为，《熬波图》可看作是元朝时期两浙盐区煎盐技术的实录。延祐年间（1314～1320 年），海门称严峙，为台州路漕运驻泊和出发港之一。而葭芷和栅浦成为福建泉州、漳州一带船商觅售烟叶、南货的集散地。至正二年（1342 年），"……台州等路各立检校批验盐引所，权免两浙额盐十万引"（《元史》卷四〇）。同时也建立了大规模的官办手工业。特别是方国珍在临海建都称王时，拥有庞大的海上船队，长期与日本和高丽进行贸易往来。至元十八年（1358 年），方国珍两次派使者向高丽礼送方物并进行贸易活动；至元二十四年（1364 年），又送沉香、弓箭和《玉海》、《通志》等书籍至高丽并进行贸易；次年，再次二派使者至高丽。可见，当时临海与日本、高丽等海外国家的贸易活动是相当频繁的。受海外贸易的刺激，在前代手工业发展的基础上，临海的民营手工业也有了一定程度的发展。贺壎的《东轩记》就曾对其中的蛎灰业作了这样的记述："其人每取海上之螺、蚌、蛤壳为利，阙地为炉，激风扇火，为灰烬，乃货与农人粪田为生计，利甚足。日夜烟炽不停，炉鞲之声砰砰焉，杂以渔樵商贾之往来，无宁时。"贺壎，字叔牖，号石桥，晚号花犊翁，临海涌泉人。至正间，假授慈溪主簿，寻为四明杜州书院山长，升庆元路儒学训导，病亟假归，授徒于家。其所记内容，既指出当时的蛎灰生产已有了先进的鼓风装置，又反映了涌泉以蛎灰产销为中心而形成的繁荣景象。

　　明代一开始，太祖皇帝朱元璋就利用元末农民战争造成的一些客观条件，颁行了一系列有利于社会经济发展的措施。如诏令：以往因战乱"而为奴隶者，即日放还"。使大部分奴婢恢复了人身自由，提高了社会地位。如"佃见地主，不论齿序，并如少事长之礼；若在亲属，不拘佃主，则以亲属之礼行之"的命令，用宗法家长制的少长关系削弱农民和手工业者的人身依附关系。此外，明太祖还奖励垦荒，"新垦田地，不论多寡，俱不起科"。并大力推行屯田政策，组织农民大规模兴修水利，鼓励农民种植经济作物等等。

这些措施的实行，保证了社会的稳定，同时也促进了生产的发展。临海与全国各地一样，采取各种措施使社会经济得到回升。首先是人身依附关系的松弛，可以说对明初社会生产的恢复和发展起了积极的作用。在垦荒方面，农民垦荒的结果，使耕地面积明显扩大。临海虽没有这方面的记载，但从洪武元年至洪武十三年（1380 年），全国新垦田一百八十万三千一百七十一顷来看，临海的垦荒数量应该也是比较可观的。水利方面，洪武二年（1369 年），台州郡守马岱在临海百步溪主持"疏凿别道七百余丈"，后又经当地士绅蔡潮募工重修，"舟始无患"，并改名为大善滩。洪武十七年（1384 年），御史蔡民玉于临海章安古桥村（今属椒江）"按地脉所宜，凿河若干，置闸若干，总萃之以古桥闸"（清道光《台临蔡氏宗谱》）。洪武二十一年（1388 年），蔡民玉又在临海溪口上蔡村"建碶（坝）十八进"（清道光《台临蔡氏宗谱》），总蓄水量近 1 万立方米。洪武二十四年（1391年），"修临海横山岭水闸"（《明史》卷八八）。又临海"办事官"孔良弼筑岭下闸（在今涌泉镇东岙村）。永乐二十二年（1424 年），"修临海广济河闸"（《明史》卷八八）。宣德三年（1428 年），"临海民言：'胡巘诸闸潴水灌田，近年闸坏而金鳌、大浦、湖涞、举屿等河遂皆壅阻，乞为开筑。'帝曰：'水利急务，使民自诉于朝，此守令不得人尔。'命工部即饬郡县秋收起工。仍诏天下：'凡水利当兴者，有司即举行，毋缓视'"（《明史》卷八八）。水利工程的兴修，对农业生产的恢复发展起到了巨大的作用。如洪武二十一年兴修的上蔡十八"碶"，至今还发挥着重要的作用。

农业方面，随着耕地面积的扩大，临海双季稻和小麦的种植更加普遍，粮食的总产量也提高了。这从田赋收入的增加上，明确的反映了出来。元代时，临海所属的台州，人口将近二十万，税额是夏税 2991 锭、秋粮 70340 石。洪武二十四年，台州人口与元代基本持平，而夏税为麦 30672 石、钞 4643 锭，秋粮为米 140237 石、钞 584 锭。前后相比，增加了一倍多。农业生产的发展，使当时全国各地仓储相当充裕，"米粟自输京师数百万石外，府县仓廪蓄积甚丰"。临海的粮仓、粮食储备也相当的丰盈。如海门卫及下辖的前千户所、桃渚所等，即建有广储一、二、三、四 4 仓屯储粮饷，仓容分别为 6226.8 石、2546.5 石、3282.5 石和 1868 石。弘治五年（1492 年），台州在册户口只有 72685 户，夏税麦为 31482 石、钞 1035 锭，秋粮米 136075 石、钞 5569 锭，较洪武时又有增加。在粮食产量提高的同时，明政府还鼓励农民种植经济作物。先后下令，有田五亩至十亩者，种桑、麻、棉各半亩，十亩以上加倍，田多的按照比例递增。麻每亩科八两，棉每亩科四两，种桑则免征四年。不种桑者，交绢一匹；不种麻者，交麻布一匹；不种棉者，交棉布一匹。而额外"益种棉花，率蠲其税"。以上措施，极大的促进了临海棉花和其他经济作物的种植，为临海棉、纺织业的发展提供了更多的原料。此外，隆庆年间（1567～1572 年），任永州知府的临海人项思教回乡奔丧时，带回友人所赠自国外传入的番薯在临海试种，逐渐传播推广。直至今日，后世项氏族人在扫墓祭祖时，还特供番薯一碗，以资纪念。万历中（1573～1620 年），临海开始种植玉米，并迅速发展。稍后又有花生自福建传入。明代时，临海的茶叶已广为栽种，品质和制茶工艺等也比前代有了提高。洪武年间（1368～1398 年），临海的芽茶被列为了贡品。弘治中（1488～1505 年），临海贡芽茶 9 觔。嘉靖时（1522～1566 年）的临海茶更有"上云峰茶，味异他处"、"茶，出延峰山者佳"（民国《临海县志》）的记载。渔业捕捞等也不断发展，有"石首鱼、龙头鱼、鲻鱼、鮸鱼、银鱼、鰕米、黄鲚鱼、海鳓鱼、鳗鱼、鲈鱼、泥螺、白蟹、水母线、螟脯、蚶"（民国《临海县志》）等海产成为贡物。此外，明代临海被列为贡品的还有黄蜡、白蜡、药材、蜜、皮张、牲口、莲肉、白果、丝线、金箔、薪炭等物。弘治时，岁贡的皮张为麂皮二张、牛皮二色、胖襖五百二十三副（五年一造），牲口为猪五十九口、鹅一百八十九只，药材有骨碎补一十斤、白术一百斤、猪牙皂角三斤、台芎一百四十四斤、半夏曲三斤、生地黄六十三斤、粟壳三十斤。

明代临海的手工业，相对于元时有了明显的发展。其中以棉纺织业、造纸业、矿冶业、制造业和造船业的发展最为迅速。

临海是台州府治所在，人口众多，赋税占了台州很大的份额。而纺纱织布是明代临海农村的重要家庭副业，从台州每年夏秋两岁上交的税额中，可以看出布帛、丝绢、果钞等纺织品，已成为明政府赋税的重要部分。同时，明政府在临海设有台州织染局，这充分反映了临海棉纺织业的兴盛与产量之多。弘治时，临海岁贡缎匹价银 288 两，遇闰月加银 25 两，及农桑丝绢 286 匹。临海的造纸业在两宋时就已经相当发达，至明代规模已经相当庞大。弘治时岁贡历日纸 244829 张，黄纸 27700 张，尺九黄纸 816 张，状元黄纸 240 张，白纸 208073 张，白棉纸 80 张。矿冶业从银、铁矿的生产，逐步转向石矿的开采，至万历中已形成相当的规模，当时临海的主要石矿藏在沿海的桃渚一带。制造业的重点在于为朝廷服务，主要有弓、矢、弦、翎毛等。正统六年（1441年），浙江布政使黄泽"奏……台州（临海）户口较洪武时耗减，而岁造弓箭如旧，乞减免"（《明史》卷一六四）。弘治时还岁贡"弓六百一十张、矢五千一百九十枝、弦三千五十条、翎毛八万根"（民国《临海县志》）。可见此前岁贡的数量还要多得多。

造船业是有明一代临海最重要的手工业，当时分官营造船业和民间造船业两部分。官营造船主要是为了漕运和军事，特别是防倭方面的需要，对海船的打造尤其重视。临海所打造的海船以运船和战船为主，有遮洋船、多橹快船、十装、标号、软风、苍山等，由境内的各海防驻军卫所修造。当时驻防临海的海防驻军有台州卫，以及洪武二十年（1387年）二月置的海门卫和前千户所，洪武二十年九月置的桃渚前千户所和下属的蛟湖巡检司、连盘巡检司。洪武五年（1372年），明政府下令包括台州卫在内的"浙、闽滨海九卫造海舟六百六十艘，以御倭寇"（孙正容《朱元璋系年要录》）。十一月，又诏包括台州卫在内的"浙江濒海诸卫改造多橹快船，以备倭寇"（孙正容《朱元璋系年要录》）。洪武二十三年（1390年），诏包括临海的台州卫，以及海门卫、前千户所、桃渚千户所和蛟湖巡检司、连盘巡检司等"滨海卫所每百户置船二艘，巡逻海上盗贼。巡检司亦如之"（孙正容《朱元璋系年要录》）。各卫所有官吏专门负责造船工作，并配置造船兵。"船有亏折，有司补造，损坏者，军自修理"（王圻《续文献通考》）。由于木材供应的困难，以及沿海诸卫军伍虚耗等原因。明中期后，临海的官营造船业逐渐走向衰落。

民营造船业因其分散、灵活、规模小等特点，在官营造船业由盛转衰的情况下继续发展。临海民营造船业擅长打造海船，大的可以建造通商日本、朝鲜及东南亚国家的航海贸易船；小的则有"约长三丈余，广六七尺，上支竹箬以为篷，中无障，……舱中仅容二人，可坐不可立"（徐珂《清稗类钞》第十三册《舟车类》）的简陋小船。当时临海打造的最著名的船只，就是形状如梭渔船，叫做"网梭船"。此外，还有苍船、乌咀、壳哨、赶艍、水艇等。这些船只原先都是宁波、温州和临海及台州沿海各县居民打造的渔船、运输船船种，后被政府改进成战船。由之可见民间造船业的发达。

同时，造船业的发展也促进了运输业的发达。明代临海的漕运数量很大，规模宏大，组织也很健全。漕粮运输的线路开始为海运，最后为河运。河运又有支运、兑运、长运三种不同的运输方法。成化中（1465～1487年）实行长运以后，明政府将卫所船军漕粮定为十二总，其中浙江为一总，"文武大臣各一名，表里督之。总有把总，辖诸卫所。诸卫所有指挥等官领其军，军船十人，十人内又选有力者一人为旗甲，以统运"（清雍正《浙江通志》）。十船组成一帮，帮有帮官，全帮互保，一船生事，十船连坐。浙江总有浙西四卫三所和浙东四卫二所。当时临海的台州卫，浅船额 262 艘，军额 2882 人，领漕额 84372.8 石。在浙江总所辖的杭州前卫、杭州右卫、绍兴卫、海宁卫、严州所、湖州所、海宁所、宁波卫、台州卫、温州卫、处州卫、金华所、衢州所等八卫五所中，浅船额和军额仅次于宁波卫，领漕额则次于宁波卫和绍兴卫。

除了漕运外，民间的商业性航运和旅客航运也比较繁忙。明末山阴人王思任在其所作《小洋》一文中，就提到了临海的百步溪。云："由恶溪登括苍，舟行，一尺，水皆汗也，天为山欺，水求石放，至小洋而眼门一辟。吴闳仲送我，挈睿孺出船口席坐引白，黄头郎以棹歌赠之。"百步溪俗称恶溪，航运条件很差。在恶劣的航运条件下，居然不乏舟行之人，说明了民间航运的重要地位。

明代临海的盐业生产持续发展，杜渎盐场为浙江 32 个盐场之一。政府设置两浙都转运盐司，职掌两浙盐政。两浙都转运盐司辖嘉兴、松江、宁绍、温台四分司，温台分司又在临海蔡桥设总廒收储杜渎场产原盐。

清顺治时，临海有土地 1110538 亩。朝廷于税年征田银42826 两、田米 5735 石，地银 5789 两、地米 426 石，山银 450两，塘银 181 两、塘米 73 石，以及带种台州卫屯田银 32 两和归并海门卫屯田银 40 两；丁税年征额银 4219 两，米 188 石。还有进口建烟、出口醃肉、进口散舱干白鲞、进口散舱小鲞、进口水海蜇、进口苔菜、进口糖蜜、出口蜂蜜、进口乌糖、出口樟脑、出口白术、出口松香、出口中高纸、出口小高纸、出口车心木、出口杨梅皮、出口苧蔴、出口木炭、出口菜饼等杂税。此后，又多次加征军储、展界等赋额和减去边海荒芜土地的赋额。康熙二十二年，清军平定台湾。至此台州得以展复遣界，总算使动荡不安的临海开始平静了下来。随着朝廷不断采取的停止圈地、实行"更名田"、奖励垦荒、整顿赋役制度和废除匠籍等一些恢复和发展生产的措施,千疮百孔的封建社会的生产关系也得到了一定的修补。康熙五十一年(1712年),清政府决定以康熙五十年(1711年)全国的丁银额为准,以后续生的人丁,不再多征,叫做"盛世滋生人丁,永不加赋"。康熙五十七年(1718年),又宣布免除百姓杂役。雍正五年(1727年),开始实行"摊丁入亩"政策,即把康熙五十年固定下来的丁银,摊入田赋银中一并征收,称为"地丁制"。而每逢灾年,则及时减免田赋,并调粮赈济。这一系列措施,无疑有利于重新调动农民的生产积极性。临海遭到破坏的社会经济,也在这些措施的激励下,重新得到了发展。

农业生产的恢复和发展首先表现在因海禁造成荒废的水利工程得以建设和修复,大规模的围垦海涂活动重新启动。康熙二十七年(1688年),在黄礁东埭(今属椒江)建东埭闸,耗银81两。雍正七年(1729年),在沿海建嵩浦闸。乾隆二十一年(1756年),在栅浦(今属椒江)建栅浦闸,"高阔皆一丈四尺,翼水各长六丈,底五仓"(《椒江市志》引)。乾隆五十年(1785年),在章安(今属椒江)江堤建灯头闸,闸1孔,净宽2.9米。道光中(1821~1850年),在葭芷(今属椒江)建葭芷闸。光绪十四年(1888年),在赤山东岩头建天生闸,由娄建辰等集资兴建;又在天生闸东南560米,建澄海闸,俗称里闸,由临海、黄岩沿河田户捐建。光绪十七年(1891年),重建葭芷闸,称为葭芷新闸,又名双龙闸。光绪二十四年(1898年),在章安回龙浦建回浦闸,又称桥西闸。该闸为条石砌筑,3孔,闸孔净宽8.5米,闸身高5米,最大过水能力每秒30立方米,排水受益面积达15000亩。工程由里人方熔、叶荫棠等捐资兴建。光绪二十六年(1900年),在章安建章安闸。此外,清代所建的尚有位于府城的东湖闸、赤山东老闸村的老岩头闸、海门大北门的城隍浦闸、梓林马峙的回龙闸、桃渚的天德闸，还有黄礁的柏家舍闸、三江口闸和树桥头闸等等。宣统三年时，民国《临海县志》所载临海有小型水闸 21 座。又民国《临海县志》载，宣统三年，临海有乌石潭、芝溪、涌泉、山兵、方溪、石牛等堰坝 28 条。又光绪二十四年，开凿海门新河，按田亩向百姓捐集银元一万元，驻军赞助白银四百两并派兵勇助浚。

清代临海筑有北洋塘、沿海海塘等海塘，杜桥到桃渚一带筑塘约 25 公里。桃渚东洋大尖山"旧悬海中"，清代则已"毗连内地"（民国《临海县志》）。位于三门湾南岸的沿赤筑有大域塘、沙呑塘、天丰塘、海山塘、柯呑塘、沿江塘；泗淋有长春塘、泗淋塘、黄岩塘、道头塘等，结果使沿海地区的肥沃农田免受海潮的侵袭，还将部分滩涂辟为良田。自康熙至光绪二百余年中，椒南平原人工围垦线外移 5300 米，仅海门赤山仓就围入土地 14708 亩。椒北平原的围垦范围西起沿海礁背村，东至上盘、连盘等处，东西约 9 公里、南北约 12 公里，围垦线向东南推进 8000 米，共围垦土地 15.9 万亩。

清代临海的粮食生产以稻米为主，麦、豆次之，稻米从单季和间作双季向双季稻推广，取得了较好的收成。随着耕种面积的扩大和农业器械的不断改进，加上农民的精耕细作，农田的单位面积产量也有了显著提高。番薯和玉米的种植面积也越来越大，特别是番薯已占民食的一半之多。康熙时，朝廷于临海城内清和坊白塔桥建立了"府仓"，在城内青云坊小街头建立了"县仓"。同时，临海知县吕象恒又于县署仪门内置预备仓三间。雍正五年，预备仓"添建仓廒六间，每间贮谷七百石"（《浙江通志》）。雍正七年与八年（1730 年），预备仓又分别添建仓廒"四间"和"十三间"。道光中（1821～1850 年），多名士绅于城内天宁寺（今龙兴寺）捐谷建社仓，"每年出陈易新，积谷至五千石"（民国《临海县志》）。同治十年（1871 年），浙江巡抚李瀚章以本部坐贾厘金截留银一万两，于临海城东北黄坊桥校士馆西檐饬建常平仓，"储谷以备凶荒"（民国《临海县志》）。朝廷于海门设立粮厅衙门及义仓和收纳仓。义仓在海门城隍庙内，用于调节粮价。嘉庆十四年（1809年），粮厅主官李国柄与贡生王廷尉筹资重建。道光二十三年（1843年）毁于火，粮厅王镜岩重建，海门居民以及椒济寺僧人共助田9.8亩。咸丰十一年（1861年），太平军进入临海时又废。同治五年（1866年），粮厅邱洪源就地重建，居民翟晴斋等捐谷850石，台州府同知成邦干并重订义仓章程。规定年息一分，扣除仓耗及董事轿马费、工役等费用后以七厘归仓。收纳仓则专司田赋征收。

经济作物的种植有了进一步的发展，棉花的种植更加盛行。油菜、花生、芝麻的种植面积也有一定的增加，甘蔗的种植在杜桥、大田等地十分普遍。黄坦、河头、沿溪、文宜、岭景等地，农民大量种植苎麻。康熙年间（1662～1722年），籽棉、苎麻外销，每百斤"往闽者作八十斤，税三分二厘"（民国《临海县志》）。茶叶的产量则逐步提高，进贡的名茶也不断增加。顺治七年（1650年），"临海等县，岁贡芽茶十五斤"、"每年谷雨后十日起解，台州府限七十一日送部"（民国《台州府志》）。康熙十五年（1676年），临海贡茶的数量迅速增长，"年解官府芽茶53.8斤"（民国《台州府志》）。可见当时的临海茶，在国内已有相当的知名度。

手工业生产自康熙二十二年（1683年）临海全部展复遭界后，才逐步得到恢复和发展。

造船业继续着明代辉煌的余绪，虽然官办造船业与明代相比，已经由盛转衰。但一度还是比较兴盛的。如康熙三十九年（1700年），临海的东湖曾设有官办造船场，以打造海上战船为主。由于官办造船业集中、统一、大规模的特点，并存在着木材供求的深刻矛盾，因此，官办造船场遂慢慢走向衰落。民间造船业则继续发展，船只的种类也越来越多，既有适用于生产、生活的捕鱼船、捞沙船等，又有适用于货运的米船、沙船等，还有适合于客运的航船和各种游船。

　　盐业生产还是杜渎盐场专营，康熙时实销正引 1908 引（一引为 200 斤）。乾隆时，"由……台州……场盐产旺，灶多漏私，（李）卫请发帑银八万，交场员收买"（《清史稿》卷一二三）。咸丰（1851～1861 年）前，场灶分东洋、连盘、轻盈、杜下、大汾五地，共 121 灶。生产方法同前代一样，沿袭古老的刮土淋卤烧煎法。咸丰后，仅上盘、三角塘（今属三门）等几个村继续生产。

　　丝织业正常发展，生产的品种有绸、撖茧绸、撖帛等。棉织业日益发达，民间"纺木棉为之衣被甚广"（民国《临海县志》）。光绪年间（1875～1908 年），城内胡公庙"每值神诞，邑城丝线业工商聚焉"（项士元《巾子山志》）。朝廷还于海门元宝山南麓设有军装局，刺绣、针织等行业开始出现。同治（1862～1874 年）中，海门天主教堂传教士传入西方的花边工艺，并进行生产。光绪元年（1875 年），创办临海花边厂，把西方工艺与临海本土的刺绣结合起来，成为一种出口的工艺品。光绪三十二年（1906 年），法国仁爱会修女在海门向天主堂孤儿院孤女传授台布、龙鳞档等刺绣工艺。初时仅试产台布、祭服等绣品供西欧各地教会使用，俗称"天主堂花"，当时学会此技术者约 10 余人。又同年，法国传教士李思聪于海门西门街兴办天主堂袜厂，购置德国产长机 10 台，传授男性孤儿织袜技术，年产值 20 万元。

　　食品制造有制糖、蜜饯、糕点等行业。据康熙《台州府志》记载，临海在清初即有土红糖生产，"近世闽人教以制蔗，秋熟压其浆熬之，惟不能取霜"。蜜饯生产比较发达，光绪九年（1883 年）时，海门（今属椒江）即有卢万顺、丁同泰、福昌和、大生有、协和盛等 6 家蜜饯加工作坊，从业人员 50 余人，年产 2000 担。所产橘饼、冬瓜糖等为临海名特产，畅销浙、闽两省。糕点作坊也不少，生产的品种有中秋月饼、糕干、杏元蛋饼、苔饼、油枣、橘红糕、绿豆糕、八仙糕、麻饼、马蹄酥、花生酥、核桃酥、芙蓉糖、米花糖、豆酥糖等等。光绪六年（1880年），童氏于临海城内开设了"同受和茶食店"。光绪九年，该店生产的中秋月饼即季销 5000 斤，驰誉临海以及整个台州和邻近各州县。光绪二十四年（1898年），王怀富于临海城内（今紫阳街 51 号）创办"王天顺马蹄酥店"。宣统三年，海门许谢记糕点作坊新开业。

酿造业除了酿制白酒外，光绪十二年（1886年），周官玉于海门通衢路创办周万顺酒坊，雇请绍兴酿酒师开始酿造黄酒。光绪年间，城关最大的酒坊为何义兴。至清末，姜福斋、乔西亭、黄楚卿、陶寿农等又在海门相继开设姜源顺、乔鼎和、黄万记、陶元康酒坊，这些酒坊均以酿造黄酒为主，产品有黄酒、加饭、香雪等。此外，海门的三元官酱园还酿制酱醋、酱油和腐乳等，销往上海、宁波、温州、福州等沿海城市，以及台州各县。

造纸业规模依然，有纸槽户数百户，纸槽数百具。但所造的纸张已无明代上贡之质量，"类皆粗薄，不堪用"（民国《临海县志》）。又光绪二十七年（1901年），雷恒久在城关设立木刻水印店，生产和供售账册、学生作业本以及信笺、信封等。清末时，海门已有石印的公进印刷所存在。此外，清末城关李文奎笔庄所制的"天台狼毫"毛笔，曾享誉台州各县。

医药业至清末时出现，光绪中，桃渚郎氏开始制作樟冰，其技术来自于台湾廖姓人士的传授。

农业和手工业的发展，促进了临海商业和城市经济的繁荣。随着商品经济的逐步活跃，临海与邻近各县及与所属地区和乡村之间的经济联系，进一步加强。在商品经济发展的同时，资本主义萌芽也有了缓慢的增长。据统计，有清一代临海已有"大田镇市、绚珠市、东塍市、章安镇市、杜渎镇市、溪口市、更楼市、张家渡市、白水洋市、店前市、下桥市、邵家渡市、沙岗头市、双辇市、叉口市、小芝市、蒲峰市、山场市、康谷市、花桥镇市、桃渚市、东洋沙门市、小雄市、大汾市、市场市、连盘市、上盘市、汛桥市、长田市、西岑市、涌泉市、后泾市、黄礁市、栅浦市、家子镇市、海门市、前所市、道感堂市、油溪市、双楼市、双港市、归溪桥下市、黄檀上宅市、河头市、姜村市、蟠山市、岭下兰桥市、牌前市"（民国《临海县志》）等乡市，使得中小集镇更加繁荣，农村市场也随之发展起来。首先是粮食，咸丰年间，因百姓大量运米出海交易，导致临海"斗米千（文）钱"。同治三年（1864 年），台州知府刘璈遂对粮食进行粮政管理，使米价回落至每斗 12 至 13 文钱。同治九年（1870 年），刘璈以海门为台州的门户，经浙江巡抚同意，移粮厅于花桥（今属三门），于临海县下设葭芷、大汾、章安等粮厂征收粮食。海门、葭芷、赤山东、赤山西、栅浦、三山庄（以上今均属椒江）田粮归葭芷粮厂征收；松浦、岸头、杨司、陈岙、前所（以上今均属椒江）等乡庄田粮归大汾粮厂征收；章安、山兵、古桥、墩头、黄礁、张岙（以上今均属椒江）、金溪、溪口、玉岘等乡庄田粮由章安粮厂收纳。清末轮船通航后，海门遂成为临海和台州的粮食主要集散地，年出运米谷数十万石。副食品方面，乾隆三十八年（1773 年），福建商人在海门大量集散红糖、桂圆、荔枝等南货，并于葭芷建有泉漳会馆及烟栈。同治十年，海门浚大、金泰康南货行开业。光绪十二年至二十五年（1886 ~ 1899 年），丁乾元、杨阜康南北货号在海门先后开业。海门成为台州各县荔枝、桂圆、鱼翅等南北货供应中心。食盐于同治三年改盐引为厘，在海门设厘局稽征盐税。清末，葭芷商人黄蒸云承包厘金三万七千两，包销台州、婺州（金华）、处州（丽水）等 7 县食盐，使海门成为浙东重要的食盐运销中心。生产资料方面，临海、天台、仙居等 3 县所产的竹木、柴炭等皆经海门集散。咸丰中，福建人杨某某于临海城内诸天巷口开设"茂聚号五金店"，资本金约 10 万元，店员多至 20 人。光绪元年，海门港的主要港埠从葭芷外移海门，大量的洋纱、洋布、洋火、洋靛、洋铁、洋钉，以及洋针等洋货，经海门登陆临海乃至整个台州。光绪五年（1879 年），煤油输入临海，当时在海门经营进口洋油的就有美孚、鸿泰祥、衡孚、鸿祥等 4 家商行。但洋油开始却无人问津，后用于王天顺制成的"扒壁蟢"油灯，遂大行。光绪中，蒋月香于临海江厦街轮船码头附近开办了"蒋利源"洋货店。光绪十二年，熟铁及铁条等舶来品输入临海。光绪十六年（1890 年），临海城内开设"江泰和漆店"。光绪二十八年（1902 年），葭芷有周顺利、丁永利、周奉昌、褚恒利 4 家网号，除满足本地渔民生产需要外，年均输出渔网 600 口。此外，见于记载的商品经济活动还发生于药品、饮食、服务等行业。嘉庆十一年（1806 年），慈溪方庆彩、方庆禄兄弟携带资金来到临海，于章安（今属椒江）设方万盛药号和方隆盛药栈，收购临海地产药材并供应各种饮片、丸、散、膏、丹等。嘉庆二十五年（1820 年），宁波岑氏于城内白塔桥之北开设"岑震元药号"。道光元年（1821 年），方庆禄于临海城内会龙桥开设"遂生源"药栈，九年（1829 年）又开设了"方一仁"药店。两药店时有店员 13 人，并有中医师坐堂。光绪中，范子湘于城内芎林院东隔一弄，开设"范源利"药栈。宣统三年，罗俊才在城内腊巷口附近开设了"罗义记"西药店。光绪时，潘氏于城内开设"聚丰园"馆店，有名点"蛋清羊尾"。光绪二十二年（1896 年），阮忠辉于城内十字街头开设了"一洞天"茶馆。咸丰十一年，临海城内（今紫阳街 153 号）创办了"蔡永利秤店"。宣统三年，海门冰心茶园开业。同年，海门旅馆开业，《赤霞报》载其"备有盆浴设备，膳宿兼营"。

　　甲午战争失败以后，由于全国人民的压力，朝廷被迫放宽了对民族工业的种种限制，不得不在各地设立商务局，主持办厂，奖励民营。在这种情况下，临海的民族工业也随之初步兴起。主要标志就是轮船航运体系的构成和邮电业的发展。

　　光绪二十一年（1895 年），宁波绅商经奏请朝廷同意，创办了外海商轮局，以 3.8 万元购置"海门"轮船一艘，开始了宁波与海门之间的航运。光绪二十二年，英国的"广贸"轮船也开始行驶宁波、定海、石浦、海门航线。光绪二十四年（1898年），江南道监察御史、黄岩路桥人杨晨和临海大帆船商人陶祝华等人集资3万元，于海门成立越东轮船公司。次年，购置了一艘261吨的"永宁"轮船，航行海门至宁波及中途各海港。光绪二十九年（1903年），宁波商人创办的永川商轮公司，也以一艘106吨的"海宁"轮船，往来于宁波、海门间。同年，英国和日本各以一艘轮船行驶宁波、定海、海门航线，但不久停航。又日本"载阳丸"轮船，在浙海关注册时，原定"专走石浦、定海、海门三处"（童隆福《浙江航运史》引），因与中国的"海门"轮、"永宁"轮竞争失利，而改走上海至定海航线。光绪三十一年（1905年），越东轮船公司购得"永江"轮船，开辟海门至上海航线。光绪三十二年（1906年），再购入555吨的"永利"轮，继续用于海门至上海航线。同年，杨晨等又出资10万元，在临海创办甬利汽轮局，开通了临海与宁波的航运。光绪三十四年（1908年），海门至温州航线开辟。旅客从温州乘轮抵海门后，可以换乘至宁波或上海。由于温州经海门至宁波、上海的客货运价，比招商局温－甬－沪线为低。同时，货物从海门转口，可以享受较低的常关税率待遇，而直接往来于温州和宁波、上海之间，则须缴纳较高的关税。所以，当时温州与海门的客货运输业务十分繁忙。宣统元年（1909年），宁波的宝华轮船局，也开通了宁波至海门航线。据《浙江华资轮船企业表》及其他数据表明，自光绪二十一年至宣统三年，行驶于海门至宁波、临海至宁波、海门至上海和宁波至海门至温州等外海的轮船，先后有宁波外海商轮局、宁波永川商轮公司、临海海门越东轮船公司（后改称永宁商轮公司）、临海甬利汽轮局、上海锦章号轮船局、上海平安轮船局等公司的海门轮、永宁轮、永江轮、永利轮、可贵轮、平安轮、济安轮、海宁轮、湖广轮、永川轮、新海门轮、宝华轮、光济轮等十三艘，共5000余总吨。在临海海上航运迅速发展的同时，内河的小轮业也有了一定的发展。如黄岩江茂才置办7吨

"永裕"轮，航行黄岩、海门间。接着又有临海商人的"永新"轮加入该线进行航运，两轮竞争十分激烈。宣统二年（1910年）至三年，临海商人张之铭等招集股本洋2000元，筹组永顺轮船股份有限公司，暂租小轮专驰临海、海门航线。宣统三年，临海举人周继荣与航船柱首章桂连等，合资银洋1万元，于临海开设临海六埠拖轮公司，以50吨的"顺昌"轮，行驶临海至海门各埠。

　　邮电业与航运业几乎同时出现。光绪十九年（1893年），临海已出现民信局，名为"福顺泰"。"福顺泰"地址在城内大街头（今东大街与解放街交汇的十字街口），以寄递信件为主，兼营包裹和汇兑款等业务。临海博物馆藏有一封光绪二十三年（1897年）"福顺泰"的实寄封，是临海乡绅何钟麟从临海寄给身在北京的儿子何奏篪的。这封实寄封的信封上从右至左写着"安要函。敬烦福顺泰信局迅速妥寄至：京都城内协光昌信局收下，即恳送至后孙公园台州会馆，确呈刑部主事何大老爷见石甫升启"。左上角还有三行附言："号金已付，沿途勿阁，信到酒例。"另盖有一木刻印记"酒例付钱一吊文"。光绪二十八年（1902年），官府于临海揽巷口成立台州邮局，下设大田、东塍、两头门、汛桥、水家洋、白水洋、张家渡等七处邮寄代办所，兼辖天台、仙居两县及宁海珠岙、桑洲和缙云壶镇等各邮寄代办所。同时又于海门建立海门邮局，下设长甸、涂下桥、章安、涌泉等四处邮寄代办所，兼辖黄岩、路桥和太平县各代办所。光绪三十二年五月，经临海士绅何奏篪请求，于临海城内设立三等甲级的台州电报局，线路由宁波经宁海转接至临海。同年九月，又于海门设立海门电报局，线路由临海经黄岩转接至海门。

　　近代航运业和邮电业的出现，进一步促进了商品经济和社会建设的发展与交流，大大加快了临海从半封建半殖民地社会向资本主义社会转化的进程，其意义自是不可估量。

　　元明清时期，由于元政府对日战争的失败、明时浙江沿海的倭患和清初的闭关海禁，严重的影响了临海的对外贸易与文化交流的正常发展。直到清康熙二十三年（1684年）清政府平定台湾以后，才允许包括临海在内的浙江沿海"百姓以装载五百石以下船只往海上贸易、捕鱼"。康熙二十四年（1685年），清政府议政王大臣会议"今海内一统，寰宇宁谧，满汉人民，俱同一体，应令出洋贸易，以彰庶富之治"的决定出台后，即设立浙海关，负责收税事宜，浙江沿海对外贸易的情况才有所好转。清政府规定海外贡舶3艘以内，携带货物可予免税，"其余私来贸易者，准其贸易"，仍由海关"照例收税"。当时，临海对外贸易的港口有海门、葭芷、桃渚等处。康熙三十四年（1695年），为进一步加强对外贸易的管理，浙海关在临海设立海关口址家子（葭芷）口一处，征收进出口货税及渔米。是时，临海的几处港口输出的商品有大米、茶叶、生丝、绸缎、棉布、纸张、干果、烟草、瓷器、竹木、中药、南货和工艺品等，而海外进口的则有金、银、铜、玻璃、珊瑚、玳瑁、香料、海味、象牙、靛青、蔗糖、燕窝和毛织品等货物。雍正六年（1728年），护理海关关务台州府知府江承玠额征税银外，又收盈余银54000两。可见，当时临海的对外贸易已是非常的繁荣。咸丰二年（1852年），临海家子口口址迁往海门，俗称"台大关"。"台大关"后改临海关，光绪中法国人帛黎，曾"历……临海……诸关"（《清史稿》卷四三五）。

元明清时期，临海对外进行贸易和交流的主要国家有朝鲜、日本、琉球等。

临海与朝鲜的交往，除了元后期方国珍割据浙东时与朝鲜的贸易和联系外，见于记载的重大的民间交往主要有二次，一在明弘治元年（1488年），二是在清乾隆六年（1741年）。

明弘治元年，朝鲜弘文馆副校理、济州三邑推刷敬差官崔溥，带陪吏、护送军以及奴子等43人，渡海返里奔父丧，因遭风暴漂泊海上，闰正月十六日至临海的牛头外洋，次日舍舟登岸。初被临海军民疑为犯境的倭寇，经桃渚城衙门审核后，查明了身份。五天后由桃渚千户翟勇从桃渚城一直伴送至杭州，然后转送北京，并于六月四日渡过鸭绿江回到朝鲜。同年七月，朝鲜国王遣使来北京，感谢明政府发还崔溥等 43 人。弘治五年（1492 年），崔溥以书状官随谢恩使来北京。弘治十年（1497 年），又以相礼差质正官随圣节使再来北京，表示对临海军民的深深感激之情。崔溥"以博学壮节名一世"，著有《锦南文集》。其中所收录的《漂海录》，是用汉文以日记体记述这次漂海返国经历见闻的著作。书中多处对当时临海及台州海防设施、军威、民众抗倭激情的记述，为正书、志书等所不载。

　　清乾隆六年，高丽全罗道的一艘来华贸易商船，因风暴漂泊辗转至临海。船上共有二十多位高丽商人，台州官府把他们安置在临海天宁寺内（即今之龙兴寺）。天台名士齐周华曾从《广舆记》中获知过朝鲜的一些情况，很感兴趣。闻讯后，即来临海，于天宁寺内考察高丽人的风俗是否与《广舆记》所说的相同。经过五天的观察与了解，终于取得了第一手的资料，有了新的认识，并写下了长达一千二百余言的《高丽风俗记》，以纠《广舆记》之误。朝鲜商人中也不乏文士，其中有位姓宋的书生，是个秀才。一天，他见僧房桌上放着一本齐周华的文集《需郊录》，随手拿起翻阅良久，爱不释手。天宁寺住持海印禅师见他很喜欢，就将此书奉送。宋秀才如获至宝，"喜不自胜"。翌日，闭门不出，于卧室内"展卷运笔"，作序以志："予以暮春，偶然漂海至台（州），寄寓天宁古寺，得与台之高僧名士会，且并得《需郊录》一卷。潜心展玩，茅塞顿开，恍然如有所得，此真偶然之万也。因题曰《偶得集》，以志异云"（清齐中嶅《齐周华年谱》）。

　　两个月后，清政府下旨，由沿路州县资助路费，把高丽商人送归故国。临行之时，20 多位高丽商人在台州官署前跪拜致谢后，登上了回国的路程。天宁寺高僧海印禅师亦赠诗道别，诗序云："高丽与中国，语音不同，幸书同文也。遂各执纸笔条对，颇知其详。然观日用动静，无一毫苟且，已群服其礼义矣。巨山（即齐周华）先生闻其风，不远百里相访。时与郡中少曾叶先生、抹云秦先生、若翰蒋先生，同盘桓于敝寺者五日。其风俗之美，无不周知。诚如记（即齐周华的《高丽风俗记》）中所云，无虚词也。予乃复为一绝云：海风送客泊南天，患难堪矜礼义全。为赠《需郊》归故国，巨山文教被朝鲜"（清齐中嵚《齐周华年谱》）。

临海与日本的交往，虽没有多少资料存在，但还是有线索可寻。如元代，方国珍就拥有大规模的海上船队，长期与日本有贸易联系。而在明代，由于朝廷基本上采取了定期、定点、定量与日贸易的限制政策。因此，临海商人与日本的贸易多以走私的方式来进行。事实上，明中期倭乱的发生，就与沿海一带的走私活动和利益的分配不公有关。万历以后，随着倭患的逐步平息，中日之间的正常贸易也渐渐恢复。此时，临海的商人又同沿海各地的海商一样，"冒险射利，视海如陆，视日本如邻室，往来贸易，彼此无间"。海上的对日走私贸易又趋于繁荣。清初，因朝廷实行的"迁海"政策，临海与日本的贸易活动停止了数十年。康熙二十二年（1683 年），海禁重开。次年，刘廷玑官台州同知。居官期间，他写了一首《海门春望》诗："极目浩无际，风潮频往回。乾坤何处尽，日月此中来。老蚌含珠卧，文鲵吐雾开。太平传盛事，重译到天台"（清《葛庄诗钞》）。从诗中看，临海遭复展界不久，即有日人前来。康熙三十八年（1699 年），成康保就任台州同知，以整顿海门港为己任，确保海上贸易的正常开展。沈廷芳所撰的《台州同知成公康保墓表》就对此作了这样的记述："国家既驰海禁，奸民出没其间，草窃时发。公下车，特设巡舶，选廉吏稽察海口榷税。巡役困商，重惩之。奸杜而百货集，民赖以殷。"（清《碑传集》）

临海与琉球的往来，元明两代的资料尚未得见。清代的记载比较丰富，如见于福建布政司奏折的就有五次。最早的为乾隆三年（1738年）十月，其后又有乾隆二十四年（1759年）闰六月、乾隆五十六年（1791年）一月、嘉庆七年（1802年）和道光十五年（1835年）等。据奏折所云，每次都有使者或商人死于临海，并就地埋葬。第一次是金城，第二次是川满，第三次为上江洌，第四次名佚，第五次亦名金城。埋葬时，都立有上刻"琉球国"三字的墓碑，但遗憾的是至今没有考古发现。此外，临海人张绮（1779～1874年）在其《默斋诗话》中，还有这样一段文字："道光三年（1823年）五月，琉球国有人数十飘舟至台，（临海）邑令萧公元桂馆于南极宫。其人皆披单花衣，穿木屐，头挽髻如道士，簪以金。有茂才陈举如能诗，携有诗稿数卷，惜未抄录。仅记其《和友咏菊》云：'遥忆一篱亲手植，含香犹自待君开。'又《中秋夕过桃花岛》：'休言故国河山远，枕上归来月未斜。'"可知，清代临海与琉球的往来和关系是相当密切的。

元明清时期，由于得到南宋长足发展的教育文化事业的影响，临海的教育和文化事业同样蓬勃发展。但因各个朝代的统治者在文化上的差异和政治上的某些因素，进程却是极不平衡的。

教育上，元代的临海在拥有南宋所创建的上蔡书院、观澜书院、溪山第一书院等的基础上，又有柯醽新建了鉴溪书院。官府在教育上虽然也采取了提倡、扶持的政策，但同时又进行了严格的控制。一是书院的山长由官府委派，并授予官衔，发给俸禄。二是书院的教授、学正等的任命、提升均需得到官府的批准。书院逐渐官学化的结果是教育得以发展，上蔡书院还成为当时全国41所著名书院之一。但因元王朝推行的是一种民族歧视和压迫的政策，它以儒为吏，阻碍了汉族士人在政治上的发展。元代九十二年间，临海入仕者锐减。科举方面，只在延祐五年（1318年）、至治元年（1321年）、至顺元年（1330年）、至正八年（1348年）、至正十一年（1351年），出了周仔肩、达普化、于凯、张元志、梁天宝、潘从善等6名进士。所庆幸的是，达普化（泰不华）于至治元年高中头名状元，这也给与南宋相比而落寞中的临海教育多少带来一点欣慰。

　　明代初期，由于朝廷把朱熹注释的"四书"、"五经"定做官定读本，以为科举取士的准绳。所以，临海当时的教育也以程朱理学为主，兼纳宋元理学诸儒之说。宣德、正统间（1426～1449年），戴立大由丹阳教谕累迁至台州知府，其以教育为重，深得百姓称道。正统四年（1439年），陈璲自江西提学副使退归临海，造白云书院以启迪未闻。出其门下的有福建右布政使陈员韬和广东左布政使陈选父子，以及侯润、侯臣兄弟，林贵壁、林一鹗叔侄等一时之才。天顺元年（1457年），台州知府阮勤重建临海上蔡书院，以为讲说程朱理学的中心。明中叶以后，王守仁主观唯心论的"心学"风行一时，同时也取代程朱理学而受到政府的重视。临海的林元协、林元纶就曾归其门下，大行王守仁所创良知良能之说。正德三年（1508年），临海发生大火，焚毁台州府学及临海县学，复重建。嘉靖十七年（1538年），周志伟知台州，大兴学校，教育日盛。嘉靖二十一年（1542年），周志伟又与台州府同知王廷干在临海白云山麓创建赤城书院。嘉靖年间，台州知府李金于城内天宁寺（今龙兴寺）右建"龙映小学"；又有金贲亨于巾子山北麓佑政庙后建崇正书院；冯凤池在涌泉南屏山改文昌阁为南屏书院，还有何宽于临海栅浦建立书院一所。万历中（1573～1598年），王士性在城西建白象书院。除以上所说书院外，临海还新增了敷教、龙映、龙顾等官办书院，白云、丹崖等私设书院，又于县城东西各设社学一所。教育事业的兴盛，促使人才大量涌现。有明一代，临海有进士123人，其中嘉靖二十三年（1544年）三月，秦鸣雷状元及第，另有举人336人，贡生438人。人才兴旺的结果，就是带来了临海社会各方面的进一步发展。

　　清初的顺治年间（1644～1661年），临海的教育还是比较理性的，朝着积极的方向发展。顺治五年（1648年），台州知府唐虞世建唐公书院于临海北山，肇清代临海书院建造之始。其后，洪若皋建东壁书院于县西下塘园（今永丰镇下塘园村），又建南冈书院于巾子山巾峰塔下。随着书院的发展和教育的进步，产生的结果是令人满意的。自顺治九年（1652年）至十五年（1658年），短短的七年时间，就出了何纮度、陈璜、洪若皋、冯甦等4名进士。顺治十八年，台州知府郭日燧因临海庠生赵齐芳、赵齐隆兄弟积欠三两白榜银，而按新例"绅衿欠粮，有司径得杖责"进行责打，致使赵齐芳伤重死亡。此举引起公愤，临海、黄岩二县诸生近400人纷纷要求退学，以示抗议。巡道杨三辰以"诸生近海，谋且叵测"告于浙江总督赵国祚。赵国祚不事调查，仅以杨三辰之言而罗织成狱。为首的水有澜、周炽2人被绞杀，4人死于狱中，62人流放辽阳上阳堡，其中2人又死于押解途中。康熙元年（1662年），刑部又行文台州，涉案人员的妻子同流。这一事件被称为"两庠退学案"，成为临海教育史上最黑暗的一页，从此临海进士绝榜百余年。康熙五十一年（1712年），张联元就任台州知府，修学宫，建近圣书院，并延请名师教授。同时，又酌拨临海五十八都官田220亩，官地15亩。户除输粮外，均馆师及子弟膏火之资。这些措施的实行，意在恢复临海的教育。但由于"两庠退学案"的余波未尽，多大的作为都是徒劳的。雍正四年（1726年）至十年（1732年），清政府又以浙江的学人士子"风俗浇漓，人怀不逞"，停止浙江的乡试和会试，临海的文教事业再次遭到了沉重的打击。乾隆以来，临海的教育事业逐渐复苏。乾隆十五年（1750年），于桃渚建鹤峤书院。道光四年（1824年），临海知县程璋重建赤城书院。道光九年（1829年），又于大汾（今杜桥大汾）建宾贤书院。道光二十一年（1841年），台州知府潘观藻改赤城书院为正学书院，并奉方孝孺于书院西庑。道光二十三年（1843年），章安乡绅冯翊、仲孙樊等建金鳌书院于金鳌山东北面。道光二十六年（1846年），台州知府王绍燕自兼正学书院山长，月课生员，评批制义。嘉庆七年（1802年），台州知府特通阿重建"龙映小学"。

随着太平天国运动的发生和西方文化的不断渗透，临海的教育也慢慢的开始出现新的变化。咸丰中，太学生叶壎之女王郁兰，晚年受聘于章安某富媪家，设帐课徒，以文字记载而论，此为临海乃至台州女塾之始。同时，也表明了临海女性传统的思想观念已开始发生变化。同治二年（1863 年），邱洪源在海门印山新创印山书院。同治三年（1864 年），刘璈调署台州知府，开始了临海教育事业的复兴。同治六年（1867 年），刘璈重建正学书院和东湖书院。两书院各设山长一人、斋长一人，正学书院山长由台州府聘任，东湖书院山长由临海县聘任。以田房租息和盐捐等，来保证书院的日常运转。规定肄业者先于岁正月由府甄别获取，始得住读。成绩优异者月给米三斗，月课最者加米。凡月课，府、县及山长各一次，又府、县另课古学一次，均次奖膏火，另府学又堂课生员一次。"是时两院济济跄跄，无一虚席。知府亦时或莅视，学者亦争自振。"（民国《临海县志》）刘璈还会同工部屯田司员外郎临海人陈一鹤，拨款于北京宣武门外购置房屋，设立台州会馆，以供临海及台州士子赴京赶考旅宿之用。又于临海北固山福清庵址，新建广文书院。并查拨小芝真如寺废田 800 余亩，创设尊儒书院。同治七年（1868 年），台州府禀定章程，于海门所进北盐，每斤附捐厘金 5 毫，一年可收 3000 余串，拨充书院、义塾、宾兴之用。同治九年，新建海门东山书院。同治十年（1871 年），改广文书院为三台书院。再创孝廉堂，以盐捐支持府月课举贡者住读。各书院由培元局统一管理。刘璈主政台州期间，临海的教育事业除了以上的举措外，还修复了台州学宫和临海学宫，重建鹤峤书院、扩建南屏书院、增拨宾贤书院经费，又新建成了旦华书院和椒江书院等。兴建的义塾，位于临海城内的有东城、南城、中城、西城、北城、中津等 6 所；乡村的有童蒙义塾、郇膏义塾、养正义塾等 32 所。同治十年，临海大石孔丘村章乐天父子在宁波接受了基督教圣公会的信仰，回乡后邀请西教士到孔丘传教。不久在大石溪南村建造了教堂，随后开办了"信一小学",招收溪南附近村民子弟入学。光绪十七年（1891年），基督教圣公会于临海西城下创办男学"书房"，及后又创建了男女两所小学。男校称圣公会小学，女校为恩德小学，任职的教员先后有应传畏、沈昭恩、陶永淮、陈仁义和谢孝友等。光绪十八年（1892年），法国传教士李思聪在栅桥（今属椒江）建造小学堂一所。光绪二十六年，贡生朱鞒于城内巾子山创自任学院，"从事新学，购办海内外图籍，讲求科学"（项士元《巾子山志》）。光绪二十八年，清政府颁布《钦定学堂章程》，临海的教育开始进入"新教育"时期。小学教育方面，圣公会小学首先改名为汇文小学。同年，椒江书院改为海门小学堂，海门乡绅王梦兰与法国传教士李思聪合资创办了毓材学堂。光绪二十九年，金鳌书院改为金鳌初等小学堂，娄锦华又于海门智信里创立了文化小学堂。光绪三十二年，金剑青于张家渡创办了立本小学。金剑青，名伯忠，号干卿，张家渡人。他立志"教育救国"，将自己的祖传田产，除母亲的陪嫁田外，全部卖掉，用以办学。同时，基督教内地会又于临海城内旧仓头（今台州初级中学内）普济医院西边创办育才学校和女子培志学校。两校均由英籍传教士贝女士主持，时有教师3名，男女校各招收学生30名，学生大多是临海和台州各县教徒的子女。光绪三十三年（1907年），进士葛咏裳夫人屈苣缧与临海知县孙燕秋夫人，于城内佑政庙内创办女子两等小学，礼聘庠生王吉寅为讲席。又涌泉南屏义塾改设公立南屏初等小学堂，校长为蒋平西。此外，东塍、葭芷（今属椒江）等地亦纷纷建立私立两等小学堂。中学教育方面，光绪二十八年，台州知府徐承礼改三台书院为三台中学堂，任命台州府经历方荣阳为监督，礼聘天台进士金文田等为教员，并增拨经费。中学堂设普通科、文科和实科，修业期限为五年。在课程的安排上，废除原三台书院所学的八股文，保留经学；新开国文、英语、算术、理化、生理、历史、地理、体操、音乐、图画等。三台中学堂为临海的第一所中等学校，即今台州中学的前身，其意义自是非凡。光绪三十三年，三台中学堂又改为官立台州府中学堂，并设置了简易师范科，扩充校舍，改良学科，初具新式学堂规模。同年，杨镇毅、屈映光、周琼、杨哲商等在临海创建耀梓体育学堂；黄蒸云、陶祝华等改海门小学堂为椒江中学堂；黄崇威等改海门毓材学堂为初等商业学堂。据民国《临海县志》等统计，清光绪二十八年至宣统三年，临海有高等、初等小学堂55所，中学堂4所，其中小学堂仅宣统年间（1909～1911年）就创办了19所。

元明清时期，临海最著名的理学家为周敬孙、金贲亨和金鹗。

周敬孙，字子高，生卒年不详，元临海人。曾入京为太学生，因见国事日非，遂隐居不仕。他于临海上蔡书院从理学家金华王柏就学性理之旨，尽得朱子学之精华。著有《易象占》、《尚书补遗》、《春秋类例》等著作。

金贲亨（1483～1564年），字汝白，人称一所先生，临海人。明正德九年（1514年）进士，官至江西提学副使。他在福建提学副使任上时，创办道南书院，"以身为教，后文先行"。并正秩序，修礼数，"慨然以兴起斯文为己任"。又选就学之最优者入养正书院，"相与推明洛（程学）、闽（朱学）微旨，……以至于圣人"（民国《临海县志》）。在江西时，亲自于白鹿书院聚徒讲学，使"诸士多所兴起"。理论上，他既直接继承了南宋陆九渊主观唯心论的心学，又兼取朱子之学，形成了庞杂的思想体系。《学书记》、《学庸议》、《道南录》、《象山、白沙要语》、《台学源流》等，是他的主要哲学著作。其中《台学源流》凡七卷，系对临海和整个台州理学的全面总结。

金鹗（1771～1819年），字风荐，号诚斋，又号秋史，临海人。他少年时受学于朱珪，后肄业杭州诂经精舍，"博闻强识，邃精《三礼》之学"（民国《临海县志》）。中年时期以优贡生入京，受知于礼部尚书山阳汪廷珍，"与析难辩论"。当时北京的著名学者王念孙、郝懿行、胡培翚、胡承珙、陈奂等，对其推崇备至，誉为经学名家。他的主要著作有《论语乡党注》和《求古录》。《论语乡党注》"厘正旧说，颇得意解"；《求古录》"取宫室、衣服、郊祀、井田之类，贯穿汉、唐诸儒之说，条考而详辨之"。可惜的是其英年早逝，两稿卒后全佚。所幸的是陈奂访得所存残稿，编定为《求古录礼说》十五卷和《乡党正义》一卷行世。

金鹗的杰出贡献在于他的《求古录礼说》一书。晚清著名学者李慈铭对此书极为赞许，认为"其《天子四庙辨》、《星辰说》、《屋漏解》、《楼考》、《冬祀行辨》、《夏礼尚文辨》，皆实能发古人之隐"，见解"极为精确，……尤前人所未发"。近代学术宗师章太炎和音韵学大师黄侃，对其评价也相当高。章太炎认为，浙江近代的考据学者，多以金鹗和沈涛为宗。除此之外，则皆凌杂汉学或宋学，不足称道。黄侃指出，有清一代，成就卓著的礼学家不少，但"文辞廉悍，则无如临海之金"。由此可见，金鹗在学术上的影响是很大的。

元明清时期，临海传统的道教和佛教逐渐呈衰微趋势，道家宫观和佛教寺院相对减少，仙真高道与名僧大德鲜有出现。西方的基督教和天主教开始传入临海，并日益传播至各地。

道教方面，元代见于记载的著名道士极少，可考者仅张雨一人。张雨，又名天雨，字伯雨，法名嗣真，号贞居，又号句曲外史。初从虞伯生受七十二家符箓，二十岁时离家游天台、临海括苍山等得道，传正一之法。能文、善画、工诗，与薛元卿、章心远、毛伯元相友善。书法作品有《台仙阁记》等。《台州府志》引《杭州府志》及《天台山方外志》云其"风裁凝竣，工书，善诗歌，文益奇古。引败笔点缀木石人物以自赏，适作字劲健，在陶贞白上"。

明代居台州修道的道士有，林通元，永乐间（1403～1424年）居临海巾子山南麓修道。善图箓，能步罡，有大道行。吴栖霞，太平（今温岭）肖村人。自幼出家，居临海栖霞宫，有道行，擅持咒作法。《通志》引《太平旧志》云："大旱，众请祷雨，吴以天谴不能多求。遂持咒嘱云行雨三分，寄雨一分，寄往太平二十都中。是年，肖村藉此有秋。"

清代临海道士有名声的为，徐阳明，号浣尘，松江华亭（今上海）人。自幼好道，遍历名山大川。曾登天台，谒桐柏。后住临海城关紫阳道观。鹤道人，居临海八仙岩修道，善诗，工书画。尝与邑人孙春泽、金听秋等结诗社于嘉祐寺。有"洞口扫花红满帚"之句。朱元通，临海白竹人。幼入临海八仙岩为道士，善词。同治中，杨昌濬抚浙，使玉皇宫方丈召集道俗开坛考试诗才。与考者四百余人，朱被录为天仙状元，名著一时。凌圆佐，道号会默，临海下陵人。幼习儒业，十八岁时弃儒入道，师黄岩委羽山张永翰。默契秘旨，彻底通悟，益励清修，静坐无间。且以内功须兼外行，庶乎有成。后居雁荡，为净名道院方丈。宏开讲席，颇扬一时之盛。清代居临海修道的道士还有，秦抱真，居临海百步紫阳观；陈光宗、理全、宗芳等，居临海栖真观；丹崖道者，住临海双珠洞；王教松，居临海八仙宫；陆致和、张至敬，居临海紫阳道观；白云道者，居临海白云庵。

明代和清代，临海又新建或重建了一批宫观，可考的有：仙下宫（今属椒江），明嘉靖三十六年（1557 年）建。三元宫，明万历八年（1580 年）建。百步紫阳庵，明万历四十四年（1616年）建。北斗宫，清康熙十一年（1672 年）建，继而建吕祖殿。八仙宫，清康熙中建，道光时重建。拱辰宫，清乾隆十五年（1750 年）建。以上宫观，多为乡村小观，规模均不大，无复旧时气象。例其外者，唯雍正十年（1732 年）所建的临海紫阳道观。该观为祀紫阳真人而建，在张伯端故居旧址璎珞街，系"御建"性质。雍正皇帝不但命工部主事刘长源来临海督造，还亲自撰书了碑文。而天庆观则于明正德十五年（1520 年）改观为学，嗣后学徒观废。明清时，台州府在临海元妙观设立道纪司，临海县设立道会司，直接管理道士、道观及道教事务。

佛教方面，临海的著名高僧也不多。元代有一山一宁、西礀士昙、绝宗善继和无尽祖灯；明代有全室宗泐、继起弘储；而清代则无可称者。

一山一宁（1247～1317 年），俗姓胡，"一山"是号，临海城西白毛村人。自幼出家，先于邑之浮山鸿福寺师事无等慧融，学临济宗大慧法系禅法。又入四明普光寺，从神悟处兼习《法华经》，受天台教义。因嫌"义学之支离"，继上天童寺、阿育王寺就简翁居敬、环溪惟一、藏叟善珍、东叟元恺、寂窗有照、横川如珙等禅师参禅。最后往普陀山，得法于顽极行弥。嗣虎丘法系中的曹源派之法。元至元二十一年（1284 年），出主昌国祖印寺。至元三十一年（1294 年），由愚溪如智举荐为普陀寺的住持，清谨自持，为道俗所尊仰。大德二年（1298 年），元政府拟再派名僧为使，赴日以"通二国之好"。第一次出使未果的愚溪如智，以己年事已高，力保一宁担任使者。于是元成宗敕宣慰使阿达剌等五十余人至普陀寺，宣读宣慰使手书及僧录司官书。赐一宁金襕袈裟及"妙慈弘济大师"称号，命充"江浙释教总统"，又出使日本。

作为使者的一山一宁，刚踏上日本九州博多的土地，即为当时镰仓幕府的执权北条贞时软禁于伊豆国（今静冈县）的修禅寺。日本朝野人士对此议论纷纷，规劝贞时："沙门者，福田也……在元国，元之福也。在我邦，我之福也"（日本木宫泰彦《中日交通史》）。贞时原本就崇奉禅宗，一宁则是著名的禅师，因而也就顺应众议改变决定，任一宁为建长寺住持。三年后迁于圆觉寺，在职二年，又回建长寺，后曾一度出主净智寺。关于一宁的日本之行，虎关师练在日本德治三年（1307 年）时有这样一段记载："伏念堂上和尚（一宁）往己亥岁，自大元国来我和域，象驾侨寓于京师，京之士庶奔波瞻礼，腾沓系途，唯恐其后。公卿大臣未必悉倾于禅学，逮闻师之西来，皆曰大元名衲过于都下，我辈盍一偷眼其德貌乎！花轩玉骢，嘶惊辔驰，尽出于城郊，见者如堵，京洛一时之壮观也"（日本木宫泰彦《中日交通史》）。一宁博学多才，精通诸子百家之学，又工书法，交游十分广泛。日本正和二年，也就是元仁宗皇庆二年（1313年），后宇多法皇下诏关东，邀请一宁入京主持南禅寺，亲询法要。自此，一宁的禅法大行，朝廷官员、贵族及僧俗信徒等，纷纷前来参禅问道。后以老病，屡请退隐，乃潜遁越州。法皇特下书，慰谕使归。不久，一宁日本之行的脚步终于尽步。文保元年（1317年），年已七十一岁的一宁遗书于后宇多法皇，留下了"横行一世，佛祖钦气，箭既离弦，虚空落地"的偈语，泊然而化。一宁死后，后宇多法皇赐谥"一山国师妙慈弘济大师"之号，简称"一山国师"。又敕将其塔建于龟山上皇庙侧，并亲撰"宋地万人杰，本朝一国师"像赞，以示怀念之情。

　　一宁访日，阐明元廷修复中日睦邻友好本意，结束了当时中日之间的战争状态。他留居日本近二十年，为日本佛教界造就了一大批颇有影响的人才。木宫泰彦评论说："……固高僧也。来日之后，在镰仓、京都张法筵，前后凡二十年。上下之尊信极笃，所住之处，缙绅士庶之随喜者，门庭如市。其及于日本精神界之影响极著。弘安以来，几乎断绝之中国留学，所以能再盛者，全由一宁刺戟而成"（日本木宫泰彦《中日交通史》）。一宁在日所传禅学法系，为古代日本禅宗二十四流派之一，号"一山派"。主要弟子有龙山德见、雪村友梅、无著良缘、无相良真、无惑良钦、蒿山居中、东林友丘等。其中雪村友梅最为出名，门下约占一山派的八成。雪村友梅等人及他们的门徒雪溪支山、太清宗渭和太白真玄、万里集九、季琼真蕊等都是室町时期五山禅林中的活跃人物。这些人中有许多曾入元寻师求法，礼拜祖庭。归国后各化一方，为中日文化交流作出了巨大的贡献。民国十四年（1925年），我国太虚法师、道阶法师、王一亭居士等二十二人，于日本参加东亚佛教大会之时，并为一山一宁建立了纪念碑。

西磵士昙（1249～1306年），俗姓黄，临海人（一说仙居人）。少出家，后得法于天童山石帆惟衍，传嗣临济宗的松源法系。南宋咸淳七年（1271年），年仅23岁的士昙来日，游历京都、镰仓间，凡七年之久。景炎三年（1278年）回国，于天童环溪唯一门下任藏主。元大德三年（1299年），随一山一宁又来到日本，受到了执权北条贞时的厚遇，住圆觉、建长等寺。曾应请多次向后宇多法皇献法语，并力传所承之禅法。日本德治元年（1306年）去世，享年58岁，被谥为"大通禅师"。士昙的法系，在日本古代禅宗24派中是一个小流派，被称为"西磵派"。

善继，天台宗高僧湛堂性澄之徒，嗣为天台宗第二十六世。元至正四年（1344年）主临海东掖山能仁寺，提倡宗乘，学者归之。有《法华妙玄文句》等行世。

祖灯，嗣日溪得道，传禅宗临济一脉，于元延祐元年（1314年）住临海云峰证道院，潜心苦行，影不出山逾五十年。

此外，元代尚有名僧雪岩祖钦、横川如珙、秋虚善人、筇岩太节、了堂唯一、舜田明孜、无旨可授等，居临海弘法。

宗泐（1318～1391年），字季潭，别号全室，俗姓周，临海人。其父母早亡，寄食邻里。八岁时趋临海天宁寺（即今龙兴寺）出家，十四岁剃度，二十岁时至杭州净慈寺，师从大䜣笑隐，大䜣试以《心经》，宗泐出口成诵，遂为之授具足戒。此后居净慈数载，其间"博咨经典，精求义蕴，律论梵藏，备尽厥旨"。大䜣累主名刹大寺，宗泐均追随左右。大䜣死后，遂回归故里，隐居云岭、紫箨岭和天宁寺诸处。道法益盛，声名日隆。元末，应杭州僧众坚请，出主中天竺万寿永祚寺。明洪武四年（1371年），明太祖征江南有道僧人，应召称旨，住天界寺。洪武五年（1372年），朝廷建广荐法会于蒋山太平兴国寺，受命升座说法。洪武九年（1376年）春，明太祖命"育发以官之"，宗泐表示不愿为官，希望终老释门。太祖从之，御制《免官说》以赐。后同杭州演福教寺住持、天台宗高僧如玘注释《心经》、《金刚经》、《楞伽经》等，颁行全国。

洪武十年（1377年），在高僧觉原慧昙未能完成西行的情况下，宗泐应命出使西域，"涉流沙，度葱岭，遍游西天，通诚佛域"（《南宋元明僧宝传》），经时五年，"往返十有四万余程"（《南宋元明僧宝传》），一路备历艰辛险阻。途中创作的《陇头水》一诗，充分流露出离情别意之苦、乡井思绪之慨："陇树苍苍陇阪长，征人陇上回望乡。停车立马不能去，况复陇水惊断肠。谁言此水源无极，尽是征人流泪织。拔剑砍断令不流，莫教惹连征人愁。水声不断愁还起，泪下还滴东流水。封水和泪付东流，为我殷勤历乡里"（明宗泐《全室外集》）。洪武十五年（1382年）终于取得了《庄严宝王》、《文殊》、《真空名义》等经。同时携回了洪武三年（1370年）出使西域，而卒于斯里兰卡的僧人同为台州一脉的觉原慧昙的遗衣。归国后乃授僧录右善世，仍住天界寺。又奉诏作《赞佛乐章》八曲，分别为善世曲、昭信曲、近慈曲、法喜曲、禅悦曲、遍应曲、妙济曲和善成曲等。并经常出入内廷开怀论道，与明太祖的关系十分密切。在朱元璋的赐诗中，有"泐翁此去问谁禅，朝夕常思在月前"之句。宗泐则以"奉诏归来第一禅，礼官引拜玉阶前。恩光更觉今朝重，圣量都忘旧日愆。凤阁钟声催晓旭，龙池柳色弄晴烟。有怀报效暂无地，智水频浇道种田"（明宗泐《全室外集》）回应。因参与朝政较多，为权臣所忌，时释智聪由胡惟庸案获罪，而牵连宗泐。有司奏拟极刑，太祖下旨免死，遂离开天界寺，退居安徽凤阳槎椰峰。其间一度住持水西寺，朱元璋亲书"寂寞观明月，逍遥对白云（宗泐诗句），汝其行哉"法书相赠。旋回台州，出主黄岩觉慈寺。洪武十九年（1386年），复又诏住天界寺。时人誉之"于内圣外王之略，无不毕备"。不久，退居江浦石佛寺。洪武二十四年（1391年）卒于寺，享年74岁。学士宋濂赞其像曰，"笑隐（大䜣）之子，晦机（元熙）之孙，具大福德，足以荷担佛法，证大智慧"，"信为十方禅林之领袖，而与古德同道同伦者"。

宗泐在中日佛教文化交流中也作出重大贡献，日本的绝海中津就曾从宗泐受法，特别是在文学上的得益尤足称道。绝海中津（1336～1406年），号蕉坚道人。师事梦窗疏石得法，亦曾受教于龙山德见。明洪武元年入明，为入明日僧之最著名者。及至杭州，乃趋中天竺参见宗泐，求学其师大䜣笑隐"薄室四六"的骈文作法。为此居留十年，尽得此文法。回到日本后，以此法为日本五山文学中期骈文作法的规范，对推动五山文学的发展起了很大作用（图74）。

弘储，师事汉月法藏，得其宗要。明崇祯十五年（1642年），住临海东掖山能仁寺，大弘佛法，东南衲子，俱为倾倒。清顺治七年（1650年），主临海天宁寺法席，历时五载。弘储内外典兼通，能诗文，工书法，学者目为龙门。有《语录》百卷传世。

是时，临海的佛教派别以禅宗和天台宗为盛，其余的皆无立足之地。而佛教寺院则大都年久失修，渐至废圮。但新建的也不少，计有：明代十一座，清代五十三座。只是这些均为民间的兰若和堂院，已无复往日的气象。

基督教在中国的传入始于清代中期，嘉庆十二年（1807年），英国人马礼逊在被按立为牧师后不久即受派来中国。到达广州后，初以美国商馆为居，旋进入英属东印度公司工作。一面编译《圣经·新约》和《圣经·旧约》，一面暗中布道。由于当时活动范围很小，发展不大。鸦片战争以后，不平等的《南京条约》、《天津条约》和《北京条约》中的"传教宽容条款"，使西方传教士取得了在中国的传教权，传教活动

图74　宗泐画像

因之迅速扩展。

　　清同治四年（1865 年），临海大石孔丘村（今属汇溪镇）章乐天，偕其父至宁波基督教圣公会创办的"仁泽"医院就医，期间接受了基督教的信仰，并受洗于王有光牧师。回乡后，即邀请传道陈德光、曹永传和王六香等来孔丘传教，旋在大石溪南村建立堂点，陈德光为首任牧师。这是基督教传入临海之因缘，溪南教堂成为临海乃至台州最早建立的一所教堂，圣公会也因此成为西方宗教传入临海的第一个宗派。同治十年，基督教内地会英籍传教士路德兰来临海传教布道，其后在城关板巷口建立教堂。所建大礼拜堂一座三间、小礼拜堂一间、住宅楼房二座六间、平房食堂三间，占地面积 2 亩多，以此作为基督教内地会临海的总堂。同年，内地会牧师赖恩于海门东去思路建立教堂一座，有主教楼和附屋，占地 1.5 亩左右。光绪十六年（1890 年），圣公会差会指派澳籍牧师周绥至临海城区和石佛洋传教，并于城区西城下建宅立堂，成为基督教圣公会临海城堂。同年，圣公会英籍传教士汤丕生又来临海传教，于西城下城堂续建东宅洋房及大礼拜堂。两人所建古城堡哥特式大礼拜堂一座，小礼拜堂一座，西教士住宅楼房五间，牧师住宅楼房六间，总计占地面积 5700 平方米，建筑面积 2600 平方米。光绪二十八年，圣公会特派牧师孙祥阶至临海担任台州牧师，负责临海、天台两地的基督教传播和教务。

　　同治四年至宣统三年，是基督教在临海的初传和鼎盛阶段。期间，先后居住和往来于临海进行基督教教义传播的西方和本国的传教士有陈德光、路德兰、赖恩、周绥、汤丕生、白明登、多玛斯、孙祥阶、韩涌泉等数十人，其中以路德兰为最著。路德兰，英籍内地会牧师。同治十年时来临海城区传道，同治十二年（1873 年）开始，相继往来于温岭、黄岩、仙居进行传道，并先后在临海、温岭、黄岩和仙居建立教堂。为使入教人员习诵《圣经》，他亲自翻译印行以传播，被大英圣公会授予终身会员。在此期间，临海建立的教堂有溪南教堂、海门教堂、板巷口教堂、双桥教堂、西城下教堂、大田教堂、桥下教堂、溪口教堂等8座。

基督教传入临海后，相继兴办了医院、学校等社会事业。

光绪十三年（1887年），基督教圣公会英籍传教士郝医师与中国籍王、夏二医士，于临海炭行街（今解放街）开设"台州医局"。

光绪十七年（1891年），圣公会英籍传教士汤丕生的夫人，创办了妇女学道馆。同年，圣公会又于城区西城下创办男学"书房"。

光绪十八年（1892年）至二十年（1894年）间，圣公会于西城下创办了男女两所小学，男校称为圣公会小学，女校称为恩德小学。

光绪二十五年（1899年），圣公会英籍传教士白明登于城关望天台小桃源畸园创办"恩泽医局"。

光绪三十二年，基督教内地会英籍牧师韩涌泉，于临海城内旧仓头创建"普济医院"。同时，圣公会又于医院边创办育才学校和女子培志学校。

以上这些社会事业的举办，客观上也给临海带来了西方的文化和文明，对临海近代教育的发展和救死扶伤等方面还是有所贡献的。

天主教是基督教的一个派别，最早传入我国的时间是在元朝。随着传教事业的一步步推进，至清康熙时，已取得了明显的发展。康熙四十五年（1706年），因发生中国礼仪之争，康熙帝从维护封建王朝统治这一根本利益出发，针对天主教颁布了禁教令。康熙五十九年（1720年），康熙帝在读到罗马教廷禁止中国信徒奉行中国礼仪禁约的原文后，决定全面禁止天主教。此后一百余年，雍正、乾隆、嘉庆、道光等皇帝都对天主教采取了严厉的限制。直到鸦片战争以后，在西方列强的不平等条约保护下，天主教的传教事业才有了新的发展。

　　天主教传入临海的先驱是海门栅桥的丝线商人王先德。清同治四年，王先德在宁波镇海经商期间，受天主教影响，回乡后传播天主教义。同年，海门"无为教"首领张才基因官府取缔"无为教"而至宁波学习天主教教理。随着天主教教理的传播和活动的逐步开展，如何在临海以及台州进行天主教活动，已成为天主教宁波教区的首要任务。同治六年（1867 年）六月，传道员张阿九受天主教宁波教区派遣，以儿科医生身份从上虞至临海栅桥传道。八月，张才基在宁波天主教堂领受洗礼，成为临海乃至台州的第一个天主教徒。八月下旬，天主教宁波教区傅道安神父受遣来台州，正式开始在临海的海门、栅桥等地传教，并建立教堂。同年，傅道安在栅桥举行了第一台弥撒和耶稣圣诞大占礼，为当地和临海城关等募道的 25 名"无为教徒"施行洗礼。同治七年（1868 年），海门永贞寺住持云林，在傅道安神父手中领受洗礼改信天主教。此后，宁波教区又先后指派教士马本笃神父和沈若瑟神父等前来海门管理天主教教务。同治十一年（1872 年），傅道安至临海城关开教。同治十二年（1873 年），临海的天主教活动开始影响邻近的温州和丽水，两地的青年陆续来到栅桥学习天主教教理，并参加宗教礼义活动。至光绪九年（1883 年），栅桥天主教堂有下属堂点 5 所，信徒 922 人。光绪十七年，法籍田法服神父调任台州总本堂。光绪十八年，法籍李思聪神父受宁波主教派遣，携带时值 20 万银元的家产来栅桥，出任台州本堂。光绪十九年（1893 年），李思聪于海门西门街新建教堂一所，新增教徒 280 余人。同年，李思聪又在临海城内设小堂一座，住有传道员。光绪二十年，李思聪以海门为天主教在临海和台州的传教中心，并廉价购买沿江大片土地，开发江涂，建造简易房屋出租，并以租办教。在开发海门的同时，李思聪又在土耳其修女会教友的资助下，于临海城内赵巷购买房子和园地。先在巷北建男堂，包括礼拜堂、神父楼和其他附属房，共占地 4883.56 平方米。李思聪在临海期间，建教堂、办学校、设诊所、造港口、开工厂，以此来帮助临海和台州天主教事业的发展。应该说，近代海门社会经济的发展，与李思聪的努力是分不开的。光绪二十三年（1897年），宁波天主教拯灵会派遣修女六人，在海门建立修女分院。此后，天主教在临海发展较快，章安、黄礁、扬司、涌泉等地新入教的教徒日益增多。光绪二十八年，樊国柱神父来到临海，主持临海、天台、仙居三县的教务。樊国柱至临海后不久，即根据教务发展迅速和信徒日益增多的情况，对赵巷的天主堂进行了改造。在巷南加建钟楼新建女堂，称"善导堂"。善导堂计一百一十八间，占地5000多平方米。其间，就任临海本堂神父的有李思聪、樊国柱、姚弥高、步锡儿、文约翰等。光绪二十九年，天台人奚德才于大石河头村租民房传播天主教义。光绪三十一年（1905年），大石人金子和在尤溪指岩村布道，发展信徒，并购买楼房四间建立了天主堂公所。宣统二年，尤溪天主教堂因在指岩村聚会不便，遂于尤溪街购买了三间楼房和六间平房作为聚会场所。

天主教传入临海后，教会通过举办各种社会慈善事业来推动天主教在临海的有序发展。光绪十八年，传教士李思聪在栅桥（今属椒江）建造小学堂一所。光绪二十三年，海门天主教堂开办了孤儿院。光绪二十八年，临海天主教会又在"善导堂"内，开设孤儿院、养老院和残废院等。同年，传教士李思聪与海门乡绅王梦兰合资创办了印山毓材学堂。光绪三十二年，临海天主教会在善导堂内开设刺绣花厂，向社会招收女工五六百人，由七位修女当导师，传授刺绣技术。随着花厂的规模不断扩大，除部分城里人和家在近郊的领料回去刺绣外，吃住在厂内的职工有数百名。工厂经扩建，厂房建筑面积增至3000多平方米，房屋一百二十二间。在此基础上，又发展了麻布花厂。教会花厂形成的绣衣生产行业，曾风靡台州及国内市场。同年，海门天主教也创办了绣衣厂和织袜厂，向孤儿传授绣花和织袜技艺。宣统二年，尤溪天主教堂在尤溪街开办诊所。

随着天主教传教事业的发展，也随着中国民族意识和爱国情绪的增长，临海也发生了天主教教案。光绪二十五年，黄岩武生应万德等聚众反教，围困临海海门的天主教堂，先后捣毁海门等地天主教堂十一所。光绪二十六年，邱言昌、夏敬甫等在栅桥袭击匈牙利传教士朗克志未遂。在官兵的缉捕下，造成了伤亡多人，又七人被俘，最后在海门东门外斩首的悲剧。光绪三十四年（1908年），李思聪神父偕同海门天主教徒又与原教会所办印山小学发生冲突，经洋务局与法籍主教在杭州交涉，以偿还海门教会7400元建筑费始告结束。

元明清时期，临海的史学成就是多方面的。既有担任国史编修官的陈孚，又有参修《元史》的陶凯、陈基、朱右等史学家；还有王宗沐的《宋元资治通鉴》、冯甦的《滇考》、洪若皋的《临海县志》、洪颐煊的《平津馆读碑记》等比较有代表性的史学著作。

陈孚（1259～1309年），字刚中，临海人。生于南宋，"幼清峻颖悟，读书过目辄成诵，终身不忘"（《元史》卷一九〇）。元至元二十二年（1285年），献《大一统赋》于江浙行省，授临海上蔡书院山长，"考满，谒选京师"（《元史》卷一九〇）。除翰林国史院编修官，擢奉训大夫、礼部郎中，后历建德、三衢别驾，复请为翰林待制、奉直大夫，同修国史。

陈孚"天材过人，性任侠不羁，其为诗文，大抵任意即成，不事雕斫"（《元史》卷一九〇）。除了编纂《实录》外，自己亦有文集行于世。据《元陈孚圹志》及《元史·陈孚传》所载，陈孚不但是一个史学家和文学家，而且还是一个杰出的外交家。至元二十九年（1292年），曾以副使身份随正使吏部尚书梁曾出使安南（今越南）。《元史》谓："至安南，世子陈日燇以忧制不出郊，遣陪臣来迎，又不由阳明中门入，曾与孚回馆，致书诘日燇以不庭之罪，且责日燇当出郊迎诏，及讲新朝尚右之礼，往复三书，宣布天子威德，辞直气壮，皆孚笔也。"

陶凯、陈基和朱右作为纂修官分别参加了洪武二年与洪武三年（1370年）对《元史》的纂修。正史中的《元史》二百一十卷，纂修于明洪武二年至三年。此书虽有缺点，并一直受到后人的指责，但完整保存至今，对中国史学的发展作出了重要贡献。

陶凯（1304～1376年），字中立，临海人。元时"领至正乡荐，除永丰教谕，不就"（《明史》卷一三六）。洪武二年，朱元璋诏修《元史》，命左丞相李善长为监修官，前起居注宋濂、漳州府通判王祎为总裁官，征山林遗逸之士为纂修官。陶凯此时与汪克宽、胡翰、宋僖、陈基、曾鲁、高启、赵汸、张文海、徐尊生、黄箎、傅恕、王锜、傅著、谢徽等被召入史局，同修《元史》。书成后，授翰林应奉，又纂《大明集礼》，并于大本堂教习楚王。及至礼部尚书，定"军礼及品官坟茔之制"，又"定科举式"。洪武五年（1372年），上奏朱元璋："汉、唐、宋时皆有会要，纪载时政。今起居注虽设，其诸司所领谕旨及奏事簿籍，宜依会要，编类为书，庶可以垂法后世。下台省府者，宜各置铜柜藏之，以备稽考，俾无遗阙"（《明史》卷一三六）。为此与张筹等编集了《昭鉴录》。陶凯博学多才，工诗文。除了参修《元史》和编集《昭鉴录》外，还与詹同更撰九奏乐章，又修《洪武正韵》等。特别是洪武早年"一时诏令、封册、歌颂、碑志多出其手"（《明史》卷一三六），对于制定明代的乐章礼仪和典章制度，有不朽的贡献。其自己的著述也不少，有《陶尚书集》行世，惜已不传。

陈基（1314～1370年），字敬初，临海人。"少与兄聚受业于义乌黄溍"（《明史》卷二八五），曾为元经筵检讨。因"尝为人草谏章，力陈顺帝并后之失"（《明史》卷二八五），而为顺帝所罪。后奉母入吴，参张士诚军事。洪武二年，与汪克宽、胡翰、宋僖、陶凯、曾鲁、高启、赵汸、张文海、徐尊生、黄箎、傅恕、王锜、傅著、谢徽等被召入史局，同修《元史》。有《夷白斋集》20 卷行于世。

朱右（1314～1376 年），字伯贤，又字序贤，号邹阳子，临海人。元至正间（1341～1368 年），曾历官慈溪教谕、萧山主簿、江浙行省照磨、左右司都事等职。入明后，因其文名而为朱元璋所重。洪武三年，朝廷重开史局，仍以宋濂、王祎为总裁，朱右与四方文学士贝琼、朱廉、王彝、张孟兼、高逊志、李懋、李汶、张宣、张简、杜寅、殷弼、俞寅、赵埙等同被召为纂修官。《元史》修成以后，朱右辞归故里，专于著述。洪武六年（1373 年），应召再度赴京纂修《日历》和《宝训》，授翰林编修。旋迁晋府右长史，洪武九年（1376 年）卒于官。

朱右"问学该洽，尤长《书》、《礼》、《春秋》，其文深醇精确，简而有度"（民国《临海县志》）。一生著作等身，擅于书史，有《书集传发挥》十卷、《禹贡凡例》一卷、《深衣考》一卷、《三史钩元》若干卷、《历代统纪要览》一卷、《元史补遗》十二卷、《李邺侯传》二卷、《邾子世家》一卷、《性理本原》三卷、《白云稿》十二卷等行世。罗仲辉先生在《明初史馆和元史的纂修》一文中论及明初入史局修《元史》者，"除朱右著有《三史钩元》若干卷，《历代统纪要览》一卷和《元史补遗》十二卷外，其他人再无一部史学著作"。如之，朱右可谓明初史学成就第一人。

王宗沐（1523～1591 年），字新甫，临海人。明嘉靖二十三年（1544 年）进士，初授刑部主事。与同官李攀龙、王世贞等，以诗文相友善。升广西按察司佥事兼督学政，累迁江西提学副使、参政、按察使、右布政使，山西左布政使；寻改广西左布政使，山东左右布政使；拜右副都御史，总督漕运兼巡抚凤阳；迁南京刑部右侍郎，诏改工部，进刑部左侍郎，奉敕阅视宣大山西诸镇边务。以京察拾遗罢，卒赠刑部尚书，追谥襄裕。

王宗沐忠于职守，而勤于笔耕。所著有《江西大志》8 卷、《宋元资治通鉴》64 卷、《敬所文集》30 卷、《奏议》4 卷、《海运志》2卷、《海运详考》1卷，以及《十八史略》、《台州府志》、《三镇图说》、《巡视三边纪略》、《撄宁语录》等，其中以史学部分成就最大。这些史学著作中，《宋元资治通鉴》为代表之作。《宋元资治通鉴》撰于嘉靖三十四年（1555年），历十二年至隆庆元年（1567年）而成。该书纪宋元两朝四百一十三年之兴衰，体例仿自司马光的《资治通鉴》，时人称"其事核，其旨该质"。《江西大志》，该书分赋书、均书、藩书、溉书、实书、险书、陶书七目，清代编写《江西通志》时，仍称"至今奉以为准"。又《海运详考》，成为研究古代特别是明代海运不可或缺的重要史籍。

冯甦（1628～1692年），字再来，号蒿庵，临海人。清顺治十四年（1657年）进士，历官永昌府推官、澂江知府、楚雄知府、临源道按察使、广东巡抚等职，终刑部左侍郎。他的著作很多，内容包括史学、天文、地理、乐律、诗文等方面。其中尤以著史见长，有《滇考》、《续滇考》、《滇省通志》、《见闻随笔》、《永历编年》、《蒿庵奏议》、《台考》、《劫灰录》、《抚粤日记》、《楚雄府志》、《台州府志》等。《滇考》为他的史学代表作，《四库提要》谓为"每事皆首尾完具，端绪分明，非采缀琐闻、条理不相统贯者比。其名似乎舆记，其实则纪事本末之体也"。又云："至其征藘川、三宣、三慰、镇守太监、议开金沙江诸篇，皆视史传为详。且著书之时距今仅百余年，所言形势，往往足以资考证，愈于标题名胜徒供登临吟咏者矣。"

洪若皋（1624～1695年），字叔叙，一字虞龄，号南沙，临海人。清顺治十二年（1655年）进士，官至福建按察使。康熙六年（1667年），因父丧归里，遂不复出。此后，"林居三十年，手不停披"（《台州府志》卷一一〇），写成了《台州府志》、《临海县志》、《左传正业》、《释奠考》等史学著作。其中《临海县志》是他的代表作，全书计十五卷，首一卷，分八册装。内容为八类，六十七子目。首舆地，次建置、食货、秩官、选举、人物、杂事、艺文。其自谓："采辑遗闻，续先贤之旧章，补一百四十余年之残缺。"（清康熙《临海县志》）此书最大的特点是一改临海旧志向无艺文的不足，并以 4 卷的篇幅收录文献。而且，尤详于人物传，列传人数由旧志中的 232 人增至 375 人，所增人物占人物传的 1/3 强，这也大大提高了该志的价值。

洪颐煊（1765～1837 年），字旌贤，号筠轩，临海人。年少时"自力于学，与兄坤煊、弟震煊读书僧寮，夜就佛灯讲诵不辍"（《清史稿》卷四八六）。中年后做过直隶州州判、罗定州州判和广东新兴知县等几任小官。阮元总督两广时，曾入幕府，"相与咨诹经史"。阮元对他赞赏有加，称其"精研经训，熟习天算，贯串子史，有过于齐召南处"（《台州府志》卷一〇五）。晚年专事著述，有《尚书洪范五行传论辑本》五卷、《礼经宫室答问》二卷、《礼记宫室答问》二卷、《孔子三朝记》七卷和《目录》一卷、《孝经郑注补证》一卷、《汉志水道疏证》四卷、《汉志水道考证》二卷、《诸史考异》十八卷、《平津馆读碑记》十二卷、《校正竹书纪年》二卷、《校正穆天子传》七卷、《管子义证》八卷、《台州札记》十二卷、《读书丛录》二十四卷、《筠轩文钞》八卷、《诗钞》四卷，以及《读书丛录节钞》、《经典集林》、《郑康成年谱》、《国朝名人词翰》、《倦舫书画金石目录》等行世。在他的著述中，成就最大的是史学著作，尤以《平津馆读碑记》最为重要。《平津馆读碑记》共十二卷，其中《记》八卷，《续记》一卷，《再续》一卷，《三续》二卷。此书以碑证史，颇享盛誉。时人许宗彦说其"考据明审，于唐代地理殊多心得"。内阁学士，著名书法家、文学家、金石学家翁方纲更是认为："足与钱大昕《金石跋尾》相匹敌，精密处过于王昶《金石萃编》。"（《台州府志》卷一〇五）此外，《诸史考异》是洪氏的又一部史学力作。系仿著名史学家钱大昕的《廿二史考异》而写成，自认"朴尘扫叶，聊补钱氏之缺"（清洪颐煊《廿二史考异》自序）（图 75～76）。

元明清时期，临海在文学上
比较有特色的，主要表现在诗文
方面。

在元代，临海存在着一个人
数众多的诗人群体。顾嗣立《元
诗选》："永嘉李孝光序丁复诗
曰：'国初以来，临海为诗数十
家，其什曰阆风、樗园、山南、
天逸、素心、圣泉，其后又有张
子先、陈刚中、杨景羲，皆自树
一家，足以名世。'阆风舒岳祥
（宁海人）、樗园刘庄孙（宁海
人）、山南王应高、天逸高耕、
圣泉盛象翁，惟素心、张子先未

图 75　洪颐煊画像

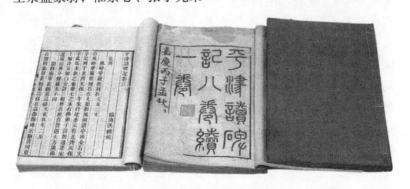

图 76　洪颐煊著《平津馆读碑记》

祥其人。"不过，以上所说的这些人，并不全是临海人，因所谓
"临海"实为台州之别称。虽如此，但临海入选《元诗选》者，
亦有八人之多。而其中又以陈孚、黄庚、丁复、项炯、泰不华、
陈基等成就最高。

陈孚不但是一个史学家，而且还是一个歌德派诗人。所作诗

赋编成《观光稿》、《交州稿》、《玉堂稿》三书，合称《陈刚中诗集》。他写诗，五言简淡，七律清丽。如《烟寺晚钟》："山深不见寺，藤阴锁修竹。忽闻疏钟声，白云满空谷。老僧汲水归，松露堕衣绿。钟残寺门掩，山鸟自争宿。"又如《鄂渚晚眺》："黄鹤楼前木叶黄，白云飞尽雁茫茫。橹声摇月归巫峡，灯影随潮过汉阳。庾令有尘污简册，弥生无土盖文章。栏杆只有当年柳，留于行人记武昌。"明张纶吾曾在《林泉随笔》中评论其诗说："陈刚中之诗，豪迈卓异，每每惊人。……较之杜牧《赤壁》、《项羽庙》二诗庶几近之。而他作亦不减此云。"如此一见，确实出手不凡（图77）。

图77 《陈刚中诗集》

黄庚（1260～1328年?），字星甫，号月屋，临海人。曾为南宋太学生，宋亡，隐居不仕。能文章，工丹青，尤以写诗为佳。常客山阴王英孙家，与严陵胡天放、永嘉林霁游娱山水之间，著有诗集《月屋漫稿》。他写诗都用意推敲，风致清远。如"斜阳明晚浦，落叶瘦秋山"。又如"柳色独青眼，梅花同素心"。再如"钟带夕阳来远寺，碑和春雨卧平芜"等皆为一时佳句。据载，黄庚居越时诗社之时，考官李应祁对他所作课考"古鼎烟销倦点朱，悠然高卧夜寒初。四檐寂寂半窗梦，两鬓萧萧一卷书。日月冥心知代谢，阴阳回首验盈盈。起来万象皆吾有，收入乾坤在草庐"的《枕易》一诗大为赏爱，认为"诗题莫难于《枕易》，自非作家大手笔讵能模写"（《元诗纪事》卷八）。又说此诗"全篇体制合法度，音调皆宫商，三复降叹，此必骚坛老手，望见旗鼓，已知其为大将也。冠冕众作，谁曰不然"（《元诗纪事》卷八）。这一评价，不谓不高。

丁复，生卒年代不详，字仲容，临海人。他性情旷达，一生无求，唯以写诗为好。元延祐中（1314～1320年），初游京师，并纵情于山水之间。后择居金陵城北，有诗集《桧亭集》行世。他的诗精丽奇伟，格超而趣远。如长诗《古风》："我家浙东海水西，危峰高上起天梯。蛇喉尊者秋归洞，虎背禅师夜过溪。晚日桃花山更好，春风药草路多迷。何堪相送寒江上，短发频搔更不齐……"元秘书监丞、著名诗人乐清李孝光曾评论之："国初以来，临海为诗数十家，……复读仲容诗，令人欲飞，皆已绝去生犷，操戮精悍，犹之宛马，而日行千里，众马虽十驾，不能超也。"（清顾嗣立《元诗选》）明初文坛领袖宋濂亦评论说："当元之季，有丁仲容先生者，自天台来客建业，以能诗鸣。方其岸帻谈笑，有持卷来求者，辄索酒饮数觥，操觚如飞，风雨疾而龙蛇蟠，语意浑涵，绝无斫削之迹，读者皆惊以为仙才"（明宋濂《宋文宪公全集》）。

项炯（1278～1338年），字可立，临海人。端行绩学，晦迹不仕，为金华黄溍、晋宁张翥所重。曾居吴中甫里书院，与顾仲瑛倡和，著有诗集《可立集》。"其古乐府如《吴宫怨》、《公莫舞》、《空井词》、《江南弄》等篇，酷似李长吉"（清顾嗣立《元诗选》）。杨维祯序郭翼诗云："今之诗，合吾之论者，斤斤三四人：虞公集、李公孝光、陈公樵也。窃继其绪馀者，亦斤斤三四人：天台（临海）项炯、姑胥陈谦、永嘉郑东、昆山郭翼也。"

（《东维子集》卷七《郭秦仲诗集序》）又序郏韶诗云："我元之诗，虞为宗，赵、范、杨、马、陈、揭副之。继者叠出而未止，吾求之东南，永嘉李孝光、钱唐张雨、天台（临海）丁复、项炯、毗陵吴恭、倪瓒，盖亦有本者也。"（《东维子集》卷七）由此可见其在元诗坛之地位。

泰不华（1304～1353年），号兼善，临海人。作为少数民族诗文作家，他的成就是值得称道的。顾嗣立认为"元时蒙古、色目子弟，尽为横经，涵养既深，异材辈出。贯酸斋、马石田（祖常）开绮丽清新之派，而萨经历（都剌）大畅其风，清而不佻，丽而不缛，于虞杨范揭之外，别开生面。于是雅正卿（琥）、马易之（葛逻禄迺贤）、达兼善（泰不华）、余廷心（阙）诸公，并逞词华，新声艳体，竞传才子，异代所无也"（清顾嗣立《寒厅诗话》）。又以为"论诗至元季诸臣，以兼善为首"。戴良也称："论者以马公之诗似商隐，贯公、萨公之诗似长吉，而余公之诗则与阴铿、何逊齐驱而并驾。他如高公彦敬、公子山、达公兼善、雅公正卿、聂公古柏、斡公克庄、鲁公至道、成公廷圭辈，亦皆清新俊拔，成一家之言。"（戴良《丁鹤年诗集序》）

陈基（1314～1370年）的诗文集《夷白斋集》结集于元至正二十四年（1364年）。他的诗雍容神妙，脱俗清丽，在元末诗坛上极负盛名。浦江戴良谓："元之能文者虞（集）、杨（载）、黄（溍）、柳（贯），继之则莆田陈旅、新安程文、临川危素，其后则基而已。"昆山顾德辉对其诗十分推崇，称"同辈力追不及"。《四库全书总目提要》也说其"为诗文操纵驰骋，而有雍容揖让之度"。陈基的诗佳作很多，他的《裁衣曲》："殷勤织纨绮，寸寸成文理。裁作远人衣，缝缝不敢迟。裁衣不怕剪刀寒，寄远唯忧行路难。临裁更忆身长短，只恐边城衣带缓。银灯照壁忽垂花，万一衣成人到家"。邓绍基的《元代文学史》认为："在白描中见细腻，并有层次的写出人物的起伏变化的心情，是元代最好的乐府体诗之一。"

　　此外，元代临海在诗文上颇有成就的还有不少。如陈天瑞，字德修，自称南村逸老。诗名极高古，效渊明，有《甲子文集》五十卷。僧行端（1254～1341年），喜作诗偈，每自称寒拾里人，有《拟寒山子诗》百余首。陶德生，诗仿六朝，为文辞有理趣。张明卿（1279～1332年），酾酒赋诗，作为文章，珠贯玉联，有台阁之风，著有《言志稿》等。杨敬德（1280～?），字仲礼，临海人。以诗名，曾为《王维辋川图》作诗跋，追和王维与裴迪唱和辋川诗廿绝。杨同翁（1291～1355年），字师善，临海人。"其文章，尤工于诗，骈俪清新，不谐俗语"（马曙明、任林豪主编《临海墓集录》之《元杨同翁墓志铭》）。周润祖，著有《紫岩集》。林茂澄（1304～1367年），字显之，号巾山处士，临海人。生平嗜吟，著有《陇上白云稿》，贝琼为序。于演，字佩远，临海人。有《题金鳌山》诗："金鳌之山金碧浮，重玄宝坊居上头。钟声夜度海门月，树色远揽丰山秋。龙伯国人真妙手，制此巨灵镇江口。丹丘逸士来跨之，石洼为尊江当酒。黄须天子七宝鞭，黄头渔郎棹江船。百年尘迹果何在，芒砀云去山苍然。历试诸难固天造，中兴开国何草草。腹心有疾日月昏，英雄无声天地老。两宫不归汴水流，此地空传帝子游。惜无健笔驱风雨，一洗江山万古愁。"（元陶宗仪《辍耕录》）此诗至今脍炙人口。

　　明代临海的诗文创作，由于受理学和八股文风的束缚，数量虽不少，但成就却不大。相比之下，成就最高的为陶凯、朱右、宗泐、叶见泰、林佑、张廷璧、王胤东、王士性、陈珍和陈函辉等。

　　陶凯（1304～1376年），工诗文，"识见卓远，为文千言立就"（明李贽《续藏书》）。天台徐一夔对其非常推崇，称"其为文多或千言，少或百字，下笔汩汩，不见有艰难意"（明宋濂《宋文宪公全集》）。他的诗也不错，有《题山水画》、《君道篇》、《长平戈头歌》、《赋阅江楼送人还郴州》、《是蔡琰归汉图》、《送海门何教谕》、《龙江早行》等行世，其中尤以古体诗《长平戈头歌》著称一时。

朱右（1314~1376年），不但擅长史学，又"刻意为诗歌文词，动以古人为法"（民国《台州府志》）。他的诗古韵淳厚，清新中带有沉郁。如《琴操》、《咏鹤》、《送燕帖木彦博赴京》、《次刘伯温都事感兴》、《忆乡中诸故友》、《次韵答白云悦禅师》、《次韵悦公元见寄》等。其中虽多酬送往还之作，但文章"所作类多修洁自好，不为支蔓之词，亦不为艰辛之语"，而非"野调芜词"者可比（《四库全书总目提要》）。他还曾选辑韩愈、柳宗元、欧阳修、曾巩、王安石、苏洵、苏轼、苏辙等八人之文，冠以《八先生文集》之名。清王应奎在《柳南随笔》中即以为："世传所谓唐宋八大家者，系归安茅氏所定，而临海朱伯贤实先之。"

宗泐（1318~1391年），精通诸子百家，善诗。明洪武九年，太祖临天界寺，赞赏其博学通儒，呼为"泐秀才"。其诗风骨高骞，圆融渊湛，"所为文词，禅机渊味，发人幽省"，为虞集、黄缙、张翥等名家所推重，被誉为"博远古雅，当代宏秀之宗"。著有《全室外集》九卷，《续集》一卷。时人天台徐一夔序其集曰："学甚辨博，才甚环伟，识甚超迈，而皆发于声诗。其诗不沦于空寂，推叙功德，则发扬蹈厉，可以荐郊庙；褒赞节义，则威慨激烈，可以厉风俗；至于缘情指事，在江湖则其言萧散悠远，适行住坐卧之情；在山林则其言幽琼简淡，得风泉云月之趣；在殊方异域则其言慨而不激，直而不肆，而极山川之险易，风俗之懒恶。其诗众体毕具，一句一字，涤去凡情俗韵，一趣乎雅，有一唱三叹之意焉。故其大篇短章之出，四方争相传诵，震耀耳目。"（《全室外集》徐一夔序）钱谦益认为，《全室外集》中，"以钦和御制诗为首"。《明诗别裁集》录其诗二首，即《夏夜与钱子贞集西斋赋诗叙别》和《听泉轩为藏无尽作》。此外，《千顷堂书目》尚载有其《西游集》一卷，"盖奉使求经时道路往还所作，见闻既异，其记载必有可观"（《四库全书总目提要》)。

叶见泰（1341~1390年），字夷仲，临海人。年轻时"束书翱翔燕京，袖出文章，诸公惊骇"（明方孝孺《逊志斋集》）。后为明将朱亮祖部从事，并屡立功勋。曾出使安南（今越南），官至刑部主事。其所著有《兰庄集》，宋濂评论他的文章"温醇而有典则，离逸而有思致，其辞简古而不庞，其神丰腴而不脊，求之行辈中，未见其敌也"（明宋濂《宋文宪公全集》）。他传世的诗作虽不多见，仅《兰屋》、《赠方希直》、《沧浪渔者》等几首，但颇多妙语。

林右（1356~1409年），又名佑，字公辅，以字行，又字左民，临海人。历官王府教授、中书舍人、春坊大学士等，与杨大中、方孝孺、王叔英、叶见泰等为友。其气高才敏，于人鲜推让，视人行行然有不满色。方孝孺说他"为文章，善放词驰骋"（明方孝孺《逊志斋集》），著有《林公辅集》三卷。

张廷璧，生卒年代不详，名毂，以字行，号古学，临海人。少时聪颖绝伦，曾受学于陶凯。洪武中（1368~1398年）当过太仓州及仙居训导等小官，永乐初（1403~1409年）校帖翰林。著有《古学集》，方孝孺称其为人奇伟，不肯苟服人。他的诗"刻削森秀，为世俗异味"（民国《台州府志》），有《感旧》、《下终南山》、《登巾山看月》、《心远楼》、《寄衣怨》、《朗月行》、《卖驴买牛歌》、《百花清洞歌》等行世。

王胤东（1521~1584年），字伯祚，号盖竹，临海人。自幼聪颖异常，五岁能书衣裾，有"为人当学文丞相"语，赋诗则有"九天日月鸟双飞"句。九岁时千言不休，书过目成诵，所读五经、诸子、两汉，旁及天文地理、阴符六甲、黄老禅释等等，"靡不镜览，而得肯綮"。后以岁贡常州府学训导。一生发愤专理古文字，非秦汉不谭，诗必建安开元。所著有《台岭集》、《庚辛集》、《兰陵集》、《云言舟行集》和《回浦集》。

王士性（1547~1598年），字恒叔，号太初，又号元白道人，临海人。其自幼贫而好学，"为诸生，读书过目成诵。性磊落不群，不治生产，家甚贫。……学使林按台，首拔异等，以天下士目之"（清康熙《临海县志》）。明万历五年（1577 年）得中进士，授确山知县。升礼部给事中，调广西参议，迁云南澜沧兵备副使。后历任河南提学、山东参政、都察院右佥都御史，终南京鸿胪寺卿（图78）。

王士性一生喜游历，其足迹遍及当时的二都十二省，写下了许多精彩的游记与纪游诗，结集为《五岳游草》十卷、《广游志》二卷，成为中国古代杰出的旅游家、山水文学家。晚年更是对所游历、考察的事物进行了概括和理论总结，撰成了其所著之中最为重要的一部地理学著作《广志绎》。此外，还著有《玉岘集》、《吏隐堂集》和《东湖集》等。王士性的诗文造诣

图78　王士性塑像

很高，大为知者所称道。明王世贞称："恒叔于诗，无所不精丽，而歌行古风，尤自出人意表。"而"文尤能近西京，出入《史》、《左》，叙事委致，而以险绝为功"（王世贞《弇州山人续稿》卷三十一）。清潘耒则认为其"下笔言语妙天下，兴寄高远，……发为诗歌，刻画意象，能使万里如在目前。盖天下之宦而能游，游而能载之文笔如先生者，古今亦无几人"（潘耒《重刻五岳游草序》）。如此评价，诚为中肯（图79）。

陈珍（1585～1643 年），临海人。明代临海及台州最杰出的女诗人。其为礼部主客司主事陈锡的孙女，"幼侍父兄，旁听读书，即举目成诵，既而尽通经史，尤善于诗"（清康熙《临海县

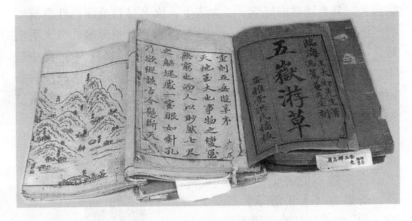

图79　王士性著《五岳游草》

志》)。她的诗五言出入陶渊明、韦应物，七言长篇效逼刘禹锡、白居易，近体则似高适和岑参。所著诗集《绣佛斋草》，"为一时名流所称许，曾采入四库"（清康熙《临海县志》）。

陈函辉（1590～1646年），初名炜，字木叔，号寒山子，临海人。少年颖悟，年十二即作"仁物论"数千言。"尝键户云峰山中，学成而出，浙东西无不知其名"（民国《台州府志》卷一一二）。虽被太史韩求仲称为"旷世逸才"，但怀才不遇，崇祯七年（1634年）才得中进士。曾官靖江知县、兵科给事中等职。后回家乡，造"小寒山"以居，并赋诗其中。明亡之时，随鲁王抗清，擢少詹事兼侍读学士，迁礼部右侍郎，进礼兵二部尚书。鲁王兵败，乃返临海，旋哭入云峰山，赋绝命词10首，于证道寺自缢身亡。陈函辉一生所著有《腐史》、《九寒》、《十青》等集，最能代表其才情胸怀和品格特征的当数临终前所作《绝命词》、《自祭文》和《埋骨记》。此外，还与明代著名的地理学家徐宏祖交往甚深，曾为其撰写墓志铭。

高纨也是一个值得一提的人物。高纨（1448～1517年），字士素，别号南郭，临海人。其承家学，敦古道，淡然无稀世心。

尝自咏云："天应许我饱藜藿，梦亦无心上庙廊。"一生"居贫力学，至老勿去经史百家言，尤喜先秦书"　（清康熙《临海县志》）。所著除诗文集若干卷外，尚有《朱子寓台录》、《义灵萃编》、《南郭子》、《挥麈内外编》等行世。卒后祀乡贤祠，台州知府顾辚立石表隧，夏鏚为之辞。

明代临海的诗文大家除上述几位外，较为突出的诗文学家尚有僧无愠（1309～1386年），性慧好学，博览洽该，工诗善书。著有《拈古》、《颂古》、《山庵杂录》、《净土诗》等行世。僧福报，生前与刘仁本、刘諲等交好，有《诗集》行世。僧至道，著有《梦室集》。陈璲（1385～1466年），著有《逸庵集》。王偵，著有《枫江集》。侯臣，著有《青琐》、《薇垣》等稿。陈员韬（1406～1459年），学兼通数经，尤邃于诗，有诗义及诗文数十卷。贺浤（1406～1480年），工诗善书，诗存《贺氏四世文存》。陈瑊，博学约取，为文雄深。年二十八以诗魁浙江，著有《慎独斋稿》和《元宵唱和集》。曹衡，著有《易庵存稿》。冯银（1427～1487年），著有《可山集》。陈选（1429～1486年），著有《丹崖集》。赵岳，著有《存庵稿》。陶肱，著有《巽斋稿》。吴珏（1445～1520年），日以纂述为事，所著有《劝学》、《表忠图说》、《续牧民心鉴》，会纂《夔门杂录》、《怡泉集》，较刊《临海志》等。蒋颙（1458～1552年），淹博经史，著有《达意录》。王铖，有才名，著有《木讷稿》。侯汾，学问优长，著有《学吟稿》。郑良璧，著有《石泉稿》。蔡潮（1467～1549年），诗文纵笔而成，著有《霞山集》。陈器，有《读律肤见》、《石居漫兴》等稿。陈子直，著有《龙山文集》。戴时弁，著有《东华文集》。王洙，有文名，所著《宋史质》百卷。赵渊（1483～1537年），工诗文，尤好玩易，有诗文集。侯缄（1488～1546年），著有《三峰稿》。罗南川（1494～1558年），所著有《小学讲》及《中庸读》二书，诗赋五百余篇。王度，学有定见，著有《石梁文集》。蔡云程，著有《鹤田集》。张鈇（1504～1566年），博群书，工诗文。相传有红梅诗，脍炙人口。人称"翰苑宗工也"，著有《剑崖集》。徐质，能为古文辞，尤工于诗。金浚，字画诗句大为士林所赏。张志淑（1509～1580 年），文甚奇丽，人辄取为式，"比为古诗文，尔雅邃洁，不袭流俗人语"。僧道铙，寄情诗酒，每兴酣落笔，往往有惊人句。徐商，能为古文辞，尤工于诗。应明德（1513～1585 年），著有诗文十卷，《西曹记》二十卷。金立敬（1514～1592 年），著有《存庵集》。蔡宗，多识古奇字，著有《龟陵集》。何宽（1514～1586 年），著有《宜山集》18 卷。侯鸣，笃行博洽，著有《从拙稿》和《北崖樵唱》。秦鸣雷（1518～1593 年），状元及第，诗文直抒性灵，不作钩棘语，著有《倚云楼稿》、《谈资》。邓栋，著有《澄庵集》。陈公纶，善为五言律，清新婉挚，有《白云楼类诗》40 卷。项思教，著有《丹霞集》和《白云》等稿。戚复泰，善吟咏，著有《椒江稿》。冯兴邦，究心诗歌律绝，极其工到，与贺客孺时相唱和，为莫逆交，其诗多载《皇明诗选》。王亮，著有《稚玉集》。项复宏，著有《栖云稿》。蒋承勋，所著《麟经心印》、《吴楚谳存》和《覆缶集》。李果（1547～1586 年），为诗闲雅，"不以贫故为牢愁悲歌，听之可挹"。王士崧（1549～1598 年），著有《支离》、《吏隐》、《浮弋》等稿。陈承翁，著有《凭枕编》。王豪（1553～1607 年），著有《天台游考》一卷、《鼓橐要言》二卷、《吟口》二卷、《罗经》一卷行于世。王士昌（1559～1624年），著有《三垣摘疏》、《镜园草》、《斗溟集》。金以谦，博学工诗文，有《蔷薇草》和《如意吟》。僧慧诰，日与文人唱和，有诗集若干卷。僧慧佐，"乡联诗社，恒推其执牛耳"，所著有《初明漫稿》。僧慧佑，著有《云心稿》。僧灵岩，著有《树泉集》。僧昭临，著有《如画轩》。周颂（？～1628 年），著有《清啸集》和《谈心稿》。王立程，有才名，所著《折醒诗草》。冯绳祖，笃好诗文，著有《窥园草》、《蛙鸣》和《琴山杂咏》。金维宁，工诗，有雁字诗绝佳，全韵 30 首，体物入情，如雁影寒潭，潭无留迹，非唯宾雁绝唱。陈明瑄，以松菊自娱，人比诸陶渊明，著有《慎旃堂集》。何懿，与陈明瑄等徜徉山水间，以诗名。何衡，工文词，尤精于诗，著有《忆焚草》、《客游集》、《鳌江杂著》。冯元鼎，醇谨好学，著有《缶鸣编》。

此外，明代临海著名的诗人还有，陶谊，有《送人从后》、《山居》、《湛上人钟秀楼诗》等诗；叶惠仲，有《暮岭》等诗；周宗璲，有《过沙门岛》、《过王彦参故宅》等诗；戚存心，有《过澄江渡》、《秋夜》、《题钱舜举金碧山水手卷孟镇抚所藏》、《暮春书怀》、《过浔阳驿》、《舟中有怀》等诗；贺银，有《题画》等诗；胡玲，有《送杨信归宣城》等诗；赵次进，有《戊戌正月朝回省宝坻教谕家兄》、《期徐御史游灵谷》、《公馆书怀》等诗；叶恩，有《遣兴》、《过土木有感》等诗；何惟机，有《夜泊》等诗；王臣，有《登金鳌山善济院》等诗；贺椿，有《舟中无聊有怀曹黄门表兄》、《杂诗》、《独宿》等诗；贺杰，有《登三山绝顶》、《感怀》、《漫兴》、《题冬折枝翎毛》、《双鹊》等诗；赵溥，有《寄友》等诗；冯琳，有《挽天台娄先生》等诗；陈世良，有《和洪司寇堤上作》等诗；戴乾，有《丹崖山舍》等诗；赵玑，有《宫词》等诗；周玉，有《庆成宴》、《玉堂对月》、《过衍法寺》等诗；秦文，有《夜渡扬子江至金陵》、《太平堤即事》等诗；秦礼，有《谒郑广文祠》等诗；王朝卿，有《夜行徐州路》、《秋日病怀》、《登黄鹤楼》等诗；季聪，有《宿云阳》等诗；戴德孺，有《与王阳明游云龙山次乔白岩韵》、《题素扇》等诗；余宽，有《梧江夜泊》、《陆方伯石泾泛舟饮别晚复移席海珠寺》、《题方丹山狎鸥亭》、《平阳河下》等诗；叶忠，有《除夕寄阳明先生》、《赠别方棠陵》、《过瓜州龙王庙和王瓯滨》、《游琼花观》等诗；林元叙，有《次题黄氏江云阁》等诗；章岳，有《城南访旧》、《秋日感怀》、《城头吟》、《晓发沧州》等诗；周宠，有《题碧梧楼凤图》等诗；钱楞，有《春日》等诗；陈逵，有《玉岘晨钟》等诗；秦鸣夏，有《题柯烈妇》、

《送方源童先生司教沔阳》、《送胡龙山别驾》、《送季竹亭之官普定》、《镜光阁同诸宫辅观雪和韵》、《嵊县问道感述》等诗；张凝，有《贵州道中》等诗；陈光哲，有《夜泊城下》、《秋日东湖会梧冈一江白崖诸公》、《陈希斋方伯设席柳洲亭》、《夏至书斋独坐》等诗；孙锐，有《舟中分得移字》、《雪夜》等诗；何宠，有《山游》、《登雨花台》等诗；金立爱，有《东湖燕集次韵呈华峰宜山两尚书》等诗；李梦云，有《送张君》、《睡起次韵》等诗；刘恩至，有《雪楼为王检校赋》、《次乐慎斋登楼韵》等诗；陈汝观，有《中秋同诸友望月》等诗；陈锡，有《宿能仁寺次韵》等诗；戴汝愿，有《客中即事》等诗；朱经，有《元夕同龚分教作》、《游国清寺》、《贵溪别江少峰徐东山》等诗；何汝哲，有《能仁寺》等诗；冯学易，有《登金鳌山》等诗；何大缙，有《次韵答所亲》、《初夏送金太守》等诗；应汝稼，有《龙阳篇吊叶烈妇》等诗；王万祚，有《贺氏忠孝歌》等诗；陈三槐，有《题方正学先生祠》、《题东湖樵夫祠》、《登龙顾山城隍庙》等诗；周必超，有《九日登枫山清修寺》等诗；僧木庵，有《国清寺》等诗；戴觉，有《邹将军庙》等诗；陈蒙吉，有《石梁次壁上韵》等诗；王立毂，有《玉甑峰》等诗；何舜韶，有《题阙》、《途次和同官昆明泛舟韵》等诗；何舜龄，有《南中丞公招同诸郡守饮次韵》、《会稽郡斋题壁》等诗；何舜岳，有《苦雨谣》等诗。

　　清代初期，激烈的阶级斗争和民族斗争严重地影响了临海诗文的发展。特别是"两庠闹学案"和雍乾时期的"文字狱"，使临海的下层知识分子受害极深。尽管如此，清初的临海还是出现了一批诗文学者，著名的如何纮度、叶素娘等。

　　何纮度（1628～1704年），字迹潘，号石湖，临海人。顺治九年（1652年）进士，曾官山西临晋知县，因不结权贵而罢归。其潜心伊洛之学，从游日进，乐道安贫，足不履城府，学者称心斋先生。所著有《四书讲义》、《客言》、《醉石稿》和《心斋四逸篇》等。

叶素娘，临海章安（今属椒江）人，康熙年间才女。她的诗清丽婉约，以抒情见长，格律工稳谨严，甚有韵度。如《纳凉》："树抄扑轻罗，凉生贴贴波。避人开玉匣，还自掩金河。浴罢风米细，香清梦亦多。今宵有微月，幽意待如何。"最著名的为"十分清瘦在梅花"之句，所著有《寒香录》。侯嘉繙曾评称："素娘才质于古名媛中当兄事若兰（南北朝女诗人苏蕙）、弟事淑真（宋女诗人朱淑真）。"

清代中期以降，临海著名的诗文学家有侯嘉繙、秦锡淳、冯赓雪、黄河清、宋世荦、郭协寅、金铭之、王郁兰、朱元通、张廷谟、黄瑞等。

侯嘉繙（1695～1746年），字元经，号夷门，临海人。雍正十三年（1735年）拔贡，历官上元主簿、金山丞和江宁丞。其"少负异才"，初肄业于杭州敷文书院，掌教杨绳武以为浙中人才第一。他"纵横排闿，不可羁世"，学使帅念祖"奇其文，以为樊宗师、刘蜕后一人"（民国《台州府志》卷一一九）。清代大诗人袁枚称生平所见敏于诗者四人，即张鹏翀、周长发、金兆燕和侯嘉繙。他还在所作《随园诗话》中多处论及侯嘉繙，云其"诗文迅疾，挥霍睥睨，瞬息百变。每裹袖泼墨，数十人环而拥之，十指雨下，字迹横行斜上，如长河坚冰，风裂成文，莫知条理而天趣可爱"。书法家、状元秦大士赞其"深情绵貌，幽致动人"，为一代"奇人"。所著有《夷门诗钞》十四卷、文一卷。

秦锡淳（1710～1786年），字即瞿，又作执奘，号沐云，人称赤城先生，临海人。乾隆二十一年（1756年）举人，做过平山知县和瑞金知县。曾与张廷俊等人结"霞吟社"，做诗长于古风，尝游南京明孝陵，赋得七言古诗二百韵。《台州府志》说其："于书无不穷涉，为诗文风发泉涌，与齐召南、侯夷门齐名，一时有'三杰'之目。"所著有《白云楼诗集》、《江南集》等。

冯赓雪（1720～1782年），字缵修，号瑶田，又号百花洞史，临海人。其为乾隆岁贡，曾从秦锡淳就学，诗词散文俱佳。他的诗"正雅流畅，韵致翩跹"。天台齐周华称其："知是吾郡中侯夷门后一人也。"（清齐周华《名山藏付本》）有《击壤集》、《兰竹居诗草》、《鹤田集》、《钓鳌集》、《环碧楼集》、《湖山汇草》和《台南洞林志》等行世。

黄河清（1747～1804 年），字文征，别字润川，临海人。乾隆四十年（1775 年）进士，历官四川德阳、昭化，以及江西宜春知县。他潜心力学，于经史百家言无不究。诗格前后凡三变，初规模唐音，入蜀后自出手眼；江西所作，沉郁雄奇，直逼杜韩；尤长纪游山水和论古之作。著有《朴学堂诗钞》十五卷及《台故随笔》等。

宋世荦（1765～1821 年），字卣勋，号确山，临海人。乾隆五十三年（1788 年）举人，嘉庆十九年（1814 年）选授陕西扶风知县。少颖悟，读书过目不忘。曾于京师馆大学士朱珪第，文名很盛。其诗多有感而发，"长四六骈丽之体"。生平喜考订乡邦文献，尝刻《台州丛书》。著有《诗经文字古义通释》、《台郡识小》、《台诗三录》、《扶风杂咏》、《韦川诗徵》、《确山骈体文》、《红杏轩诗钞》等（图80）。

郭协寅（1767～?），字沧州，别字石斋，自号八砖居士，临海人。其博学多才，好聚书。尤留心桑梓故实，曾手录先辈遗书数百种。著有《台州述闻》、《台诗存录》、《赤城续集》、《三台书画志》和《钱荟》等。

金铭之（1801～1845 年），又名权，字其篏，号竹屋，临海人。其博雅好古，诗词书画无不详究。所居西溪草堂，聚书万卷。所著有《一得录》、《类鉴家言》、《钱鉴》、《经史偶闻》、《等韵正误》、《经济越语》、《梓里述闻》、《西溪杂记》、《闻余集》、《本草正味》、《地学随笔》等。

王郁兰（女）（1794～1862 年），字宪芝，一字清闺，号香谷，临海人。其秉承家学，自幼以能诗称。所做之诗清爽、明

图80　宋世荦著《红杏轩诗抄》

畅，颇受当时诗坛名家推重。著有《吟秋阁诗稿》一卷、《绣余琐录》二卷。

朱元通，临海白竹村人。幼入临海八仙岩为道士，善诗。清同治间，杨昌浚抚浙，使玉皇宫方丈召集道俗开坛考试，诗才与考者四百多人，朱元通被录为天仙状元，名著一时。

张廷谟，字汝梁，别字若坨，杭州人。尝客山东曲阜，纂修《阙里志》。晚寓临海巾子山麓，自号抱山老人。日课诗一章，"识者许为高、岑一流人"（清《台山怀旧录》）。著有《芦碕草堂诗集》、《降娄鸿爪词集》，以及《拭醉塵谈》、《府志诛茆》等。

黄瑞（1837～1889年），字子珍，号蓝叔，临海人。年弱冠，以花亨泰赋受知于学使张锡庚。他古文诗词皆精，又好乡邦文献，还能篆刻金石。平生著作等身，所著《钱文考略》八卷、《金涂塔考》二卷、《天一阁碑目补正》三卷、《全浙访碑录》六卷、《台州金石录》三十卷、《台士登科考》一卷、《台州书画识》十卷、《盖竹山志》二卷、《金鳌新志》一卷、《金鳌近集》

一卷、《秋籁阁诗文略》等。

　　清代临海还有一个诗僧群体。著名的有超复、明函、真源、览莲、妙明、了鼎、超奇、明通、元润等。超复，字祖雷，临海人。清初著名诗僧，著有《巢云集》。张玉壶曾为其诗集作序："祖雷大师，慧业宿根，功深面壁，洵禅林之龙象也。今著为诗，歌复擅骚坛之妙。固知禅道，惟在妙悟，诗道亦在妙悟，空山雨雪，诗有禅机；庭前柏树，禅有诗意，安得以文字誉之哉。独惜云门、雪窦，禅而不诗；惠休、无本诗而不禅，且让祖翁两头担着。"极尽称赞嘉许之语。明函，字雪涧，临海靖江山保寿寺僧，临海人。工诗善书，倪太真称其"恢临济之宗风，振三唐之逸响。濡墨挥毫，慧光满纸"。著有《怡鹤堂诗草》。真源，号湛一，俗姓董，临海人。曾重建天宁寺崇楼和两庑，并更名芝林。敏于酬对，词藻俊发，人皆敬服。览琏，字淳壁，临海天宁寺（今龙兴寺）芝林院僧，临海人。其诗能独辟町畦，有高洁隽永之致。著有《芝林集》。妙明，又名超明，号松圃，临海泉溪人。少出家，从释由是远游参学，妙证南宗第一义。归居临海峙山慧门寺，后主天宁寺。诗有长庆风，所著《松涛吟》、《中峰三啸集》。了鼎，号霞章，临海人。居临海天宁寺，曾重建悟凤院。清康熙十九年（1680 年）主临海昌国寺。其诗与祖宪、笠山等齐名，著有《如吟集》行世。许云恪曾为之序，赞其诗"穆如风清，使人自远望而知为有道者"。超奇，号云可，临海人。所著有《莲岭吟》，陈扑庵称其诗："有真才始有真禅，有真禅始有真诗。非上品利根未易语此"。明通，字宗达，又字达一，临海人。善诗，工写真。其诗"诗瓢所挂，兼云山沧海之奇观"。所著《云岫集》。元润，字济南，临海人。垂髫能诗，著有《摩松堂诗集》。其诗悲壮苍凉，雄视一切，王丹山评论说："即骚坛宿老见之，未尝不退避三舍"。还有思文，字笠山，著有《复存草》。照心，字空印，著有《岩集》。觉际，字远峰，著有《引青集》。晦云，著有《语录》二卷及《和寒山子诗》。怀膏，字雨青，著有

《瑶篇》。写庵，有《呈正老和三明堂大师原韵》诗。照临，字立行，著有《望洋草》。净符，字位中，有《夜坐书怀》等诗。真宿，字处林，著有《绝句》等。如相，字楚本，著有《岭云集》。元清，字虚泊，著有《锡鸣草》。超相，字睦轲，有《寒山诗》等。明言，字化机，著有《留云草》。妙瑄，字雪文，工声律，著有《栖云草》。旭昶，字凭麓，有《以长句索和次韵答之云》诗。元英，字孤宗，著有《烟水吟》。观月，字扫云，著有《扫云稿》。岳茂，字嵩阴，著有《自怡草》。照澈，字若潭，著有《烟汀草》。承杰，字汉亭，著有《闲居集》。文来，有《芙蓉洞》等诗。正解，字伊我，著有《随寓草》。圆松，字鹤林，著有《幻云草》。法正，字祖规，其诗如林籁江声，脩然自远。著有《帕帻杂咏》。妙阴，字荣千，著有《语石编》。实善，字楚琳，著有《看云集》。行心，字松月，著有《翠霞集》。善思，字梅岑，诗才清绮，著有《寒香集》。妙贤，字汉标，著有《镜岩清啸》。心琦，字天池，有《仙岩文信国祠》诗。定含，字海印，著有《寒蕉集》、《按指集》。巨灵，著有《融禅师语录》。真聪，字月相，天宁寺僧，临海人。工吟咏，所作有大历风味，遗稿载《香台集》中。

此外，清代临海有成就有个性的诗文学家还有很多。马谦，著有《北窗闲咏》十卷。冯尹年，诗笔清华，为文苍古俊逸。洪钟，著有《愁城记》、《宜山近咏》、《闽楚纪游》等集。潘震雷，著有《享帚集》、《屠龙技》等。何文鈫，著有《滇行遗草》。何文铨，著有《四书剩言讲义》和《非庵诗集》。陈先行，善诗书画，人称"三绝"。彭颖，著有《绿香红影庐诗》。陈淑（女），工吟咏，有大家风韵，著有《妆阁遗草》一卷。傅廷标，长于诗，著有《螺斋诗抄》。洪音，诗出钱、刘间，著有《行泽吟》。朱景浮，能诗，著有《求志居诗文稿》和《馥泉山同声草》。章氏（女），能诗工画，著有《二云诗草》。张应伦，尤工诗，与侯嘉繙和天台齐召南相唱和，著有《一笑诗草》。叶丰，诗工香奁体，咏物之作尤传，著有《瑞鹿堂集》、《今又园集》和《水镜集》。黄为霖，著有《传经楼诗抄》及《瑞竹诗录》。傅冠，寓居天宁寺四十余年，著有《巾峰三啸唱和集》和《岩筑山房诗》。江镇东，著有《青侣稿》。洪枰，著有《雪疆老人稿》。沈光邦，著有《易例通解》等。陈文垣，诗学黄庭坚，著有《小谁园诗文稿》。李案梅，性嗜诗酒，日以孤笻双屐，远游山水，所至必有题咏，著有《萼辉诗草》。蒋履（1746～1818年），好吟咏，有《蔚霞堂诗钞》十卷。金鍊之（1784～1810年），著有《古罗庵诗钞》。娄承乾，能诗，著有《祇敬亭诗草》。董炜，著有《蠡测集》和《鹤巢集》。金沁藩，著有《寸草吟草》。宋经畬，著有《心芝述闻》。黄懋中，著有《霞秀楼诗存》。黄致中，著有《玉蟾漫吟》。洪震煊，著有《夏小正疏义》五卷、《石鼓文考异》一卷、《粘堂诗钞》一卷。洪瞻陛（？～1854年），工诗，有《存我堂诗集》十六卷。金掞之，著有《花信风楼诗》六卷及《金竹坪诗》。宋璂（？～1861年），博涉经史，著有《赋梅阁诗存》、《益寿轩随笔》、《分年随笔》。应大成，著有《展庵诗钞》。李旭阳，著有《琴习堂诗集》。陈一鹤，著有《竹泉丛稿》。陈春晖（1800～1875年），善诗、古文词，著有《听秋吟馆诗草》三卷、《北游草》三卷、《春江小草》一卷。李肇桂，著有《梦觉草堂诗稿》一卷。江河清，著有《与竹居诗草》。沈元朗，著有《言志堂诗集》。葛晚园，工诗，著有《易学辨说》二卷。鹤道人，尝与孙春泽、金听石、侯石农等结诗社于嘉祐寺，才名与埒。有"洞口扫花红满帚"之句见称于时。郑家兰，工词章，著有《笋花斋诗草》二卷。江培（1831～1881年），著有《音音琴德居诗草》六卷。黄璜（1841～？），能诗，著有《黄溪渔隐稿》四卷。成玉（女），工诗，著有《碧琅玕馆稿》。陶菊英（女），能诗，著有《秋芳遗草》。冯大位，有《涌泉八景》等诗。葛咏裳，字逸仙，号叔霓。光绪六年（1880年）进士，授兵部主事。有诗十八卷，载所著《辎囊丛稿》中。屈苤纕（女），字云珊，葛咏裳夫人。能诗，著有《同根草》。朱耕，诗宗杜工部，才力尤超常人，著有《在谷诗抄》。何兼善，侨居临海海门（今属椒江）。好吟咏，所著《岩居吟草》一卷。孙琴湘，著有《半山寒舍诗文稿》。

顺治时的王祖泽，有《游委羽山》等诗；陈臣谦，有《录近草成遗纸焚之》、《谢张湛先生惠唁云峰》、《新秋次韵》等诗；邵嘉藩，有《重至缑城》等诗；项佩，有《贼退呈郡守高公》等诗；吴士英，有《樵夫亭》、《题画》等诗。康熙时的杨复震，有《谒樵夫祠》等诗；金绍先，有《谒樵夫祠》等诗；蒋来泰，有《沙潭夜雨》等诗；何文监，有《望海》等诗；卢传臣，有《送客》等诗；李邺，有《春日示诸生》等诗；孙振邦，有《吊姚烈女》等诗；冯永年，有《同友人饮望海峰》等诗；陈吉修，有《金鳌夜泊》等诗。雍正时的周潮春，有《贼退呈郡守高公》等诗；陈颖，有《望赤山》等诗。乾隆时的蔡秉衡，有《仙岩吊古》等诗；张渊，有《述祖德诗》等诗；黄淳璐，有《百花洞》等诗；赵龙光，有《谒仙岩大忠祠》等诗；叶上林，有《登仙岩祠谒文信公及杜张胡吕诸公像》等诗；林锡爵，有《谒仙岩大忠祠》等诗；柳舒金，有《谒仙岩大忠祠》等诗；冯邦训，有《谒仙岩大忠祠》等诗；党师孔，有《谒仙岩大忠祠》等诗；洪鼎煊，有《题赠黄邑蒋烈妇》、《和耕墨九日普福寺登高》等诗；陈光中，有《樵夫祠怀古》、《重登北山文昌阁》等诗；洪承诰，有《仙岩大忠祠》等诗；马调良，有《仙岩吊古》等诗；商九勋，有《仙岩吊古》等诗；周鸣麟，有《谒仙岩祠》等诗；应题陛，有《谒仙岩大忠祠》等诗；李斌，有《谒仙岩大忠祠》等诗；秦行涑，有《河闸告成歌》等诗；姜崇尚，有《百花洞怀古》等诗；黄通理，有《谒仙岩祠》等诗；蒋佐乾，有《吊文信公》、《秋怀绝句》等诗。嘉庆时的沈河斗，有《郭石斋老友读书石龙庵诗以讯之》等诗；严乘潮，有《吊戴烈妇》、《吊蒋烈妇郑氏》等诗；郭翰，有《题是亦园》等诗；洪晋煊，有《江行》等诗；

洪乾煊，有《山行》等诗。道光时的李用仪，有《题是亦园和原韵》等诗；张谦，有《题是亦园》等诗；徐正廉，有《茹古阁夜话》等诗；严沦，有《题是亦园和原韵》等诗；黄庭，有《题是亦园》等诗。咸丰时的洪锡麟，有《题米船楼》等诗；程霖，有《题是亦园》等诗；高凤藻，有《是米船楼》等诗。同治时的马彦木，有《入都留别》、《过亡友陈汝翼太史寓斋》等诗。他们也都是临海著称一时的诗人。

元明清以降，临海的戏曲活动同样相当的活跃。有关的文献记载也经常涉及到台州和临海，如明陆容的《菽园杂记》载："嘉兴之海盐，绍兴之余姚，宁波之慈溪，台州之黄岩，温州之永嘉，皆有习为倡优者，名曰戏文子弟，虽良家子亦不耻为之"。徐渭的《南词叙录》："称海盐腔者，嘉、温、湖、台用之。"明代临海戏曲活动最盛行的时候，为谭纶担任台州知府之时。谭纶对当时极为流行的戏剧海盐腔十分着迷，不但喜欢，甚至还在所属的军中养了一个专唱海盐腔的戏班。据明代大戏曲家汤显祖《宜黄县戏神清源师庙记》记载，谭纶任台州知府时，曾"以浙人归教其乡弟子能为海盐声"。明郑仲夔《冷赏》亦载："宜黄（大）司马纶，殆心经济，兼好声歌。凡梨园度曲皆亲为教演，务穷其妙，旧腔一变为新调。至今宜黄弟子咸尸祝谭公惟谨，若香火云。"可见，谭纶除了在临海和台州大力推广海盐腔外，还将海盐腔带回老家江西宜黄，使海盐腔在江西扎根开花，为海盐腔作出了重要的贡献。明代为临海的戏曲活动作出重要贡献的还有秦鸣雷，曾作有《合钗记》传奇，又名《清风亭》，曾在清代弋阳腔中盛演。

及至清，临海的戏曲活动演绎成具有自身文化的二大剧种，一是台州乱弹，一是临海词调。台州乱弹起源于明末清初，是"乱弹"声腔体系的一种，早期分作"山里班"和"山外班"。山里班重唱功，山外班重坐功。台州乱弹的舞台语言以中原语章结合"台州官话"，吴语乡韵，独具特色。曲调则有慢乱弹、紧中慢、上字、和元等，兼唱昆曲、高腔、徽戏、词调、滩簧等，唱腔或温婉或激荡，动人心腑。现余音尚存，被专家誉为"中国剧坛上散发着浓郁地方特色的一朵兰花"。临海词调源于明徐渭的《南词叙录》所载的"海盐腔"，是吸收了南戏、昆曲和临海的民间小曲，并结合了地方语言而形成。至乾隆年间日趋成熟，出现了林心培、董林、洪珍薮等一批著名的艺人。临海词调原为坐唱形式，词藻华丽文雅，声腔讲究"字清、腔圆、音雅、板稳"八个字。行腔自然，圆润舒展，韵味无穷。

台州乱弹和临海词调大行的同时，清代临海其他的戏曲活动，也是各显本领。乾隆十八年至二十八年间（1753～1763年），章安山兵呑里李宅村（今属椒江）李惠卿办有"山兵高腔班"。"山兵高腔班"演出节目众多，行头精到，颇受百姓欢迎。其最著名的剧目为《小金莲斩独角龙》，戏中主角演出时，口耍八对假牙，成为绝艺。乾隆年间，临海演出《双红钉》杂剧。太平戚学标在临海参加府考时，即"与林虹圃观《双红钉》杂出"（清戚学标《回头想》）。乾隆、嘉庆时（1736～1820年），临海更楼社戏一年两举。有郭协寅《里居杂咏》诗为证："杖藜扶老列西东，置酒花筵酬社公。一岁春秋常两举，夕阳萧鼓满行宫。"（《临海更楼郭氏宗谱》）道光十七年（1837年），大石下叶宗祠落成，总其事者叶履镛有《下叶祠堂记》，云："前竖戏台，岁定演戏四夜，悬灯结彩，并迎本境神位。一以祖宗创垂艰难，而以中和雅奏颂扬其功德；一以时和年丰，乡方康乐，具蒙庇佑，舞羽奏乐，以迎神麻，意至深也"（清《临海大石猴山叶氏宗谱》）。又叶履镛嗜奇好古，"后喜声伎，畜歌伶数部，大会宾客，置酒演剧，为（父）梅溪君寿，梅溪君大喜，君亦乐甚"（清王棻《贡生叶君墓志铭》）。咸丰、同治中（1851～1874年），蒋家山（今属汛桥镇）有乱弹戏班，其艺人金永池号"毛竹小生"，扬名整个台州。光绪二十四年，临海河头（今赤城路与回浦路之交叉路口）搭台演出《曹仙传》。庠生王吉寅观后叹曰："我观梨园固小道，若此一节，则虽戏耳，亦足以警权奸而维国法矣。因赋四言：'包者威名听亦寒，法行贵近总无宽。如言国戚堪私谊，盍把台中曹氏看'。"（清王吉寅《王宾谷诗稿》）光绪二十七年（1901年），东阳紫雪班来临海演出，有谢子冈《正月十九夜即事》诗明其事："花阴月色满琼筵，客哄华堂拇战开。不道春风解人意，东阳紫雪又飞来"（《临海枧桥谢氏宗谱》）。

临海清时民间宗教的酬神演剧也比较兴盛，著名的有南山殿的"迎会"和张睢阳诞辰。项士元的《巾子山志》对此就有详尽的记载："在昔承平之际，每值清明前后，举行巡赛，俗称'迎会'。仪仗甚盛，百戏杂呈。有锦制五兽，及台阁、高跷、鼓亭与各种故事。一时观众如天台、仙居、黄岩、温岭各县士女相率云集，四乡与会者尤盛，有人山人海之象。""秋季张睢阳诞辰，自九月十二日至二十一日，演戏旬日"。其他的如佑政庙，"向于端阳节演戏张灯。士女云集……戏台联云：'金赐柳桥，柳色欲迷歌扇绿；筵开榴月，榴花争映舞裙红'"。忠佑庙，俗称厦门殿。"相传阴历三月初五日为神诞辰，届时演戏张灯，颇见热闹。"此外，临海城区酬神演戏的，尚有元帅殿、马殿、五道庙、城隍庙、镇宁庙、东岳庙、玄坛庙、清河庙、药王庙、玄帝庙、崔王庙、东关庙、西关庙、后岭殿等处。各庙均有固定或活动戏台，每逢神诞演出三至五夜。无神庙之处需"保平安"的，则临时扎台于路口进行演出。演出的剧种有高腔、乱弹、徽戏和京剧等，戏班多来自于本地及邻近府县。

临海还有成文、近圣二社。成文社始于清道咸间，以词调名。其学传自于天台，社员多为庠序中人。以姚梧岗、宋叔兰、周星甫、秦玉波、杨月梧等为著，秦玉波、杨月梧尤精丝弦。近圣社社员多系县学宫附近一带的吏胥，以冯仰山、于秋香等为著，长于吹奏。复有斗会，亦谙丝竹吹唱。斗会有东、南、西、北、中五组，每组不下十余人。专为病家拜斗姆求寿，能唱［洞仙歌］、［懒画眉］、［叨叨令］诸调。所谓顺星礼斗，九调十三腔皆备。

清代的临海文人和戏曲艺人还创作有大量的戏曲剧目。如张人纲的《芙蓉亭》传奇，董炜的《留贤雅饯》杂剧等等。张人纲，字晤蕉，临海人。康熙元年（1662年）因"两庠退学案"，被谪辽阳二十年，所著有《集菌草》、《兴会笔录》等。据项士元《台州经籍志补遗》：《芙蓉亭》传奇"凡二十四出，写一女子雨夜与一书生守正而获神佑，偿以终身之好"。董炜，字枚臣，临海人。《留贤雅饯》作于道光十五年（1835年），系其为送临海知县胡培荃赴滇南购铜所撰。自认为"生面遥开，同雷独避，别径寻搜"（董炜《碧琅玕馆诗钞》），非为演出之用。

元代书法，在隋唐书法的尚法书风演变到两宋时的尚意书风以后，又进入了一个师古的阶段。元代的善画者，由于他们多属南人知识分子，因元统治者的歧视政策而隐于乡间，耕读传家以避世。遂寄情书画，表现为一种潇散洒脱、简洁秀逸的高旷境界，文人画进入了最高阶段。书法上，元初的赵孟頫、邓文原、鲜于枢等人大力提倡的专以古人为法的创作方式，也直接影响到临海书坛，一种以晋唐为法的复古思潮，充分得到体现，存在于此际临海书家的书迹之中。

元代短短几十年中，临海书画人才辈出，涌现了数位颇有影响的书画家。

张明卿（1279～1332年），字子晦，号务光，临海人。笔法秾逸可玩，兼善画竹石，韵度清洒，颇近文湖州。

周仁荣（1280～1353年），字本心，临海人。历官至翰林修撰、集贤待制。善楷书、宗欧阳询，为时所重。仁荣在当时为台州文坛领袖人物，学生众多，他的书法影响很大，如周润祖、泰不华等，都得到过他的指授。

周润祖，字彦德，临海人。善书，墨迹如秀岳乔松，宛然欧、褚笔意。临海市博物馆有其行书尺牍一通。

泰不华（1304～1352年），擅长篆隶和楷书，兼精绘事。篆书师徐铉，笔法温润遒劲，稍变其法而自成一家，并以汉代碑额篆法题当代碑额，风格高古；楷书学欧阳询，圆活姿媚，风骨中存。故宫博物院藏有其篆书《陋室铭》卷，为至正六年（1346年）书，篆法严谨，下笔多用方折，笔画形如韭叶，遒劲而富于变化，明显地吸收汉碑篆额的特点而自成一种风格，和传世《王烈妇碑》用笔差近，实开清代邓石如一派篆书先河。

陈基（1314～1370 年），书法受李北海影响，上追二王，风格秀逸。同时也擅篆书。故宫博物院藏有其行书《相见帖》、《苦雨帖》、《寝喜帖》、《贤郎帖》四件，其中前二帖曾于清乾隆时刻入《三希堂法帖》，刻入《三希堂法帖》的还有《行书诗十首》（图 81）。

图 81　陈基书迹

元代临海的僧道也善书画，其中最著者为一宁、行端和清欲。

一宁（1247～1317 年），临海人。曾为江南释教总统，元世祖征日本，遣往劝降，因留主日本西京南禅寺。善书画，日本人颇尊崇之，卒赠国师。

行端（1254～1341年），字景元，一字元叟，临海人。六岁时即通读《论语》、《孟子》等书，十二岁从族叔茂上人出家，得度于余杭化城寺。初师事径山藏叟善珍，复参净慈寺石林行巩，并遍谒觉庵真公、雪岩祖钦等，以求大悟。元大德四年，出世湖州资福寺，道俗云集，名动京都。元仁宗曾赐"佛日普照慧文正辩禅师"号。后主中天竺、灵隐、径山等，其善书，以余力施于篇翰，尤精绝古雅。

清欲（1287～1363年），字了庵，号南堂，又称本觉，俗姓朱，临海人。十六岁出家，累参明师，后人称"东南大法幢"，并蒙赐金襕衣及"慈云普济禅师"之号。以墨迹扬名海外，书法较著者有天历二年（1329年）"与月林道皎语"、至元七年（1341年）"法语"、至正七年（1347年）遗墨和"芦叶达摩图"赞词、"布袋图"赞词等。

此外，陈天瑞、黄庚、陶德生、陈遘、杨敬德、李涛、叶应槐、僧福报、杨杕、陈立、郭明远、余季女等人的书画也都名著一时。

明初临海书画，尚能承元代余绪。中期由于明廷推行八股取士，书法盛行台阁体，知识分子被束缚在制艺的死套子上，影响了多种艺术的发展。直到晚明时期，始有改观。

明代临海的书画家主要有僧无愠、僧宗泐、叶见泰、林右、张廷璧、蔡潮、王乾、张志淑、李果、王士崧、王士昌、陈函辉、金维宁、孙鼎征和何懿。

僧无愠（1309～1386年），字恕中，号空室，临海陈氏子。少依元叟行端出家，后谒竺元道禅师得法，亲侍多年。性慧好学，博览洽该，工诗善书。初住明州灵岩寺，三载后主黄岩瑞岩寺等寺。自此，"道价日高，江湖英俊趋台不绝"。

僧宗泐（1318～1391年），明洪武时举高行沙门，以宗泐居首，寓意词章，尤精隶古（图82）。

叶见泰（1341~1390年），工草书。宋濂称其"温醇而有典则，高逸而有思度，其辞简古，其神丰腴"（明宋濂《叶夷仲文集序》）。文征明曰："见泰博学善草书。"（明文征明《甫田集》）今故宫博物院藏有其行书诗一开，编入《中国古代书画目录》京1~920"明王希圣等诸家行楷书八开"中。

林右（1356~1409年），工书，尝为方国珍侄方明谦题所藏唐玄宗书鹡鸰颂，清乾隆时刻入《三希堂法帖》，真迹今藏北京故宫博物院。

张廷璧，工草书，方孝孺称其"书比藏真（怀素）更绝伦"（明方孝孺《逊志斋集》）。永乐时校帖翰林，应二十八宿之选。

蔡潮（1467~1549年），字巨源，号霞山，临海人。弘治十八年（1505年）进士，仕至河南右布政使。善擘窠书，《续书史会要》曰："霞山善作大书，巨坊名匾，取称遒迹"。

王乾，字一清，初号藏春，更号天峰，临海人。以轻墨浅彩作禽虫、瓜果、花草，间出山石林薮，莽苍幽岑，往往极妙。尤妙寒塘野水、拍泳朝暮之态，间作茅屋、竹树，云气点逗，人物洒洒，益可玩。故宫博物院藏有其所画《双鹭图》轴，绢本巨幅，鸶禽刻画尽致，确为一代名画。

张志淑（1509~1580年），字世彦，一字在旌，临海人。书迹遒劲，为士林所珍。

李果（1547~1586年），号丹丘生，临海人。画学吴中诸名家，当其意得，方笺便面，淋漓点染。临池学眉山、松雪诸体，"亦俱逼真"。

王士崧（1549~1598年），字中叔，临海人。万历十一年（1583年）进士，曾任光州知府、工部员外郎等职。工书，尝书河南"中岳庙、法王寺、少林寺、面壁石"四诗，结法凝整。

王士昌（1559~1624年），字永叔，临海人。万历十一年（1583年）进士，累官至右佥都御史巡抚福建。善山水，得黄大

图82　宗泐书《无尽灯禅师碑》

痴笔意，又工水墨折枝花卉。

陈函辉（1590～1646年），善草书，敏于诗，为旷世逸才，曾为《徐霞客游记》作序。临海博物馆藏有其草书多幅（图83）。

金维宁，字熙泰，临海人。崇祯九年（1636年）举人。善草书，书法直入二王室，有雁字诗，自赋自题，八法曲折，如睹钟王颜柳苏黄诸君子翰墨于一堂，闻名于世，人称"金雁字"。

孙鼎征，字调宰，号泖渔，松江人。淹博能诗，尤工于画，熊山称其词赋墨妙雄天下。崇祯时，与子任安、任昌俱游于临海，结茅大固山下。二子亦善画，有大小米之誉，卒后俱葬临海。

何懿，字无垢，号恒河，临海人。善丹青，人物、山水，一点一拂，神气飘然，人争宝之。

此外，临海善书和擅长画的还有朱右、陈贵钦、赵乐善、曹鼎、卢琇、王庆赐、陈璲、侯臣、陈员韬、王偡、王曩、贺泫、陈瑊、曹衡、周一清、徐孚、僧文涵、冯银、董荣、周玉、张镇、金工芜、郑文熛、蒋颙、戴乾、侯汾、陈秋、姜双峰、陈器、叶时贤、林元秩、戴时弁、王洙、许仁卿、赵渊、余宽、侯缄、周宠、王宣、王胤东、陈光哲、陈缜、项廉、张鈇、叶应科、章岳、邵良镥、徐商、李岳祥、金浚、应明德、应镳、金立爱、金立敬、何宽、秦鸣雷、包应麟、邓栋、陈锡、陈公纶、金锡祚、陈汝楠、陈汝梅、王梅龄、王宗沐、王崇岩、侯顺德、陈凤冈、陈淳、冯君秩、潘凤阳、邓景、项思政、项思牧、戚复泰、冯兴邦、王亮、王士性、项复宏、蒋承勋、陈承翁、陈凤翔、冯一宁、王士琦、刘炳文、金以谏、周颂、王立毂、戴桂芳、何舜韶、林果、钱梧、潘应化、陈养才、陈鹤书、蒋志学、金以哲、蒋景贤、金之彦、陈天爵、冯绳祖、董汝昌、王钦臣、陈秉敷、陈法玑、何衡、陈明瑄等。

清代临海书画家，初期大多数是明末遗民和出家僧人，也有本籍人和少数寓贤。一些人隐居山林，一些人为了抗拒清剃发令而避世于方外。遗民讲究气节，创作的书画亦以摹古为主，少有恣生发展。

　　清代临海的书画家主要有董嗣纯、冯甦、何纮度、僧妙明、马志豪、赵础、冯尹年、僧净符、王氏、王名世、蔡应龙、王先培、汪永绥、洪瑞、郭承论、黄应垣、僧真悦、郭天祥、朱桓、周介人、于天士、应上巽、郑兆甲、陈祖泽、陈淑、王世芳、张廷栋、傅廷标、傅冠、洪音、洪熙揆、洪世煜、洪棠蕃、僧明涵、僧览莲、朱景浮、章维晏、叶素娘、洪无仪、章氏、郭惠、张应伦、沈光都、郭光华、叶丰、张凤池、王之培、许启元、陈文烜、侯嘉繙、陈先行、僧善景、僧真聪、陈伟、李廷聘、洪鼎煊、李案梅、黄树中、黄云章、僧善景、蒋履、黄河清、许增慈、娄承乾、宋世莘、洪颐煊、王德玉、李雅、谢炳、董方肇、李华社、杨茂涛、贺惇庸、秦玢、周鹏飞、洪蒙煊、僧铁足、郭协寅、沈河斗、陈育泰、陈泰华、邵兰雪、杨雅、金铼之、高德林、金铭之、金沁藩、花舒尊、胡照、陈淞、僧月波、陈洛书、邵拱辰、陈熙载、蒋素、蒋维、蒋绂、宋曾昀、宋经畬、陈尚裂、陈一夔、陈瑀、陈采莲、李用仪、孙公甫、洪序铺、王曾三、周肇璜、洪瞻陛、洪瞻墉、宋琪、陈一

图83　临海博物馆藏陈函辉自书五言诗

鹤、彭琐、彭颖、陈春晖、江河清、周珪、冯夔、傅濂、僧铁庵、夏松、高凤藻、郑泌、郭翰、马桂燊、鹤道人、郑家兰、郭应奎、陈甫、江培、郭钦、潘锦、黄瑞、苏介堂、陈源、郎庆恩、李镠、陈榕恩、陈柟、杨孚甲、黄璜、王洤、僧指一、沈伯羲、魏长泰、李国祥、李祥暄、王宝鋆、张桐、宋鹤林、冯鋆、陈载洛、李廷铨、夏芩、何春、成玉、陶菊英、宋采芝、朱冕、王兰、彭际炎、周翰清、宋庸德、成材、王谦、姚凤仪、李藻、张翔全、王吉寅、孙琴湘等，其中尤以冯甦、僧妙明、僧净符、郑兆甲、侯嘉繙、陈先行、僧善景、僧真聪、宋世莘、洪颐煊、李雅、金鍊之、僧月波、陈采莲、陈一鹤、冯夔、傅濂、僧铁庵、李藻、王吉寅、孙琴湘为著。

冯甦（1628~1692年），书法学香光居士（董其昌），稍嫌偏侧而风趣古荡可喜。

僧妙明，号松圃，临海天宁寺僧。书法遒劲，几如智永，求者门限为断。

僧净符，字位中，临海位峰寺僧。善书，书如行云流水，飘飘有出尘想，是明季遗民为僧者。

郑兆甲，字鼎先，自号桑间子，临海人。清初因"两庠退学案"戍上阳堡，后遇赦归，隐居杜渎桑园。工诗，草书飞舞，善画竹石花鸟，时称才子。

侯嘉繙（1697~1746年），书法不拘绳尺，异于常体。袁枚称其"每裹袖泼墨，数十人环而拥之，十指雨下，字迹横行斜上，如长河坚冰，风裂成文，莫知条理而天趣可爱"（清袁枚《侯嘉繙墓志铭》）。郑板桥曾赠诗赞曰："怜君书法有古意，历落不顾时贤嗔。"

陈先行，字辉玉，号海珊，临海人。雍正十三年（1735年）拔贡，曾为永州学正。善书画，书学怀仁圣教序，画枯梅竹石尤妙。"尝于小固山僧壁作水墨枯梅一枝，老干欹斜，寒香欲滴，旁题和靖'众芳摇落'诗"（清光绪《临海县志》）。

僧善景，字汉升，号梅溪，俗姓张，临海人。自幼出家，曾主临海云岫院及延庆寺。工诗善书，古贴诗文，堆积几案，钩摹临仿，密咏恬吟，"书法与诗才各擅其长"（清光绪《临海天宁寺谱》）。

僧真聪，字月相，号绍南，别号雪樵，俗姓侯，临海人。天宁寺僧，善书。"草书圆润超脱"（清光绪《临海天宁寺谱》）。

宋世荦（1765～1821年），临海人。工书，笔墨瘦劲，尤擅行草（图84）。

洪颐煊（1765～1837年），临海人。其书浸淫于碑版，笔法古拙，错落有致。

李雅，字良颂，号碧峰山人，临海人。擅长山水花鸟，尤善"百鹿图"，游行食宿，涉涧梯冈，衔芝逐塘，随机转侧，千态万变，无分毫不肖。

金鍊之（1784～1810年），又名城，字伯贞，号欧生，临海人。尤长于书画，摹古名迹，无不酷肖，兼精篆刻。

僧月波，俗姓葛，临海人。道光中居临海惠因寺，性严正，善画梅。

陈采莲，临海人。尝以笔墨浪迹江湖间，能左右书。

陈一鹤，字竹泉，临海人。道光十九年（1839年）举人。天怀散朗，笔墨超逸，好作兰石小帧，集中多题画之作。

冯夔，字栗斋，临海人。善书，法度谨严。行书有圣教序及云麾碑笔意，极具功力。

傅濂，字啸生，临海人。善诗文，山水青绿、浅绛并工，画学黄公望，迹近王原祁，峰峦树石，凝润萧疏。兼善墨竹及设色花卉，书法亦极精妙。长期活动于宁波一带，与镇海姚燮、定海厉志并称为"浙东三海"。蒲华自称画竹学傅啸生，吴昌硕、杨伯润等也都有自题仿临海傅啸生的山水画作。论其画法，实开海派先声。

僧铁庵，名河清，别号碧华，俗姓林，临海河头人。同治中

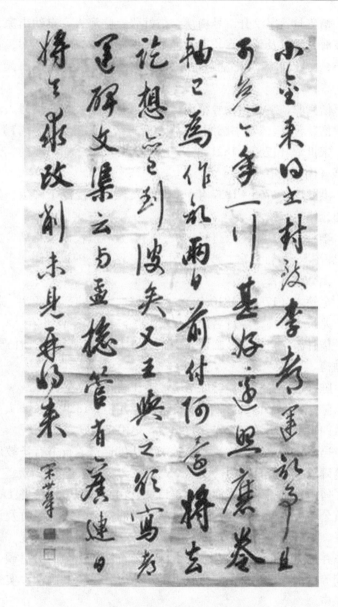

图84 临海博物馆藏宋世荦书迹

居临海信行寺，工书画。

李藻（？～1894年），字曼士，临海人。善画花卉、草虫，设色秾丽。亦能山水，时称能手。

王吉寅，字宾谷，临海人。光绪时邑庠生。善书，"书学颜鲁公，有手书天宁寺碑"（项士元《巾子山志》）。

孙琴湘，初名寿，字芹香，临海人。善书能篆刻，"书学柳公权，所作山水亦高雅有法"（项士元《巾子山志》）。

此外，清同治间，著名画家蒲华曾长时期游走于临海，他是海派的创始人，划时代的书画大家。他在临海的活动，无疑带动了临海书画篆刻艺术的繁荣。又清道光间，临海郭协寅撰有《三台书画志》四卷，辑录凡籍于台、官于台、寓于台，兼及闺阁、方外之书画家，起自晋郗愔，迄乎明末释传灯，共180人。清光绪时（1875～1908年），叶书抄录此书，嘱黄岩王棻为序，欲付梓而未果，稿本今藏临海市博物馆。清光绪中，临海黄瑞以《三台书画志》为基础，增补清代书画家及前代新发现者，共290余人，辑为《台州书画识》十卷、附识一卷。所引诸书，较郭书详博，然亦未能印行，稿本亦藏临海市博物馆。

元代临海的雕塑遗迹虽不多，但不乏精品佳作。其中最重要的是大岭石窟造像、龙兴寺千佛塔和水洋佛号石柱。

大岭石窟造像位于临海古城以西约18公里的大岭头山冈上，石窟西向，南距临（海）仙（居）公路1.4公里。石窟凿于元至正元年（1341年），为元中顺大夫台州路总管兼管内劝农事秃坚董阿等捐奉建造。造像原共五尊，因多年前遭受破坏，现仅存菩萨像一尊及壁龛内附造的小佛像一尊。菩萨像坐落在石窟的北端，南向，通高4米，其中头部1.5米。壁龛内的小佛像高2.45、宽1.6米，龛高2.8米。岩壁间有石刻题名，除额书"大功德主"及秃坚董阿的结衔题名外，余皆严重风化，模糊莫辨。大岭石窟造像尽管已非原貌，但还可看出这是一处佛殿窟。又因其开凿于东南沿海地区，其意义非同寻常（图85）。

图 85　大岭石窟造像

　　龙兴寺千佛塔重建于元大德三年，塔身第一层各面砌四排直面佛像砖，每排十一块，东面减去门的位置，故每排仅七块，计二百四十八块；第二层直面佛像砖三排，每排八块，加上佛龛内各有八块，计一百八十四块；第三层在东北面，每面直面佛像砖三排，每排六块，加各佛龛内八块，计一百四十八块；第四层在东南面，每面直面佛像砖同三层，唯各佛龛内仅六块，计一百三十八块；第五层在西南面，佛像砖同四层，计一百三十八块；第六层、第七层均各有佛像砖，总计佛像砖1003块。佛像砖系模压烧制，为半立体浮雕形式，具有很高的艺术水平（图86）。

图 86　龙兴寺千佛塔

水洋佛号石柱在沿江镇水洋村后的殿头岗上，距临海古城16.5公里。石柱方形，通高3.37，其中顶部高0.3米。柱顶为六角形磐石，三层塔式帽状，径大于柱。柱上端做成卷杀，柱四面均刻有文字。由于年代久远，大部分文字已风化不清，仅南北两面尚隐约可辨。北面刻"南无释迦牟尼世尊、南无文殊师利菩萨、南无大行普贤菩萨"。下面刻双行小字"癸酉至顺四年（1333年）九月二十二日树闲后人阮□等徙立"题记。南刻"南无大慈大悲观音菩萨摩诃萨，甲子泰定元年（1324年）三月六日□□□人□捐赀建立，立此等讃曰……"。柱下有础，方形平面。从题记来看，泰定元年当为石柱初立之年，至顺四年则为徙立之年。同时可知，石柱乃从他处徙立于此（图87）。

明清以来的雕塑遗存多为墓前石刻、石雕、碑记等，也有小的石窟造像。墓前石刻和石雕有临海的明王士琦墓前石刻、赖峙杨墓墓前石刻、金立敬墓面石刻、侯缄墓前石刻等。碑记主要为谭纶画像碑。石窟造像在水洋清潭头。

王士琦墓前石刻，在明王士琦（1549～1618年）墓前约70米的山脚。王士琦墓位于临海括苍镇张家渡村王葬山，墓前石刻依次为碑亭、石人、石马、石虎、石羊和华表。碑亭原有二座，一座已毁，今尚存左侧的一座。亭全部为石构，平面基本上为方形，正面宽2.37、侧面宽2.15、通高4.15米，其中顶脊高0.49米。亭顶阙式，脊饰鸱吻，中间部分略损。石人二个，通高3.26、肩围2.41、身围2.72、肩宽0.9、颈周0.11米，其中头高0.695米。二石人左有须，右无须，两手均捧朝板。石马二匹，背饰雕鞍，通高2.21、身高1.37、身长1.57、脚高0.62米，自基座至头部高2.1、基座长1.92、宽0.98、厚0.11米。石虎二只，蹲状，通高1.43、身长1.44米，基座长11.28、宽0.615、厚0.19米。石羊二只，通高1.22、身长1.15米。石华表二根，高4.55、柱径0.53米，周身浮雕云龙纹，浮雕深度一般为0.33厘米（图88）。

赖峙杨墓墓前石刻，在临海杜桥镇大汾后洋村赖峙。杨墓为明辽阳总兵杨文父亲之墓，今已毁，墓前石刻尚存。主要有：石

图 87 水洋佛号石柱

人二尊，五官略风化，通高2.1、身宽0.74米。石虎和石羊各二只，已残。另有无字石碑一通，顶端饰云纹，高2.46、宽1、厚0、29米；碑座一只，须弥座形式，刻有莲纹。

图 88 王士琦墓前石刻

金立敬墓面石刻，今藏临海博物馆碑林。此墓面石刻高 0.96米、宽 1.665 米、厚 0.12 米。上浮雕有"鲤鱼化龙"三条，另鲤鱼一条。右上角刻祥云护日，下端雕成假须弥座。石刻气势生动，鳞爪分明，刀法流畅，造型精美，具有典型的明代风格，是不可多得的石刻佳作（图 89）。

侯缄墓前石刻，在临海古城街道松二村侯家自然村坟山冈的侯缄（1488～1546 年）墓前。该墓墓面石构，坟坛三道全部用石板铺地。墓前石刻有石人、石马、石羊各一对，以及碑亭一座和牌坊一座。墓面石构，上部仿木构建筑，下部用浮雕石板构合，坟首石刻祭文。现除石牌坊已毁外，余皆保存完整，具有很高的艺术价值（图 90）。

谭纶画像碑，在临海东湖石刻碑林。碑高 218、宽 108、厚 13 厘米，明嘉靖三十九年（1560 年）三月临海县知县黄诰、耆民杨景威等立。碑端篆额"前郡太守谭公画像"，中为谭纶坐像，左童右仆，白描阴刻。碑额以下、画像之上，刻题赞一篇，计 142 字。题赞简述谭纶"有大功于东南"、"民思其德"，因"勒公像于堂"的前后经过。

图 89　金立敬墓面石刻

　　水洋清潭头石窟造像，在临海沿江镇清潭头村西约0.5公里处的石佛堂后面，为明代作品。造像共大小两尊，大者凿壁成窟，系释迦牟尼像，通高3.5米，其中头高0.75、身宽1.06米。佛像造型丰满，螺髻高耸，大耳下垂，胸部袒露，手作弥陀印，结迦趺坐于莲台之上。小者凿于岩背，连椅状石座通高1.18米，其中头高0.35米、身高0.4、石座高0.4米。像亦作结迦趺坐形，身与首以榫卯相接，身躯凿卯，以颈为榫。面部先做成平面，再刻上五官。二像中，大像雍容有度，唯衣纹雕刻浅拙，为美中不足。

　　元明清时期，临海在天文学、地理学、水利工程学、军事科技学等科学技术领域上取得了举世瞩目的成就。

　　天文学方面，临海取得的成绩是巨大的。明朝初年，朱右（1314～1376年）受命参修《大明日历》，成书一百卷。清冯甦优于智略，精天文之学。康熙帝称其"品望才情，远出魏象枢之右"。金鹗（1771～1819年）则天文历算等无不涉足。特别值得一提的是周治平和李镠。

图 90 侯绒墓前石马

周治平，字启丰，一作起锋，临海人。其生卒年代不详，约生活于清乾隆至同治间（1736～1874 年）。年幼时聪颖异常，因童子试遭黜而无意功名，遂以搜读及学习西方的科技著作和方法为己任，专攻天文历算。他把太空之气分为"三际"，认为水之性"重"，则"必下而不上"；而气之性"轻"，则"必上而不下"。平时"日光照地，与气上升，偏于燥则发为风"；如果上升的气与太空的云接触，由于冷热相异，则"因而成雨"。从而解释了风、雨的由来。对于周治平的学说，阮元以为"能融会中西之说，其理甚明"，并将他的许多类似诠释者编入其撰著的《曾子注释》一书。《简明中国古籍辞典》称《曾子注释》"能采用中西天文算学之说进行解释，成为研究曾子思想的一个善本"。实际上，这里所说的"采用中西天文算学之说进行解释"，均为周治平所为。此外，阮元主编的另一部介绍自然科学家史略的著作《畴人传》，其中许多内容也都是周治平的研究成果。嘉庆中，阮元视学临海，召之"握算就试"，大为崇敬。当即亲书"画圜室"额以赠，并赋诗"中法原居西法先，何人能测九重天。谁知处士巾山下，独闭寒斋画大圜"予以赞赏。

李镠（1839～1901 年），字琅卿，临海人。光绪十八年（1892 年）贡生，精天元一算法，自云专心钻研凡三十年，始穷其奥。曾结合中西数学推算，著《衍元海鉴》。

地理学方面。王士性《五岳游草》、《广志绎》等地理学著作的问世，是这一时期最为空前的成就。也是这一时期，我国出现了不少著名的科学家和重要的科技著作，如李时珍（1518～1593 年）及其《本草纲目》，把我国药物学的研究提高到一个新的阶段。徐光启（1562～1633 年）和《农政全书》，集我国古代农业科学之大成。宋应星（1587～?）的《天工开物》，是一部总结当时农业和手工业生产技术的百科全书。徐宏祖与《徐霞客游记》，对喀斯特地貌、长江源头、植物生态学等自然地理方面的观察研究，已走在当时世界的前列。而王士性与徐霞客处于同一时代，他不仅有对地理现象的观察，还有缜密的理论思维。因此，王士性对地理学的理论贡献和地理学的分支学科人文地理学的贡献，远比徐霞客卓越。具体地说，王士性在地理学上的贡献，主要体现在以下几个方面（图91）。

一是对人地关系理论的杰出贡献。王士性在前人思想的基础上，更具体全面的阐述了人地关系的理论。认为生活在不同的地理环境中的人们，有着各自不同的生产方式、生活方式、风俗习惯、价值观念以及不同的庶民与缙绅关系。实际上，这种理论已蕴含了地理环境对文化影响的两种机制，一种是地理 - 经济 - 文化的间接影响机制，另一种是地理 - 文化的直接影响机制。王士

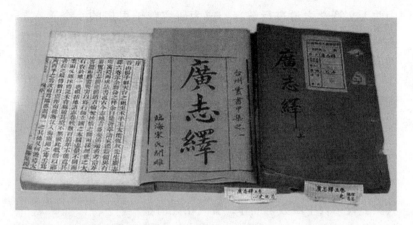

图91　王士性著《广志绎》

性早在四百年以前就已认识到这一点，确实是难能可贵的。王士性还以地理要素为主要指标，将浙江地区划分为泽国文化区、山谷文化区、海滨文化区，这也是前所未有的。

二是人地关系理论的辩证特色。王士性认为，人才的分布与地理环境有密切的关系。如长江以北，因"山川彝旷"，科举人才不多；长江以南，"山川盘郁，其融结偏厚处则科第较高"。但他又辩证的认识到，地理环境虽然是制约成才的重要因素，却并非是绝对的。"然文人学士又不拘于科第处，尝不择地而生。"王士性还从理论上总结出人类对自然环境的改造利用既不可无所作为，又不可盲目而为，而应遵循自然法则的基本原则。他的人地关系理论，不仅具有浓郁的辩证特色，而且其思辨能力已远远超越了同时代的科学家，许多论点与近现代地理学家P·M·L·罗士培的适应论和H·H·巴罗斯的生态论相吻合。可见，王士性的理论具有很大的超前性，

三是综合自然地理的观点及对气候、喀斯特地形的研究记载。如王士性对长江、黄河河口流量大小不同原因的探讨，已从流域内的地形、地下水位、支流的多少大小、雨季的长短、河流

补给源等多方面来考察，这与现代综合自然地理学的分析思路已颇为一致。他对各地气候特征的概括和气候成因的研究，有些方面填补了前代的空白。此外，王士性对喀斯特地形、土壤地理、植物地理、动物地理等自然地理学的其他分支学科，也有许多记载研究，其资料弥足珍贵。

四是完善的三大龙学说。王士性在批判和继承中国古代的山系学说后，提出了更为详细、合理的中国山系三大龙说，使中国古代的山系学说发展到了一个新的阶段。他的三大龙说，或许是中国古代最详细的山脉分布系列，虽然与现代科学中的山系概念还是有差别的。但他的三大龙说中的有些山系划分，与现代的山系基本一致，这的确是难能可贵的。

此外，王士性的区域思想与区域规划也是十分先进的，到今天仍可借鉴。而在经济地理方面，王士性对自然资源、农业与手工业的布局、经济区划、商业贸易、交通漕运等方面都有翔实的记载和精辟的见解，特别是对手工业布局的记载与论述弥足珍贵。对社会文化地理的研究记载，则是同时代著作中最丰富多彩的。同时，王士性除了对地理学有杰出贡献外，其他对诸如地名学、地质学、潮汐特别是暴涨潮的成因、民族学、民俗学、金石学、语言文学等等，都有深入的研究和精彩的记载。

对于王士性在地理学上所作的贡献，时人冯梦桢给予了极高的评价，说王士性的著作"叙山川离合，南北脉络，如指诸掌，即景纯所述，《青囊》所记，勿核于此，至谈河漕、马政、屯田、盐筴、南北控御方略，具有石画，不为危言。跃马中原，揽辔关河，可谓有天下之志，此当不在史迁、杜诗下"（明冯梦贞《王恒叔广志绎序》）。今人徐建春先生指出："考察整部中国地理学发展史，可以清楚地看到，至明末，人文地理在中国已沉寂被冷落千百年，王士性几部地理著作的问世，实际上标志着中国人文地理的一度复兴。可是好景不长，在王士性以后，中国的人文地理并没有前后相继、待续发展，而是停滞不前了。如果事情的发展不是这样，那么，明末以后的中国地理学发展史，或许就要完全改写了。"（徐建春、梁光军《王士性论稿》）"如此看来，在明朝末年，中国崛起了两位伟大的地理学家，他们在许多方面都走到了世界的前头，他们对中国乃至世界科学技术的贡献不相上下，而其贡献的具体内容却各有千秋、别具特色。这样，我们就可毫不迟疑地认为，王士性是与李时珍、徐光启、宋应星、徐霞客并列的大科学家，他们对整个中国科技史都具有十分重要的意义。"（徐建春、梁光军《王士性论稿》）

农学与水利方面。元至正年间（1341～1368年），黄河决口。礼部尚书兼令同馆事临海泰不华，疏请在淮河以东入海处设置撩清夫，用辊江龙铁扫，撼荡沙泥，使随潮入海，方案为朝廷采纳。明时，台州知府周志伟重视兴修水利，上奏疏云"农者天下之本，水利兴废，实生民之所休戚者也"，督修境内水利设施多处。临海人郭绲（1445～1519年）任广东顺德知府时，组织流民，教之农作技术，发展农业生产；又整治水毁农田，兴修水利。临海人蔡潮，心存康济，志切忧民。自河南右布政使任上归里后，尤钟桥梁道路和水利建设，造长石桥、锦衣桥，整治大恶滩，疏泉井洋，建邵家渡，移三江埠。嘉靖元年（1522年），台州知府罗侨岁时循行阡陌，课农桑。临海人何宽（1514～1586年）为工部右侍郎时，治理黄河有功，升刑部尚书、吏部尚书。临海人项思教（1528～1585年）知陕西汉中府，修城池，劝农桑，兴水利，筑堤堰数百处，灌田万余亩。相传曾将番薯带回家乡试种，使之成为临海重要的粮食作物。邑人辽阳总兵杨文居乡时，筑椒北河闸，蓄水抗旱。陈函辉补靖江县令，致力水利，疏浚河道，开辟良田，吏部考绩名列第一。清临海洪颐煊，纵横天文地理，著《汉志水道疏证》四卷。引证宏博，考订详尽，入《二十五史补编》。

医学方面也有很多新成就。元代时，邑人王勋"沉潜理义之学，而旁及岐黄之术"（马曙明、任林豪主编《临海墓志集录》

之《元王勋墓志》）。又邑人施敬仲擅切脉。明代时，洪武二年，首设 1 名医学训科员，实施卫生行政管理。邑人王时中则精研灵素，尤明腧穴经络，甚得方孝孺赞许。黄恕于万历间（1573 ～ 1620 年）师事许古泉，弃举子业而精医。称李杲、朱震亨等"金元四家"有复古之功，著《四家会通》八卷。清康熙十一年（1672 年），邑人洪若皋在闽为官，曾派人来临海为其子接种牛痘，开创了临海种痘手术的先例。邑人齐石麟擅医，传其父齐熔得儿科秘方于狱囚，遂以儿科见称。康熙四十七年（1708 年）临海大疫，石麟以秘方制丸，活命者无数。邑人董方肇（1699 ～ 1782 年）以儒通医，尤精眼科，内服、外敷、手术并用，有《眼科心镜》行世。乾隆五十年（1785 年），邑人蒋开文在习武自卫时，学金人医技之术，为群众医治，称"蒋家山正骨"之始祖，接骨技术祖传至今，在临海和整个台州享有盛誉。嘉庆十一年（1806 年），慈溪方庆彩、方庆禄兄弟于临海章安镇（今属椒江）开设方万盛药号。至光绪年间，有方氏药店十六家，雇员百余人，分设于临海、黄岩、温岭等地。这些药店以前店后场的方式，生产膏、丸、丹、散、药酒等传统中成药。其中方氏龟鹿二仙胶享誉沪杭，百补全鹿丸、黑驴皮胶等畅销临海和台州，"方一仁"药店因之闻名遐迩。光绪中，祖辈习医，精通药理的杜桥上丁丁氏也于章安（今属椒江）开设"丁春生"药店。一面施诊，一面卖药，颇得当地人好评。此外，章安（今属椒江）尚开有"同仁春"、"高俊桓"等中药店。另金铭之（1801 ～ 1845 年），又名权，字其箴，临海人。著有《本草正味》，是著名的中医学家。陈协埙著有《治疗心法》和《医学会编》，洪瞻陛著有《仲景医论正解》和《养生录要》等等。

　　军事学方面。明代抗倭名将戚继光在临海和台州抗击倭寇期间写下的《纪效新书》这部军事学术著作，在我国军事学史上具有重要的地位。戚继光（1528 ～ 1587 年），字元敬，又字汝谦、文明，号南塘，晚号孟诸，山东蓬莱人。父景通，历官都指挥，署大宁都司，入为神机坐营，有操行。戚继光幼倜傥负奇气，虽家贫，但好读书，通经史大义。明嘉靖二十四年（1545 年）袭世职登州卫指挥佥事。嘉靖三十三年（1554 年）用荐擢署都指挥佥事，备倭山东。不久，改佥浙江都司，司屯局事。次年充参将，分部宁、绍、台三郡。嘉靖三十六年（1557 年），倭寇犯乐清、瑞安、临海等地，戚继光援救不及，以道阻不罪。嘉靖三十八年（1559 年），在抗倭战斗中取得了临海桃渚、海门，及新河、南湾大捷。遂在台州知府谭纶的支持下，经浙江总督胡宗宪同意，至金华、义乌招募了农民和矿工三千人。回临海后教以击刺法，长短兵迭用，使之成为一支战斗力特强的部队。又以临海和台州多薮泽，不利驰逐，乃因地形制鸳鸯阵法。并建造战船，添置火器、兵械等，由是"戚家军"名闻天下。嘉靖三十九年（1560 年），戚继光改任台、金、严参将，辖水陆兵员 3169 名，大小战船 40 艘，驻守临海海门卫。嘉靖四十年（1561 年），倭寇大掠临海的桃渚、圻头，继袭临海。戚继光率领"戚家军"，运用鸳鸯阵战术和战法，接连歼倭于临海的龙山、花街、常风岭、白水洋等地，取得了抗倭史上著名的辛丑台州大捷。

《纪效新书》成书于嘉靖三十九年至四十一年（1562 年），为戚继光在临海抗倭期间所作。是书正文十八篇，《四库全书总目提要》简称为：束伍、操令、阵令、谕兵、法禁、比较、行营、操练、出征、长兵、牌筅、短兵、射法、拳经、诸器、旌旗、守哨、水兵。前有戚继光《自序》，谓"数年间，予承乏浙江，乃知孙武之法，纲领精微莫加矣。第于下手详细节目，则无一及焉……于是乃集所练士卒条目，自选畎亩民丁，以至号令、战法、行营、武艺、守哨、水战，间择其实用有效者，分别教练先后次第之，各为一卷。以诲诸三军，俾习焉"。又有《纪效或问》一篇，注云"束伍既有成法，信于众则令可申。苟一字之种疑，则百法之是废，故为《或问》以明之"。此书从内容看，其中募兵要求、编伍办法、军法禁约、各种操典、作战号令，以及武器装备、后勤管理、内务条令等，无所不包。可说是军事科学的集大成者。

《纪效新书》中有许许多多技术上的发明创造。如布城诸器中的布城、拒马、蒺藜、牌法、软壁、刚柔牌、衔枚、鬼箭、飘石、夜伏耕戈、木城、各式鸟铳、子母炮、佛朗机、火箭、炮石等，无不自具特色。它如操练营阵旗鼓、长兵短用、短兵长用、拳经，又如《守哨篇》中的墩堠报警号令等，《治水兵篇》中的兵船束伍法等，都具有极强的技术性和科学创造性。它不仅从理论上丰富了古代军事学的内容，而且具有指导抗倭战争的实践意义。时人王世贞序其言称“精者探无间，操无形，若庄生之谈要眇。粗者教技击，按营垒，分水布陆，纤悉条备，若陶朱公之治生。其明赏罚，定章程，刻核断断，若韩非之论难。刺见寇隐，出神入鬼，若季主、君平之前知。余乃作叹曰：戚将军非悻胜者也。以戚将军能，县官诚用之，北赭瀚海，封狼居胥，取万户侯，何足道哉！是宁独东南为？各级将领奉为秘本，凡有兵寄者莫不宗之”。作为一部重要的军事科学技术文献，至今仍是兵家必读之书。

清代的周郇（1850～1882年），曾馆于四明蔡氏墨楼，博览藏书。后研习西学，天文、算数、物理、化学、医药、开矿等无不详究，并潜心机械、火器制造。又翻译西学著作，专心洋务。在苏州时，作《治原策》、《富强策》万余言。还考海防，作《新法炮台议》，甚得提督周廷珪的称许。所著《晷仪记》，以及译述《制造巴德兰水泥理书》、《电学纲目》、《作宝砂轮法》等。

元明清时期，临海现存著名和有特色的古建筑为数不少。

寺庙建筑以元帅殿保存最为完好。元帅殿位于临海古城桂花巷，建造于明弘治二年（1489年），内祀临侯（民间俗称“林元帅”）。整个建筑由院子、大殿、后殿三部分组成，院墙和大门为近年重修。大殿硬山两坡顶，面阔、进深各三间。通面阔13.2

米，其中明间 5.64 米，南北次间各 3.08 米。通进深 14.45 米，台阶高 0.3 米，踏步一步，台明宽 1.4 米，脊檩背至内地坪高 8 米。大出檐，屋面铺望砖，上盖小青瓦，地面石板铺作。梁架为七架梁带前卷棚廊轩后单步，抬梁式构造。殿内共用柱二十根，内柱高 3.97 米，柱底直径 0.39 米，方柱四角圆形，柱头卷杀。内柱柱础高 0.5 米，最大直径位于腹部偏上，上周饰一道勾云纹和一道划纹；檐柱柱础高 0.33 米，最大直径亦腹部偏上，上周饰覆莲纹。梁两端之雀替呈水浪机状，属纯装饰用。前廊轩置三根单步梁，承支卷棚。斗拱为一斗三升，平身科明间二攒，次间用一攒。翘上搁置长方形木块，外拽做成要头形，里转雕成麻叶头状。柱头科用插拱承托檐檩，前檐用斗拱承托撩檐枋，并沿用上昂手法。脊檩用蝴蝶木稳固，采用了明代常见的形制。由于较好地保存了历史原貌，其文物价值更显得珍贵（图92）。

图 92　元帅殿大殿

古城则首推桃渚古城。桃渚古城为明代抗倭遗址，位于临海市以东 50 公里，是明代东南沿海为抗倭而建置的 41 个卫所中至今仅存的所城，是国内目前保存最完好的抗倭古城。桃渚城不仅保存着城墙和城门，还保存着完整的明代街巷琚上道格局，并遗留有许多明清时期的民居及大量文物古迹。桃渚城周长1366米，现存平均3.6米左右，平均宽度5米。有东、南、西三座城门，东门宽2.15米，高2.30米，深3.15米；南门宽2.80米，高2.40米，深3.20米；西门宽2.75米，高2.42米，深3.60米。三座城门均筑有瓮城，且基本完好。城上原有敌台十四座，城墙外围因建台加砌而略似"马面"。现尚存十二座台址，其中原东、西二座敌台系戚继光在此大败倭寇后率众建造的。城北将台山还有戚继光当年在此检阅、操演部队、调兵遣将的大、小将台，其他如衙门校场、主街上错齿相交的巷道等，都是桃渚城抗倭设施体系的组成部分。这种独特的聚落格局，不仅具有军事上的科学价值，同时还有其不可替代的特色。桃渚城的古建筑也有较高的历史文化和艺术价值，一定程度上反映出明、清、民国等历史时期的社会、政治、经济和文化。城内现在还保留着较完整的明清宅院十三座，其他类型的古建筑还有宗祠、庙宇、桥梁、店铺等。虽然有的已有较大的自然和人为的破坏，但仍反映着宗法制农业社会及抗倭军事设施的历史风貌。古建中的大木作，结构特色鲜明，装饰木雕丰富，石漏窗很有特色（图93）。

图93　桃渚城

桃渚城外周围的上堂狮子山、桃渚石柱、杜桥市场山、杜桥竹峙山、上畔老人家山山顶上，还有当年为抵抗倭寇的侵略而设置的十三座烽火台。这些烽火台皆为方形，上敛下宽，均以石块砌筑。其中，上堂狮子山烽火台保存最为完整。台残高 3.30 米，台基部分各面宽 7.30 米，台面宽 6.30 米。

古塔有龙兴寺千佛塔，又名多宝塔，俗称癞头塔。在临海城关龙兴寺内。龙兴寺始建于唐神龙元年（705 年），初名"神龙寺"。神龙二年（706 年），改名"中兴"。景龙三年（709 年），复改名"龙兴"。开元二十六年（738 年），又改名"开元"。寺塔至迟建于天宝三载（744 年），后毁。元大德三年重建，其中二层系杭州灵隐寺僧淳具为追荐其考、妣、翁婆捐资建造。塔为六面七级砖木混砌楼阁式塔，其内中空。残高 28.66 米，勒脚边长 3.66 米，对角径 7.12 米，塔内空径 1.8 米。塔之东面第一层有门，门高 2.1 米，宽 0.66 米，上端稍似拱券形。第一层以上唯菱角牙子叠涩三道，无腰檐与平座。自第二层以上，各面均设一佛龛。转角都作倚柱，塔身满砌佛像砖，总计佛像 1003 尊。佛像砖系模压烧制，为半立体形式。因年代久远，风雨侵蚀，佛像大都已有不同程度的残损。

临海境内桥梁多为拱桥，从《嘉定赤城志》等所记，始建于宋以前者，为临海章安桥，创于汉末晋初，以旧志载晋泰始中（265～274 年），章安令成公绥登桥望江制《灵赋》可证。及后历代无可证者，至宋代具体标明建桥年号的，有数十座。而笼统称宋修、重建的有百余座之多。现遗留下来的桥梁，保存比较完整、建筑艺术高超的尚有：临海的永丰桥和五洞桥。

永丰桥，在临海汛桥镇汛桥村的西口，东西向架于通向灵江的小溪上。俗称汛桥，地亦以桥名。桥始建年不详，明嘉靖中由邑绅蔡潮捐金重建。桥梁结构为半圆形石拱桥，单孔，长 19.8 米，宽 3.85 米，全部以长方形块石砌筑。两旁均有石护栏，每边各置望柱八根，柱头雕刻狮子、莲花等。莲花又有仰、覆、含等状，惜半数已毁。栏板每边七块，每块纹饰不一。南边中心栏板所刻为双狮戏球，北边中心则为三麒麟，其余或饰回纹，或饰缠枝、人物等。桥栏两端有云状抱豉石，中刻卷草纹。中心栏板外壁各刻"永丰桥"三字，上款为"大清乾隆五十九年，"下款为"岁次丙寅桂月，西畚谢……"等字。桥东尚有桥亭一座，方形，两坡顶，每边树八石柱，形式略似路廊（图94）。

图94　永丰桥

五洞桥，在临海大洋街道新桥头村与曹家、山下村之间。桥始建于明景泰间（1450～1456年），现存之桥为清乾隆五十四年（1789年）重建。桥梁结构为拱桥，五孔，故又称五洞桥。桥的南四孔基本大小相似，北一孔较小，拱券全部由长方形块石砌筑而成。桥全长75米，宽4.1米，高4.8米。上设望柱与护栏，望柱共36对，柱头饰猴、莲花等。莲花又分仰莲、覆莲，或刻莲蓬，或作含苞，或深刻，或浅刻，造型丰富生动。护栏栏板大多尚存，北截多刻博古、走兽，南截均为素面，两端各刻一对石象。桥的第三孔两面栏板的外向一面各镌二大字，东为"新桥"，西为"福星"。此孔西面二望柱分别刻有"信士赵明望妻颜氏助钱二千"，"信女徐门张氏须男加斌助钱"等字样（图95）。

图 95　五洞桥

临海牌坊现仅存杨氏节孝坊。杨氏节孝坊在临海杜桥镇山项卢家村东面的村口。牌坊创于清咸丰三年（1853 年），系为旌表卢公妻杨氏而建。坊用青石构成，为仿宫阙式门楼建筑。外表比较光洁，高 7.4 米，总跨度 7.2 米，共四柱，柱径 34～35 厘米。每柱东西两面均护有抱鼓石，石高（中）237、（旁）226 厘米，宽（下）59 厘米，以卷云纹组成图案。两面坊壁间均有题刻，东面刻有"清旌表故贡生卢公倬杨氏节孝之坊"，西面略异，为"皇清已故贡生卢公倬妻杨氏节孝"；上一道刻"圣旨"二字，左右刻职官题名。坊梁间刻有"五蝠护寿、两龙戏珠、三狮玩球"等各种图案，以及白象、麒麟、梅花、牡丹、荷花、菊花和各种人物场面等。纹饰雕刻精细，整体匀称健挺，具有相当高的建筑水平和艺术水平。

临海暖季长，冬季短，又因所处地域、经济的不同，传统民居建筑分为二大部分，一大部分是内地民居建筑，一大部分是沿海民居建筑。

内地民居建筑在平面布局、基本单元、建筑构造、装修与细部处理等方面，都有较高的水平。平面布局主要有六种形式。一是方形平面，即平面外墙大致成一方块形，内部用木板墙分隔成三四个房间，是一种独立式的小型民居。二是长条形平面，此类平面是以开间为单位横向拼联而成。每个开间分前后室或前、中、后三室。前室做起居，中室做室，后室做厨房。三是曲尺型平面，以长条形平面为主体，在一个尽端向前加一两间房屋，形成一个两边长短不同的曲尺型。另两侧配上端镂空的围墙，就形成了一个带窄长天井的封闭住宅。四是三合院，台州的大型民居大都采用这种形式。最典型的是"十三间头"的形式，即正房三间居中，朝南面天井，中央一间为敞厅，厅侧两间为居室。正房东西两翼各有三间面向天井，称为厢房。五是四合院，此种平面布局在台州也较为常见，即房屋围绕天井四面布置成为一个对外封闭的住宅。六是组合形平面，即主要平面形式为三合院，中为一较大院落，沿檐廊向东、西方向又附带二个小天井等。

临海民居的基本单元即"间"，是横向拼联成住宅的基本组合体。房屋开间多为3、5等单数，每间的面阔一般为3～4米，进深有五檩到九檩不等，檩距一般在1～1.5米，房屋的进深多在5米以上，甚至有的超过10米。从沿街建筑更可以清晰地看出"间"的特征，也有较狭窄的"间"，是进入内部住宅的交通要道，又称"弄"。"廊"是房屋前后的联系经络，是临海民居中不可缺少的建筑组成部分。其功能作用主要有三个方面：遮阳、防雨和作为交通联系的半室外生活空间。主要形式有连檐柱廊、双层柱廊、骑马廊和挑檐骑马廊等。三合院或四合院大都围绕庭院设沿廊，是居室的附属空间。

临海内地民居建筑因平面布局与基本单元组合的多样，其构造也因此丰富多变。这尤其体现在沿街建筑上，特别是大的集镇的街面建筑构造，更是富有特色。临海传统街巷两侧沿街民居多为二层，以居住为主，部分地处主要商业街者则为"下店上宅"或"前店后坊"。建筑构造的形式主要有二种：一种是有腰檐建筑，可分二类。一类是以山墙顶部后退而出檐，腰檐受山墙支撑，顶部延伸至楼层窗下。这种情况腰檐相对较长，覆盖底层突出部分，有着屋顶的功能。一类是楼层窗下直接出檐，这种情况腰檐则较短，仅形成檐下宽约 80 厘米的空间，结构上以挑枋、撑拱支撑，并加以艺术处理。一种是无腰檐建筑，亦可分为二类。一类是不出挑的建筑上下持平，端正挺秀，因形体无变化而表面多变化。一类是二层楼层直接出挑或楼层栏杆出挑。

临海民居的装修与细部处理，在于栅枨搭接轻巧爽朗、柱枋构造素洁简练，充分体现出民居建筑宁静、明快的居住生活气息。特别是木雕在民居建筑装饰上的大量使用，丰富了建筑的地方特色。加之广泛采用楼房悬挑结构，使用桐油、清漆防腐，更加突出了临海民居的地方风貌。

门一般常见的是隔扇门。随面阔开间大小可采用四扇、六扇或通开间作成十二扇、十八扇以取得规整肃穆的艺术效果。透雕的门枨使空间隔而不断，里外贯通。

窗常以四扇或六扇隔扇窗作为一樘，也有使用支窗的。窗格图案十分丰富，有简单的平枨、方格眼等，也有较为精美的多中心的构图。同时也有漏明窗的做法。围墙上的窗一般为砖雕或叠瓦漏窗，山墙上的窗则比较精美，窗形有方窗或八角形窗，窗上部加小的披檐，地方特色浓郁。

门楼最常见的为砖雕门楼。有的是独立的，有的则与墙体合为一体。独立的门楼作的较精致，悬山顶，屋脊中心饰以花纹。与墙体合为一体的，门楣处理得十分简洁，仅以薄石板作门框，突出门的外形轮廓，十分清秀挺拔。

墙体无论从材料质感还是形式做法上都有其独特之处。大面积的山墙一般采用大的空斗砖砌就，粗犷朴实。一般墙面涂以白灰，砖的尺寸也相对较小，砌法较为细腻。厢房的山墙常作成高大的马头墙，韵律感十足，是典型的"十三间头"住宅的做法。一般较小的民居山墙大多采用云头、观音兜等做法，还有屋脊升起三瓣花的式样，十分有趣。

结构大都是木构架体系。除个别大宅的檐部处理利用斗拱外，大部分出檐、出挑是利用挑枋、撑拱结构，并加以适当的艺术加工。根据撑拱的圆直趋势，处理成竹节、卷草、灵芝、云卷等自然纹样。柱础是随着木结构体系产生的构造形式，常见的有鼓形、瓜楞、覆盆、覆莲等。一般民居中使用的则有方形、斗形等，较大民居的柱础则饰以各种纹样。

底层设沿廊是临海民居的一大特点。一般住宅前廊不做吊顶，它以檐步内雕饰的月梁、猫儿梁与简朴的檐椽，望砖形成对比效果。廊内多使用卷棚，卷棚在南方又称轩，即在房前出檐的顶上用卷曲的薄板或薄薄的望砖搁在卷曲的椽子上，配以梁枋、柱头、撑拱与雀替，衬托沿廊独有的空间气氛。

临海民居的铺地，主要材料为砖、瓦、石。庭院中采用较大的方石板，整洁细腻。较大的民居有时铺以雕有花纹的青石板，也有用鹅卵石拼出人物、走兽、花草、文字等各种图案，十分珍贵。

沿海民居建筑在外观上呈封闭的性格，厚重的墙上开着大小不等的窗户，门窗位置也较灵活。石雕漏窗是沿海民居的一大特色。它们刻工精细、种类多样、图案匀称流畅，具有浓郁的乡土气息，除了采光通风作用外，还对立面起到别致的装饰作用。沿海民居的外墙围护结构多为砖石，墙基为取自地方的块石。这些石材大小不一、砌法多样、自然朴实。石基之上是精工细造的砖墙。在檐部及山尖有重点装饰，常见的是两道粉钩的细线纹样，一道宽边，然后是薄薄的已然发黑的小青瓦，宽窄相间，黑白相映。也有封火山墙，层层片片，还有曲率很大的曲线收口，顶部端头和中间还常有清致的砖雕。沿海的民居多为木构架作房屋骨架，大木作高瘦，屋脊高，进深大。木装修精细，老檐枋下往往有龙凤呈祥或缠枝牡丹花的浮雕图案。牛腿、雀替等常做成狮、牛、鹿、羊等动物形象，雕刻精湛，栩栩如生。

元明清时期，临海保存的历史文物和考古发现，充分体现了临海蕴藏的极大的文化内涵。

台州府城墙经过历朝不断的修缮，一直发挥着重要的作用。元至正九年（1349 年），台州路总管府达鲁花赤僧住募集钱粮，对捍城进行了重修。入明以后，城墙的维修都是历任知府的治邦安民的重点。嘉靖三十一年（1552 年），因倭患日炽，台州知府马钟英遂大修城池，以防倭寇的进袭。清顺治十五年（1658 年），为阻防郑成功对临海的进击，摄兵备道胡文烨、署台州知府王阶全面整葺城墙。同时，将全城增高三尺，垛口合三为一，并新建大固山敌台。康熙五十一年（1712 年），台州知府张联元又增筑沿江的靖越、兴善、镇宁、朝天四门瓮城。自此，台州府城墙的大规模整治基本成形，一直保留至今。

墓葬方面，已发现并保存基本完好或被盗掘但墓前石刻保存较好的名人墓葬尚有很多。如王庆赐父墓、王庆赐墓、陈璲墓、王宗墓、侯润墓、赵象墓、侯丕墓、冯银和冯沈墓、郭纤墓、侯汾墓、侯缄墓、秦鸣雷墓、邓栋墓、冯学易墓、王士性墓、王士琦墓、侯嘉繙墓等等

王庆赐父墓，在桃渚镇石湖山村石湖山。墓随山而建，虽已下沉，但保存完好。墓前为其子王庆赐题"敕封刑部主事王公之墓"表，有明宣德三年（1428 年）款。

王庆赐墓，在桃渚镇北涧村六份山。墓虽已下沉，但保存完好，墓碑"明刑部郎中王公之墓"移置墓北 6～7 米处。王庆赐（1383～1455 年），初名伶，字希贡，临海人。明永乐九年（1411年）岁，官终刑部郎中，以善书名。

陈璲墓，在古城街道梅浦村，保存基本完好，墓面有陈氏后人近年所刻墓表。陈璲（1385～1466 年），字廷嘉，号逸庵，临

海人。明永乐六年（1408年）解元，殿试列二甲，授翰林庶吉士。历官翰林检讨、广西按察佥事、江西提学副使。著有《逸庵集》、《学庸图解》等行世。

王宗墓，在江南街道高阳村子龙坑。墓东南向，墓面用石块砌成，前竖墓碑。碑高131.5、宽55、厚10厘米，碑座约长155厘米，上正楷直书"明赐进士梧州府知府王公墓"。王宗，原名范宗，后复姓，临海人。明宣德五年（1430年）进士，官至广西梧州知府。

侯润墓，在邵家渡街道下管村侯坟山。墓地下部分保存完好，墓前石刻多毁，尚存石马一对。侯润，字仲玑，临海人。明宣德八年（1433年）进士，历官通政司右参议，知河州。

赵象墓，在江南街道高阳村。墓地已开垦成茶园，尚存"明故中奉大夫湖广按察使赵公神道铭"碑，碑高176、宽85厘米、厚11厘米。碑文37行，每行66字。现藏于旁之真空寺内。此外，还有略残之石人、石马各一。赵象（1399～1467年），字允仪，号持敬，临海人。明正统元年（1436年）进士，终中奉大夫、湖广按察使。

侯丕墓，在邵家渡街道山下坦村佛岩山。墓虽已下沉，但墓室保存完好，墓前还铺有长石条，全长990厘米。侯丕（1402～1474年），字仲谟，号戒庵，临海人。由选贡官至翰林检讨。

冯银和冯沈墓，在涌泉镇涌泉村马里峇山。墓俗称"双进士坟"，虽下沉严重，但保存完好。冯银（1427～1487年），字纯端，号可山，临海人。明天顺元年（1457年）进士，居官刑部员外郎。冯沈（1442～1484年），字荣端，号师松，冯银之弟，临海人。明成化八年（1472年）进士，官宿松知县。

郭纩墓，在东塍镇康二村前山。墓基本保存完整。郭纩（1445～1517年），字仲端，号松崖，又号康功，临海人。明成化十七年（1481年）进士，官至御史、山东右参政。

侯汾墓，在大洋街道三峰村寻皇山。墓基本保存完好，但墓前石刻多毁，仅存石马二只。侯汾，字守一，号一轩，临海人。明弘治中副榜，历官国子博士、鲁府长吏。著有《学吟稿》。

侯缄墓，在古城街道松二村侯家坟山冈。墓室及墓前石刻除石牌坊已倒塌外，均保存完好。侯缄（1488～1546年），字世言，号三峰，临海人。明正德十五年（1520年）进士，历任安徽池州知府、江西按察副使、江西按察使，终福建右布政使。祀乡贤祠，著有《三峰稿》（图96）。

图96　侯缄墓

秦鸣雷墓，在汇溪镇牌前村凤凰山。墓已毁，尚存神道碑及墓前石马一对。秦鸣雷（1523～1598年），字子豫，号华峰，临海人。明嘉靖二十三年（1544年）进士，官至礼部尚书。著有《倚云楼稿》、《谈资》、《清风亭》等。

邓栋墓，在白水洋镇斋坛村前山。墓基本保存完整。邓栋，字澄庵，临海人。明嘉靖二十九年（1550年）进士，累官行人、给事中、太仆寺卿等。著有《澄庵诗集》行世。

冯学易墓，在涌泉镇外峇村葡萄坟。墓前石刻及地面建筑已毁，但墓室保存完好，墓顶垒满石块。冯学易（1541～1614年），字韦卿，号乾所，临海人。以举人官至河南运使。

王士性墓，在白水洋镇水晶坦村。墓已严重下沉，但墓室保存完好，尚见墓面两翼部及三道坟坦。王士性（1547～1598年），字恒叔，号太初，临海人。明万历五年（1577年）进士，官至鸿胪寺卿。著有《五岳游草》、《广志绎》等地理著作，为中国著名的人文地理学家。在地理学上的贡献，与徐霞客相比有过之而无不及（图97）。

图97　王士性墓址

王士琦墓，在括苍镇张家渡村王庄山。墓已掘，墓前石刻保存基本完好，为临海规模最大、雕刻最为精美的墓前石刻。王士琦（1551～1618年），字圭叔，号丰舆，临海人。明万历十一年

图 98　王士琦墓

（1583 年）进士，官至右都副御史。曾援朝抗倭，功勋卓著（图
98）。

侯嘉繙墓，在东塍镇格溪村黄毛山。墓基本保存完好。侯嘉
繙（1695～1746 年），字元经，号夷门，临海人。清雍正十三年
（1735 年）拔贡，一生沉没下僚，仅做过上元主簿、金山丞、江
宁丞等小官。但在诗坛上却声名盛隆，著有《夷门诗抄》，为著
名的诗人。

已毁的名人墓葬亦不少，如侯臣墓、周一清墓、戴乾墓、秦
礼墓、蔡潮墓、戴德孺墓、秦武墓、蔡云程墓、陈光哲墓、何侃
墓、何宽墓、金立敬墓、孙锐墓、王宗沐墓、项复宏墓、王士昌
墓、陈函辉墓、叶绍春墓、蒋懋勋墓、冯甦墓、洪瞻陛墓等等。

侯臣墓，在大田街道双山村。墓已毁，墓址在上西山水库
里。侯臣，字仲勋，临海人。明宣德八年（1433 年）进士，官河
南布政使。

周一清墓，在大洋街道伏龙村水平头。墓于 1973 年建水渠
时被毁，曾出土金戒指、银钗、墓志铭等文物。周一清，字廉
夫，临海人。明景泰五年（1454 年）进士，官至庆远知府兼管庆
远卫事。

戴乾墓，在江南街道长石岭村虎头山脚。墓于解放初期部分

破坏，修建临黄公路时彻底拆毁。戴乾，字原之，号丹崖，临海人。明弘治三年（1490年）进士，官至湖广按察使。

秦礼墓，在江南街道章家溪西山脚。墓为穹隆顶砖室墓，拆毁于1958年。秦礼（1470～1522年），字从节，号樗庵，临海人。明弘治十二年（1499年）进士，官至福建按察司佥事。

蔡潮墓，在小芝镇滩溪村石马坦。墓已毁，仅存墓碑两块。蔡潮（1467～1549年），字巨源，号霞山，临海人。明弘治十八年（1505年）进士，官至河南右布政使。

戴德孺墓，在沿江镇上呑村前山。墓于20世纪50年代被盗，墓址1961年辟为橘园。戴德孺，字子良，号双江，临海人。明弘治十八年进士，有平朱宸濠功。

秦武墓，在大洋街道双桥村村后山呑。墓于"文革"中被毁，仅存墓前放生池。秦武，号帻峰，临海人。明正德十二年（1517年）进士，官至御史。

蔡云程墓，在括苍镇箬溪村。墓毁于"文革"中，曾出土玉带等文物，现仅存石碑四块。蔡云程（1497～1567年），字亨之，号鹤田，蔡潮之子，临海人。明嘉靖八年（1529年）进士，官至刑部尚书。

陈光哲墓，在邵家渡街道溪边村虾钳山。墓于解放初被盗，后毁。陈光哲，字子愚，号潜斋，临海人。明嘉靖十七年（1538年）进士，曾官工部都水员外郎。

何侃墓，在沿江镇水洋村虎头山。墓于土改时被盗，"文革"中拆毁。何侃，字号不详，何宠、何宽之祖，临海人。赠尚书。

何宽墓，在沿江镇水洋村钓鱼岭。墓毁于1966年，曾出土金饰若干，现尚留神道碑一截在官路沟闸头。何宽（1514～1586年），字汝肃，号宜山，临海人。明嘉靖二十九年（1550年）进士，官至刑、吏部尚书。

金立敬墓，在河头镇缸窑村月山。墓毁于1967年，尚存石雕墓面一块、墓碑两块（残）。金立敬（1515～1590年），字存庵，临海人。明嘉靖二十九年进士，官至工部左侍郎。

孙锐墓，在江南街道下浦村黄岩桥。墓于 1958 年台州公路总段建仓库时炸毁。孙锐，字希颖，临海人。明嘉靖二十九年进士，官至江西赣州知府。

王宗沐墓，在汛桥镇峙前村。墓已毁，墓道入口处尚存石狮一个。王宗沐（1523～1591 年），字新甫，号敬所，临海人。明嘉靖二十三年（1544 年）进士，初授刑部主事，历江西按察使、山西右布政使、山东左布政使、右副都御史、南京刑部右侍郎、左侍郎等职，著有《海运详考》、《海运志》、《敬所文集》、《奏议》行世。

项复宏墓，在沿江镇孔化岙村龙退岗。墓于土改时拆毁。项复宏，字任寰，临海人。明万历八年（1580 年）进士，历官员外郎，著有《栖云楼稿》。

王士昌墓，在江南街道紫沙岙。墓于大跃进时被毁。王士昌（1559～1624 年），字永叔，号斗溟，临海人。明万历十四年（1586 年）进士，官至都察院右佥都御史。

陈函辉墓，在江南街道云峰山。墓于"文革"中被掘，出土有碧玉如意、玉牌、玉马、印章、砚台等文物。陈函辉，字木叔，号寒山，临海人。明崇祯七年（1634 年）进士，曾辅鲁王抗清，兵败自缢死（图99）。

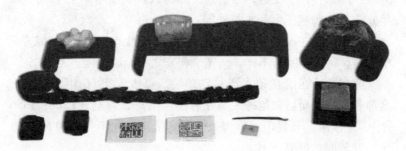

图 99　陈函辉墓出土的玉冠、玉牛、玉卧马、玉如意和银印等

　　叶绍春墓，在沿江镇下洋峃村。墓于"文革"中被毁，规模尚可辨识。叶绍春，字体仁，号蓉斋，临海人。清康熙年间（1662～1722年）温州、台湾等镇总兵，终浙江提督。

　　蒋懋勋墓，在沿江镇下洋峃村凤凰山。墓于20世纪40年代被盗，"文革"中拆毁。蒋懋勋，字君化，号云岩，临海人。清康熙中以参加肃清三藩之变及克复台湾有功，官至温州镇总兵。

　　冯甦墓，在涌泉镇横山前村黄狗窠。墓于解放前被盗，20世纪60年代拆毁。冯甦（1628～1692年），字孟成，号再来，临海人。清顺治十五年（1658年）进士，历官广东巡抚，终刑部左侍郎。

　　洪瞻陛墓，在大洋街道羊姆坦村。墓于1958年大炼钢铁时被毁。洪瞻陛（？～1854年），字雨艻，临海人。清道光六年（1826年）优贡生，道光二十年（1840年）举顺天乡试，由官学教习补四川双流知县，护理龙安知府。著有《存我堂诗集》十六卷、《医论正解》六十卷、《台州形胜考》一卷等。

　　此外，这一时期的墓葬在境内各地都有发现，出土了大量的墓志、圹志、墓表和厝记。元代有：桃渚镇北涧南山嘴头出土的《王勋墓志》、白水洋镇杨峃前园出土的《陈孚圹志》（图100）、江南街道白岩峃出土的《董文彪圹志》、括苍镇旺人墩老婆峃出土的《杨同翁墓志铭》、古城街道山宫晒网山出土的《赵琬妻李氏权厝记》、江南街道峰山头出土的《张公留圹志》等。明代有：大田街道双山出土的《钱茂律妻卢桂墓志》、栅浦东曹（今属椒江）出土的《曹升妻应氏墓志铭》、栅浦富强（今属椒江）出土的《苏允熙墓志》、江南街道小溪出土的《王球墓志》、古城街道山宫后山出土的《吴通墓志铭》、尤溪镇叶峃出土的《□斌墓志铭》、江南街道童家山出土的《谢焌墓志铭》、永丰镇八叠发现的《陈选墓表》、赤山严屿（今属椒江）出土的《李模墓志铭》、大田街道双山出土的《侯溪墓志铭》、大田街道柞溪头出土的《侯序墓志铭》、古城街道龙潭峃出土的《侯黔墓志铭》、古城街道松

图100 陈孚圹志

山出土的《侯壑墓志铭》、汛桥镇出土的《王训墓志铭》、古城街道车门桥出土的《吴珏墓志铭》、大洋街道三峰出土的《李顺妻罗翠玉墓志铭》、古城街道梅浦出土的《陈德孺墓志铭》、古城街道梅浦将军山出土的《陈绒墓志铭》、古城街道梅浦出土的《陈承宗妻侯氏墓志铭》、古城街道许墅出土的《应石氏墓志》、古城街道松山出土的《应明德墓志铭》、古城街道松山出土的《潘藩墓志铭》、江南街道出土的《孙铿墓志铭》、沿江镇苍头出土的《陈基妻蒋氏圹志》、古城街道后山出土的《刘祚墓志铭》和《刘祚妻李德芳墓志铭》、古城街道后岭下出土的《陈经墓志铭》和《陈经妻王氏墓志铭》、江南街道出土的《蔡松龄墓志铭》、沿江镇下洋岙出土的《蔡椿龄墓志铭》、古城街道后山出土的《张鈇墓志铭》、汛桥镇庄后洋出土的《郑信墓志铭》、不明出土地的《李岱墓志铭》、江南街道章家溪出土的《章世之生圹记》、河头镇百步出土的《梁一崖（号）墓志》、沿江镇上岙出土的《戴希亮墓志铭》和《戴希亮妻王巽墓志铭》、江南街道小溪出土的《张志淑墓志铭》、古城街道龙潭岙出土的《罗南川（号）暨妻郑氏合葬墓志铭》、沿江镇出土的《何宽妻俞氏墓志铭》、大田街道塘里出土的《何舜岳残志》、河头镇缸窑月亮山出土的《金立敬妻陈氏墓志》、不明出土地的《金锡宸妻陈氏厝志》、括苍镇旺人墩出土的《王胤东墓志铭》、古城街道龙潭岙出土的《王豪墓志铭》、古城街道山宫晒网山出土的《李果墓表》（图101）、古城街道车门桥出土的《项思教墓志铭》、汛桥镇杨梅周岙出土的《潘应化墓志铭》、汛桥镇长石岭出土的《潘汝宁暨妻王氏合葬墓志铭》、古城街道后岭下出土的《李楠墓志铭》、东塍镇康谷出土的《李昉墓志铭》、汛桥镇澜界桥出土的《蒋彦暨妻孙氏合葬墓志铭》等。清代则有汛桥镇施岙出土的《王守治墓志铭》等。

　　传世文物还是以金书铁券为最著。南宋德祐二年（1276年），元兵破临海，藏于钱氏处的铁券不知所踪。元至顺二年（1331年），有渔者网得于黄岩县南泽库（今温岭市北）之深水中。渔

图101　李果墓表

者始以为金质，以斧劈一角，知其为铁质而弃之，为官渭别墅之邻居村学究所得。有人报于钱氏子孙，钱氏宗孙钱世珪以十斛谷买回其父所失之"金书铁券"。金书铁券在和鱼虾为伍五十六年后，终于重见天日回到临海钱氏手中。明洪武二年，明太祖为了封功臣，对他们"赐以铁券，以申河山带砺之誓"，而谈起铁券式样。学士危素奏闻临海钱氏藏有"金书铁券"，钱世珪之子钱尚德接圣旨后，即由临海进呈御览。朱元璋与阁臣李善长等观赏后，命礼部镂木为式，以备制作。而仍将铁券交还钱尚德，带回临海以世代宝藏。清凌扬藻《蠡勺编·铁券》曾专门记载了此事："台州民钱允一（即钱尚德），有家藏吴越钱王镠唐赐铁券。洪武初，太祖欲封功臣，遣使取其式而损益之。"明黄岩陶宗仪《辍耕录·钱武肃铁券》也有"吾乡钱叔琛氏赟，乃武肃王之诸孙也……尝出示所藏铁券，形宛如瓦，高尺余，阔二尺许，券词黄金商嵌"的记载。明成祖朱棣也曾御览过"金书铁券"。永乐十五年（1417年），朱棣遣行人曹闰来到临海，欲取铁券进京。钱氏乃公推钱仕复奉券入京，永乐帝观后仍命钱仕复送还临海，妥善保存。清代，乾隆皇帝不但御览铁券，还亲题《观铁券歌》以赐临海钱氏。歌云："表忠观永祀钱塘，铁券却在台州藏。久闻其名未睹物，秋卿同族今呈将。铸铁如瓦勒金字，乾宁岁月犹存唐。皇帝若曰咨尔镠，董昌僭伪为昏狂。披攘凶渠定江表，祓清羸泰保余杭。用锡金版永延祚，克保福贵荣宠长。恕卿九死子三死，承我信誓钦毋忘。徒观剥蚀字漫漶，铁犹如此人何方。龙门致诮带砺誓，赵宋转眼为新王。俊杰识时有弗较，善存桑梓功斯良。其时铁券固不出，南迁后出方遭艻。作歌装匣付珍弄，所

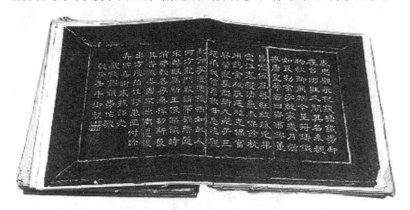

图 102　乾隆御题《观铁券歌》拓本

嘉谢表搞谦光"。（图 102）此后，铁券转藏临海白石山下里外钱（今大田岭外村）钱文川家。钱氏子孙专门造了三间"铁券楼"，由族人轮流守护。晚清书法大家何绍基也曾到过临海，观铁券后，留下了珍贵的墨宝。铁券现作为"国宝"，珍藏于中国历史博物馆。此外，原与"金书铁券"同藏临海的钱氏珍宝还有二王手卷。今分成两半，首部藏浙江省博物馆，内容是两代钱王钱镠和钱弘俶先后颁给崇吴院僧匡嗣牒的批扎（图 103）。下半部于1998 年 4 月 24 日在纽约嘉士德拍卖会上为某华裔所得，内容是钱弘俶给叔候的一封表示问候的信函（图 104）。这一部分经历宋、元、明、清数朝诸多人如朱熹等之手，不断观赏题跋，不断装裱加长，总计竟有四十三位名家之多，其中钱尚德的一段题跋，交代了钱王手卷分离的来龙去脉："（洪武）元年九月二十八日大兵

图103 现藏浙江省博物馆的钱王批扎

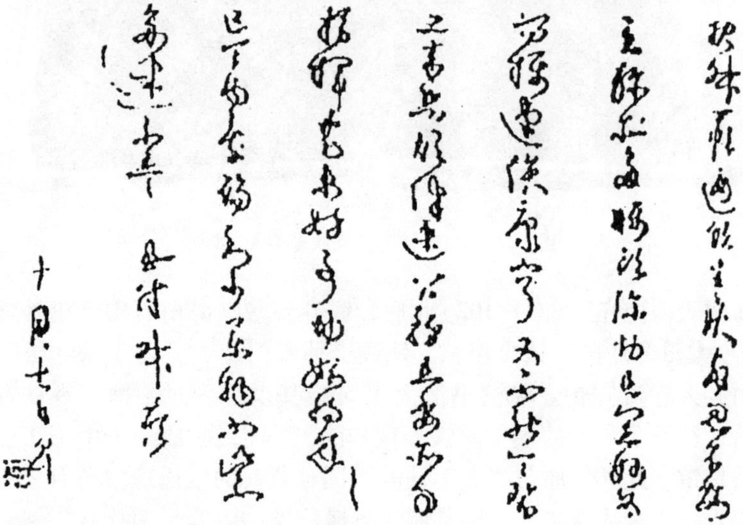

图104 钱王信函

入台城（临海）……镠二王手泽得之于营寨中，首尾皆扯毁"
（清《临海钱氏宗谱》）。所幸的是，二王手卷虽分藏两处，但毕
竟还是保存了下来。

出土文物数量不少，主要有括苍镇张家渡明王士琦墓出土的

百余件文物。江南街道峙山明王烈夫妇合葬墓出土的铜鼎一只、铜釜一只、铜镜一面、锅形金质釜一只、砚台二方、图章四颗，另有青花碗二口、玉器和玛瑙各一件等。江南街道下岙明余明墓出土的金戒指三只、嵌宝石金钗二支、金银簪二支、帽花和首饰四件、大小铜镜各一面、宝石二十一颗、其他随葬品二十三件，以及墓志二方。江南街道云峰明陈函辉墓出土的银质空心印章二颗、玉砚一方，以及碧玉如意、玉牧童卧牛、玉卧马、玉佩、银耳挖等。台州医院基建工地出土的清大银元宝一只、银锞八只、银锭三锭、粉红色嵌宝石铜带扣二件，以及杂银若干和铜元、铜钱等。小芝镇岙胡出土的清金耳环二只、金戒指一只、银元二枚、银饰十四片，以及玉镯、玉佩、带钩等十八件。邵家渡街道出土的西班牙双柱银元三百零二枚。沿江镇长甸出土的西班牙双柱银元十一枚等等。其中以王士琦墓出土的文物最为珍贵。

王士琦墓共出土随葬器物107件，经国家文物局玉器杂项鉴定组杨伯达、朱家溍、许勇翔、李久芳等专家鉴定，其中束发金冠、人形管装金扒耳、金带板一副等22件文物为国家一级文物。

束发金冠1件：纵9.5厘米，横7.1厘米，高6.1厘米，重3两5钱2分，成色85%。金冠由金丝编网状构成，左右两边饰云纹金丝，后有金丝盘成"福"、"寿"二字，前后左右有四孔。整个金冠设计合理，制作精致，器物完整。

人形管装金扒耳1件：金链通长22厘米；人高6.9厘米，腰宽1.6厘米；耳扒长4.7厘米，直径1.6厘米；牙签长4.7厘米，直径0.9厘米；塞子长1.8厘米，直径1.5厘米。整件器物重33.28克。人形管作妇女状，妇女身着右衽长衫，下着裙子，盘髻插簪，手捧连叶寿桃。妇女内空，金链挂牙签和耳挖，链从妇女头顶穿过，一头有小圆环，一头连寿桃形塞。一拉头顶金链，耳挖等就钻入人体腹内，寿桃形塞塞住脚端。器物完整。用途：挖耳、剔牙。牙签、耳挖不用时藏在人体腹内，不会弄脏，也不易被人察觉，构思非常巧妙。而制作之精美，工艺之高超，令人叹为观止。

金带板一副 20 件，分为长方形、桃形、长条形、铊尾形四种形状，其中铊尾形 2 件，长方形 8 件，桃形 6 件，长形 4 件，总重量为 665.98 克。

（1）铊尾形金带板 1 件：圭形，长 12.9 厘米，宽 5.3 厘米，成色 80%，重 70.05 克。四周有边框。左右二条长形边框和下面一条短形边框饰有联珠纹，上面一条短形边框未饰联珠纹。板中饰獬豸纹样，图像横 6.4 厘米，纵 4 厘米，呈浅浮雕状，独角，昂首，张嘴，露齿，瞪目，身上有毛，前腿站立，后腿弯曲，露出五爪，作蹲踞状，身体两侧绕以火焰形云纹。头如龙而非龙，尾如麒麟而非麒麟。威风凛凛，神态庄严。

（2）铊尾形金带板 1 件：圭形，长 12.9 厘米，宽 5.5 厘米，成色 80%，重 65.72 克。四周有边框。左右二条长形边框和下面一条短形边框饰有联珠纹，上面一条短形边框未饰联珠纹。板中饰獬豸纹样，图像横 6.1 厘米，纵 4.4 厘米。图像与上述一件獬豸图像方向相反，套在革带上，正好头对头，尾对尾，形成一对。这件文物，可惜獬豸后左脚左侧向联珠框成倾斜性凹陷，尾顶呈一条长形凹陷，已有破损。

（3）长方形金带板 1 件：长 7.8 厘米，宽 5.3 厘米，成色 92%，重 38.47 克。板中饰獬豸纹样，图像横 5.3 厘米，纵 4.2 厘米。四周有边框。上下二条长形边框饰有联珠纹，左右二条短形边框未饰联珠纹。使用时带板通过框边上的小孔钉缀在官服大带上。此金带板一角已裂。

（4）长方形金带板 1 件：长 7.7 厘米，宽 5.3 厘米，成色 92%，重 40.98 克。四周有边框。上下二条长形边框饰联珠纹，左右二条短形边框未饰联珠纹。板中饰獬豸纹样，图像横 5.2 厘米，纵 4.1 厘米。完整。

（5）长方形金带板 1 件：长 7.7 厘米，宽 5.5 厘米，成色 92%，重 36.83 克。四周有边框。上下二条长形边框饰有联珠纹，左右二条短形边框未饰联珠纹。板中饰獬豸纹样，图像横 5.1 厘米，纵 4.3 厘米。完整。

（6）长方形金带板 1 件：长 7.5 厘米，宽 5.4 厘米，成色 92%，重 39.15 克。四周有边框。上下二条长形边框饰有联珠纹，上下二条短形边框未饰联珠纹。板中饰獬豸纹样，图像横 5.4 厘米，纵 4.1 厘米。完整。

（7）长方形金带板 1 件：长 7.4 厘米，宽 5.4 厘米，成色 92%，重 38.42 克。四周有边框。上下二条长形边框饰有联珠纹，左右二条短形边框未饰联珠纹。板中饰獬豸纹样，图像横 5.1 厘米，纵 4.1 厘米。完整。

（8）长方形金带板 1 件：长 7.4 厘米，宽 5.4 厘米，成色 92%，重 40.43 克。四周有边框。上下二条长形边框饰有联珠纹，左右二条短形边框未饰联珠纹。板中饰獬豸纹样，图像横 5.1 厘米，纵 4.2 厘米。边框一角断裂，一角稍裂。

（9）长方形金带板 1 件：长 7.3 厘米，宽 5.7 厘米，成色 92%，重 37.51 克。四周有边框。上下二条长形边框饰有联珠纹，左右二条短形边框未饰联珠纹。板中饰獬豸纹样，图像横 5.3 厘米，纵 4 厘米。完整。

（10）长方形金带板 1 件：长 7.3 厘米，宽 5.5 厘米，成色 92%，重 41.81 克。四周有边框。上下二条长形边框饰有联珠纹，左右二条短形边框未饰联珠纹。板中饰獬豸纹样，图像横 5.2 厘米，纵 4.1 厘米。完整。

（11）桃形金带板 1 件：长 5.7 厘米，宽 5.3 厘米，成色 77%，重 27.18 克。四周有边框，边框均饰联珠纹。板中饰獬豸纹样，图像横 3.6 厘米，纵 3.7 厘米。完整。

（12）桃形金带板 1 件：长 5.7 厘米，最宽处 5.3 厘米，成色 77%，重 25.81 克。四周有边框，边框均饰联珠纹。板中饰獬豸纹样，图像横 3.8 厘米，纵 3.7 厘米。完整。

（13）桃形金带板 1 件：长 5.7 厘米，最宽处 5.3 厘米，成色77%，重26.84克。四周有边框，边框均饰联珠纹。板中饰獬豸纹样，图像横3.7厘米，纵3.8厘米。完整。

（14）桃形金带板1件：长5.5厘米，最宽处5.1厘米，成色77%，重24.23克。四周有边框，边框均饰联珠纹。板中饰獬豸纹样，图像横3.8厘米，纵4厘米。完整。

（15）桃形金带板1件：长5.6厘米，最宽处5.3厘米，成色77%，重27.83克。四周有边框，边框均饰联珠纹。板中饰獬豸纹样，图像横4.1厘米，纵4.1厘米。完整。

（16）桃形金带板1件：长5.6厘米，最宽处5.1厘米，成色77%，重27.58克。四周有边框，边框均饰联珠纹。板中饰獬豸纹样，图像横3.9厘米，纵3.9厘米。完整。

（17）长条形金带板1件：服饰史称小辅，长5.4厘米，宽2.7厘米，成色92%，重19.05克。四周有边框。上下二条短形边框和左边的一条长形边框饰有联珠纹，右边的一条长形边框未饰联珠纹。板中饰灵芝纹样，图像横1.7厘米，纵4.1厘米。完整。

（18）长条形金带板1件：长5.4厘米，宽2.6厘米，成色92%，重19.97克。四周有边框。上下二条短形边框和左边的一条长形边框饰有联珠纹，右边的一条长形边框未饰联珠纹。板中饰灵芝纹样，图像横1.7厘米，纵4.2厘米。

（19）长条形金带板1件：长5.4厘米，宽2.7厘米，成色92%，重18.97克。四周有边框。上下两条短形边框和右边的一条长形边框饰有联珠纹，左边的一条长形边框未饰联珠纹。板中饰灵芝纹样，图像横1.6厘米，纵4.1厘米。完整。

（20）长条形金带板1件：长5.4厘米，宽2.6厘米，成色92%，重19.97克。四周有边框。上下两条短形边框和左边的一条长形边框饰有联珠纹，右边的一条长形边框未饰联珠纹。板中饰灵芝纹样，图像横1.6厘米，纵4.2厘米。完整。

此外，出土的文物尚有金戒指1件：金质，重5.09克，完整。金戒指1件：金质，重5.07克，完整。金戒指1件：金质，重11.59克，完整。金戒指1件：金质，重4.6克，完整。金蜻蜓1件：金质，完整。金签1根：金质，完整。金船1件：金质，完整。金簪1件：金质，失二小珠饰。金饰1件：金质，缺宝石。金饰1件：金质，完整。玉叟金梅饰1件：金质，失一珠饰。玉叟金竹叶饰1件：金质，失一珠饰。玉包金梅花饰1件：金质，珍珠饰均失。金包玉花瓣1件：金质，失宝石。包玉金花瓣1件：金质，完整。红宝石芯金花朵饰1件：金质，完整。红宝石芯金花朵饰1件：金质，完整。金蝶凤饰1件：金质，完整。金雀石榴树饰1件：金质，完整。嵌红宝石金饰1件：金质，完整。嵌宝石金花1件：金质，完整。玉叟翁金线1件：质地玉、金，仅存1颗宝石。嵌玉片金箱式带钩1件：金质，完整。嵌宝石金首饰1件：金质，仅存1颗宝石。嵌宝石镶珍珠首饰1件：金质，小珍珠存2颗，宝石全无。嵌白宝石金首饰1件：金质，宝石存三颗。嵌宝石金凤簪1件：金质，失宝石。嵌宝石金凤簪1件：金质，失宝石。嵌宝石金凤簪1件：金质，失宝石。嵌宝石金凤簪1件：金质，失宝石。玉叟金鹿梅鹤饰品1件：金质，完整。玉叟金梅饰品1件：金质，失1珠饰。玉叟金梅饰1件：金质，失1珠饰。玉叟金桃饰1件：金质，失1珠饰。玉叟金桃饰1件：金质，失1珠饰。玉叟金竹叶饰1件：金质，失1珠饰。金簪1件：金质，完整。"接引升天"金圆板1件：金质，完整。金元宝2片：金质，完整。金元宝1片：金质，完整。轮形金饰1件：金质，完整。金花5件：金质，完整。金饰2件：金质，完整。齿状金饰1件：金质，完整。人头形饰1件：金质，完整。金珠饰2件：金质，完整。金花1件：金质，完整。金树1件：金质，完整。金钗1件：金质，完整。金花篮2件：金质，完整。金船2件：金质，完整。银盒1件：盖瘪一角。福寿银盒1件。银小方盒1件。银墨盒1件。银小圆盒1件。银匙1件。银桃1件。镀金小银狮1件。银麒麟2件：其中1件残破。银饰5件。银簪

3 件，其中 2 件残破。银药勺 1 件，残破。镀金银麒麟 1 件，残破。嵌宝石银花 1 件，银质，缺若干宝石。青花小方瓷盒 1 件（内贮小玉饰数件），残破。管装金扒耳 1 件，金质，完整。玛瑙虬龙佩，完整。唐海马葡萄铜镜：破断。

第二章　全国重点文物保护单位

台州府城墙

台州府城坐落在临海市老城区，亦即临海城。临海是国家级历史文化名城。它位于浙江省中部，自从汉昭帝始元二年立县以来，都是六朝时的临海郡、隋时的临海镇、唐宋时的台州、元时的台州路、明清时的台州府的首县，历史内涵丰富，文化积淀深厚（图105）。

台州府城墙始建于何时，史书与方志均无确切的说法，唯宋

图105　台州府城墙

陈耆卿《嘉定赤城志·叙山》中载:"大固山,一名龙顾山,在(临海)州西北三百步。高八十丈,周回五里。按旧经,晋隆安末,孙恩为寇,刺史辛景于此凿堑守之,恩不能犯,遂以大固、小固名山。《壁记序》云:'隋平陈,并临海镇于大固山,以千人护其城。'则得名旧矣"。新版《辞海》和《辞源》"临海"条也如此说,《辞海》说:"旧城相传为辛景抵御孙恩所筑"。《辞源》认为:"东晋时郡守辛景于临海大固山筑子城以拒孙恩。"就临海的历史而言,东晋时,此地已有临海郡、临海县的行政区划。很显然,当时临海郡守辛景于大固山营建防御工事,以抗拒孙恩起义军是极为重要的。也就是说,东晋元兴元年(402年)辛景在大固山上的军事防卫工程为后来的台州府城奠定了基础,台州府城墙的雏形就在那时形成的。

隋代和唐代初期,为防止江南豪强地主的反抗和稳定军阀割据所遗留下来的混乱局面,临海城仍作为沿海的一座军事重镇来建设。隋代已是如《壁记序》所说:"……以千人护其城。"唐代则规模进一步扩大,有相传"唐尉迟敬德所造"(民国《台州府志》)及明王士性《广志绎》"唐武德年间刺史杜伏威所迁,李淳风所择"的记载。更有唐诗人许浑《陪郑使君泛舟晚归》诗"南郭望归处,郡楼高抱簾。平桥低皂盖,曲岸转丹襜"的印证。可见,当时的临海城已是非常的伟观。北宋太平兴国三年(978年),五代吴越归宋,钱氏拆毁临海城,"隳其城示不设备,所存惟缭墙"(宋陈耆卿《嘉定赤城志》)。由于临海城同时担负着军事防御和保障城内人民生活的需要,大中祥符中(1008~1016年)官府仍按旧基予以重建。此后历代屡有修筑,至清康熙五十一年(1712年),台州知府张联元筑沿江靖越、兴善、镇宁、朝天四门瓮城。此时的城墙,墙高6~7米,底宽8~9米,顶宽4米。在宋元明清约七百年间,历经数十次修筑增补,基本上形成了台州府城墙现存的形制与规模。

台州府城大体上呈四方形,城墙东南西三面平地而建,北面蜿蜒跨建于大固山山脊。东面城墙"……自小鉴湖，循清心岭而南，萦抱旧放生池，直接城山岭古通越门土地庙处"（宋陈耆卿《嘉定赤城志》），长约二千余米。南面城墙始自今灵江大桥以东，由巾山南麓沿江而上至镇宁门；西面城墙由镇宁门折而北上至朝天门；两面城墙约长二千五百米。北面城墙则自朝天门沿大固山北上蜿蜒至山之东端，长约二千三百米。宋时曾对城墙作过实测，王象祖《重修子城记》的记载是"大城东、西、南三面为丈二千四百有奇，州后北山城为丈九百有奇"（宋陈耆卿《嘉定赤城志》）。这与旧称城墙"周回一十八里，长二千四百九丈，高一丈八尺，阔一丈二尺"基本上相吻合。民国初年也曾对城墙作过测量，周回长度为"二千一百三十丈"（项士元《景藜阁日记》）。今实测为6000余米，四面城墙除东面城墙于1956年被拆外，其余基本保存完好（图106）。

台州府城墙自北宋大中祥符年间重建以后，又陆续增筑重修。庆历五年（1045年）六月，因遭强台风和大海潮的袭击，城墙多处被冲毁。关于这次城墙毁坏所造成的损失，当时临海县从事苏梦龄的《台州新城记》是这样记载的："坏郛郭，杀人数千，官寺民舍，仓帑财积，一朝扫地，化为涂泥"（宋陈耆卿《嘉定赤城志》）。朝廷据浙东提举田瑜上奏得知后，下诏重新修筑。于是"乃命太常博士彭思永摄州事"（宋陈耆卿《嘉定赤城志》），由临海县令李勾、从事苏梦龄负责西南隅；临海县尉刘初、决曹魏中负责东北隅；黄岩县令范仲温、从事赵充负责西北隅；宁海县令吴庶几、从事褚理负责东南隅；仙居县令徐纠、狱掾宗惟居中；顷台州一州之力全力营造。"诸大夫各祗所职，役徒忘劳，三旬而成。"（宋元绛《台州杂记》）庆历六年（1046年），元绛以屯田员外郎知台州，因新城而增甃砖石，并作镇宁、兴善、丰泰、括苍、崇和、靖越、朝天七门及子城的顺正、延庆等二门。这也是台州府城始筑以来，首次成为砖砌之城。元绛自己所撰之《台州杂记》即记述了此事："购材募工，砻石累甓，环周表里，

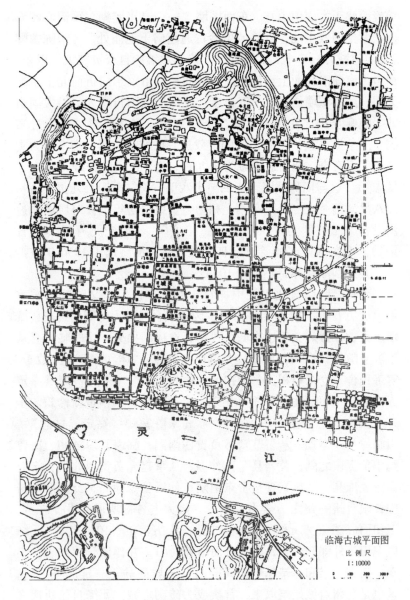

图 106 台州府城墙平面图

外内九门，饰之楼观，绌木于门……"至和元年（1054年），大水又离城头数尺，知州孙砺再加增筑。熙宁四年（1071年），知州钱暄又"增治城堞，垒石为台，并作堤扞之"（清冯甦《题钱氏历代画像图》）。同时将东面城墙"……徙而之西，缩入里余"（宋陈耆卿《嘉定赤城志》）。钱暄的周密规划、精心设计和重筑扩建，使临海城的规模自是固定了下来。南宋淳熙二年（1175年），知州赵汝愚因"乾道九年（1173年），里旅不戒于火，延及郡城，堵颓甓弛"（宋吕祖谦《修城记》），而对城墙作大规模修缮。除"埤增卑薄，涂塞空却"（宋吕祖谦《修城记》）外，重建毁坏严重的镇宁、兴善、丰泰和括苍四门，并对朝天、崇和、靖越、顺正、延庆等五门进行了整修。大修工程"起淳熙二年六月癸酉，讫闰九月戊辰"，共"积工凡一万五千三百七十有六"，所用材瓦石甓等，计钱"积二十一万七千九百"贯，米"合四千六百"（宋吕祖谦《修城记》）石。淳熙三年（1176年），城墙又遭洪水侵袭，知州尤袤"极力提出护"，并鸠工修复。"城全，邦人歌之"（宋陈耆卿《嘉定赤城志》）。绍定二年（1229年），台风和暴雨致使洪水"袭朝天门，大翻括苍门以入，杂决崇和门侧城而出，平地高丈有七尺，死人踰二万"（宋王象祖《浙东提举叶侯生祠记》）。次年，浙东提举叶棠至临海，督促台州州府对城墙进行大修。这次大修的结果是堵塞了丰泰门和括苍门，并在城内辅以高台，城墙增高二尺，加厚三尺，"三分其城，新筑者一，补筑者一，馀环而高厚甓壁之如一也。蠹然伟观，可并边城"（宋王象祖《浙东提举叶侯生祠记》）。又"为长堤一千四百丈以扞城足"。同时"撒椿于江，深踰二丈，累石于椿，结成三叠，复以扞堤。以牛练土，以水试渗，万杵同力，百材共良，门关如铁，雉堞可砺"（宋王象祖《重修子城记》）。元至正九年（1349年），台州路总管府达鲁花赤僧住，又对沿江扞城进行了修筑。有周润祖《重修扞城江岸记》记述此事。此后三百余年间，连年补筑修缮，工程从未断。清顺治十五年（1658

年），一因城池壅芜，二防郑成功来攻。摄兵备道胡文烨、署台州知府王阶乃奉檄葺修，"垛口增高三尺，并三为一，规制巍壮，屹然改观，称金汤焉"（民国《台州府志》）。康熙五十一年，台州知府张联元再筑镇宁、兴善、靖越、朝天四门翁城。至此，临海城墙进一步臻于完善，规制得以保留至今。康熙以后的历朝，虽又历经了多达七次的修葺，但诸门城楼却最终遭到了毁灭。

　　台州府城除子城二门外，原有古城门七道，东面一，西南二面六。分别为东崇和门、东南靖越门；南兴善门、镇宁门，西南丰泰门，西括苍门、朝天门。各门之上原都有城楼，其中崇和门城楼名"惠风"，靖越门城楼名"靖越"，兴善门城楼曰"超然"，镇宁门城楼曰"神秀"，丰泰门城楼谓"霞标"，括苍门城楼谓"集仙"，朝天门城楼称"兴公"。七门中，西南面的丰泰门和括苍门因防洪的需要早已被堵塞。而东面的崇和门，则在 20 世纪 50 年代被拆，同时被拆的还有城门外的吊桥。崇和门也是七门中唯一使用吊桥的城门。其他的靖越、兴善、镇宁、朝天四门，及清康熙五十一年增筑的瓮城，基本上保存完好。

　　靖越门，位于台州府城的东南隅，门随墙而辟，南向。外再筑重门，形成瓮城。城门门墙由台基和砖墙组成，台基下部采用条石块砌，上部用青砖错缝平砌。台基底部长 22.2 米，宽 12.32 米；台面长 20.3 米，宽 9.9 米。门洞为拱券形，通高 4 米，宽 3.6 米，进深同台基宽度。洞口内凹，内洞口内凹 1.25 米、宽 4.4 米、高 4.97 米，上端以三道横线和二道菱角牙子叠涩出跳。外洞口内凹 1.33 米，宽度和高度与内洞口相同，上端仅饰以一道菱角牙子。门内两侧部分外扩，内延 2.2 米、扩 0.4 米，高至于城墙顶部。形成了一个长 3.34 米、宽 2.2 米的长方形天洞。瓮城呈半圆形，东西直径 47.05 米，南北半径 25.64 米。门朝西开，门洞亦为拱券形，但内外高低不同、大小也不一。内高 4.6 米、宽 3.8 米、深 3.8 米，外高 2.54 米、宽 3 米、深 2.47 米，门即做在两者之间。中国的瓮城制度起于汉代，台州府城何时始筑瓮

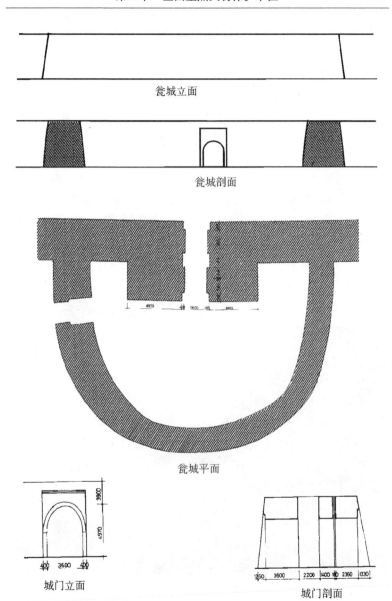

瓮城立面

瓮城剖面

瓮城平面

城门立面

城门剖面

图 107　靖越门（瓮城）平立剖面图

城，无从查证，只知清康熙五十一年筑四门瓮城为临海之始（图107）。

　　兴善门，俗称"南门"，位于巾子山麓，城门南向。现存门墙高度6.9米，结构与靖越门基本相同。台基底部长23.4米，宽13.71米；台面长20.8米，宽12米。门洞通高3.73米，宽4.02米，进深同台基宽度。内洞口内凹0.8米，宽5米，高5米；外洞口内凹0.65米，宽度和高度与内洞口相同，上端均以二道横线和一道菱角牙子出跳。门做在距内洞口3.95米处，内延2.55米，扩深0.49米。顶上天洞东西长5.1米，南北宽2.65米。瓮城亦呈半圆形，东西直径42.5米，南北半径23.1米。东西各开一重门，结构相同。但其中东门的形制已于20世纪50年代时有所改变，而西门则保持原状。门洞亦为拱券形，通高3.16米，宽2.5米，深5.41米。门做在距外洞口1.95米处，内侧做法与城门类似，内延1.86米、扩深0.35米，并在拱券之上再起拱

图108　兴善门

1.54 米，无天洞（图 108）。

镇宁门，俗称"小南门"，在兴善门之西，门南向。结构同前二门，现存门墙高 7.21 米。台基底部长 25.5 米，宽 13.21 米；台面长 22.6 米，宽 10.45 米。门洞通高 4.6 米，宽 3.9 米，进深同台基宽度。内洞口内凹 0.93 米、宽 4.9 米、高 6.38 米，上端券顶上 0.35 米处置券形带一条。带上以三道横线和二道菱角牙子叠涩出跳，带下作有夔龙纹及云纹。外洞口内凹 1.03 米，宽度和高度与内洞口相同。城门设在洞内距内洞口 6.12 米处。门内两侧内延 2.46 米、外扩 0.5 米，顶上天洞东西长 4.34 米、南北宽 2.44 米。瓮城的形状与前两门瓮城略有不同，在半圆形与方形之间。东西直径为 31.2 米，南北半径 16.2 米，城内并加筑了三道护城，空间面积明显比靖越门瓮城和兴善门瓮城少了许多。重门东南各一，东门东向，设在瓮城东面紧靠南面的折角处。南门南开，置于南面紧靠西面的折角处，并与里门相错。门洞结构同靖越门重门，内高 3.89 米、宽 3.2 米、深 1.92 米；外高 3.14 米、宽 2.35 米、深 2.39 米（图 109）。

朝天门，俗称"西门"，在大固山之南侧，门西向。结构同前三门，现存门墙高 7.23 米。台基底部长 23 米，宽 13.82 米；台面长 20.06 米，宽 11.65 米。门洞通高 4.7 米，宽 4 米，进深同台基宽度。内洞口内凹 1.22 米、宽 5 米、高 5.95 米，上端以四道横线和二道菱角牙子叠涩出跳。外洞口内凹 1.3 米，宽度和高度与内洞口相同。城门设在洞内距外洞口 7.31 米处。门内两侧内延 2.45 米、外扩 0.45 米，顶上天洞南北长 4.6 米、东西宽 2.44 米。瓮城半圆形略带方折，横径 18.16 米，半径 27.3 米。重门亦各一，南门南向，但已堵塞。北门北向，拱券形，结构同靖越、镇宁诸重门。内高 4.36 米、宽 3 米、深 4.3 米，外洞口于清中后期时曾做修理，顶上置宽 0.95 米的横条石一块，故通高从 3.33 米减至 2.67 米；宽为 2.4 米、深 2.03 米（图 110）。

台州府城除保留有四座城门外，尚保存"马面"六个。所谓

图 109　镇宁门

　　"马面",是指城墙中向外突出的附着墩台,因为它形体修长,如同马的脸面,故名。"马面"之设,既增强了城墙墙体的牢固性,又在城池的军事防御中得以消除战场上的死角,因此作用巨大。

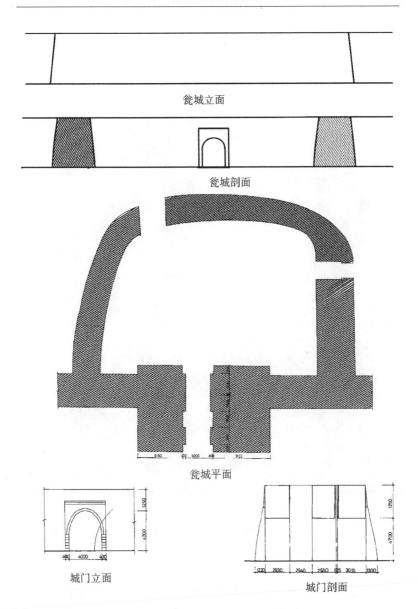

瓮城立面

瓮城剖面

瓮城平面

城门立面

城门剖面

图 110　朝天门（瓮城）平立剖面图

图 111　半方半弧形马面

台州府城墙上的"马面"，因东面城墙已毁，原有的数目已不得
而知。而保存下来的"马面"都在镇宁门以西至朝天门一带，由
于这些"马面"把靠江上游方向的一面做成斜面或弧面，其中二
个甚至把临江一面与江上游一面相合而成一个弧面。因此，就与
一般古城上传统的"马面"有了明显的不同。从镇宁门方向往西
延伸，以城门上部西端至"马面"正中计。第一个"马面"在镇
宁门西面 153.75 米处，"马面"外凸 6.16 米，外端面宽 4.2 米，
内宽 7.5 米，江上游一面呈弧形（图 111）。第二个"马面"与

图 112　半斜半方形马面

第一个相距 223.5 米，外凸 6.4 米，外端面宽 6.6 米，内宽 9 米，江上游一面为斜面。第三个"马面"与第二个相距 178.15 米，"马面"外凸 4.6 米，内宽 3.4 米，外端与江上游不分面而合呈弧形。第四个"马面"与第三个相距 56.3 米，"马面"外凸 4.4 米，内宽 5.2 米，外端与江上游亦成弧形。第五个"马面"与第四个相距 74.8 米，"马面"外凸 6.1 米，外端面宽 4.4 米，内宽 6.4 米，江上游一面呈斜面。第六个"马面"与第五个相距 101.68 米，形制更为独特。其内宽 7.6 米，外凸江下游方向 8.2 米、上游方向 6.45 米。外端反成斜面，宽 6.7 米。这样，出现了或许世界上都是唯一的两个斜面的"马面"。六个"马面"的独特形制，注定了台州府城墙的特殊性，即具有军事和防洪的双重

图 113　江南八达岭

功能。这是其他古城尤其是北方古城所没有的，"可称得上是一个伟大的创造，全国罕见"（罗哲文《历史文化名城临海·序》）（图 112）。

　　台州府城墙于 1997 年 8 月 29 日，被浙江省人民政府公布为第四批省级文物保护单位。2001 年 6 月 25 日，又被国务院公布为第五批全国重点文物保护单位。近年来经过不断的修缮，已成为国内外许许多多游人向往的胜地，被誉为"江南八达岭"（图113）。

桃渚城

　　桃渚城是明代两浙沿海建置的51个卫所中的"桃渚千户所"，也是一座著名的抗倭古城，更是我国海防史上一个比较完整的史迹，现为"全国重点文物保护单位"（图114）。

　　桃渚城坐落在浙江省临海市东南41公里的后所山山麓，位于台州湾和三门湾之间的东海之滨，四面枕山，一面临海。它的城垣东北面蜿蜒于后所山，前对石柱岩，后倚将台山，东邻狮子

图114　桃渚城

山，西望伏虎山。往东北与椒江的海门（明代的临海海门卫）互为犄角；往北与三门的健跳（明代的健跳千户所）互为犄角；往西与临海（明代的台州卫）互为犄角。"东即桃渚港，东北十里有昌埠港、昌埠岭，南有肯埠岭，北有白莲岭，东有安圣寺，诸处皆为冲要"（民国《台州府志》）。近处海域遍布岛屿与礁石，地形复杂，易守难攻，是一个军事战略位置十分显著的国防要塞，为兵家必争之地。

桃渚城始筑于明洪武二十年（1387 年），是为防御倭寇的入侵而建。此前的洪武三年（1370 年），活动在朝鲜和我国沿海的日本海盗集团——倭寇突然登陆福建祥芝的蚶江，开始对东南沿海地区进行骚扰。由于倭寇的不断侵入，沿海居民的安全受到了严重的威胁。为了保护人民的生命财产不受侵害，明太祖朱元璋遂于洪武十七年（1384 年）"命信国公汤和巡视海上，筑山东、江南北、浙东西沿海诸城"（《明史》卷九一）。汤和就此事请教于熟悉海上事务的方国珍从子方鸣谦，方鸣谦认为："倭海上来，则海上御之耳。请量地远近，置卫所，陆聚步兵，水具战舰，则倭不得入，入亦不得傅岸。近海民四丁籍一以为军，戍守之，可无烦客兵也"（《明史》卷一二六）。汤和至浙江后，"选丁壮三万五千人筑之，尽发州县钱及籍罪人赀给役"（《明史》卷一二六）。洪武二十年，"汤和还，凡筑宁海、临山等五十九城"（《明史》卷三）。桃渚城就是此时所筑成的五十九城中的一城，隶属于临海的海门卫。《明史》卷四四说："……桃渚千户所，洪武二十年九月置。"《明实录》亦谓："洪武二十年……九月，筑台州健跳、桃渚土城，各置千户所以防倭。"但当时的桃渚城并不是现在的桃渚城，当时所筑的桃渚城坐落在距今桃渚城东南方向 10.56 公里的上盘镇新城村旧城山，距海岸仅 1 公里许。该城"三面滨海，东临圣塘门，接轻盈山，南襟海涂，北扼桃渚港"（民国《临海县志》），百姓称之为"下旧城"。永乐七年（1409 年）九月，"浙江卫所五，飓风骤雨，坏城漂流房舍"（《明史》

卷二九）。从地形上看，这里所说的"浙江卫所五"，桃渚城当是其中之一。因过于近海，既不利于防守，又濒遭台风海潮的袭击。桃渚城随后进行了迁移，内迁至今桃渚镇中城村，即所谓的"中旧城"。桃渚城的这次迁移，具体时间不详，估计是在永乐二十二年（1424 年）。永乐二十二年，朝廷"诏天下都司卫所修治城池"（《明史》卷八），此时应当是桃渚城内迁的最好时机。内迁后的桃渚城，虽然离海岸远了许多，但由于每逢涨潮，城之四周仍为海水所围，安全还是得不到保证。正统四年（1439 年）五月，大股倭寇进犯桃渚，初为浙江佥事陶成所败。陶成"密布钉板海沙中。倭至，舣舟跃上，钉洞足背。倭畏之，远去"（《明史》卷一六五）。但倭寇毕竟人多势众，桃渚城最终还是被攻陷，致使"官庾民舍，焚劫一空"（明佚名《嘉靖东南平倭通录》附录《国朝典汇》），造成"城野萧条，过者陨涕"（明佚名《嘉靖东南平倭通录》附录《国朝典汇》）的悲惨局面。正统七年（1442 年），朝廷遣户部侍郎焦宏、监察御史高峻备倭浙江。他们认为桃渚城"在临邑海崖之巅，势甚孤危，适足以饵寇，且潮汐冲激，弗克宁居"（明黄淮《介庵集》卷九《桃渚千户所迁城记》）。因而主张再次迁城，"乃集藩宪及都司臣僚，佥议内徙十里许，地曰芙蓉，规划既定，召匠抡材，乃筑乃构，聿底于成"（明黄淮《介庵集》卷九《桃渚千户所迁城记》）。这次的迁建至第二年结束，也是桃渚城的最后一次内迁，成为了初具现在规模的桃渚城的雏形。嘉靖二十六年（1547 年）十二月，倭寇进犯"宁、台二郡，大肆杀掠"，致"二郡将吏并获罪"（《明史》卷三二二），而桃渚城则经受住了考验。嘉靖三十四年（1555 年），谭纶出任台州知府。同年七月，戚继光调任浙江都指挥使司佥书，司理屯田。次年，以足智干练升都司参将，镇守宁波、绍兴、台州三府，并在谭纶的节制下，屡次领兵救援台州。嘉靖三十八年（1559 年），倭寇再次入侵，桃渚"被围七昼夜，城几岌岌，时千户翟铨膺是城守，羽书告急"（明何宠《桃渚新建敌台碑记》)。戚继光自宁波"统大兵压境长驱，以破巢穴，城赖以全，活者数万"（明何宠《桃渚新建敌台碑记》)。歼灭入侵的倭寇后，戚继光于桃渚"补弊救偏，兴革利弊，立体统，树勤职，谨斥堠，练士卒，坠者修，废者举，增城浚濠，靡不周悉"（明何宠《桃渚新建敌台碑记》)。后又以桃渚城"东西一角为薮泽，蔽塞不通"（明何宠《桃渚新建敌台碑记》)，因而用官府空基易价作为费用，建敌台二所。使桃渚城"城上有台，台上有楼，高下深广，相地宜以曲全，悬瞭城外，纤悉莫隐藏"（明何宠《桃渚新建敌台碑记》)。嘉靖四十三年（1564 年）秋季，卫指挥柳应时又以督造官的身份对桃渚城进行了大规模的修缮，并"以功世袭（桃渚千户所）千户"（清乾隆《柳氏宗谱·鹤乔先生自序》)。此后，历经多次的修葺与增补，直至 20 世纪 50 年代大跃进时期，桃渚城的软墙和垛口全部被拆，形成了现在的形制和规模。

桃渚城的平面基本上呈方形，城池前有护城河，西南二面为一片旷野。根据《台州府志》和《临海县志》的记载，"城高二丈一尺，周围二里七十步"。今实测，城周长 1366 米；其中东城墙 431 米，南城墙 350 米，西城墙 285 米，北城墙 300 米。城的平均高度一般在 4.6 米左右，平均宽度 5 米左右，城基宽 10 米。城上原建有敌台十四个，敌台的城墙外壁均做成"马面"。现尚存十二个，具体分布为东面城墙三个、南面城墙二个、西面城墙二个、北面城墙一个以及四角各一个。桃渚城有城门三道，东、南、西各一。东城门偏南而设，距南城墙 98 米，北城墙 331 米。门呈拱券形，高 2.3 米、宽 2.15 米、深 3.15 米。南城门偏东而设，距东城墙 127 米，西城墙 221 米。城门也是拱券形，高 2.4 米、宽 2.8 米、深 3.2 米。西城门与东城门相似，亦偏南而设，距南城墙 93 米，北城墙 190 米。城门还是拱券形，高 2.42 米、宽 2.75 米、深 3.6 米。三道城门外都有一道重门，以半圆形的围合空间构成里门之外的又一道防线，即谓之"瓮城"。东瓮城的重门为竖长形，南向，高2.44、宽1.75米。瓮城空间东西14.2米，南北21.8米。南瓮城重门的结构同东瓮城重门，东向，高2.6米、宽2米。瓮城空间东西23米，南北11.6米。西瓮城的重门结构和朝向均同东瓮城，高2.6、宽2.27米。瓮城空间东西13.15米，南北21.4米。可惜的是西瓮城在20世纪50年代大跃进时，为方便交通而被拆开了一道宽3.6米的口子。桃渚城瓮城的筑造，一是战时为守城将士提供同倭寇迂回的绝好条件；二是借此以"避煞"；三是足以遮避郊外的风尘；作用非常巨大（图115）。

今日的桃渚城仍保存着明代的摩崖题刻和明清历朝所修建的

图115　桃渚城平面图

寺庙庵堂以及古建民居和古迹数十处。其中题刻为明代所刻的"眺远"、"镇海"大字摩崖和《桃城新建敌台碑记》石碑；寺庙庵堂有明代始建的敬奉海神妈祖娘娘的"天妃宫"，也有"关帝庙"和清代所建的"观音堂"；古建民居有鼓楼、鹤峤书院，以及柳氏古宅、郎家里古宅、郎德丰古宅；古迹则有佛号柱等等。

"眺远"、"镇海"大字摩崖位于城内后所山上。"眺远"刻在山之东北角的巨岩上，二字直排，字径分别为 118×138.5、168×109 厘米，左为"明楚将军胡海题"款，右有"民国廿九年（1940 年）五月吉旦桃渚区长敖翔重刻"款（图 116）。题字的楚将军胡海生平不详，估计即明弘治时的浙江按察使司金事胡海。"镇海"摩崖则刻在山之中段半山腰的崖壁上，二字亦直排，

图 116　"眺远"摩崖

字径分别为117×115、114×111厘米，原题款已无法辨别，仅见"民国廿九年五月吉旦桃渚区长敖翔重刻"款（图117）。据《台州府志·金石考》及桃渚《柳氏宗谱》，可知原款为"崇祯元年（1628年）四月望吉古越鲍大谋题"。鲍大谋史志无载，生平亦不详。《桃城新建敌台碑记》石碑原立于西城墙与北城墙的转角

图117　"镇海"摩崖

处，现竖在后所山上，并建有碑亭加以保护。石碑由碑和碑座组成，其中碑高 160 厘米、宽 82.5 厘米、厚 11.5 厘米，四周饰以缠枝纹；碑座高 40 厘米，上端宽同石碑、下端宽 88 厘米、厚 37 厘米；碑面文字共 18 行，满行 34 字。碑文为嘉靖四十年（1561 年）邑人何宠所撰，虽碑面已漫漶无辨，但桃渚《柳氏宗谱》和《郎氏宗谱》均录有原文。

天妃宫位于后所山山腰的高阜处，始建于明正统中（1436～1449 年），为祭祀天后和保佑出海渔民而建。历代屡有兴废，现尚有庙宇三间。相传天后林默娘为莆田湄州人，系唐末都巡检林愿之六世孙女，生于北宋建隆元年三月廿三日。默娘自幼聪明好学、勇敢善良，能预知气象变化，有驱邪治病和泅水航海的本领。也经常给邻近乡民施诊、施药和出海救助遇难的渔船。后羽化成仙，白日飞升，民间称之"龙女"、"神仙"，历代尊其为航海保护神。明成祖曾敕封为"护国庇民妙灵昭应宏仁普济天妃"，清康熙帝又敕封为"护国庇民妙灵昭应宏仁普济天后"，神号"天上圣母"，俗称"妈祖娘"。

关帝庙在桃渚城内，始建于明成化三年（1467 年）。后为火灾所毁，清代重建。现存大殿三间，内供关公神像。房屋坐北朝南，柱础呈鼓形，柱头饰有斗拱，雕梁画栋，尚留有明式建筑的痕迹。关公庙巷口两边原竖有二根"无极大帝"旗杆。关公本名关羽，字云长，出生于公元 160 年，卒于公元 219 年。关公在近六十年的一生中，策马横刀，驰骋疆场，征战群雄，辅佐刘备完成鼎立三分大业，谱写出一曲令人感慨万端的人生壮歌。关羽那充满英雄传奇的一生，被后人推举为"忠"、"信"、"义"、"勇"集于一身的道德楷模，并成了中国封建社会后期上至帝王将相，下至士农工商广泛顶礼膜拜的神圣偶像。"县县有文庙，村村有武庙"。这是在中国封建社会后期，社会各界普遍祭拜孔子和关公的真实反映。据有关资料记载，在宋元明清社会中，对"武圣"关公崇拜的虔诚和普及，甚至超过了被人们盛赞为"千古一圣"的孔子。早在明代，王世贞就惊呼："故前将军汉寿亭侯关公祠庙遍天下，祠庙几与学宫、浮屠等"。而清代的赵翼，则更加惊叹道"今且南极岭表，北极寒垣，凡儿童妇女，无不震其（关公）威灵者。香火之盛，将与天地同不朽"（图118）。

鼓楼位于城内主街道与通连衙门和南门主巷道的交叉点，是古代预报敌情的场所，始建于明朝万历年间（1573～1620年）。楼由三间二层楼房组成，明间主楼巍峨高峨，楼下为过道，左右扶以翼楼，酷似展翅飞翔的金翅大鹏鸟。主楼今存，由于年代久远，原楼之飞檐翘角和雕梁画栋已不复见。观音堂坐落在城内后所山南麓，处于苍松翠柏和古樟修竹的怀抱之中，环境极为幽绝。庵堂由三间大殿，南北二间翼楼和南北三间二层厢房组成，始建于清乾隆中（1736～1795年）。整座建筑坐东朝西，造型古朴典雅。殿堂内陈设的各种佛像雕工精湛，栩栩如生。今遗迹尚存，惜大殿已毁，北翼楼和北厢房被改建成民居。

鹤峤书院在城内后所山东麓，因所在山坡隆起似峤，且常有鹤于此栖息，故名鹤峤。书院始建于清乾隆十五年（1750年），正当临海"两庠退学案"余波未尽之时，意义很大。嘉庆二十五年（1820年）失之于火，里人郎正斋重建。咸丰十一年（1861年）又毁，同治中里人郎继虞再次重建。光绪三十年（1904年），辛亥志士杨镇毅出任书院山长，培养了不少的革命学生。现代著名教育家林迪生年少时就读于书院，曾在这一带从事过地下革命工作。今书院虽已废圮，但遗址尚存，仍可见古枫侵空、翠柏森森之静谧清幽景象，只是不闻当年朗朗的读书之声。

柳氏古宅建于明朝末年，为柳氏第五代后裔所造。清同治中，其第十二代后裔柳子翰曾考取了"武举"，风光一时。现存古宅占地1800平方米，为一座完整的四合院。台门三进，大台门中开，分上下二层，设有外障屏风，内有堂号，北、西建有屋套。台门两旁原竖有二根顶部设星斗的旗杆，今已毁。东、西各开台门，东台门上方原悬挂有"武魁"二字匾额。宅内柱子均呈

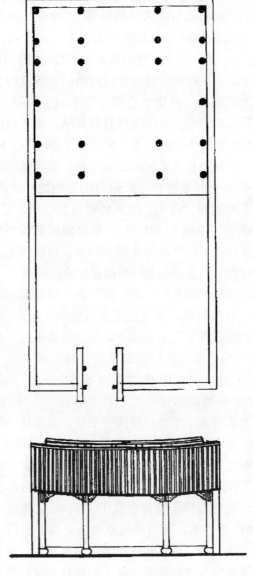

图 118　关帝庙平面图

图 119　郎家里古宅

鼓形，柱头装饰斗拱；梁枋、窗棂、廊柱上的木雕，形态逼真；
屋檐、照墙的砖雕，技法细腻；墙上的石漏窗，古朴大方；天井
地面的石板，图案别致。无论是从建筑构造，还是木作雕刻上
看，都留有明代的遗风。

郎家里古宅建于清道光年间，为郎氏第八代后裔郎昌滁所

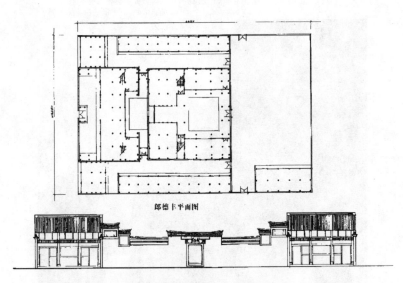

图 120　郎德丰古宅后门墙立面图

造。古宅为一座完整的四合院，占地面积 2500 平方米。有二进
台门，东、西、北均建有屋套。房屋宽敞高大，前庭开阔。大台
门为临街二层楼房，门上饰以四根门簪，距大门 2 米处设内障屏
风；小台门上则建有过街楼。整个院子建筑飞檐翘角、雕梁画
栋，显得古朴庄重。建筑构件上，窗棂、梁枋的木雕，手法细腻
灵活；柱头的如鹿回头、飞龙、走狮、麒麟等高浮雕，则更为淳
朴洗练。石漏窗和照墙屋檐的砖雕技法多样，有线刻、浅浮雕、
高浮雕、半圆雕、圆雕等等。此外，在偏门的槛石两旁都设有门
枕石，既牢固方便，又雅致气魄（图 119）。

　　郎德丰古宅始建于清光绪中，为郎氏第九代后裔郎子恒所
建。宅院亦为四合院形式，占地面积 3200 平方米，规模宏大。
共有楼房 30 间，平屋 22 间，屋套环绕东、西、北，呈 "U" 形。
临街照墙高大壮观，给人一种古朴庄重的感觉。大门中开，院内
东厢房与抒翼楼房契合，回廊与天井道地相通。特别值得一提的
是它的如人物、鸟兽、花草、鱼虫等木构件和各式镂空石窗花，

图 121　桃渚城古街

造型优美，线条流畅，图案富于变化，赋予了古建筑一种全新的生命（图120）。

佛号柱在城内后所山山腰，传为元末明初所立。柱由柱体、顶端石块等组成，柱体高280、边宽20厘米；柱顶端石块高15、边宽45厘米。柱体四边分别刻有"南无本师释迦牟尼佛"、"南无大方广佛华严经"、"南无大乘妙法莲华经"、"南无华严会上佛菩萨"等四佛号。此柱应为寺院庵堂大殿前的佛号柱，不知何故徙立于此。亦有人认为，此柱为石柱天灯，它暮时点燃，彻夜通明，专为商贾、渔民航海定向之用。

此外，桃渚城还完整地保存着明代的街巷古道格局。主街道宽3米，东西走向，连接东西两城门，并与连接南城门和原左营衙门、校场的南北向主巷交叉（图121）。主街以北还有一条与主街平行的次街，依傍由西向东穿城而过的化龙渠。以主街道为干，有10余条古巷与之垂直相向，分别为主街以北七条，主街

图 122　桃渚城古巷

以南四条（图 122）。又有一条古道环绕东南西城内侧，与城北依山势而建的蹬步道连接成为城内的环路。这些道路构成了层次分明，有中心、有边界的街巷网。

第三章　浙江省文物保护单位

谭纶画像碑和戚继光表功碑

谭纶画像碑和戚继光表功碑，在临海市博物馆石刻碑林"小瀛洲"碑亭中。此二碑原立于临海东门外谭公祠，1952年1月10日移立于东岳庙。1953年9月27日又移往东湖樵云阁。1964年移入"小瀛洲"。1963年3月11日，被公布为浙江省文物保护单位。

谭纶（1520－1577年），字子理，号二华，江西宜黄人。明朝杰出的军事家，抗倭名将，民族英雄。其自幼思维敏锐，智力过人，特别爱读《曹刿论战》等兵书。明嘉二十三年（1544年）得中进士，初除南京礼部主事，历职方郎中。嘉靖二十七年（1548年），带领五百将士击退兵临南京城下的一股倭贼。从此，以"沉毅知兵"名于朝。嘉靖二十九年（1550年），浙江倭患猖獗，谭纶受命台州知府，他星夜驰赴，自募乡兵千人，并"立束伍法，自裨将以下节节相制。分数既明，进止齐一，未久即成精锐"（《明史》卷二二二）。嘉靖三十一年（1552年），倭寇进犯临海栅浦，谭纶率军三战三捷，军威大振。此后，谭纶与戚继光、俞大猷等联合进击，转战台州沿海，屡战皆捷，至嘉靖四十年，浙江倭患悉平。后又历任福建、陕西、四川巡抚，继而以兵部侍郎兼金都御史，总督两广、蓟辽。曾与戚继光一同训练军队，整饬边防，亲自镇守居庸关至山海关一带，修筑边墙 2000 余里，增筑炮台 3000 座，造战车 700 乘、佛郎机（火炮）5000 架。因功升兵部尚书。谭纶历事三朝，主持兵事三十年，"积首功二万一千五百"（《明史》卷二二二）。不仅骁勇善战，威震沙场，更能知人善任，因才授事，抗倭戍边屡建奇功，赢得了将士们的衷心爱戴。与戚继光共事齐名，号称"谭戚"。卒赠太子太保、谥襄敏。著有《谭襄敏公奏议》、《睹物寓武》等。

　　谭纶画像碑高 218 厘米、宽 108 厘米、厚 13 厘米，为明嘉靖三十九年（1560 年）三月临海知县黄诰、耆民杨景威等所立。碑自上而下可分三个部分，第一部分为碑端，中间篆额"前郡太守谭公画像"。第二部分为题赞，总计 142 字，简述了谭纶"有大功于东南，民思其德，……因谋公像于堂，人人得以摩归户祝之"的前因后果。第三部分为谭纶坐像和侍者，画面采用白描阴刻的手法，谭纶头戴乌纱帽，身穿官服而居中端坐。左右二侍者，左年老的持剑，右年轻的捧印。琢工精细而有条不紊，人像眉目清晰，姿态各异，衣褶线条流畅，实为古碑刻中的精品（图123）。

　　戚继光表功碑，全称《大参戎南塘戚公表功记》。碑高 220 厘米、宽 94 厘米、厚 9 厘米，系明嘉靖四十三年（1564 年）九月临海人嘉靖三十二年（1553 年）进士何宠、嘉靖二十九年进士包应鳞等 55 人所立。碑由时任广西左布政使的临海王宗沐篆额，嘉靖二十三年状元临海秦鸣雷撰文，嘉靖三十五年（1556 年）传胪陈锡书丹。此碑碑额"大参戎南塘戚公表功记"垂直 5 行，行 2 字并列。正文 21 行，满行 82 字，其中第 6 行因抬头加 2 字，第 9 行、18 行、19 行均因抬头加 1 字。第 20 行与 21 行之间为立碑名款，自上而下分 6 组排列。碑文生动地叙述了戚继光于嘉靖三十四年（1555 年）和嘉靖四十年（1561 年）在浙东沿海一带两次较大规模抗击倭寇的战斗经过，歌颂了戚继光"心在国家，

图 123　谭纶画像碑

而身先士卒；勇不畏难，而谋善料敌"的丰功伟绩（图124）。

　　戚继光（1528～1588年），初字文明、汝谦，又字元敬，号南塘，晚号孟诸，山东登州（今蓬莱）人。为明朝抗倭名将，民族英雄，军事家。其出身将门，自幼喜读兵书，17岁袭父职任登州卫指挥佥事。嘉靖二十八年（1549年）十月中武举，嘉靖三十二年实授都指挥佥事，领山东登州、文登、即墨三营24卫所兵马，抗击入侵山东沿海的倭寇。嘉靖三十四年七月调任浙江都指挥使司佥事，司理屯田。次年，以足智干练升都司参将，镇守宁波、绍兴、台州三府。在龙山（今属宁波）、缙云、桐岭与倭寇三战三捷。实战中，察知明军作战能力较低，难以抗倭，多次上书请求训练新军。嘉靖三十八年（1559年）三月，在浙江按察使司副使谭纶的节制下，领兵救援台州。五月，歼灭入侵临海桃渚的倭寇。九月，往义乌招募农民、矿工4000名（一说3000名），按年龄和身材配发兵器，编组训练。嘉靖三十九年，针对明军兵器装备种类繁多、沿海地形多沮泽、倭寇小股分散的特点，创立攻防兼宜的"鸳鸯阵"，以12人为1队，长短兵器选用，刺卫兼顾，因敌因地变换阵形，屡败倭寇。利用作战训练间隙，撰成《纪效新书》，阐述选兵、编伍、操练、出征等理论和方法，并以此训练戚家军，使戚家军闻名于世。改任台州、金华、严州（今建德东）三府参将后，整顿卫所武备，督造战船，严守海防。嘉靖四十年，倭寇万余、船数百艘蜂拥至浙东象山、宁海、桃渚、临海诸地，戚继光确立"大创尽歼"的灭倭战策，集中水陆军先至宁海，而后依次剿除，九战皆捷，擒斩倭寇1400余人，焚死、溺死倭寇4000余人，称"台州大捷"，使浙江倭患基本解除。后奉调援闽，连破倭寇巢穴横屿、牛田、兴化，闽境倭寇主力被消灭殆尽。因功升署都督佥事。嘉靖四十二年（1563年）再援福建，破倭寇巢穴平海卫（今莆田东南），进官都督同知，升福建总兵。此后转战闽粤沿海各地，终于解除东南沿海倭患。隆庆二年（1568年），明廷特召戚继光总理蓟州、昌平、保定三镇练兵

图 124　戚继光表功碑

事，总兵官以下悉受节制。16 年间他整饬防务，加强战备，修筑长城上的敌台，设立武学，训练将士，编成一支车、骑、步三者皆备的精锐部队，使防御巩固，京师（今北京）安全。后被排挤，南调镇守广东。再后被诬陷夺职。戚继光戎马一生，抗倭战功卓著。注重练兵，尤善育将，严明军纪，赏罚分明。抗倭作战中，创立攻守兼备的鸳鸯阵，灵活巧妙地打击倭寇。镇守蓟州，修城筑堡，分路设防，有力地抵御蒙古骑兵。所撰有《止止堂集》、《纪效新书》、《练兵实纪》等传世，其中《纪效新书》、《练兵实纪》为明代著名兵书，受到兵家重视（图 125）。

图 125　戚继光塑像

附一：明谭纶画像碑碑记

（额篆）前郡太守谭公画像

公讳纶，江西宜黄县』人也。嘉靖三十五年』守台，升海道副使，有』大功于东南。民思其』德，相与祠公城东之』隅。咸谓公方在浙，未』可立碑记恩；又以公』之名实，后当有史氏』书之，亦何俟于吾台』人也。顾祠在一隅，或』以不便于瞻礼，因谋』公像于堂，人人得』以摩归户祝之。噫，山』可颓兮而石可湮。公』像在兹，永慰吾人，直』道斯民，弥久弥新』！嘉靖三十九年（1560 年）三』月之吉勒于堂壁。

（下款）临海县知县黄诰，合郡耆民杨景威，吕赞，彭瑜，郑咸，□□□□。

附二：大参戎南塘戚公表功记

赐进士及第通议大夫礼部左侍郎前两京国子祭酒翰林侍读学士左春坊左谕德专管诰敕临海秦鸣雷撰文。

赐进士出身中奉大夫广西布政司左布政使前奉敕提督江广两

省学政刑部侍郎临海王宗沐篆额

　　赐进士出身承直郎礼部主客清吏司主事提督四夷会同馆临海陈锡书丹

　　明兴，地大化，而台郡滨海，尤称清晏。顷缘圣天子以礼乐为治，一时有司百吏承奉德意，喷华播沫，藻绘声句，以饰太平。以故武库之甲尘弥蠹蚀，固有名列将帅，而终身未尝临阵者。治极蠹生，备疏患起。而海上日本诸夷因缘窥伺，挟导吞饵；盖自壬子岁墩徼』失警，十余年间口东南日染腥膻，而台之祸尤博矣。』当宁以东南财赋，恃为口廪，岂得令偏视之徙蟠结咀溺其间，梗塞大化，乃更官命将，分据要（按：此处似脱"津"字），而当事不兢，势散谋败，数载糜成。时南塘戚公方将北边，』廷议咸推之，遂膺浙东参戎之命以行。公至，弥节吾郡。先按海上形势，多间谍，严号令，广询谋，与士卒草蔬野处，每遇贼至，奋不顾身，必欲剪此后食。贼虽云集。屡相戒避其锋。盖自是人始知贼犹人，非真若虎豹然不』可响迩。浸有斗志；贼亦自是稍；稍顾忌，逆气狂谋。渐以亏朒，可诱而图矣。姑叙其战功章章尤著者：乙卯岁，倭夷分徐海，陈东乍浦余党寇浙东，路所过望风奔溃，公初遇于高家楼，据石台，射三首虏，寻相持缙云，桃』渚，栅浦间。躬执弓矢，列鸳鸯阵椒江之（按：此处似脱"北"字）群遂宵遁菖埠。时台守二华谭公守海门，贼俄潜袭城下，已有绿雉堞而登者。公以匹马援之，贼遂不敢逼，退走牛桥，宁登新河山。公知其道穷，遂以计擒巨酋，归所俘女子。其』余党奔铁汤山。乘胜直驱、所向无敌，众悉伏道受刃。太平南湾以宁。岁辛酉，贼以数千记，由宁海抵新河，直入花街。时久雨，台城多圯，花街去城不五星，众汹汹，公晨归，忍饥提兵，遣部下朱珏先斩其先锋七人。贼遂』由间道夜趋仙居白水洋，公亟蹑其后，令人各持一木，贼疑以为林，不为备。既迮，弃木疾战，群贼惊匿，高居民之楼。公纵火焚之。且以兵歼其亡命，遂覆巢空穴，兽毙鸟亡，无一人得脱者，此其人凡也，余尝请自昔祸』乱之兴，必有忠义英武韬略之臣，以指挥擘画，敉宁戡定，盖天所以奠安维极，绥辑神人，非偶尔巳也，他如钜公伟士，丰功骏烈，勒钟彝，辉筒册者不论，即吾郡数百年来，乱凡几作战？尝按视往牒。若晋隆安间，孙恩』入寇，辛景击破之；腾子勤为参军，时方腊势张甚，竟以孤城自全。彼二公者，其为吾郡再造之功，是城甸泓显赫矣！然广陵，睦州之寇特起乌合，二公有城守寄，图存绝胜，撰势与谊所宜然。公虽提兵建节，然利害视城守稍别，而况海上诸夷乘十年积胜之威，方其叫呼淞泖，转战苏吴间，督抚重臣且仓皇口眙，或斧缺弓驰，迄久而后成功矣；乃公屡遇大寇，设谋咨划，辄令彼纠缠狼狈，自剪而死，若刲羊豕然，由是较之，公之功』孰相伯仲耶？行巳献捷』阙廷，告禧庙社，而郡之民德公成绩，去而愈思，乃受筒命余为之记，夫锡圭封邑，国家之令典也；歌功颂德，邦人事也。余久宦游于』朝，目击时变，每不忘桑梓之念；得公坐镇，为之长城，吾郡民始洗涤盆缶，犁天窒室，安口如故，今迁矣，其能默然巳哉！公名继光，字汝谦，别号南塘，山东登州卫人，其视师也，有忠信仁义之怀；其议喜怒也，有粟帛斧』铖之施；其驾驭群材也，有死绥搴旗之效；心在国家而身先士卒。勇不畏难而谋善料敌，此其所以成今日之功欤！余故并记之，以俟后之有志武略者知所考法云。

潮州府知府何宠　惠州府同知林应麒　真定府同知吴翰　封刑部主事蒋璇　瑞州府知府许仁卿　刑部尚书应大刑部尚书蔡云程　赣州府知府孙锐　封刑部主事王训工部员外郎陈光哲　山东副使邓栋　广州府知府包应麟　建宁府同知应镳　黄州府知府应明德　福建提学副使金立敬　刑部主事张志淑　庆远府同知冯良享　衢州府知府金立爱　广西提学副使何宽　当涂县知县侯思古　刑部主事项思教　后府经历蔡迎恩

举人：张祖如　陈光周　戴汝恩　应存初　王穀　李箴　秦懋德　冯应麒

　　监生：陈承武　侯臣都　陈鹤书　冯召南　秦鸣阳　秦鸣治　陈鹤龄　秦懋功　秦好古　陈用宾　余汝明　王科　余汝戎

　　生员：王梅龄　张锦　方大化　王熙寿　陈？　王熙龄　陈基　汪浩然　王承忠　胡承志　曹浚　张大维

　　嘉靖四十三年岁次甲子菊月吉旦立

千佛塔

　　千佛塔，又名多宝塔，俗称癞头塔，在临海古城龙兴寺内。1989年12月12日公布为浙江省文物保护单位（图126）。

　　龙兴寺作为台州的官寺和首寺，它在历史上的影响是比较大的。然在旧志中，它的始建年代并无确载，地位何处亦不详，宋《嘉定赤城志》与民国《临海县志》甚至无"龙兴寺"之条目。但从有关文字和考古资料看，"龙兴寺"作为中日佛教文化交流的主要场所，它确实是存在的。如清咸丰年间（1851～1861），临海的巾子山曾出土过一块残长7寸、宽6.2寸、厚2寸的塔砖，左侧有"龙兴寺"三字，上端有"唐天宝三载龙兴寺塔砖"十字，俱阳文正书，为清代临海学者宋世荦所收藏。问题的关键在于，由于历史上的某种原因，"龙兴寺"之名被埋没了。事实上，临海龙兴寺即台州开元寺。这从日僧圆珍的《行历抄》中，即可得到明证。"二十六日，上（临海）开元寺，略看纲维，寺主明秀具状报州。此开元寺者，本龙兴寺基，贞元年末（804年），陆淳郎中屈天台道邃和尚，于此寺讲止观。日本国比睿大师，从明州转口到此临海县，至此龙兴寺。参见和上，听读止观，正此地也。拆寺以后，於龙兴寺基，起开元口，更不置龙兴寺"。此外，《行历抄》还有"寺门巽隅有山，名小湖山，山脚临江"之记载。在日语中，"湖"与"固"同音，"小湖山"即"小固山"，而小固山在古代就是巾子山的通称。这在宋代日僧成寻的《参天台五

图 126　千佛塔

台山记》一书中也可以得到证实："有元表自国清寺来会，告云：台州是屈母龙王宅，地名丹丘，水名灵水，山名小固山，城名白云城"。另南宋陈耆卿云："报恩光孝寺，在州东南一里一百步，巾子山下，唐开元中（713～741年）建。旧传有小刹七，曰楞严、水陆、证道、积善、天光、景德、藏院，至是合为一，赐额'开元'"。据此，记载与方位相合，可以肯定龙兴寺即台州开元寺是毫无疑义的。

按《旧唐书·中宗纪》及历代的有关记载，临海龙兴寺始建于唐神龙元年（705年），初名"神龙寺"，为台州官府所创。二年改名为"中兴"，景龙三年（709年）定名"龙兴"。后因故废，开元二十六年（738年）重建，改名"开元寺"。至迟于天宝三载，又改"龙兴"之名。会昌五年（845年），寺于废佛之厄中被拆。大中年间（847～860年）复建，续称"开元"。宋代以降，寺院的建筑屡有兴废。景德中（1003～1007年），更名"景德"。熙宁时（1068～1077年），俨然成为一个大寺院，日僧成寻即叹称为"广大伽蓝也"（日成寻《参天台五台山记》）。崇宁二年（1103年），加"万寿"二字。元祐五年（1090年），寺僧元照于大殿后建戒坛。政和元年（1111年），始改名为"天宁"。南宋绍兴七年（1137年），又改"天宁"为"广孝"。绍兴十五年（1145年），改"报恩光孝"额。乾道九年（1173年）毁于火，僧德光、有权等重建。淳熙三年（1176年），参知政事兼知枢密院事钱端礼为建僧堂。淳熙十年（1183年），钱端礼之孙钱象祖又建佛殿。元时，复"天宁"之名，大德三年重建寺塔。明洪武时（1368～1398年），曾授僧录右善世的名僧宗泐奉诏住寺。后渐圮。永乐六年（1408年），僧法等重兴。隆庆二年（1568年）为水所淹，僧明园重建。万历十三年（1585年），于寺东凿三塘九井用于防火。崇祯中（1628～1644年），住持僧破颜在寺后建雨华堂、华严楼。入清以后，寺分成钟巽、含辉、挹翠、芗林、映帻、彤霞、西爽、云岫、悟凤等九院。咸丰十一年毁于火，光绪十七年（1891年）僧苣珑重建。抗战期间，寺遭日机轰炸而严重毁坏。至建国初，仅乘房屋殿宇三十四间。八十年代初，迁建于巾山西南山腰的南山殿进行活动。一九九八年于旧址全面恢复，建筑结构为仿唐建筑，复"龙兴寺"之名。

　　千佛塔始建年代不详，但至迟于唐天宝三载即已建成，有清咸丰年间出土的"唐天宝三载龙兴寺塔砖"（民国喻长霖《台州府志》卷八十五）为证。后毁，又重建。塔中曾出土铭文砖一块，内容为"杭州路灵隐寺僧』男淳具，谨抽衣资，建筑第二层宝塔，专为追荐』亡考潘周王三秀才世名行』已，妣陈氏元二娘子二位尊』魂。倘已生人世，愿增益于』报缘；或尚滞冥途，冀超』生于净土。次冀』亡翁百三宣教潘公』、亡婆车氏千二娘子』、亡兄亡妹俱沾利益，各遂超升者』大德三年二月日题"（据铭文砖原刻及清黄瑞《台州金石录》卷五）。可知塔为元大德三年重建，且其中第二层系杭州灵隐寺僧淳具为追荐其考、妣、翁婆捐资建造。清咸丰十一年又遭火焚，致使原底层木结构的副阶回廊，塔内二层以上的楼板、搁栅，外檐每层的平座勾栏、木构缠腰，塔顶的刹杆木、相轮铁刹等，均已不存。1976 年时曾作维修，主要是把因毁坏而呈不规则状的塔顶改成攒尖顶，但未按照原状复原。1999 年，再次对塔进行维修，并将塔顶恢复成原状。

　　现塔为六面七级，砖木混砌楼阁式，其内中空，单臂筒状结构。残高 28.66 米，勒脚边长 3.66，对角径 7.12 米，塔内空径1.8 米。塔之第一层高 4.3 米，宽 3.34 米。东面有门，门高 2.1米，宽 0.66 米，上端稍似拱券形。各面嵌有四排佛像砖，每排十一块，东面因开有塔门，故每排仅为七块，共计二百四十八块。佛像砖长 40 厘米、宽 19 厘米，每砖高浮雕佛像一躯。佛像为阿弥陀佛，身着"U"形衣，高肉髻，后有头光，两手作禅定印，结跏趺坐于莲花座之上，均模制而成。第一层无腰檐与平座，唯菱角牙子叠涩三道出跳。第二层高 4.16 米，宽 3.12 米。塔体各面做有隐出槏柱，分别将塔壁分成三间，明间设壶门或佛龛，壶门做在西面，高 1.75 米，宽 0.565 米。其他各面均置高1.26 米、宽 0.56 米、深 0.3 米的佛龛一个，佛龛内砌有佛像砖八块。转角都作六角倚柱，柱间连以阑额，并与地栿相连。次间每面塔壁则嵌以佛像砖，每间三排，每排四块，另加佛龛中的佛像砖，第二层共计佛像砖一百八十四块。第二层上端做有腰檐与平座，腰檐已毁，仅存原木构件插入的残木和洞孔。平座上用石板做面，并以菱角牙子叠涩出跳。第三层高4.17米，结构同二层，其上各层亦相同，并依次收分。这一层的壶门做在东北面，每面次间每间有佛像砖三排，每排三块，另加佛龛内的八块佛像砖，共计有佛像砖一百四十八块。第四层高4.17米，壶门在东南面，次间佛像砖同三层。因佛龛空间缩小，龛内佛像砖减至六块，共计有佛像砖一百三十八块。第五层高4.17米，壶门在西南面，佛像砖的数目同第四层。塔内原有用以承托刹干木的千斤梁，今已毁。第六层高4.17米，壶门在西面，次间每间佛像砖三排，每排两块，加上佛龛内的三块佛像砖，共计有佛像砖八十七块。第七层（包括塔顶残存部分）高3.245米，壶门在西北面，次间每间佛像砖二排，每排两块，加上佛龛内亦各有佛像砖三块，共计佛像砖六十三块。全塔总计佛像一千另三尊，但因年代久远，风雨侵蚀，佛像大都已受到不同程度的残损。

千佛塔是临海现存最为高大的古塔，也是浙江仅存的二座元塔之一。此塔的最大特点一是在塔身上装饰总数多达千尊的佛像砖，而且造型优美，工艺水平相当之高。二是各层平座采用石板出跳的建筑手法也是很罕见的。因此，称得上是中国古塔中的精品和一绝。

溪口、涌泉窑址群

溪口、涌泉窑址群位于临海市杜桥镇和涌泉镇镜内，其中杜桥镇为呇里坑窑址、鲶鱼坑口窑址、安王山窑址三点；涌泉镇为西呇窑址一个点。1989年12月12日被公布为浙江省文物保护单位。

　　此外，杜桥镇境内尚有官田山和开井两处窑址，因破坏严重，无明显堆积，故没有列入溪口、涌泉窑址群之内。

　　岙里坑窑址位于杜桥铁场村后门山山坑北面，俗称"岙里坑"的地方，坐落在距山脚200米的山坡上。北距溪口村2.5公里，南离椒江市章安镇7公里。窑址已辟为梯地，种满场梅和柏树，溪坑水从窑址旁流入汇入回浦河，村北山脚常有铁渣出土，故村名铁场，古时是冶铁的所在（图127）。

图127　岙里坑窑址

　　岙里坑窑址从已暴露的遗物及采集到的标本看，该窑以烧制陶质器皿为主，兼烧少量瓷器。产品种类比较单调，多为碗、罐、罍等物。采用轮制方法，胎骨坚细，多呈赭黄、灰白等色，内外均施一层灰色陶衣，纹饰基本上为弦纹，主要产品有（图128）：

　　碗6式：

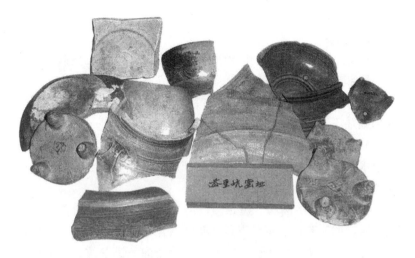

图128　吞里坑窑址出土瓷片和窑具标本

1式：敛口、圆唇、弧腹内收。内凹底，平底微凹，内满釉，外部施釉色青中微黄。通高6厘米，口径15厘米，腹径15.3厘米，底径6.9厘米。

2式：敛口、圆唇、弧腹、斜壁急收，内凹底、平底微岫、口沿与腹部各饰一道凹弦纹、内壁饰一道凹弦纹，内底饰二道凹弦纹。内满釉，外部施釉不及底、青釉。通高4.3厘米。

3式：敛口、圆唇、弧腹、内凹底、平底微凹。口沿处饰一道凹弦纹，内满釉，外部施釉不及底，釉色青中带黄，通高5.1厘米。

4式：敛口、圆唇、弧腹、斜壁内收，内凹底，平底微凹。内底饰三个互相套叠的圆圈。胎质上黄疏松，无釉。底径6.9厘米。

5式：弧腹内收、内凹底、鸡心、底凹。内满釉，外部施釉不及底，釉色青中微黄，胎质灰白坚致，底径8.3厘米。

6式：弧腹、斜壁内收、内凹底、平底微凹。内底饰一圆圈，圆圈周围划饰九朵莲瓣，斜壁近底处饰一带状水波纹，内外无釉，陶质，底径7.8厘米。

罐5式：

1式：敛口、平唇、口沿外挂、沿宽1.8厘米、弧腹，小平底，肩部饰二道凹弦纹，二泥条耳。内外施灰色陶衣、陶质。

2式：直口、圆唇、短颈。口沿处与肩部各饰一道凹弦纹。外部施釉不及底，釉色青中带黄，胎质灰白坚致。

3式：直口、平唇、短颈、溜肩、鼓腹。肩部饰一道弦纹，二道水渡纹，置二桥形耳，耳面饰叶脉纹，胎质灰白，釉色青中微黄。

4式：直口、圆唇、短颈。口沿处饰一道弦纹，肩部饰二道凹弦纹。胎质灰白、釉色青黄，胎釉结合不紧密，有剥落现象。

5式：直口、小圆唇、短颈、口沿处饰一道弦纹，肩部饰桥形耳，耳面叶脉纹，胎质青灰，无釉。

罍5式：

1式：敛口、平唇、短颈、鼓腹、平底。口沿外挂，沿宽1.6厘米。肩部饰二道凹弦纹，二泥条耳。内外施灰色陶衣、陶质。

2式：直口、圆唇、短颈而短，口沿外挂、沿宽1.5厘米，鼓腹、下腹内收、平底，通体凹弦纹，胎质灰白，无釉，内外涂一层灰色化妆土。

3式：侈口、宽沿、沿宽4厘米，鼓腹、平底。腹周拍印编织纹。胎质灰白，结构致密，外部施釉，釉色青黄。

4式：侈口、宽沿、沿宽3.2厘米，平底，肩部饰一道凹弦纹和一道勾连纹，腹周连续拍印叶脉纹，内壁有手压痕迹。外部施釉，釉色青中微黄，光泽、胎质灰白，结构致密。

坛3式：

1式：直口内敛、平唇、短颈，颈部饰二道凹弦纹。胎质灰白坚致，表面施青黄釉。

2式：印纹硬陶，腹周饰叶脉纹，胎质灰白，外部青灰，内壁涂一层赭色陶衣。

3式：印纹硬陶，腹周饰叶脉纹，胎质紫褐，内壁涂一层赭色陶衣。

钟：盘口、口部微撇，口沿处饰一道凹弦纹，肩部饰二道凹弦纹，内外施一层红色陶衣，陶质。

碟：坦口、圆唇、浅腹、下腹饰一道弦纹。

砚形器：盘形、饼形底，内底中间饰旋纹，旋及周围再饰纹。胎质灰白坚致，内施青黄釉，釉层较厚。滋润光泽，玻璃感强似为明器。

窑具：可分间隔具备和垫具。间隔具有蹄形齿口式和三足支架二种。蹄形齿口式高矮大小不一，上有形环托面，面略凹，下端做成锯齿形，锯齿支点少。

三足支架：分3式

1式：托面圆形，下设三只间距相等的圆锥形足，瓷坯。高矮大小不一。

2式：托面圆形，下设三只间距相等的圆锥形足。胎质灰白、坚致。托面底部摸印阳文铭文，中间为"金"字，其余二字来识。通高3.1厘米，直径7.8厘米。

3式：托面圆形，下设三只间距相等的圆锥形足。托面底部模印阳文"宫"字。托面四周施青黄釉，釉层较薄，剥落严重，通高2.1厘米，直径6.5厘米。

垫具4式：

1式：筒形，束腰，上端有环形托圈，沿边稍挂出。

2式：盂形，中间空，直壁平底。上下两端内折，托面呈环形。

3式：托面环形，面宽3.8厘米，壁收进1.5厘米。

4式：二足垫座。

鲶鱼坑口窑址位于杜桥镇马岙村和铁场村的分界处，坐落在俗称"鲶鱼坑口"的小山山坡上，面向西北，南距铁场村1.82

公里。窑址上为铁场村和马岙村村民的自留地，窑址前为一片水
稻田，流向西北的回浦河，与窑址直线相距仅 65 米（图 129）。

　　鲶鱼坑口窑址坡度堆积层较厚，内涵丰富。从采集到的标本
看，器形大方美观，釉色呈淡青或青中微黄，釉层薄而亮，少量
器物上有褐色点彩，绝大部分施满釉。纹饰有鸡头、席纹、弦
纹、直条纹、斜格纹等。主要产品为碗、钵、罐、罍、瓶、壶以
及盘、砚等（图 130）。

　　碗 20 式：

　　1 式：侈口、圆唇、深腹、斜壁内纹、内凹度、平底微凹、
口沿点饰褐彩 6 点，沿下饰一道阔凹弦纹。内满釉，外部施釉不
及底，釉色青黄，晶莹光泽，小开片。胎质灰白，通高 7.6 厘
米，口径 17.2 厘米，底径 11.1 厘米。

　　2 式：敛口、圆唇、弧腹、斜壁内收、内凹底、平底微凹。
唇部点饰褐彩，口沿处饰二道阔口弦纹。内满釉，外部施釉不及
底，釉色青中微黄，光泽，玻璃感强，小开片，胎质灰白，通高
7.1 厘米，口径 18.1 厘米，底径 12.1 厘米。

　　3 式：侈口、圆唇、弧腹内收、平底微凹、唇部点饰褐彩，
口沿处饰一道阔弦纹。胎质灰白，内满釉，外部施釉不及底、釉
色青黄，内底有 6 点泥点支烧痕迹。通高 7.5 厘米，口径 18.1 厘
米，底径 10.5 厘米。

　　4 式：小直口、圆唇、深腹、斜壁内收、内凹底、平底微凹，
口沿处饰一通阔弦纹，胎质青灰，无釉。通高 5.8 厘米，口径
11.3 厘米，底径 9.1 厘米。

　　5 式：侈口、圆唇、弧腹、斜壁内收、内凹底、平底微凹、
唇部施釉不及底，釉色青中带黄、局部出现窑变的乳浊釉，内底
有 4 点泥点支烧痕迹，小开片。通高 6.4 厘米，口径 15.5 厘米，
底径 8.7 厘米。

　　6 式：敛口、圆唇、深腹、斜壁内收、平底微凹、口沿处饰
二道凹弦纹。胎质青白、厚胎、内满釉，外部施釉不及底。釉色

图 129　鲶鱼坑口窑址

青中带黄，滋润光泽，小开片。通高5.4厘米，口径12厘米，底径8.4厘米。

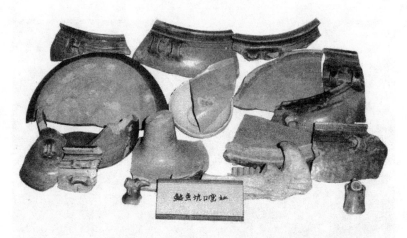

图130　鲇鱼坑口窑址出土瓷片和窑具标本

7式：小直口、圆唇、弧腹、斜壁内收、内凹底，底饰旋纹、平底微凹。胎质土黄疏松，无釉。通高3.6厘米，口径10厘米，底径5.4厘米。

8式：侈口、小圆唇、深腹、斜壁内收、内凹底、平底微凹。唇部点饰褐彩，内底有3点泥点支烧痕迹。胎质青灰，内满釉外部施釉不及底，釉色青中带黄，小开片。通高3.65厘米，口径8.9厘米，底径5.6厘米。

9式：侈口、圆唇、弧腹、折腰、内凹底、平底微凹。唇部点饰褐彩，口沿处饰一道阔凹弦纹。胎质青灰，内满釉、外部施釉不及底，釉色青中带黄，小开片。通高3.5厘米，底径5.5厘米。

10式：侈口、圆唇、弧腹、斜壁内收、内凹底、平底微凹。口沿处饰一道阔凹弦纹。胎质青灰，内满釉、外部施釉不及底，釉色黑褐。通高3.5厘米，口径9.2厘米，底径6.1厘米。

11式：侈口、圆唇、弧腹内收、内凹底、平底微凹。胎质灰白，内满釉、外部施釉不及底，釉色黑褐，小开片。高3.3厘米。

12 式：侈口、小圆唇、弧腹、斜壁内收、内凹底、饼形底。口沿处饰一道凹弦纹，内底有 3 点泥点支烧痕迹。胎质灰白，内满釉、外部施釉不及底，有流釉现象，釉色青中带黄。通高 3.6 厘米，口径 9 厘米，底径 5.5 厘米。

13 式：敞口、圆唇、斜腹、折腰内收、饼形底。胎质灰白，坚硬致密。内满釉，外部施釉不及底，釉色青中微黄，玻璃感强。内底及内壁出现窑变的乳浊釉，釉层较厚，小开片。通高 3.8 厘米，口径 9.1 厘米，底径 5.5 厘米。

14 式：敛口、圆唇、弧腹、斜壁内收、内凹底、平底微凹。胎质青灰坚致，内满釉、外部施釉不及底，有流釉现象，釉色青中带黄。通高 5.1 厘米，口径 10.7 厘米。

15 式：敞口、小圆唇、深腹内收、内凹底、圈足。口沿处饰一道阔凹弦纹，底部有 6 点泥点支烧痕迹，成环形。胎质灰白，结构致密，叩之声音清脆。通体施釉，釉色青中带黄，光泽滋润，玻璃感强。通高 6.1 厘米，口径 14.5 厘米，底径 9.5 厘米。

16 式：敞口、尖唇、深腹急收、内凹底、圈足。口沿处饰一道阔凹弦纹，内底有 6 点泥点支烧痕迹。胎质灰白，结构致密。通体施釉，釉色淡青，釉感细腻，晶莹光泽，玻璃感强似水中漂洗一般。通高 6.5 厘米，口径 15.5 厘米，底径 10.5 厘米。

17 式：敞口、小圆唇、深腹急收、内凹底、圈足。口沿处饰一道阔凹弦纹，内底有泥点支烧痕迹。胎质灰白，通体施釉，釉色青中带黄，玻璃质。通高 7.6 厘米，口径 16.8 厘米，底径 11 厘米。

18 式：敞口、圆唇、深腹急收、内凹底、圈足。口沿处饰一道阔凹弦纹，胎质灰中带红口，通体施釉，釉色黄中洁青，滋润无洁，釉层较厚，有聚釉现象，玻璃感强，开片。通高 6.5 厘米，口径 13.5 厘米，底径 9.2 厘米。

19 式：敞口、圆唇、深腹急收、内凹底、圈足。口沿处饰一道阔凹弦纹。胎质灰白，结构致密。通体施釉，釉色青中带黄，光泽滋润，玻璃质。釉层较厚，有聚釉现象，开片。

20式：敞口、圆唇、深腹急收、内凹底、圈足。口沿处饰一道阔凹弦纹。胎质灰白，结构致密。通体施釉，釉色淡青，滋润光泽，晶莹如玉。小开片，制作工艺较精，通高3.1厘米，底径6.1厘米。

钵4式：

1式：敛口、圆唇、斜腹、内凹底、平底。唇部点饰褐彩，口沿处饰二道凹弦纹。胎质灰白，内满釉，外部施釉不及底，釉色青中带黄。通高7.5厘米。

2式：敛口、圆唇、斜腹、平底。口沿处饰二道凹弦纹。胎质灰白，厚胎，内满釉，外部施釉及底，底部无釉，釉色青中带黄。通高8.7厘米。

3式：敛口、圆唇、斜腹、平底。口沿处饰一道凹弦纹，口沿下饰二道凹弦纹，腹部饰一道凹弦纹。胎质灰白，致密，厚胎，通体施袖，釉色青中带黄，小开片。通高9.2厘米。

4式：敛口、圆唇、斜腹。口沿处饰三道凹弦纹，内壁饰二道凹弦纹。内满釉，外部施釉不及底，釉色青中微黄，小开片。

罐12式：

1式：侈口、圆唇、短颈、溜肩。唇部点饰褐彩，颈部饰二道阔凹弦纹，肩部饰一道凹弦纹，置横式泥条耳。胎质灰白，釉色青中微黄，玻璃光泽，小开片。

2式：侈口、圆唇、短颈、丰肩。唇部点饰褐彩，肩部饰一道阔凹弦纹二道弦纹，横式泥条耳，耳面点饰褐彩。胎质灰白，釉色青中微黄，光泽滋润，小开片。

3式：侈口、尖唇、短颈、丰肩。唇部点饰褐彩，颈部饰一道阔凹弦纹，肩部一道弦纹，横式泥条耳，胎质灰白，釉色青中带黄，玻璃光泽，小开片。

4式：侈口、圆唇、短颈、溜肩。唇部点饰褐彩，颈部饰一道阔凹弦纹，肩部饰一道弦纹，横式泥条耳。胎质灰白，釉色青中微黄，光泽滋润，小开片。

5式：侈口、小圆唇、短颈、丰肩。肩部饰三道弦纹，直式桥形耳，耳面饰叶脉纹。胎质灰白，薄胎。釉色青中带黄，胎釉结合不紧密，剥落严重。

6式：侈口、圆唇、短颈、丰肩。肩部饰二道凹弦纹，横式泥条耳。胎质灰白，结构细密，施黑褐色釉。

7式：直口、平唇、短颈、削肩，筒式腹，体形较瘦。唇部点饰褐彩，肩部饰一道凹弦纹，横式泥条耳。胎质灰白，通体施釉，釉色青中微黄，玻璃质，小开片。

8式：卷口、平唇、短颈、溜肩。唇部点饰褐彩，颈部饰一道凹弦纹，肩部饰二道凹弦纹，直式桥形双复系，系面饰叶脉纹。胎质灰白、致密，釉色青中微黄、滋润，小开片。

9式：卷口、平唇、短颈、溜肩。唇部点饰褐彩，肩部饰二道凹弦纹，直式桥形双复系。胎质灰白、厚胎、釉色青中微黄。

10式：卷口、平唇、短颈、溜肩。肩部饰二道凹弦纹，直式桥形双复系，系面饰叶脉纹。胎质青白、青釉。

11式：侈口、平唇、管颈、溜肩。唇部点饰褐彩，肩部饰二道凹弦纹，直式桥形双复系。胎质灰白，厚胎。釉色青中微黄，晶莹光泽、玻璃质，有聚釉现象，小开片。

12式：直口、平唇、短颈、溜肩。唇部点饰褐彩，颈部饰一道弦纹，肩部置直式桥形双复系，系面饰叶脉纹，叶脉纹上点饰褐彩、厚胎、青釉、小开片。

坛3式：

1式：卷口、平唇、短颈、溜肩、鼓腹。唇部点饰褐彩。胎质灰白，厚胎、釉色青中带黄、腹部出现小片窑变的乳浊釉，小开片。

2式：卷口、平唇、短颈、溜肩。肩部饰一道凹弦纹。胎质灰白、致密、釉色青中带黄，光泽滋润，小开片。

3式：卷口、平唇、短颈、圆肩、鼓腹。胎质灰白，釉色青中微黄、腹部出现大片窑变的乳浊釉。

罍2式：

1式：侈口、平唇，口沿外挂、圆肩、鼓腹。通体饰弦纹，胎质灰白，外部釉色青中微黄、内壁涂一层灰色化妆土。

2式：侈口、平唇，口沿外挂、圆肩、鼓腹。肩部置直式桥形耳，耳面饰叶脉纹，通体饰弦纹，胎质青白，未施釉，内外涂一层红色化妆土。

盘口壶2式：

1式：盘口、圆唇，筒式颈、圆肩、鼓腹、平底、唇部和口沿点饰褐彩，口沿及肩部各饰二道凹弦纹，对称直式桥形双复系。胎质灰白、厚胎。外部釉色不及底，釉色青中带黄，光泽晶莹，玻璃质，釉层较厚，小开片。通高29.2厘米，口径18.1厘米，底径14.3厘米。

2式：浅盘口、圆唇、短颈、削肩。口沿处饰一道凹弦纹，肩部饰二道凹弦纹，横式泥条耳。胎质灰白，釉色青中微黄，唇部再现窑变的乳浊釉。

盘2式：

1式：敞口、圆唇、斜壁、盘面平坦、平底。胎质灰白，厚胎。通体施釉，釉色淡青，光泽。底部有泥点支烧痕迹，几乎成环形。通高3.3厘米，口径22.6厘米，底径18.7厘米。

2式：敞口、圆唇、斜壁、盘面平坦、矮圈足。胎质灰白，厚胎。通体施青釉。

油灯：圆形灯盘，盘高3.5厘米，盘口内卷，平唇、平底。唇部饰三道凹弦纹，口沿处饰一道阔凹弦纹。盘中连空心承柱，承柱近内底外饰二道凹弦纹。底部中心有小洞，口通承柱。胎质灰白，厚胎。釉色青中微黄，底径13.2厘米。

砚台：盘形、子口、圆唇、平底、蹄足。砚面较平坦，中心微凹，边墙较高。边墙上侈下收，离心倾斜，淡红色胎，坯体结实，底部与外壁施青釉，胎釉结合不紧密，易剥落。

奁：筒形腹、平底。胎质灰白，厚胎，通体施青釉，釉色晶莹如玉，光泽。

器盖：半环钮，浅腹覆碟形。

此外，采集到标本残片尚有建筑模型、流、兽形流。独角兽形流等，因残破严重，无法描述其详。

窑具均为间隔具，3式：

1式：托面呈环形，平整，环面宽2.2厘米，腹束，平底。施有青釉，轮制。

2式：蹄形齿口竹节形，托面通常斜形，高于缘，中心微凹。

3式：身比较矮，托面中心有一圆洞眼。

安王山窑址位于杜桥镇铁场村村北的安王山山脚，当地群众称之为"凤凰山"的地方。南与呑里坑窑址相距0.5公里，北离鲶鱼坑口窑址0.5公里。窑址西向，上面种满橘树，窑址前为一

图131　安王山窑址

条小水沟及水稻田，与回浦河直线相距70米（图131）。

安王山窑址保存很好，从采集到的标本看，产品风格与鲶鱼坑口窑址比较相近，但产品种类明显减少。纹饰多为凹弦纹，另有斜格纹，未字纹等。器物点彩增多，多施釉，釉色青或青中微黄、带黄，光泽滋润。主要产品有碗、钵、罐等。

碗 12 式：

1 式：侈口、尖唇、深腹、内凹底、平底微凹。口沿处饰一道阔凹弦纹，内底有 7 点泥点支烧痕迹。胎质灰白，结构致密。内满釉，外部施釉不及底，有窑变孔浊釉。釉色青中带黄，光泽滋润，小开片。通高 8 厘米，口径 15.4 厘米，底径 8.8 厘米。

2 式：侈口、圆唇、弧腹、斜壁内收、内凹底、平底微凹。口沿处饰一道凹弦纹，点饰褐彩一点。胎质灰白，结构致密。内满釉，外部施釉不及底，釉色青中带黄，光泽滋润，玻璃质。通高 4.1 厘米，口径 11 厘米，底径 5.3 厘米。

3 式：敛口、小圆唇、斜腹、内凹底、底凹。口沿处饰一道凹弦纹，底有 3 点泥点支烧痕迹。胎质灰白，施青釉，内满釉，外部施釉不及底，釉色晶莹光泽。通高 3.9 厘米，口径 9.6 厘米，底径 5.6 厘米。

4 式：侈口、圆唇、深腹、斜壁内收、内凹底、平底微凹。唇部点饰 4 点褐彩，四角对称。口沿处饰一道凹弦纹。胎质灰白，内满釉，外部施釉不及底、青釉，釉色无泽、滋润。通高 3.2 厘米，口径 8 厘米，底径 5.1 厘米。

5 式：敛口、圆唇、深腹、斜壁内帐、内凹底、平底。唇部点饰 4 点褐彩，四彩对称。口沿处饰一道凹弦纹。胎质灰白，内满釉，外部施釉不及底，釉色青中微黄。通高 3.2 厘米，口径 7 厘米，底径 4.5 厘米。

6 式：侈口、圆唇、弧腹、内凹底、平底微凹。唇部点饰 4 点褐彩，四角对称。口沿处饰一道凹弦纹。胎质灰白，通体施青釉，釉色无泽、滋润、玻璃质，局部小开片。通高 3.5 厘米，口径8.9厘米，底径3.8厘米。

7式：侈口、圆唇、弧腹、斜壁内收、平底微凹。唇部点饰4点褐彩。胎质灰白，通体施釉，釉色青中带黄，光泽晶莹，玻璃质，小开片。通高2.5厘米，口径6.4厘米，底径3厘米。

8式：侈口、小圆唇、弧腹、斜壁内收、内凹底、饼形底微凹，口沿处饰一道凹弦纹。胎质灰白，内满釉，外部施釉不及底，釉色青灰，有聚釉现象。通高3.5厘米，口径9.2厘米，底径5.1厘米。

9式：侈口、小圆唇、弧腹、斜壁内收、内凹底、平底微凹，口沿处饰一道凹弦纹。胎质灰白，内满釉，外部施釉不及底，釉色青中微黄，胎釉结合不紧密，局部剥落。通高3.5厘米，口径9.2厘米，底径5.1厘米。

10式：侈口、小圆唇、深腹、斜壁内收、内凹底、饼形底微凹，口沿处饰一道凹弦纹。胎质灰白，内满釉，外部施釉不及底，釉色青中带黄，局部小开片。通高3.5厘米，口径9厘米，底径4.5厘米。

11式：敛口、小圆唇、弧腹、斜壁内收、内凹底、饼形底微凹，口沿处饰一道凹弦纹和一带状米字纹，腹部饰一带状斜格纹。胎质灰白，内满釉，外部施釉不及底，釉色青中带黄，有聚釉现象。通高4.2厘米，口径9.6厘米，底径5.5厘米。

12式：侈口、小圆唇、弧腹、斜壁内收、内凹底、圈足，口沿处饰一道凹弦纹。胎质灰白，结构致密。通体施青釉，釉色晶莹如玉，光泽滋润，玻璃感强，釉层较厚。通高3.2厘米，口径8厘米，底径5.3厘米。

钵3式：

1式：敛口、小圆唇、深腹、斜壁内收、内凹底、平底微凹，口沿处饰四道凹弦纹，内底有泥点支烧痕迹。胎质灰白，内满釉，外部施釉不及底，釉色青中带黄，玻璃质，光泽感强，小开片。通高8.9厘米。

2式：敛口、圆唇、深腹、斜壁内收、内凹底、平底，唇部与内底点饰褐彩，口沿处饰四道凹弦纹。胎质灰白，内满釉，外部施釉不及底，釉色青中带黄。通高5.3厘米。

罐5式：

1式：敛口、平唇、短颈、丰肩、唇部与肩部点饰褐彩，肩部饰二道凹弦纹，直式桥形双复系，系面饰叶脉纹。胎质灰白，釉色青中微黄。

2式：敛口、平唇、短颈、溜肩、唇部点饰褐彩，肩部饰二道凹弦纹，直式桥形双复系，系面饰叶脉纹。胎质灰白，釉色青中带黄，小开片。

3式：侈口、平唇、短颈、溜肩。肩部饰一道凹弦纹，置直式桥形耳。胎质灰白，釉色青中带黄，有窑变乳浊窑。

4式：侈口、平唇、短颈、溜肩。肩部置横式泥条耳。胎质灰白，釉色青中带黄。唇部与耳面出现窑变的乳浊釉。

5式：直口、圆唇、短颈、丰肩。唇部点饰褐彩，肩部饰一道凹弦纹，弦纹口点饰褐彩，横式泥条耳。胎质灰白，釉色青中微黄，小开片。

洗：敛口、平唇、沿外挂、弧腹、斜壁内收、内凹底、饼形平底。腹部饰二道凹弦纹。胎质灰白，通体施釉，釉色青中带黄，光泽滋润。通高6.7厘米。

砚：盘形、子口、圆唇、凹底、蹄足。也墙较高，上侈下收，离心倾斜。砚面较平坦，中心微凸，无釉，胎质灰白，底部及外壁施青釉。

器盖：半环钮、浅腹覆碟形。胎质灰白，盖面施釉，盖内无釉，釉色青中微黄。

另有盘口壶、碟等器及残兽形流等。

窑具主要是蹄形齿口和齿口竹节形，托面饼状凸出，中间凹，个别托面系后粘。

西岙窑址位于涌泉镇西岙村村南200米的方岸山东麓，土地名"岩头丘"。窑址已成为枇杷园或橘园，窑址前为西岙坑，坑水自北而南流入灵江。东侧十等米处旧有水塘一口，今堙塞。西北距涌泉3.5公里，距椒江章安镇14.5公里（图132）。

图132　西岙窑址

　　西岙窑址遗物散落面积较大，器形除了不多的还有鲶鱼坑口窑、安王山窑的产品特征外，大量的器物在器型上起了很大的变化，出现了假圈足。纹饰有凹弦纹和少量的斜格纹，并出现了造瓣纹。窑具多为筒形垫具和盂形间隔具，说明烧制上已有了革新。故窑的时代属西晋末至南朝时期。部分窑址因西岙坑自然改道，已遭破坏。从采集的标本看，产品以碗、罐等为大宗。与上述几窑相比，产品种类更少，釉色普遍较前差，无光泽（图133）。

　　碗7式：

　　1式：侈口、圆唇、弧腹、斜壁内收、内凹底、平底、微凹，

图 133 西岙窑址出土瓷片标本

口沿处饰两道凹弦纹，弦纹下再饰一带状斜格纹，内底周饰弦纹。胎质灰白，内满釉，外部施釉不及底，釉色青中带黄，小开片。

2 式：侈口、小圆唇、弧腹、斜壁内收、饼形底。唇部点饰联珠褐彩，内外壁点饰褐彩，内壁以底为中心，刻划莲瓣纹。胎质灰白，釉色青中带黄，有剥落现象。通高 7.2 厘米，口径 14.4 厘米，底径 6 厘米。

3 式：子口、中外侈、小圆唇、深腹、饼形平底。口沿处饰一道凹弦纹，内壁以底为中心刻划莲瓣纹，外壁刻划莲瓣纹。胎质灰白，内满釉，外部施釉不及底，釉色青中微黄。通高 11 厘米。

4 式：侈口、小圆唇、深腹、斜壁内收、平底微凹。唇部点饰联珠褐彩，口沿处饰一道凹弦纹，内壁点饰褐彩。胎质灰白，内满釉，外部施釉不及底、釉色青中带黄，小开片。通高 7.4 厘米。

5 式：侈口、圆唇、深腹、斜壁内收、内凹底、平底。口沿处饰一道瓦纹，瓦纹下为一带状斜格纹，内底周饰弦纹。胎质灰白，里外有釉，外部施釉不及底，釉色青中带黄，光泽。通高

6.1厘米。

6式：侈口、小圆唇、深腹、斜壁内收。唇部点饰连珠褐彩，通体里外点饰褐彩，粗细大小不一，粗点如指模，细点如米粒，铁质很浓，发黑。胎质灰白，釉色青中微黄，光泽，小开片。

7式：圈足。胎质灰白，通体施釉，釉色青中带黄，光泽滋润，小开片。

罐4式：

1式：侈口、圆唇、短颈、丰肩，肩部置横式桥形耳。胎质灰白，通体施釉，釉色青中带黄、光泽。

2式：侈口、圆唇、短颈、溜肩，肩部置横式桥形耳，耳面有窑变乳浊霜。胎质灰白，内壁无釉，釉色青中微黄。

3式：侈口、小圆唇、短颈、溜肩，肩部置直式泥条双复系。胎质灰白，釉色青中微黄，内壁无釉。

4式：肩部置横式桥形耳，腹部周饰莲瓣纹。胎质灰白，内壁涂一层土黄色化妆土，外部施釉，釉色青中微黄。

钵：敛口、圆唇、深腹、凹度，口沿处饰一道凹弦纹，胎质橘黄、疏松，胎釉结合不紧密，釉全剥落。

洗：侈口、平唇、口沿外挂、深腹、斜壁内收、内凹底、饼形凹底。口沿处饰一道凹弦纹，腹部饰一道凹弦纹。一带状斜格纹，内底周饰二道凹弦纹，弦纹间饰划纹，内底中心饰一周斜格纹。胎质灰白，通体施釉，釉色青中带黄，光泽，小开片。通高9.3厘米。

此外，尚有盘口壶、盘、碟等品种。

窑具分垫具、间隔具二种。

垫具2式：

1式：筒形，上腹来，下腹鼓，底边内收。

2式：筒形，上端大，下端小，腰内束。

间隔具下端口斜收，成盂形。托面内凹，平口，两端都留有4至5个泥烧点。

　　官田山窑址位于杜桥镇马岙村官田山之西麓，北距马岙村1公里，南与鲶鱼坑口窑址相差250米，一条人工开挖的小河流经营址前，小河之水由上游马宅溪和荆溪汇合而成，当地人称山前沿河一带为官田山窑坦，并有上、下窑坦之分。溪水汇合处以东为上窑坦，以西为下窑坦，窑床估计即在河床之上。由于堆积层不是很明显，标本采集也不多，具体内涵有待于进一步的认识。

　　开井窑址位于杜桥镇升井村村北后门山的山坡上，北距溪口村1.5公里，南至椒江章安镇5公里。窑址东向，旁边为山坑，溪水自北而南，从前流过。

　　开井窑址因遭严重破坏，概貌不是很清楚。但从采集的标本看，内涵还是很丰富的，质量也比较高。

　　碗8式：

　　1式：敛口、圆唇、弧腹、斜壁内收、内凹底、底凹、唇部点饰褐彩，口沿处饰二道凹弦纹，胎质灰白，内满釉，外部施釉不及底，釉色青中微黄。通高5.1厘米，口径12厘米，底径7.5厘米。

　　2式：侈口、小圆唇、弧腹、斜壁内收、内凹底、平底微凹、口沿处饰褐彩，伴有窑变乳浊釉。内底饰一道凹弦纹，有4点泥点支烧痕迹。胎质灰白，内满釉，外部施釉不及底，釉色青中带黄，光泽滋润，小开片。通高3.1厘米，口径8.8厘米，底径5.2厘米。

　　3式：侈口、小圆唇、弧腹、斜壁内收、内凹底、平底微凹、唇部点饰褐彩，口沿处饰一道阔凹弦纹，内底有3点泥点支烧痕迹。胎质灰白，内满釉，外部施釉不及底，釉色青中带黄，玻璃质。通高3.5厘米，口径8.6厘米，底径4.6厘米。

　　4式：侈口、圆唇、弧腹、斜壁内收、内凹底、平底微凹、唇部点饰褐彩，口沿处饰一道阔凹弦纹，内底有泥点支烧痕迹。胎质灰白，胎体厚重，内满釉，外部施釉不及底，釉色青中带黄，光泽。通高5.7厘米，口径14.2厘米，底径8厘米。

5式：侈口、圆唇、弧腹、斜壁内收、内凹底、平底微凹、唇部点饰褐彩，内底有泥点支烧痕迹。胎质灰白，内满釉，外部施釉不及底，釉层较厚，有聚釉现象。釉色青中带黄，光泽晶莹。通高3.8厘米，口径10厘米，底径5.4厘米。

6式：敛口、圆唇、深腹、斜壁内收、内凹底、平底内凹、口沿处饰一道凹弦纹，内底有泥点支烧痕迹。胎质灰白，胎体厚重，内满釉，外部施釉不及底，釉色青中带黄，晶莹光泽，玻璃质，小开片。通高4.9厘米。

7式：侈口、圆唇、深腹、斜壁内收、口沿及内壁点饰褐彩，口沿处饰一道凹弦纹，弦纹下再点饰一带状连珠褐彩。胎质灰白，釉色青中带黄，光泽滋润。

8式：平底微凹、内底有泥点支烧痕迹。胎质灰白，内满釉，外部施釉不及底，釉色黑褐。

罐5式：

1式：侈口、圆唇、短颈、丰肩，唇部点饰褐彩，肩部饰一道凹弦纹，点饰连珠褐彩，横式泥条四系，系面点饰褐彩。胎质灰白，通体施釉，釉色青中带黄，光泽。

2式：侈口、圆唇、短颈、溜肩，唇部点饰褐彩，肩部饰一道凹弦纹。胎质灰白，釉色青中带黄，内壁无釉。

3式：侈口、平唇、短颈、折肩，肩部饰一道凹弦纹。胎质灰白，釉色青中带黄，光泽，内壁无釉。

4式：侈口、圆唇、短颈、溜肩，肩部饰二道凹弦纹，置横工泥条耳，贴塑二铺首，弦纹上点饰连珠褐彩。胎质灰白，通体施釉，釉色青中带黄，光泽。

5式：溜肩，肩部饰一道凹弦纹，弦纹上点饰连珠褐彩，贴花铺首。胎质灰白，胎体厚重。釉色青中带黄，光泽晶莹，有聚釉现象，内壁无釉。

盘口壶2式：

1式：侈口、圆唇、筒形颈，唇点饰褐彩，口沿处饰二道凹弦纹。胎质灰白，釉色青中带黄，光泽滋润，小开片。

2 式：侈口、小圆唇、短颈、溜肩、唇部点饰褐彩，口沿处饰一道凹弦纹，肩部饰一道弦纹，点饰连珠褐彩，横式泥条耳。胎质灰白，釉色青中带黄，有剥落现象。

罍 2 式：

1 式：敛口、平唇、短颈、圆肩，唇部点饰褐彩，肩部饰二道凹弦纹。胎质灰白，釉色青中带黄，内壁涂一层灰色化妆土，小开片。

2 式：胎质灰白，胎体厚重，釉色青中带黄，光泽滋润。内壁涂一层灰色化妆土，外部书有褐彩纪年文字，仅剩"日作"二字。

从溪口、涌泉窑址群中所采集的标本看，产品风格与周边的瓯窑系统和越窑系统相比较，无论在品种、造型或釉色、装饰等方面都有相当大的差异。特别是釉色和装饰更有明显的不同，具有鲜明的自身特色。

第一，仅从采集的标本看，产品种类就有碗、钵、盏、盘、罐、洗、罍、坛、钟、奁、砚、油灯、盘口壶、带流壶、兽形流壶、房屋模型等 20 余种。这些产品基本上以瓷土作胎为主，胎质灰白或铁青，胎骨细腻，结构坚致。烧成温度极高，叩之声音清脆。

第二，器型以敛口、深腹、平底或短颈、鼓腹、平底，和圈底或玉璧底、矮腹坦口为主要特征。多丰满秀美与精巧雅致。不同于越窑的修颈肥腹，也不同于瓯窑的疏松厚重。

第三，瓷器上应用化妆土，一般认为是从隋唐开始，后来婺洲窑发现的实物证明从西晋时即已应用了化妆土。而临海溪口、涌泉窑址群中之岙里坑窑址中发现的东汉末期的瓷罍上，就已经应用了好几种颜色的化妆土。可见，岙里坑窑早于婺洲窑就已开始应用了化妆土，这是制瓷手工业者的一项创新。

第四，釉与瓯窑、越窑等青瓷窑系一样，用的也是青釉。但釉色不同于瓯窑的青中泛灰，也不同于越窑的青中泛黄。而是以淡青和青中微黄、带黄为主。其次是乳浊釉，再次则是黑褐色釉。釉质细润，玻璃质感强。器物的施釉方法主要是浸釉，大型器物均用刷釉。大部分器物施釉不及底，但也有相当数量的器物施满釉。如临海鲶鱼坑口窑址和安王山窑址中西晋时期的矮圈足碗、盘、洗等器物，通体里外满釉，釉色淡青，晶莹光泽，玻璃感强，清亮透明，似冰如玉。颇与西晋人潘岳《笙赋》中所描绘的"披黄苞以授甘，倾缥瓷以酌露"的缥瓷特征相符。工艺水平和施釉质量明显优于同时期的越窑和瓯窑的产品，这在我国青瓷史上同时期同类型窑址中所不多见。

第五、以弦纹和凹弦纹为贯穿前后时代的主要纹饰。东汉至西晋时期辅以旋纹、水波纹、叶脉纹、编织纹、勾连纹、斜格纹、篦纹和贴花铺首等。特别是发现于临海岙里坑窑址中的一件陶质碗，内底饰一圆圈，圆圈周围饰划九朵莲瓣，斜壁近底处再饰以一周水波纹。这件陶碗，无论从造型，还是纹饰等方面，都可以确定为东汉产品。而东汉末期的产品中出现莲瓣纹，可以说是同时期的其他窑系产品中所没有的。东晋至南朝时期，则普遍使用了莲瓣纹。

第六、褐彩装饰，独具特色。台州窑址中发现有褐彩装饰的器物，最早为三国时期的产品。如临海鲶鱼坑口窑址中发现的碗、钵、罐等器物中，均有不少的褐彩装饰。西晋时，褐彩装饰已很流行。到了东晋时期，则被大量的应用。褐彩装饰的形式主要有以下几种：（1）在器物的口沿上点饰彩。有对称二点、四点和六点，或不规则一点乃至连珠数十点。（2）在器物的耳面上点饰褐彩，单耳点饰，双系点饰。有的则在饰以叶脉纹的耳面上再点饰褐彩。（3）在器物的肩腹、盖面上点饰一圈或数圈褐彩，有的还组成多种花纹图案，有的则是通体纵横点上密密麻麻的褐彩。粗点如指模，细点如米粒，铁质很浓，发黑。这种装饰独具一格，为其他窑系中所不见。（4）在器物的腹部上用褐彩书写纪年文字，如临海开井窑址中发现的一块青瓷罍残片上就有褐彩书写的纪年文字，仅剩"日作"二字。

第七、瓷质的窑具上模印铭文。临海岙里坑窑址中的三足支座，托面圆形，下设间距相等的三只圆锥形足。托面四周施釉，釉色青中带黄。托面底部三足之间则模印阳文"金"字和另外未识二字，或模印阳文"宫"字，估计为窑场中工匠的姓氏。这在其他窑系同时期的窑具中所未见。

另外，1989 年 4 月 10 日，曾于鲶鱼坑口窑址堆积层中意外的采集到一件铜洗、两件熨斗和一件魁。铜洗、宽唇、平底微圆，三足，腹部饰四道弦纹及相对的二立式铺首穿孔耳，足为虎首蹄形。通高 15.2 厘米，口径 39.2 厘米，唇宽 1.6 厘米，底径 30 厘米。二件熨斗叠置于洗内，广唇圆腹，上面的一件通高 5.2 厘米，口径 16.7 厘米，柄长 30.3 厘米。唇部饰二道弦纹。下一件唇部较斜，亦无弦纹。因泥土粘结与洗相连甚牢，暂时未予清理。魁有流与蹄形鼎足，柄长 21 厘米，柄端有孔，底部有一层火烧后的烟煤。通高 7.5 厘米，口径 10.9 厘米。在这四件铜器中，一件熨斗与上海博物馆所藏的"货泉熨斗"形制完全相同。而铜洗则与浙江省天台县城丽泽乡晚山西晋"永嘉四年"纪年墓中出土的铜洗纹饰乃至尺寸完全一样。值得注意的是，铜洗的外壁有一层豆腐皮状的玻璃质物。低薄处约 0.5 毫米，隆厚处 4 至 5 毫米，细看有微弱的透明感。而洗内的泥土与瓷片、熨斗等粘成一体，凝聚力极强。可能这四件铜器曾作盛釉之用，铜洗外壁的玻璃质物似系溢釉所致。早期窑址中发现在当时十分贵重的铜器，在以往实属闻所未闻。因而，这四件铜器当是我国青瓷烧造史上一批弥足珍贵的实物。

郑虔墓

郑虔，是唐代的著名诗人、书画家，墓在临海市大田街道白

图 134　郑虔墓

石村金鸡山东麓（图 134）。

郑虔（685～764 年），字若齐，唐郑州荥阳（今河南荥阳市）人。其工诗、善画、擅书法、爱弹琴，初为朝廷协律郎。平时经常收集时事轶闻，并写成文章八十余篇。开元二十九年（741 年），有人偷看了他写成的文稿，向朝廷告密，说他私撰国史。郑虔赶紧焚烧书稿，可还是被贬谪出京城，一去十年。天宝九载（750 年），被召还京师，唐玄宗爱其才，特置广文馆，以之为博士。他善画山水并擅长书法，但苦于缺少纸张，就每天前往慈恩寺，在寺里贮藏的干柿叶上练习，时间一长，几屋子的柿叶竟然都写遍了。郑虔曾手书自己做的诗，连同画作一起献给玄宗，唐玄宗看后颇为赞赏，亲题"郑虔三绝"。郑虔由此闻名，遂迁著作郎。天宝十四载，安禄山反。次年，为乱军掳至洛阳，硬授水部郎中。郑虔称病推脱，还偷偷打报告给流亡中的唐王室表忠心。可是叛乱略平、唐王室回到长安之后，他还是和同样善画的张通、王维一起被关在宣阳里，听候处分。至德二年（757年），被贬为台州司户参军。至临海后，郑虔以教化后进和启迪未闻为己任。不但创办学馆，选取民间子弟进行文化教育；而且大而婚姻丧祭之礼，小而升降揖逊之仪，莫不言传身教，使临海和台州的文化教育有了较大的发展。卒后，临海人民将其礼葬于城东白石岙金鸡山。并以其所居地命名为"若齐巷"，又立祠以祀之，名"户曹祠"，亦称"广文祠"（图135）。

郑虔的诗名声很大，可惜仅存一首《闺情》："银钥开香阁，金台点夜灯。长征君自惯，独卧妾何曾。"广文先生的诗如此艳冶，倒是出人意料。其所著的《天宝军防录》，"长于地里，山川险易、方隅物产、兵戌众寡，……言典事该"（《新唐书》卷二〇二《文艺传中》）。另

图135　郑虔塑像

外还写有医药学著作《胡本草》。又有《会稡》，系郑虔"追绌故书可志者得四十余篇"（《新唐书》卷二〇二《文艺传中》）而成。郑虔的书法以所书《大人赋》为最著，原藏安徽霍邱裴景福，现不详。此法书曾于民国十一年（1922年）由江苏无锡理工制版所采用珂锣版上等宣纸精印出版，全卷总长616厘米，分二十八幅，每幅宽22厘米，直书一百一十三行，每行五至八字，共计七百三十一字。落款为"荥阳郑虔书于长发寺东禅书院"，下有篆文半印"郑虔"两字。后附历代收藏与鉴赏者印章二十余枚，清晰可辨的有北宋子瞻（苏轼）、米元章（米芾）、白鹤山人

等。另有宋伯鲁、胡壁城等的题跋。书家们认为《大人赋》"用笔随锋取势，纡屈如转环，一片化机，不可捉摸"。是为"人间难得之宝，稀世之珍"。郑虔留存于世的书法作品还有敦煌写卷《书札》楷书残页，高 29.1 厘米，宽 33.7 厘米，麻纸；计十一行半，一百二十字。此《书札》残页现在俄罗斯，香港著名学者饶宗颐称其"书法甚佳，吉光片羽，殊为可珍"。郑虔的画作传世的仅《峻岭溪桥图》纨扇山水一件，此画曾为清宫旧藏，钤有"乾清宫鉴藏宝"印。

郑虔与杜甫是好朋友，他们常在一起喝得"忘形到尔汝"。杜甫曾写了一首《醉时歌》"诸公衮衮登台省，广文先生官独冷。甲第纷纷厌粱肉，广文先生饭不足"替郑虔鸣不平。郑虔被贬为台州司户参军，杜甫匆匆赶来饯行，并写出了一首极沉痛的送别诗："郑公樗散鬓成丝，酒后常称老画师。万里伤心严谴日，百年垂死中兴时。仓黄已就长途往，邂逅无端出饯迟。便与先生应永诀，九重泉路尽交期"（《送郑十八虔贬台州司户》）。人到暮年，后会无期，其间凄凉可知。到临海没几年郑虔就去世了，两人果然就此永诀。过了几年，杜甫又提起这位亡友："郑公粉绘随长夜，曹霸丹青已白头。天下何曾有山水，人间不解重骅骝"（《存殁口号》）。善画马的曹霸此时也潦倒不堪，杜甫名篇《丹青引》颇致感慨。而郑虔已死，他的山水画绝艺更如开宝盛世，风流云散了，无怪乎老杜要叹一声"人间何曾有山水"。

郑虔墓占地面积约四百平方米，整个墓区由墓、墓坛、碑亭和通道组成。墓坐落在墓区的上首，依山面东。墓面高 1.66 米、宽 2.1 米，上题"唐广文博士号若齐韦虔郑公暨夫人郭氏之墓"。墓面两旁立有方形莲花望柱，墓额镌"台教正宗"四个字。墓始建于唐广德二年（764 年），至明代尚有墓地范围及管理的记载。历代曾经多次修缮，清代同治九年，台州知府刘璈又重修此墓，并撰写神道碑，即《唐广文公碑》立于墓前。据清《台州金石志》所言，原墓题"唐广文郑公之墓"七字正书。1956 年，台州各县郑氏后裔曾予以重修。今墓系 1990 年由文物部门进行重修，有墓坛三道，墓保持原状；第一道墓坛上新建高 4.5 米的仿唐碑亭一座，名"若齐亭"。亭内立有中国唐代文学会副会长、陕西师大教授霍松林所撰写的郑虔墓诗碑，亭两侧则分立文物保护碑与清同治九年台州知府刘璈所撰的神道碑。

第四章 临海市文物保护单位

太平天国台门及明建民房

太平天国台门及明建民房，在临海市古城街道回浦路 216 号。现部分为居民私房、部分为公房、部分为临海博物馆 "云古斋"。该房原为王介眉所有，清道光六年（1826 年）和十三年（1833 年）分别卖给了林、陈二姓。

清咸丰十一年（1861 年）十月，太平天国侍王李世贤从金华兵分两路攻台州，至同治元年（1862 年）四月全线撤出台州，历时七个月。咸丰十一年十一月一日，李世贤率军进入临海，于陈家设立总部，临海遂成为太平军在台州的活动中心。李世贤（1834~1856 年），广西藤县大黎乡人，太平天国后期将领。父、母以种田、开山、伐木、烧炭为业，兼业屠猪宰羊。李世贤从小随父下地干活和做屠宰的帮手，父亲去世后，与母亲相依为命，经常衣不蔽体，食不果腹。幸得堂兄李秀成一家极力扶持，还经常教他读书识字习武。清咸丰元年（1851 年），太平军经过大黎山区时，李世贤烧了茅草屋，与堂兄李秀成、伙伴陈玉成等投奔太平军，编在罗大纲的先锋队，在攻克永安城的战斗中首次立功。天京韦、杨内讧事件后，授爵侍天福。咸丰七年（1857 年）升左军主将。次年在安徽宁国湾止镇（今芜湖县）大破清军，并斩浙江提督邓绍良。后主持皖南、浙西军务，配合陈玉成、李秀成打垮清军江北、江南大营。咸丰十年（1860年）被封为侍王雄千岁，爵称"天朝九门御林军忠正京卫军侍王"。十一年兵至临海"馆蓉塘巷陈氏宅"（民国陈懋森《临海县志稿》）。同治元年奉命回援天京。

太平天国台门为太平军所建，系八字门形式，造型简朴大方。台门内的明建民房占地面积约450平方米，天井东西宽9米、南北深6.7米，为三合院建筑。正房七间，东西厢各三间，均为二层楼房。正房的屋顶为硬山顶，彻上明造，前坡略长于后坡。通面阔32.7米，通进深11.24米。其中明间宽4.75米、次间宽3米、梢间宽3.35米、尽间宽2.25米，前廊深2.74米。明间和次间为厅堂，房屋结构用穿斗式木构架。每缝七架，柱头和额枋上均置有斗拱，柱头科以上饰卷云纹雀替。前檐柱头科作重复仰"八"字斜拱，坐斗较大，斗径与柱径基本相同；出一翘，上有耍头。明间、次间平身科二攒，均作童拱计心造。梢间、尽间无斗拱，梢间内向一缝五架梁，外向三架梁，尽间外向一缝则作五架梁。前廊的梁做成月梁，檐口滴水饰菊花纹，除少数为初建之物外，大部为清代重修时后置。两厢的结构在清时即有所改变，已非原貌（图136）。

1954年3月11日，台州专区文物管理委员会文物征集组组长项士元，于宅内征集到太平军遗留下来的铁枪一支、铁矛二支。1981年，国家文物局专家陶宗震曾对此作过考察，认为是一座比较典型的明建住宅，具有很高的历史和艺术价值。1982年5月，临海博物馆于内开设"云古斋"，收购文物并销售文房四宝等。1983年4月15日，临海县人民政府公布为"临海县文物保护单位"。

图136　太平天国台门

大岭石窟造像

　　大岭石窟造像在临海市括苍镇的大岭头山岗上，石窟西向，南距临（海）仙（居）公路 1.4 公里。1983 年 4 月 15 日，临海县人民政府公布为"临海县文物保护单位"。

　　造像原有五尊，因民国时遭雷击，及在"文革"中为炸药所毁，现仅存残菩萨像一尊和壁龛内的小佛像一尊。菩萨像坐落在石窟的北端，南向，通高 4 米，其中头部高 1.5 米，面部已毁坏四分之一。壁龛高 2.8 米，龛内的小佛像高 2.45 米、宽 1.6 米，民间俗称"八仙公公"，五官下巴等亦遭破坏。窟内岩壁间还有石刻题名，由于严重风化，除额书"大功德主"及秃坚董阿的结衔题名外，其余的已模糊不清。据清黄瑞《台州金石录》卷十二记载，此造像为元中顺大夫台州路总管兼管内劝农事秃坚董阿等捐俸建造。其建造时间，黄瑞从《赤城后集》中元周润祖《重修总管府碑记》所载秃坚董阿任台州路总管为元至正元年（1341年），而认定造像的时间亦在是年（图137）。

　　黄瑞《台州金石录》中，秃坚董阿等的石刻题名基本著录。题名石高六尺、广三尺，额楷书"大功德主"四字，每字径七寸，横排。题名十一行，径二寸五分，正书。按《虚堂和尚语录卷一》，功德主，指施主。即施与僧众衣食，或出资举行法会等之信众。音译檀越、陀那钵底、陀那婆。又作布施家。又梵汉兼举而称檀越施主、檀那主、檀主。依《长阿含经》卷十一善生经：'檀越当以五事供奉沙门、婆罗门。……一者身行慈，二者口行慈，三者意行慈，四者以时施，五者门不制止。善生！若檀越以此五事供奉沙门、婆罗门，沙门、婆罗门当复以六事而教授之。……一者防护不令为恶，二者指授善处，三者教怀善心，四者使未闻者闻，五者已闻能使善解，六者开示天路。'又《增一阿含经》卷二十四谓：施主惠施有五功德：（一）名闻四远，众人叹誉。（二）若至众中，不怀惭愧，亦无所畏。（三）受众人敬仰，见者欢悦。（四）命终之后，或生天上，为天所敬；或生人中，为人尊贵。（五）智慧远出众人之上，现身漏尽，不经后世。从佛教的角度来说，秃坚董阿等助俸建造大岭石窟造像，而被称之为"大功德主"，那是比较符合实际的。

　　中国封建社会到接近并已届末期的元、明、清三代，由于社会经济，尤其是资本主义萌芽的逐步产生所促成的社会思想意识的转变，使得人们对于宗教的信仰起了很大的变化。虽说这一时期，可说是中国雕塑造像艺术大发展的时代。但是，地处远离城市的佛教石窟雕像，却是大大的减少，甚至渐渐绝迹了。据统计，属于元代的佛教石窟造像，除甘肃敦煌莫高窟和西安万佛峡以及民乐马蹄寺等地遗有极少数的元窟塑像以外，就所知者，仅杭州西湖灵隐寺飞来峰一处。元代倡信喇嘛教，曾于江南地区设

图 137　大岭石窟造像

释教都统。因此，大岭石窟造像中的雕像，当属喇嘛教造像。虽
然已毁坏严重，然作为数量极少的元代石窟造像，自是弥足珍

贵。

　　附：元大岭造像石刻题名

　　（额）大功德主

　　中顺大夫台州路总管兼管内劝农事秃坚董阿……」

　　安远大将军……」

　　……奏差余斌助俸」

　　……宪司书吏哈散河，师时进（二名原刻并列二行）各助俸」

　　金浙东海右道肃政廉访司事王……」

　　亚中大夫浙东海右道肃政廉访司事副使扬不花……」

　　大中大夫浙东海右道肃政廉访司副使顺昌……」

　　亚中大夫浙东（此处似应补"金"字）浙东海右道肃政廉访司事杜秉彝……」

　　征事郎金浙东海右道肃政廉访司事老老……」

王士琦墓前石刻

　　王士琦墓前石刻在临海市括苍镇张家渡村王庄山。王士琦墓位于王庄山山腰，方向为朝北偏东100°，石刻在墓前约70米的山脚。1983年4月15日，临海县人民政府公布为"临海县文物保护单位"（图138）。

　　王士琦（1551～1618年），字圭叔，号丰舆，临海城关人。出身于官宦之家，其父王宗沐，明嘉靖二十三年（1544年）进士，曾历官山西左右布政使、山东布政使、右副都御史、总督漕运兼巡抚凤阳、南京刑部右侍郎等职，终刑部左侍郎。万历二年（1574年）十一月十一日，吏部申明旧例荫子，圣旨准送王士琦承恩咨送礼部转送国子监读书。万历十一年（1583年）得中进士，初授南工部主事，转职方员外郎中，历兵部郎中事主事。

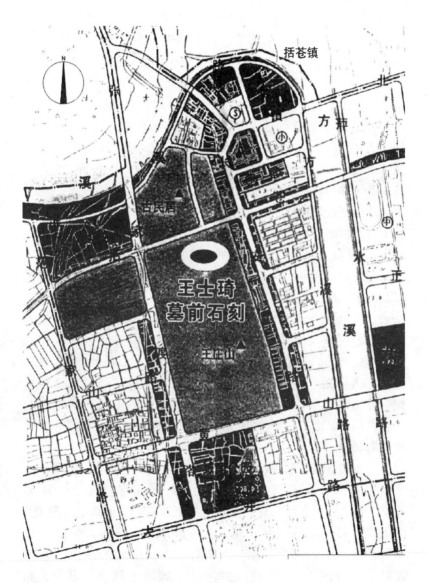

图 138　王士琦墓前石刻位置图

《章安王氏宗谱》卷二记载万历十五年（1587 年）十一月初十"敕命南京兵部职方清吏司署郎中事主事王士琦并妻邓氏"云："王士琦学有家传，才为国器，鸠工综事，蚤蜚誉于起曹，经武诘戎，益驰声于职部。兹用考绩，特授尔阶承德郎"。万历十八年（1590 年），出守福州。在任内恪守职责，勤于政事，"振刷清理，庭无留牍"（民国《临海县志稿》）。万历十九年（1591 年）岁之腊，丁父忧返里。万历二十二年（1594 年）岁腊服阕，任重庆知府。因招抚播州宣慰使杨应龙有功，遂"为川东兵备副使弹治之"（《明史》卷三一二）。万历二十六年（1598 年）六月，升为四川右参政。与总兵刘綎将苗兵二万自蜀趋王京，从经略邢玠出兵援朝抗倭。在栗林一役中，奋不顾身，督师力战，取得了决定性的胜利，奠定了此后朝鲜 300 多年相对安定的历史基础。事平以后，升河南左布政使。因四川杨应龙复叛，受到回里听勘的处罚。回里听勘五年，"部覆镌一级补湖广参政"（民国《临海县志稿》）。不久，"以荐升臬司属"（民国《临海县志稿》）。万历三十五年（1607 年），朝议升为山西右布政兼副使"分巡冀北"（民国《临海县志稿》）。万历四十一年（1613 年），士琦靖边有功，"晋左布政，仍备兵冀北"（民国《临海县志稿》）。万历四十四年（1616 年）七月，迁右副都御史，巡抚大同。万历四十五年（1617 年）四月，"大同巡抚王士琦因被纠，上疏乞归，从之"（《明神宗实录》）。次年卒，有著作《东征纪略》等传世。

王士琦墓前石刻现存碑亭、石文官、石马、石虎、石羊和华表（图 139）。碑亭原有二座，一座已毁，今尚存左侧的一座。碑亭全部由石板和石块构成，平面基本上为方形，正面宽 2.37 米、侧面宽 2.15 米、通高 4.15 米，其中顶脊高 0.49 米。亭顶阙式，脊饰鸱吻，中间部分略损。石文官二个，通高 3.26 米、肩围 2.41 米、身围 2.72 米、肩宽 0.9 米、颈周 0.11 米，其中头高 0.695 米。均戴冠秉笏，身穿宽大朝服。所不同的是左有须，右

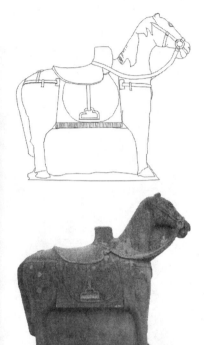

图 139　王士琦墓前石刻中的"文　　图 140　王士琦墓前石刻中的
官"和"华表"　　　　　　　　　　　　"石马"

无须。石马二匹，背饰雕鞍，安详温顺，站立于长方形石座之
上。通高 2.21 米、身高 1.37 米、身长 1.57 米、脚高 0.62 米，
自基座至头部高 2.1 米，基座长 1.92 米、宽 0.98 米、厚 0.11 米
（图 140）。石虎二只，蹲坐于长方形石座上，通高 1.43 米、身长
1.44 米，基座长 1.28 米、宽 0.615 米、厚 0.19 米（图 141）。石
羊二只，跪卧于长方形石座上，通高 1.22 米、身长 1.15 米（图
142）。石华表二根，高 4.55 米、柱径 0.53 米，周身浮雕云龙纹，
浮雕深度一般为 0.33 厘米。此外，墓前原有石牌坊一座，1982
年 7 月 19 日被暴风摧毁，今尚存"天地恩赐"石匾一块。这些

图 141　王士琦墓前石刻中的　　　图 142　王士琦墓前石刻中的
　　　　　"石羊"　　　　　　　　　　　　　"石虎"

墓前石刻雕工精美，堪称明中期墓前石刻中的上品，具有相当高的艺术价值。

巾山群塔

巾山群塔坐落于临海市区东南隅巾山之上，分别为东大塔、

西小塔和南山殿塔。1983 年 4 月 15 日，临海县人民政府公布为
"临海县文物保护单位"（图 143、144）。

图 143　巾山群塔

　　东大塔在巾山东峰，始建年代志书无载。据宋陈耆卿《嘉定
赤城志》所云巾山"双峰如帢帻，其顶双塔差肩屹立"可知，此
塔至迟于南宋嘉定年（1208～1224 年）以前已经存在。明正德三
年（1508 年），台州府城大火，烈焰延及东大塔，致使塔外木构
件俱被烧毁。清康熙二十七（1688 年），台州知府吴本立重修。
嘉庆二十三年（1818 年）四月又遭雷击，复重修。咸丰三年
（1854 年），临海遇到了大风大雨的袭击，塔被龙卷风所毁。同治
四年（1865 年），台州知府刘璈罚令大田赤水财主徐万年重建东
大塔。塔由孝廉傅兆兰监造，共费银二千一百四十五两。
　　现塔基本保存完好，平面呈六角形，砖石楼阁式。塔身砖砌
五级，每层以菱角牙子叠涩出跳。底层有塔门，塔门之上原题
"文笔冲霄"四字，今已湮灭。塔内中空，有石级螺旋而上。自
第二层开始，每层都有佛龛和窗。佛龛内置有阳刻佛像砖，高 70

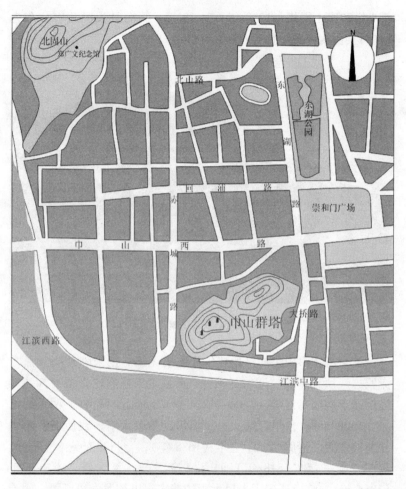

图 144　巾山群塔位置图

厘米、宽 70 厘米，大多完好。塔内壁上的砖多有篆书铭文，为
邑人李用仪所书。可辨者如：“同治四年”、“巾子山塔”、“监工
职训李用仪”、“监工庠生李向荣”、“折造庠生徐万年”等等
（图 145）。

　　东大塔之下原有巾峰寺，始建于宋乾德五年（967 年），初名

"净光塔院"，为五代时吴越国之台州刺史钱昱所创。大中祥符四年（1011年）赐额"明庆塔院"。曾子文《结界院记》有"芟洗萝蔦，披作榛荆。鳞布层基，翼建宝塔。森沉月殿，潇洒星廊"之语。后废。南宋宝祐元年（1253年），台州知州赵与湮重建。元明以来屡废屡建，清道光中（1821～1850年）重修。同治四年（1865年），台州知府刘璈又予以缮修。今废。章得象有《题明庆塔院》诗："步步云梯彻上层，回头自觉欲飞腾。频来不是云中客，久住偏宜物外车。下寺钟声沉海底，前峰塔影落阶棱。凭栏未尽吟诗兴，却拟乘闲更一登。"

图145　东大塔

　　西小塔在巾山西峰，与东大塔比肩而立。其始建年代亦无载，但与东大塔一样，至迟于南宋嘉定年（1208～1224年）以前已经存在。车若水《塔灯记》记："台之巾山有塔焉，朔望之夕，群灯环之，光闪半空，问之僧，云：'檀越祈福，一夕铜锣三万'"。桑世昌有《夜对巾山塔灯呈史君李孟达寺簿》诗："光明台畔旧曾逢，何自飞来碧海东。未问眼根齐等级，要先心地证圆通。八还究竟千光合，四面回旋一视同。坐想玉霄风月夕，超然清对一诗翁"。清康熙三十四年（1695年），台州知府张联元曾作修缮，刑部侍郎冯甦为作《募修巾子山双塔疏》。康熙五十八年（1719年），天宁寺僧蕊葤又予督修。嘉庆四年（1799年），塔顶毁于大风，复重修。道光中（1821～1850年），塔开始出现倾斜。同治五年（1866年），台州知府刘璈重修。

　　塔为六边五层，砖砌实心楼阁式，高17.95米。塔体逐层收分、递减，外轮廓基本呈一直线。各层均有腰檐和平座，以菱角

牙子叠涩出跳。二层以上每层中间辟
壶门形佛龛，龛内设佛像。壶门两边
隐出槏柱，转角作八角形倚柱，并隐
出地栿和阑额，出檐无起翘及升出。
构造简单，朴实无华（图146）。

图146　西小塔

　　由于塔基不均匀的沉降，导致塔
体呈三折向东南方向倾斜。塔壁部分
凸肚松散，腰檐除顶层外，已全部倒
塌。筒瓦面层亦严重残破，檐脊滴水、
勾头等大多跌落，塔刹铁件也已毁坏。
塔体呈继续倾斜的动状，随时有倒塌
的危险。根据这一情况，临海市文物
管理委员会于1989年报请浙江省文物
局同意，对塔进行落架大修。维修时，
发现该塔外表虽系清式，而塔体实为
宋物，遂按宋式予以恢复。修塔过程中先后在塔顶天宫发现"明
万历（1573～1620年）刻本《瑜伽焰口集要》一册、清康熙
（1662～1722年）抄本《妙法莲花经》一册"等文物，在塔之中
宫发现的有石雕佛像6躯、恭塔3座（内残1座）、佛像砖印模2
块、"宋大中祥符元年九月二日造记"塔砖2块，以及唐开元、
宋太平、咸平等铜钱。此外，还发现大量的宋代题名砖和清代铭
文砖一块，铭文砖上有铭文"募修西塔绅首天宁彤霞院比丘善普
敬助菩萨一尊福有所归，康熙己亥（1719年）仲夏吉旦"。由塔
中出土的铭文砖可知，西小塔的始建年代为北宋大中祥符元年
（1008年）（图147）。

　　南山殿塔在巾山西南山坡南山殿前，始建年代也不详，近人
周萍洄据塔砖考为明万历四十六年（1618年）所造。清同治五年
（1866年），台州知府刘璈曾重修。塔亦为楼阁式砖塔，五级六
面。基座由条石砌筑而成，每级以菱角牙子叠涩出跳。塔内中

图147　西小塔出土的塔砖铭文和模印佛像拓片

空，自第二级开始每级每面均有壶门形佛龛和壶门形窗，其中第二级北面、第三级东南面、第四级西面为壶门形窗，余皆为壶门形佛龛。第五级每面佛龛内都置有石刻佛像（图148）。

巾山群塔，东西塔耸峙，稳重挺拔，造型优美；南山殿塔，小巧玲珑，俊秀飘逸。一山身居市区而坐拥三塔，且建筑年代横跨宋及明清，国内罕见。

附：清冯甦《募修巾子山双塔疏》

浮图之建，始于像教。或因见雁，或由掷钵。厥后阿育王八万四千，几遍境土。汉晋以来，渐及震旦。若元魏之鹿野石窟，叠书国史；李唐慈恩，为新进士释褐题名之地，与栖灵、多宝，杂见高适、岑参、杜甫诗中。其他山巅水涯，所在多有。堪舆者流遂以为地脉映照关锁之助。如吾郡城，拥龙顾，面帢帻，两浮图峥嵘霄汉，官称豸角，士号笔峰，由来尚矣。其当盛时，金碧辉映，朔望燃灯环之，一夕铜镴三万，车玉峰《塔灯记》可徵

也。阅年既深，日就颓落，望之如朽
株饿隶，凋残之状，过者目击而心伤
焉。夫堪舆之说，虽若荒诞，然其理
有不诬者。譬之草木植阳和饶沃之
区，则其干必蕃；禽鱼素产蒙密幽深
之所，则其族必庶。物既有之，人亦
宜然。士大夫家门屏之间，几席之
上，苟有置设，犹必求精饰玩好而后
即安，矧为台民聚族所处，近在阛
阓，亘古卓天，万目共观如双塔者，
顾任其倾圮剥落，不复修治，尚欲其
兆丰年，启文明，岂可得乎？然时诎
举盈，有志者难于虑始，仍不无藉于
浮图之力。释慧然戒行精纯，久为梓
里共推，郡伯暨邑侯狗诸生之请，特
举以司其事，首出帑金付焉，因属余

图 148　南山殿塔

为疏以募。余闻治世出世，道本殊涂，而事恒相助。释氏劝化，
破人贪痴，实能佐王化所不逮。故则壤定赋，有司终输岁徵，输
或罕及额，而比邱倡募，每朝呼而夕应，盖势以驱之，不如善以
诱之之为便也。葛洪《字苑》曰：浮图，合佛龛也，为波斯匿王
说布施因果。又佛教也。彼树宝刹，饰金身，似与民生无与，犹
或舍身破廉以资之，若兹双塔之有系形势地脉，尤显然在人目
前，俗言功德最大者，辄“七级浮图”，则各出馀资，以共成胜
举，其为群情乐输，又宁俟号令以相驱哉！为书其缘起，以告同
志。

法轮寺

法轮寺坐落在临海大田街道青田村，1983 年 4 月 15 日，临海县人民政府公布为"临海县文物保护单位"（图 149）。

图 149　法轮寺

法轮寺始建于南朝梁大同年间（535～546 年），原在"县东三十五里西溪"（今属汇溪镇），初名不详。北宋崇宁五年（1106年）改"法轮院"额，宣和四年（1122 年）徙于距寺半里之地。此后，历代兴废相仍。清顺治十二年（1655 年），寺僧行明移建今地。康熙十六年（1677 年），僧圆延重建。康熙四十一年（1702 年），僧明智复重建。光绪二年（1876 年），住持成泰重修。光绪十五年（1889 年），住持林祥再修。寺原有山门、金刚殿、大雄宝殿，以及寺西两厢等。现存大殿五间，1993 年以来，陆续新建厢房、伙房、金刚殿、山门等建筑。

大殿为单檐歇山造抬梁式建筑，平面五开间。通面阔 20.25 米，通进深 16.94 米；其中明间宽 5.6 米，次间宽 3.8 米，梢间宽 2.7 米。木构繁复，雕刻精美，柱头及额枋上均施以斗拱。殿内尚保存木制匾额二块及"重建法轮寺碑记"一通。一块匾额上书"古法轮寺"四字，高 0.89 米、宽 2.54 米，上、下款分别为"弘觉禅师道忞敬题"、"光绪丙子年辛丑月吉旦主持成泰重修"。道忞（1596～1674 年）为明末清初著名的临济宗杨岐派高僧。字木陈，号山翁、梦隐，俗姓林，广东潮阳人。初习儒学，后读《金刚经》、《法华经》、《大慧语录》等佛典而悟，乃立志出家，依庐山开先寺若昧智剃发。后依憨山德清受具足戒，并游历诸方，嗣法于宁波天童寺密云圆悟。明崇祯十五年（1642 年），圆悟示寂，乃继之掌天童寺。清顺治三年（1646 年），退居慈溪五磊山。其后历住越州云门寺、台州广润寺（今属三门）、越州大能仁禅寺、湖州道场山护圣万寿寺、青州（山东）法庆寺等。期间应徒行明之邀，而于法轮寺讲经说法。曾奉召入宫为清世祖说法，甚受赏识，赐号"弘觉禅师"。另一块匾额这"象教昭垂"四字，高 1.01 米、宽 2.11 米，上款题"同治三年岁次甲子春月吉旦"，下款是"署临海县知县婺……（破损）"。按同治三年（1864 年）临海知县为张廷勋，江西婺源人，同治元年（1862 年）署。"重建法轮寺碑记"立于清康熙四十一年（1702 年），碑高 207 厘米、宽 78.5 厘米，其中额高 32.5 厘米、边各 6 厘米。边上左右三方刻龙纹，下刻波浪纹。正文 12 行、满行 59 字，楷书，字径 2.7 厘米。又舍田姓名 11 行，字径 1.5 厘米。由成康保撰文，邢芳奕篆额，何纮度书丹。

附：重建法轮禅寺碑记

（篆额）重建法轮禅寺碑记

台郡东距城三十五里为法轮禅寺□□□万树盈畴，野旷天空，居然选佛道场也。始自梁大同中建，历宋崇宁五年建今额，宣和四年徙西溪。迨』鼎革后，渐致式微。顺治十二年，行明禅师复迁□□，卓锡其地，曩为弘觉老人法嗣也。继得徒超学师同志潜修，协力焚祝。嗣得徒孙明智师，笃行禅宗，率』徒实乾，夙夜筹谋，殚心拮据。创大殿，竖山门，建口廊，新佛像，塑天王，辟田园，培竹木，精研戒律，参悟梵旨。煮茗济行人之渴，设榻悬投止之单。爰是香灯灿』馥，钟鼓齐鸣，已成为东南一大丛林之气象焉！师姜姓，诚朴淡泊自甘，貌古而修坚，神怡而养粹，实心象教，不染世尘，日惟寂静，足不入城者三十余年，洵得』面壁心传也。日与诸众谋究真机，慈心普渡，克光祖业，允绍前徽。然其十方之善信多矣，咸倾心仰师之法力弘深，修持惇谨，均为乐捐若干亩。师自置』田若干亩，开列于左，用垂亿万年。

赐进士第奉政大夫同知台州事前内阁』诰敕撰文中书舍人癸酉山西主考丁卯顺天同考成康保撰文（下钤"成康保印"、"安春"二章）

赐进士出身文林郎知台州府临海县事邢奕芳篆额（下钤"邢奕芳印"、"佩芳别号慈征"二章）

赐进士出身文林郎知山西平阳府临晋县事郡人何纮度书丹（下钤"何纮度印"、"壬辰进士"二章）

（下列舍田姓氏，略）

康熙四十一年岁次壬子仲春谷旦住持明智立石

大成殿

台州孔庙大成殿在临海市古城街道回浦路西端北，是台州孔庙的主殿，也是全庙最高的建筑（图150）。

孔庙是奉祀孔子的庙宇，孔子（前551～前479年）名丘，

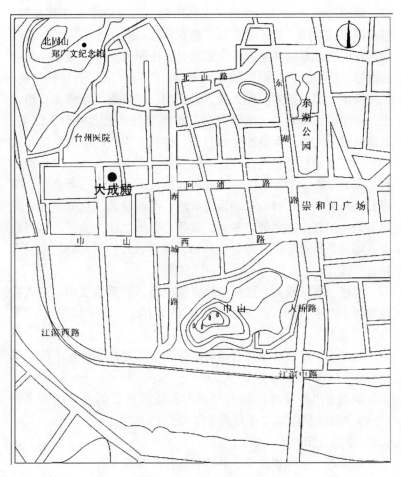

图 150　大成殿位置图

字仲尼，鲁国陬邑（今山东曲阜市东南）人。春秋后期伟大的思想家、教育家，儒家的创始人。他自幼发愤为学，博学多能。成年后开创了私人讲学的风气，并广收门徒，相传有弟子三千，贤弟子七十二人。他曾带领弟子周游列国14年，成为文化传播的使者。晚年专心从事古代文献整理与传播工作，致力于教育，曾修《诗》、《书》，定《礼》、《乐》，序《周易》，作《春秋》。他的思想及学说对后世产生了极其深远的影响。孔子经其终生倡导和历代儒家的发展，使中国儒家学说成为中华文化的主流，作为中国人的指导思想逾两千余年。孔子思想体系的核心是德治主义，他执著地倡导德化社会与德化人生。德化社会的最高标准是"礼"，德化人生的最高价值是"仁"。从而教导人们积极奉行"己欲立而立人，己欲达而达人"，"己所不欲，勿施于人"的"忠恕之道"，以建立正确的人生观和正确处理人与人之间的关系。并倡明"天人合一"之教，以善处人与自然的关系，他还阐述和弘扬了人不仅要"仁民"，也要"爱物"的道理。孔子坚决主张国家要实行"富之教之"的德政，使社会与文化得到发展。认为文明的最高成就在于造就理想人格以创立理想社会，通过潜志躬行"内圣外王之道"，以达到"天下为公"、"大同世界"之境界。由于孔子的卓越贡献和思想影响深远，他被中国人尊为至圣先师，万世师表。

台州孔庙又称台州府文庙，原名先圣庙，始建年代无考，地址亦不详。北宋景祐二年（1035 年），台州知州范说二迁至临海东城之维。康定二年（1041 年），知州李防三迁于今地，并即庙建州学，自此庙学一体。皇祐二年（1050 年），知州吕士宗"创屋五十楹"（宋陈耆卿《嘉定赤城志》）。此后，修缮不断。南宋绍兴十九年（1149 年）台州知州宗颖、三十一年（1161 年）台州知州黄章，乾道元年（1165 年）台州知州黄然、七年（1171 年）台州知州朱江等，都予以重修。淳熙七年（1180 年），台州知州唐仲友开始进行大修，"更戟门、两庑及斋舍"（宋陈耆卿《嘉定赤城志》）。绍熙元年（1190 年），台州知州江乙祖于庙开设县学、宗学。庆元五年（1199 年），知州叶簠奉旨辟武学，"惟大成殿久欲压，历三政不果造"（宋陈耆卿《嘉定赤城志》）。开禧元年（1205 年），知州叶筬重建大成殿。"殿之后有明道堂，堂之上有稽古阁，阁之后有直舍，有上执事位七，诸生斋六，伸道、敏行、潜心、居仁、尚友、育英。有肃仪位，祭器司，计二库"（宋陈耆卿《嘉定赤城志》）。是时，台州孔庙已是大具规模。嘉定四年（1211 年），知州黄畲造棂星门，"又为两挟屋，易州学额，创小学，以三十人为额，置教谕一员，食减半。增太学生食。又捐钱买田，造祭服、祭器"（宋陈耆卿《嘉定赤城志》）。其后，知州尤袤又建思贤堂、三老堂、颂禧堂、谢丞相祠、四先生祠、谢上蔡祠等，范围进一步扩大。嘉定十三年（1220 年），知州赵彦纾"合建于明道堂之东偏，仍更造直舍"（宋陈耆卿《嘉定赤城志》）。嘉定十五年（1222 年），知州齐硕重建棂星门，并"茸众斋，新祭器一千二百，学之庶务可谓毕举矣"（宋陈耆卿《嘉定赤城志》）。元至元十三年（1276 年），庙毁于兵火。台州路达鲁花赤李宥、总管石国华重建。泰定中（1324～1328 年），台州路总管赵凤仪建先贤祠。不久，庙废。明洪武初（1368～1372 年），台州知府范明敬于旧址重建。正统年间（1436～1449 年），庙又毁于大风雨，知府周旭鑑复重建。成化时（1465～1487 年），知府阮勤、叶赟在原有的基础上分别修建了棂星门、两庑和斋舍。修复完毕的孔庙当时有大成殿三间、两庑各十二间、戟门五间、棂星门三间、神库三间、宰牲房三间、明伦堂五间、两斋各三间、馔堂三间、号房二十间、仓廒三间、射圃三间及碑亭等建筑，规模非常宏大。清康熙五十一年，台州知府张联元又开始重建大成殿，历时六年方才落成。落成后的大成殿"大殿规模宏丽，构筑精巧，气象堂皇"（民国《临海县志稿》）。嘉庆中（1796～1820 年），大成殿又进行了维修。同治六年（1867 年），大成殿再次重修，这次重修是为清代有文字记载的最后一次修缮。民国时期，于庙内设立私立回浦中学，孔庙的功能逐渐消退。1949 年以后，孔庙除大成殿及西厢房外，其他建筑均拆建为台州行署宿舍。大成殿则长期被行署行政科用作木材仓库。1983 年 4 月 15 日，大成殿被临海县人民政府公布为"临海县文物保护单位"。2001 年，临海市人民政府开始对大成殿

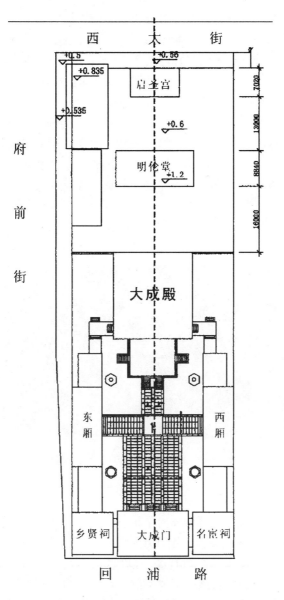

图 151　台州孔庙平面图

进行抢救性维修，并先后修复已被拆毁的原孔庙建筑（图151）。

大成殿占地面积458.8平方米，平面呈正方形，五开间，重檐歇山顶。通面阔和通进深均为21.3米，通高18.48米。其中明间宽6.7米，次间宽4.5米，梢间宽2.3米。殿内梁架为抬梁式，每缝六柱，总计三十六柱。金柱柱径为51厘米，比一般柱略粗，柱础高60厘米、径81厘米。梁枋、柱头等装饰斗拱，平身科明间四攒、次间三攒、梢间一攒。屋面分水比普通建筑起落大，木作雕刻工艺精细，殿内局部绘有彩画。整座建筑集南北风格为一体，是临海及台州保存最为完好的最高大古建筑物（图152）。

图152　大成殿

附：唐仲友《重修台州府学记》

本朝以恢儒为家法，自庆历讫绍兴，命教益广。太上皇帝首善辇毂，歆谒临幸，亲勒石经，以风厉学者。圣主服，慈训复，举缛典，桥门观听益盛。肇建华阁，严奉奎画，增饰黉舍，轮奂一新。风教所被，无间幽远，矧在甸服，敢不钦承。仲友世以诸生受国恩，淳熙庚子奉命假守，岁丁大祲，夙驾至郡，既谒先圣，行视学宫，将就倾圮。惕然念非宣化所宜，顾民艰食事有叙，既登麦，命临海令茸大成殿，易腐苴罅，坚致可久。至秋中熟，乃议修学辟庭，高门崇垣。修庑论堂书阁，因旧而茸，鸠工度材，虑吏并椽，乃集乡之播绅，推其贤能者三人庀役事，择僚属四人助之，以吏卒谨饬者行文书，给呼名，如作私室，官不知役。始作于壬寅孟春，毕于首夏，庭宇夷直，规制宏壮，悉过于旧。材良匠能，可支百载。夫以天子命郡置学，选明师，教士以德，行道艺，以培植风化，震荡习俗，使人知有礼义，以胥训胥，保于平康辑睦之地，乃王道之本，生民之命，不可一朝缓。养薄则不足移体，居陋则不足移气，青衿挑达而不孙业，则风俗之苟简熟烂，至于扞格而难入，无怪也。兹郡迩辟雍之流，而以水火风旱之相仍，补败不给，顾视嗟咨，以迄于今，又因循而不修，守之罪大。今捐数千缗，而贤士大夫乐与共成，岂独守之责塞，实亦成前人之志，副多士之愿。然乡之贤士大夫劳其心力，而守蒙成，此非天子之德厚而朝廷之化深欤！喜其成而推其本，言之不足，而至于永歌诗，其可无作？诗曰：有学之宫，既久斯圮。非乡之英，熟茸而起？伊乡之英，匪为我劳。辟雍之化，其流滔滔。有庑斯修，有门斯闳。多士复来，居移气壮。台山巍巍，江流逶迤。有学之宫，与江山齐。既安尔居，既鼓尔箧。青青子衿，盍逊尔业。我风斯移，我俗斯美。诏尔多士，毋负于天子。

刘熽《四先生祠堂记》

嘉定五年春正月，天台郡学始建四先生祠，郡侯豫章黄使来言曰："故侍讲文公朱先生，道为世师，台之士受业于其门者众。淳熙间浙东大饥，诏起先生为常平使者，郡内赖以全活。而于台人栉垢爬痒，为德独厚，盖尝比屋设位而祝之，盍祠于学宫。然先生之道，濂溪周先生、伊洛二程先生之道也，故祠四先生焉，庶几帮人有所向慕而兴起，愿子有以发其端。"熽惟黄侯因邦人怀先生之德，而欲慰其思，复推原先生学道爱人之所自出，以风厉之，其于化民成俗之意笃矣。然四先生之道，孔子、孟子之道也。今学者孰不曰师孔孟，得其言与得其所以言，不入于清虚，则溺于浅陋，本源不正，末流益远，是以义利不明，习俗以坏，儒者遂可厌薄天下，不复见古治盛时？然则长民者盍亦反其本矣。今侯之牧其民也，芟夷暴，强封植善，良政既行矣，侯曰："未及乎德、礼也。"乃建是祠，率诸生而舍采焉。执事以序，雍雍如也。礼成而退，有进而言曰："先生之容则既瞻而仰之矣，先生之道可学而至乎？"侯曰："善哉问，吾尝闻之，惟皇上帝降衷下民，本然之性，无不善也。学者穷理以致其知，反躬以验其实，则施之家而顺，达之国而理，措之天下无所处而不得其当。乃若趋其名以为高，入乎耳而出乎口，则非四先生之所望于后学也。"余既嘉侯之为邦，知所本而其所以教人者，又亲切而著明，可尚也已，于是乎书。

叶适《上蔡祠堂记》

谢良佐字显道，受业二程。与游酢定夫、杨时中立，皆为高弟，号上蔡先生。学者宗其传，谓颜、冉复见也。不幸遭党人禁锢，未解而卒，诸子避虏进逸，一死楚，一死闽，独克念者落台州。绍兴六年，给事中朱震子发奏官之，寻亦死。克念有子，偕三子无衣食，替人承符，引养老母。嘉定五年，太守黄子耕修郡志，访求故家得之，请见，抗宾主礼，给冠带钱米，买田宅，祠显道于学，在二程后。郡人惊异曰："自黄太守来，他日邦赋之没于群奸者一收敛，公使之消于妄费者悉减节，遂能以其馀兴小学，作棂星门，增太学生食，服有珩，器有罍簋，又设燧火，立养济，葬丛骸，政通化达，生死润赖，此吾等所知也，惟上蔡事不可解？"甚或嗤笑曰："奚不切若是哉！"夫意有远近，知有难易，诗曰："烝我髦士，"近也。又曰："续古之人，"远也。兴小学，近而易知也。祠上蔡，远而难解乎？道非人不行，不行而天地之理不章，古今大患也。先王比联闾附而教其人，不敢薄也。

然其致道而成材者，几绝都旷国不一遇焉。故尊之，贵之，珍之，重之，哀其死也。尸祝以神之，禄位以延之，更世千百犹未也，盖公之也。若使人奋其私智，家操乎异说，各不相统，而以己之气血所胜者为善，则道德坏而义理灭矣。解子耕之举者，宜曰独上蔡事尤长，非不切也。昔正考父饘粥于鼎，循墙而走，其后孔子生而孟僖子命其子学礼焉。谢氏之困于庸奴久矣，子耕既洗沐之，列于士大夫，安知无达人出，复佐二程之道，斯可以占天意矣。然则余之不切，不愈甚乎！

《三老先生祠堂记》

学者聚道之地，而仕所由出也。或畔道从利，苟荣其身，欲复于学，弗可受矣，况可祠乎？台州之学，得祠者三人：罗提刑适、陈侍郎公辅、陈詹事良翰。提刑用不究，故事不显。余闻邹浩言，熙宁外贵人视民甚蒿莱，芟燎恨不力也。是时能慷慨建白，保赤子以对天命，惟江都令罗适、弋阳令董惇逸二人，而邹公独谓罗公，见而得之。然则推于所不见，其不畔道审矣。方靖康忧恐，惩艾已泮，岂不尚合侍郎发明，四肢心腹之论无过此矣。竟失指远去，然后徬徨，宗周卒成分裂之祸。及隆兴英睿，愤激大势，宜若遽振，詹事方守绝和不弃地之策，最专一也。使坚志待之，虏久当荡析，岂遗种至今哉？虽绍兴复用，而已与大臣异议，终不留。虽乾道再入，而既为近习擅事，迄自退。二公任谏诤，位从官，立朝本末，天下诵之，岂惟不畔道而固行道，道虽难行，而不苟荣其身而止也。士在天地间，无他职业，一徇于道，一由于学而已。道有伸有屈，生死之也。学无仕无已，始终之也。集义而行，道之序也。致命而止，学之成也。后世地或千里，无学其君子以意行道，晚进阔远，不知所从，庆历后名一功，著一善，往往复之于学矣。今其秀人美士，群萃而校处，朝夕瞻顾，拂拭象服，如三老之存《春秋》，盘荐、饔醴、芳菰如三老之飨，而又仰其大节，俯其细行，无不皆可师也。为聚道之助，不既多乎？或疑侍郎不右程公，学术若少异，然按程公亲为孔文仲排劾，而与孔公并党籍，《史记》晏婴非孔子而弟子称善与人交，两贤哉。

杨哲商烈士墓

杨哲商烈士墓在临海东湖公园内，位于临海博物馆与东湖石刻碑林的中间。1983 年 4 月 15 日，临海县人民政府公布为"临海县文物保护单位"。

杨哲商（1883～1911 年），辛亥革命烈士（图 153）。原名旭东，小名秀南，字以行。临海市城关旧仓头人。早年就学于临海三台书院，善图画，能诗歌、治印，兼娴技击。毕业后即任教于县学，与邑人屈映光、周琮、王文庆等友善。清光绪三十三年（1907 年），离乡赴沪进入王文庆在上海创办的启东学校学习，并在吕公望的介绍下加入光复会。入会后，为联络革命党人，常奔忙于沪、杭、绍间。又奉秋瑾之命与陈韶等往嘉兴、湖州筹

图 153　杨哲商烈士像

措军火与粮饷。徐锡麟和秋瑾壮烈就义后，杨哲商返回临海，继续宣传革命思想。宣统三年，在临海与邑中同志李惠人、王文庆、严秉钺等发起组织了台州的革命秘密机关"台州国民尚武会"。武昌起义胜利，王文庆在上海专函召杨哲商及屈映光、周琮等赴沪筹划沪杭起义。至沪后，杨哲商、周琮领受光复会总部制造炸弹的任务，夜以继日用土法制作炸弹，又亲自参与攻打上

海江南制造总局的战斗。上海、杭州相继光复后，革命党人组织江浙联军会攻南京，炸弹需求量剧增，杨哲商等通宵达旦赶制供应。1911 年 11 月 6 日凌晨，闻北京破、溥仪逃之传言，拍案而呼："果如是，死亦何憾！"不料，案动灯落，炸弹堕地爆炸，当场牺牲，年仅 29 岁。1912 年 8 月，浙江省议会决议，将杨哲商灵柩运回浙江，与陶成章、沈由智三烈士合葬于杭州西湖凤林寺前。

图 154　杨哲商烈士墓

　　杨哲商墓原建于杭州西泠桥畔凤林寺前陶成章墓一侧。墓用青石板构筑，呈正方形墓体，前置供桌，碑文刻在墓体前石碑上，简洁端庄。1964 年被迁到鸡笼山，"文革"期间被毁。1981年 9 月，再迁至南天竺。临海现存的杨哲商烈士墓为衣冠墓，系杨哲商夫人沈美芳于 1936 年所建。形制基本上仿自杭州原墓，墓坐东朝西，正方形，八字顶，墓内用石板构筑，外部抹水泥。

墓高 2.2 米、宽 4.8 米、侧面宽 3.98 米。墓面为庞镜堂所题，横排隶书"杨烈士哲商之墓"，墓前有水泥制成之桌与凳（图154）。

东湖烈士墓

东湖烈士墓在临海东湖北岸的大固山东端南麓，这里主要埋葬着在解放一江山岛战斗中壮烈牺牲的革命烈士 120 人。1983 年 4 月 15 日，临海县人民政府公布为"临海县文物保护单位"。

一江山岛是由两个小岛组成的仅有几平方公里的荒岛，位于原临海海门（现台州市椒江区）东南方 10 海里处，南距大陈岛 7.5 海里，离大陆 13 海里，与临海的头门岛相邻。

1954 年 11 月至 1955 年 2 月，中国人民解放军华东军区陆、海、空军各一部，对国民党军据守的一江山岛进行了渡海登陆战役。当时，大陈岛是浙江东南沿海国民党守军的指挥中心和防御核心，而一江山岛则是大陈岛的门户和前哨据点。岛上驻有国民党军一江山地区司令部率突击第 4 大队、突击第 2 大队第 4 中队及炮兵第 1 中队据守该岛，总兵力约 1100 人。并构筑了永备型和半永备型工事，形成了较完整的防御体系。为实现中央军委解放浙江东南沿海岛屿的决心，人民解放军华东军区组成浙东前线联合指挥部（简称"浙东前指"），军区参谋长张爱萍任司令员兼政治委员，下设三个军种指挥所。为以小的代价换取大的胜利，"浙东前指"决定首先攻占一江山岛。参战部队有第 20 军第 60 师 4 个步兵营，9 个炮兵营；空军航空兵 15 个大队又 1 个夜航中队；华东军区海军第 6 舰队鱼雷艇、登陆运输船艇各一部，海军航空兵 7 个大队，以及部分海岸炮兵。战役分两个阶段：第一阶段夺取战区制空、制海权，同时掩护参战三军进行战前训练；第二阶段实施渡海登陆作战。1954 年 11 月起，"浙东前指"组织海、空军及岸炮部队，从空中、海上封锁预定战区，先后进行了击沉国民党海军护卫舰"太平"号、空袭大陈港等战斗，创造孤立、卧困、封锁大陈和一江山岛国民党军的战场条件。经过两个多月的海、空作战，击沉击伤国民党军舰 10 艘，击落击伤其飞机 19 架，掌握了预定战区的制空、制海权。1955 年 1 月 14 日，驻扎在临海头门岛的"浙东前指"在张爱萍将军的指挥下，下达了登陆作战命令。经过充分准备，由解放军第 20 军第 60 师 4 个步兵营组成的登陆部队于 18 日拂晓前在临海的头门山、蒋儿岙集结。8 时整，航空兵、炮兵开始实施火力准备。空军的 3 个轰炸机大队和 2 个强击机大队在歼击机掩护下，对一江山岛中心村、180 高地等核心阵地和炮兵阵地进行轰炸扫射；另 1 个轰炸机大队和 1 个强击机大队则飞抵大陈岛上空，对国民党军指挥所等进行轰炸。随后，陆军炮兵和海岸炮兵 50 余门大炮对一江山岛猛烈炮击。连续 6 个多小时的火力准备，致使一江山岛上的国民党军指挥系统陷于瘫痪，阵地上一片混乱。12 时 15 分至 13 时 22 分，登陆部队在海、空军和炮兵火力掩护下，先后从集结地起航。70 多艘登陆舰艇组成的输送队及 40 余艘作战舰艇分两批向一江山岛驶进。大陈岛国民党军炮兵进行拦阻射击，被解放军强大火力压制。14 时 10 分后，由第 60 师第 178 团第 1、第 2 营及第 180 团第 2 营组成的登陆第一梯队，分别在乐清礁、北山湾、黄岩礁、海门礁、山嘴村、胜利村、田岙湾等 7 处实施登陆。突破国民党军前沿防御阵地后，迅速分路向纵深发展进攻。岛上守军凭借有利地形和坚固工事顽抗，登陆部队在激战中占领其第一线阵地和岛上的各主要高地。15 时许，以第 178 团第 3 营组成的第 2 梯队，在海门礁地段登陆，与第一梯队协同作战，粉碎守军有组织的抵抗，攻占了岛东部守军最后一批支撑点。战役于 19 日 2 时结束，全歼一江山岛国民党守军 1086 人，其中俘虏 567 人。解放军在战斗中阵亡 393 人。解放一江山岛后，"浙东前指"随即组织兵力进行攻占大陈岛的准备。台湾国民党当局认为"一江不保，大陈难保"，为保存实力，遂于 2 月 8 日至 12 日，在美国海、空军的直接掩护下，在大陈、渔山、披山等岛屿的国民党军队 2.5 万余人，全部撤走，并强行掳走 1.5 万余居民至台湾。2 月 13 日，我海军台州、石浦、温州巡逻艇大队，配合陆军分别进驻上大陈、下大陈、渔山列岛和披山岛。2 月 26 日，我海军温州巡逻艇大队又掩护陆军两个营进驻了南麂列岛。至此，浙江沿海岛屿全部解放。

图 155　东湖烈士墓

　　一江山岛解放以后，在解放一江山岛战斗中光荣负伤的部分伤员和英勇牺牲的烈士转来临海，伤员在解放军十三预备医院得到了台州中学两百多名师生和临海民众的日夜护理，而牺牲的烈士则长眠于东湖烈士墓地之中。东湖烈士墓于 1956 年 4 月建成，整个墓区东西长 53 米，南北深 120 米，占地面积 6360 平方米。其中墓穴区东西 37 米，南北 26 米。山顶建有六柱攒尖顶烈士亭，内树烈士纪念碑。纪念碑正面为"人民英雄永垂不朽"八个大字，碑阴书烈士名录及概述建造烈士墓的目的和意义。碑文楷书，填以金色。在这里安息的120名烈士中，除了在一江山岛战役中牺牲的烈士外，还有在解放初期剿匪战斗中牺牲的、在敌人刑场上慷慨就义的，以及在为建设社会主义、保卫国家财产和捍卫人民利益而献出宝贵生命的革命烈士（图155）。

五孔岙窑址

五孔岙窑址，在临海大洋街道的五孔岙村东，地处扫帚山麓岙里水库大坝北端。1958年2月，当地社员在做水库时发现。同年3月，浙江省文物管理委员会进行了清理发掘。1983年4月15日，临海县人民政府公布为"临海县文物保护单位"（图156）。

五孔岙窑始于南朝而盛于唐，窑址面积约2000平方米，堆积层厚，内涵丰富。产品以碗为大宗，从所采集的标本来看，早期的形制粗大，胎质厚重，外壁多施半釉；后期的为喇叭口、低圈足，釉色偏黄。主要有4式：1式碗，口微敞，厚圈足，釉色偏黄。口径25厘米、高9.7厘米、底径12厘米、胎壁厚度1厘米、圈径1.4厘米。2式碗，直口、折腹、凹底，胎质疏松，施黄色半釉，薄而无光。口径18.3厘米、高5.5厘米、底径8.5厘米。3式碗，敞口、圈足，胎质较松，呈淡土红色，施黄色半釉，无光亮。4式碗，口径15.5、高6.3厘米、底径10厘米。口微敞、凹底，胎厚实。釉色青中偏黄，釉层厚而发亮。其他的器物还有壶、罐、瓶、碗、盘、洗、钵和砚等，表面多为素面。釉质粗拙，釉色青中泛黄，无光泽，釉层容易脱落。窑具有齿口蹄形、匣钵、支钉和筒形支垫。

临海立县较早，西汉昭帝始元二年即立回浦县于章安（今椒江市章安镇），东汉建武元年（25年）改回浦为章安县，到三国

图 156　五孔岙窑址

置临海郡，及此后移于今之所在。从临海窑址的分布范围看，其兴盛发展是与政治权力中心的兴盛发展紧密相连的。发展趋势是随着临海政治中心的内移，而逐渐从沿海到内地，从灵江下游向灵江上游发展。

梅浦窑址

图 157　梅浦窑址

　　梅浦窑址在临海古城以西，由后门山、马里墩、凤凰山、岭下、里呑、马尾坑、瓦窑头、西泽里，以及王岸、牛山等点组成，主址在古城街道梅浦村西南隅的后门山。1983年4月15日，临海县人民政府公布为"临海县文物保护单位"（图157）。

　　梅浦窑址分布较广，除凤凰山窑址因建高速公路被毁外，其他的基本保存完好。窑均建造在山坡上，属斜坡式的长条形龙窑，依山由下而上砌筑。因没有进行发掘，龙窑的详细结构不明。从堆积层中拣选的标本来看，其时代始于唐而迄于元。具体来说，以王岸窑年代最早、后门山窑堆积最丰富、凤凰山窑质量最好。王岸窑始烧于唐代早期，至中晚期仍有烧造。器物以盘口壶为大宗，还有罐、瓶、钵、水注等，未见碗类。胎骨坚硬，多呈灰色。形制精巧别致，独具一格。釉质粗糙，釉色青中泛黄，微带褐色。釉层较厚，有流釉现象。窑具品种多样，有凹底匣钵、筒形钵、喇叭形钵和垫环等。后门山窑所有器物多采用轮制方法，胎骨坚细，多呈白、灰白、青灰等色，多施青色薄釉，亦有少量施黑釉。器物大部素面，饰刻划花的也不在少数。产品种类有碗、盘、杯、罐、壶等物，碗可分6式：1式碗：折口微敞，折腹下敛，底圈足似玉璧底。腹外壁饰二道弦纹，青釉偏深。2

图158　梅浦窑址出土瓷片标本　　　图159　梅浦窑址出土瓷片标本

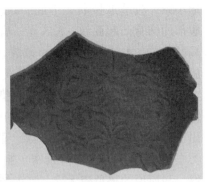

图160　梅浦窑址出土瓷片标本　　图161　梅浦窑址出土瓷片标本

式碗：直口，垂腹，矮圈足，内底平坦。3式碗：敞口，斜腹，圈足宽扁不施釉。4式碗：葵口，弧腹内收，呈瓜棱状，直圈足。5式碗：敞口，斜腹，细圈足满釉，内壁布满刻划花。6式碗：敞口、敛腹、圈足。胎较薄。表面施青釉，釉色偏灰。盘可分4式：1式盘：花瓣口，浅腹，腹上有凹痕，内壁饰有刻划花，圈足外卷，满釉。2式盘：圆口，浅腹，内壁饰有刻划花，圈足外卷，施满釉。3式盘：口沿残，内外壁饰有刻划花，卧足。杯有3式：1式杯，敞口，直筒形，深腹，外壁刻有莲瓣；圈足呈喇叭状。2式杯：花瓣口，深腹，弧腹，器身压有六痕，圈足外卷，满釉。3式杯：直口，深腹，圈足直，施釉不均。罐可分3式：1式罐：敞口，束颈，腹弧收，小平底。2式罐：平沿敞口，直腹，沿下置双系。3式罐：直口，外壁口沿处有凸弦纹。壶可分4式：1式壶：敞口，直颈，肩置有环

图162　梅浦窑址出土瓷片标本

形小系，腹呈瓜棱状，平底。2式壶：敞口，直颈，斜腹，颈、腹部均饰有凸起弦纹。3式壶：肩鼓，腹斜收，腹壁饰有开光布局的纹样。4式壶：侈口，鼓腹，高颈，圈足，腹部饰瓜棱纹，施青釉。此外，采集到的标本残片尚有粉盒、执壶、小盏、茶盏、熏炉等等。窑具可分装烧和垫烧两大类，装烧类中有凹底匣钵、钵形匣钵。垫烧类有垫圈、垫饼、垫柱。值得一提的是凤凰山窑，其器物碗、钵、罐、盘、壶、杯、注子、盏托、盒等，种类丰富多样，胎体轻薄致密，制作规整。釉色清亮、匀净、碧绿，与所说的秘色瓷无异。装饰技法有刻、划、刻划并用、镂孔等，以划花最为多见。纹饰有荷花、蝴蝶、牡丹、莲瓣、缠枝花草、飞鸟等，刻划技巧娴熟、细腻。充分反映了当时窑工们高超的制瓷技艺和烧造技术（图158～162）。

清潭头石窟造像

　　清潭头石窟造像在临海沿江镇清潭头村，位于村西约500米的石佛堂后面。北靠狮子岩，南对毛西山，窟前为临海至黄岩的古官道。1986年10月17日，临海县人民政府公布为"临海县文物保护单位"。

　　石窟，又称石窟寺院、石室、窟寺、窟院、窟殿。即在山崖上开凿的洞室，并安置佛像以作为寺院。石窟的起源很早，公元前一二世纪的古代印度就已开始出现。中国石窟的开凿，据考古发现，约在前秦建元二年（366年），始于沙门乐僔在敦煌鸣沙山的试凿。直至15世纪，石窟的建造历时千余年经久不衰。其分布范围遍于中国西部、北部，自新疆的高昌、库车，甘肃的敦煌、炳灵寺、麦积山，大同的云冈，洛阳的龙门，太原的天龙山，河北河南的响堂山，济南的千佛崖，南京的栖霞山，杭州的飞来峰，以至辽宁的万佛洞等等，规模均极为宏大。其中，敦煌石窟以壁画名闻中外，云冈、龙门、炳灵寺、麦积山则以石刻和雕塑著称于世。其他的如江苏、浙江等地，亦有规模较小的石窟。

清潭头石窟造像共二尊，大者凿壁成窟，小的即在岩背之上。大像为阿弥陀佛像，结跏趺坐于莲花座之上。头上作螺髻，两耳下垂，面部丰润，神情慈祥。身着大衣，两手结弥陀手印，平视袒胸，衣纹粗浅。通高3.5米、身宽1.06米，其中头高0.75米。全身外表原本涂泥施彩，现多已剥落，而腿、手、莲花座等亦已残。小像名目不详，雕凿于岩背之上。像有座，座平面为圆形，立面呈椅子状，身首以榫卯相接。像的面部先做成平面，再凿以五官，无立体感。通高1.18米，其中身高0.43米、头高0.35米，座前高0.43米、后高0.83米，整个造型缺少美感。像两侧另刻有款识，上款因风化已无法辨认，下款为"大明崇祯十五年"（1642年）。从石窟的开凿情况来看，因没有形成

图163　清潭头石窟造像

较深广的窟室。所以，在严格的意义上说，只能称为摩崖龛像。在造像西面约 200 米的路旁有"百步岩"，岩上摩崖题刻"南无阿弥陀佛"六字，也已风化不堪（图 163）。

在中国的佛教雕塑史上，明、清两代在佛教雕塑上的成就，与以前历代相比，无论从哪一方面来说都是大为逊色的。而明、清两代的佛教石窟，比元代更为衰微，甚至清代二百六十年中竟无一处石窟可见。即明代的一处以水陆道场浮雕为主的庙宇式石窟造像，也是中国石窟雕像的尾声。清潭头石窟造像作为明代的石窟造像，在佛教雕塑史上的意义是重大的，但在雕技上却很少有可取之处，可以说只是一种明代民间匠工的工艺性作品而已。

永丰桥

永丰桥，在临海汛桥镇汛桥村的西面村口，东接汛桥街，北距 104 国道约 150 米。1986 年 10 月 17 日，临海县人民政府公布为"临海县文物保护单位"。

永丰桥旧名"长石桥"，俗称汛桥，始建年代不详。明嘉靖时（1527～1549 年），邑绅蔡潮曾捐金重建。清乾隆五十九年（1794 年）至嘉庆元年（1796 年）又进行了重修。蔡潮（1467～1549 年），字巨源，号霞山，临海人。明弘治十八年（1505 年）进士，初授兵科给事中。累迁湖广按察司金事和提学、贵州参议、福建右参政、河南右布政使。其为官所至，政声颇佳。平时尤为关注桥梁、道路和水利设施的建设，一生共建桥梁一百余座，平治道路一二十万米。致仕回乡后，利用准备在临海城内巾山建造读书楼的钱，为民办实事。居家二十年间，为临海建造了锦衣桥、三江渡、浮冈渡，整治了大恶滩、泉井洋等，并重建了"长石桥"。晚年所作的《自咏》诗："不怨不尤心似水，忧国忧民鬓如霜。劳劳三万六千日，半为桥梁道路忙"。是他"心存康济，志切忧民”的真实写照。

　　永丰桥以长方形条石砌建而成，为分节并列式单孔石拱桥。长19.8米，宽3.88米。桥面为长条石组成的多级石阶，桥两侧各安八根石望柱、七块石栏板和一对抱鼓石。每根望柱柱头均有雕刻，中间四柱圆雕狮子，其他各柱圆雕覆莲或含苞莲花，惜半数已被凿毁。石栏板正中一块南栏刻双狮戏球，北栏刻三麒麟。每块外壁还各刻“永丰桥”三个大字，上款为“大清乾隆五十九年（1794年）”、下款“岁次丙辰（1796年）　谢（以下数字已泐）”等。余下各块，有的刻以回纹，有的饰以缠枝花卉，有的则浮雕人物。也有素面者，当为后代修缮之物。抱鼓石设在桥两端，中间刻卷草纹。此外，桥东还建有方形两坡顶桥亭一座，现基本保存完好（图164）。

图164　永丰桥

大田城隍庙大殿

大田城隍庙在临海大田街道大田小学内。据有关资料记载，庙建于清光绪十九年（1893年），民国时已成为大田小学的校舍。除庙的门廊与后殿被拆建为为学校的办公楼和教学楼外，尚保存大殿、戏台、两厢等建筑。其中以大殿最有价值，1986年10月17日，临海县人民政府公布为"临海县文物保护单位"。

城隍庙是供奉城隍神的地方，而城隍神则是古代汉民族宗教文化中普遍崇祀的重要神祇之一。城隍起源很早，《周易》和《礼记》中就有了它的雏形。三国两晋南北朝时期，由于战乱频繁，平民百姓流离失所，饱受战争之苦。因此，保护城市乡土的城隍神在人们心中的地位随之加强。入唐以后，城隍职能逐渐扩大到主管生人亡灵、水旱疾疫、赏善罚恶等等，几乎是对城市和城市中的人实行全方位的保护和管理，俨然成为城市冥间的行政长官。宋以后，许多地方形成了以奉祀过世英雄，或有功于地方民众的名臣为城隍，例如北京城隍是文天祥、杨椒山，上海城隍是汉代大将霍光、河北人氏秦裕伯、爱国将领陈化成，会稽城隍是庞玉，南宁桂林城隍系苏缄，而台州城隍则为三国吴时的临海郡太守屈惠坦。明代伊始，洪武皇帝朱元璋对城隍封官晋爵。京都为承天鉴国同民升福明灵王，府为鉴察司民城隍威灵公，州为鉴察司民城隍灵佑侯，县为鉴察司民城隍显佑佰，官值四品，高出七品知县。如果县令遇棘手之案还来后庙上香叩拜，希望城隍给其指点迷津。朱元璋还下诏各地均建城隍庙，说："朕立城隍神，使人知畏，人有所畏则不敢妄为"。使城隍成为渗入百姓思想深处的一只无形大手，使人们诚惶诚恐，不敢有任何做恶为非的念头，这样，百姓都会安安心心，服服帖帖地接受管束，从而达到政权统一，王权稳固的目的。城隍神的出身是城市保护神，然而经过统治者为巩固其统治而进行的调整，这时的主要职责已成为"鉴察司民"。所谓监察司民，即鉴察人们的善恶，施以赏罚，来进行管理；而所谓善恶的标准，当然就是忠孝节义，纲常伦理之类封建道德等封建意识形态。这标志着，从此以后，城隍神便成了封建统治者对人民实行思想统治的工具。

图 165　大田城隍庙大殿

大田城隍庙大殿为单檐歇山顶建筑，穿斗式结构，平面三开间。通阔 11.7 米，通进深 12.9 米，高约 8 米；其中明间宽 4 米，次间宽 3.05 米。明间无中柱，六架梁，次间七架梁。殿内柱子均为石柱，共二十六根，柱径 26～36 厘米。柱子中有二十二根为素面，无雕工。前檐四柱通柱浮雕盘龙与云纹，布局合理，造型生动。柱础分六角和圆形二种，安放在承托盘之上，部分亦浮雕有花卉走兽或其他图案。梁枋斗拱或雕刻，或彩绘，内容有神话人物、历史故事和民间传说。如"范蠡送西施"、"晏平仲送穰苴下山"等等，总数在百幅以上（图 165）。

侯缄墓

　　侯缄墓在临海古城街道侯家村，位于村北面的坟山岗南麓。1986 年 10 月 17 日，临海县人民政府公布为"临海县文物保护单位"。

　　侯缄（1488～1546 年），字世言，号三峰，临海人。明正德十五年（1520 年）进士，历官刑部广西清吏司主事、刑部江西清吏司郎中、安徽池州知府、江西按察副使，迁江西按察使，终福建右布政使。所著有《三峰稿》，后祀临海乡贤祠。《临海县志》称其："以廉节著，所至有惠政殊绩"。

　　侯缄墓坐北朝南，墓区范围较大，分为三坛。第一坛地面原铺有石板等，因历史的原因，与初建时的情况相比，已面目全非。不但地面石板被撬，界限也已不清。第二坛宽 20 米，其中坟首外延 2 米。墓面为石板所构，分上下道，包括石级台阶二道，共计十一隔。石板原有十八块，今流失三块，石台阶已用乱石封叠。墓面中间浮雕双虎，左虎作扑跃状，右虎半蹲而踞。一动一静，两相呼应，造型优美，工艺精湛。两侧的墓面石均刻以花草图案作为装饰，两坟首石板上所刻的祭文，部分尚存。第三坛宽 15 米，结构同第二坛，只是减为八隔。石板设十六块，已有四块被挖。中间石板浮雕"鲤鱼朝阳"图案，其他的石板则刻有花草纹。墓顶上原有仿瓦顶石雕，今成残石。墓前为石构碑亭，四柱重檐攒尖顶。碑亭内立有石碑一通，高 164.5 厘米、宽86 厘米，其中额高 40 厘米。碑额正中为篆书"奉天承运"四字，两旁线刻云龙纹，四周作蔓草纹。碑文 25 行，抬头不计满行 40字。碑不是常见的神道碑，而是诰命碑，惜已断为二截。亭前有石人、石马、石羊各一对，石人头已断，仅存其一，戴冠秉笏，身穿宽大朝服。石马背饰雕鞍，安详温顺，站立于长方形石座之上。石羊则跪卧于长方形石座上。墓前原还有石牌坊一座，今已毁，尚留石狮子一对（图166）。

图166 侯缄墓前石刻

附：侯缄诰命碑

（额篆）奉天承运

刑部广西清吏司主事侯缄并妻诰命一道』

皇帝敕曰：朕惟刑以弼教，教不达而后绳之法，民乃齐；法不中而务网之烦，民乃敝。故猛则苛，宽则纵，（滥则刑）。』惟公恕明决，罔戾于刑。尔刑部广西清吏司主事侯缄，奋由甲第，茂著才猷，肇授是官，审于庶。（狱，惟公）』惟明，不徇不挠；最绩既彰，褒恩奚吝？特进尔阶承德郎，载锡之敕，尔其祗膺光训，益懋乃官，俾有（明陟，其）』罔尔负。钦此。』

　　敕曰：朝廷褒尔庶官，及厥配，实惟尔职克修，匪克相于室，乃罔攸济，故虽云殁，亦靡或遗。尔刑部（广西清）』吏司主事侯缄之故妻金氏，柔惠且贞，宜配良士，贤而克相，休有淑声，数之无良，宜申恤典，兹特赠为』安人，歆此恩休，慰于冥漠！』

　　敕曰：人臣尽职于国，获显其家。虽追荣其往，而继之配者，恩亦与之。均所以为阃德劝者，曲且备矣。尔刑部』广西清吏司主事侯缄之继室苏氏，克敦妇道，式嗣弘休，顾兹恩阶，宜同敷锡。特用封为安人，祗膺纶命，』益盛阃仪。』

敕命 嘉靖七年十一月二十九日 之宝

刑部江西清吏司郎中侯缄并妻诰命

　　皇帝制曰：刑部掌邦禁，所以断天下之刑狱，实古秋官之任，然必详于置属者，欲其审于法，非其人曷克称』焉！尔刑部江西清吏司郎中侯缄，发身贤科，擢居是职，历年滋久，紧誉昭闻，宜锡宠章，以旌劳绩，兹特进』尔阶奉政大夫，锡之诰命，尔其益励乃心，修乃职，以副委任 钦哉！』

　　制曰：妇从夫贵，不以存殁而异恩。盖重人伦之始，敦风化之原也。乃刑部江西清吏司郎中侯缄妻赠安人』金氏，善相其夫而不偕老，爰颁渥异，以旌往劳。兹特赠为宜人，九原有知，服此宠命。』

　　制曰：古者礼重宗妇，室必有继，故国家推封之典，先后均焉。尔刑部江西清吏司郎中侯缄（继室封安人苏）』氏。妇道之顺，征于相夫，夫既进阶，尔宜并贵，兹特封为宜人。茂迓宠恩，益敦徽戒。』

敕命 嘉靖十年正月二十一日 之宝

张布墓前石雕

　　张布墓在临海白水洋镇象坎东村，位于村东北角500米处的马鞍山南麓。墓前石雕因基本完好，1986年10月17日，被临海县人民政府公布为"临海县文物保护单位"。

　　张布（1139～1217年），字伯敷，号澹斋，临海祥里（今白水洋镇祥里村）人。南宋孝宗乾道八年（1172年）得中进士，历任信、潭、抚三州教授，以及大学录、枢密院编修、秘书院丞

图167　张布墓前石雕

等职，升刑部郎中，因言事忤当朝宰相，而出知徽州。后辞官归里，以教授为业，卒赠礼部侍郎。所著《四子六经讲解》一书，为理宗赏识。

张布墓已严重毁坏，墓面石板、墓坛石板和柱石均已流失，仅存石人、石马各一对等墓前石雕。石人双手秉笏，头戴朝冠，身着宽袍朝服。高 1.6 米，其中头高 0.4 米，身横宽 0.63 米，侧宽 0.35 米。原一尊俯卧于墓前，一尊斜躺在地坎间，现为村民重新树立于墓前，雕刻粗犷古朴。石马在墓前约 10 米处，作站立状，均东向。长 1.4 米、高 1.1 米、宽 0.28 米，雕刻及完整性较为良好（图 167）。

水洋佛号石柱

水洋佛号石柱在临海沿江镇水洋村，位于村后的殿头山山岗。1986 年 10 月 17 日，临海县人民政府公布为"临海县文物保护单位"。

石柱方形，由顶部、柱身、基座三部分组成。通高 3.37 米，粗 0.275 米 × 0.25 米，其中顶部高约 0.3 米。柱座为方形础盘，柱身四面体，柱顶作六角形三层塔帽攒尖顶。顶部直径大于柱身，柱身上端做成卷杀。柱四面均刻有文字，由于年代久远，东西两面的文字已无法辨认，仅南北两面的文字尚依稀可辨。南面偏西的文字为："南无大慈大悲观音菩萨摩诃萨，甲子泰定元年（1324 年）三月六日□□□人□捐贿建立，立此等讚曰……"。北面偏东的文字为："南无释迦牟尼世尊、南无文殊师利菩萨、南无大行普贤菩萨"。下刻双行"癸酉至顺四年（1333 年）九月二十二日树闲后人阮口等徙立"题记。从石柱的仅存的文字来看，主题均为佛号。南面为"南无大慈大悲观音菩萨摩诃萨"佛号，按照佛教的解释，"南无"为梵语 namas，巴利语 namo。又

图 168　水洋佛号石柱

作南牟、那谟、南谟、那摩、曩莫、纳莫等。意译作敬礼、归敬、归依、归命、信从。原为"礼拜"之意，但多使用于礼敬之对象，表归依信顺，含救我、度我、屈膝之意。将"南无"两字冠于佛名或经名前，亦表归依之意。"大慈大悲"，指佛菩萨济度一切众生之大慈悲心而言，即广大无边之慈悲。"观音"为佛教菩萨名，旧云光世音，观世音，略称观音，新云观世自在，观自在。"摩诃萨"旧译大心，又曰大众生。新译大有情，有作佛大心之众生，即佛教菩萨之通称。北面三个佛号，"释迦牟尼"梵名 S/aˆkya – muni，巴利名 Sakya – muni。意即释迦族出身之圣人。又作释迦文尼、奢迦夜牟尼、释迦牟曩、释迦文。略称释迦、牟尼、文尼。意译作能仁、能忍、能寂、寂默、能满、度沃焦，或梵汉并译，称为释迦寂静。又称释迦牟尼世尊、释尊。即佛教教祖。"文殊师利"或作曼殊师利、妙吉祥，是大乘佛教中最以智慧著称的菩萨。与普贤菩萨并为释迦牟尼佛的两大胁侍。"大行"即行业广大之意，指菩萨之修行。菩萨为求佛果菩提，乃发大誓愿，历经三祇百劫，修波罗蜜等诸善万行，积大功德，故称大行。"普贤菩萨"汉译有普贤、遍吉等名。是具足无量行愿、普现于一切佛刹的大乘圣者。在娑婆世界，他与文殊菩萨并为释迦牟尼的两大胁侍。在我国，则是四大菩萨（观音、文殊、地藏、普贤）之一。从石柱的造型来说，当为佛教中的经幢。东西两面无法辨认的文字，应为《佛顶尊胜陀罗尼经》或《心经》、《楞严经》（图 168）。

中国古代的佛教经幢，始创于初唐，盛行于唐、宋，以后衰落。"幢"是梵语"驮缚若"的译名，原为用丝帛制作的伞盖状物，顶装如意宝珠，下有长杆，立于佛前。佛教徒建幢立于寺院或通衢大道，以作功德。经幢一般由幢顶、幢身和基座三部分组成，主体是幢身，刻有佛教的咒文或经文、佛像等，多呈六角或八角形。此经幢建于元代，已属难得。而柱身作四面体，则更为可贵。

卢家石牌坊

卢家石牌坊位于临海杜桥镇卢家村东面村口，1986 年 10 月 17 日，临海县人民政府公布为"临海县文物保护单位"。

石牌坊东西向，建于清咸丰三年（1853 年）。平面呈"一"字形布局，仿木石质结构，四柱三开间门楼式，重檐歇山顶。坊

图169　卢家石牌坊

面阔7.32米，高7.4米，柱径为0.34×0.36米。额枋、梁柱间作斗拱和浮雕"五蝠护寿"、"两龙戏珠"、"三狮玩球"与戏剧人物，以及栩栩如生的白象、麒麟、梅花、牡丹、荷花、菊花、人物等各种花木、动物图案。两面坊壁均有题刻，正面额枋上书"节孝坊"三个大字，龙门枋上刻黄岩诸生王如华所题之"清旌表故贡生卢公倬妻杨氏节孝之坊"，上款"咸丰三年癸丑岁"，下款为"十有二月新建"。背面龙门枋上题刻"皇清旌表卢公倬妻杨氏节孝"，上道龛内镌刻"圣旨"、"敕建"，左右刻职官题名，可辨者有："宁绍台道陈、台州府知府□、临海县知县李、临海县教谕张、临海县学训导徐"等。每根石柱的柱脚两面都护有抱鼓石，抱鼓石中高2.37米，旁高2.26米，下宽0.59米，做成卷云纹状（图169）。

节孝坊是封建社会用来宣扬封建礼教的产物。古代时，由于丈夫死后，社会风俗不易接受女性再婚。而妇女守寡后，生活困苦，对上须孝顺公婆，对下要扶养教育子女，实属不易。此外，在漫长的人生旅途上，还要经历许多来自社会、经济以及家庭和自己身心的压力。故寡妇守寡满十五、二十、三十年，且子女中又有所成就者，如：中秀才、中举人或进士，此妇人便会受到表扬。清代的时候，是由地方官奏报，经皇帝核准后拨款，在寡妇住处或她的墓旁或是她所居之家族村前建立牌坊。卢家石牌坊是临海唯一幸存的石牌坊，用材讲究，建筑工艺高超，充分体现了清代临海匠人的建筑和艺术水平。

沿海烽火台

沿海烽火台在临海桃渚、杜桥、上盘等镇，位于以抗倭古城"桃渚城"为中心的附近山上。1986年10月17日，临海县人民政府公布为"临海县文物保护单位"。

烽火台，亦称烽燧、烟墩、烽堠、墩堠等。《说文》曰："烽隧，候表也。边有警则举火"。昼曰燧，夜曰烽。故烽燧即迅速报告紧急军情、敌情的方法。"烽"是用易燃的柴草，并加硫磺、硝石助燃，置于笼筐中，系在长长的烽杆上，夜间点燃举起，以火光传递军情敌情。燧，既指燃放烽烟的墩台，亦指用于白昼传递信息的手段。烽传系统起源很早，"周幽王烽火戏诸侯"的故事中即有利用烽燧的事实。明代时，为有效抵抗倭寇和海盗的进犯，朝廷在东南沿海卫所城建设的同时，在卫所周围开始建烽火台。成化二年（1466年）规定：来敌若约百人，举一烽，同时鸣炮一响；来敌若约500人，则二烽二炮；若千人以上，则三烽三炮；5000 人以上，四烽四炮；若万人以上则为大举来犯，五烽五炮。烟高易散，烽数难辨，更在燃料中杂以硝、硫、灰、铅粉、紫粉、麻油、黄丹、沥青、桦皮、青黛等，使之分别呈现黑、白、紫、青、红五色，即可醒目易辨。如此则不仅可知有敌犯境，而且可知来敌数量，即可调集己方将士，确保万无一失。特别是戚继光开始领兵抗倭后，对烽燧制度加以改进，使之更加完善。因烽隧往往处于边境交通要道，故守燧的吏卒（每隧按其大小有 4 至 30 人不等）还兼管沿线邮书的收发乃至过往行人的盘查和接纳。

沿海烽火台始建年代不详，最迟不会晚于桃渚城三迁的明正统七年（1442 年）。据考古调查发现，临海境内尚有上堂狮子山、桃渚石柱、杜桥市场山、杜桥竹峙山、上盘老人家山、滨海下旧城、桃渚中旧城、川南炮台村上炮台和下炮台等九座烽火台遗址。上堂狮子山烽火台是这些烽火台中保存最为完好的一座，在桃渚城东约 2 公里。平面呈方形，上敛下宽，以石块砌筑。台基面阔各 7.3 米，台面阔 6.3 米，残高 3.3 米（图 170）。桃渚石柱

图 170 沿海烽火台中的"上堂烽火台"

烽火台在桃渚城东约8.5公里，已毁。杜桥市场山烽火台在桃渚城东南约5公里，残高2.米。杜桥竹峙山烽火台在市场山南约1.5公里。上盘老人家山烽火台在市场山以东约3公里，残高约1米。滨海下旧城烽火台在市场山东10公里，已毁。桃渚中旧城在市场山以东7.5公里，已毁。杜桥炮台村上炮台和下炮台在桃渚城南约15公里，均毁。此外，原属临海的还有泗淋道头烽火台、梓林马峙山烽火台、梓林山门镬肚脐山烽火台和杨司太平山烽火台。泗淋道头烽火台（今属三门县）在桃渚城东约8.5公里，保存良好。梓林马峙山烽火台（今属椒江区）在桃渚城西南约30公里，仅存土墩。梓林山门镬肚脐山烽火台（今属椒江区）在马峙山以南，仅存土墩，残高1.4米。杨司太平山烽火台（今属椒江区），残高1.2米。

郑广文纪念馆及摩崖石刻

郑广文纪念馆及摩崖石刻，在临海城内八仙岩望天台路34号。背依八仙岩，南眺巾子山，西有"上洞天"、"小桃源"，北与嘉祐寺、城隍山等相连。1990年9月14日，临海市人民政府公布为"临海市文物保护单位"。

郑广文，即郑虔（692～764年），字若齐，郑州荥阳人。唐代著名的书画家、文学家和诗人。天宝初，为协律郎，后任广文馆博士，迁著作郎。以陷安禄山，贬台州司户参军。最善杜甫，又与秘书监郑审篇翰齐价。能诗，擅书画，尤工山水。因其诗、书、画并妙，被唐玄宗誉为"郑虔三绝"。其还长于地理，著有《天宝军防录》，记述各地山川险要方物，诸儒称服，时号"郑广文"。

郑广文纪念馆，即原广文祠，始建于唐广德二年（764年），初名户曹祠。"在州东一里户曹巷，祀唐郑虔，巷盖其所居也"

（宋陈耆卿《嘉定赤城志》）。五代与北宋期间，屡有兴废。南宋绍兴中（1140～1142年）重修，礼部侍郎陈公辅为作《祝文》。隆兴二年（1164年），台州知州尤袤又予以修葺。元至正二十七年（1367年），祠毁于兵火。明洪武时（1384～1387年），台州知府芮麟重建，并改称广文祠，又立"广文坊"于巷口。正统年间（1442～1443年），祠遇大水袭击，建筑大部毁坏，台州知府周旭鉴乃拓基而增新。后又废。弘治十七年（1504年），台州府推官俞泰与临海县宰毋侯仪倡议，以废寺旧材重建广文祠。此举得到了台州府和临海县各级官员的一致赞许，知府徐朋遂主领其事，同知傅桧、通判周杰等纷纷捐款助资。工程于次年夏天开始动工，同年冬季正式完工。共建房屋五间，内设郑虔像，前辟大门，四周围以围墙，形成了一定的规模。清顺治十年（1653年），台州知府刘应科迁建于城内大固山。康熙二十四年（1685年），宁台道郑瑞、台州知府孙奏又迁于八仙岩下重建。邑人洪熙揆为之记。康熙六十年（1721年），台州知府张联元捐俸维修，并撰《重修广文祠序》。雍正三年（1725年），学院彭维新以六十两俸银更新，又撰《重修广文祠碑记》。乾隆五十三年（1788年），临海知县华瑞潢也对祠进行了修缮。咸丰二年（1852年）复重建，光绪中台州郑氏重修。1988年3月，根据临海城市建设总体规划，再次迁祠于八仙岩前重建，更名"郑广文纪念馆"。

郑广文纪念馆由大门、正厅、碑墙、山门等组成，后连八仙岩摩崖石刻，占地面积1500平方米。大门为清咸丰二年重建时的"郑广文祠"石质门额和门框。正厅为仿唐歇山顶抬梁式建筑，建筑面积260平方米。平面五开间，高9米，额悬赵朴初所书"郑广文纪念馆"匾，门两侧的对联为著名书法大师沙孟海先生撰书。梁架额枋间饰鸟兽花卉、名人典故、敦煌飞天等彩画，屋面青瓦铺顶。厅内明间正中设郑虔立像，正梁有原临海市市长梁毅的"郑虔三绝"匾，柱子上的对联分别为原台州地委书记项秉炎、原临海市委书记狄绍梅、南京师范大学教授孙望等书写。

碑墙座坐正厅南侧，嵌有历代各种碑记十五块。其中有复制的唐
开元十五年（727 年）郑虔所撰《大唐故汾州崇儒府折冲荥阳郑
府君（仁颖）墓志铭并序》、清同治九年台州知府刘璈所撰的
《神道碑》、清光绪十八年（1892 年）的《重修碑记》等等。山
门按清道光十二年（1832 年）的原样重修，三层硬山顶，建筑面
积 300 平方米（图 171）。

图 171　郑广文纪念馆

　　摩崖石刻在正厅后院的八仙岩岩壁上，自左至右依次为"漱
石"、"止境"、"紫府"、"福地"、"华池"等五处。

　　"漱石"，横排篆书。"漱"字高 13 厘米、宽 14 厘米；"石"
字高 15 厘米、宽 18 厘米。款为"复口书"。

　　"止境"在"漱石"摩崖右 1.8 米，直排篆书。"止"字高
15 厘米、宽 18 厘米；"境"字高 15 厘米、宽 20 厘米。款"江南
式侠"，亦篆书。

"紫府"在"止境"右1.1米。直排八分书。"紫"字高22厘米、宽20厘米;"府"字高19厘米、宽20厘米。款"天台曹寿人"。曹寿人即曹抡选(1801~1871年),字德辉,天台人。诸生。工诗,善作行草、大小籀隶,尤喜书擘窠大字。游踪所至,即摩崖题刻。杭州飞来峰"息羽听经"摩崖和天台国清寺壁摹补的一笔鹅碑,为其书法之最著者(图172)。

图172　"紫府"摩崖

"福地",行楷直排,在"紫府"之背2.6米。"福"字高25厘米、宽28厘米;"地"字高22厘米、宽32厘米。款"乙丑秋萧然瞿善闻"。按瞿善闻,萧山人,生平不详。八仙宫,旧称"吕祖殿",创建于清康熙中(1662~1722年)。道光年间

（1821～1850 年），临海士绅陈光中重建，以殿后岩石如"八仙"林立，而改名"八仙宫"。"福地"两字既在"八仙岩"之背，那么它的书写和镌刻的时间当晚于"紫府"的题镌。据此，款中的"乙丑"年，当为清同治四年（1865 年）（图 173）。

图 173　"福地"摩崖

"华池"，直排篆书，在"福地"右 4 米。"华"字高 42 厘米、宽 25 厘米；"池"字高 38 厘米、宽 24 厘米。款"玉梅道人"。

元帅殿

元帅殿在临海城内，位于古城街道桂花巷 8 号。殿正西向，南接居民区，西距台州府城墙 180 米、灵江 230 米，北临中山西路。1994 年 3 月 17 日，临海市人民政府公布为"临海市文物保护单位"（图 174）。

元帅殿始建于明弘治二年（1489 年），内祀临侯。据有关记载，临侯，即林洪，唐进士，官邓州刺史。因祷雨不惜以身相殉，邓人念其恩德，立祠祀之。五代时，"台人有过邓者，奉香火以归，响应如旧时"（民国《临海县志》）。宋太平兴国三年（978 年），台州知州毕士安将其像"奉于城隍左阶，易林为临，以地别也"（民国《临海县志》）。明弘治二年（1489 年），"适以事升侯出至县西隙地，人肩之不起。父老请曰：'侯愿庙于此乎'，当起赴高座，……遂建庙于此"（民国《临海县志》）。清光绪五年（1879 年），浙江巡抚谭钟麟、布政使德馨、台州知府徐士銮、临海知县杨崇钦等为之上疏"请敕封号"，乃敕赐"孚应"。有"德宗朝，……临海祀唐林洪"（《清史稿》卷八四）的记载。

元帅殿整个建筑由院子、大殿、后殿三部分组成，院墙和大门为近年重修。门额上嵌木质"阖保康宁"四字，似为明代旧物。门柱石质，上镌"延寿欣逢四月朔，良辰恰遇八堡安"对联一副。大殿硬山两坡顶，梁架为七架梁带前卷棚廊轩后单步，抬梁式构造。脊檩背至内地坪高 8 米，系彻上明造。殿顶大出檐，屋面铺望砖，上盖小青瓦，地面石板铺作。面阔、进深各三间。通面阔 13.2 米，其中明间 5.64 米，南北次间各 3.08 米。通进深 14.45 米，台阶高 0.3 米，踏步一步，台明宽 1.4 米。殿内共用柱二十根，内柱高 3.97 米，柱底直径 0.39 米，方柱四角圆形，

图 174　元帅殿

柱头卷杀。内柱柱础高 0.5 米，最大直径位于腹部偏上，上周饰一道勾云纹和一道划纹；檐柱柱础高 0.33 米，最大直径亦腹部偏上，上周饰覆莲纹。梁两端之雀替呈水浪激状，属纯装饰用。前廊轩置三根单步梁，承支卷棚。斗拱采用一斗三升，平身科明间二攒，次间用一攒。翘上搁置长方形木块，外拽做成耍头形，里转雕成麻叶头状。柱头科用插拱承托檐檩，前檐用斗拱承托撩檐枋，并沿用上昂手法。脊檩用蝴蝶木稳固，采用了明代常见的形制。此外，殿内尚存明雕林洪像一躯，明代碑刻一块，清代碑刻二块和民国碑刻一块。

元帅殿大殿建筑，用材粗壮，结构简洁大方。整座建筑，仅在梁上饰以简单的云纹。特别是前檐不用金、衢等地常见的牛腿，而用斗拱承托撩檐枋，并沿用上昂手法，都明确反映了台州木构建筑的特色。

附："清光绪七年碑"碑文

礼部咨开祠祭司案呈本部具奏议覆浙江巡抚等具题神庙显应请敕赐封号一疏，光绪六年十一月二十八日奉

旨，该部议奏，钦此。并准该抚捐送县志册到部，据原疏暨志册，内称：浙江台州府临海县庙祀临侯，侯本姓林，名洪，唐进士，刺史邓州，祷雨不惜身殉，邓人杞之。五代时，台人归其香火，郡守毕士安为肖像城隍左阶，易林为临，以地别也。宋封侯爵，明赐匾额。

国朝嘉庆时，祈雨灵应，勒有碑记。光绪五年夏旱祈祷，遂霈甘霖，合请敕赐封号，以答神庥等因。臣部则例内开：直省志乘所载庙记，正神实有功德于民者，由督抚题请。

敕赐，等语。今浙江临海县庙祀唐进士邓州刺史林洪，虽姓名科第官职不见于新旧唐书及文献通考、续通考、浙江河南两省通志，惟即原疏所称"毕士安为肖像城隍左阶，易林为临，以地别也"数语。证以宋史流传毕士安曾选知台州，又尝召为翰林学士，以父又林抗章引避，可见称林洪为临侯，当系士安避父讳而易之，非以地别也，而庙貌之久，不为无徵，核與功德及民，准请。

敕赐之例相符。臣等公同商酌，拟如该抚所请，

敕赐封号以彰灵口而顺舆情。如蒙

俞允，臣部核咨内阁，撰拟

封号字样，进

呈

钦定后，转行该抚遵照办理，等因。于光绪七年正月

二十二日奏，本日奉

旨："依议，钦此。"当经抄录原奏，移会内阁典籍厅，撰拟
封号字样去后，今准内阁交出唐进士林洪奉号，奉硃笔圈出
"孚应，钦此"。相应移咨该抚可也。

　　光绪七年七月 日巡 抚臣谭钟麟

　　布政使臣德 馨

　　知 府臣徐士銮

　　知 县臣杨崇钦恭录

　　廪膳生彭际炎敬书

　　保下弟子王宇治

　　方心培立石

五洞桥

　　五洞桥即新桥，在临海大洋街道新桥头村，位于新桥头村与
曹家、山下村之间。桥始建于明景泰间，为一游方僧人筹资修
造。清乾隆四十九年（1784 年）被大水所毁，翌年由里人章维
新、张正礼等发起重建，至乾隆五十四年（1789 年）落成。同治
四年（1865 年）又曾重修。2001 年 2 月 18 日，临海市人民政府
公布为"临海市文物保护单位"。

　　五洞桥为临海仅存的五孔型石拱桥，长方形块石砌置，拱券
作分节并列结构。桥的跨度南四孔基本一致，而北一孔则相对较
小。桥全长 75 米、宽 4.1 米、高 4.8 米。桥面随拱券略呈波浪
形，两侧设望柱与护栏，望柱共 36 对。每根柱头雕刻猴或莲花
等，莲花样式繁复，有仰莲、覆莲，还有莲蓬、含苞。雕刻手法
既有圆雕、浮雕，又有深刻、浅刻。造型丰富优美，工艺精湛细
腻。护栏栏板大多尚存，以中间为界，北截多刻博古、走兽等图
案，南截均为素面，两端各雕有一对石象。桥的第三孔两面栏板

外侧各镌二大字，东为"新桥"，西曰"福星"。西面二望柱上还分别刻有"信士赵明望妻颜氏助钱二千"、"信女徐门张氏须男加斌助钱"等字样（图175）。

图175　五洞桥

　　桥的北面原有桥亭，今已拆毁，仅残留的山墙上还嵌有六块碑石。一是清乾隆五十四年（1789年）的《重建新桥碑记》，宽74厘米，高因碑的下部立于墙的夹弄中而不详，文计12行，楷书，字径3厘米。二是重建新桥募捐碑，共五块，首块额称"广种福田"，其他的均刻捐助者的姓名和所捐钱数。五块碑石的大小相同，高2.1米、宽0.76米。碑的下部字迹，因自然风化已漫漶不清。

　　附：清重建新桥碑记

　　郡东十五里有新桥焉，始于景泰……』本朝四十九年七月二十九日，为洪水所……』心，思踵盛举。人曰：斯桥之建也……』易也。斯诚筑舍道旁，心旌莫定矣。……』无而后人不能继之于后，此诚古……』不增泰山而成河海，遂果于五十年……』意乎，盖合力同心，竟克继前人之……』容设矣。斯碑之立，盖其有厚望也……

　　首事：章维新、张正礼、……许起中、金念云、……

　　开桥：黄裳

　　乾隆伍拾肆年岁次……

洪颐煊故居及三井巷陈宅

　　洪颐煊故居及三井巷陈宅，在临海古城街道三井巷 23 号和 21 号。2001 年 2 月 18 日，临海市人民政府公布为"临海市文物保护单位"。

　　洪颐煊（1765～1837 年），临海城关人，是清代临海一位著名的学者。其从小才学过人，浙江学使阮元闻其名曾亲书"鄂不馆"的匾额赠之，后来又檄调颐煊和弟弟震煊到杭州诂经精舍学习。在杭州学习时，洪颐煊帮助阮元校编著名的《经籍纂诂》，并负责分纂《释名》、《小尔雅》和参与编韵，经学功底日见深厚。臧镛堂曾称洪颐煊兄弟之学为"大洪渊博、小洪精锐"。清嘉庆五年（1800 年），孙星衍在西湖第一楼撰联称赞洪氏兄弟："专家绝学通中法，二俊才名过古人"。次年，洪颐煊至山东德州入孙星衍馆。期间，不但为孙氏撰编了《孙氏书目》。又根据孙氏所藏碑刻铭文，详加考证，撰写了《平津馆读碑记》十二卷。著名金石学家翁方纲在序言中说此书博洽，可与钱大昕的《金石跋尾》相匹，甚至比王昶的《金石萃编》更精密。洪颐煊因此引起了人们的注意。后官广东罗定州判、新兴知县，旋入阮元幕府。晚年回归故里后，致力于藏书事业，最后于旧居"小停云山馆"积藏了二千八百三十六部三万二千六百七十五卷（一作四万

图 176　洪颐煊故居

卷）典籍、二千余件碑版和无数的钟彝书画等。

　　洪颐煊故居由台门、甬道、藏书楼"小停云山馆"和后面的正房及两厢组成。"小停云山馆"原占地十多亩，建有兰雪轩、烷香亭等，"有花木泉石之胜"。书楼西边原有池塘，池塘边的石碑上刻有"愚有源头活水"。清陈均、陈务滋曾分别作有《小停云山馆图》，嘉兴冯登府亦撰有《小停云山馆记》。可惜的是，"小停云山馆"今已圮，仅存台门、甬道、正房与两厢（图176）。台门已破旧，甬道的墙壁间还保存有 16 块雕刻精美的石刻。正房为两层硬山顶建筑，抬梁式，平面七开间。左右两厢亦两层硬山顶建筑，平面三开间。从房屋的建筑结构和工艺手法看，为清代中前期的产物。三井巷陈宅与洪颐煊故居相连接，整

图177　三井巷陈宅

个院落占地约700平方米。院内房屋基本保存完整，仅左厢的结构有所改变。正房北向，硬山顶抬梁式，平面五开间，通面阔23.7米，两厢各三开间，建筑年代为明末清初（图177）。

杨哲商烈士故居

杨哲商烈士故居，在临海古城街道广文路4号。

杨哲商烈士故居为四合院建筑，占地面积约560平方米。院子二进门，大门开在偏东，门框石质，紧靠东厢房。正房平面五开间，通面阔25.85米。两厢平面各三开间，其中东厢房三间系杨哲商烈士故宅。从整个建筑的风格来看，房屋的建造年代当在清代中晚期。杨哲商为近代民主革命活动家，辛亥革命烈士。他的故居虽仅三间，但为了更好地纪念这位为了民主而光荣献身的辛亥革命烈士，加强爱国主义教育。2001年2月18日，临海市人民政府公布为"临海市文物保护单位"（图178）。

图178　杨哲商烈士故居

广福寺

　　广福寺，在临海东塍镇康二村。2001年2月18日，临海市人民政府公布为"临海市文物保护单位"。

广福寺始建于唐元和六年（811年），为僧重济所创，旧名"资瑞"。北宋景德元年（1004年）增建；大中祥符九年（1016年）塑像；景祐元年（1034年）造浴室；景祐二年（1035年）立忏堂；庆历八年（1048年）建僧堂、山门、罗汉堂，并立僧舍七十间。南宋隆兴元年（1163年）改今额。此后，屡建屡废。清顺治十八年又废，康熙九年（1670年）僧涵霖重建。道光十五年（1835年），住持僧世安重建金刚殿。民国时，有僧人英参住持修缮。现为临海市佛教保留场所（图179）。

图179　广福寺

广福寺现存大雄宝殿三间、金刚殿五间、方丈楼七间、净玉堂十一间和西厢房七间。大雄宝殿为硬山顶建筑，抬梁与穿斗式混合结构。平面三开间，间七架梁。明间无中柱，额枋上平身科二攒，两次间平身科各一攒。殿内其他梁枋间均有斗拱，斗拱的制作仍保持着台州和临海古建筑木作斜拱结构的特点。此外，寺内还保存"宋故第一代恩禅师之塔"塔基石；清乾隆九年（1744

年）"智月常圆"匾；道光十五年"大雄宝殿"匾；民国《重建广福寺碑记》等。

秦鸣雷墓址及墓前石马

　　秦鸣雷墓，在临海汇溪镇牌前村凤凰山西麓。2001年2月18日，临海市人民政府公布为"临海市文物保护单位"。

　　秦鸣雷（1518～1593年），字子豫，号华峰。临海城关人。明嘉靖二十三年（1544年）进士，殿试第一名。初授翰林院修撰，参修《国史》和《会典》。嘉靖二十九年（1550年），升左春坊谕德。后历任南京国子监祭酒、太常卿、礼部右侍郎等职。嘉靖四十四年（1565年），主持是年会试，以取陈有年、王一鹗、王锡爵等著称。嘉靖四十五年（1566年），改任南京吏部左侍郎，总校《永乐大典》，并教习庶吉士。隆庆五年（1571年）迁南京礼部右侍郎，进尚书。因与严嵩、张居正等不协，年五十余即致仕返乡。家居二十余年，卒葬"县东北三十里双门"（民国《临海县志》）。其能文善诗，诗文直抒性灵，不作钩棘语，所著有《倚云楼稿》、《谈资》等行世。秦鸣雷还曾作有剧本《合钗记》传奇，又名《清风亭》。此副本虽亡佚，但清代曾在弋阳腔中盛演。清乾隆三十九年（1774年）刊印的《缀白裘》第11集收有《赶子》一折，唱〔批子〕。虽然《花部农谭》中记载了全剧故事，但"赶子"、"清风亭认子"显然是演出时颇受观众欢迎的单折，或只演此单折，类似折子戏。此剧又名《天雷报》、《雷殛张继保》。据焦循《剧说》云："今村中演剧，有《清风亭认子》。"焦循又说到他在幼时观看此剧时，村人"其芒无不切齿，既而无不大快。铙鼓即歇，相视肃然，无不戏色，归而称说，浃旬未已"（清焦循《剧说》）。说明秦鸣雷所作的此剧演出有震撼人心的悲剧力量，"雷殛"忘恩不孝之子的结局，则反映了古代人民惩恶扬善的愿望。

秦鸣雷墓已被毁坏，但遗址上的规模仍依稀可辨。墓前尚存有石马一对，石马作站立状，长2.1米、高2米。雕刻精致，造型优美。是临海所存墓前石刻中的精品，具有较高的艺术价值。此外，还有墓碑一块，为牌前村村民郑良金砌于茅坑墙上，具体内容不详（图180）。

图180　秦鸣雷墓前石马

涌泉寺井

涌泉寺井，在临海涌泉镇东北天柱山下延恩寺，位于大雄宝殿前1000余米的橘地中。2001年2月18日，临海市人民政府公布为"临海市文物保护单位"。

"涌泉寺"即延恩寺，始建于晋太康中（280～289年）。寺旧名"涌泉"，"盖因任旭女弟卓庵诵莲经，俄有泉自地涌出生白莲花，故名"（宋陈耆卿《嘉定赤城志》）。东晋太元十八年（393年），建寺塔，有"大斧、中斧、小斧"的砖铭。唐武则天时，净土宗高僧怀玉和尚（？～742年）自弥陀寺来此静修，名声甚大。怀玉，又称高玉禅师，是临海楼石村（今沿江镇马头山浦口）人。他的生年不详，生平史料记载也非常贫乏。宋《嘉定赤城志》、民国《临海县志》都以为晋代人，《台州府志》误作南朝萧齐时人。其实，怀玉是盛唐时代净土宗的著名僧人。他出家于孔化峇弥陀庵，初在方山修持，庵附近无水，故每日都要到很远的一条溪中去挑。传说有一天，忽然遇见一个老者，告诉他说："庵前石下有水"，怀玉便按老人所指之处以杖拨之，果真泉水"迸涌盈尺"。唐长安二年（702年）移居涌泉寺，就一直在该寺修持将四十年。怀玉一生，"执持佛法，名节峭然。一食长坐，蚤虱恣生，唯一布衣，行忏悔之法课"。每日的日课"念弥陀佛五万"，先后累计"诵净土诸经通三百万"。如此数十年如一日，无间寒暑，从不停息，最后终成"正果"，得以往生"西方净土"。天宝元年（742年）六月九日，怀玉知时限将至，恍惚中忽见西方圣像数如恒河沙粒，有一人高举白银台，从窗而入。怀玉说："我应当得金台"。擎台者退出，怀玉更加虔诚守志。忽闻空中有声云：你头上已经有光晕了，请跏趺坐结阿弥陀佛印。一时佛光满室，怀玉以手势示意众僧勿触光明。到了十三日丑时，再次有白毫光显现，圣众布满空中。怀玉说："如果闻到异香，我的报命将尽了"，弟子慧命问："大师今往何处宝刹？"怀玉以偈作答："净土皎洁无尘垢，莲花化生为父母。我修道来经十劫，出示阎浮厌众苦。一生苦行超十劫，永离婆娑归净土。"说完偈语，香气满空，只见阿弥陀佛、观世音菩萨、大势至菩萨身紫金色，共持金刚台来迎。怀玉遂含笑而终。唐代咸通（860～874年）时，改寺院的名称为"延恩"，此名一直沿用至今。

及五代，有名僧景欣住持讲法。以后，代有兴废。至明朝的崇祯十六年（1643年），六可道奇大师自东山能仁寺入住这里。重建大殿、斋堂、禅房等，开放生池，广植竹柏，四年而成，遂称"中兴"。清康熙十九年（1680年），里人冯甦捐资建法堂，后废。道光十七年（1837年）复重建。后因寺僧管理无方，日渐凋残，再也不成规模。民国三年（1914年）再建，历时十年始现往日气象。浩劫中成了农场，大殿及天王殿等被拆，1993年以后才逐渐恢复寺院现有大雄宝殿、天王殿、伽蓝殿、山门、章安大师纪念堂、祥云楼、方丈楼以及龙珠山宝塔等建筑，这些都是人们游赏的好地方。其中伽蓝殿和大雄宝殿所供颇具特色。值得仔细玩味。

涌泉寺井，又称"卓锡泉"，或称仙人古井。据有关资料记载，井为唐怀玉和尚所凿，并经历代多次修砌。明冯继祖、清洪若皋等均有诗咏之。今井保存完好，范围虽不很大，也不太深。

图181　涌泉寺井

但内涌泉水，清凉甘甜，水质极优，且四时不涸（图181）。

王文庆故居及王文庆墓

王文庆故居及王文庆墓，在临海东塍镇岭根村。2001年2月18日，临海市人民政府公布为"临海市文物保护单位"（图182）。

王文庆（1882～1925年），初名军，字文卿，后改文庆。为近代民主革命运动的政治家和军事家，临海桐峙岭根人。清光绪二十六年时就读于临海东湖中学堂，学业优异。后游学日本，毕业于日本陆军士官学校。留学期间，结识了陶成章、龚宝铨、魏兰等，并积极参加反清反封建的革命活动。光绪三十年（1904年）初，与陶成章到台州联络会党，在临海八仙岩上洞天找

图182 王文庆像

到了张任天。次年，经陶成章介绍在日本加入光复会，不久又加入同盟会。光绪三十二年回国，奔走于绍、金、衢诸府县，秘密联络会党。同年冬，在日的同盟会总部派遣刘道一等返国，联络哥老会等会党准备在湘赣交界的萍乡、浏阳、醴陵等地起义。并派王文庆返浙，与秋瑾一起组织浙江会党配合响应。湖南提前起义，浙江计划泄露，王文庆被迫再次出走日本。光绪三十三年，王文庆与陶成章、龚宝铨等相继回国，在上海主持启东学堂，重

新积蓄革命力量。徐锡麟、秋瑾被杀害后，王文庆亦遭通缉，王文庆与陶成章亡命南洋，在网甲岛中学任教。秘密开展革命活动，创办报刊，宣传光复会宗旨，鼓动青年献身报国；又遵照孙中山部署，组织教育会，在侨胞中募得 1.7 万元巨款上交香港同盟会革命军统筹部，充作起义经费。广州起义失败后，王文庆和陶成章等回到杭州，在西湖白云庵设立了秘密联络机关，运动新军加入光复会。并返回临海筹建台州的革命联络机关——台州国民尚武会。又在上海建立了光复会总部机关——锐进学社。武昌起义成功后，王文庆在上海与李燮和共同组织了攻打江南制造局的战斗。又与屈映光、尹维峻、周六介、张伯岐等急返杭州，在杭州发动新军起义，王文庆亲率敢死队投入战斗。光复南京的战斗全面展开后，王文庆又亲率尹锐志敢死队 300 人及来自仙居的光复军 500 人，驰援朱瑞、吕公望所率浙军，冲锋肉搏，血战马群，奋攻天保城、雨花台。特别是五百名台州兵最为勇敢。清军"骤见台州兵四面而至，不知所以，皆溃入城，遂塞朝阳门不复出"。南京光复后，王文庆参加了临时政府的筹备工作，迎孙中山就任临时大总统，并当选为临时参议院议员。浙江宣告独立，王文庆被公推为浙江临时参议会议长，又一度担任省长，不久改任浙江民政长。翌年，王文庆应孙中山之召，南下广州组织策动粤浙两军联合"护法"，并当选为护法国会参议院议员。1925 年 2 月 3 日，病逝于上海，年仅四十三岁。章太炎起草《发起开会追悼王文庆通告》，高度评价了王文庆的一生。3 月 20 日《申报》登载《旅沪浙人追悼王文庆记》，爪哇《南海日报》全文转载。王文庆的一生是不断革命的一生，是不断探求真理的一生。临海项士元先生痛悼之词有云："呜呼，创造吾中华民国之革命耆勋，竟联翩长逝矣"！又云："文庆一生奔走国事，艰危备尝，身后不但无一钱一粟之遗，且葬费亦无之，其尽瘁社会，不私生产，诚可与中山先生并垂不朽也夫"。后人为了纪念他，命名临海城内的一条街为"文庆街"。

　　王文庆故居为王文庆和胞弟王醉卿的住宅，占地面积约 4000 平方米，由大门、院子、二进门、道地和正房等组成（图 183）。

图 183　王文庆故居

大门平面一字形，石质门框门楼式。院子因多有改变，已非原貌。二进门为三门组合而成，中间正门门楼式，两侧偏门拱券式。正房和厢房均为二层楼房，硬山顶，山墙做成风火墙，有大小房间33间。建筑构造质朴，仅柱头等雕有简单图案。20世纪50~90年代，曾用作临海岭根乡人民政府的驻所。现由王氏族人管理使用，房屋基本保存完好。王文庆墓在故居以北的殿后山山麓，平面呈八字形。墓由块石和石板构筑而成，坟首和墓面无雕工，造型简朴大方（图184）。

图184 王文庆墓

南山殿

南山殿在临海古城街道，位于巾山西南坡。2001年2月18

日，临海市人民政府公布为"临海市文物保护单位"。

南山殿始建于明，清同治中重建，内祀唐玄宗和唐代名将张巡、李光弼。唐玄宗（712～756年），姓李名隆基，为唐代的中兴君主，睿宗第三子。因谥号为至道大圣大明孝皇帝，故亦称为明皇。其英武有才略，开元时期文治武功鼎盛，世称为"开元之治"。天宝（742～756年）后，宠爱贵妃杨玉环，致杨玉环父兄势倾天下。及安禄山反，李隆基狼狈出奔。至马嵬坡，六军不肯前行，谓杨国忠通于胡人，而有安禄山之反，李隆基乃令杀国忠。六军又不肯前行，谓杨国忠为贵妃堂兄，堂兄有罪，堂妹亦难免，贵妃亦被缢死于路祠。李隆基避难奔蜀后，其子肃宗即位于灵武，尊其为太上皇。死后庙号玄宗。

张巡（709～757年），蒲州河东（今山西永济）人。唐开元二十四年进士。天宝中为真源令。安史之乱，张巡起兵讨伐，与许远困守睢阳数年。睢阳是唐王朝江淮庸调的通道，安禄山欲攻占，以切断唐王朝的命脉。张巡坚守危城，表现了高度坚毅与牺牲精神，后与南霁云等三十六人同时殉难。文天祥在《正气歌》中有"为张睢阳齿"句，咏叹他与敌奋战和壮烈就义的英雄气概。

李光弼（708～764年），营州柳城（今辽宁朝阳）人，契丹族。自幼好学，善骑射。初任左卫郎，历官太尉兼侍中、天下兵马副元帅，封临淮郡王。唐天宝十五载（756年）初，经郭子仪推荐为河东节度副使，率兵东出井陉（今河北井陉西北），参与平定安史之乱。至德二年（757年），以不满万人之兵力，大败蔡希德，歼其部众7万，守住了太原。乾元二年（759年）七月，史思明军突然渡河，陷汴州（今开封），逼洛阳。时任天下兵马副元帅的李光弼因兵力悬殊，乃弃洛阳，守河阳（今河南孟县南），威胁叛军侧翼，使其不敢西进。随后伺机出战，挫败了叛军对河阳三城的进攻，歼敌2万。上元二年（761年）朝廷强令收复洛阳，他不得已而出兵，当时叛军尚锐，加之大将仆固怀恩违反节度，因而兵败邙山（今洛阳北）。后复任河南诸道副元帅，出镇临淮，统河南诸道兵反攻叛军，配合仆固怀恩等收复洛阳。他还曾参与镇压浙东袁晁领导的农民起义军。广德二年，因受朝廷猜疑，抑郁而死。

随着时间的推移，南山殿从祭祀唐玄宗、张巡、李光弼，转而独祀张巡一人。张巡在临海民间俗称"张元帅"，作为我国历史上的英雄人物，受到人们的景仰。南山殿也因之香火旺盛，旧时每当"秋季张睢阳诞辰，自九月十二日至二十一日，演戏旬日"（项士元《巾子山志稿》）。殿内原有大殿、娘娘宫、望江楼等建筑，现大殿基本保持清同治重建时的风貌。大殿为单檐硬山顶建筑，抬梁式。平面三开间，明间、次间均作有斗拱，构件制作精美（图185）。

图185　南山殿

三元宫及三元宫摩崖

三元宫及三元宫摩崖，在临海巾山南向山腰，位于"不浪舟"东侧。2001年2月18日，临海市人民政府公布为"临海市文物保护单位"。

三元宫创建于明万历八年（1580年），为三合院建筑，原供奉天官赐福紫微大帝、地官赦罪清虚大帝、水官解厄洞阴大帝——"三元大帝"。清道光年间（1821～1850年）重修，后归于佛教。民国十三年（1924年），于宫之西边增筑藏经阁，并重修大殿，使二者连成一体。1991年以后陆续修缮，比丘尼定净将大殿改建成卧佛殿。现宫内有大殿三间，两厢四榴和藏经阁三层七间。此外，还尚存初建时的浮雕"双龙抢珠"大石案，以及柱础、佛号柱、抱鼓石等文物。大石案在大殿内，高112厘米，长224.5厘米，宽97厘米。案的正面束腰以下浮雕"两龙戏珠"图案，束腰两端及中间各浮雕成竹节形，将束腰分为二部分，内刻姜姓、董姓等捐助人姓名。年月已泐，据项士元《巾子山志稿》，可知为"大明万历九年（1581年）八月吉日立"。石柱础作鼓形，最大径在腹部，上下各饰弦纹一道。其中檐柱柱础高25厘米，径34厘米；金柱柱础高38厘米，径50厘米。柱础上还刻有文字，东檐柱柱础为"信女方门王氏"，西檐柱柱础为"方门贺氏、俞门罗氏同助"，东金柱柱础"信氏陈天、妻章氏合舍园明石古四对"，西金柱柱础"专保寿命延长，子孙团圆，万历八年（1580年）吉"。佛号柱在大殿前天井中，高133厘米，上刻有"十三年仲夏吉"等字。抱鼓石一对，分置大门内两侧，素面，高72厘米，宽76厘米，厚23.5厘米（图186）。

摩岩分刻于宫后的伏龙岩石壁上，共有"今之女宗"、"活泼泼地"、"涥泉"、"别有天"、"恩同生佛"、"枕漱"、"水流云

图 186　三元宫

平"等七处。题刻大多清晰，但不少款跋已风化，尚隐约可辨。

"今之女宗"位于石壁西端，隶书，横宽 113 厘米，高 28 厘米。右题"严孙氏矢志柏舟，潜心净业，三十年如一日，特书数字致敬"。左款"施召愚"。

"活泼泼地"，在"今之女宗"以东约 6 米处，草书横刻，字径 30 厘米。上款"道光辛丑（1841 年）秋仲"，下款"晋陵盛隆题并书"。题刻者盛隆，晋陵（今江苏武进）人，生平不详。

"淳泉"，在"活泼泼地"右下方，隶书，字径约 40 厘米。款为"道光二十五年（1845 年）夏五月中浣，桐城吴薰题，临海张春晖、陈伟琳同鋈刻"。书题者吴薰，安徽桐城人，生平不详。鋈刻者张春晖、陈伟琳，亦无考。

"别有天"，在"今之女宗"右上方，楷书，字径约 40 厘米。上款"道光十八年（1838 年）春三月"，下款"署浙江督粮道台州守陈大溶题"。台州知府陈大溶，生平不详。仅知道光十年

（1830 年）时，曾署福建汀州（治所在今福建长汀）知府。另道光十三年（1833 年）七月十五日，内阁抄出七月十三日内阁奉上谕："瑚松额等奏查明搜捕逆犯、追击粤匪、及审办出力之随营文武各员、开单垦请鼓励一摺，此次台湾剿办逆匪，在事文武各员，或承审逆犯，究出首伙姓名，不致漏网，或办理文案，安抚难民，或深入内山，擒获要犯，或随营差委，访查一切；该员弁等妥速办理，著有微劳，据瑚松额等择其尤为出力者据实保奏，自应量予恩施。……候补知府陈大溶著遇有闽浙两省知府本班缺出，优先补用"。陈大溶任台州知府在道光十五年（1835 年），可见其在上谕下达后，即补台州之缺。

"恩同生佛"，在"别有天"东侧，楷书线刻，字径约 40 厘米。前有跋："咸丰八年（1858 年），桐坑口口扑郡城时，感郡伯吴公运筹征剿，□□□山下东关外，是台之口万户得保生全者，实赖公之威德焉。报以庆贺，铭诸于石，庶后之人登高怀古，犹仰公之功，与兹山并垂不朽云"。所云为台州知府吴端甫征剿里人林大广、王彝河一事。吴端甫，字畹甫，安徽人。举人出身，《台州府志》云其于咸丰九年（1859 年）出知台州府。今据题刻，当为咸丰八年（1858 年）。

"枕漱"，在"恩同生佛"之东，行楷，字径约 60 厘米。上款"咸丰丁巳（1857 年）仲春上浣"，下款"补用道署台州府事王清照题"。王清照，生平不详。

"水流云平"，在伏龙岩之最高处，楷书，因岩高无法攀登，故款识不详，字径约 70 厘米。

此外，"今之女宗"旁还题刻有舍田题记一篇，计五行，字多已湮泐。尚可辨者为"……海口舍田五亩，坐下江庙桥头……请查收。民国癸亥立石"等字。

台州行署大院

台州行署大院，在临海回浦路 138 号。2001 年 2 月 18 日，临海市人民政府公布为"临海市文物保护单位"。

图 187　台州行署大院

台州历史悠久，五千年前就有先民生息繁衍。汉昭帝始元二年，以原东瓯王国地置回浦县。东汉章和元年（87 年）时，改回浦县为章安县。吴太平二年（257 年），割会稽郡东部地域，以郡东北之临海山为名而设立临海郡。当时的临海郡领章安、临海、始平、永宁、松阳和安阳等六县，即今台州、丽水、温州及福建闽江以北地区。隋文帝开皇九年，废临海郡与所属各县，合一而为临海县。唐武德五年（622 年）改称台州，以境内有天台山而得名，台州之名自此开始。此后一千多年，自唐至清的台州、台州府、台州路的治所，一直都在临海未曾改变。新中国成立后，台州以行政公署建制。1994 年 8 月 22 日，经国务院批准，撤销台州地区，在椒（江）、黄（岩）、路（桥）设立地级台州市。

台州行署大院是原台州行政公署驻所，占地面积 8300 平方米，建筑面积 6600 平方米。内有各类房屋二十幢，大小房间 200 余间。房屋均系砖木结构的瓦房，现基本保存完好。大门朝街，进门后为一堵大照墙，照墙后有七幢仿苏式建筑，风格独特。就历史和政治上来说，台州行署是台州政治机构在临海的最后一个符号。因此，台州行署大院在文物上所体现的价值和意义，是其他现代文物所不能比拟的（图 187）。

邓巷洪家

邓巷洪家，在临海古城街道文庆街 31 号，位于文庆街南端街西。2003 年 12 月 5 日，临海市人民政府公布为"临海市文物保护单位"。

邓巷洪家系清洪革煊故居，洪革煊为清嘉善教谕洪枰的第四子，临海人。其兄洪颐煊和弟洪震煊是临海成就斐然的学者，人称"大洪渊博，小洪精锐"。革煊生于清乾隆三十一年（1766 年），卒于道光二十二年（1842 年）。其子洪瞻陛，字雨芗，道光六年（1826 年）由顺天中举，尝官双流知县，卒于任。洪瞻陛之子为洪锡彝，项士元在 1920 年时曾走访过洪家，有"是年，于邓巷洪叔雨大令（锡彝）家中购得旧藏遗书千余卷"（项士元《自订年谱》）的记载。

邓巷洪家为三合院，坐北南向，大门开在正中。正房和两厢均为硬山两坡顶二层楼房，穿斗式架构。正房平面七开间，通面阔 31 米，通进深 14 米，其中明间宽 5 米，次间宽 3.95 米，梢间

图 188　邓巷洪家

宽3.75米，尽间宽3.35米。两厢平面各三间，通面阔11米，通进深11.7米，其中明间宽4.45米，北次间宽3.55米，南次间宽3.65米。正房东西两山及两厢南山等都做有马头墙，马头墙造型独特，呈灵芝形。马头墙上还饰灰雕，东西山墙堆塑狮子，两厢南山堆塑鹿、猴等，并外施彩绘。值得一提的是东面门首上方的大型"狮子戏球"灰雕，十分的优美精巧，堪称国内少有的灰雕艺术杰作。正房与两厢前廊都做有卷棚顶，柱头梁架均雕有各种图案花纹，可惜在"文革"间已遭不同程度的破坏（图188）。

傅濂故居

　　傅濂故居，在临海古城街道九曲巷38号。2003年12月5日，临海市人民政府公布为"临海市文物保护单位"。

　　傅濂，字啸生，一字啸岩，又作少岩，临海人。其生卒年代不详，大体生活在清嘉庆、道光前后。傅氏善诗擅画，论诗，诗写得极佳，所著《梅花老屋诗钞》，有《过留贤》、《东湖绝句》、《巾峰寺联》、《别飞来峰》、《题山水》等诗行世；就画，画学黄公望，迹近王原祁，峰峦树石，凝润萧疏。兼善墨竹及设色花卉，书法亦极精妙。一生长期活动于宁波一带，与镇海姚燮、定海厉志并称为"浙东三海"。时人张英元赞其诗画："啸生一啸酒入口，啸生一醉画出手，带醉泼墨何淋漓，顷刻烟云随笔走。烟云渲染一角山，山容与我同酡颜，酒痕墨汁两不辨，但觉枫叶皆烂斑"。海上大家蒲华自称画竹学傅啸生，吴昌硕、杨伯润等也都有自题仿临海傅啸生的山水画作。论其画法，实开海派之先声。

　　傅濂故居为三合院建筑，前有照墙，后有附屋，约始建于清康熙中。正房二层平面五开间，重檐两坡硬山顶，通面阔22米，通进深11米，其中明间宽4.4米，次间宽3.25米，梢间宽5米。东西厢房二层平面各三间，通面阔10.4米，通进深6.3米，其中明间宽4米，次间宽3.2米。南山墙做成马头风火墙。正房、厢房前檐柱均设斗拱，作台临古建筑中典型的明末清初风格的仰八字斜拱。在三合院的西侧，原为傅濂的"梅花老屋"，是傅氏平日作画的地方。人云"啸生之室，花木砌石，设施别致，自隶书'梅花老屋'扁其后庭，字径一尺"（民国朱湛林《临海古迹志稿》）。傅濂曾作有《斋居杂感》诗，云："小院春深长薜萝，幽居善病似维摩。寻常自是无闲客，不为门前风雨多。小山毁累巩头石，雨后阶前苔色参。差喜此中无捷径，却教佳处胜终南"。今建筑及傅氏手种的梅花早已无存，但小花园的风韵犹存（图189）。

图189　傅濂故居

川南旗杆里与旗杆石

　　川南旗杆里与旗杆石，在杜桥镇河东村东岸自然村。2003年月12月5日，临海市人民政府公布为"临海市文物保护单位"。

　　旗杆里旧称保南乡永福里，清光绪间（1875～1908年）因里人项维扬、项靖邦、项殿邦等分别获得功名与官职，相继竖有四对旗杆石，而称旗杆里。旗杆里为东、南、北三院组合的大院，是清末项维扬"侍卫府"及岁贡项靖邦、项殿邦旧居的总称。项维扬（1853～1931年），名道淮，号桐章。清同治十年（1871年）第四十一名武举，光绪三年（1877年）得中武进士，授御前蓝翎侍卫，曾官直隶怀柔营都司。项靖邦（1837～1908年），名国靖，号恭甫，光绪二十二年（1896年）岁贡。项殿邦，名国恒，号子久，光绪三十一年（1905年）岁贡。东院为项维扬的"侍卫府"，约建于清嘉道间（1796～1850年），北院项靖邦宅、南院项殿邦、项靖邦合宅，均建于光绪中（图190）。

图190 旗杆里

旗杆里的甬道和大门在项维扬宅西，项殿邦、项靖邦宅东。大门南向，旧有"侍卫府"三字，进入大门还有二门及后门。二门旧题"敦仁爱士"四字，后门旧题"北门锁钥"四字，大门、二门尚存，北门已毁。"侍卫府"坐东朝西，建筑面积935平方米，二层重檐硬山两坡顶，抬梁穿斗混合架构。正房平面七开间，通面阔21.9米，通进深8.5米；其中明间宽4米，次间各

3.15 米，梢间各 2.65 米，尽间各 2.85 米；南次间已毁，门房同正房，明间亦已拆毁。厢房平面各三开间，通面阔 8.5 米，进深 5.6 米，其中明间宽 3.15 米，次间各 2.65 米；北厢房已拆，仅留南厢房。

南院为项靖邦、项殿邦合宅，建筑面积 744 平方米，二层重檐硬山两坡顶，抬梁穿斗混合架构。正房西向，平面七开间，通面阔 25.11 米，通进深 7.5 米，内明间宽 4.55 米，次间各 3.3 米，梢间各 3.35 米，尽间各 3.6 米。厢房平面各三间，通面阔 10.65 米，进深南厢房 6 米，北厢房 8.5 米。其中明间宽 3.65 米，次间各 3.5 米，大门侧开于北厢房之西次间。正房对面为廊房，廊房面宽 10.6 米，深 2.9 米。

北院为项靖邦宅，建筑面积 453.08 平方米，二层重檐硬山两坡顶，抬梁穿斗混合架构。正房南向，平面五开间，通面阔 19.8 米，通进深 7 米，内明间宽 4 米，次间宽 3 米，梢间宽 4.6 米。其中东次间，东梢间已毁。西厢房平面二间，靠北一间宽 3.2 米，南间 3.6 米，深皆 4.6 米。东厢房平面亦二间，宽与西厢房对应相同，深则南间 4.6 米，北间为 3.7 米。门房为廊房形式，深 2.7 米，大门宽 1.5 米，亦南向。

旗杆石在三院之间的大天井中，东、南、西、北四面各立有一对。东一对为纪项维扬中举后所立，西一对为纪其任御前侍卫时所立；南一对为纪项殿邦举岁贡而立；北一对则为纪项靖邦举岁贡而立。四对之中，以西面一对最考究，有须弥座，通高 2.4 米，其中座高 1.5 米，夹石高 0.9 米，宽 0.48 米，单石厚 0.2 米。旗杆石也称夹石，初考为宋代初期伍相祠构筑遗存，高丈余，据载"明季甚灵，凡入城者必敬礼之"。古代做佛事时，白天在夹石中间立杆上挂幡旗，晚上则挂长明灯作照明之用。此后，它的树立主要是为了表彰和纪念功名人物。在血缘村落中，族人科举中试、升官晋职，大家都会引以为荣，并在门外树立旗杆石以志纪念。

金满故居

金满故居在临海杜桥镇后地村，位于后地村假山自然村中心，西北距杜桥镇 2 公里。2003 年 12 月 5 日，临海市人民政府公布为"临海市文物保护单位"。

图 191　金满故居

金满（1839～1917 年），字玉堂，临海杜桥人。自小家贫，帮工出身。因不满社会的黑暗，而与蒋世炳于清光绪五年（1879年）在临海桐坑聚众与官府对抗。光绪六年（1880 年），金满以"平心大王"之号公开起事，部众虽不多，但声势甚大。随后，截掠海门标营火药船，激战总兵李新燕；夜袭临海劫放犯人，破宁海县西店厘局和临海小雄（今属三门）粮仓；毁临海县丞署衙门（在今三门县花桥），杀临海县丞邱洪源。并在战斗中，击杀清军都使叶富。终致台州知府成邦干撤职，清军守备、统领等多受处分。迫使清政府一面裁减台属厘卡十处，以缓和矛盾；另一方面则实施招抚。光绪九年，金满在天台廪生谢梦兰的调停下，出任兵部尚书彭玉麟帐下长江水师"满字营"守备。及在任二十余年，曾参加中法战争和中日甲午之战。晚年致仕归里，为人医治跌打损伤，并持斋念佛。

金满故居创建于清道光中，为其父金学足所造。具体位置在假山金氏双透大院的东凤凰翼，为东附屋靠最南的一间。屋系二层楼房，硬山顶，抬梁式架构，面宽4米，进深7.3米。屋内四檩，当中二檩均为2.15米，东檩1.1米，西檩1.3米。另假山村又于故居南20米择地约150平方米，新建三间面之金满纪念馆，对外陈列开放（图191）。

包桐生墓

包桐生墓，在临海杜桥镇三联村下周自然村，位于村后（西）80余米的鸡母山西山坡。2003年12月5日，临海市人民政府公布为"临海市文物保护单位"。

包桐生，字梓臣，临海人。一生在家务农，无功名。其子包晓霞，又名包文旭，曾留学日本，后出任浙江省参议员。

包桐生墓坐西东向，墓前为南北向之山岙，岙底由北而南渐宽，今为农田。墓共分三坛，通进深15.5米，占地面积125.5平方米。第一坛平面呈半圆形，以乱石干砌。第二坛平面呈方形，为祭扫之坛，中设石桌一张。第三坛为墓室。墓室平面八字形，通宽4米，以石板砌筑。坟面宽1.95米、高1.75米，中间所刻"梓臣包公暨德配黄氏之墓"，为民主革命的先驱者，著名爱国诗人和清末以来杰出的书法家于右任先生所题。两侧刻以志文与志铭，志文为国民党中央监察委员、司法行政部次长洪陆东题，黄崇韬书；志铭则系黄崇韬题书。两面之坟首转柜刻国民党"陆军上将方策"、"陆军中将卢浴平"、"临海县县长姚彦文"、"浙江法校校长黄庆忠"、"陆军少将徐乐尧"、"黄岩县县长江恢阅"、"第一师师长淤达"、"永康县县长任重"及原西湖博物院院长王念劬和张维干等人的墓瓒或墓铭等。墓额刻"长发其祥"四字，额两旁刻"地灵钟瑞气，山秀启人文"联。坟面两侧做成抱鼓石状，雕有石狮。墓背浮雕包桐生与其妻黄氏坐像（图192）。

图192　包桐生墓

包桐生墓既为近代著名书法家于右任所题，又有政界、军界和社会名流所题墓瓒、墓铭等十二篇。浮雕的墓主坐像，亦雕刻细腻，工艺精湛。故此墓极具历史、书法、工艺和建筑价值。

项庆石墓

项庆石墓，在临海杜桥镇大峤村，位于村南谷堆山北坡，东离杜桥至雉溪公路约 200 余米。2003 年 12 月 5 日，临海市人民政府公布为"临海市文物保护单位"。

项庆石，字祥麟，号瑞荪，临海人。生于清光绪八年（1882年），世居杜桥镇吕祖阁后。1938 年至 1939 年间，曾任临海杜桥镇镇长。

墓始建于民国二十二年（1934 年），系墓主项庆石生前自营。

图 193　项庆石墓

墓共分三坛，进深 14.6 米，占地面积 124.8 平方米。第一坛和第二坛系乱石砌筑，第三坛为墓室。墓室平面呈八字形，以石板石块雕刻筑成，所用石料除压阶石为当地土石板外均为外地所购的青石。罗围大体呈半圆形状。坟面通宽 6.4 米，其中中间面石宽 3.7 米，高 1.85 米。坟面中间刻"项公庆石寿域"，上款"癸酉八月"，下款"韬庐书"，并钤"韬庐所书"、"黄崇韬印"二印。韬庐即黄崇韬，生平不详。左右刻"项公庆石营圹记"，右为上半阙，左为下半阙，系山东翟金璈撰。翟金璈生平亦不详。两边坟首内侧雕成须弥座状，外侧则为石鼓状，上刻石狮。坟额题刻"山明水秀"四字，额两侧设望柱和栏板，望柱四根，柱首圆雕狮子。栏板上刻寿星、麻姑献寿、和合二仙、刘海戏金蟾等神仙以及鹤、鹿、狮、鹰等图案。墓背则刻有"麒麟送子"图案（图 193）。

此墓虽年代较晚，但规模尚可，墓面所题书法甚佳，雕刻工艺不错，水平很高。

方廷英墓

方廷英墓在临海杜桥镇铁场村，位于南村口虎头山山麓。2003 年 12 月 5 日，临海市人民政府公布为"临海市文物保护单位"。

方廷英（1866～1946 年），字子元，祖籍宁波慈溪，清嘉庆十年（1805 年）祖辈因生意事宜移居临海章安（今属椒江），遂成临海人。方廷英自幼秉承家业，初随父亲方铭学于太平（今温岭）"方同仁"药店，后成为该店经理。光绪十年（1894 年），于临海葭芷（今属椒江）开设"方同泰"药号。民国二年（1913 年），与子方韵文在临海涌泉开设"方天仁"药号。民国十二年（1931 年），与子方韵唐在临海海门（今台州市所在地）开设"阜大中药栈"。民国二十年（1923 年），又与子方韵韶在临海溪口开设了"方元仁"药号。方廷英制度严明，管业有方。他不仅生意做得好，深得同行与病家信赖，而且与一些名人的关系也不

图 194 方廷英墓

错，冯玉祥将军曾亲自为"方同仁"药号书题匾额一方。

　　方廷英墓坐东朝西，三坛阶梯状，通宽 5.85 米，通深 16.5 米，占地面积 96.5 平方米。第一坛平面呈半圆形，宽 4.7 米、深 5.1 米。以乱石干砌，外涂石灰，上有两道七级石台阶通往第二坛。第二坛平面方形，宽 4.7 米、深 4.9 米、高 1.4 米，全部石板砌筑，其中外向正中石板浮雕梅花"福"字图案。坛面立屏式照板一块，正面阳刻"往来不息"四字，背面阴刻"得水藏风"四字。屏板后为石桌，石桌前设石拜台，石拜台其他三面各置石鼓一个。第三坛为墓室，平面八字形。墓面宽 3.4 米、高 1.85 米。正中刻"清授奉政大夫方公廷英字子元之寿域、德配唐夫人暨长子韵麓之墓"，末题"民国廿七年戊寅十一月吉旦"。两边石刻对联一副，上联"绕地龙蛇留正气"，下联"参天松柏自长春"。两侧呈均衡外延，北延 0.6 米，南延 1.85 米。墓首雕刻龙、虎、狮等图案，横压阶石中间篆刻"考寿无疆"四字。墓额正中浮雕方廷英与夫人唐氏坐像，两边刻牡丹和菊花纹样，像的上端又刻有"形影藏真"四字。墓面上道中间刻"升堂入室"四字，右刻"方廷英抽烟休闲图"，图上刻"子元之像"四字；左刻"唐氏嬉子图"，图上刻"唐氏之像"四字。两侧刻有对联，上联为"持正以恭接人以敬"，下联是"贞静其性淑慎其身"。罗围之"后太山"刻的是"福禄寿"文字图案。从目前来说，方廷英墓是临海民国时期所有已知的墓葬中，规模最大、雕刻最精的墓葬。既具特色，又有艺术，堪称一绝（图194）。

东溪单水阁堂

东溪单水阁堂，在临海东塍镇东溪单村南村口，小地名即称水阁堂。2003年12月5日，临海市人民政府公布为"临海市文物保护单位"。

水阁堂始建于南宋咸淳年间（1265～1274年），历代兴废修缮情况不详，仅知清光绪中曾重修。今存建筑为两个完整院落，东向，依次为门房、戏台、前殿、穿房、两厢与大雄宝殿。门房平面五开间，建筑面积83.5平方米。戏台平面基本方形，单檐歇山顶，建筑面积19.09平方米。台上四柱柱头雕刻神话和戏曲人物，造型精美。斗拱与枋间雕刻卷云纹和神话人物，雀替作不规则回格纹，脊檩上题"大清光绪拾捌年壹月吉日"等字。藻井则以浅浮雕雕出亭台、蝙蝠、卷草等图案，雕刻工艺极其精湛。前殿三间，建筑面积81.18平方米。殿殿所留石案上，有"大清光绪八年"诸字。厢房前后院落总计十八间，建筑面积369.95平方米。大雄宝殿平面三间，硬山两坡顶，建筑面积104.86平方米。通面阔10.7米，通进深9.8米，其中明间宽4米，次间宽2.85米。明间抬梁架构，两山穿斗式，明间作四檩，次间六檩。殿均用石柱，金柱为圆柱，两山为方柱。前檐中间两柱通柱高浮雕蟠龙。斗拱雕刻繁丽，艺术性较强。此外，院内尚存《水阁堂碑记》一块和石柱二根，碑记末署"大清光绪元年龙飞乙亥"。石柱一根已浮雕云龙纹，另一根尚为粗坯，估计属重修时尚未完工之蟠龙石柱（图195）。

图195　东溪单水阁堂

屈映光家祠

屈映光家祠，在临海东塍镇上街村东北村口，位于凉光路12号～20号。2003年12月5日，临海市人民政府公布为"临海市文物保护单位"。

屈映光（1883～1973年），字文六，法名法贤，临海东塍人。年轻时求学临海县城，清光绪三十一年赴杭州就读，与秋瑾、徐锡麟等人相识，并加入光复会。光绪三十三年（1907年），随杨镇毅先生回临海创办耀梓学堂，以响应绍兴大通学堂的光复活动。后任职于安徽台州印山商业学校，继续进行革命活动。宣统元年至上海创办《风雨报》，宣统三年作为浙江代表到南京筹组中华民国临时政府。及后，历任浙江都督府民政司司长、内务司司长、浙江民政长、巡按使等要职。特别在担任浙江巡按使期间，曾提出"充生计，兴水利，宏教育，兴实业，正民俗，备灾荒，剔陋习"等有益于地方的七件事。袁世凯称帝后，授封为"一等伯爵"。民国七年（1918 年）任国务院顾问，授"赞威将军"，次年任山东省省长。民国九年（1920 年）应聘为大总统府顾问。民国十五年（1926 年）尝任内务总长。北伐以后，退出政坛，专志学佛及救灾慈善事业。先后皈依谛闲、大勇、班禅、白普仁、贡噶呼图克图等高僧和活佛，显密兼修，迭获授记灌顶，佩金刚阿阇梨印。在台湾时，曾与赵恒惕等人组织菩提学会、修订中华大藏经会等，从事弘扬密教及修藏事务。曾注释《心经》、《无量寿经》、《观无量寿经》、《四加行大手印导引》等书。

屈映光还是一个藏书家，解放后曾为东塍区公所的"精一堂"，就是他的藏书楼。"精一堂"藏书除了屈映光自己日积月累之册外，多为晚清山阴（今绍兴）学者李慈铭的旧藏。李慈铭的旧藏经汤寿潜介绍，售于屈氏，共有三十楼。后又续得晚清临海藏书家葛咏裳"忆绿荫室"的藏书。民国五年（1916 年）时，屈映光邀请他的好友、近代学者项士元为其编定了《精一堂藏书目录》四卷。可惜的是，屈映光的藏书除一部分在新中国成立以前由他拨交自己创办的振华中学（即今城西中学）外，其余的全部流散不存。

屈映光家祠始建于民国十六年（1927 年），由大门、穿房、两厢、大殿组成。大门平面一字形，石质门框，顶作拱券。穿房平面五间，通面阔 16.3 米，通进深 7.2 米，建筑面积 234.72 平方米。其中明间宽 4.5 米，次间宽 3.5 米，梢间宽 2.5 米。两厢房各七间半，通面阔 26.3 米，通进深 6.3 米。内明间宽 4 米，次间宽3.45米，梢间宽4.1米，尽间宽3.8米。北厢房东西梢间和尽间已拆，现仅存三间。大殿平面五开间，坐西朝东，单檐歇山顶，抬梁式。通面阔19.4米，通进深11.8米，建筑面积229平方米。其中明间宽5米，次间宽3.7米，梢间宽3.75米。殿内前后四檩，构件粗大，斗拱、雀替、月梁等雕饰大方，充分体现了民国时期临海木作匠人的高超技艺（图196）。

图196 屈映光家祠

周至柔故居

周至柔故居，在临海东塍镇下街村，位于东塍影剧院内。2003 年 12 月 5 日，临海市人民政府公布为"临海市文物保护单位"。

周至柔（1896～1986 年），原名百福，临海东塍人。民国十一年（1922 年）毕业于保定军官学校，曾任黄埔军校兵学教官等职。民国二十年后任国民政府军陆军第 14 师师长、第十八军副军长。后受宋美龄赏识，于民国二十二年（1933 年）被派往欧美等国考察航空，负责创建中国空军。民国二十四年（1936 年）返国，出任中央航校教育长、校长和航空委员会主任。抗日战争时期兼任空军前敌司令部总指挥，率中国空军对日作战，并立下了赫赫战功。民国三十五年（1946 年），任由航空委员会改组的空军总司令部司令。1949 年去台湾，后任台湾"国防部"参谋总长、"行政院设计委员会"委员、"国防部兵工委员会"主任委员。1954 年任"国防会议秘书长"，1957 年调任"台湾省主席"，兼任"台湾保安司令"、"民防司令"。1962 年改任"总统府"参谋长。1966 年 9 月以后相继任"总统府"战略顾问、"总统府侍从室"主任、"国家建设研究委员会"主任委员、"中国高尔夫球协会"理事长等职，并获授一级上将军衔。为国民党第七届中央委员，第八、九、十届中央常委，第十一届中央评议委员会委员，第十二届中央评议委员会主席团主席。周至柔侍母甚孝，其母 93 岁高龄去世时，周至柔披麻戴孝，甚为哀痛。1986 年 8 月 29 日，因心脏病发作病逝，享年 90 岁。

周至柔故居始建于民国二十九年（1940 年），坐北朝南，平面五开间，二层单檐，硬山两坡顶，穿斗式。通面阔 20.3 米，通进深 13.6 米，建筑面积 552.16 平方米。其中明间宽 4.5 米，次间宽3.75米，梢间宽3.7米。前有檐廊，二楼做有栏杆，栏杆稍作雕饰，构造简朴大方，通体油以铁锈红。现保存基本完好（图197）。

图197　周至柔故居

罗渡石塔

　　罗渡石塔，在临海白水洋镇罗渡村，位于村东1公里的西宛山上。2003年12月5日，临海市人民政府公布为"临海市文物保护单位"。

　　罗渡石塔始建年代不详，当地人称为石鑫。空心造，六角七层，通高12.3米。塔基为六角形须弥座，须弥座之下盘石厚15厘米，边长2.42米，上盘石厚23厘米，边长2.2米。束腰先砌

图 198　罗渡石塔

条石，外包石板，每面宽 2.1 米、高 0.84 米。底层每边宽 2 米，逐层收分。西面中央开一门，其他各面开一假窗，层高 1.4 米，内收 24 厘米，门两边各雕刻一尊天王像，造型拙朴。每一转角处有三只牙子出跳，牙子的三分之一嵌在盘石上，牙子已部分损坏，估计出跳的牙子上盖有石板作檐。塔身以长方形条石错缝砌筑，坚固结实。第一层外以石板贴面包砌，垒叠构建，对缝严密。自第二层开始，一概采用横条石干砌，条石高一般都为 20 厘米，长度不等。第二、第三层各砌条石八重，第四、第五层各七重，第六、第七层各六重，依次递减。每层均有石板做成的平座，平座支出一般在 26 厘米左右，石板厚 8 厘米左右。第五层上端棱角有云纹牙子顶托，第七层平座伸出塔身较其他各层要多，约有 40 厘米。塔身每层每面都开有一个小窗，塔顶收分较急，各面亦开有小窗，唯顶部三分之二已毁。塔壁厚度在 70 至 76 厘米之间，塔的内壁有条石出跳盘绕而上，以供登攀（图 198）。

整座石塔结构简朴，要而不繁。从底层门两旁浮雕的天王造像看，雕法洗练凝重，宝相庄严，当为明代所建。

鹿尚书台门

鹿尚书台门，在临海汇溪镇西溪村，位于村中心石鼓台门溪北岸。2003 年 12 月 5 日，临海市人民政府公布为"临海市文物保护单位"。

鹿尚书即鹿昌运（1139～1213 年），字会之，南宋临海人。初授迪功郎温州司户参军，丁父鹿何忧未任。后以庆寿恩补修职郎遂昌县（今浙江遂昌）主簿。乾道、淳熙间（1165～1189 年）以朝散郎知连州（今属广东），卒赠朝奉大夫。其"尤工于诗，善状物态，有《益斋文稿》藏于家"（《宋朝散郎知连州鹿公墓志铭》）。子鹿愿（1171～1236 年），以父荫积官至奉议郎试松阳尉，历隆兴府（今南昌）、绍兴府司理参军、浦城知县（今属福建）。鹿昌运及父鹿何、子鹿愿等官都不大，位也不显，所谓"鹿尚书"，只是当地百姓的一种"尊称"。

台门平面三开间，硬山两坡顶，通面阔 7.7 米，通进深 4.4 米，建筑面积 33.88 平方米。其中明间宽 3.1 米，次间宽 2.9 米，前后三檩。台门梁枋间的雕饰古朴大方，明间平身科置二攒，柱头内侧有单向斜拱，为台临清康、雍时期的典型做法。明间前檐柱柱础圆形，最大径在肩部。内石鼓一对，通高 1.3 米，鼓圆直径 0.65 米，厚 0.25 米。两次间各设石基座一只，长方形，高

0.73 米、长 3.35 米、宽 1.9 米，台内外各半。基座浅浮雕方形竹节以及卷云、麒麟、狮子等纹饰，但用途不详。此外，在台门以北约 300 米的后门山山麓，尚存鹿昌运墓志一块。墓志高 1.8 米、宽 0.9 米、厚 0.1 米，额篆"宋朝散郎知连州鹿公墓志铭"，碑上文字多已无法辨认。墓志原在白竹村白竹岙（今属大田街道），1999 年鹿氏后裔移置于此（图 199）。

图 199　鹿尚书台门

下湾三透屋

下湾三透屋，在临海河头镇下湾村南村口。2003 年 12 月 5 日，临海市人民政府公布为"临海市文物保护单位"。

三透屋为叶氏老宅，始建于清乾隆中（1736～1795 年），系

叶氏八世祖叶和庄，和七世祖叶舟相继而建（清《临海大石綮山
叶氏宗谱》）。此宅虽说三透，但事实上却是三座独立的宅院（图
200）。

图 200　下湾三透屋

　　第一透屋台门东向侧开，硬山两坡顶，穿斗式，建筑面积
22.32 平方米。入门后即为前天井，东、南、西三面砌以围墙。
南墙做成照壁形式，东西围墙原有月洞门，今已毁，北为南门，
亦即第一透大门，大门内侧做成披廊，硬山两坡顶，穿斗式，建
筑面积为 11.2 平方米。过天井为穿房，穿房硬山两坡顶，抬梁
式构架。平面五间，通面阔 26 米，通进深 12 米，建筑面积 624
平方米。两厢平面各三间，硬山两坡顶，穿斗式，通面阔均为
7.45 米，通进深 6.9 米，其中东厢一间已改建。两厢房的前面立
有隔墙，隔墙上砌筑连体花窗，隔墙南端对开小门一扇，做成花
瓶状。过穿房为二进，正房硬山两坡顶，抬梁式。平面七开间，
通面阔 29.3 米，通进深 11.9 米，建筑面积 697.34 平方米。靠北

有凤凰翼二间，建筑面积 22.68 平方米。两厢各三间，穿斗式，硬山两坡顶。通面阔均为 10.6 米，通进深 6.75 米，建筑面积286.2 平方米。正房之后为一小井，小天井之后即围墙，围墙与后山墙连成一体。

第二透屋台门开在穿堂明间，穿堂平面五开间，硬山两坡顶，抬梁式，昔部分毁于火，今已重建。正房硬山两坡顶，抬梁式构架。平面七开间，通面阔 26 米，通进深 19.4 米，建筑面积488.8 平方米。两厢硬山两坡顶，穿斗式。平面各三间，面阔各10.5 米，进深各 7.75 米，建筑面积 299.88 平方米。其中西厢明间已毁。

第三透屋为三合院建筑，正房硬山两坡顶，抬梁式。平面七开间，通面阔 26 米，通进深 9.4 米，建筑面积 488.8 平方米。两厢硬山两坡顶，穿斗式。平面各三间，面阔各 10.5 米，进深各7.75 米，建筑面积 162.75 平方米。

小芝何氏宗祠

小芝何氏宗祠，在临海小芝镇罗上宅村，位于村的西村口。2003 年 12 月 5 日，临海市人民政府公布为"临海市文物保护单位"。

小芝何氏宗祠始建于清顺治间（1644～1661 年），乾隆、同治时曾予以重修。现存建筑重建于民国十六年（1927 年），历年堂庑落成，中因主事者病故而停建，至民国三十四年（1945 年）才得以全部完毕（《台临何氏宗谱·重修大宗祠记》）。2001 年 5月复重修，历时七月而成今之架构。

宗祠坐北朝南，分别由门房、戏台、两厢大殿等组成。门房平面五间，单层硬山两坡顶。通面阔 17.3 米，通进深 6.7 米，建筑面积 115.91 平方米。门前置石雕狮子一对，屋脊上有瓦饰，瓦饰上做成龙形。梁枋与斗拱之间雕刻狮、鹿以及神仙、戏曲人物故事等图案，造型繁复，工艺精细。戏台平面方形，歇山顶。宽5米，深亦5米，建筑面积25平方米。四柱均为石柱，柱头科用"八仙"人物承托飞檐，斗拱出跳略似卷云，藻井及周围雕绘花卉、博古、人物等各种图纹。屋面上盖小青瓦，飞檐上作飞凤形，衔着屋脊的"螭吻"作龙形。两厢平面各七间，二层硬山两坡顶，两山作马头墙。通面阔25.2米，通进深5米，建筑面积504平方米。大殿平面五开间，硬山两坡顶，抬梁式与穿斗混合式。房脊用瓦组成纹饰，并堆塑二龙抢珠图形，屋脊"螭吻"亦作龙形。通面阔20.3米，通进深13.1米，建筑面积265.93平方米。殿内用材粗大，雕饰宏富。前廊做成卷棚，廊柱柱头以圆雕动物等承托撩檐枋。梁枋间和雀替所雕多为三国故事或隋唐小说中的人物，及云、龙、花、草、动物等图案。且以明间正中为界，雕刻风格大为不同，如西边除檐口外多间以回纹，而东面则除檐口有回纹外，其余的都没有。整个大殿的雕刻，题材丰富，风格多样，体现了极其高超的艺术水平（图201）。

图201　小芝何氏宗祠

第五章　其他文物

里坑新石器出土地点

里坑新石器出土地点，在临海杜桥镇北约 1 公里的西外村里坑小山坡。南面为临海最大的沿海平原，北即白岩山。该地岩石质好且容易开采，是当地百姓建房取材的岩石仓。

1973 年 1 月 4 日，临海杜桥广播转播站因建房需要去里坑开石取土时，在岩仓右边岩脚地下约二三十厘米处，采集到一批用沉积岩精心磨制的石器。由于不懂得是历史文物，又没有加以保护，当时即基本流失。三天后，得到消息的临海县文物组指派郑文斌前往调查。在转播站和西外小学等有关部门的帮助下，自群众手中收回石凿、石锛、石斧、刮削器等石器 50 件，完整的有42 件，残次的 8 件。其中石凿 24 件，扁平长条形，圆背，单面刃，磨光。大小长短均不等，最大的长 19 厘米、宽 3.5 厘米、厚2.3 厘米，最小的长 5.5 厘米、宽 2.2 厘米、厚 1.5 厘米。刮削器 21 件，扁平长方体，单面刃，另一面稍微斜磨，通体磨光。整个器形类似于锛，而又不同于锛。大小、长短、宽窄也均不等，最大的长 11 厘米、宽 7.7 厘米、厚 2.3 厘米，最小的长 5.5厘米、宽 3.8 厘米、厚 0.7 厘米。石斧 3 件，二件长条形，其中一件长 12.2 厘米、宽 5.4 厘米、厚 3.4 厘米；一件长 14 厘米、宽 5 厘米、厚 3.4 厘米。一件长方形，长 9.4 厘米、宽 5 厘米、厚 3.4 厘米。均中间大两头小，双面弧形刃，磨光。石锛 2 件，一件长 11.3 厘米、宽 4.9 厘米、厚 1.9 厘米；另一件长 6.4 厘米、宽 4.1 厘米、厚 1.5 厘米。这批石器以石凿和刮削器为多，石质坚硬细腻，形制简单古朴，磨光程度较高。出土的情况表明，遗址文化层早已被破坏，石器是以窖藏的形式保存下来的。而从石器的基本特点来看，以农业为主的单一生活方式，开始走向采集和渔猎相结合。削刮器和长条形石凿的大量出现，则说明造船业已进入初级阶段。究其年代，距今约 5000 至 4500 年，相当于父系氏族社会中早期。

上山冯青铜器窖藏和冶铜遗址

　　上山冯青铜器窖藏和冶铜遗址，在临海沿江镇上山冯村，位于村东南的柏树坦。这里三面环山，一面田野，距灵江 2 公里。

　　1983 年 1 月 20 日，上山冯村村民冯西安、冯先清、蒋毓顺等帮助同村的冯贻康在柏树坦挖土垫屋基时，在一窖藏中发现了大量春秋战国时期的青铜器废器和青铜块。计有青铜废兵器 31 件，青铜废生产工具 49 件，5.75 公斤；青铜块 21.4 公斤。出土时，青铜块在下，青铜器废器在上。1985 年 2 月 11 日，在与第一次出土地相隔 15 米的地方，又发现了一处窖藏的青铜废器和青铜块。同时，在离窖藏点西北约 100 米远处，又发现了一处冶铜遗址。遗址内除了直径 1.2 米、高 0.8 米的锅形残窑外，还在田垄中发现了较为丰富的文化堆积层。出土了印纹硬陶和原始青瓷碎片，有罐、坛、钵、碗、杯等器形，纹饰有网纹、方格纹、米字纹、回纹等等。据《史记》卷四一《越王句践世家第十一》记载："于是越遂释齐而伐楚。楚威王兴兵而伐之，大败越，杀王无疆，尽取故吴地至浙江，……而越以此散，诸族子争立，或为王，或为君，滨于江南海上（《正义》今台州临海县是也），服朝于楚。"估计这里是楚越战争时的一处熔铸青铜器的遗址，并与以上所记载的此事有关。

上山冯出土的青铜器，有剑、矛等兵器；犁、镰、斧、铲、锸等生产工具的残件和铜块。铜器器形多样，轻巧质薄，刃口锋利，纹饰简约细致，与1963年3月温州永嘉县永临西岸出土的青铜器相类似。充分反映了当时冶铜工艺的水平，也表现了南方沿海地区青铜器的特点。

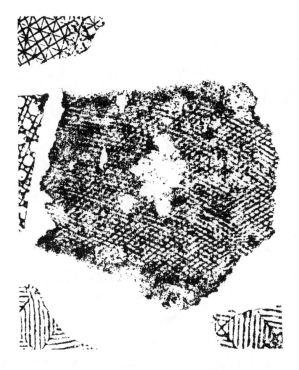

图202　汛桥印纹陶遗址出土的陶片拓片

汛桥印纹陶遗址

汛桥印纹陶遗址，在临海汛桥镇的利庄、施岙、宋岙等村，此地近灵江，傍群山，属依山临水的半平原地区。

遗址以几何印纹陶为主要内涵，散布在利庄大岩山脚 104 国道北侧的柏树坦、施岙村东约 200 米的光私山脚路边、宋岙坦头自然村村边等地，面积很大。地面暴露的陶片有红陶、夹砂红陶、泥质灰陶、黑陶和各种色泽的硬陶，尤以硬陶为多。从采集的陶片看，器形有罐、罎、罍、钵、罐、鼎等；纹饰则有米字格纹、方格纹、方格斗花纹、回纹间网纹等。明显地带有商周晚期和春秋战国时期的特征（图 202）。

许墅窑址

许墅窑址，在临海古城街道许墅村，位于村口东面山嘴头的南麓。外约 350 米处即灵江，与梅浦窑址隔江相望。1956 年，临海箱版纸厂建厂测量时发现，同年由浙江省文物管理委员会朱伯谦先生主持进行了发掘清理。

许墅窑始烧于唐末五代初，盛于北宋中晚期。

碗有 8 式：

1 式碗：直口，垂腹，矮圈足，内底平坦，有五点泥烧点。高 7 厘米，口径 18.4 厘米，底径 9.2 厘米。

2 式碗：敞口，斜腹，矮圈足，薄胎。高 5.65 厘米，口径 15.6 厘米，底径 6.7 厘米。

3 式碗：敞口，斜腹，圈足宽扁，不施釉，叠烧。高 5.4 厘米，口径 15.2 厘米，底径 7 厘米。

4 式碗：葵口，弧腹内收，外呈瓜棱状，直圈足，不施釉。高 5.6 厘米，口径 14 厘米，底径 6.6 厘米。

5 式碗：敞口，斜腹，细圈足，满釉，内壁布满刻划花。高 4.4 厘米，口径 12.4 厘米，底径 5.2 厘米。

6 式碗：敞口，斜腹，矮圈足，施青色半釉。高 4.85 厘米，口径 11.5 厘米，底径 4.9 厘米。

7 式碗：残，内壁刻划花蝴蝶纹。

8 式碗：残，内壁刻划菊花蕉叶纹。

盘有 4 式：

1 式盘：花瓣口，浅腹，腹上有凹痕，内壁饰有刻划花，圈足外卷，满釉。高 3.4 厘米，口径 13 厘米，底径 6.4 厘米。

2 式盘：圆口，浅腹，内壁饰有刻划花，圈足外卷，施满釉。高 4 厘米，口径 14 厘米，底径 6.8 厘米。

3 式盘：口沿残，内外壁饰有刻划花，卧足。

4 式盘：残，低凹而平，内壁刻划花蝴蝶波浪纹，卧足。

莲花盂有 2 式：

1 式莲花盂：敛口，折肩，圈足外撇，整体做成莲花状，底部刻划宝相花。高 3.1 厘米，口径 4.5 厘米，底径 4.6 厘米。

2 式莲花盂：敛口，鼓腹，圈足，外形浮雕成五瓣莲花状。高 2.9 厘米，口径 4.9 厘米，腹径 6.1 厘米，底径 4.8 厘米。

杯有 3 式：

1 式杯：敞口，直筒形，深腹，外壁刻有莲花瓣，喇叭状圈足。高 9 厘米，口径 9 厘米，底径 8 厘米。

2 式杯：花瓣口，深腹略弧，器身压有六痕，圈足外卷，满釉。高 4.8 厘米，口径 8 厘米，底径 4 厘米。

3 式杯：直口，深腹，圈足直，施釉不均。

罐有 3 式：

1 式罐：敞口，束颈，腹弧收，小平底。高 9 厘米，底径 5 厘米。

2 式罐：残，敞口平沿，直腹，沿下置双系。

3 式罐：残，直口，外壁口沿处有凸弦纹。

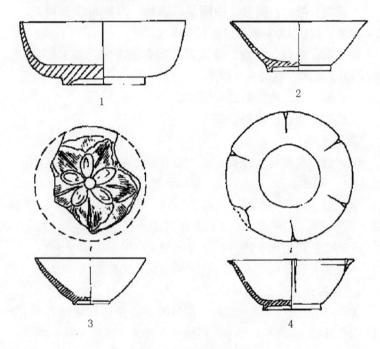

图 203　许墅窑址出土的碗

1. Ⅰ式碗　2. Ⅱ式碗　3. Ⅲ式碗　4. Ⅳ式碗

壶有 3 式：

1 式壶：敞口，口残，直颈，肩置环形小系，腹作瓜棱状，平底。高 20 厘米，底径 7.7 厘米。

2 式壶：敞口，直颈，斜腹，颈部和腹部饰凸弦纹。底径 7.6 厘米。

3 式壶：肩鼓，腹斜收，腹壁饰有开光布局的纹样。底径 9 厘米。

器盖有 3 式：

1 式器盖：圆形，上刻划莲花状，设圆纽，径 8 厘米。

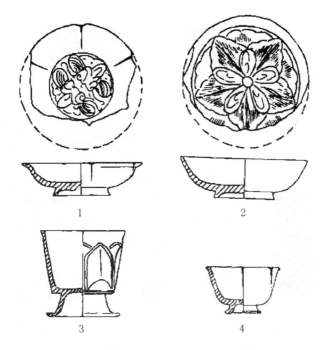

图 204　许墅窑址出土的杯、盘
1. Ⅰ式杯　2. Ⅱ式杯　3. Ⅰ式盘　4. Ⅱ式盘

2 式器盖：圆形，素面，上设瓜蒂纽，径 6.4 厘米。

3 式器盖：圆形，面饰弦纹，设圆柱形纽。径 6.8 厘米。

灯盏：敞口，口沿外卷，斜腹，凹底，施青绿色半釉。高 2.7～3.7 厘米，口径 12.8 厘米，底径 4.6 厘米。

其他不能复原的器形还有盏托、粉盒、香熏等（图 203～205）。

窑具分装烧类和垫烧类二种，装烧类中有凹底匣钵、钵形匣钵；垫烧类有垫圈、垫饼、垫柱。

凹底匣钵，为 M 形，大小规格不等，高 3～6 厘米，直径 10～15 厘米。钵形匣钵，钵形，深腹，有盖，大小规格亦不等。高 7～9.5 厘米，口径 9～17 厘米，底径 4～8 厘米。

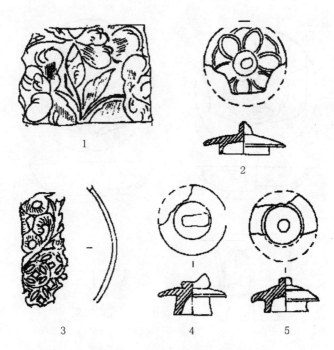

图 205　许墅窑址出土的镂孔青瓷熏、碗底刻花、器盖
1. 镂孔青瓷熏　2. 碗底刻花　3. Ⅰ式器盖
4. Ⅱ式器盖　5. Ⅲ式器盖

　　垫饼，圆饼状，高 1～1.8 厘米，径 5～12 厘米。垫圈，形制不一，有环形状，扁环状，圆筒状，喇叭形状。顶径 3～5 厘米，足径 7～14 厘米。垫柱则有二种形制，一种为平顶，束腰，喇叭口底，中空。高 5～9 厘米，顶径 7～10 厘米，足径 8～11 厘米。一种为平顶，内束，下为圆柱体，中空。高 9 厘米，顶径 11.5 厘米，足径 8 厘米。

　　从出土的标本来看，许墅窑的器物种类丰富多样，以碗、盘、莲花盂、杯、罐、壶、器盖、灯盏和盏托、粉盒、熏炉等为主。胎体轻薄致密，制作规整，特别以仿金银器风格的盘杯，造型精细雅致，玲珑端巧。装饰技法有刻、划、刻划并用、镂孔等，以划花最为多见。
纹饰的题材有荷花、蝴
蝶、牡丹、莲瓣、缠枝
花草、飞鸟等，刻划技
巧娴熟、细腻，一般饰
在碗、盘的内壁。另一
种把花鸟以刻划结合的
手法装饰在盘内，更具
写实意味。此外，把深
浅凸起的莲瓣装饰在
杯、盘的外壁，更达到
了浮雕般的艺术效果。

图 206　许墅窑址出土的器物标本

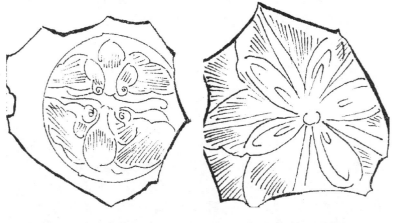

图 207　碗装饰图　　　　　　　图 208　碗装饰图

纤细的缠枝蔓草刻划得回旋流畅。用钱纹和缠枝菊结合的纹样，
镂雕制作的香熏，像一件完美的艺术品。特别值得一提是临海许
墅窑的釉色清亮、匀净、碧绿。有专家认为许墅窑器物的釉色，
是青瓷器物釉色"似一泓清漪的春水般湖绿色"比喻的最好注
脚。更有专家提出"许墅窑虽然并不起眼，但很有可能是法门寺

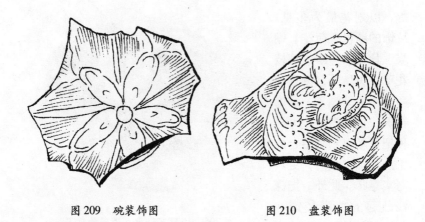

图 209　碗装饰图　　　　　　　图 210　盘装饰图

秘色瓷的产地之一"（图 206 ~ 210）。

　　许墅窑的青瓷，是造型、装饰、釉色完美结合的产品，它反映了当时窑工们高超的制瓷技艺和烧造技术。

黄土岭东汉墓

　　黄土岭东汉墓，在临海沿江镇黄土山村，位于与黄岩交界的老 104 国道旁。1989 年 12 月被盗，同月临海博物馆进行了清理。

　　墓葬结构为竖穴砖室，由墓道、排水道、墓室组成。平面呈长方形，方向 340 度，墓道、排水道已残破。墓室分前后两室，总长 8.5 米，宽 2.58 米，前后室间砌筑隔墙，墙宽 0.77 米。前室长 4.76 米，后室长 2.97 米，前室低于后室 0.24 米，呈梯级。墓底砖铺成两纵两横，墓壁砌法为四横一竖，右壁残高 0.62 米，左壁残高 0.45 米，壁厚 0.38 米。墓砖二种，一种长方形，长 38 厘米、宽 18 厘米、厚 6 厘米；一种呈刀形。墓砖纹饰有钱纹、叶脉纹、鸟纹、鱼纹和麦穗纹。

　　墓葬因遭多次破坏，所留器物不多，主要有：

　　罐 5 件，分四式：

1式2件：瓷质、短颈、直口、腹鼓、底微凹。肩部横置条式桥形耳四只，并饰一组三道凸弦纹，四耳之间作一道弦纹相连。釉色青中泛黄，施釉不及底，有剥落现象。高12厘米，口径9.6厘米，腹径18.5厘米，底径10厘米。

2式1件：瓷质、短颈、微敞口、腹鼓微收、微凹底。肩间设两桥形直耳，耳饰叶脉纹。肩部饰二组纹饰，每组二道凹弦纹，两组凹弦纹间隐饰一带波浪纹。釉色青黄，光泽，釉层较厚，玻璃状，施釉不及底。高16.2厘米，口径14.3厘米，腹径21.1厘米，底径11.2厘米。

3式1件：瓷质、短颈、微敞口、肩斜。肩间饰横式桥形两耳，腹鼓逐渐内收，底微凹。颈腹间饰两组弦纹，上二道，下一道，两组间再饰一带波浪纹。釉呈青褐色，釉层较厚，施釉不及底。高18.8厘米，口径11.5厘米，腹径13.5厘米，底径13.5厘米。

4式1件：瓷质、残破、短颈、微敞口、鼓腹、平底。肩部有两桥形耳，耳饰叶脉纹，肩部装饰三道凹弦纹。通体施釉，釉色青黄，腹间有釉下墨彩图案。高22.3厘米，口径20厘米，腹径30.5厘米。

水盂2件，分二式：

1式1件：瓷质、侈口、溜肩、鼓腹、微凹底。肩部饰一道弦纹。通体施釉，釉色青中微黄，润莹光泽。高3.5厘米，口径4.1厘米，腹径9.7厘米，底径6.1厘米。

2式1件：瓷质、残破、鼓腹、凹底。口饰二道凹弦纹。通体施釉，釉色青黄、光泽。口径4厘米。

洗1件：

瓷质残破，方唇、唇外卷、腹微鼓、凹底，腹间饰二道凹弦纹。内外施釉，外部施釉不到底，有聚釉现象。釉色青中泛黄，釉层厚，透明感强，色泽滋润腻人。高7.9厘米，口径24.1厘米。

五管瓶 1 件：

瓷质残破，上半部稍完整，顶部五小管作盘口壶状。颈腹间堆塑熊、雀、龟、蛇及其他动物。釉色青黄，釉质粗拙。

壶 3 件，分三式：

1 式 1 件：残，胎骨呈白色，坚硬。通体饰弦纹，釉色青中泛黄、光泽。

2 式 1 件：残，胎色灰白，坚硬，盘口。釉色青黄，釉质细腻滋润。

3 式 1 件：残，陶质。通体饰弦纹，外部涂有一层似漆非漆的赭色陶衣。

罍 1 件：

残，印纹硬陶。侈口、宽沿、平底。腹间饰叶脉纹，上部为黄色，下腹呈赭色。口径 27 厘米。

坛 2 件，分二式：

1 式 1 件：印纹硬陶，残，短颈、直口。颈部一道凹弦纹，肩部饰一道弦纹，腹部为编织纹。口径 35 厘米。

2 式 1 件：残，印纹硬陶。短颈、直口，颈部饰二道凹弦纹，通体编织纹。

陶碗 2 件：

其中 1 件，敛口、腹微鼓、凹底。陶质疏松，内外涂一层似漆非漆的赭色陶衣。高 3.5 厘米，口径 3.4 厘米，底径 5 厘米。

钱币均为五铢，共 105 枚。五铢的“五”字中间两笔稍弯曲，“朱”字头圆折。出土时，除前室靠隔墙两角，散落几枚钱币外，其余全部用木棒穿系。木棒已朽，痕迹尚在。钱径 2.5 厘米，穿径 1 厘米，肉厚 0.12 厘米。

墓葬虽无明确纪年，但从墓砖的特点、墓室的营建结构、形制特征看，此墓以高低分成前后两室，前室应为棺室，后室为贮藏室。墓壁砌法四横一竖，墓底铺地砖两纵两横，这种形制多为东汉中期的做法。由于该墓早年已遭破坏，墓顶形式不尽详明。

墓葬填土中没有发现用于发拱券顶的楔形砖，故墓应是仰天竖穴砖式墓，又似为木板顶砖室竖穴，但也没有发现残木痕迹。从出土器物看，纹饰均为叶脉纹、编织纹、弦纹和波浪纹，其中饰叶脉纹的印纹硬陶罍及表面涂一层赭色陶衣的陶器，多见于东汉中早期的墓葬。而瓷器中以罐、壶为主的组合，则为东汉中晚期的产物。五管瓶造型不同于三国及以后器上所堆塑的"四神"，其中用"熊"代替了"白虎"。这种造型的五管魂瓶，在浙江其他汉墓中不多见。"五铢"钱亦为东汉时期的五铢钱。因此，该墓系东汉晚期的墓葬。又这种大型的长方形分前后室阶梯式砖室墓，在临海还是第一次发现。这为研究东汉时期临海的社会经济与葬俗提供了重要的资料。

湖山下晋墓

湖山下晋墓，在临海杜桥镇西湖村湖山下自然村，位于村后后门山的小山坡上。1963 年秋，湖山下村农民在挖薯窖时发现。1964 年春，临海博物馆进行了清理。

墓为穹隆顶砖室墓，平面呈椭圆形，单室。主室内设二层台棺床，后壁置小龛，左侧开一小门。铺地砖横竖交错，墓壁砌法三横一竖，门、龛之上皆为平砌。墓室前为通道，两侧各为耳室，铺地砖作"人"字形。主室高约 3 米，宽亦约 3 米，连通道深 7 米。墓砖纹饰较多，有斜格纹、兽面纹、弦纹、米字纹、圆涡纹和四出钱纹等。其中铭文砖长 36.5 厘米、宽 16.8 厘米、厚 4.7 厘米。侧面文为"元康二年（292 年）八月四日造"，横头隶书"王氏"二字。因此墓早年被盗，仅出土小石斧 1 件、石镞 2 件；主室右侧出土青瓷罐口沿和肩部碎片 4 件。青瓷罐肩部饰压印网格纹，耳饰叶脉纹，经复原口径 25 厘米。

谢深甫墓

　　谢深甫墓，在临海白水洋镇水晶坦村保宁寺，位于原保宁寺东面后边的山坡上。保宁寺始建年代不详，初名"永明"，五代时，名僧德韶重建。北宋天禧元年（1017 年）改额。南宋开禧元年（1205 年），谢深甫家乞为香灯院。1948 年，因建统祭堂小学，而将寺院大殿拆毁。今厢房内尚住有四户农民，已成为自然村。

　　谢深甫（1139～1204 年），字子肃，临海人。年少时颖悟异常，并刻志为学。南宋乾道二年（1166 年）进士，初授嵊县尉，因政绩显著。为邑人钱端礼荐为昆山县丞，不久出任浙漕考官，"一时人物皆在选中"（《宋史》卷三九四）。后任青田知县，为侍御史葛邲、监察御史颜师鲁、礼部侍郎王蔺等荐于朝，宋孝宗召见，询问用人之道，谢深甫建议不用妄诞矫激、趋时徇利的人，而应进用德才兼备的人才。孝宗喜之，谕宰臣曰："谢深甫奏对雍容，有古人风"（《宋史》卷三九四）。乃除籍田令，迁大理丞。江东大旱，擢任常平仓提举，制定救荒条目，"所全活一百六十余万人"（《宋史》卷三九四）。绍熙元年（1190 年），除右正言，迁起居郎兼权给事中。绍熙二年（1191 年）为临安知州，三年（1192 年）除工部侍郎，进兼吏部侍郎。绍熙四年（1193 年），再兼给事中。庆元元年（1195 年），除端明殿学士、签书枢密院事，迁参知政事，再迁知枢密院事兼参知政事。庆元六年（1200 年），进金紫光禄大夫，拜右丞相、封申国公、进岐国公、改封鲁国公。嘉泰元年（1201 年），欲归隐林泉，宁宗不许："卿能为朕守法度，惜名器，不可以言去"（《宋史》卷三九四）。召坐赐茶，并御笔书《说命》中篇及金币以赐。拜少保，授醴泉观使。嘉泰二年（1202 年），拜少傅，遂致仕。卒后，以孙女谢道清为理宗皇后，而追封信王，易封卫王、鲁王，谥惠正。著有《东江集》，今已佚。

　　谢深甫墓占地面积约2000平方米，有坟坛五道，墓道分列两边，墓阔约15米，高1米余。墓面系乱石砌成，中嵌约1平方米的斗形石构墓表，上刻"谢公深甫之墓"。原碑早毁，此碑系1982年时，其裔孙所重立。墓的地面建筑已无存，墓前石雕于明时即因保宁寺僧谋吞墓产而被破坏。考古调查表明，地面建筑等虽毁，但墓室基本保存完好。1958年和90年代的二次盗墓，因墓室筑造比较坚固，均以失败告终。此外，第三道坟坛坎脚尚存石雕文官一个，高约2米，面部稍有崩损。另有部分残雕分别散落在墓前、原寺院放生池统祭堂小学和山野田间等处（图211）。

图211　谢深甫墓

罗家坑秦氏墓

罗家坑秦氏墓，在临海江南街道罗家坑，位于村东面约三十余米的后门山山麓。

据《临海后街秦氏宗谱》所载，临海秦氏系明初自黄岩迁徙而来，初祖秦用成，字德咸，号一轩。其"生于洪武甲子（1384年）正月十六日子时，卒于景泰丙子（1456年）正月十六日午时，享年七十有三，葬虎堂门岩紫洋之原"（清光绪《临海后街秦氏宗谱》卷一《始迁祖处士一轩公传》）。按江南街道有"岩子洋"村，与罗家坑相距约1公里。又罗家坑、湖头、岩子洋三村之间的一带平原即称岩子洋。故岩紫洋即"岩子洋"，岩子洋与旧"岩紫洋"乃字变音不变。如同白水洋镇旧"黄奢洋"与今黄沙洋亦如此。如之，则此墓当为临海秦氏始迁祖秦用成之墓。又据《临海后街秦氏宗谱》，秦用成子秦世琪，字良玉，号璞山；秦世琪子秦统，字余传，号缵轩。二人卒后皆附葬于秦用成墓旁。

墓坐南朝北，墓区上下共三坛，通阔7.4米，通进深13.5米，建筑面积99.9平方米。第一坛用石板砌筑，素面；宽6.9米，高1.6米。两侧有石台级二条通往第二坛，台级宽0.95米、深1.3米。第二坛用条石砌筑，宽7.4米、高1.3米、深3.4米。中间设石台级一条通往第三坛，台级亦宽0.95米、深1.3米。第三坛也用石板砌筑，素面，平面呈凹凸形。通宽6.4米、高亦1.3米、深3.2米。墓室分三圹，以条石分隔，中间为坟面，坟面简约朴素，无雕琢。第一圹墓面竖刻"八世祖"，第二圹墓面竖刻"明博士"，第三圹墓面竖刻"秦公墓"。坟面上端原有方形望柱八根，每根柱头上均圆雕覆莲，但多已损坏。墓顶罗围呈圆形，东西宽5.45米、南北深6.5米（图212）。

图212　罗家坑秦氏墓

白岩洞寺僧人塔墓

白岩洞寺僧人塔墓，在临海杜桥镇境内的白岩山山顶崖下，位于峥嵘洞之内。

白岩洞，又名琼华洞，宽21米、深18米、高10米，是白岩山五十八洞之一。洞外左岗环抱，耸如翠屏；右岩秀削，纷错凌空。周围漫山遍野的竹木丛生笼翠，参差竞长。洞前两岩横向突兀，势若虎踞龙盘，称为"龙虎把关"。洞后高崖揭天，绝壁碍云；伫立崖巅，极目远眺，有"半壁见海日，空中闻天鸡"之景象。寺始建于清顺治中，有大殿三间、厢房八间、门楼四间，初名不详，为僧静岩所创。雍正、乾隆时（1723～1795年），僧文来云禅师曾予以重修。以后历代屡有修葺，现存建筑为2004年重建。

白岩洞寺僧人塔墓共六座，分别为"沙弥普同塔"、"比丘普同塔"、"开山传法临济正宗三十四世文来云禅师塔"、"清圆寂比邱上一下悟圆禅师塔"和"优婆塞之塔",其中一座已毁而不得其详。塔的体量并不大,高约1.2米,由塔帽、塔柱、塔盘和塔座组成。塔帽为六角攒尖顶,上浮雕覆莲纹;塔柱做成六面柱,柱的每一面都刻有文字;塔盘为六方形石板;塔座造型简朴,用砖砌筑而成。

"沙弥普同塔"的塔柱上,每面都刻有文字。正面刻"沙弥普同塔",背面刻"乾隆岁次庚子年造",另四面则刻有"性相一如"四字。"沙弥"全称室罗摩拏洛迦、室罗末尼罗,又作室罗那拏,意译求寂、法公、息恶、息慈、勤策、劳之少者。即止恶行慈、觅求圆寂之意。为五众之一,七众之一。指佛教僧团(即僧伽)中,已受十戒,未受具足戒,年龄在七岁以上、未满二十岁之出家男子。"普同塔"即指亡僧藏骨的地方。"性相一如"系佛教用语,谓理性和事相融通无碍,而体用不二。乾隆庚子年为乾隆四十五年(1780年),则此塔造于是年。

"比丘普同塔"的塔柱上,正面刻"比丘普同塔"四字,背面刻"乾隆庚子年阳月造",另四面分别刻"凡性同辙"四字。"比丘"是指男子出家进入佛教教团,受具足戒且满二十岁以上的修行僧。是由梵语'求乞'的动词 bhiks! 转化而来的名词,意指托钵僧。中国将此字音译作比丘、苾刍等;意译作乞士、除士等。"比丘普同塔"就是修行僧亡故后藏骨之处。"凡性同辙"语意不明。是塔亦造于清乾隆四十五年。

"开山传法临济正宗三十四世文来云禅师塔"的塔柱上,正面刻"开山传法临济正宗三十四世文来云禅师塔",背面刻"大清雍正四年吉旦立",其他四面分刻"真境寂光"四字。文来云禅师,临海人。曾居临海雉溪雨华庵,有《芙蓉洞》等诗,生平事迹不详。"真境"是指真理之境界也。维摩经序曰:'冥心真境,既画环中。"寂光"为常寂光土之略称,又作寂光土。天台宗四土之一,即毗卢遮那如来所住之净土。据题刻,是塔造于清雍正四年（1726年），则文来云禅师卒于是年。

　　"清圆寂比邱上一下悟圆禅师塔"的塔柱上，正面刻"清圆寂比邱上一下悟圆禅师塔"，背面刻"大清乾隆三十五年桂月造"，另四面则分刻"寒暑不涉"四字。一悟圆禅师里籍无考，生平不详。佛教上有"寒暑到来"之公案，犹言生死到来。洞山录曰："僧问洞山：寒暑到来，如何回避？山云：何不向无寒暑处去？僧云：如何是无寒暑处？山曰：寒时寒杀阇梨，热时热杀阇梨。"是即道破生也全机现，死也全机现之当体者也。所谓"寒暑不涉"，当与此公案之意有关。据题刻，此塔造于清乾隆三十五年（1770年）。

图213　白岩洞寺僧人塔墓

　　"优婆塞之塔"的塔柱上，正面刻"优婆塞之塔"，背面刻"大清乾隆三十年吉旦造"，其他四面分刻"真常妙湛"四字。"优婆塞"是指在家之男性佛教徒。又作乌婆塞、伊蒲塞、伊婆塞、乌波索迦、邬波索迦，或作优波娑迦、优婆娑柯。意译近事男、近善男、近宿男、善宿男、清信士、清信等。为在家二众之

一、四部弟子之一。即指亲近三宝、受持五戒之在家男子。按此词原为印度各宗教所通用之名称，原义为"侍奉者"、"服事者"，指侍奉或服事出家修行者之人。佛教取之以为男性在家佛教徒之专用语，即今天我们所称的"居士"。按佛教所说，真常即指"如来真空常寂的涅槃之境"。据题刻，此塔造于清乾隆三十年（1765年）（图213）。

阿弥庵僧人塔墓

阿弥庵僧人塔墓，在浙江临海桃渚镇，位于白岩山白岩顶之下。

阿弥庵始建年代不详，传为隋天台智者大师所创。智者大师为佛教天台宗创始人，据传其栖止天台之前，曾到临海勘择地理，旧志有其"出海望芙蓉山，竦若红莲之始开"的记载。此"芙蓉山"即指今桃渚芙蓉和白岩山一带的山脉，故此庵为智者大师所建也是可能的。后废。清雍正二年（1724年），白岩洞寺僧文来云禅师来此重建。嘉庆十七年（1812年）曾重修，今存大殿。大殿平面三开间，硬山抬梁式。殿内所用之柱均为石柱，柱头有斗，中柱为圆柱，两山为方柱。每根柱上都刻有居士舍钱铭文，梁架系重修。

塔墓坐落在阿弥庵右上约200米的山坡上，现发现七座，除一座已掘外，余皆保存完好。据当地群众反映，塔墓附近还有四五十座同样的塔墓。因杂草丛生，荆棘遍布，而无法考其详。塔做成经幢式，顶为覆莲攒尖顶，塔柱为六方柱，塔盘也作六方形，无基座。由于年代久远，塔柱上的文字大多已模糊无辨，仅一座尚清晰。该塔正面刻"中兴本寺第三代传临济正宗三十七世上传下印宗和尚塔"，背面刻"大清道光五年岁次乙酉十月十一吉旦住持元化立"，其余四面分刻"缇湛光妙"四字。传印和尚

图214　阿弥庵僧人塔墓

与立塔的阿弥庵住持元化生平均不详，"缇湛光竗"四字语意也
不清。据题刻，是塔造于清道光五年（1825年）（图214）。

惠因寺摩崖

惠因寺摩崖，在临海杜桥镇上洋村，位于原惠因寺后高约30余米的龙头山山腰。

惠因寺，旧名"禅房"，始建于南朝刘宋元嘉四年（427年），为僧应俊所创。北宋大中祥符元年，赐名"惠因"。天圣二年（1024年），天台宗高僧择交出主法席。熙宁中（1068～1077年），僧了尘重建。南宋绍兴三十二年（1162年），开府仪同三司、检校少师、荣国公钱忱家乞为香灯院，额加"崇新"二字。后其孙特进左丞相兼枢密使、太子宾客钱象祖还诸朝，复原额。绍定二年（1229年），于寺前手炉山上建寺塔，明洪武十七年（1384年）、景泰元年（1450年）二度重修。清顺治十八年寺因遭界废，康熙九年展界，僧性玉重兴。寺原有山门、金刚殿、钟鼓楼、大雄宝殿、方丈楼和东西厢房等建筑，"文革"中毁。现遗址尚存僧房九间，以及历代寺僧的塔墓、石刻、经幢、《宋惠因寺敕牒碑》、清道光七年（1827年）《募化琉璃登碑记》等遗物和残刻。

惠因寺摩崖共二处，两者相距约20米左右。一是黄庭坚书佛偈摩崖。题刻高0.76米、宽0.55米，行楷。正文三行"法本法无法，无法法亦法。今付无法时，法法何曾法"。字径9厘米，款题黄庭坚。黄庭坚（1045～1105年），字鲁直，自号山谷道人，晚号涪翁，洪州分宁（今江西修水）人。北宋治平四年（1067年）进士，哲宗时召为校书郎、《神宗实录》检讨官，后擢起居舍人。工诗文，早年受知于苏轼，与张耒、晁补之、秦观并称"苏门四学士"。诗与苏轼并称"苏黄"，为江西诗派开山，有《豫章黄先生文集》。词与秦观齐名，有《山谷琴趣外篇》、龙榆生《豫章黄先生词》。词风流宕豪迈，较接近苏轼。晁补之云：

图 215　惠因寺摩崖拓片

"鲁直间作小词固高妙，然不是当行家语，自是著腔子唱好诗。"
此摩崖《台州府志·金石录》著录，题为"世尊付伽叶摩崖"，
以为非黄庭坚亲书，"当是僧徒得山谷书偈以刻于此"（图215）。
二是米芾书"墨池"摩崖。题刻高1.1米、宽0.9米，行书。字
径40×60厘米，款为"米老作指堂立"。米老即米芾（1051～
1107年），字元章，号鹿门居士、襄阳漫士、海岳外史，北宋著
名大书画家，鉴藏家。祖籍太原，后迁居襄阳，人称"米襄阳"。
宣和年间（1119～1125年）为宋徽宗赵佶召为书画博士。米芾能
诗擅文，书画尤具功力。篆、隶、行、草、楷各体皆能，行草造

图 216　惠因寺摩崖拓片

诣尤高。其书淋漓痛快，隽雅奇变，晚年书艺更达至炉火纯青之
境。与苏轼、黄庭坚、蔡襄合称"宋四家"。指堂即志南，字明
老，指堂是号，宋会稽人。其德业超迈，善属文，工书法，与朱
熹、韩元吉等交好，朱熹有《与南老索寒山子诗书》："熹启上国
清南公禅师方丈"。所著有《指堂集》行世。此外，天台的"天
台山"、"佛陇"、"万松径"等摩崖皆其所书（图216）。

巾山"遗巾处"等摩崖

　　巾山"遗巾处"摩崖，在临海古城巾子山，位于巾山两峰的
山阿间及山阿以下10余米和30余米的南向山面间。

摩崖一共五处，分别为"佛"、"佛经、佛号"、"遗巾处"、"通幽"、"通幽"。

"佛"字摩崖，坐落在巾山两峰山阿间，石壁西向，隶书。字径104（横）×80（竖）厘米，右上题"谢□□敬书，壬午夏明庆院"，左下款"住山僧了缘刊"。"佛"即佛陀之略称。据《佛光大词典》等记载，过去世所出现之佛（过去七佛、燃灯佛等），称为过去佛或古佛。未来将出现于娑婆世界之佛（弥勒佛），则称后佛或当来佛。现在佛系指历史上之佛，亦即指释迦牟尼（如来佛）而言。其后复产生过去七佛之思想，而后更有未来佛与弥勒佛之产生；今于释尊与弥勒二佛之间，别有无佛之世。小乘认为现在世不可能二佛并存，至大乘佛教时期随其世界观之扩大，认为于一时中有多佛并存。例如，东方有阿閦佛及西方有阿弥陀佛，同时在现在他方世界，复有无数（如恒河沙之数）佛存在，即所谓十方恒沙诸佛。故一般以小乘为一佛说，而大乘为多佛说。明庆院即巾峰寺，初名"净光塔院"，北宋大中祥符四年（1011年）赐额"明庆塔院"。了缘生平不详，估计为当时明庆院的住持。则此刻亦当在宋时。

"佛经、佛号"摩崖，在"佛"字摩崖右侧，为"南无大乘妙法莲花经"、"南无阿弥陀佛"、"南无金刚波罗密多"等三句，分三行排列。款识因风化严重，已不可辨。据项士元《巾子山志稿》，可知首句为"了寿"，后二句"张口道敬书"。按佛经，"南无"又作南牟、那谟、南谟、那摩、曩莫、纳莫等。意译作敬礼、归敬、归依、归命、信从。原为"礼拜"之意，但多使用于礼敬之对象，表归依信顺，含救我、度我、屈膝之意。如称南无三宝，即表皈依佛法僧三宝之意。如称南无阿弥陀佛、南无妙法莲华经等，将"南无"两字冠于佛名或经名前，亦表皈依之意。"大乘"为佛教俗语，音译摩诃衍那、摩诃衍。又作上衍、上乘、胜乘、第一乘，为小乘之相反词。乘，即交通工具之意，系指能将众生从烦恼之此岸载至觉悟之彼岸之教法而言。"妙法莲花经"为佛教经典，略称《法华经》。是说明三乘方便，一乘真实的经典，为天台宗立说的主要依据。"阿弥陀佛"意译为无量光，或无量寿佛。为西方极乐世界的教主。他以观世音、大势至两大菩萨为胁侍，在极乐净土实践教化、接引众生的伟大悲愿。"金刚波罗密多"是菩萨名，为金刚界三十七尊中大日如来四亲近菩萨之上首，与转法轮菩萨异名同体。金刚者，金刚之宝轮，波罗蜜译曰到彼岸。手持金刚轮，转不退之法轮，以标令众生到彼岸也。款之"了寿"，当为巾子山住山僧人，生平不详。此刻年代亦不详。

"遗巾处"摩崖，"佛"字摩崖右下方 3 米左右，字径 15（横）×24（竖）厘米，草书。款识因风化严重，已无法辨认。相传巾山西峰顶下西侧有华胥洞，为华胥子所居。华胥子即皇华真人，得道成仙时遗巾于此。此刻当为好事者为之，时代不明。

"通幽"摩崖，在"佛"字摩崖以下东南方向约 10 米处，原巾峰寺前的石壁间。题刻为线刻，"通"字 58×58 厘米，"幽"字 54（横）×50（竖）厘米，行书。左有跋文："辛酉夏初，积雨新霁。偶登巾子山访翠微阁遗址，烟峦耸翠，松径盘云，古寺藏口，境绝幽邃。因思唐人有'曲径通幽处，禅房花木深'之句，爰题斯石曰'通幽'，盖亦仿佛山寺禅院之胜境焉。题之者邑人屈映光，书之者同邑王毅。偕游诸子：则杨熨锦、杨毓琦、李惠人、周厥初也，口口附书。时中华民国十年浴佛前二日。"由跋而知，此刻为屈映光题、王毅书，刻于民国十年（1921 年）。

"通幽"摩崖，在前"通幽"摩崖之下东南方向约 20 余米处，其字体、大小、刻工均同上"通幽"摩崖，无跋文。估计为当时附刻，或此后移刻。

宋王之望墓志

王之望墓志，2000 年出土，原藏临海江南街道白岩岙村，现存临海博物馆东湖石刻碑林。

　　碑高 96.5 厘米、宽 72 厘米、厚 8 厘米。题为"宋故资政殿大学士左太中大夫襄阳县开国伯、食邑八百户、食实封二百户致仕，赠左宣奉大夫王公墓志"。碑文楷书，文连题 41 行，满行 59

图 217　王之望墓志

字，又刊人勒名 1 行（图 217）。

　　王之望（1102～1170 年），字瞻叔，襄阳谷城人。以父少傅荫泽补将仕郎，南宋绍兴三年（1133 年）由右迪功郎、昌化军判官改辟监台州支盐仓，因家临海。绍兴八年（1138 年）得中进士，为处州教授，入为太学录，迁博士。不久，出知荆门军，提举湖南茶盐第，改潼川府路转运判官，又改成都府路计度转运副使、提举四川茶马。除太府少卿，总领四川财赋，后升太府卿。隆兴元年（1163年），除户部侍郎，充川、陕宣谕使。因德顺兵败，除集英殿修撰、提举江州太平兴国宫。未几，权户部侍郎、江淮都督府参赞军事。俄兼直学士院，复除吏部侍郎、通问使，又擢右谏议大夫。继拜参知政事，俄兼同知枢密院事。后罢为端明殿学士、提举江州太平兴国宫。乾道元年（1165年），起知福州、福建路安抚使，加资政殿大学士，移知温州。乾道六年（1170年）卒于临海。所著有《汉滨集》、《奏议》、《经解》等行于世。历史上对于王之望有不同的评价，此墓志的发现，对于研究王之望的生平，提供了新的比较可靠的资料。

附：墓志志文

宋故资政殿大学士左太中大夫襄阳开国伯、食邑八百户、食实封二百户致仕，赠左宣奉大夫王公墓志』（题）

公讳之望，字瞻叔，姓王氏，襄阳谷城人也。其先闽人。唐开元中，远祖自余杭徙居汉沔。曾祖讳迁，积善种德，乡间间称之为"无怨公"，赠太子太保；妣向氏，赠琅琊郡夫人；彤氏，赠博平郡夫人。祖讳文，好学有才名，赠太子太师；妣黄氏，赠江夏郡夫人。父讳纲，登元符进士科，官至朝散郎，通判徽州，赠少傅；妣张氏，赠』庆国夫人。

公自幼警悟，笃志学问，意气英迈。一时名士如魏泰诸人，皆以公辅期之。与同里范公宗尹齐名。甫冠，游太学有声，屡中优选。会中原乱，避地东』土。

绍兴二年，以少傅遗泽，补将仕郎。明年授右迪功郎、昌化军判官，改辟监台州支盐仓，因家焉。秩满，铨试第一人，循从政郎，调处州录事参军。未赴，登』戊午进士第，公为第五人，改本州教授。公为之重修学舍，严教导之法，由是士风之盛甲于东南。用荐者改秩，除太学录。久之，为博士。时重建贤关之初，公』极力作成，文格一变，士子经公赏识者，多为闻人。

求外，补知荆门军。诸司将以治最上闻，公力辞之。癸酉秋还朝，除提举湖南常平茶盐。岁余移潼川』路转运判官。以经郊，赐六品服。丙子冬，替手诏同制帅萧振等讲究四川裕民事，公多所建明，蜀人赖之。明年，就除提点刑狱，权潼川府。因饥修城，公』私便之。俄除直秘阁、成都府路转运副使。寻得旨，权提举四川茶马。公尽革两川积年经界、盐酒、赋敛、科举、铨选之弊，所至令行禁止，风采凛然。治行闻』于朝，台谏列荐，加显谟阁。明年执政论荐，遂召赴行在。时相忌之，除太府少卿，总镇四川财赋军马钱粮。时金人败盟，调度百出，未尝横敛而军民』兼裕，田里不知用兵也。以职事修举，升太府卿。上皇曰："川陕用兵，朕全得一王某之力，几如萧何之在关中，朕当大用之。"

壬午秋召赴行在。时上』初即位，欲举一忠悫明敏之士为四川都转运使，令侍从台谏各举所知，以俟拣择，佥言无以易王某者。遂除权户部侍郎、川陕宣谕使，赐四品服，委公措』置守御川口。公进驻河池，虽西师失利，而公独保蜀无虞。隆兴改元，请辞。夏，除集英殿修撰、提举江州太平兴国宫，到荆南。复召，再除权户部侍郎，江淮』都督府参赞军事，公累辞不获。上深欲见公，促入觐。及对，上迎劳之，曰："吴璘用兵，全得卿力"。因奏川陕事宜，往复数万言。是时和战未定，公于榻前指陈其说，疏读至半，玉音称善。于是论事至十一刻，即日留中。俄兼权直学士院，改权吏部侍郎。

先是，朝廷通虏帅书既回，忌公者欲陷公于不』测，遂荐公使虏，借礼部尚书为通问使。公与宰执论难使事利害几两时，言辞慷慨，义理明白，闻者耸然。又见上反复言之。寻诏台谏、侍从集议于后』省，公辞不与。台谏以为宜遣小使先审虏帅，乃以胡昉等为审议官先行。明年春，所议不谐，公久留境上，得旨而还。入对，上慰劳曰："卿所料无遗策矣"。』

是时都督府将罢，上始有意以江淮属公，以公为淮西宣谕使。公坚卧力辞，上曲加谆谕，始拜命。俄擢左谏议大夫。公既受上非常之知，由是知』无不言，言无不用。公首章极论当时之弊，上以所言榜明堂。公至建康，一新军政，与大帅王彦等会于合肥，遍历淮西，相视关隘，盛为守御之备。及归，』图上方略，上大嘉叹。留旬余，复往江上，悉施行之。是秋虏将犯塞，公调诸将之兵渡江，各守所分之地，而淮上列戍数千里，隐然有不可犯之势。暨冬，虏』寻入寇，淮西竟免冲突之患。

公将如昭关为诸军声援，忽得御札云：“虏有举兵意，卿等可激励将士，以获功名”。公遂陈三策，上批奏云：“差强人意，有臣』如此，何忧国是之不定”！此奏未到，已拜参知政事，中使至建康宣押，赐公宸翰，有“谋皆朕同，规模甚远”之语。公固请终使命，不获命，遂入朝。上见公慰劳周至。公曰：“执政自外除，国朝旷典。庆历中韩琦、范仲淹立功西鄙，就除枢副，亦未有自谏大夫而为参预者。”上曰：“稍定，待与卿理会天下』事。”俄兼同知枢密院事。寻充督视，又改除同都督江淮军马。先是左相汤思退为都督，杨存中为同都督，又以公为之，公奏论其事，大抵谓“都督并置，权势』相敌，使将帅何所禀承”？上批奏云：“其理甚长，所请宜允。”

公以军兴多事，欲依祖宗典故，移郊祀于来年，且请因此改元，上从之。时虏又侵犯淮东，』公深以为忧，乃自请行，困就措画，上许之。乃陛辞，上曰：“卿且休去，只在此理会事；上皇亦不令卿去”。公径辞出，遂以参政行府，劳师江淮。公到』京口，虏已深入，而流民数十万，颇啸聚，人心皇皇。公宣布上恩，训厉诸将，始有固志。

先是，公建议贻书虏帅，遣介持往，以为所议不成，交兵未晚。而朝』廷屡下督战之令，将帅颇欲侥幸邀功，间有违节度轻出失律者。公既论奏，又力制之，以取万全。未几各罢兵，至今南北宁息者，皆公力也。

公以病甚，未』克渡江，有旨赴行在。公既在外，言事者亟论公，章皆不出。公因恳辞机政，罢为端明殿学士，提举江州太平兴国宫。明年，加襄阳县开国子，食邑五百户，』食实封二百户。五月，起知福州、福建路安抚使。公尝慕郑子产为政，凡居官不求近效，为帅四年，救荒靖寇，威惠并行，豪强戢伏，海道宁肃，闽人大安之。戊』子春，加资政殿大学士，赏报政也。仍进爵开国伯，增邑三百户。

前后丏闲章七、八上，未得请。会有夫人之丧，乞便郡，差知温州。未几以病请辞，优诏不允。』是秋坐水灾，降一官，旋以海盗之捷，收回前命。言者承风旨，劾公罢郡，归于临海之私第。方优游卒岁，庚寅冬疾作，至春加剧，而神观峻整如平时。一旦，亲』草纳禄奏，且召亲故与诀，曰："余六十八矣，此司马温公死之年也，复何憾"！二月乙卯，薨于正寝。公奏到，但得宫观，再请于朝，转一官致仕。遗奏闻，天子』震悼，辍视朝一日，赠官五等，恤典有加。

公资孝友，事亲、居丧有人所难能者。当郊恩，首官其弟。平日景慕前辈，动以为法，鲠介特立，恬于进取。太学五』年不徙官，使蜀九年，屡召屡止，不以为意。在政地甫及两月，复以谗去。其难进易退如此。当官而行，不恤毁口，以故不乐公者众。少历艰难，中更沮抑，而』气不少衰。居常无他嗜好，奉养甚薄。手未尝释卷，博学无所不通，谈论英发，听者忘倦。为词章下笔立成，豪赡宏博，切于事理。有《汉滨集》、《奏议》、《经解》各若干』卷。诸孤以十二月丙午奉公之枢合葬于台州临海县义城乡白岩之原。

配同郡张氏，凝重而有贤德。扰攘中，公二兄有急难，夫人竭赀装助公救之。暨贵』俭素不改，在政府，不解檐。及公罢，夫人笑谓诸孤曰："吾固知汝父方严，不能久于此也"。闻者钦服。历封咸安、同安郡夫人。先公四年薨。男五人：镛，右从事郎；铢，右宣义郎；镎，右承奉郎；钦，右承务郎；鈜，未仕。

女二人，长适右通直郎魏钦弼，次未行。孙男一我：淙。女三人，尚幼。

公以儒学致身，出入中外殆四十年，被』遇两朝，晚参大政，所蕴未究而奄弃昭代，此我诸孤所以叩心仰天而泣血也。然公勋在王室，道信天下，载之史官，传于士大夫之口久矣，不肖之』孤讵敢称道！姑叙其出处大概，刻诸坚珉，以贲幽宫，虽天壤相弊而斯传为不泯矣。

乾道七年岁次辛卯冬十二月朔辛丑，孤哀子镛等泣血谨书。』郡士王棠刻』

明赵象神道碑

《明故中奉大夫湖广按察使赵公神道碑铭》，原在临海江南街道高阳叠石赵象墓前，现存距墓约 150 米远的叠石寺内。

碑高 168 厘米、宽 84 厘米、厚 11.5 厘米，其中额高 33 厘米，边及额均刻以云纹。额篆"明故中奉大夫湖广按察使赵公神道碑铭"17 字。碑文楷书，文连题 37 行，满行除抬头外 66 字。吏部尚书崔恭撰文，左副都御史雷复书丹，前中书舍人汪景昂篆额。

赵象（1399～1467 年），字允仪，号持敬，临海人。明正统元年进士，初为刑部湖广清吏主事，考升刑部云南清吏司郎中，及丁忧。复起为福建布政司左参议，升广西布政司右参政，终中奉大夫、湖广按察使。

附：明赵象神道碑铭

（额篆）明故中奉大夫湖广按察使赵公神道碑铭（题同）

资政大夫吏部尚书崔恭撰

通议大夫□□□左副都御史宁远雷复书

奉训大夫尚宝卿前中书舍人赵山汪景昂篆

　　南宋渡后，宗室多散居四方。予有故中奉大夫湖广按察使赵公□□□祖世居汴，高祖讳益昇，以祖金□□□大夫荫调扬州，遂去其土，籍扬州。曾祖讳元赐，怀珍□□□□』讳仲义，以元录宋后，补台州路杂造局大使，遭方国珍□□□□□□台之临海。』国朝洪武初复以其才干应』诏起授顺德府□丘驿丞。考讳瑶，乐善好施，乡称长者，后以公贵，赠刑部湖广清吏司主事。妣郑氏，封太□人。公讳象字允仪，行学一，号持敬，天资□迈，状貌凝重，童时□□□□』凡近以□高，得为郡庠生。初治礼，后改诗。宣德七年发解浙江，明年会试，中乙榜。』宣庙□甲□制额□□□命翰林试，得优者二十四人，赐冠带读书太学。公居首选，独给以教官俸。公在太学，四方学者□师事之，若今左都御史李宾、主事汪甫、右布政董昱、金』□华显、司务王□□、主事汪洋、御史曹宏辈，皆尝执经游其门者。正统元年会试，中第三人，』廷试赐进士第，二年疏乞归省，三年擢刑部湖广清吏主事，以廉□己，平恕理刑，凡大狱下三法司辨，公必详审。不徇不□，□□□□吴廷颂释之之无冤唐室加景佺□□』之挠，公无慊焉。未及满，考升本部云南清吏司郎中，操守如旧，勤慎加之。十年，公以父丧去位。时丧礼坏于积习，公举行一循成制，旧俗因而遂变。十三年春，服方阕，适福建盗起，朝廷以方伯失职，命廷臣简拔，驰驿起公为福建布政司左参议。公受』命泣曰："四方多垒，卿大夫之辱也，臣敢自爱！"乃嘱留其妻子养太安人，独携一仆以行。至属郡建宁，距省且六百里，延平当中路，为贼扰不通，公奋不顾身，集我义类，扼其要冲凶气为沮。会大兵南下，复以平贼策迎见总帅宁阳侯于军门，请分兵剿戮，至有不与贼俱生之言。侯感激从之，径进兵入贼寨，生擒贼首翁生一，溃其余党，盖淮阴□地、后存之法，李晟忠义感激之威也。既而总帅以军储不给，命公主其事，操纵举措，以法体情，造次迫促，随机应变，饷足民和，上下倚焉。贼平，镇守重臣以延、宁、汀、邵四郡被兵为酷，民病』特甚，委公专镇抚之。公至，用常典以威奸暴，铺大和以惠茕□，耕夫复于田里，商贾交于市街，歌曰："途有荆棘，公为翦之；苗有蟊贼，公为除之；民有疾病，公为剂之；公式去我，谁』克嗣之"。冯异案关中，寇恂守河内，越绝千祀，契合一符。景泰三年，太安人以寿终，时公方巡建宁，讣闻，即卸哀奔丧，不复还省，祭葬如礼。六年起复，升广西布政司右参政，寻奉』敕清理军伍。广西古号夷服，虽代沾』王化，而斗暴之性未尽纯。公准酌古政，协以时宜，□□用以□其情，□□则以教之礼，政平人和，狃俗丕变。泗城那地土官罗文愈等，尝构结攻据，积岁不解。巡抚大臣以公德望』素重，檄使平之。公往，示迟钝』朝廷威惠，断以事理曲直，皆惭服而释，各怀数百金奉酬，公峻却之。嘉绩懋著，休闻涌溢。天顺三年，升湖广按察使，奉法□隐□峭刻之文，理事无放纵依违之失，不因怒过谴一人；不厌烦轻断一狱，化成风动，令行禁止，吏无招权纳贿之敝，政无□茸昏塞之蠹。民方怀德，公遽请老。五年秋，得』允，即解缓归，老稚攀留。遮□道路，疏广供帐都门，薛华角巾东洛，风□叶响，斯用不□。既归，杜门谢客，淡然与世相忘，惟耽古训，以戒诸子。初若不知荣达为何□□。成化改元，』诏凡以礼致仕，进阶一级，公进中奉大夫。三年冬十一月己丑卒于正寝，距生洪武己卯十一月丙子，享年六十有九。子隆辈奉柩葬于义城乡叠石山先莹之位。公娶夫人□』东百嘉崔公，初封安人，专静淑慎，允为好述，其在处子，动循《内则》，比归于公，事主事府君与太安人克尽□□□□□惠及媵姜。太安人临终，公官在远，□夫人亲供汤药，衣』不解带者馀月，丧而哀，祭而礼，乡族至今诵为内式。公历官三品馀三十年，宾祭供奉，仰禄而绘，夫人相之，□□□□□勤织纴，男婚女嫁，一为经理，使公无顾于内。公冰柏之』节始终不□，虽曰操持之坚，良亦夫人有以成之也。古称女之节，妇之则，母之仪，必将若夫人者，属之矣。后□□□，卒于成化壬辰夏五月辛酉。距生洪武壬午春正月壬辰，享』年七十有一，葬祔于公，礼也。子男四，长曰隆、郡痒生，学有成绩，足绍先绪，娶同邑士族李□女。次曰□□□□□□□同邑□□□□□□□娶黄岩士族金英女。次曰□，尚』幼。女一，适承事郎同邑孙清。孙男三：铨、铖、恩。孙女三。隆如制奉襄，事既毕，遣弟升诣予官邸，泣而告曰：

当用碑□□□□而未得辞，惟大人先生于先公』举为同年，官为同□，立为同道，知莫悉，敢清：予义不得避，乃为之词：于乎！宋兴三百馀年，深仁厚德，……先代之后独盛，□』公承之以刚毅直方之资，济之以宏深该博之□□行乎家者孝友慈和，行于国者廉慎忠恪，配以……而后有不昌者邪？予不□□』不诬，用撮其概，表诸墓左，使百代之下，过者知为』□□清白宪臣之墓而起敬焉。铭曰：□□□□，宋宝贤胤，明朝重臣，惟言合轨，惟行中伦，道淑后进，泽润生民。闽广之□，湖湘□□，□□□□，甘棠□□，位□□□，』□□未均，时不满望，在天匪人，勒词贞石，永光后尘，百代是式，□□□敦。孤哀子隆□泣立。

明蔡云程诰命碑与谕祭碑

蔡云程诰命碑与谕祭碑，原在蔡云程墓前，"文革"中蔡墓被毁，现存临海括苍镇箬溪村，砌于原箬溪第五生产队队屋前壁。

蔡云程（1494～1567年），字亨之，号鹤田，临海人。明嘉靖八年（1529年）进士，历官南京兵部主事、郎中，吏部稽勋司郎中，云南提学副使，贵州右参政，云南按察使，广东右布政使、左布政使，江西左布政使，右副都御史巡抚江西，南京兵部右侍郎、刑部左侍郎，南京刑部尚书，北京刑部尚书等。一生既不趋附，亦不畏惧。自书"明镜止水以持心，泰山乔岳以立身，青天白日以应事，光风霁月以待人"于座侧而自勉。所著有《鹤田集》、《录晁编》等行世。

诰命碑高 194 厘米、宽 86 厘米。额篆"奉天诰命"四字，额端和两侧刻以龙纹。碑文楷书，11 行，抬头不计满行 28 字，四周刻饰云纹花框。谕祭碑高、宽与诰命碑一致。额篆"谕祭文"三字，额端和两侧刻以龙纹。碑文楷书，8 行，除抬头外满行 20 字，四周刻饰云纹花框。

附一：诰命碑

（篆额）奉天诰命

奉』天承运』皇帝制曰：臣人常宪，在随事以效其功；君上洪猷，必疏恩而□其爵，□□□有』征于中外，斯宠荣无闻于始终。尔刑部尚书蔡云程□习家□，夙□国器』，既绍科而储英儒宛，因列职而展采郎曹，为督学，为参□，□□之□□偹。』总臬司，总方岳，宽严之用咸宜。开府建牙，威名著于□□□□□□风』肃乎群寮。乃跻掌禁之首卿，克奏明刑之最绩□□□□□□□□□□』服之方闻，遽盖棺之继报，倦怀故志，宁靳新恩。□□□□□□□□□锡』之诰命，于戏：晋秩东闱，视秋曹而增重，涣纶北阙，□□□□□□□□□灵，尚其祗服。

制诰 隆庆二年二月初二日 之宝

附二：谕祭碑

谕祭文（篆额）

维隆庆三年岁次己巳正月乙己朔越十九日癸亥』，皇帝遣浙江等处提刑按察司副使蔡结』谕祭于刑部尚书赠太子少保蔡云程之灵』曰：惟卿当代儒英』，先朝耆旧，雅扬芬于四省，士庶歌恩；晚振誉于两京，臣僚』推仰。猷为未究，讣报忽闻，慨一老之不遗，怅九原之』莫作。葬期奄届，弥轸朕怀，谕祭申颁，备彰国宠，冥灵』祗服，窀穸永光。

明武暐敕命碑

明武暐敕命碑，在临海古城巾山中天斗内。　　.

武暐，字元晦，溧水（今属江苏）人。明嘉靖中（1522～1552年）由台史授台州府知事，尝摄仙居、黄岩。嘉靖三十一年（1552年）五月，倭寇进袭临海，武暐率兵追击，至钓鱼岭（今临海沿江镇马头山西面小岭）误中倭伏，失援而死。朝廷因赐太仆寺丞，复建愍忠祠以祀。

武暐敕命碑高184厘米、宽90厘米、厚12厘米。额篆"奉天敕命"四字，外刻饰龙纹。碑文楷书，记载明台州府知事武暐抗倭死节之事。

附：武暐敕命碑

（额篆）奉天敕命

奉『天承运』皇帝敕曰：士禀天地之正气，而临难不避，奋身抗敌，虽一死未足以成『事，凛然忠勇可嘉也；非『朝廷隆褒恤之典，抑何劝哉！尔故台州府知事武暐，有委身之忠死』绥之义，幕府才足以集事，摄邑惠足以得民，会岛夷入寇，东南赤『县，屡遭惨毒，比以职守之寄，重以众所推毂，而忠奋感激、誓不与『生。督率官兵，首先拒贼，力遂疲于血战，身遽甘于乱年，有古烈丈『夫之风，不其伟欤！朕用加悼特赠为太仆寺丞，锡之敕命，仍立『祠加荫。于戏！挺身赴难，媿彼前却，遗烈余勇，虽死犹生，尚奋扬尔『威，相师珍逆，以纾未毕之志。歆予旌宠，永慰忠魂！

敕命 嘉靖三十七年七月二十四日 之宝

敕建道观碑文

　　敕建道观碑文，为清雍正皇帝御笔。原立于临海紫阳宫正殿墙后，现存临海博物馆东湖石刻碑林。

　　碑高原载为一丈一尺六寸，宽二尺九寸。额题"道观碑文"四字，碑文行书，12 行，行 46 字，字径 5 厘米。记述了在紫阳真人张伯端故居修建"紫阳道观"一事（图 218）。

　　紫阳道观，在临海城内璎珞街，清雍正十年（1732 年），祀紫阳真人张伯端。据载，雍正皇帝梦一道士乞居住地，便下抚臣查访。时天台桐柏观方被豪强占据，嚣讼多年，抚臣以此案上奏，乃命工部主事刘长源来临海督造紫阳道观，以张伯端故居在璎珞街，遂建观宇，树御制碑文。

　　附：道观碑文

　　【敕建】道观碑文（题）

　　性命无二途，仙佛无二道。求长生而不知无生，执有身而不知无相法身，如以箭射空，力尽不堕，非无上至真之妙道也。佛

图 218　敕建道观碑文

祖云："外其身而身存。"岂非世尊无我而有我之旨乎？又云："观空亦空，空无所空。所空既无，无无亦无。无无既无，湛然常寂。"夫此湛然常寂，岂非常乐我净之妙谛乎？彼夫滞壳迷封，痴狂外走者，乌能测知万一万哉！

大慈圆通禅仙紫阳真人张平叔，著《悟真篇》发明金丹之要，自序以为是乃修生之术。黄老顺其所欲，渐次导之，至于无为，妙觉达磨六祖最上一乘之旨，则至妙至微，卒难了彻，故编为外集，形诸歌颂，俟根性猛利之士，因言而悟。于戏！若真人者，可谓佛仙一贯者矣。

紫阳生于台州，城中有紫阳楼，乃其故居。去郡城六十里有百步溪，传为紫阳化处。又尝焚修于桐柏崇道观。岁久，香火岑寂，特命发帑遣官，载加整葺。夫以真人灵源朗澈，决定无生，三界十方，随心转用，何有于蝉蜕之乡？更何有于尘栖之迹？特以联景仰高踪，表其宅里，俾学道之士，人人知此向上一路，千途同轨，非可强分区别，自生障碍，庶几真人救迷觉世之薪传不泯于后也。自紫阳楼迄百步溪、崇道观三处，各为殿堂门庑若干楹，并置田若干亩以资香火，有余，则以赡其后裔。雍正十二年二月经理告竣，爰志其缘起而刻诸石。

雍正十三年三月十八日御笔（盖"雍正御笔之宝"章）

路牧师纪念碑

路牧师纪念碑，原在临海城内板巷口仪表厂，现存临海博物馆东湖石刻碑林（图219）。

碑中间以一缠枝葡萄隔开两半，碑额亦浮雕葡萄纹。碑文分两部分，一部分为英文，一部分为中文。中文部分楷书，主要记述基督教内地会牧师路德兰在临海的传教业绩。

路德兰，基督教内地会牧师，英国剑桥人。清同治十年

（1871年）来临海城区传道，同治十二年（1873年）后相继到温岭、典岩、仙居说教，并先后在临海和温岭、黄岩、仙居等建造了教堂。为使入教人员习诵《圣经》，他还亲自翻译印行以传播，后被大英圣公会授予终身会员。路德兰在临海及台州传道四十二年，民国元年（1912年）逝于临海板巷口教堂。

附：路德兰纪念碑中文碑文

临海设教堂有年矣。乃始建楼于堂之层脊，望之亭亭然，系以钟，击之铿铿然，名曰钟楼，是大英路牧师之中西诸友纪念上帝之大恩，遣牧师至台而建此也。路牧师在台四十有二年，建教堂于临黄太仙四邑，传道教书，事主热忱。而又虑诸教友不能通

图 219　路牧师纪念碑

晓圣经，于是起而译之，板而行之，殚心竭思，有功教会又如此。比大英圣书公会所以立为特选终身会员以报之。路牧师奉上帝之命而至台，至一千九百十二年而终老于台。虽然，感谢我牧师者还当感谢我上帝，盖牧师之至台也，上帝使之也。为此立石以为之记，用以纪念，俾弗忘焉。

牧师韩涌泉率同中西教友立

云峰证道寺

云峰证道寺，在临海江南街道西南郊云峰山上。

证道寺始建于南朝梁天监二年（503年），为光孝空师所创，俗称云峰寺。北宋宣和中（1119～1125年）毁，南宋绍兴二年（1132年）重建，后又数圮数修。元延祐元年（1314年），无尽祖灯禅师始居此修禅，禁足五十余年。明洪武初（1368～1372年），名僧妙净退居于此。崇祯中，僧湛明重建殿堂。邑人陈函辉尝居寺读书，并请《大藏经》一藏，藏于寺。清顺治中（1644～1661年），僧寂光募捐重修。光绪二十二年（1896年），重修藏经阁。民国七年（1918年）重建，民国九年（1920年）又重修。现为临海市佛教保留场所（图220）。

寺原有大殿、地藏殿、佛堂、藏经阁、方丈室、僧寮、客堂等，今存三门、大雄宝殿、后殿等大小房屋数十间。

三门平面三开间，通面阔10.6米，通进深9.5米，建筑面积100.7平方米。明间脊檩有"中华民国七年岁次戊午桃月"等墨书。三门前尚立有民国九年《重修云峰证道光孝禅寺碑记》一块，邑人王谦篆额，马毓思撰并书。

大雄宝殿平面三开间，通面阔12.4米，通进深10.56米，建筑面积130.9平方米。殿内后壁尚嵌有明代残碑二块，一为《无尽灯禅师行业碑铭》，宋濂撰文，张筹篆额，释宗泐隶书。碑上

图 220　云峰证道寺

截已毁，残高 128 厘米、宽 105 厘米。一为《重建云峰证道光孝禅寺碑记》，明崇祯间寺院住持湛明立，陈函辉撰并书。碑高 167 厘米、宽 88.5 厘米。

后殿平面五间，通面阔 17.8 米。又南端加接一间，南厢房与之相接，宽 3.9 米、深 9.5 米，建筑面积 206.15 平方米。此外，尚有南厢房六间，其中楼房四间，平房二间。楼房通阔 11.8 米，平房通阔 5.4 米，深 9.1 米。总建筑面积 156.52 平方米。

附：重建云峰证道光孝禅寺碑记

……证道光孝禅寺』……

……浮桥，折而西，岭凡七盘。』山名云峰，峰盖在云中也。其』下有寺，寺依云而冷，环峰而灵。』自梁天监二年，有光孝空禅师』□□辟草，称开山第一祖。唐光』□□其传而嗣，是圣贤之增出』七作。及宋而蓝若倾颓，有无尽灯禅师者奉□山中，禁足修持〗四十年。远近咸敦其孝思，重其〗梵行，不出山而精庐益焕，宋太〗史景濂有碑记之。前乎此者，如〗戒阇黎之台称明镜，后乎此者，〗□□师之夜走深峦，则又神〗□□□□现度生所云不可思〗议者矣。函辉髫而□□□侧，正〗值中叶凌夷之日，房分头绪，人〗别肺肠，未法比丘，少奉戒律，而〗独有一少年师，法名如体，字湛〗明者，携其二亲葬山中，而事其〗师素□□和尚不啻如孝子之〗奉慈父母也。辉目击而敬慕生〗焉，遂再拜定方外交。如此者荏〗苒白驹之隙已三十余载，而吾〗师之宣律坐禅，参宗说法，东南〗已尊之为龙象，为狮子吼。而其〗兢兢业业之一寸心，守身若处〗子，退席□□闻如故也，其显而〗轨范，细而威仪，虫蚁宣慈，杨枝〗解厄，种种诸法事皆不具论，而〗即其重兴宝玉刹也，亦有数异〗焉！合十爨而归宗，并资圣寺为〗云峰一灯，一也；开金绳而界路〗也，觉途利往，心地圆通，二也；绀〗殿易□□□梁柱，悬记岁时，塔〗红则吾再来共眺，非预谶乎？三〗也；山门久□□□□官，特惠愿〗力，道高则□□□岂得之偶然〗乎？四也；天台山诸刹皆有藏经，〗而郡城独少，函辉为请之留都，〗师蹼□担簦，躬往较□，从沧渤〗孤帆，冒险归山，虽龙神水怪，皆〗顶礼焉，人力不至于是，五也；归〗而率赤髭白足之侣简藏数年，〗禁足虔修，几有柳生肘，鸟巢肩〗之瑞，六也。师幼即薙发，以朴心〗念佛，扫除文字障，及内慧启而〗天花坠，说法如富楼那，辨才若〗维摩诘，两登戒坛，不啻南山道〗宣师之□自负土，诚感博诸〗方之□□□戒者，反叩孤峰而〗向遮□□利利他正已物正，道〗在是矣。而辉因重有感于苦行〗之难也，儒之道严三省而始闻〗一贯，仙之道经七试而始悟九〗还，自古高衲，证祖位未有不从〗实地起者，僧那一衣一钵，一坐〗一食，奉头陀行，神光利刀断臂，僵立雪中。慧远桑榆之阴高坐提唱，灌顶菜羹水斋冰床雪被，大梅缚茅燕处，沩山抬橡栗充〗饥，船子上无片瓦，下无卓锥，风〗穴单丁，赵州行脚，道悟风雨晦〗冥，栖身丘冢，永明九旬习定，月』叫孤猿，其榜样也。湛师之在峰』顶，昼形一食，宿不离衣，作务执劳，必先于众，真有立死关以学』禅，冥枯木而入静者；即质之陋』巷卓立之子渊，铁杵磨针之玄』武，有以异乎？于是大功德主有』西蜀闵齐瞻郡伯，楚沅宋微玄』令公，郡伯暇约辉登山，从容言』曰：“古人谓孝为百行之首，斗』中有孝悌明王，皆以孝治天下』意也。世称释氏无亲，而兹山以』孝相嗣续，其说将无同乎”？辉起』而对曰：“墨氏之施由亲始，欲人』人亲其亲也。迦文之为毋□□』甚于以天下养也。曾闻曹□□』樵薪，睦州织蒲履，朗法师有荷』亲之担，忍大师建养母之堂，岂』独大目犍连入狱救母之为古』今纯孝哉！”寺西北直穷幽谷，有』九里……』姓名并为开列碑右，以劝后……』寺初敕名证道，既以孝恩……』增其额曰光孝，以壬子……』鸠工伊始□甲申……』佛日重辉，皇图永固，皆……』……也。当事者欲勒碑记之。令』函辉作文记其始末，……』婉辞，因再拜和南……』片石之上。

盖竹洞

　　盖竹洞，在临海汛桥镇下路坑村，为道教三十六洞天之一（图221）。

　　盖竹洞即栖真观，初为东晋许迈故居，旧有石室、登霞台、葛玄礼斗坛、卧龙埤等。《尘外记》载：“中有石井，桥北小道直入，有杉六丛。”许迈，字叔玄，又名映，博学多才，善于文章，性好清静无为，曾拜南海太守鲍靓为师。初隐余杭悬雷山，继迁桐庐恒山。东晋永和二年（346年），移入临安西山。于是改名为玄，字远游。生平与王羲之交好，常有诗书往复。许迈还于天台赤城山遇王世龙，受解束反行之道，服玉液朝脑精。三年之中，面有童颜。隋炀帝大业年间（605～618年）废。北宋政和八年

图221　盖竹洞

（1118年）重建道观，宣和元年（1119年）始有"栖真"额。南宋淳熙八年（1181年），台州郡守唐仲友游此。面对山秀、洞奇、石灵、景美的绝色风光，写下了"天门发秀万马下，水口离立群峰稠。瀑泉对面深绝壁，宝剑却依丹凤楼。溪声喷薄雷震动，石色古怪神剜镂。洞天呀含风飕飕，香炉峰下蛟龙漱。中岑特秀小为贵，左右旄节森戈矛"的文章。及元、明、清三代，兴废相仍。至乾隆十五年（1750年），栖霞宫道纪马兆云延请道士陈光宗主持观务。光绪中，道教龙门派第二十三代传人理全来此静修。民国时（1912～1949年），林诚寿主持道务，观内有道士七人，每日约有百余信道者前来参悟。"文革"中又毁，1980年起陆续重建。

　　盖竹洞通面阔10.55米，通进深9.61米，高4.3米。洞内大殿平面三开间。洞外前殿平面三间半，通面阔10.16米，通进深

5.76 米，二层建筑。洞前东南筑有围墙，洞门上书"盖竹洞天"四字。围墙内院子长 11 米、宽 4.5 米。洞内尚存清齐召南撰、牟正鹄书并跋的《盖竹洞碑记》一块。碑高 181 厘米、宽 66 厘米，碑文楷书，16 行，满行 46 字，字径 3 厘米（图 222）。

附：盖竹洞碑记

（额）盖竹山长耀宝光道院记

台郡城南三十里，有盖竹山，土人呼为竹叶。有洞幽深，呼为仙人。自天门峰高插霄汉，十数里层峦叠嶂，蜿蜒翔舞，回旋起伏，钟秀于是。中岑当深山之奥，迥隔尘寰，水口罗列群峰，所谓香炉作案者，高与天门颉颃；所谓丹凤楼者，其前岗峭』壁绣绮；所谓石室、石井、石臼、石几、石床、石砚者，形似俨然，在洞左右前后，是道书称第十九长耀宝光洞天，古商邱子所』治。旧传东汉时，有陈仲林与许道居、尹林子、赵

图 222　盖竹洞碑记

叔道三人居山得道，吴葛孝先尝营精舍，至今有仙翁植茶园，及礼斗坛』故址。是以《抱朴子》言此地可合神丹，《名山记》言福地观坛各一所，有竹如盖，故以为名也。余忆数十年前，尝欲偕郡城士』友往游，或云空山奇秀，半属野田荒草，惜久无黄冠栖止，可待游人；每登巾帻，南望隔江，朗诵宋州守唐公与政、明鸿胪』王公太初歌诗二篇，低徊神往。今年春，全真道士袁阳月请余记其略，余虽病久，足不能逾户限，手不能操笔墨，以生平』所慨未游之名山近在同郡，忽闻有创置屋舍，率徒修炼，俾洞天胜景，千古常新，其有不心旷神怡，若身游其地乎哉！』语曰："地灵人杰。"名山之名，大半以仙也，而仙之得以为仙，实大半以山。全真能远寻古仙遗迹，则可谓人杰而地愈灵矣。』长耀宝光道书已先识之，遂口授其辞，勒石经传久远。』

时大清乾隆三十有一年丙戌天中节予告资政大夫礼部侍郎加一级天台息园齐召南撰。』

乙未春，余自雁荡适天台，过盖竹洞，见其山水之灵秀，岩谷之清幽。遂栖止焉。羽士安教辉，郑教林告余曰：洞有宗伯』齐公记，藏之七十年矣。历代师祖父蒋复乾、李本华、戴本原、马含明、徐含松，既皆未暇及此，衲等与师弟兄谢教赋，张』教培更为有志非逮，时同游友蒋生太和者，默识是篇，不遗只字，亦佳士也。余曰：作记七十年未及泐石，恨事也。息园』先生慨未游其地，而余息影于兹逾月，快事也。以快事释恨事，爰购石召工，以镌之，庶山之名，公之文同垂不朽云。』

道光十五年中和节后学戊子科举人黄岩朴臣牟正鹄敬跋并书。

大左庙

大左庙，在临海尤溪镇大左村，位于村东北殿后山南麓（图

223）。

　　大左庙，又称大上庙，旧称"出南乡第一庙"，始建年代不详。据殿内石案上刻有的"时大清雍正四年仲冬腊月日吉重立"诸字，则庙至迟建于清代早期。乾隆四十二年（1777 年）重修大殿，乾隆五十年（1785 年）又重修两厢，道光七年（1827 年）增建戏台，民国二十六年（1937 年）又重修大殿之栋脊等。今建筑基本保存完好，庙内尚存清乾隆重修及功德碑二块。

　　庙由门房、戏台、两厢和大殿组成。

　　门房平面五开间，重檐硬山顶，通面阔 17 米，通进深 6.5 米，建筑面积 221 平方米。

　　戏台北向，歇山顶，平面呈正方形，边长 4.35 米，高约 5 米。四台柱为六角形石柱，高 2.3 米。台口二柱镌有对联，上联"一曲商音，演成千古兴亡胜负"；下联"数声越调，点出百年离合悲欢"。款为"道光七年丁亥孟秋谷旦"。此外，石柱还均刻有"上保"、"中保"、"下保"等字样。台内藻井共分三层，顶层绘双龙戏珠，四周则衬以花卉蝴蝶等图案。角板上多绘戏曲故事，仅"甘露寺"一幅尚可辨认。

　　两厢硬山，平面各五间，通面阔 17 米，通进深 4.3 米，建筑

图 223　大左庙

面积292.4平方米。

大殿为硬山两坡顶建筑，抬梁、穿斗混合式构架。平面五开间，通面阔17米，通进深11.3米，高约5.5米，建筑面积192.1平方米。其中明间宽4.5米，次间宽3米，梢间宽3米。明间脊檩的下面扶脊木两端尚留有重修时的墨书，西端为"乾隆四十二年之间重修"，东端为"中华民国二十六年岁次丁丑仲秋月重修"。殿内前檐柱柱头科做有仰"八"字斜拱，间饰云纹。工艺复杂，雕刻精美。

附：重建大左庙碑

重建大上庙碑

盖闻至而伸者谓神，此造化之玄妙，而人之秉其清淑之气者。□生则为忠臣，为孝』子、为节义之士，其没，则不泯乎聪明正直□英灵焉。□之矣□其忠孝节义群相奉』而敬礼之，以为司人间□善祸淫之主者。缘我大上庙，供奉』东岳长生大帝，义城乡主蔡□王、庙主陈尊王、行乩保灾阮尊王，其声灵赫濯，功德』昭彰。三保黎兆，四方士庶，共沾圣泽，举凡祈寒暑雨，厄难灾患，到庙求保，灵应如响』。但年湮日久，庙宇倾颓，上中下三保前首事累次重修，届今乾隆四十二年间，栋蠹』榱崩，无以妥神灵于临上陟旁之际，是以三保首事纠约同心，向保内按户捐资，鸠』工庀材重建。而各外村善信捐谷捐树捐钱，慷慨乐助，至乾隆五十年间，重建左右』两楼。事告竣时，惟上保应分数钱缺少，中下保首事人等仰体神恩广大，正直是与』，念其村内苦乐不均，就中量取，不与甚较。嗣后三保人等，倘遇庙宇损坏坍塌，三保』定宜照分捐资修葺，不得以今日之从宽，为异日之效尤。又如每年圣寿诞辰，务要』一体奉觞荐俎，设馔献牲，演戏庆祝，以彰前代忠孝节义之德，亦庶酬庇佑呵护之』功矣。爰勒石以志。

乾隆岁次丙午荷月日吉公立。

蒋山蒋氏宗祠

蒋山蒋氏宗祠，在临海汛桥镇蒋家山村。

宗祠始建年代不详，据民国《盖竹山堪头蒋氏宗谱》记载，约建造于明宣德中（1426～1435年）。"盖竹大宗祠自明宣德间，宝涯公创建"。后毁，"历二百余年毁于'贼'焰，祀典荒凉，时已久矣"（民国《盖竹山堪头蒋氏宗谱》）。清康熙十八年（1679年），蒋氏族长兀翁公"独慨然以重建自任"（民国《盖竹山堪头蒋氏宗谱》），复重建。乾隆时（1736～1795年），蒋仁"以基址窄狭，率众移建成"（民国《盖竹山堪头蒋氏宗谱》）。今基本保存完好。

宗祠由大门、戏台、两厢、正堂组成，为四合院建筑。

戏台歇山顶，平面呈方形，内顶作八角藻井。

两厢通面阔22米，通进深6.24米，结构简单，系近代重建。

正堂平面五开间，硬山两坡顶，抬梁、穿斗混合式构架。通面阔15.6米，通进深8.61米，其中明间宽4.67米，次间宽2.3米，梢间宽3.1米。明间四架梁，次间七架梁，梢间五架梁。明间平身科置二攒，斗拱做成一斗三升，梢间无斗拱。明间檐柱柱头科作单面相向斜拱，这是临海明末清初木构建筑的一种典型做法。上托以卷草纹雀替。整个建筑用材粗大，造型古朴，工艺精湛，充分体现了明末清初临海的木作水平。

隔溪吴氏宗祠

隔溪吴氏宗祠，在临海东塍镇隔溪村。

宗祠始建年代不详，据有关宗谱记载，明嘉靖时毁于倭寇，万历二十一年（1593年）重建，后复毁。清嘉庆二年（1797年）再建，1969年重修屋顶。

宗祠坐北朝南，由门房、戏台、两厢、大殿等组成，占地总面积602.79平方米。

门房平面七开间，建筑面积341.6平方米。

戏台歇山顶，平面呈方形。四台柱均为圆形石柱，平身科各置二攒，柱头科造型繁复。台内藻井作八角形，雕刻精美大方。

两厢平面各四间，建筑面积203.4平方米。

大殿平面五开间，硬山两坡顶，抬梁、穿斗混合式构架。通面阔15.5米，通进深11米，建筑面积170.5平方米。其中明间宽4.2米，次间宽2.75米，梢间宽2.85米。明间四架梁，次间和梢间各六架梁。梁柱用材粗大，雕饰大方。内悬清资政大夫礼

图224　清齐召南题匾额

部侍郎天台齐召南书"龙章凤采"（图224），清乾隆四年（1739年）进士、杭州府教授上虞赵金简书"世德作求"及"吴氏宗祠"等匾额三块（图225）。

罗渡罗氏宗祠

罗渡罗氏宗祠，在临海白水洋镇里罗自然村。

图 225　清赵金简题匾额

　　宗祠始建年代不详，相传约始建于清中前期。咸丰十一年（1861 年）为太平军所毁，同治三年（1864 年）重建。今基本保存完好。

　　宗祠坐西朝东，由照壁、门房、戏台、两厢和正房组成。

　　门房平面七开间，重檐硬山顶。通面阔 22.6 米，通进深 6 米，建筑面积 271 平方米。

　　戏台歇山顶，平面基本为方形，宽 4.9 米、深 5.1 米。四台柱石质，平身科各二攒，柱头科雕饰繁丽。特别是柱头科承托之栱做成塔形雕饰，为临海所仅见。台内藻井作圆形，俗称"鸡笼结顶"，顶壁望板绘花草、动物等图案（图 226）。

　　两厢平面各五间，硬山两坡顶，通面阔 18.8 米，通进深 5 米，建筑面积 376 平方米。

　　正房平面五开间，硬山两坡顶，抬梁、穿斗式混合构架。通面阔 19.4 米，通进深 10.5 米，建筑面积 203.7 平方米。其中明间宽 4.6 米，次间 3.65 米，梢间 3.45 米。梁架上的雕饰较为精致，图案造型亦颇有艺术感。

图 226　罗渡罗氏宗祠柱头雕刻

下洋顾顾氏宗祠大殿

　　下洋顾顾氏宗祠大殿，在临海括苍镇下洋顾村，位于村南口顾氏宗祠内（图 227）。

　　大殿始建年代不详，从现存建筑风格来看，似为清嘉庆和道光年间之物。殿内脊檩扶脊木下尚存有"己卯"、"乙巳"等墨书字样，据《中国历史年代简表》，"己卯"当为嘉庆二十四年（1819 年），而"乙巳"则应为道光二十五年（1845 年）。

图 227　下洋顾顾氏宗祠大殿

　　大殿平面三开间，硬山两坡顶，抬梁、穿斗混合式构架。通面阔 12.8 米，通进深 10.6 米，建筑面积 135.68 平方米。其中明间宽 4.6 米，前后四柱；次间宽 3.7 米，前后五柱及二支瓜柱。四金柱用材粗实，明间前檐柱柱头科雕饰狮子、戏剧人物、万年青，次间前檐山柱柱头科雕刻人物等。木作雕饰繁丽，艺术水平较高。此外，明间抬梁彩绘有龙纹图案，脊檩扶脊木有"己卯冬十有二月"及"乙巳"墨书字样。

北涧杨桥

　　北涧杨桥，在临海桃渚镇北涧村南面村口，距全国重点文物保护单位"桃渚城"约 2 公里。

　　桥长 33.6 米、宽 1.98 米、高（以桥墩底盘算至桥面）3.3 米。桥为条石砌筑的五洞平桥，桥面有石栏（尚存二栏），栏高

0.36 米，望柱高 0.55 米。桥墩做成分水尖，墩上端以长条石交叉砌筑。这些条石均长于墩体，直条石露出部分做成拱状，横条石近似栏额，上石两端外侧衔住桥面石。中间三洞二道，每道四拱，两端的一洞内侧一道，外侧无。整个墩体结构略似福建泉州的东关桥。

桥北存《杨桥碑》一通，碑石完好，然文字已严重啮蚀。据碑文而知，此桥建于清嘉庆四年（1799 年），因事主姓杨，故称"杨桥"。该桥是临海结构较为独特的一座平桥，有一定的艺术价值。"杨桥跨虹"被称为北涧八景之一。

八叠桥及桥头石塔

八叠桥及桥头石塔，在临海永丰镇八叠村。

桥始建年代不详，据《临海县志》所载，清康熙八年（1669 年）重建，1942 年（或次年）重修。桥头石塔始建年代亦不详，朱湛林《临海古迹志稿》载："坊（陈选恭愍坊）前有桥，建塔镇之"。可知塔之所建，当在桥成之后。2000 年石塔曾被撞倒，重树时塔基下发现有明初的"大中通宝"钱。

桥为分节并列式单孔石拱桥，长 17 米、宽 4.5 米、高 6.8 米、矢高 5.5 米。桥两端各有引桥，北引桥长 14.5 米，南引桥长 18.7 米。拱券用块石干砌，其余砌以乱石。桥面铺以石板，两侧做有望柱和栏板，西面正中栏板上刻有"八叠桥"三字。

桥头石塔高 3.8 米，由基座、塔身、塔刹三部分组成。基座为六角形须弥座，须弥座之上为六面柱体塔身。塔身东西两面浮雕宫灯图案，其余四面浮雕人物立像。从人物的造型来看，是为佛教的四天王像。据记载，四天王为帝释之外将。须弥山之半腹有一山，名犍陀罗。山有四头，四王各居之，各护一天下，因之称为护世四天王。其所居云四王天，称为四天王天。即东持国

图 228　八叠桥头石塔

天，南增长天，西广目天，北多闻天。《长阿含经》曰："东方天王，名多罗吒，领乾闼婆及毗舍阇神将，护弗婆提人。南方天王名毗琉璃，领鸠槃荼及薜荔神，护阎浮提人。西方天王名毗留博叉，领一切诸龙及富单那，护瞿耶尼人。北方天王名毗沙门，领夜叉罗刹将，护郁单越人。"塔的第二级塔身呈圆鼓形，中空，一面设壶门。第二级塔身之上作腰檐，腰檐仿木构建筑。上设五道相轮，塔刹为葫芦状宝瓶（图 228）。

第六章　临海文物、博物馆重要事记

汉建元三年（前138年）

有墓造于章安（今属椒江），后被掘。清代时，墓所出"建元三"铭文残砖为临海卢东升先生所藏。

汉元平元年（前74年）

有墓造于章安（今属椒江），后被掘。清代时，墓所出"元平"铭文残砖为临海洪瞻墦先生所藏。

汉永光元年（前43年）

有墓造于章安（今属椒江）金鳌山，后被掘。清代时，墓所出"永光元年八月十"铭文残砖为临海"黄氏溪南书藏"收藏。

东汉永寿元年（155年）

有墓造于天台山（今属天台），后被掘。清代时，墓所出"永寿元年八月"铭文砖为临海陈春晖"运甓斋"收藏。

东汉延熹四年（161年）

有墓造于章安（今属椒江），后被掘。清代时，墓所出"延熹四年造"铭文砖为黄岩朱德圆所藏。

东汉光和二年（179 年）

著名道士葛玄植茶于临海盖竹山，有"仙翁茶园"遗迹。

三国吴黄龙二年（230 年）

吴大帝孙权遣大将卫温、诸葛直率甲士万人，自章安（今属椒江）出海，远规并经营夷洲（今台湾）。

三国吴赤乌二年（239 年）

有墓造于章安（今属椒江），后被掘。清代时，墓所出"赤乌二年七月吉日造"铭文砖为黄岩朱氏所藏。

三国吴永安二年（259 年）

有墓造于章安（今属椒江），后被掘。清代时，墓所出"永安二年七月廿日"铭文砖为临海洪氏收藏。

三国吴甘露二年（266 年）

有墓造于章安（今属椒江），后被掘。清代时，墓所出"宜子孙"、"甘露二年"铭文砖为临海李氏所藏。

三国吴宝鼎四年（269 年）

有墓造于章安（今属椒江）湖边，后被掘。清代时，墓所出"宝鼎四年太岁在己丑"铭文残砖为临海"黄氏溪南书藏"收藏。

三国吴凤凰元年（272 年）

有墓造于临海大石（今河头镇），后被掘。清代时，墓所出"凤凰元年"铭文砖为临海大石叶氏所藏。

三国吴天册元年（275 年）

有墓造于临海义成乡（今江南街道小溪和尤溪镇一带），后被掘。清代时，墓所出"天册元年"铭文砖为临海李氏所藏。

三国吴天纪二年（278 年）

有墓造于临海双桥（今属大洋街道），后被掘。清代时，墓所出"天纪二年八月十四日作"铭文砖为临海李氏所藏。

西晋太康元年（280 年）

有墓造于临海，后被掘。清代时，墓所出"太康元年疆□□□□年太岁在戊申八月十五日□□氏"铭文砖为临海宋经畬收藏。

西晋太康三年（282 年）

有墓造于临海章安（今属椒江），后被掘，出土有"太康三年万无穷"铭文砖。

西晋太康五年（284 年）

有墓造于临海大石（今河头镇），后被掘。清代时，墓所出"太康五年八月一日杨太岁在甲辰作"铭文砖为临海陈氏所藏。

西晋太康七年（286 年）

有墓造于临海大汾李家岙山西（今属杜桥镇），后被掘。清代时，墓所出"太康七年八月申日所作九月四日毕工"铭文砖为临海李北垣先生所藏。

西晋太康八年（287 年）

是年　有墓造于临海章安（今属椒江），后被掘。清代时，墓所出"太康八年大岁在丁"铭文残砖为临海陈氏所藏。

是年　有墓造于临海东南乡北山下（今属邵家渡街道），后被掘。清代时，墓所出"太康八年立冢巧□"铭文砖为临海陈春晖先生所得，并被制成砚台。

西晋太康九年（288 年）

是年　有墓造于临海章安（今属椒江），后被掘。清代时，墓所出"太康九年造"铭文砖为黄岩朱氏所藏。

是年　有墓造于临海章安（今属椒江）墩头村，后被掘。清代时，墓所出"司马治时太康九年大山"铭文砖为临海陈氏所藏。

西晋永熙元年（290 年）

有墓造于临海，后被掘。清代时，墓所出"永熙元年"铭文砖为临海陈氏所藏。

西晋元康元年（291 年）

八月　有墓造于临海大石（今河头镇），后被掘。清代时，墓所出"元康元年八月廿五日"铭文砖为临海大石叶氏所藏。

是年　有墓造于临海，后被掘。清代时，墓所出"元康元年疆头□□□□日造"铭文砖为临海大石叶氏所藏。

西晋元康三年（293 年）

有墓造于临海章安（今属椒江），后被掘。清代时，墓所出"元康三年"铭文砖为黄岩姜氏所藏。

西晋元康五年（295 年）

九月　有墓造于临海海乡（今杜桥镇一带），后被掘。清代时，墓所出"元康五年九月七日造枰壁"铭文砖为临海宋氏所藏。

是年　有墓造于临海，后被掘。清代时，墓所出"元康五年"铭文砖发现于城内永庆寺败堵中，为陈氏所藏。

西晋元康六年（296 年）

有墓造于临海，后被掘。清代时，墓所出"元康六年八月十五日……董作"铭文砖为临海宋氏所藏。

西晋元康七年（297 年）

有墓造于临海大石（今河头镇），后被掘。清代时，墓所出"元康七年八月作"铭文砖为临海陈氏所藏。

西晋元康八年（298 年）

七月　有墓造于临海大石（今河头镇），后被掘。清代时，墓所出"元康八年七月十日朱弍所作"铭文砖为临海陈氏收藏。

八月　有墓造于临海章安（今属椒江）墩头村，后被掘。清代时，墓所出"元康八年八月廿日作"铭文砖为临海陈氏所藏。

西晋元康九年（299 年）

有墓造于临海长甸（今属沿江镇），后被掘。清代时，墓所出"元康九年"铭文砖为临海陈氏所藏。

西晋永康元年（300 年）

七月　有墓造于临海东南乡乔蒋（今属邵家渡街道），后被掘。清代时，墓所出"永康元年七月己未朔廿日造作"铭文砖为临海陈氏所藏。

是年　有墓造于章安墩头（今属椒江），后被掘。清代时，墓所出"永康元年□□己未朔廿日戊寅章安刘氏劈范"铭文砖为临海陈氏所藏。

西晋永宁元年（301 年）

有墓造于临海，后被掘。清代时，墓所出"永宁元年九月五日作"铭文砖在郡城西墅下许氏二十八宿井中发现，为洪氏收藏。

西晋永宁二年（302年）

有墓造于临海，后被掘。清代时，墓所出"永宁二年八月五日章禄所作"铭文砖在郡城西墅下许氏二十八宿井中发现，为宋氏所藏。

西晋永宁中（301～302年）

有墓造于临海西乡下尤（今白水洋镇上尤村），后被掘。清代时，墓所出"永宁□□八月七日吴定作"铭文砖为临海洪氏所藏。

西晋永宁中（301～302年）

有墓造于临海，后被掘。清代时，墓所出"永宁十六月廿"铭文砖在城内邓巷被发现，旋为陈氏所藏。

西晋太安元年（302年）

有墓造于临海章安（今属椒江），后被掘。清代时，墓所出"太安元年"铭文砖初为张怀谷所得，旋赠陈春晖收藏。

西晋太安二年（303年）

有墓造于临海东乡滩头（今属邵家渡街道），后被掘。清代时，墓所出"太安二年　当贵"铭文残砖为临海陈氏所藏。

西晋永安元年（304年）

有墓造于仙居，后被掘。清代时，墓所出"太安三年七月张元□□□□□□　太岁在子　太安"铭文砖为临海宋氏收藏。按"永安"仅为二年，黄瑞先生认为砖上"仍沿旧年号，岂台处海滨，改元之诏尚未之闻欤"（清黄瑞《台州金石录》）。

西晋永兴二年（305 年）

有墓造于临海东南乡北山下峇蒋（今属邵家渡街道），后被掘。清代时，墓所出"永兴二年八月廿四日太岁在乙丑"铭文砖为临海宋氏所收藏。

西晋永嘉二年（308 年）

八月　有墓造于临海东乡陕桥（今属大田街道），后被掘。清代时，墓所出"永嘉二年八月十五日"铭文砖为临海陈氏所藏。

九月　有墓造于临海，后被掘。清代时，墓所出"永嘉二年九月□"铭文砖在城内小固山发现，旋为陈氏收藏。

西晋永嘉五年（311 年）

有墓造于临海北乡大石（今河头镇），后被掘。清代时，墓所出"永嘉五年　岁在辛未九月十日何雁　五千万公"铭文砖为临海陈氏收藏。

西晋建兴二年（314 年）

二月　有墓造于临海大石（今河头镇），后被掘。清代时，墓所出"建兴二年戊甲戌岁二月虔通□"铭文砖为临海宋氏所藏。

八月　有墓造于临海东南乡长甸（今属沿江镇），后被掘。清代时，墓所出"建兴二年八月甲"铭文砖为临海陈氏所藏。

西晋建兴三年（315 年）

是年　有墓造于临海北山下（今属邵家渡街道），后被掘。清代时，墓所出"建兴三年太岁在　建武司马　建武司马　建武

司马　建武司马"铭文砖为临海洪氏所藏。

是年　有墓造于临海长甸（今属沿江镇），后被掘。清代时，墓所出"建兴三"铭文残砖为临海陈氏所藏。

东晋建武元年（317年）

有墓造于临海章安（今属椒江），后被掘。清代时，墓所出"建武元季"铭文砖为黄岩朱氏收藏。

东晋大兴二年（319年）

有墓造于临海南乡上岙山（今属江南街道），后被掘。清代时，墓所出"大兴二"铭文残砖为临海陈氏所藏。

东晋大兴三年（320年）

有墓造于临海章安（今属椒江），后被掘。清代时，墓所出"大兴三年八月廿五日蒋伧作"铭文砖，为卢东升先生发现于章安民居古墙上。

东晋大兴四年（321年）

有墓造于临海，后被掘。清代时，墓所出"大兴四年　太岁在□"铭文砖为临海洪氏收藏。

东晋永昌元年（322年）

八月十五日　有墓造于临海双桥（今属大洋街道），后被掘。清代时，墓所出"永昌元年□□八月十五日番有言立作"铭文砖为临海宋氏所收藏。

八月二十日　有墓造于临海莲塘驿（今属地不详），后被掘。清道光十六年（1836年），墓所出"永昌元年八月廿日"铭文砖发现于莲塘驿败堵中，旋由临海陈氏收藏。

是年　有墓造于临海长甸（今属沿江镇），后被掘。清代时，墓所出"永昌元年九"铭文砖为临海陈氏所藏。

东晋太宁二年（324 年）

有墓造于临海大田（今大田街道），后被掘。清代时，墓所出"泰宁二年岁　番　文"铭文砖为临海陈氏所藏。

东晋太宁三年（325 年）

七月　有墓造于临海南乡章家溪（今属江南街道），后被掘。清代时，墓所出"泰宁三年七月廿一日高茂周造　太岁在乙酉□□"铭文砖为临海洪氏收藏。

八月　有墓造于临海北乡大石（今河头镇），后被掘。清代时，墓所出"泰宁三年八月廿三日"铭文砖为临海陈氏所藏。

是年　有墓造于临海长甸（今属沿江镇），后被掘。清代时，墓所出"泰宁三"铭文砖为临海陈氏所藏。

东晋咸和元年（326 年）

八月　有墓造于仙居马泮，后被掘。清代时，墓所出"咸和元年太岁在戌八月十五日作　任景诚作"铭文砖为临海陈氏收藏。

是年　有墓造于临海大石（今河头镇），后被掘。清代时，墓所出"咸和元季"铭文残砖为临海陈氏所藏。

东晋咸和四年（329 年）

有墓造于临海大石（今河头镇），后被掘。清代时，墓所出"咸和四季"铭文残砖为临海陈氏所藏。

东晋咸和五年（330 年）

七月　有墓造于临海东乡滥田檀胡岭（今属大田街道），后被掘。清代时，墓所出"咸和五年太岁丙寅七月廿三日吴思功作郡太守孔县令羊右尉番朋年番同　唐宠"铭文砖为临海陈氏收藏。

九月　有墓造于临海海乡墩头（今属杜桥镇），后被掘。清代时，墓所出"咸和五年　九月廿日立公　周一玉"铭文砖为黄岩姜氏所藏。

东晋咸和六年（331年）

有墓造于临海张家渡王庄山（今属括苍镇），后被掘。清代时，墓所出"咸和　六羊　八月十五日　□作"铭文砖为临海洪氏所藏。

东晋咸和中（326～334年）

临海渔人张系世得铜莲花趺座和佛像足于本地海口。

东晋咸和中（326～334年）

有墓造于临海章安镇西蒋家屿（今属椒江），后被掘。清代时，墓所出"晋咸　太岁在甲午"铭文残砖为临海"黄氏溪南书藏"收藏。

东晋咸康三年（337年）

有墓造于临海，后被掘。清代时，墓所出"咸康三年太岁在"铭文残砖为临海邓巷张氏所藏。

东晋咸康四年（338年）

八月　有墓造于仙居马泮，后被掘。清代时，墓所出"咸康四年八月廿日孤子张令周造　吉宜子孙"、"咸康四年八月廿日孤子张令周造　时令方和远"铭文砖为临海陈氏所藏。

九月　有墓造于临海南乡上岙（今属江南街道），后被掘。清代时，墓所出"咸康四年太岁在酉九月二日作甓"铭文砖为临海陈氏所藏。

东晋咸康六年（340年）

有墓造于临海东乡山前岭（今属大田街道），后被掘。清代时，墓所出"咸康六年　咸康六年"铭文残砖为临海陈氏所藏。

东晋咸康七年（341年）

有墓造于临海东乡滥田（今属大田街道），后被掘。清代时，墓所出"咸康七年八月十日富茂藏作　临海郡太守□载令魏在太岁辛"铭文砖分成两截，上半截为临海陈氏所藏，下半截由临海洪氏收藏。

东晋建元元年（343年）

七月　有墓造于临海东乡双桥（今属大洋街道），后被掘。清代时，墓所出"建元元年太岁在癸卯七月廿　八日桓氏□作故纪识之"铭文砖为临海洪氏所藏。

是年　有墓造于临海巾子山，后被掘。清代时，墓所出"建元元"铭文残砖为临海郭翰所藏。

是年　有墓造于临海，后被掘。清代时，墓所出"建元　一千四百方"铭文残砖为临海洪氏收藏。

东晋建元二年（344年）

有墓造于临海，后被掘。清代时，墓所出"建元二年九月作　建元二年九月作"铭文砖发现于城内西墅下许氏二十八宿井中，为临海宋氏收藏。

东晋永和二年（346年）

有墓造于临海南乡新桥东山（今属汛桥镇），后被掘。清代时，墓所出"永和二年九月"铭文砖为临海陈氏所藏。

东晋永和六年（350 年）

七月　有墓造于临海东乡滥田（今属大田街道），后被掘。清代时，墓所出"永和六年太岁庚戌富君甫作"、"永和六年太岁在庚　七月廿五日富君甫　八十二"等铭文砖为临海洪氏所藏。又有"永和六季太岁在庚　七月廿五日富君甫　□保协"、"永和六季太岁在庚戌　七月廿五日富君甫作"等铭文砖，为临海陈氏收藏。

八月　有墓造于临海章安（今属椒江），后被掘。清代时，墓所出"永和六年八月作"铭文砖为临海陈氏所藏。

是月　有墓造于临海张家渡王庄山（今属括苍镇），后被掘。清代时，墓所出"永和六季八月十陈肱作　陈租□　租□"、"永和六季八月廿日陈稚　陈租谋　租□造"等铭文砖为临海陈氏所藏。

是月　有墓造于临海东乡张岙（今属大洋街道），后被掘。清代时，墓所出"永和六年八月廿日张宁作　建□□年"铭文砖为临海宋氏所藏。

东晋永和九年（353 年）

七月　有墓造于临海东乡田山头（不详），后被掘。清代时，墓所出"永和九年七月十三日桓公道丑岁作"铭文砖为临海宋氏所藏。

是年　有墓造于临海张家渡王庄山（今属括苍镇），后被掘。清代时，墓所出"永和九年王氏作"铭文砖为临海宋氏所藏。

东晋永和十年（354 年）

八月二日　有墓造于临海东乡滥田（今属大田街道），后被掘。清代时，墓所出"永和十年太岁在甲寅　八月一日章孟高作　孟达成"、"永和十年太岁在寅　八月二日章孟山作　宋领校时"、"章孟高孟达作"等铭文砖为临海陈氏所藏。

八月十日 有墓造于临海大石（今河头镇），后被掘。清代时，墓所出"永和十年八月十日吕道光刺之 太岁甲寅"铭文砖为大石叶氏收藏。

八月二十三日 有墓造于临海东乡田山头（不详），后被掘。清代时，墓所出"永和十年八月丙子朔廿三日丁酉哩作 获哩"铭文砖为临海陈氏所藏。

八月三十日 有墓造于临海，后被掘。清代时，墓所出"永和十年八月卅日孝子余俭"发现于城内西墅下许氏二十八宿井中，为临海宋氏所藏。

九月四日 有墓造于临海，后被掘。清代时，墓所出"永和十年九月四日作"铭文砖为临海洪氏收藏。

东晋永和十一年（355 年）

有墓造于临海西乡石塘龙山（今属括苍镇），后被掘。清代时，墓所出"永和十一年太岁在一卯八月作 薛"铭文砖为西岙（今属永丰镇）潘氏收藏。

东晋永和十二年（356 年）

是年 有墓造于太平（今温岭）楼崎山，后被掘。清代时，墓所出"永和十二年"铭文残砖为临海陈氏收藏。

是年 有墓造于临海东南乡大汾（今属杜桥镇），后被掘。清代时，墓所出"永和十二年九"铭文砖为临海"黄氏溪南书藏"收藏。

东晋永和十一或十二年（355 或 356 年）

有墓造于临海东乡滥田（今属大田街道），后被掘。清代时，墓所出"永和十□□岁在寅八月 十三日潘隋秋□创造作 番长达 番长达"铭文砖为临海陈氏所藏。

东晋升平二年（358 年）

八月 有墓造于临海南乡上呇（今属江南街道），后被掘。清代时，墓所出"升平二年八月廿五日"铭文砖为临海郭氏所藏。

是年 有墓造于临海大石（今河头镇），后被掘。清代时，墓所出"升平二年"铭文砖为大石叶氏收藏。

东晋隆和元年（362 年）

有墓造于临海长甸（今属沿江镇），后被掘。清代时，墓所出"隆和元"铭文残砖为临海陈氏所藏。

东晋兴宁二年（364 年）

七月 有墓造于临海东乡滥田（今属大田街道），后被掘。清代时，墓所出"兴宁二季七月廿日桓氏芝作 桓七月廿三"铭文砖为临海陈氏所藏。

八月 有墓造于临海南乡上呇（今属江南街道），后被掘。清代时，墓所出"兴宁二年八月廿日高利达作"铭文砖为临海陈氏所藏。

东晋兴宁三年（365 年）

八月 有墓造于临海东乡滥田（今属大田街道），后被掘。清代时，墓所出"兴宁□年太岁在乙丑 八月十八日章孟蛾作"铭文砖为临海陈氏所藏。

九月 有墓造于临海南乡上呇（今属江南街道），后被掘。清代时，墓所出"兴宁三年九月八日高守文作"铭文砖为临海洪氏收藏。

东晋太和元年（366 年）

八月 有墓造于临海大石（今河头镇），后被掘。清代时，墓所出"泰和元年　八月十五日"铭文砖为临海陈氏所藏。

九月　有墓造于临海章安（今属椒江），后被掘。清代时，墓所出"太和元年九月"铭文残砖为黄岩姜氏收藏。

东晋太和五年（370年）

有墓造于临海海乡湖边范岙（今属椒江），后被掘。清代时，墓所出"泰和五年　九月十七日立工"铭文砖为临海"黄氏溪南书藏"所收藏。

东晋太和六年（371年）

九月十七日　有墓造于临海大汾石马山南麓（今属杜桥镇），后被掘。清代时，墓所出"太和六年九月十七日许作"铭文砖为临海"黄氏溪南书藏"收藏。

九月二十二日　有墓造于临海东关外鲤鱼山（今属古城街道），后被掘。清代时，墓所出"泰和六年九月戊申朔廿二日戊子杨难作"铭文砖为临海陈氏所藏。

东晋咸安二年（372年）

七月　有墓造于临海大石（今河头镇），后被掘。清代时，墓所出"咸安二年七月八日□□"铭文砖为临海陈氏收藏。

八月　有墓造于临海双桥乌山头（今属大洋街道），后被掘。清代时，墓所出"咸安二季八月十五日王君章"铭文砖为临海洪氏收藏。

东晋宁康二年（374年）

有墓造于临海，后被掘。清代时，墓所出"宁康二年九月"铭文残砖为临海洪氏所藏。

东晋太元元年（376年）

有墓造于临海滥田（今属大田街道），后被掘。清代时，墓所出"泰元年八月廿日富令举"、"太岁在子泰元元年 九月起功君□□作"等铭文砖为临海洪氏所藏。

东晋太元二年（377 年）

七月三日 有墓造于临海南乡西岙雉鸡山（今属汛桥镇），后被掘。清代时，墓所出"太元二年岁在丁丑七月三日立作"铭文砖为临海洪氏所藏。

七月十七日 有墓造于临海大石（今河头镇），后被掘。清代时，墓所出"太元二年七月十七日吕作"铭文砖为临海陈氏所藏。

八月七日 有墓造于临海海乡赤墈（今属三门），后被掘。清代时，墓所出"太元二年八月七日"铭文砖发现于荡田井中，为临海陈氏收藏。

是年 有墓造于临海章安镇西蒋家屿山麓（今属椒江），后被掘。清代时，墓所出"太元二年"铭文砖为临海"黄氏溪南书藏"收藏。

东晋太元三年（378 年）

有墓造于临海，后被掘。清代时，墓所出"太元三年十"铭文残砖为临海洪氏所藏。

东晋太元六年（381 年）

有墓造于临海北郊，后被掘。清代时，墓所出"太元六年九月一日马允度作"铭文砖为临海陈氏所藏。

东晋太元七年（382 年）

八月一日 有墓造于临海戎旗（今属涌泉镇），后被掘。清代时，墓所出"太元七年八月一日在青田作"铭文砖为临海陈氏所藏。

八月二十日　有墓造于临海西乡石塘（今属括巷镇），后被掘。清代时，墓所出"太元七年八月廿日作"铭文砖为临海陈氏收藏。

九月十日　有墓造于太平（今温岭），后被掘。清代时，墓所出"太元七年九月十日任仲 □□□　任仲作五千"铭文砖为临海宋氏收藏。

九月十一日　有墓造于临海石塘山（今属括苍镇），后被掘。清代时，墓所出"太元七年 □□九□　九月　十一日"铭文砖为临海陈氏收藏。

九月十六日　有墓造于临海大石（今河头镇），后被掘。清代时，墓所出"泰元七年九月十六日孝子"铭文残砖为大石叶氏收藏。

东晋太元九年（384年）

有墓造于临海南乡花茶亭（今属江南街道），后被掘。清代时，墓所出"太元九年八月十五日兴功"铭文砖为临海洪氏收藏。

东晋太元十年（385年）

有墓造于临海，后被掘。清代时，墓所出"太元十年八月廿日　太元十年八月廿日"铭文砖为临海洪氏收藏。

东晋太元十二年（387年）

有墓造于临海南乡罗家岙（今属尤溪镇），后被掘。清代时，墓所出"太元十二年八月廿日作"铭文砖为临海陈氏所藏。

东晋太元十三年（388年）

有墓造于临海，后被掘。清代时，墓所出"太元十三年八月廿日作之"铭文砖为临海洪氏所藏。

东晋太元十五年（390 年）

有墓造于临海，后被掘。清代时，墓所出"太元十五"铭文残砖为临海陈氏所藏。

东晋太元十六年（391 年）

有墓造于临海南乡雉鸡岭（今属汛桥镇），后被掘。清代时，墓所出"太元十六年十月一日作"铭文砖为临海陈氏收藏。

东晋太元十七年（392 年）

八月七日　有墓造于临海东乡双桥（今属大洋街道），后被掘。清代时，墓所出"太元十七年太岁在壬辰　八月七日严君才"铭文砖为临海陈氏收藏。

八月十日　有墓造于临海大石（今河头镇），后被掘。清代时，墓所出"太元十七年八月十日作　哀子王须昕泉三人作"铭文砖为大石叶氏收藏。

东晋太元十八年（393 年）

临海东南乡涌泉寺造塔一座，有砖铭"太元十八年闰月　大斧"、"太元十八年闰月　中斧"、"太元十八年闰月　小斧"等。

东晋太元二十一年（396 年）

有墓造于临海东乡山前岭（今属大田街道），后被掘。清代时，墓所出"太元廿一年九月十一日作"铭文砖为临海洪氏收藏。

东晋隆安元年（397 年）

有墓造于临海南乡旗山（不详），后被掘。清代时，墓所出"隆安元年八月廿日作之严"铭文砖为临海洪氏所藏。

东晋隆安三年（399 年）

有墓造于临海白水洋（今白水洋镇），后被掘。清代时，墓所出"隆安年　任庚　隆安三年九月十日"铭文砖为临海陈氏收藏。

南朝宋元嘉六年（429 年）

谢灵运率童仆数百人自始宁南山伐木开径，经天台至临海。

南朝宋元嘉八年（431 年）

有墓造于临海涌泉寺方丈后壁（今涌泉延恩寺），后被掘。清代时，墓所出"元嘉八年"铭文砖为临海陈氏所藏。

南朝宋元嘉十五年（438 年）

有墓造于临海白水洋（今白水洋镇），后被掘。清代时，墓所出"大宋元嘉廿□年太岁在戊寅廿三日□□□之灵椁　孝子道乞道兴道□兄弟三人以其年冬十月建作"铭文砖为李羽国所藏。黄瑞以为铭文中"戊寅是元嘉十五年，此云廿□年，则廿当为十字之讹"（清黄瑞《台州金石录》）

南朝宋孝建二年（455 年）

有墓造于临海南乡小溪叠石山（今属江南街道），后被掘。清代时，墓所出"孝建二年高法贤"铭文砖为临海洪氏所藏。

南朝宋大明三年（459 年）

有墓造于临海，后被掘。清代时，墓所出"大明三年羊庆"铭文砖为临海洪氏所藏。

南朝宋泰始四年（468 年）

有墓造于临海章安镇（今属椒江），后被掘。清代时，墓所出"宋故泰始四年太岁"铭文残砖为西岙（今属永丰镇）潘氏所藏。

南朝齐建元二年（480年）

有墓造于仙居马泮，后被掘。清代时，墓所出"建元二年庚申抗骑尉"铭文砖为临海宋氏收藏。

南朝齐建元四年（482年）

有墓造于临海，后被掘。清代时，墓所出"建元四年□月五□"铭文砖发现于城内西墅下许氏二十八宿井中，为临海陈氏收藏。

南朝齐隆昌元年（494年）

有墓造于临海，后被掘。清代时，墓所出"齐隆昌元年四月廿七日任夫之廊"铭文砖发现于城内西墅下许氏二十八宿井中，为临海董氏收藏。

唐贞观十八年（644年）

有墓造于临海，后被掘。清代时，墓所出"贞观十八年"铭文砖为临海陈氏所藏。

唐永淳元年（682年）

有墓造于临海，后被掘。清代时，墓所出"永淳元年"铭文砖为临海李氏所藏。

武周万岁登封元年（696年）

有墓造于临海丹山里狮子山前（不详），后被掘。清代时，墓所出"万岁登封元年　梁家冢"铭文砖为临海洪氏收藏。

唐开元八年（720 年）

造双塔于临海章安（今属椒江）。

唐咸通四年（863 年）

有墓造于仙居十都，后被掘。清代时，墓所出"咸通四年□记"铭文砖为临海洪氏收藏。

吴越宝正四年（929 年）

有"宝正四季七月钱氏作"铭文砖，用处不详。清代时，为临海洪氏收藏。

后唐长兴三年（932 年）

有"长兴　三年　仲秋　月造"铭文砖，不知用于何处。清代时，临海出此砖，为黄岩朱氏收藏。

后周显德二年（955 年）

府城朝天门内大固山西麓造石佛像二尊，有"显德二年立"题刻。

北宋乾德五年（967 年）

造临海章安灵穆寺塔，有"上元丁卯季灵穆寺塔记　上元丁卯季灵穆寺"铭文砖。清代时，临海"黄氏溪南书藏"藏有此砖。

北宋开宝元年（968 年）

涌泉寺重建寺塔，有"上元　戊辰岁建造塔砖五万记　都勾当　僧行宏师眷道贤谢行等　涌泉寺主张"铭文砖。清代时，临海陈氏藏有此砖。

北宋太平兴国七年（982 年）

有"太平兴国七年壬午六月四日　□□□□□造□"铭文砖，用处不明。清代时，临海洪氏有藏。

北宋端拱元年（988 年）

有"同勾当柳延朗舍钱十二贯　造砖一万端拱元年戊子岁"铭文砖，清代时出临海章安（今属椒江），章安卢氏及黄岩姜氏有藏。清黄瑞《台州金石录》考为"镇龙庙"井砖。按镇龙庙，宋《嘉定赤城志》无载。

北宋淳化元年（990 年）

有"千片淳化元年庚寅岁"铭文砖，黄瑞"疑造塔所用也"（清黄瑞《台州金石录》）。清代时，为临海洪氏收藏

北宋景德四年（1007 年）

东乡云岩寺（在今东塍镇上街村）僧道羲等募塑金刚，并立《募塑金刚装彩舍钱题记》碑一通。

北宋大中祥符五年（1012 年）

临海县主簿张周甫为东乡云岩寺（在今东塍镇上街村）监铸铜钟一口，台州知州章得象等立《敕赐云岩寺新铸铜钟记》碑一通。

北宋乾兴元年（1022 年）

承恩乡（今小芝镇乌岩一带）佛弟子朱戒宝，于东乡真如寺（已废，原址在今小芝中学内）造阿育王石像宝塔一座。随喜僧祥鲁、住持沙门□□等立"阿育王石像宝塔题记"。

北宋景祐元年（1034 年）

延丰寺（今存，在汛桥镇寺前村）住持沙门道欢、尊宿道臻等立《敕延丰院记》碑一通。

北宋景祐五年（1038 年）

普光塔院（今属椒江）住持绍谭等，立《普光塔院记》碑一通。

北宋宝元二年（1039 年）

台州临海县明化乡孝让里家子西保受菩萨戒弟子叶净住及家人，于清修寺（今属椒江）造石函等入塔供养，并作《石函盖记》。

北宋康定二年（1041 年）

临海知县王举善于明化乡（今沿江镇长甸一带）澄灵院立《澄灵院记》碑。

北宋皇祐二年（1050 年）

会灵观公事李端愍于资瑞院（今东塍镇康谷广福寺）立《资瑞院记》碑。

北宋皇祐五年（1053 年）

大固乡（今大洋街道城东一带）鹫峰院僧庆儒于大中祥符寺（今属椒江）造浴室一所。

北宋至和三年（1056 年）

西乡日山（今属永丰镇）造塔一座，有"日山造塔砖　至和三年记"、"缪五娘并男洪文俊等舍一万片"、"李延照同妻徐十二娘舍二千片"、"攻小方脉李宗旦同阖家舍二千片"、"陈文政为考二十四郎舍一千片"、"弟子徐朷舍一万片"、"韩用之为在堂母亲舍一万片"、"女弟章十娘并男李仲□ 仲华阖家眷等舍一万片"、"詹吉之并车十二娘为考六郎一千"、"女弟子陈七娘舍衫 帔造塔砖五百片"、"元悦忻为考十四郎妣张大娘舍五千片"、"应承尧为在堂"等铭文砖。清代时，除第一品为临海宋氏所藏外，余皆为临海卢频洲收藏。

北宋嘉祐四年 （1059 年）

僧□□□、良□等于惠安院（今属椒江葭芷）立《敕惠安院大佛殿记》碑。

北宋治平中 （1064～1067 年）

进士陈贻范于临海松里建庆善楼，这是临海乃至台州最早的私家藏书楼。

北宋元祐六年 （1091 年）

惠安院（今属椒江葭芷）住持僧□□，以及智仁、观月、戒智等立《惠安院结界记》碑。

北宋元祐中 （1089～1092 年）

临海知县王远于东乡云岩寺（在今东塍镇上街村）石刻题名"宛邱王远投宿"。

北宋政和元年 （1111 年）

二月　摄参军监台州大田商税茶盐务吴兴郡姚日拱于正真院（临海东四十五里）立《正真院记》碑。

十月　正真院知事僧惟侃于院内立《正真院结界记》碑。

北宋宣和四年（1122 年）

寿圣院住持僧梵珪建《寿圣修造记》碑。寿圣院，在临海县东二十五里，始建于五代后唐天成三年（928 年），初名保福院。北宋熙宁三年（1070 年）改名寿圣，南宋绍兴三十二年（1162 年）改额"广福"。今废。

南宋建炎四年（1130 年）

临海县尉陈烜、普安院僧择恩等为普安院僧惟德建《德禅师塔铭》碑。

南宋绍兴元年（1131 年）

管劝农事唐闻在临海东南二十里白鹤山灵康庙立《灵康庙碑》一通。

南宋绍兴二年（1132 年）

昌国寺（在今尤溪镇）知事僧灵悟立《台州佛窟山转轮藏记》碑一通。

南宋绍兴三年（1133 年）

是年　资政殿学士、常州人胡承公于巾子山伏龙崖壁石刻题名："胡承公同弟成羔来游，男羽兆侍行，癸丑清明日题"。

是年　寿昌人叶义问于大固山大悲庵西首石壁"湛泉"题刻旁建《题名记》："先公政和乙未岁谪居丹丘所题时，义问与叔兄侍行。后十八年，义问复来作酒官，而翰墨尚存。追念畴昔，不胜感涕。谨勒崖间，以永其传。绍兴癸丑季春十五日，义问恭书。"

南宋绍兴十三年（1143 年）

昌国寺住持传法僧默庵等立《佛窟岩涂田记》碑一通。

南宋绍兴二十年（1150 年）

普安寺立《重修普安禅院之记》碑一通。

南宋绍兴三十二年（1162 年）

邑人卢冲、林宗懋、林大任等于义成乡蔡大王庙（今属沿江镇）立《蔡大王庙记》碑一通。

南宋乾道中（1165～1167 年）

普安寺传法僧晓林于寺立临海知县颜度所书"宝藏"二大字碑一通。

南宋乾道七年（1171 年）

嘉祐寺（在大固山，遗址尚存）住持传法僧道源立《大资钱相公诗》碑一通。

南宋淳熙十二年（1185 年）

东掖山能仁寺造寺僧了旻藏骨塔，有"婺州金华｜齐云了旻｜师翁九十｜五岁终能｜仁骨入塔｜淳熙乙已｜六月日住｜山小师怀宝｜刊此谨记｜"铭文砖。

南宋淳熙十四年（1187 年）

净安禅院（今白水洋镇黄奢一带）立《台州净安禅院兴建记》碑一通。

南宋淳熙十五年（1188 年）

普安寺僧法先立《宝藏岩长明灯碑》一通。

南宋绍熙五年（1194 年）

僧惠智于广福寺分水岭刻佛号"南无观世音菩萨"、"南无阿弥陀佛"、"南无大势至菩萨"摩崖。

南宋庆元五年（1199 年）

台州司法参军许兴裔等作《重修灵康庙记》碑一通。

南宋嘉泰二年（1202 年）

临海叶崇得中武状元。

南宋开禧二年（1206 年）

西乡五十里五十六都（今白水洋镇黄奢洋一带）狮子堂住持僧了然，募铸铜钟一口。

南宋宝庆二年（1227 年）

临海王会龙状元及第。

南宋嘉熙元年（1237 年）

惠峰寺（今属河头镇）铸铁钟一口。

南宋淳祐十一年（1251 年）

鸿祐寺（在今桃渚镇东洋）住持僧法玘为石井岐涂田已税不当再起盐额，乞公据于提举，并刻《提举司免纳涂田盐公据》碑立于寺。

南宋宝祐二年（1254 年）

台州知州赵与谭于巾山重建翠微阁，并立《重建巾山翠微阁记》碑。

南宋景定三年（1262 年）

涌泉寺（今涌泉镇延恩寺）立《敕牒》碑。

南宋咸淳二年（1266 年）

正真院（在临海县东四十五里）僧人勤旧、处若、智恺、钧义等刻《增田纪实》于《正真院记》碑阴下列。

元元贞二年（1296 年）

天台人褚仕于临海西北乡中渡大善滩（在今河头镇）侧刻《憨鱼岩诗》摩崖。具体内容为"岘首想幽，贞桐江懈，寒碧吾心。吾自知鱼，鸟那能识。大元元贞二年四月桐柏山人褚仕记"。

元大德三年（1299 年）

重建千佛塔（在今龙兴寺内），其中第二层为杭州僧淳具所修，有铭文砖今存临海博物馆。

元泰定四年（1327 年）

童净真重建张家渡（今张家渡）源远桥。桥上刻有题字"源远之桥"、"泰定丁卯童氏净真重建"。今桥尚存，题字笔法浑古，绝似北朝碑刻。

元元统三年（1335 年）

台州路临海县达鲁花赤暗都剌阿昔思、承德郎临海县尹桑脱脱、将仕郎临海县主簿贾汝霖、典史杜贞和张思深，邑人于光祖、马长孺、王希夔、王善达、李德大、周润祖、翟演、郑哲，法海寺僧人释如祐等于法海寺（在今尤溪镇柴坦村）立《重建灵溥庙记》碑。

元至正元年（1341 年）

中顺大夫台州路总管兼管内劝农事秃坚董阿等捐俸建造大岭石窟造像（在今括苍镇大岭头山岗）。

元至正十三年（1353年）

重建天妃庙（在临海县东五里），并立《台州路重建天妃庙碑》。

元至正十七年（1357年）

松里（今白水洋镇松里村）重建报本庵，并立《重建报本庵记》碑。

元至正十九年（1359年）

陈氏后裔于松里（今白水洋镇松里村）立《陈氏光远庵赡茔田记》碑。碑阴另刻有《光远庵赡茔田亩步图形条目》。

元至正二十一年（1361年）

是年　于紫沙岙（今江南街道紫沙岙）立《处士邬公挽章》碑。

是年　康谷（今属东塍镇）上宫庙立《当境徐府君庙记》碑。

明洪武二年（1369年）

僧无尽祖灯禅师卒于临海云峰证道寺，宋濂为撰《无尽灯禅师行业碑》。

明洪武十年（1377年）

临海籍高僧宗泐奉诏赴印度取经，至十五年（1382年）回国。

明天顺二年（1458年）

临海天宁寺讷庵法等禅师卒，其徒文湍为立"觉初等禅师塔"。叶恩撰铭，陈员韬篆额，文涵书丹。

明隆庆元年（1567 年）

台州府推官张滂于临海百步岭立"重修紫阳仙坛化身处碑"。

明崇祯十五年（1642 年）

清潭头石窟造像雕凿完成。

清康熙二十年（1681 年）

冯甦于临海石门寺大殿西建观音阁，奉云南点苍山之铜观音像。

清雍正十年（1732 年）

敕封邑人张伯端为"大慈圆通禅仙紫阳真人"，并下诏于临海城关张伯端故居处建紫阳道观。工程由工部主事刘长源督造，观察朱伦瀚监工，雍正十二年二月告竣。雍正十三年复御书《道观碑文》勒石立于观内。今碑尚存。

清嘉庆七年（1802 年）

是年　巾山东塔塔旁出土铁匣一个，内有《金刚经》一部、剑一把、铜镜一面，其中铜镜有南宋"乾道"年号。除《金刚经》当时即毁外，其他物品为台州知府特通阿之子所据。

是年　位于西岑下白岩村楼下自然村（今属沿江镇）的"宋二徐先生墓"墓志为大水所毁。

清嘉庆十二年（1807 年）

临海知县黄兆台为"宋二徐先生墓"重立墓志，志文由清翰林院侍讲、著名书法大师梁同书所书。

清嘉庆十八年（1813 年）

台州知府毕所铠重修府城隍庙时，出土《元景福殿碑》残石。

清嘉庆晚期（1814～1820 年）

邑人宋世荦于长安购《大唐故清河张夫人墓志铭》一方，藏于临海倦知山馆。

清道光元年（1821 年）

邑人宋世荦于关中购《大唐故冠军大将军代州都督上柱国许洛仁妻襄邑县君宋氏夫人墓志》一方，藏于临海倦知山馆。

清道光十五年（1835 年）

东南乡石村（今属涌泉镇）埴人掘地取土时，发现废弃古砖数千块。内有"咸康三年七月三日作"铭文砖，后为临海陈氏收藏。

清道光十六年（1836 年）

东乡双桥（今大田双桥）出土东汉铜镜一枚，上有"建安廿一年（216 年）正月七日作此明镜大吉"等铭文。同时出土的还有铜剑、铜杯，以及五铢、半两等钱币。

清道光中（1821～1850 年）

章安（今属椒江）人叶菁在挖池时，出土《祥符寺造内浴室记》刻石一块。

邑人洪颐煊在府城兴贤坊出土"建炎后苑造作丞印"一枚。

南乡拗岭下清潭头（今沿江镇清潭头）出土《宋湖北转运副使陈公墓志铭》一方。

陈卧楼得罗山塔（今属温岭）题字砖一块，上有铭文"弟子刘孝从并妻杨十二娘、』男宗教，发心造罗山塔座，烧』此砖四千片。下元乙丑四月八日"。』后为临海洪瞻塘收藏。

清咸丰三年（1853 年）

六月　东乡岭外（今属大田街道）马方山麓出土《唐故汝南应府君墓志》一方。

清咸丰中（1851～1861 年）

松山（今属古城街道）出土《大吴越国匡时励节功臣台州教练都知兵马使罗城四面都巡检使银青光禄大夫检校刑部尚书上骁卫将军兼御史大夫上柱国俞让墓志》一方，为仙居陈羽樵所购藏。

清同治初（1862～1865 年）

邑人张舒士自市集购得古砖所制砚台一方，上有"白云宫"铭文。按白云宫，即栖霞宫，在临海城内大固山麓。唐中和间（881～885 年）道士王乾符所创。

清同治十年（1871 年）

三月　义成乡南山蟹钳头山麓（今属江南街道）出土青瓷铭文罐一只。该罐型制古朴，上有三系，出土时二系已残。通高一尺二寸、口径一尺三寸四分、底径五寸五分，罐体刻有篆文铭文四十字。铭文经邑人黄瑞释为"维大唐开元卅七季岁次己卯五月壬辰朔弍日齐侯公臧钱十贯金弍白其万季子孙永保用昌"。

清同治十一年（1872 年）

邑人黄瑞与黄渔、黄炜等在义成乡蔡大王庙（今属沿江镇）发现《唐台州刺史杜雄墓志铭》一方。此前，邑人洪颐煊亦曾发现。

清同治十二年（1873 年）

小能仁寺（在今邵家渡街道开石）僧治基于寺后掘地时，出土《宋方府君圹志》一方。

清同治十三年（1874 年）

南宋嘉熙元年（1237 年）所铸惠峰寺铁钟，移置临海县城隍庙。

清光绪二年（1876 年）

十月　邑人黄瑞与李镠于海乡大汾（今杜桥镇大汾）石马山尾崖壁发现"吴朝邓公之墓"题刻，该题刻高一尺、广四尺二寸，正书横排，字径六寸。

清光绪三年（1877 年）

邑人黄瑞与张翼亭在瑞相寺（在今江南街道大岭头村小岭）发现元至治二年（1322 年）所造铜钣一块。上有铭文：正面为"方山瑞相寺住持惠广，』铸钟余料造此钣永充』常住。至治二年壬戌岁十』一月初八日吉时造。』张显智钞五两，悼考张十九承』事；妣王十四娘子超升，仍保身』位平安，子孙昌荣者。』屠添一娘钞十两。』陈轩女娘钞五两"。』反面为"皇帝万万岁"。

清光绪四年（1878 年）

邑人黄瑞与王耀卿于栅浦东曹（今属椒江）曹氏祠堂发现《明曹升妻应氏墓志铭》一方。

清光绪六年（1880 年）

黄岩杨友声捐资于"宋二徐先生墓"旁建祠，并在祠内设义塾一所。

清光绪七年（1881 年）

章安镇（今属椒江）农民耕种时，出土古砖一块，上有铭文"敬造双塔　大唐开元八年岁次庚申造"。

清光绪十年（1884 年）

大石叶鸥舫发现并收藏"十五日造　孝子王悝作"残铭文砖一块。

民国六年（1917 年）

临海潘小章于城内药王庙创办"灵江舞台"。

民国七年（1918 年）

项士元等倡议政府创立临海公共图书馆，并捐书万卷。

民国十二年（1923 年）

温州翰墨林铅印局迁移临海海门（今属椒江），临海及台州始有铅字排印。

民国十三年（1924 年）

警备队第七营第二哨首事罗金铉、朱友亭、王嗣官等于白水洋重立《平倭纪功碑》。

民国十四年（1925 年）

临海海门（今属椒江）于椒济寺创建"椒江戏园"。

民国二十五年（1936 年）

杨哲商夫人沈美芳于东湖东岸为杨哲商烈士建衣冠墓一座，

形制基本上仿自杭州原墓，现为临海市级文物保护单位。

1951 年

3 月 4 日 台州专区文物管理委员会（筹）成立，副专员张子敬任主任；许天虹、王健英、徐朗、项士元、杨毅卿、陈康白等任委员；项士元兼文物征集组组长，杨毅卿兼副组长；专署还指派施世樵、郦先鸣二人为征集助理。

是日下午 征集组召开会议，通过了《台州专区文物管理委员会办事细则》。

3 月 15 日 项士元与施世樵等前往黄岩征集文物。

4 月 13 日 项士元与施世樵等完成在黄岩征集工作，所征集的文物集中运藏台州专区文管会。此行历时近一个月，共征集古籍、字画、金石、瓷器、铜器等文物一百六十余箱。内以王玫伯"后凋草室"所藏之书画与稿本，孙卡轩家藏的江西各县方志，九峰"名山阁"的明万历本《二十一史》、明抄本《说郛》，徐竹坡家的明刻《资治通鉴》等较为珍贵。还有朱劼成、王子舜、方定中等家的藏书、字画、陶瓷等等。

4 月 27 日 项士元选择其家藏图书五千余卷、文物十五箱捐献给台州专区文管会。

5 月 3 日 临海县文教科将其保管的五代吴越钱氏大铜瓶、五代金涂塔及太师钱左相府之记、太师钱左相府印记等二枚铜质印章，移交给台州专区文管会。

5 月 11 日 台州专区首次文物展鉴会于临海回浦中学（今大成殿）开幕。展览分历史文物、地方文物、社会文物、善本图书、金石书画、革命文物等六室。陈列文物、图书约万余件，展出时间为四天，观众近万人次。

7 月 1 日 项士元与郦先鸣前往天台征集文物。前后 12 日，共征集了藏书、字画、各种古灯具、烛台、香炉及祭器等文物九箱、二捆。

7月12日　项士元与郦先鸣携带在天台征集的书画二捆，以及各种古灯具、烛台、香炉、祭器和古籍等文物九箱，乘船返回临海。途中至大石河头，接收大石区公所保管的没收文物，计古籍四箱，书画二十余幅，并杂书四五担，其中大多为清叶书"荫玉阁"旧藏。

10月13日　台州专署文教科决定，台州专区文管会自回浦中学迁至东岳庙办公。

12月21日　临海城内出现任意拆毁石牌坊等现象，文管会报告台州专署力请保护。台州专署副专员兼专区文管会主任张子敬作出指示：谭纶画像碑、戚继光表功碑及东门街、道司前等浮雕石牌坊，决不允许任意拆毁。并通知临海县人民政府对历史文物必须加强保护。

1952 年

1月10日　文管会自东门头谭公祠搬运祠内所藏的"谭襄敏祠记"、"谭纶画像碑"、"戚继光表功碑"、"简太守去思碑"、"怀德堂记"等五碑至东岳庙保存。

4月5日　项士元在原临海县图书馆的旧书箱中捡选得"杨节愍遗像"一卷，名人题记真迹十数幅，以及《易律通解》、《紫薇吟诗草》、《末利轩诗草》、《小谁园诗草》等较有价值的书籍数十册收藏于文管会。

4月14日　项士元在临海县政府秘书倪砺心的陪同下，于城内何姓大户家中捡选所藏古籍，最后得书四担，送交文管会庋藏。

4月21日至25日　台州专署文教科派遣项士元去黄岩征集文物。在项士元的主持下，并与黄岩县文化馆工作人员一道，对集中在黄岩文化馆、原九峰图书馆两处的古籍和书画进行鉴选，征得古籍一百二十余箱及书画多幅。

4月26日　项士元自黄岩去泽国，在文化站陶义锦的陪同下，征集并接收文物二箱，托运至临海。而后，又到温岭城关，由林大森、郑子寅陪同至各居委会及"胡子谟故居"、方季荣家等处捡选文物，共得各种古籍、书画 516 斤，其中陈氏所藏的台人著述近三百册善本尤为罕见，

5 月 3 日　项士元在黄岩征集的文物，经杨普钿核对，运藏台州专区文管会。

5 月 9 日　温岭的征集文物运至台州专区文管会收藏。

9 月　临海双港"黄奢狮子"在浙江省民族形式体育运动大会上获得优胜奖。

10 月 4 日　台州专区文管会迁至东湖樵云阁办公，专署文教科发动临海各中学学生 800 多人帮助搬运文物。

10 月 13 日　台州专署与临海县有关部门商定，将东湖小瀛洲的十余间平屋拨给文管会使用。

11 月 13 日　临海县举办物资交流大会，文管会选取所藏文物、图书进行陈列展出，展览至 25 日结束，观众达一万八千余人次。

12 月 13 日　项士元与谢鹏等人在临海城西马料坑造纸厂，自废纸堆中捡得古籍 630 斤，内有洪筠轩、冯再来、郭石斋、金竹屋等各家藏书数十种。继至城西区公所得古籍二十七箱，同时还征得何奏琥诗文、信稿等一箱。

12 月 29 日　临海城西征集的古籍等送藏文管会。

1953 年

1 月 9 日至 12 日　项士元与谢鹏等二人在台州土特产公司捡选文物，从中检得名家旧藏古籍、乡邦文献、古书画及宗谱等 490 斤，送交文管会收藏。

1 月 21 日　张慧贞捐献其高祖张英元的清拔贡单及学使青麟聘书等二件文物给文管会收藏。

2 月 1 日　台州专员公署专员杨心倍及其他领导来文管会文

物陈列室参观。

2月8日　陈继芳医师捐献其父陈省几先生的遗留文物、藏书给文管会。

2月14日　是日春节，文管会文物陈列室对外开放，展出三天，观众达数千人次。

2月17日　文管会指派谢鹏、洪涤怀等人接收张云清捐献的家藏图书数担。

3月22日　项士元偕洪涤怀去临海张家渡征收文物，在村长陪同下，于金瑞初家选得《资治通鉴》、《宏简录》、《满洲名臣传》、《古示眉铨》等古籍，金表示愿意捐献给国家。

是日　临海城西区公所原征集的四十余箱图书及张家渡村金瑞初家旧藏，一并运回文管会收藏。

3月25日　台州医院疗养院张管理员向台州专区文管会捐献旧书百余册、古书画十数轴。

4月5日　浙江省人民政府主席谭启龙聘请台州专区文管会项士元为省文史研究馆馆员，并邮寄聘书一本。

6月6日　项士元整理其"寒石草堂"所藏台州地方文献稿本、抄本、旧刻本及自己的各种著述等藏书18箱，二万余卷，并古书画四箱，与书橱、书箱和箧、笥等一起捐献给文管会。

7月　文管会接收台州中心文化馆保管的原临海县图书馆所藏线装经史子集、万有文库及社会、自然科学等书籍二万余册。

9月27日　项士元雇工搬移存放在东岳庙的"谭纶画像碑"、"谭公祠记"、"怀德堂记"、"简太守去思碑"、"戚继光表功碑"等碑至东湖文管会保管。

10月11日至22日　项士元去黄岩征集文物。其间，在黄岩县文化馆工作人员的陪同下，于县招待所选得《四部备要》等书三十六箱；在县文化馆内选得新旧书籍千余斤，及书画、铜器、陶瓷器等；在"新堂"选得《续藏经》及影印《四库全书》千余册。此外，还有王植之捐献的王子庄先生立轴、《六书谱》初稿十多册和旧抄《赤城新志》等。经核对后托运至台州文管会收藏。

11月27日至29日　浙江省文管会周仲夏来临海访查古迹，在项士元的陪同下，先后考察了太平天国台门、樵夫祠、嘉佑寺、府城隍庙、八仙岩、石佛寺、后岭殿及城东蔡岭的营盘里、洋姆坦等古迹。

12月4日　浙江省文管会周仲夏与项士元在临海城关"茂聚铜号"选得黄瑞的《临海古迹记》、《全浙访碑录》、《何芷升诗稿》，张承泽的《乡试誊录卷》及许达夫等县志采访稿数十册，店主当即表示愿捐献给国家。

12月5日　文管会收藏的五代吴越国王钱弘俶所造的"金涂塔"上调给浙江省博物馆。

12月14日　临海县区乡干部大会在城关召开，会议期间组织各区干部千余人来文管会陈列室参观所陈列的文物。

12月　杨湘秋向文管会捐献所藏黄瑞的《全浙访碑录》、《临海古迹志》稿本，何芷升的诗稿抄本，宋世荦的《台诗三录》抄本、《台诗杂抄》、《台州府志》采访录等古籍。

1954年

1月29日　文管会雇工搬移临海巾山上的杨节愍遗像石刻等至东湖文管会保存。

3月11日　项士元于太平天国台门内征集到太平军遗留下来的铁枪一支、铁矛二支。

3月15日　文管会选送太平天国文物及史料，参加在杭州举办的"太平天国展览会"。计有：铁矛二支、铁枪一支、钱币九枚、照片二张、太平天国丛书三册、太平天国诸王图像数幅、抄本《辛壬寇纪》一册、李世贤的台州《安民布告》一篇、李祥暄《粤逆陷台始末纪》一篇、诸圣思稿本《贼匪始末记》一卷和《克复台州始末》一册、抄本《侍王文案》、《太平军余闻》及

《李秀成供状》、《石达开日记》、《太平天国的社会政治思想》等书。

4月6日 项士元陪同浙江省文管会周仲夏至接引寺参观古炮"小将军"、"大将军"及巾山的千佛塔,并拍摄了两处的照片。晚上,周自文管会藏品中选取张苍水立轴一幅、扇子二把、竹丝衫一件、翻簧盒子和橙盒各一只,拟上调浙江省博物馆。

4月13日 项士元应临海城关区政府之请,至何伯琴、陈绩夫家等鉴选图书和文物。最后征得古籍1706册、碑拓67张、书画3幅、法帖2册、瓷瓶3只、大理石屏1架、竹刻对联1副,还有葛咏裳的稿本、宋琴言的《钱鉴》写本,明陈函辉刊《宋氏家传漫录纂言》等书。

4月29日 振华中学(今台州医院)出土陶瓶1只、银高脚小鼎2只、爵2只、香炉(残)1只,均送交文管会收藏。

是月 浙江省文管会上调台州文管会所藏"明《关侯退倭图》巨幅一张、张苍水书立轴一幅、杨节愍画像题咏册一卷、天台国清寺隋刻佛像拓片八幅、翻竹雕刻方盒和橙盒各一个、掌扇一柄、珂罗版张苍水遗像一张、钱武肃王遗像一张、苏浙皖赣地图一张",全部文物由省文管会工作人员周仲夏带交。

5月20日 浙江省文管会发出(54)第219号文件,批评临海县财粮科任意烧毁古书画的错误行为,并要求临海县政府要查明真相,严肃处理,以利于文物保护工作的开展。

6月 台州专署撤销,临海隶属宁波专区。台州专区文管会改属临海县文教科,并与县文化馆合署办公,设文物组。

是月 文物组接收临海县文教科保存的文物三箱,内有盔甲一套、宣德炉一只、康熙铜炉一只、铜小花瓶一只等。还有宋世荦、陈春晖、洪钧、陈橘、陈容思、潘渭夫等人的书画及喻长霖的《台州府志》二部。

7月9日 浙江省文管会汪济英来临海,首先参观了文物、图书室。而后在项士元的陪同下,至千佛塔、巾峰寺、兜率寺、厦门里章宅古宅、更铺巷蒋家明代古建筑等作考古调查并摄影。

　　7月10日　汪济英在项士元的陪同下，继续至石佛寺、嘉佑寺、"懋勋堂"及羊巷口的石屏风、元帝庙的余宽"文选坊"等地作考古调查并摄影。

　　7月22日　上海同济大学陈从周教授与浙江省文管会黄涌泉二人来临海调查古迹。在项士元的陪同下，走访了城关更铺巷蒋家明代建筑、芝麻园的洪氏和陈氏古建筑、巾山千佛塔、"懋勋堂"、"颐德堂"、元帝庙的余宽"文选坊"、石佛寺、白塔桥等古迹。

　　8月6日　根据浙江省文管会的要求，临海文物组项士元上寄省文管会有关上海革命活动照片200张及《天台山志》一部。

　　8月24日　项士元与洪涤怀二人至涌泉接收文物，两天之内捡选出各种古籍1500余斤，整理出旧抄《金鳌山诗集》、抄本《万八山房诗集》，以及明永乐时刻的《四书大全》等珍贵图书8058册。

　　8月27日　浙江省文管会刘永长至临海文物组，与项士元商谈征集革命文物一事。而后，自文物室选取革命文物二十余件，拟备上调。

　　10月9日　浙江省文管会朱伯谦来临海，同项士元商谈组建临海县文管小组及了解台州的文物情况。

　　10月10日　项士元陪同朱伯谦参观了文物、图书二室，并考察了杨哲商烈士墓、王士性的石坊、城隍山的般若台及小桃源、石佛寺等古迹。

　　10月20日　陈慎行来文物组，邀请项士元同去小桃源接收其父陈省几收藏的文物。计有石章二箱、寿砚一方、傅啸生藏石一片、水晶平章学士印一颗、陈省几撰书的《鸟歌》长卷一轴等。

　　12月13日　临海涌泉接收的古籍8058册运抵文物组。

　　是年　原东鲁中学教师李品仙，送交临海文物组有孔石斧一

件。该石斧出土于今大田街道东山陈村卢家塘，为沉积岩磨制而
成。长 15.5 厘米，宽 9 厘米，厚 1.5 厘米。

1955 年

3 月 10 日　李咏青向文物组捐献家藏王石谷、蒲华、李曼
士、庄思缄等人的书画，郭花农的手稿《四书求是录》以及《管
窥录》等书和各种碑帖七十余种。

3 月 13 日　浙江省文管会刘永长来临海文物组接收上调的革
命文物。其中有郭凤韶、林炯、梅其彬、杨哲商、王秀金、王文
庆、陈荩民等人的照片、遗墨、遗物，还有解放区钞票、中华苏
维埃铜币及宣传抗日抵制日货等有关资料，共计二十余件。

4 月 8 日　项士元与洪涤怀二人至大田征集文物。共征集到
刘守顺家的"白圭"和旧绣裙，赵美照家的日文经书，屈映光家
的藏书二橱一柜，及东塍周至柔遗物四十六件等。

4 月 18 日　项士元与洪涤怀二人至桃渚，接收东洋中心校书
籍五箱，陶瓷器三十余件，并送交文物组收藏。

4 月 21 日　应陈士立邀请，项士元去其姐夫尹克德家捡选藏
书十箱，诗稿二册，捐献给国家。

4 月 22 日　岭根乡政府王克洪等人来文物组送交该乡收集的
古旧图书 429 斤，内有王文庆家藏书四箱。

4 月 23 日　大田征集到的刘守顺、赵美照、屈映光、周至柔
等人所藏的文物和图书，送至文物组。

5 月 28 日　城关王祥光、王雪娟向文物组捐献家藏梁亲王
"次齐息园梦游天台"诗堂幅、江上文和汪霖的山水、管竹山的
指画野仙、黄炳和陈枒的花卉、潘公理的墨竹等书画十余幅，还
有刘情田礼耕印章二枚。

6 月 12 日　杭州图书馆的刘慎旃、丁慰长二人来文物组，上
调图书 3539 册，其中有方志 1833 册，杂志 850 册，还有诗文集
及近代的有关资料等。

7月25日　文物组于东湖文物展室举办古书画展览，至31日结束。

8月6日　接浙江省文管会（55）第297号文件，文件指示临海要妥善保护好杨节愍祠及法轮寺碑。

8月27日　城关东门街陈士立向文物组捐献家藏图书600余册。

10月1日　临海县举办大型"伟大祖国"展览会，历史文物展览作为展览会的一部分内容在文物陈列室同时对外开放。此次展览历时9天，观众达万余人次。

11月2日　桐峙区送来文物组征集的图书201册。

1956年

1月1日　文物组在东湖陈列厅举办地方文献展览。展出的地方文献主要有临海收藏家收藏的各种图书五百余种，有关东湖的图书三百种，其中尤以稿本与抄本为多，非常珍贵。

1月11日　浙江省文管会王士伦来临海，督促组建县文管小组。其间，在文物组项士元陪同下，参观了文物、图书两室，并考察了樵夫祠、"文章经国"石坊、谭襄敏祠遗址等古迹。

1月20日　城关第五居委会向文物组移交其所保存的应听涛旧藏一箱。内有邵伯纲、俞志强、余绍宋、邵裴子等的墨迹，陈席珍、云樵等的花鸟。

2月7日　文物组于东湖陈列厅举办"中国书的发展"展览。主要内容为中国文字的发展史，陈列的文物有甲骨、金文、石刻、竹简、各种写本、原刻、影印本、明清刻本、精本等。该展览自春节开始，历时半月结束。

2月18日　临海县文物管理小组成立。丁学精为组长；委员有丁学精、邵鹏、陈明康、陈明登、陈康白、项士元、顾其荣、陶良能、周质义。成立大会上，项士元总结了台州专区文管会五年来的工作，共征集到临海、黄岩、温岭、天台各县的文物数万种，内有图书十万余册，文物一万余件。并商量县文管小组今后的工作计划，决定文管小组仍与县文化馆共同办公。

3月2日　临海县人民委员会发出（56）第19号文件，内容为《关于加强古建筑、古文化遗址及出土文物保护的通知》，要求各有关单位做好文物保护工作。

4月14日　城西张家渡王士琦墓被掘。

4月15日　项士元接到报告后即去张家渡调查，并接收城西区委保管的该墓出土文物二十件，计有玛瑙虬龙佩一件、包金带饰三件（重140克），金冠一件（重110克），铜镜、青花瓷印盒、小方形墨盒、玉扣带头、小长方包金带饰各一件，银首饰七件、银花、银粉盏各一件，还有碎玉等物。

4月19日至5月7日　项士元至杭州参加浙江省文史研究馆与浙江省文管会座谈会，并随带出土文物一箱，内有晋天福铁塔、越窑青瓷多角瓶和壶、玛瑙虬龙佩、明金冠、唐铜镜各一件，余姚窑盆一件，包金带饰三件，陶瓷碎片八件等计十九件，送交省文管会，参加华东地区于杭州举办的出土文物展览会。

5月18日　白水洋井头小学胡道森，向县文管组捐献埠头村新大塘出土的青瓷多角瓶和盆、大盆各一件。

5月20日　项士元向县文管组捐献其刚于上月购自杭州的古籍。其中有明刻本《钱谱批点六家论》、文徵明《甫田集》、清康熙《浙江通志》、王石与谭仲修评阅的《同树文社课卷》、王世贞、王慎中、王士祯、邵长衡、宋荦等五家评本《杜工部集》等。

7月21日　接浙江省文管会及临海县政府文化科通知，县文管组所珍藏的玉如意、国清寺塔塔砖、青瓷钵及明郭忞所画的老虎中堂，即日由林克智等人送交天台国清寺。

7月31日　台风侵袭临海，县文管组的藏书、文物两陈列室被水所淹，造成很大损失，樵云阁栋梁朽坏，面临倾覆。为保护文物，项士元紧急报告县文管组长丁学精，要求搬迁文管组。

9月2日　县文化馆陈学海去杭开会，随带明王士琦墓出土的并陆续追回的文物给浙江省文管会，计有：金冠、金船、金簪、金钱各一件，金牙签、金挖耳二件，金币（腰形、瓜子形）四件，金珠三颗，长柄金花四十件，金带饰十六片；银质福寿盒、小方盒、小麒麟、小狮、寿桃、粉盅、小圆盘各一件，盘形首饰三件；玛瑙球、玉如意、玉簪、玉燕、玉花、小方玉各一件，玉珠十七粒；青花瓷印盒一件；还有其他文物二十六件等。

11月12日　为纪念孙中山先生诞辰90周年，县文管组于东湖举办"孙中山先生革命文献展览"，历时一周。

12月29日　浙江省图书馆刘慎旃、张作香二人来县文管组接收上调的明永乐本藏经（残）、东西文科学书籍与各种旧杂志及有关近代史料的地方文献等计五千余册。

1957年

1月4日　县文管组委托陈茂华、陈茂桂二人去吕公岙、大路两地接收文物，共接收章谦巨遗稿《碧峰山房日记》及《随录》等旧藏古籍数百册，以及医书十余部。

1月7日　云峰证道寺寺僧送来明万历刊大藏经《嘉兴藏》二担交由文管组收藏。藏经内有"甲戌科陈函辉"及"台州知府徐化成重装"等朱印。

是月　南京大学工学院中国建筑研究室主任戚德耀来临海调查古建筑，文管组项士元陪同前往城关更铺巷蒋宅、下门里章宅、税务街张宅、芝麻园洪宅、鹿栏间李宅、太平天国台门及真明房和各处石牌坊等考察，并一一拍摄照片。

2月2日　大田岭里村钱姓百姓二人送来盛放"金书铁券"的木箱一只，交由文管组保存。该箱外刻篆书"天章云汉"四大字，另一面刻有篆书小字百余数，内容为清同治八年，礼部左侍郎长沙徐树铭督学浙江时，至临海观铁券的经过，及乾隆御制诗等。

　　2 月 22 日　城关后岭在修筑临海至仙居公路时，出土石牛八只，以及唐"开元通宝"、北宋"景德通宝"等钱币，即征藏于县文管组。

　　3 月 27 日　临海县人民委员会发出（57）第 185 号文件，公布千佛塔为二级文物保护单位，天宁寺、真如寺、张巡庙（南山殿）、嘉佑寺、保寿寺、石佛寺造像、白塔、大岭造像等为三级文物保护单位。

　　5 月　城关第四居委会向文管组捐献：旧衣冠一套、诰命一轴及百科小丛书、教育丛书、东方文库等图书七十余册。

　　是月　张家渡金氏"西溪草堂"向文管组捐献文物，其中有金一所提学遗像一张，金竹屋《行乐图》二张、孔子像与汉寿亭侯像拓本各一张；穆允中指墨、汪霖山水堂幅、梅谷上人墨兰、程奎《骑鹿图》、陈载洛与程霖书画合锦等各一幅；周显德舍利塔拓片一张，赵金兰行书立轴一幅，金仲甦山水屏条、陆圣符《渔家乐》各四幅，清乾隆木刻《万年一统图》七张，又双狮图、无名氏"牡丹"立轴各一幅等。

　　6 月　项士元向文管组捐献所藏书画，计有：米芾行书拓本五张，米芾登多景楼及登岘山诗刻二张，《灵江双帻图》、周凯摹《诸葛武侯像》、始平公造像、石鼓文拓本、唐李肃书河南安抚使马公墓志铭各一张，另有积石山房汉魏碑拓大字八张，宝晋斋法帖四张、陈师圣刻孙中山遗嘱印谱一张，王仁堪书碑记手卷拓本，刘心源五言墨拓一对及其他书籍等。

　　7 月 25 日　项士元邮寄浙江省文管会《浙江革命纪抄本》及"浙军光复南京纪念章"拓片等。

　　11 月 9 日　项士元邮寄浙江省图书馆元刊本《李诗补注》八册；明天启本《琼台会稿》三册；明崇祯镇海谢天怀《聱歌杂着》一册。

　　11 月 13 日　陈茂华送来旧书画及书报十余种，项士元选购其中崇光《蕉下狸奴》、徐祥《花下双鸟》，及李小亭山水、余平宣墨竹、草汉的虎、李炳光和王国球梅花及《浙江公报》等入藏。

1958 年

2 月 18 日　刘士杰来文管组报告，城东五孔岙农民挖塘泥时发现古窑址一座。

2 月 19 日　洪涤怀、蔡睦生与刘士杰同去五孔岙窑址实地考察，获陶瓷器标本十余种。

是日　城西区张家渡乡旺人墩村老婆岙（今属括苍镇）建造小水库时，出土《元杨同翁墓志铭》一方。杨同翁（1292～1355年），字师善，曾为饶州路慈湖书院山长。

3 月 16 日　浙江省文管会朱伯谦、金志超二人来临海，在县文教局副局长陈明康、文管组项士元等陪同下至城东五孔岙清理窑址。经清理，表明该窑始于南朝迄于唐，器物有各式青瓷碗、钵等，早期形制粗大，胎质厚重；后期的碗为低圈足，釉色偏黄，口呈喇叭状。同时，在村后山上还发现六朝古墓数座，其中东晋太元（376～396 年）年间王氏墓中，还出土青铜剑、青铜锸等物。窑址清理后，与当地商定了保护措施，并成立了窑址保护小组。

3 月 23 日　临海县县长赵昆及工业局领导来县文管组了解五孔岙古窑址的历史及清理结果和出土文物情况。

8 月 3 日　临海二中向文管组捐献动植物、矿物标本约百余种。

8 月 5 日　临海一初（原振华中学）向文管组捐献所藏文物、古籍，计有：明刻《李诗补注》、《白氏长庆集》及黎元洪赠给屈映光的"三希堂"法帖数件，另有汉镰斗一只，古陶碗四口，唐"开元通宝"钱十枚等。

8 月 13 日　文管组项士元撰写的《两浙著述考目录》脱稿。该书分文字、经术、宋律、史籍、典制、岁时、地志、水利、武备、政法、医药、工农、诸子、文学、艺术、术数、宗数、传说、类书、丛书等考，各考均有一、二目或十数目，并加以说明。

8月　以临海师范为基础，创办台州师范专科学校。

10月10日　浙江省文管会周仲夏、牟永抗、沙孟海等来临海普查文物。文管组项士元汇报了本县的文物工作情况，并陪同参观了文物陈列室。

10月11日　项士元继续陪同周仲夏、牟永抗、沙孟海等考察"谭纶画像碑"、"戚继光表功碑"、"文章经国"石坊及北山上的"湛泉"摩崖等文物古迹。

10月20日　浙江省文管会王士伦、梅福根等三人来临海，调查台州近期文物情况。

1959 年

3月17日　浙江大学土木建筑教研组甘克均、刘华觉二人为编写《浙江近代建筑史》，来临海文管组了解台州近百年来的有关建筑史迹。项士元介绍了临海明代所建的各石牌坊的历史和渊源，以及主持维修大成殿的木匠管永寿、泥水匠汪霖等人的情况。并陪同甘、刘二人考察了懋勋堂、千佛塔、厦门里章宅及城关的王宗沐、王士性、余宽、秦鸣雷等人的石牌坊。

4月15日　台州养路段施工组于后岭殿旁养路时，出土陶碗二只，陶香炉一只，青瓷碟一口，即送交文管组收藏。

6月5日　项士元编成《县文管组特藏书目》，内分元明刻本、稿本、批校本、旧抄本等，总计千余种。

6月9日　临海县县长赵昆、副县长厉月超及县委宣传部长等领导来文管组参观文物。

7月1日　为纪念中国共产党成立38周年，文管组的革命文物陈列室对外开放三天。共有工人子弟小学、临师附小、灵江小学等四百余名学生前来参观，项士元与朱金星二人分别给予讲解。

7月15日　台风侵袭临海，连日暴雨。县文教局陈明康副局长、李敬元股长及朱金星等人来文管组与项士元商量抗台防洪事宜，并检查了库房和陈列室的安全情况。认为樵云阁年久失修，藏书过重，必须将楼上书橱、书箱等暂搬他处存放。

8月21日　浙江省文管会王士伦自温州来临海，了解有关"金钱会"的史料。项士元陪其在文物组书库查找，共查得资料五十余种，当即雇人抄写，并为之代购有关资料四十六册。

9月4日　台风再次侵袭临海，由于暴雨不断，致使东湖水位猛涨，洪水满至樵云阁楼板。数百册图书浸水，书画、碑帖被淹百余幅，损失极为严重。

是月　临海县文物管理小组始改称临海县博物馆，行政上仍与文化馆、图书馆一套班子。项士元具体负责文物工作。

10月1日至10日　为纪念"中华人民共和国建国十周年"，县博物馆文物陈列室对外开放，观众达万余人次。

11月23日　临海博物馆创始人项士元因病去世。文物工作先后由禾金星、高荣寿、赵才敏、符美芳等人接替。

1960年

4月　临海县于东湖展室举办社会主义教育展览会。其中文物陈列室所陈列的书画和历史文物有，唐昭陵《六骏图》、何香凝《枫叶》、徐渭《紫藤》、林则徐与元周润祖的书法、青铜爵、青铜豆、青铜犁头、石斧、石刀、青瓷谷仓（魂瓶）、青瓷鸡头壶、青瓷多角瓶，还有唐代的桧树及清代的服饰等等，展出时间达月余。

5月　临海县文教局选调海游中心校教师郑文斌去武汉参加长江流域文物考古训练班学习，

9月　郑文斌学习结束，并调至临海县博物馆工作。时博物馆馆舍有樵云阁、小瀛洲二处，约计四百平方米。樵云阁藏抄、稿本及部分照版书；小瀛洲两幢平房为古籍书库及文物库房。

12 月　博物馆文物库房明清小件铜器被窃，经县公安局侦查，在白水洋一铜匠家追回四件。

是月　临海县文化馆王亦龙将原三门县文化馆保存的古籍及残书二麻袋转交博物馆。

1961 年

4 月　郑文斌在农村各区巡回展览本县先进人物事迹图片期间，沿途查访文物古迹，在桃渚发现了完整的抗倭古城。城内并有多处明清古建筑，以及《新建敌台碑记》和"眺远"摩崖等遗迹。

5 月　博物馆聘请临海一中尚相声、孙家燧、应晋汉及二中的许晋森等老师帮助整理馆藏古籍及零散图书。

6 月　为纪念"七一"党的生日，博物馆认真筹备革命文物展览。期间，郑文斌、高荣寿等人去亭旁、海游及宁波、宁海等地调查我党地下活动，并征集了《小燎原队员登记表》、《加强党性、自我批评、领导方法》等油印本，《中共党章》和上盘应均为烈士的遗物。

7 月　浙江省委副书记李丰平来临海博物馆参观馆藏书画珍品，由县文教局副局长陈明康与博物馆郑文斌负责接待。

是月　征集城西中学（原城关振华中学）书画一箱、《廿四史》一部，均为屈映光旧藏。

8 月　浙江省委副书记林乎加一行在临海县委副书记严汝京的陪同下来博物馆参观书画，县文教局副局长陈明康及博物馆郑文斌负责陪同接待。

是月　为改善文物库房管理条件，博物馆于江下木器厂加工书架四十只，画箱十六只。

9 月　临海县委根据浙江省委副书记李丰平要帮助解决博物馆文物整理的指示，拨款 3000 元，批杉木 3 立方。县文教局抽调陈冬雪、金朵云、章素等老师。同时还聘请万德懿、周云台等老先生帮助一起整理登记文物。至次年3月结束。

10月2日　临海遭台风侵袭，暴风伴随着大雨将博物馆库房多数瓦片刮走，致使库房漏水不止。不少古籍因此被水所浸，造成严重损失。经过一周的抢救性翻晒，挽回了一部分损失。而后，郑文斌为此专程去省文化局要求解决经费补助。

是月　临海二中（原回浦中学）迁移三宫，原二中校舍划归临海县文化馆、博物馆和图书馆，其中八间课室由博物馆使用。

11月26日　北京图书馆赵万里来博物馆，由郑文斌接待并查看了《倦航老人往还书札》、《扇面书画册》、《金石器款识》、《柯生借书图》、"金书铁券"摹本，及刘喜海、僧达受、洪瞻墉等人的书札、黄瑞的稿本等二十余种书画与古籍。其后，赵万里在县文教局副局长陈明康的陪同下，参观了芝麻园洪颐煊故居。临走时，言及临海文物丰富，但滨海多风，希望在保管与整理工作上，加强领导，采取措施，以策万全。

12月14日　温州文管会方介堪、柯志平来博物馆，商借清漆雕屏风、万寿山石刻等文物。

1962年

2月　博物馆于春节期间举办"名人书画"展览。其中有由万德懿先生向社会上借来的徐悲鸿《马》、齐白石《小鸡》等画。

2月28日　临海县人民政府正式公布太平天国台门、抗倭遗址桃渚城、千佛塔、谭纶画像碑与戚继光表功碑、亭旁城隍庙（农民暴动革命遗址，今属三门）等五处为第一批县级文保单位。

3月　台州专署恢复。临海县人民政府决定县博物馆、图书馆迁至红楼，文化馆迁回东湖原馆舍。此前三馆使用的原回浦中学校舍，腾让给专署作工作人员宿舍。

是月　始于去年9月份的文物整理登记工作结束。

8月　浙江省档案馆派员来馆，要求选调临海博物馆藏各种地方志书。经请示台州地委书记高复龙，高书记指示临海博物馆古籍多为台州各县征集，不能随便上调。最后，省档案馆来人选去有关武林掌故等方志近千册。

9月　上盘城山大队干部蒋兆兴在旧城脚挖蜊壳时，发现石器，并寄送浙江省博物馆。临海博物馆郑文斌获悉后，即去城山作实地调查，并征集小石锛、石镞各一件。

是月　浙江省文管会朱伯谦来临海，在郑文斌的陪同下至水洋等地作野外调查。并于孔化岙征集汉陶罐、陶坛各一件。

是年　北京图书馆赵万里所撰写的《南行日记》在《文物》杂志第9期中发表，其中涉及临海这一部分的插图照片由郑文斌提供。

1963 年

3月11日　浙江省人民委员会公布临海抗倭遗址桃渚城、谭纶画像碑与戚继光表功碑为浙江省文物保护单位。

6月1日　涌泉寺旁发现的《方国璋神道碑》搬运至东湖小瀛洲收藏。方国璋系元末农民起义领袖方国珍之弟，亦为当时起义军头领之一。该碑高3.9米、宽1.07米、厚0.36米，为临海发现的最大石碑。可惜发现时已断为两截，"文革"间又毁去一截。

9月　西洋公社湖山下发现西晋古墓，临海博物馆郑文斌接到报告后前去实地调查。经清理，墓为砖室墓，平面呈椭圆形，单室、主室有二层台棺床，墓砖有"元康二年八月四日造"铭文。墓中随葬器物已无存，仅在主室右侧发现青瓷罐口沿碎片四块，另于乱土中发现小石斧一件、石镞二件。

是月　博物馆红楼库房因藏书过多，造成房屋木料大担下垂，给文物藏品带来了严重的威胁。为保证文物藏品的安全，博物馆即时报告浙江省文管会要求拨款维修。经浙江省文管会同意，给予拨款 1.5 万元，改木大担为水泥钢筋结构。

12月 章安东浦岸至桥西街因改河道，发现晋代鱼纹砖砌筑的多角形井一口，及七八米长的元代木船一艘，船周围尚有尸骨多具。

是年 博物馆自县新华书店专设的古旧书画柜台购藏石印本《金瓶梅》一部、《十六应真图》一册，郑板桥、蒋廷锡画各一幅。

是年 博物馆自社会上征集何绍基书法对联、曹学佺书法、上官周画人物、陈允升画山水、奚冈画山水、姚枚伯画蕉竹、郑际平画兰，以及祝枝山书法等书画十余幅。

是年 博物馆于城内白塔桥设立"文物之窗"，开展了对台州"子城"、"读书社"等有关临海文物古迹的宣传。

1964 年

6月 博物馆郑文斌参加了城西小海门的社会主义教育运动。其间，对大岭元代造像、明王士琦墓以及山头何鱼类化石产地作了详细的调查与考察。后山头何的化石经古脊椎动物专家鉴定，确认为浙江副鲚鱼化石，时代属晚侏罗纪。

8月 博物馆与文化馆联合举办"三大革命阶级教育展览"。郑文斌、曹小六、施月芬、占梅仙等先后去花园、桐峙、大田、杜桥、城西、涌泉等地调查阶级教育材料，并征集"六叶风车"、升、斗、斛、大小秤、翘扁担、黄檀炮、服饰等实物。其中尤以剥削工具双底斗最为典型，后为浙江省教育馆征调。

9月3日 浙江省文化局拨款 700 元，修理东湖博物、文化两馆的办公用房及展览馆。

是月 抗倭遗址桃渚城的东门、西门及后山多处城墙倒塌，城里大队发动社员修理。

1965 年

5月 博物馆根据文物保护有关规定，树立了省级文保单位抗倭遗址桃渚城，谭纶画像碑与戚继光表功碑及县级文保单位千佛塔、太平天国台门等四处的保护标志。谭戚碑与千佛塔标志为须弥座，"文革"中被毁，桃渚城与太平天国台门的标志嵌在墙内，至今仍完好。

1966 年

5 月　浙江省文管会朱伯谦来临海，主持发掘许墅窑址。通过发掘发现，该窑器物种类丰富多样，以碗、盘、杯、罐、壶、灯盏和熏炉等为主。胎体轻薄致密，制作规整，装饰技法有刻、划、刻划并用、镂孔等，以刻花最为多见。窑具装烧类中有凹底匣钵、钵形匣钵，垫烧类中有垫圈、垫饼、垫柱。另还伴烧有少量黑瓷产品，有壶、罐、器盖、小盏等器形。窑址清理结束后，发现的器物标本，多为浙江省文管会收存，博物馆仅留部分残片。

是月　朱伯谦在完成许墅窑的发掘任务后，还帮助测绘了省级文保单位谭纶画像碑与戚继光表功碑。

9 月　"文革"运动开始，临海东湖边明王士性"德业匡时"坊、广文路的"瀛洲造坊"、军分区后面明秦鸣雷的"状元"坊、东门后街的"兄弟三进士"坊、永安路的"七藩节镇"坊以及白塔桥的"白塔"等均作为"四旧"被毁，当时，城内坊、碑无存，大岭元代造像亦被大部炸毁。

10 月 3 日　临海一中、临海二中、临海师范等校的红卫兵组织，在东湖展室举办"红卫兵战果"展览会。所展物品中，包括"破四旧"抄家得来的文物等。

是月　大石下湾村叶大求于该村后门山岩洞边发现古文化遗存，并发现石斧二件。当时其中一件送给小学作教具标本，另一件于 1982 年送交博物馆收藏，后遗址因开岩而被破坏。

是年　为防止文物库房受到外力的冲击，博物馆亦成立红卫兵组织。

1967 年

3 月 20 日 为保护文物，博物馆翻印了北京造纸总厂、文化部机关、中国历史博物馆、北京图书馆等十二家单位《关于保护革命文物和古代文物的倡议书》的宣传单发至全县各地。

3 月 21 日 博物馆翻印中央领导与图书、文物考古等单位代表座谈会时的讲话纪要，继续进行保护文物的宣传。

5 月 根据中共中央《关于在无产阶级文化大革命中保护文物图书的几点意见》，清理"红卫兵战果"展览会中的古旧图书、书画及部分文物计 2000 余件，入藏博物馆。

1968 年

6 月 临海两派发生多起武斗。博物馆红楼库房成为两派争夺的制高点。郑文斌为保护文物、古籍和书画的安全，靠拢库内书橱，把藏品箱、货架等，集中一边，并利用大字报棚拆来的竹帘等进行遮盖。

是年 博物馆为改善库房的管理条件，利用旧料、旧箱改做成书箱四十五只。每只箱横长 55 厘米、高 40 厘米、宽 37 厘米，便于移动。

1969 年

1 月 29 日 临海两派重起武斗，占据博物馆红楼库房，并以屋顶瓦片作武器，连掷带踩，造成房顶严重毁坏。是夜大雨，文物、图书等为水所浸，损失非常严重。

3 月 6 日 临海县革命委员会批准建立临海县毛泽东思想宣传站。宣传站由县文化馆、博物馆、图书馆及新华书店四单位组成，改以上各单位为小组。博物馆即称文物组。

5 月 临海县毛泽东思想宣传站指派郑文斌、张宝玉二人去金华、兰溪、南昌、景德镇、上海、杭州、宁波等地征集毛主席像章，后又在临海进行征集与调换，共征集有铝质、瓷料、塑料等品种，总数达数千枚。

10 月　文物组加工战备书箱四十只，均漆为绿色，做好藏品转移准备。

1970 年

5 月　郑文斌、应长根、陈志强、高四妹等四人组成临海文物、图书清理小组。其间，还通过台州地区土产公司，从海门废品仓库中捡选出铜镜、古钱等文物计 30 公斤。

6 月 10 日　临海县革委会政工组发出《关于对查抄文物、图书清理工作的通知》，文物组即组织人员至临海各区社进行清理工作。

7 月 22 日　文物组郑文斌前往嘉善参加浙江省文物、图书清理工作经验交流座谈会，会议中心议题为进一步落实中共中央 (67) 第 158 号文件精神。会后，郑文斌去上海参观学习文物、图书的清理工作。

11 月 23 日　文物组移交给图书组现代书籍 764 册。

11 月 28 日　文物组再次移交给图书组古籍 2097 册。

是月　临海各区社的文物、图书清理工作完成，共收集古籍 7186 册，其他图书 4395 册。另有文物、工艺品等多件。

12 月　卢余法向文物组捐献东塍洋渡出土的西晋盘口壶一只，后经鉴定为国家二级文物。

1971 年

1 月　文物组以公文橱、小方凳、棕棚床等与桐峙区革领组、岭根及康谷二公社调换他们保存的原王文庆家的红木家具，计三人椅一把、烟几一只、嵌大理石圆桌和写字台各一张等。

6 月 16 日　文物组郑文斌从革命老区大石后田征集到 1945 年出版的《中共党章》、革命烈士杨贤宾用过的宣传工具钢板、油墨玻璃等革命文物。

8月26日 文物组征集城南两水村周保清、陈荣明、林高中等人于下叶山墓葬出土的金银首饰六件。

12月 章安建设大队陈小兵向文物组捐献了其在溪口水库工地发现的东晋鸡首壶一把。

是月 原浙江省文管会工作人员金祖明于城南岭脚后山竹园发现石钵一件，并送交文物组收藏。

是年 杜桥镇溪头村上山出土六朝古钱币百余斤，惜全部流失。

1972 年

1月4日 文物组征集城南下岙余明墓出土的金戒指三只、嵌宝石金钗二支、金银簪二支、帽花及首饰四件、大小铜镜各一枚、宝石二十一颗、零星随葬品二十三件，另有墓志二方。

1月13日 临海县毛泽东思想宣传站改名为临海县宣传站，文物组仍属之。

2月15日 是日春节，文物组举办"历史文物展览"，共展出各种文物100余件。

5月 为提供历史文物的断代依据，文物组翻编《中国历史纪年简表》，附《临海历史简表》，发至有关单位及文物通讯员。

6月 浙江省文管会指派黄涌泉、吴启寿，杭州书画社任六生、杨金仙等来台州鉴定文物和图书。临海文物组郑文斌负责联系台州各县，并组成台州文物鉴定组。台州文物鉴定组除郑文斌外，还有黄岩宋仁华、温岭张直生、仙居谢淑泉、玉环潘常山、三门任某某等成员，协助参加对台州各县文物的鉴定。经鉴定，临海文物组有馆藏一级书画24件，二级60件，三级234件；善本书200余种，计2000余册；另有查抄收存的二级书画7件，三级48件，参考品7件。

7月 西门自来水厂基建工地出土宋代生活用具铜勺、铜锹各一件。

　　8月　金祖明、郑文斌二人至湖头峙征集出土文物，入藏的有南宋龙泉青瓷公道杯、龙泉青瓷月影梅花碗、龙泉青瓷奁等三件。后经鉴定，龙泉青瓷公道杯和龙泉青瓷月影梅花碗为国家一级乙文物。

　　10月7日　文物组征集西洋公社湖山下村出土的战国陶罐二件。

　　10月13日　上海市博物馆郑为与陈列部主任等三人来临海文物组了解临海境内青瓷出土情况。

　　10月27日　文物组征集大石区前山村出土的唐铁镰斗、铁剑、青瓷盘口壶、碗等文物。

　　10月29日　文物组召开临海文物出土地的干部、社员及供销社采购站人员座谈会，共有二十余人参加。

　　是月　浙江省文管会朱伯谦、姚仲元来临海了解有关文物情况。

　　11月10日　曹小六于大石区宜山公社百步村（今属河头镇）大路东侧水井旁发现《明梁一崖墓志》一方，并作记录。

　　12月　城东勾山化肥厂与玻璃纤维厂二工地，先后出土石斧二件、石锤四件、石矛一件、石镰一件、石轮一件、残石器二件，另有隋唐时期的青瓷碗等文物。其中多数文物系郑文斌实地考察征集所得，少部分青瓷器为谢志鹏送交文物组。

　　是月　章安建设大队（今属椒江）文保员陈小兵向文物组送交蔡桥出土的东晋羊形水注一件。

　　是月　临海城关晒网山东南麓电焊机厂工地出土《明张蒙泉墓志铭》一方。

　　是年　章安建设大队（今属椒江）文保员陈小兵在白沙岛围垦海涂造田时，发现新石器时代小石锛一件，并送交临海文物组收藏。

　　是年　曹小六于大田区塘里公社下沈大队（今属大田街道）

金启文家发现《明何舜岳墓志》残志，并作记录。

1973 年

1月3日　文物组曹小六征集东鲁公社勤勇大队出土的陶罐一只。

1月4日　杜桥里坑发现古文化遗存，出土大批石器。文物组郑文斌获悉后，即往实地调查征集。经有关单位支持配合，自群众手中共收回五十多件，有凿、刮削器、锛、斧等品种，其中完整的四十二件。

1月24日　曹小六于大石区河头乡缸窑村（今属河头镇）南边的小涧上，发现《明金立敬妻陈氏墓志》一方，并作记录。

2月3日　是日春节，文物组举办出土文物展览，展出文物一百五十多件。

是月　临海电焊机厂工地出土北宋青瓷碗多件。

4月6日　重庆博物馆原馆长邓小琴及王丽琼二人来临海，了解有关古代岩棺葬情况。

7月12日　郑文斌抵武汉，参加长江流域第二期文物考古培训班学习。

8月11日　云峰明陈函辉墓被盗，李敬元、冯质彬二人在有关部门的配合下，共追回银质空心阳文印"陈函辉印"一枚、银质空心阴文印"寒山木叔"一枚、碧玉如意一柄，另有玉牧童卧牛、玉卧马、玉佩、玉发髻、银耳挖各一件，玉砚一方等文物。

8月15日　文物组冯质彬征集临海机械厂基建工地出土的唐青瓷碗、铁镳斗、陶罐等文物。

11月17日　郑文斌结束在武汉的学习，返回临海。

11月26日　受台州地区委托，临海文物组召集台州各县文物干部于临海"红楼"召开会议。会议由郑文斌主持，讲授"长江流域"考古培训班学习内容，具体为旧石器至元明时期的考古、绘画、碑刻、青瓷、考古调查等专题，并翻印了文物考古资料，分发给各县代表。

12月5日　台州医院门诊大楼基建工地出土一批银器，临海宣传站经请示台州地区文化局，会同徐建、张有忠、陈达华、冯质彬等与台州医院商定，征集大银元宝一只（1.7斤）、银稞八只（2.9斤）、银锭三锭（0.4斤）、粉红色宝石铜带纽二件、铜元六枚、铜钱三枚等文物入藏，其余杂银归银行回收。

1974 年

6月　经浙江省计委批准，同意在临海东湖原樵云阁新建临海图书资料室900平方米。工程总投资8万元，拨钢材18吨、水泥125吨、木材41立方，由文物组郑文斌负责。

7月27日　文物组自邵东公社医疗站征集青瓷壶一件。

8月　塘里公社兰田村洪云清等在该村山上劳动时发现战国铜鼎一只，由文物组征集收藏。

是月　台风侵袭桃渚城，城墙两处倒塌，缺口长达2米，浙江省文管会予以拨款修复。

11月8日　郑文斌参加在杭州屏风山召开的浙江省文物工作会议。会议要求重视保护革命文物和发挥历史文物的作用。

是月　临海图书资料室工程开始动工，浙江省文化局先后补助经费5万元，以及建材等物资。

12月12日　中国社会科学院古脊椎动物和古人类研究所张森水、浙江省博物馆自然部张明华等来临海章安了解有关化石的情况。

1975 年

2月　大汾信用社干部陶世虎与当地社员陶多忠，向文物组送交于黄司岙炮头岗山地发现的石斧一件。

4月20日　郑文斌至长兴参加浙江省文物工作座谈会。会议内容为贯彻国家文物局局长王冶秋的讲话，并要求做好革命文物和纪念馆的工作。

5月　台州地区文物工作座谈会召开，由郑文斌传达浙江省文物工作座谈会精神。到会的有黄岩县文化局、天台县文化馆、仙居县文化馆、温岭县文化局及玉环、三门的宣办代表各一人。

6月27日　西郊公社松山发现明台州卫指挥同知南涧潘君墓志铭一方。

7月25日　郑文斌至前所、杜桥、上盘、东洋等地调查有关革命烈士的史迹，并于杜桥文化站征集解放军62师184团和185团烈士及战士用过的茶缸、洋铁碗、钢笔、电筒、皮带、私章等革命文物。

1976 年

1月6日　浙江省文化局在杭州屏风山召开文化、文物工作会议。文物工作的中心是在农业学大寨中如何发挥历史文物、革命文物为学大寨服务，如何做好文物保护工作。

5月　大田刘村高素英在建房时发现元墓一座，出土墓志一方、小碗二口及铜钱等文物，全部送交文物组收藏。

6月　根据浙江省文化局群办（76）第20号文件，台州各县选送"文革"期间发现的文物精品集中临海。由郑文斌负责送交浙江省博物馆，并参加展览筹办工作。

7月1日　"文革"中发现的文物精品展在浙江省博物馆举行，临海及台州各县的文物精品参加了展出。

7月22日　水洋公社发现明故诰封何淑人俞氏（何宽妻）墓志一方。

8月16日　启用"临海县博物馆"印章，行政上仍与县文化馆、图书馆统一领导。

11月　大田公社双山大队干部陈建明、陈建钗二人向博物馆捐献夹沙时发现的五管瓶一只。

11月26日　千佛塔因年久失修，加上临海台风侵入频繁，塔上常有碎砖脱落。为保护该塔与当地居民的生命财产安全，经请示临海县政府同意，由县财税局拨款 4000 元，委城关工程队进行维修。

12 月 临海县博物馆于"红楼"举办革命文物展览。

是年 坐落于杜桥区大汾乡后洋村赖峙（今属杜桥镇）的明左都督、辽阳总兵杨文父亲的墓被掘。

1977 年

1 月 16 日 千佛塔维修工程完工，经实测，塔高 29.5 米。维修时，于塔顶二层取下佛像一尊，入藏博物馆。

4 月 小芝公社吞胡出土清代金耳环二只、金戒指一只（重 275 克）、银元二枚、银饰碎片 14 片，以及玉镯、玉佩、带钩等文物十八件。

5 月 6 日 小芝公社吞胡出土的文物入藏博物馆。

6 月 27 日 塘里公社社员建房取土时，发现宋砖室墓一座。出土《宋故进士应公（讷）塘记》一方，并送交博物馆收藏。

7 月 22 日 郑文斌至杭州参加善本书目录编制工作会议。

7 月 26 日 台州地区革命委员会向各县区、社转发了临海博物馆《关于农业学大寨运动中加强文物保护管理的建议》的通知。

11 月 7 日 博物馆征集西郊公社红卫大队出土的铜镜一枚、小砚台一方、小盅一只、金钗二支（重 9 克）等文物。

12 月 28 日 郑文斌至杭州参加浙江省文物工作座谈会。会议内容为贯彻国家文物局第 106 号文件，即文物与文物商店收购有关事项。

1978 年

1 月 5 日 台州地区文物、图书座谈会于临海召开。会议由台州地区文化局长范先冀主持，临海博物馆郑文斌传达浙江省文物工作会议精神。出席会议的人员有：温岭郭正平、江尧章，天台张德江、陆乐英，黄岩叶佩英，仙居谢淑泉，玉环潘常山等。

1月11日　郑文斌至杭州参加浙江省文物财务工作座谈会。省文化局财务处雷振中主持会议，传达了文物经费要单独核算，与文化经费分开的精神。核给台州地区文物图书经费6600元，33人编制。其中文物编制12人，人头费2200元。

1月26日　郑文斌参加在余姚召开的浙江省文物工作会议，会议内容主要是贯彻全国文物、图书工作学大庆的座谈会精神。

2月15日　中共临海县委批准恢复县文化馆，博物、图书二馆在行政上仍与文化馆统一领导。

6月24日　浙江省图书馆吴启寿、凌凝等来临海参加台州地区善本书工作座谈会。会议由临海博物馆郑文斌主持。

12月　宁波文物商店来临海及台州收购文物，临走时，留下象牙筒、玉环、玉佩、带钩等文物由博物馆收藏。

是月　郑文斌自章安蔡桥郑大国处征集银元宝（双耳已砍去）一只，重7.2两。

是年　临海图书资料室工程竣工。三楼为图书库，二楼为文物库房，底楼为展览厅。

1979 年

2月　郑文斌至杭州参加善本书总目编写工作会议。

3月31日　中共临海县委宣传部任命郑文斌为临海县文化馆副馆长，分管文物工作。

5月5日　浙江省文管会顾均、李碧岩二主任来临海了解博物馆的文物工作。

5月11日　朝阳公社下沙涂马英伯、马平原二人在瓦厂挖土时，发现唐海马葡萄镜一枚及唐"开元通宝"等钱币。

是月　浙江省文管会周仲夏到临海博物馆，商议修理临海太平天国台门及明代古建筑，并拟将其扩建为临海博物馆馆舍事宜。

6月8日 浙江省善本书总目编写验收组何槐昌、刘慎旃、谷辉芝、钟云柔、俞鹤秋等来临海验收总目编写工作。

7月3日，梁毅县长及其他领导至太平天国台门实地察看，要求先组织好班子，抓紧做好居民搬迁与古建筑维修等工作。

8月25日 朝阳公社下沙涂马英伯、马平原将唐海马葡萄镜及"唐开元通宝"等，送交博物馆收藏。

9月17日 浙江省文管会通知郑文斌参加余姚河姆渡遗址第二期发掘工作。

11月28日 郑文斌、徐三见二人前往桃渚、武坑等地，为编写《风景名胜词典》临海部分条目作实地调查。

12月 郑文斌、徐三见至章安、梓林作有关文物调查，并征集了栖云岙新坟头出土的东晋盘口壶二只、章安叶小龙发现的东晋虎子一只。

1980 年

1月16日 台州地区博物馆馆藏书画精品展于地区群艺馆展厅展出。该展览以临海博物馆馆藏书画为主，计有180幅，均为当时国家一、二、三级的书画精品。展出期间观众甚多，深受欢迎。

5月 中央民族学院张崇根、施根朱二人，为辑校《临海水土异物志》一书，来临海调研。博物馆就有关该书的内容向他们作了介绍和交流，并由临海县政协派人陪同前往章安等地实地考察。

6月 城西区张家渡许世堂向博物馆送交出土的战国陶罐二件。

9月14日 临海县文化局发文：县文化馆、博物馆、图书馆三馆的行政业务各自独立，单独建制。

9月 中共临海县委任命郑文斌为临海县博物馆馆长。

12月1日 郑文斌出席浙江省文物工作会议，会议的主要内容为有关宣传、保护古建筑，文物经营管理等工作。

是年 城南乡童家山（今属江南街道）出土《明谢焌墓志铭》一方，并入藏博物馆。

1981 年

1月9日 郑文斌、施克平二人参加台州地区文化局组织的台州各县文物干部至宁波、舟山等地文物部门参观学习。

3月3日 浙江省文保单位抗倭遗址桃渚城城墙倒塌八处。博物馆即报告浙江省文物局，要求拨款予以维修。

3月18日 郑文斌、徐三见二人至长甸调查走私买卖"宣德炉"一事。经查，该炉系陈家传世之物，圆形双耳，高7.5厘米，口径18.7厘米。同时，还获悉上山冯村的冯统常亦收藏一件，菱形双耳，口大底小，底款有"来芝堂"字样，据冯介绍，原为黄岩长塘王子望家之物，后作价于冯。因走私被公安局截获，转交博物馆收藏。

4月1日 徐三见赴绍兴参加浙江省文保单位"四有"工作经验交流会。交流会的主要内容为文保"四有"工作的培训，会期一共16天。

4月13日 浙江省人民政府重新公布临海抗倭遗址桃渚城及谭纶画像碑与戚继光表功碑为浙江省文物保护单位。

5月 溪口乡铁场村后门山呇里坑发现古窑址。该窑以烧制陶质器皿为主，兼烧瓷器，品种单调。采用轮制方法，胎骨坚细，色呈赭黄，内外均施一层灰陶衣，多为弦纹，窑具以三足支钉居多。经有关专家鉴定，此窑的烧制为东汉至三国时期，系临海境内发现的烧制时间最早的窑址。

6月3日 浙江省古建筑鉴定培训班在杭州灵隐开班，徐三见参加学习，时间一个月。

7月 台州地区文物管理委员会在临海成立。

9月 应长根自台州越剧团调入博物馆,任副馆长。

12月28日 郑文斌参加中国考古学会第三次年会,并出席浙江省文物保护管理工作会议。

是年 为改善文物库房保管条件,改书架为书橱48只,改文物架为藏品橱16只,并添置办公桌、椅及书橱等10余件。

是年 国家文物局陶宗震至临海,对"太平天国台门及明建民房"进行考察,确认是一座比较典型的明建住宅。

是年 博物馆于杜岐乡上峜村(今属沿江镇)戴宽地家征藏《明戴希亮墓志铭》一方。

1982 年

1月4日 浙江省博物馆馆长汪济英和专家曹景炎等四人来临海进行文物定级。经鉴定:临海博物馆有国家一级品22件,二级品72件,三级品318件。

2月3日 博物馆征集大田刘村陶东创、杨树南挖猪栏基时出土的唐四系罐、铜镜、"开元通宝"钱等文物多件。

3月 为保护文物库房的安全,博物馆制订《库房安全制度》,具体订立了非本馆人员不得入内、库内禁止吸烟、设置灭火器、防虫蛀、坚持值班、定期检查等七条制度。

4月5日 根据陈朝雄提供的线素,郑文斌、徐三见二人至涌泉西峜考察古窑址。该窑址位于村西南山脚,出土器物有假圈足碗、盘口壶、罐等,纹饰多为划花莲瓣等。从出土器物的造型、纹饰、釉色等分析,其烧制时代当为南朝。

5月 博物馆开设"云古斋",收购文物及销售文房四宝等。

6月 浙江省文管会主任李远、胡一元等人来临海视察文物工作,并至抗倭遗址桃渚城考察。

7月19日 张家渡王士琦墓前石牌坊被大风所毁。

是月 水利专家胡步川去世后,临海县政协、县法院根据胡生前遗愿,将其留下的书画及遗著等全部捐献给博物馆收藏。其中有图书32种，162册；字画58幅，还有水利专业书籍34册，日记186本，以《行水金鉴》、《水道提纲》最为珍贵。

8月9日 临海县文物管理委员会成立，章素梅任主任，杨保常、罗以东为副主任，潘小华、王羽、郑顺德、占荣勤、陈正元、梁光军、潘立人、李敬元、郑文斌为委员。办公室主任由梁光军兼，郑文斌为副主任。

10月7日 郑文斌、徐三见二人赴桃渚城落实筹建《新建敌台碑记》碑亭。经协商，碑亭由桃渚村黄先福、吴善法负责建造，造价为6000元。其后，郑文斌和徐三见在陈明法的陪同下，考察了上堂烽火台。

10月21日 新加坡侨属沈馥芝女士向博物馆捐献文物图书，主要有清刻本《通鉴纲目前编》、《资治通鉴》、《续资治通鉴》、《明纪》等286册，另有《丛书集成》2000多册；国内外邮票、税票2000余枚，纸币60余张。其中邮票最早的为1895年全国商埠发行，最迟的为1947年发行的邮票。临海县人民政府为此专门召开了文物捐献授奖会，并颁发奖金3000元。

10月31日 博物馆报告临海县政府，要求新建博物馆文物陈列室600平方米，并解决经费5万元。

11月25日 为做好"文革"期间查抄物资政策的落实和某些文物的补偿，博物馆报告要求县查抄办公室、财税局解决补助经费1000元。

12月 博物馆开始准备在临海境内进行全面的文物普查。

是年 桃渚城里村农民金崇学在杨家峇山岗开垦梯地时，出土新石器时代石斧一件，并送交临海博物馆收藏。

1983年

1月19日 临海县人民政府办公室报告浙江省文管会，要求拨款修理太平天国台门及明代古建筑，拟开设临海文物陈列室。

1月20日 长甸乡上山冯村冯西安等三人在其村柏树坦挖土

时，发现青铜器窖藏。

1月21日　郑文斌、贺建人赶赴长甸乡上山冯村青铜器窖藏现场实地调查。经清理发掘，共出土铜犁、铜镰、铜斧等生产工具49件，铜剑、铜矛等兵器31件，合计5.75公斤。同时，出土的还有铜块21.4公斤。

2月13日　博物馆征藏金礼义于桃渚杨家峧山头挖土时发现的石钵一件。

2月23日　城南寺山许丕柯、许三友等人在挖房基时，发现明万历四十五年王烈夫妇合葬墓一座。出土铜镜1枚、铜鼎1只、砚台2块、锅形金质釜1只、私章4枚。另有玛瑙、玉器各1件，青花碗2口（残）等。

3月1日　临海县文物普查开始，博物馆工作人员集中学习普查基本知识三天后，编组分赴各区。此次文物普查历时七个月，共普查文物古迹352处，其中有古遗址23处，古窑址8处，古墓葬75处，古建筑55处，石刻及造像176处，革命纪念物7处，其他8处。尤其值得一提的是六朝窑址的新发现，为研究台州窑提供了宝贵的实物依据。

3月14日　城南寺山明王烈夫妇合葬墓出土的文物征藏博物馆。

3月18日　根据高阳村（今属江南街道）村民官采满提供的线索，博物馆郑文斌与官采满等在高阳子龙坑发现"明赐进士梧州府知府王公墓"。

4月15日　临海县人民政府重新公布太平天国台门及明建民房、五孔峧窑址、东湖烈士墓、杨哲商烈士墓、王士琦墓前石刻、大岭石窟造像、巾山群塔、梅浦窑址、大成殿、法轮寺、章安桥及祠山庙、台州城等十二处文物古迹为临海县文物保护单位。

是月　博物馆工作人员在文物普查中，获悉邵东乡滩头村红毛山于50年代曾发现古文化遗存的消息后，先后两次至实地考察调查，并征集石器残片 12 件，其中 4 件有磨光痕迹，3 件近似打击加工的石核半成品。

5 月　河头乡殿前村唐昌才、唐克钦、朱善华等于该村发现六朝刀形墓、东晋土坑墓和唐代土坑墓，出土鸡头壶、点彩四系罐、盘口壶、双系罐、神兽镜、玉佩等文物。

6 月 13 日　文物普查中发现溪口乡铁场村安王山古窑址。安王山窑址保存很好，产品纹饰多为凹弦纹，另有斜格纹、米字纹等。器物点彩增多。多施釉，釉色青或青中微黄、带黄，光泽滋润。主要产品有碗、钵、罐等。窑具为蹄形齿口和齿口竹节形，托面饼状凸出，中间凹，个别托面系后粘。时代为西晋至东晋。

7 月　征集大田区岭外乡岭外村钱元璋家发现的宋赵汝适塘志一块。赵汝适是《诸蕃志》的作者，他的这部著作影响很大，但《宋史》并未为赵氏立传。因此，此志的发现，对于了解赵汝适的生平具有重要的意义。

10 月 26 日　临海县人民政府划定浙江省文保单位桃渚城、谭纶画像碑与戚继光表功碑的保护范围。

桃渚城的保护范围为：城墙为重点保护区，城墙基外 12 米，墙基内 3 米为保护区，后所山与校场山为气氛保护区。

谭、戚二碑的保护范围为：小瀛洲为重点保护区，南北宽 5.22 米、东西进深 5.68 米，计 44.2 平方米；南至杨哲商墓 1.6 米，西至屋墙脚 30 米，北至小路 43 米，计有 220 平方米，属气氛保护区。

是月　博物馆举办历代古钱币展览，陈列内容主要为先秦至清的各类钱币。

11 月 8 日　徐三见至杭州，参加在浙江省文物局举办的浙江省古书画鉴定培训班学习。

是月　博物馆工作人员丁伋撰写的文章《戏文小说杂识》发表在《台州师专学报》该年第二期。

是年　汛桥乡利庄、施岙、宋岙三村发现战国时期的印纹硬陶碎片，纹饰有米字塔、方格斗花、回网纹相间，还有花窗纹等。估计为战国时的村落遗址。

是年　博物馆于岭外乡（今属大田街道）征藏原保存田洋村俞良桂家后门口的《宋谢开墓志》一方。

是年　博物馆于岭外乡（今属大田街道）征藏原保存田洋村徐济敏家的《宋陈容圹志》一方。

是年　博物馆于岭外乡（今属大田街道）征藏原保存田圳村王家善家的《宋陈容墓志铭》一方。

是年　博物馆于溪口乡马岙村（今属杜桥镇）徐传根家征藏《宋赵彦熙圹志》一方。

是年　博物馆于溪口乡马岙村（今属杜桥镇）葛岳运家征藏《宋赵彦熙妻陶氏圹志》一方。

是年　博物馆于小芝乡虎柜头（今属小芝镇）余匡飞家征藏《宋余璿妻何氏圹志》一方。

是年　博物馆于大田镇柞溪头（今属大田街道）征藏《明侯序墓志铭》一方。

1984 年

1 月 24 日　卢德安向博物馆捐献其收藏的徐悲鸿"马"、刘海粟"柳燕图"等各一幅，此二画"文革"期间被查抄，捐献前已藏博物馆。临海县政府为之颁发了奖证一本及奖金 2000 元人民币。

是日　陈鹤亭向博物馆捐献文澜阁藏《四库全书》一册。

3 月 20 日　临海县文物管理委员会推荐上报郑虔墓、千佛塔、台州府城、太平天国台门及明建民房为浙江省文保单位。

4 月　西郊八叠谢姓群众来博物馆要求对位于双港乡水晶坦保宁寺侧的南宋宁宗朝右丞相谢深甫墓予以保护。博物馆工作人员丁伋实地调查后认为，该墓墓区约 2000 平方米，表面建筑虽遭破坏，但墓室完整，墓前尚存石人等，具有一定的保护价值。

后公布为县级文物保护点。

5月8日　临海县文物管理委员会进行调整。主任赵三样，副主任郑柏南、邵直新、罗以东，委员金庆瑞、王孝感、叶春荣、王正土、许昌、杨成忠、郑文斌。办公室主任郑文斌兼。

5月　博物馆举办文物普查成果展，陈列展出在文物普查中征集到的陶瓷器、石器、钱币、墓志以及古文化遗址、古窑址、摩崖石刻、古建筑、革命纪念物照片等。

6月14日　浙江省文物局批复同意修建临海桃渚城碑亭，并对碑亭结构提出修改意见。

7月5日　临海县文化局任命徐三见为临海县博物馆副馆长；同时免去应长根副馆长职务，任命其为博物馆协理员。

8月1日　郑文斌赴浙江省文物局参加古建筑维修会议。

8月25日　根据台州地区行署（84）第46号文件精神，为进一步贯彻执行《文物保护法》，认真做好文物保护工作，临海县文化局研究决定，成立县文物清理小组。文化局牟玲君任组长，博物馆郑文斌、徐三见、施克平三人为组员。

是月　为落实"文革"期间查抄物资的政策，博物馆于文化馆展厅举办"文物、书画"陈列认领会。这项工作由应长根负责，前后计10天时间，认领书画1000余幅，文物500多件，古籍1500余册。

是月　浙江省文物局同意临海县政府提出的维修太平天国台门及明建民房作为博物馆基本阵地的报告，总投资20万元，其中要求临海地方解决5万元。

9月1日　博物馆文物清理登记开始。此次清理登记工作历时四个月，建立了藏品总账与分类账。所有器物共分十六类，计8073号，2万余件。其中书画2917号、拓本2921号、金银器46号、玉器209号、铜器413号、玺印29号、石器94号、砖瓦32号、石刻23号、陶瓷器732号、钱币200号、骨角器20号、漆木器96号、织绣109号、革命文物132号、其他90号。

是月　博物馆副馆长徐三见撰写的《关于〈海岳名言〉第十九条的标点与语意》在《书法研究》该年第三期发表。

12月6日　更楼乡下塘园村蒋方明于磨头村后山挖水沟时发现汉代钱币窖藏。入藏后经清理，有汉半两、五铢、货泉、大泉、布泉等种类，共计66公斤。

是月　浙江省考古所朱伯谦来临海，帮助复查临海古窑址。在博物馆馆长郑文斌的陪同下，考察了梅浦、涌泉、溪口等地的古窑址。其间在复查铁场、马岙各窑址时，新发现了鲶鱼坑口窑址。

是月　博物馆工作人员丁伋撰写的《跋临海新出土宋人墓志四种》在《台州师专学报》该年第二期发表。

是年　征集了西郊车门桥出土的明赣州知府临海吴珏墓志及后岭下油库出土的明陈经与其妻王氏墓志。

是年　博物馆于城南乡大岭头征藏《宋谢坦然妻宋氏墓志》一方。

是年　博物馆于西溪村（今属汇溪镇）鹿洪洲家征藏《宋鹿祖烈圹记》一方。

是年　博物馆于岭外乡（今属大田街道）征藏《宋陈文广圹志》一方。

是年　博物馆征藏出土于大田镇下西山（今属大田街道）的《宋谢奕久妻吴氏圹志》一方。

是年　博物馆征藏浙江省第六地质队于西郊乡车门桥（今属古城街道）建房时出土的《宋章穗妻缪洞真墓志》一方。

是年　博物馆于西郊乡许墅村（今属古城街道）征藏《明应石氏墓志》一方。

是年　博物馆于西郊乡松山响板坦（今属古城街道）卢良达家征藏《明潘藩墓志铭》一方。

是年　博物馆于水洋乡下洋岙（今属沿江镇）蔡正守家征藏《明蔡椿龄墓志铭》一方。

是年　博物馆于杜岐乡上峷村（今属沿江镇）阮阿香家征藏《明戴希亮妻王巽墓志铭》一方。

是年　博物馆于城关水磨坑潘家征藏《明李果墓表》一方。

是年　博物馆于西郊乡车门桥（今属古城街道）征藏《明项思教墓志铭》一方。

是年　博物馆于城关后岭下油库征藏《明李楠墓志铭》一方。

1985 年

1 月　博物馆在原文物普查的基础上，又组织工作人员对重点单位进行了复查。

2 月 11 日　长甸乡上山冯村再次发现青铜器与青铜块窖藏，发现的器物有犁、铲、锸、剑、矛等。同时，在距窖藏出土点西北约 100 米的地方又发现了锅形残窑遗址，可能是古代冶炼青铜之处。此外，还在村北田垄中发现较丰富的文化堆积层，出土有包括罐、坛、钵、碗、杯等器形的印纹硬陶及原始青瓷碎片。

2 月 12 日　浙江省考古研究所牟永抗来临海了解上山冯出土的青铜器窖藏有关情况，台州地区文管会金祖明、临海博物馆郑文斌、徐三见陪同考察，并共同商讨了这批青铜器的性质及与之相关的问题，归纳如下：

1. 器物比较单纯；

2. 是铸造器物用的；

3. 这批器物是铸造时的废品，没有西、东周及春秋时期的东西；

4. 器物均为战国时期的产品；

5. 没有模具；

6. 其中有一把剑含有两种不同程度的铜锡合金；

7. 饼状者属铜材料。

总之，结论不能太肯定，因为许多方面的论据还不够充分。

是月　博物馆于大田镇双山（今属大田街道）征藏《宋章飞卿圹志》一方。

是月　博物馆于城东三峰村（今属大洋街道）征藏《明李顺妻罗翠玉墓志铭》一方。

3月4日　临海县文化局报告县政府，要求维修太平天国台门及明建民房中的西厢房、天井等，并计划将西厢房修辟为“太平天国革命文物陈列室”。

3月5日　临海县文保单位大田法轮寺因年久失修，有倒塌的危险。博物馆报告县政府，要求拨款1.5万元进行维修。

3月30日　台州地区文物普查工作验收现场会于临海召开，博物馆汇报了临海的文物普查工作情况。

是月　博物馆于大田镇双山村（今属大田街道）征藏《明钱茂律妻卢桂墓志》一方。

4月5日　临海县人大教科文组组长孙志芳、副组长陈熙亭及高善法等来博物馆了解文物工作的情况，徐三见作了简要汇报。

5月17日　临海县人民政府决定，维修太平天国台门及明建民房（西厢房与天井），开辟西厢房为“太平天国革命文物陈列室”。同时，对有关搬迁、维修、工程承包等作了具体通知。

6月17日　塘里乡塘里村（今属大田街道）高渡弟等人于大田医院旁挖砖土时，发现唐代木椁土坑竖穴墓一座。此墓有棺无盖，两端无挡板，出土的随葬品有铜镜、盘口壶各一件，碗二口，还有冥钱等。

是月　博物馆征集双港乡杨岙前园（今属白水洋镇）王曰火家保存的元陈孚圹志一方。据墓志，陈孚，临海人，曾为临海上蔡书院山长，除翰林国史院编修官，曾出使安南，卒于台州路治中任上。该墓志有较高的历史价值。

7月11日　台州地区文管会召开有关文物普查会议，临海博物馆指派副馆长徐三见参加。会上，参加此次会议的浙江省文物局朱伯谦、汪济英、周仲夏等对临海的文物普查工作评价较高。汪济英认为临海这次文物普查面广，地上、地下、民间都调查得较深入，一览表很好，虽然很简单，但反映得很明白、很清楚。如赵汝适墓志，是个大发现。临海墓志最多，记载很完整。看了临海一览表和登记表，基本上能够反映临海文物的现状。

是月 博物馆副馆长徐三见与天台屯桥中学徐永恩合撰的《"天台"考辨》一文在《浙江学刊》该年第四期刊出。

是月 博物馆于张家渡镇旺人墩（今属括苍镇）张启福家征藏《明王胤东墓志铭》一方。

8月 文物复查工作结束，据统计，全县文物重点单位85处。其中有古遗存12处，古窑址7处，古墓葬、名人墓葬14处，石刻、摩崖、碑碣21处，古建筑22处，抗倭遗址2处，革命纪念建筑6处，浙东副鲚鱼化石1处。

9月4日 台州地区文管会办公室主任陈明康及金祖明与临海博物馆副馆长徐三见，至临海县委汇报临海的文物普查验收工作。听取工作汇报的有县委副书记王以泉、宣传部副部长罗以东和文化局局长吕新景。王以泉副书记听取汇报后，首先向地区文管会检查组的同志表示感谢，并表示临海县委今后要进一步重视文物工作，加强宣传。

9月20日 因六号台风影响，临海县文保单位大田法轮寺大殿西北角部分倒塌。临海县文化局报告县政府要求拨款9000元，寺僧沈金汉自负5000元，迅速维修该寺，以保证文物保护单位的安全。

10月 博物馆编印《临海县文物普查重点单位资料汇编》及《临海县文物普查一览表》。

是月 博物馆征藏小溪乡小溪村黄友善保存的《明周一清墓志铭》一方。

是月 博物馆于城西乡松山四甲（今属古城街道）沈良镯家征藏《明侯壑墓志铭》一方。

12月30日　博物馆于城南特产场一小溪边发现《宋（佚名）圹志》残石。

是月　"文革"期间查抄的文物和书画退赔认领工作基本结束。原查抄的全部文物和书画中，书画1941幅，认领1068幅；古籍2364册，认领1562册；其他文物1192件，认领577件；旧书折价退款。尚留博物馆的有书画873幅，古籍802册，旧书2702册，其他文物635件。

是月　博物馆工作人员丁伋撰写的《"瓦子"解、"行院"解》发表于该年12月《艺术研究》第二辑。

是年　博物馆工作人员丁伋撰写的《戏史见微录》一文发表在《浙江戏曲志资料汇编》第三辑。

是年　博物馆聘用人员王甫计于城南乡东山（今属江南街道）发现《宋綦崇礼墓志铭》一方。

是年　博物馆于西郊乡溪头坊（今属古城街道）李方贤家征藏《宋谢奕进生母蔡氏墓志》一方。

是年　博物馆于西郊乡（今属古城街道）卫生院征藏《宋谢渠伯重葬墓志》一方。

是年　博物馆于双港乡前园后塘（今属白水洋镇）王克田家征藏《宋杨辉圹志》一方。

是年　博物馆于城西八叠村（今属永丰镇）征藏《明陈选墓表》一通。

是年　博物馆于大田镇双山村（今属大田街道）征藏《明侯溪墓志铭》一方。

是年　博物馆于西郊乡松山（今属古城街道）征藏《明应明德墓志铭》一方。

是年　博物馆于水洋乡苍头村（今属沿江镇）陈希钊家征藏《明陈基妻蒋氏圹志》一方。

是年　博物馆于小溪乡小溪村（今属江南街道）征藏《明张志淑墓志铭》一方。

是年 博物馆于水洋乡人民政府征藏《明何宽妻俞氏墓志铭》一方。

1986 年

2月19日 台州地区宗教处处长孙世永、宗教处工作人员刘安洲和临海县宗教科科长杨齐通来博物馆，与副馆长徐三见商量临海县文保单位法轮寺的维修问题。

2月20日 临海县人民政府发出《关于加强文物保护的通告》,《通告》全文如下:

我县历史悠久，保存在地上地下的历史文物和革命文物极为丰富。目前，列为文物保护的单位，省级的有桃渚城、谭纶画像碑与戚继光表功碑；县级的有巾山群塔、台州城、大成殿、太平天国台门与明建民房、杨哲商烈士墓、东湖烈士墓、法轮寺、五孔岙窑址、梅浦窑址、大岭石窟造像、王士琦墓前石刻等。这些文物保护单位是祖国珍贵文化遗产的一部分，认真做好这些文物的保护管理工作。对于我县开展科学研究，向人民群众进行爱国主义教育，创造社会主义的、民族的新文化，促进社会主义的精神文明建设，都具有十分重要的意义。当前，由于一部分人对文物保护的重要性认识不足，损害和破坏文物的现象时有发生。根据《中华人民共和国文物保护法》的规定，为了加强我县文物的保护工作，务作如下通告:

一、凡由各级政府公布的文物保护单位，其所有权属于国家，任何单位和个人都不得占为己有。

二、凡定为县级以上的文物保护单位和划定的保护范围，任何单位和个人不得违章建筑或任意堆放杂物。如有违章建筑物和堆放的杂物，要限期拆除和搬移。

三、对直接影响或有损各级文物保护单位风貌的其他建筑物，原则上一律拆迁。拆迁时，任何单位和个人不得借机索价，敲国家竹杠。

四、文物保护单位的各种设施和保护标志，未经原批准机关同意，任何单位和个人不得任意出租、买卖、转让或搬迁、拆建。如发现文物保护单位有人为的严重损坏。查明情况后，对破坏者要依法给以严惩。

五、保护文物、人人有责，各单位、各部门应协助文物保护机关，共同做好文物的保护工作。

3月12日　根据浙江省文物局（85）第22号文件精神，博物馆要求县政府将太平天国台门内的公房603平方米的产权划归博物馆，并在条件许可下，逐步搬迁其他公、私房。

3月25日，台州地区宗教处处长孙世永、临海县宗教科科长杨齐通及临海博物馆副馆长徐三见赴大田法轮寺，与当地文保小组就法轮寺的维修进一步作了商量与落实。

是月　临海上盘镇峜里村农民徐成法发现"翼龙化石"。

4月16日　浙江省自然博物馆在杭州举行新闻发布会，宣布临海上盘镇峜里村徐成法发现的化石，经古生物专家鉴定，确认为翼龙化石。

4月28日　临海撤县设市。临海县博物馆改称为临海市博物馆，同时启用新印章。

5月19日　临海市文化局报告市政府，要求拨款10万元维修市级文保单位巾山西塔，1万元维修省级文保单位谭纶画像碑与戚继光表功碑、市级文保单位杨哲商烈士墓及整修千佛塔环境等。

6月10日　博物馆征集后山山宫卢金妹家保存的明嘉靖温处参将张铗与参将刘恩至墓志各一方。

6月11日　浙江省文物局下文同意维修临海市文保单位太平天国台门，扩建博物馆馆舍。

6月16日　博物馆征集后山村朱万荣家保存的宋故监司徐邦用墓志一方。

6月21日　考虑到太平天国台门没有多少发展余地，很难适应临海市精神文明建设与文物工作发展的需要。按照城建规划的要求，博物馆报告临海市城建委，要求在东湖东岸新建博物馆。第一期工程修建文物展厅及序厅等 1500 平方米，占地面积为 3500 平方米。

6 月 25 日 临海市政府召开基建工作会议，梁毅市长、城建委陈道化主任等参加，会议决定，同意在东湖东岸新建临海市博物馆，并商议了有关拆迁工程设计等问题。

7 月 2 日 临海市计经委（86）第 44 号文件下达给临海市博物馆展厅基建计划指标 400 平方米。

7 月 4 日 浙江省考古、博物馆学会于普陀山召开成立大会，临海博物馆馆长郑文斌、副馆长徐三见参加了会议，并被吸收为首批会员。

是月 博物馆副馆长徐三见与台州卫校教师朱汝略合作的《临海出土汉代铜钱》一文在《中国钱币》该年第三期发表。此文后被评为台州地区哲学社会科学优秀成果奖。

8 月 30 日 临海市毛纺厂（山宫）基建工地发现文物，出土五代青瓷四系线刻戏剧人物盘口瓶（内有泥蛙一只）一只、青瓷四系罐二只、青瓷钵二只，青瓷高脚碗、青瓷莲花碗、青瓷平口小碗各一只。值得一提的是青瓷四系线刻戏剧人物盘口瓶，该瓶虽残，但腹部刻划线人物共两个，似为一主一侍。主者头戴云巾，身穿衫状衣，右臂前屈，手举一马鞭状物；左手屈举过肩，横握一刀。面部略左侧，巾带高扬脑后，整个形象作左方行进状。侍者在主者之左，头戴莲花冠，身穿团领袍，冠上双飘带，亦向右方高扬；面部正对，两手笼袖，状似低眉屏息，大小仅及主者之半，位置在主者的侧后方，有一定距离感。究其内容，实是杂剧表演形象在窑工头脑中的自然反映。它的发现，不但可以弥补史料之不足，同时又是一件最早的戏剧文物，意义自是非同一般。

9 月 博物馆征藏小溪乡白岩岙村农民潘雨通保存的《宋王

鼎臣墓志》一方。

是月　博物馆征藏出土于小溪乡白岩岙村太阳山（今属江南街道）的《宋姜郾圹志》一方。

是月　博物馆于小溪乡白岩岙村（今属江南街道）潘汝龙家征藏《宋陈铪妻詹氏圹志》一方。

是月　博物馆于前洋王家根家砖瓦窑征藏原出土于小溪乡白岩岙村（今属江南街道）的《元董文彪圹志》一方。

10 月 6 日至 9 日　为了加强临海市的文物保护工作，选定一批价值较高的文物点作为临海市文保单位。副市长郑伯南、市府办秘书王昌浩、文化局长吕新景及博物馆副馆长徐三见等至杜桥、溪口、双港、水洋、白水洋、汛桥等地考察文物古迹。

10 月 13 日　副市长郑伯南、市府办秘书王昌浩、文化局长吕新景、文化局秘书王英生及博物馆副馆长徐三见等在临海市政府会议室研究文物保护工作，拟公布岙里坑窑址、卢家牌坊、沿海烽火台、水洋佛号石柱、清潭头石窟造像、永丰桥、张布墓前石刻、郑虔墓、大田城隍庙、侯缄墓等十处为临海市文物保护单位；建议对安王山窑址、鲶鱼坑口窑址、谢深甫墓、新桥、罗渡石塔等五处进行就地保护，以及拟将秦鸣雷墓前石马及云峰寺二块明代碑刻征集到临海博物馆，并同意下拨树标经费 5000 元。

10 月 17 日　临海市政府下文，公布岙里坑窑址、卢家牌坊、沿海烽火台、水洋佛号石柱、清潭头石窟造像、永丰桥、张布墓前石刻、郑虔墓、大田城隍庙、侯缄墓等为临海市文物保护单位，安王山窑址、鲶鱼坑口窑址、谢深甫墓、新桥、罗渡石塔等为临海市文物保护点。

是日　临海机械厂于厂后山坡扩建厂房时，出土《宋李舜瑛妻董氏墓志》一方。同日为博物馆征藏。

是月　博物馆征集城关山宫卢大友家保存的明怀远将军吴通墓志一方、刘祚妻李德芳墓志一方，李洪家保存的明怀远将军刘祚的墓志一方。

是月　博物馆于东郊山宫后山村（今属古城街道）卢大友家征藏《明吴通墓志铭》一方。

11月14日　博物馆征藏大田镇白竹村（今属大田街道）周道荣与周道对两家保存的宋鹿愿及其妻应次昭圹志二方。

11月　博物馆副馆长徐三见所撰之《随笔二则》（一为《"一枝春"探源》，一为《郑板桥所画荆棘》）在《台州师专学报》该年第二期发表。

12月10日至11日　台州地区文管会和台州地区公安处一行六人来临海进行文物消防安全检查。主要检查了博物馆文物库房及大成殿、太平天国台门、大田城隍庙和大田法轮寺等市级文保单位。同时向临海市文化局反馈了检查情况及存在的问题，并提出整改意见。

是年　博物馆工作人员李玮被评为1986年临海市级先进工作者。

是年　博物馆征藏小溪乡白岩岙村农民周选长所保存的《宋王奉世妻卢氏圹志》一方。

1987 年

1月22日　水洋乡马头山上金村徐根友、张章天送交给博物馆出土的新石器时代石锛、石锤各一件。

1月31日　城南乡章家溪村（今属江南街道）农民蒋小方等在台州地区供销学校附近小猫头挖土时，出土《明章世之生圹记》一方，即送藏博物馆。

3月16日　临海市计经委（87）第53号文件再次下达给博物馆一期展厅工程基建指标500平方米，投资额15万元。

3月27日　临海市文化局报告浙江省文物局关于扩建临海博物馆文物陈列室，要求省局补助拨款10万元，以解决扩建工程经费不足的困难。

4月7日　博物馆部分原鉴定级别较高的书画藏品由临海市

政府指派郑文斌、徐三见与公安局保卫人员送往杭州进行重新鉴定。经全国书画巡回鉴定组专家谢稚柳、刘九庵、杨仁恺及浙江省博物馆黄浦泉等先生鉴定，入目摄成黑白照片（相当于国家二级品）的有元周润祖《行书尺牍》、明朱彝《揭钵图》、明许继等《和声爱助册》、清陈焕《蜀道图》等8件。入账的（相当于国家三级品）有明项圣谟《梅花山茶图》、明柯夏卿《草书五绝诗》、清谷文江《草亭野桥图》、清李孝《秋园草早图》、清虞沅《𦩻舸生借书图》、明潘志省《竹石图》、清傅涛《三祝图》、清刘翔《秋山游骑图》、清钱元昌《林泉高兴画》、清程式遂《仕女图》、清王图炳《行书韦应物七绝诗轴》、清林则徐《篆书南林居士卷》、清郑村《牡丹轴》、清姜岱《指画山水轴》等14件。此外，还对一些原定的书画藏品的名称作了重新定名。

　　4月28日　根据市长梁毅与有关部门对市博物馆一期工程初步设计的专题会审，临海市计经委（87）第91号文件同意并批复；临海市博物馆一期工程建筑面积1300平方米，占地面积3500平方米，工程概算为59万元；新馆址位于东湖东岸，南北方向，拆迁居民房屋1225平方米。

　　是月　博物馆副馆长徐三见当选为临海市第九届人民代表、人大常委会委员。

　　6月1日　经临海市政府和城建部门批准，博物馆与东湖村委会签订了征用该村鹊墩路5.25亩土地协议书，以安置拆迁户。

　　7月3日　临海市文化局报告市政府，要求尽快下拨新公布的郑虔墓、岙里坑窑址等十个市级文保单位树标经费5000元。

　　7月9日　白水洋镇井头翁朱子选送交出土的唐双系盘口壶、青瓷钵、小陶罐各一只。

　　7月20日　浙江省人民政府批准临海博物馆征用临海城关镇东湖村鹊墩路5.25亩土地，作为修建文物展厅工程的拆迁之用。

　　8月28日　博物馆报告浙江省文物局要求帮助解决新建库房的经费。

9月5日 临海市文化局报告市政府，要求尽快下拨市级文保单位树标经费及文物库房安全装置经费6000元。

9月24日 博物馆于西郊梅浦（今属古城街道）陈宗君家征藏《明陈绒墓志铭》一方。

10月5日 博物馆于城东高堪头（今属大洋街道）项安妹家征藏《明李岱墓志》一方。

10月8日 根据《中华人民共和国文物保护法》有关规定，临海市政府同意划定太平天国台门及明建民房、大成殿、大岭石窟造像、王士琦墓前石刻、台州府城、巾山群塔、杨哲商烈士墓、东湖烈士墓、大田法轮寺、五孔岙窑址及梅浦窑址等十一处文保单位的保护范围。

是月 博物馆征集西郊龙潭岙（今属古城街道）金立不家的明南川罗先生墓志、吴老七家的明"故父学兴公王先生墓志"、雨生家的明侯黔墓志各一方。

是月 博物馆副馆长徐三见撰写的文章《浙江临海市发现宋代赵汝适墓志》，在《考古》该年第十期刊出。

是月 博物馆于西郊梅浦村（今属古城街道）陈学长家征藏《明陈德孺墓志铭》残志一方。

11月13日 国家文物局博物馆处处长胡骏与浙江省文物局博物馆处处长傅传仁、办公室主任许永富等至临海，在台州地区文管会陈明康及博物馆馆长郑文斌等陪同下，视察了东湖东岸的临海博物馆新馆址。

11月22日 经浙江省文博专业中级职务评委会评审通过，确认临海博物馆郑文斌、徐三见二人具有馆员任职资格。

是月 博物馆于西郊乡梅浦村（今属古城街道）征藏《明·陈承宗妻侯氏墓志铭》一方。

12月10日 浙江省文物保护单位桃渚城北城墙由于乱石参差，墙石时有塌落；东南西三面软城虽经修复，仍反映不出古城风貌；东西二面的城郭多处凸裂，有倒塌危险。为做好对文物的保护，发挥历史文物更大作用，博物馆报告浙江省文物局，要求拨款予以维修。

12月25日　经台州地区文博专业初级职务评委会评审通过，确认博物馆施克平具有助理馆员任职资格；冯适然具有管理员任职资格。

12月27日　博物馆文物展厅工程破土动工。

是年　北涧乡北涧村南山嘴头（今属桃渚镇）出土《元王勋墓志》一方。

是年　博物馆于城关白云山原部队营房区征藏《明蔡松龄墓志铭》一方。

是年　博物馆于西郊乡龙潭岙（今属古城街道）吴老七家征藏《明王豪墓志铭》一方。

1988 年

1月　博物馆制订了《文物工作人员守则》，内容为：热爱本职工作，爱护文物，严禁文物化公为私，严禁将文物作为礼品赠送，严禁利用职权、为私人及亲友收购文物，不准买卖文物，严禁出借文物给个人，不许利用与外国人、华侨、港澳同胞等人员接触机会、牟取私利和互赠礼品，不许以公款宴请我驻港澳大员等等。

3月14日　是日晚，浙江省文保单位桃渚城护碑亭中的"新建敌台碑记"被桃渚城里村哑巴精神病患者郎老虎毁坏。事发后，临海市文化局会同台州地区文管会、临海市公安局及博物馆与当地有关部门进行现场调查，并将郎老虎送至台州精神病医院检查，确诊郎老虎患有精神病。

3月21日　临海市文化局为精神病患者郎老虎毁坏省级文保单位桃渚城中的"新建敌台碑记"一事，向浙江省文化厅、文物局作了具体报告。

4月18日　博物馆将临海桃渚城里村村民郎老虎患有精神病

的《鉴定书》，上报浙江省文物局。

4月26日　新公布的临海市文保单位树标工作开始，是日完成了永丰桥、清潭头石窟造像、水洋佛号石柱三处。

4月29日　完成了大田城隍庙与郑虔墓两处文保单位的树标工作。

5月3日　完成了双港张布墓前石刻的文保单位树标工作。

5月5日　完成了侯缄墓的文保单位树标工作。

5月15日　临海博物馆创始人项士元编纂的《海门镇志》稿，经临海博物馆工作人员丁伋整理成书，打印150部，一部分发省内外有关部门，另一部分由椒江市文管会代为分发。

8月6日　完成了溪口窑址、卢家牌坊两处文保单位的树标工作。

8月7日　完成了上堂烽火台的文保单位树标工作。

8月20日　临海市文化局于市招待所南楼会议室召开有关博物馆"文物展厅"工程基建工作会议。出席会议的有文化局局长吕新景、临海市府办秘书王英生、城建委施工处虞学兴、市建行小邓（女）、四建公司副经理陈永明及陈永龙、金祖正、章国富等。博物馆馆长郑文斌，副馆长徐三见也参加了会议。

是月　博物馆副馆长徐三见撰写的《元史陈孚传考证》在《中国历史文献研究》第二期发表。

9月1日　博物馆工作人员丁伋点校的《台州墓志集录》一书，由台州地区文管会编印内部发行。

9月13日　经临海市拆迁办公室和东湖村村委会商定，博物馆与该村有关拆迁户及村生产队签订拆迁协议。共拆迁农村住户十二户、居民住户一户，并生产队屋、晒场等，总计拆迁面积2900多平方米。拆迁补偿费13万元。

是月　为纪念唐代郑虔对台州文化教育的重要贡献，经台州地区、临海市二级史志、文物等部门商定，筹建临海郑广文纪念馆。临海市文化局报告市政府，以民办公助性质修建该馆。纪念馆概算工程面积为 400 平方米，投资 15 万元。同时拆迁公、私房各二户，补偿费 2 万元。

12 月 1 日　临海市拆迁办公室公布博物馆展厅工程范围内的拆迁通告。拆迁期限自 12 月 5 日至 12 月 15 日止，凡提前或在规定时间内拆除的私房户，每平方米奖励 8 元。逾期不拆，取消奖金。

12 月 17 日　根据临海市政府规划和有利于拆迁户的经济发展，经地、市、镇土管部门同意，博物馆原征用的东湖村鹊墩路 5.25 亩土地中，调换 2.72 亩至临杭路（新开路廊西侧）路北。另征用规划道路 1.206 亩土地，浙江省政府于是日批准。

12 月 27 日　博物馆征集台州大厦工地在距地面 13 米处挖出的北宋"榫铆开砖"及地砖多块。

1989 年

2 月 17 日　博物馆副馆长徐三见与台州地区文管会金祖明、临海市联防大队王传业三人赴长甸乡长甸村征集该村陈维生家在挖墙基时出土的十一枚西班牙双柱银元。在长甸乡政府的协助下，征集到十枚。

2 月 22 日　临海市文化局任命徐三见为博物馆馆长，郑文斌为协理员，同时免去应长根协理员职务。

2 月 24 日　长甸乡长甸村村民李维兴送交博物馆该村出土的西班牙双柱银元一枚。

是月　徐三见撰写的《元史陈孚传订误》在《中国研究》该年第一期发表。

3 月 1 日　原台州地区养路段职工钱建明将其友钟治东发现并非法拥有的、水洋乡出土的一件战国青铜兵器送交博物馆鉴定。根据《中华人民共和国文物保护法》规定，出土文物属国家所有。但拥有者不愿上交国家。在地、市公安部门等的支持帮助下，最终征集入藏，并给予奖励费 50 元。后经浙江省文物鉴定委员会鉴定，该兵器称"青铜直内戈"，为国家一级文物。

3月11日 博物馆馆长徐三见撰写的、天台博物馆陈邦设摄影的《略谈贾涉墓志》在《中国文物报》发表。

3月27日 为纪念临海博物馆创始人项士元诞辰一百周年，博物馆与有关单位商讨拟编印纪念专辑——《台州近代著名学者项士元》一书。出席商讨会的有台州地区方志办公室张庆生、丁式贤，项士元家属项泽恒、项泽民、项松青、马希成等，博物馆参加商讨的为郑文斌、徐三见和李玮。会议具体讨论了有关专辑的主办单位及拟稿、编排、出版、发行及落实经费等事项。

4月19日至22日 博物馆馆长徐三见赴海宁参加浙江省博物馆工作座谈会，所撰之《如何做好基层博物馆工作的一点设想》一文在会上作了交流，此文后刊于《浙江省文物简讯》。

是月 台州地区文化局局长王中和、副局长洪湿周、地区文管会金祖明、博物馆徐三见及临海市电视台王怡德等人，在临海溪口复查重点文物保护单位鲶鱼坑口窑址时，于堆积层中发现晋代的铜洗、铜镢斗、铜勺等文物多件。

是月 徐三见撰写的《江淏淮淏封号考》一文，在《社会科学战线》该年第二期发表。

5月12日 东郊山宫（今属古城街道）晒网山西南麓平整地基时，出土《元赵琬妻李氏权厝记》一方。

5月13日 博物馆征藏由城关东湖村张小富送交的《元赵琬妻李氏权厝记》。

是日 浙江省文物局博物馆处处长傅传仁、文物局周其忠及浙江省丝绸博物馆专家等来临海检查工作，临海市副市长王中苏、台州地区文管会陈明康、临海市文化局局长吕新景陪同检查。博物馆馆长徐三见就文物展厅工程的进展情况及经费不足问题等作了汇报，王副市长和吕局长也相继谈了有关意见，请求浙江省文物局帮助解决工程经费困难。最后，傅处长要求建设工程善始善终抓紧，工地围墙要筑起来，经费问题待回去向领导汇报后再予以考虑。

5 月 19 日　浙江省文保单位桃渚城，因受大雨大风冲击，致使城墙塌了多个大缺口，南门也遭毁坏。为此，临海市文化局报告浙江省文物局，请求解决维修经费 3 万元。

5 月 23 日　临海市政府下发关于调整充实市文物管理委员会成员的通知。调整后的市文管会主任为王中苏，副主任吕新景、邵志强，委员潘小华、刘守钗、俞芷江、沈加田、侯大福、张哲富、徐三见。办公室主任徐三见兼。

6 月 10 日至 11 日　上盘镇岙里村再次发现翼龙化石，浙江省文物局金春生副局长及浙江省自然博物馆有关专家在副市长王中苏、文化局局长吕新景及博物馆馆长徐三见和郑文斌等人的陪同下，实地察看现场。经鉴定后，决定奖给发现者徐成连等五人 2000 元人民币，并与当地村镇领导协商了保护化石遗址的措施，落实各种补偿费 5000 元。而后，对首次翼龙化石发现者已故的徐成法的家属进行了慰问。

6 月 13 日　临海市政府上报浙江省政府关于划定省级文保单位桃渚城、谭纶画像碑与戚继光表功碑的保护范围及建设控制地带的报告。主要内容为：

一、桃渚城的保护范围是以城墙内外墙基为准，墙内 3 米，墙外 12 米；后所山及城内为建设控制地带；后所山又为绿化地带。

二、谭、戚二碑的保护范围：东至东郭巷，南止杨哲商烈士墓，西至东湖岸，北至东湖通往临仙路的人行道；建设控制地带按市总体规划，今后在这一范围内的新建、改建或扩建的所有建筑，必须与小瀛洲及东湖景观相一致。

6 月 19 日　重新树立因故被毁坏的市级文保单位"五孔岙窑址"标志碑。

是月　马欣由部队复退至博物馆工作。

7 月　博物馆馆长徐三见撰写的《清齐周华（名山藏副本）

初刻本与民国刊本》一文在《文献》该年第三期发表。

8月18日至19日　电视片《长城内外》（后改为《望长城》）摄制组徐海婴、李宇平、王家超等三人来临海拍摄"谭纶画像碑与戚继光表功碑"。并在博物馆馆长徐三见和博物馆工作人员马欣等的陪同下，至抗倭遗址桃渚城拍摄。

8月25日　临海市政府办公室召集文化局、土管局、城建委、桃渚镇政府及城里村委会等有关人员，于桃渚镇召开有关桃渚城保护工作的协调会议。博物馆馆长徐三见出席了会议，会上决定成立"桃渚城保护委员会"。

8月30日　临海市政府办公室印发了《关于桃渚城保护工作的会议纪要》，《纪要》称，今后凡有违犯该《纪要》精神或不利于桃渚城保护意见与行为的，市文管会有责任予以制止。

是日　浙江省文物局发出（89）第109号文件，对有关临海翼龙化石产地保护问题，提出以下意见：

一、保护工作应由临海市人民政府的职能部门即文物主管部门负责依法实施管理。具体可落实到当地乡村行政主管部门，并落实保护措施。

二、建议以临海市人民政府的名义，在保护区先树立"临海翼龙化石产地保护区"的临时保护标志。

三、尽快划定保护区的保护范围，报市政府公布。建议以开采面为中心，南北各延伸10米，东西宽50米，从地面至地下均列为保护范围，在该范围内不得开采石料、建设工程。防止人为破坏和其他物料覆盖。

是月　天台县博物馆馆长任林豪调至临海博物馆工作。

9月2日　浙江省城乡建设厅及浙江省文物局劳伯敏等三人，在临海市城建委李伯水和博物馆马欣的陪同下至考察桃渚，具体内容为桃渚是否符合历史文化名镇的条件。

9月5日　浙江省文化厅长钱法成来台州检查工作，并在台州地区文化局局长王中和、临海市副市长王中苏、临海市文化局局长吕新景等领导的陪同下，至博物馆文物展厅工地视察。

9月6日　巾山西塔因年久失修，塔身明显倾斜，塔体严重开裂，随时有倒塌的危险。为及时抢救古文化遗产，确保历史文物的安全。临海市文化局报告市政府，要求对巾山西塔进行落架大修。经市古建公司预算，维修经费约需9.986万元，请市政府研究解决。

9月7日　临海市政府市长办公室议（第47次）决定：同意市文化局提出的报告，对巾山西塔进行测绘并落架大修。维修经费以民间集资为主，不足部分财政补助解决。

9月15日　浙江省人民代表、临海市人大常委会一行20余人，至市级文保单位"大成殿"视察。

9月28日　为精神病患者郎老虎所毁的省级文保单位桃渚城内的"新建敌台碑记"复制完成。由任林豪带领石匠郭顺淼等运至桃渚城，重新树立在碑亭内。原碑碎块保存在桃渚城柳氏祠堂内。

9月30日　城郊后山村后岭下自然村农民蒋通广在馒头山东坡平整屋基时，发现宋砖室墓一座。出土《宋朱增圹志》和《宋朱增妻范氏圹志》各一方，以及铜镜、褐色釉点彩茶碗等文物。

10月8日　为纪念郑虔诞生1304周年，临海郑广文纪念馆举行迁建工程落成典礼。台州地区、临海市有关领导及相关部门人员等参加了典礼，临海市副市长元茂荣为该馆落成剪彩。同时，对建设过程中乐助资金的单位与个人分别赠送了奖匾、"荣誉证书"、《郑虔》书籍、广文纪念馆彩照等。

10月11日　浙江省文物局下达对临海巾山西塔维修方案的批复：鉴于巾山西塔的倾斜度已超过安全系数，有倒塌危险，同意落架大修。并指出在大修中，必须严格按照古建筑的维修规定，不得任意改变该塔的结构、材质、法式和风格。

10月13日　后山村办公室郭敏熙报告，后岭下出土墓志。博物馆即派人前往现场察看，并征集宋代朱增及其妻范氏墓志二方。

10 月 18 日　临海市文管会根据浙江省文物局（89）第 109 号文件精神，及省地市有关部门领导与上盘镇、岙里村协商的意见，与岙里村委会签订了《关于做好"临海翼龙化石产地保护区"的保护协议书》。《保护协议书》划定，保护区以开采面外缘为基点，南北各延伸 10 米，东西宽 50 米；保护区内严禁开采石料，不得建设其他工程；违反者按文物部门有关规定处理。付给岙里村委会各种补偿费 5300 元，并明确该村具体负责翼龙化石产地的保护工作。

10 月 19 日　临海市政府发文成立巾山西塔维修委员会。主任为王中苏，副主任吕新景、邵志强，委员金祖明、刘守钗、朱贤满、沈加田、潘小华、俞芷江、王植安、卢乐群、黄大树、杨齐通、徐三见、马希成。

10 月 20 日　维修中的巾山西塔塔顶发现明万历刻本《瑜伽焰口集要》、清康熙年抄本《妙法莲花经》。

是日　临海市文物管理委员会上报《关于做好"临海翼龙化石产地保护区"的保护协议书》至浙江省文物局备案。

10 月 29 日　博物馆工作人员李玮被评为台州地区文化艺术档案先进工作者。

11 月 12 日　浙江省文物工作会议在杭州举行，会上对藏品管理、安全保卫先进集体和先进个人进行了表彰。博物馆被评为浙江省文物安全保卫先进集体。

11 月 20 日　浙江省人民政府发出浙政发（89）第 107 号文件《关于临海市上盘镇岙里村翼龙化石产地保护问题的批复》，根据《中华人民共和国文物保护法》关于"具有科学价值的古脊椎动物化古人类化石同文物一样受国家的保护"的规定，省政府同意对临海市上盘镇岙里村翼龙化石产地实施保护。具体事项批复如下：

一、保护范围：岙里村后山坡含翼龙化石层的东西长 50 米、南北宽 20 米区域内，从地面到化石下伏地层。

二、建立有中、英文分别刻写的"临海翼龙化石产地保护区"的标志碑一方，并在保护区四周树立标界。

三、保护区内不准开采石料、建筑施工、覆盖物料等破坏翼龙化石的活动。对违者按《中华人民共和国文物保护法》查处。

四、翼龙化石产地的日常保护管理工作由临海市政府负责，并组织有关部门落实保护措施。

12 月 10 日　水洋乡群众来报告，该乡黄土山村一古墓被盗，博物馆馆长徐三见与工作人员李玮及市公安局有关人员，当夜前往现场查勘，并带回盗墓嫌疑人数名。

12 月 12 日　博物馆任林豪、马欣等会同地区文管会金祖明，对水洋乡黄土山村被盗墓葬进行了抢救性发掘。通过清理，出土及从盗墓者手中追回完整或残破的文物有：青瓷罐 5 件、青瓷水盂 2 件、青瓷洗 1 件、青瓷魂瓶 1 件、青瓷壶 3 件、青瓷罍 1 件、青瓷坛 2 件、陶碗 2 件，及五铢钱 105 枚。又根据此墓的营建结构、形制特征和出土文物的纹饰等分析，该墓为东汉晚期的墓葬。临海市文管会办公室为此专门向浙江省文物局作了报告，并请省文物鉴定委员会来临海鉴定与提出处理意见，以供司法机关处理。

是日　浙江省人民政府公布临海的千佛塔和溪口、涌泉窑址群为浙江省第三批文物保护单位。

12 月 25 日　经浙江省文化艺术档案检查组检查，博物馆获得档案管理合格证书，被评为全省文化艺术档案工作先进单位。

是年，博物馆工作人员丁伋撰写的《台州戏曲史话》发表在《浙江戏曲志资料汇编》第四辑。

是年　博物馆馆长徐三见撰写的《〈台州府志·职官表〉被正》发表于《浙江方志》该年第一期。

1990 年

1 月 12 日　浙江省人民政府发出浙政发（90）第 9 号文件，

批复同意全省 13 个省文保单位保护范围及建设控制地带的划定，临海市桃渚城抗倭遗址及谭纶画像碑与戚继光表功碑亦在其中。

2 月 8 日　由于临海市文物保护单位巾山西塔在落架大修中发现该塔外表虽系清式，而塔体实为宋物，难以按原方案恢复清式。鉴于这一情况，临海市文管会即请示浙江省文物局。省局下文指示，对该塔应抓紧重新设计维修方案，具体可商请省考古所协助解决。

2 月 12 日　博物馆于汛桥镇光明村村委会征集《宋谢烨墓志》一方。

2 月 28 日　汛桥镇汛桥村委会书面报告博物馆，临海市文保单位永丰桥桥亭由于年久失修，加之台风袭击，已严重倾斜，面临倒塌危险。为此，博物馆报告临海市文化局，请求市政府拨款750 元，维修桥亭。

3 月 1 日　城南姜家峇张仁勇送交浙江省文物局的青瓷四系罐、青瓷鸡头壶、青瓷水盂、青瓷粉盒、青瓷荷花碗、青瓷钵及明器等八件临海出土的文物，转由临海博物馆收藏。

3 月 10 日　为做好对市级文保单位"郑虔墓"的保护，迎接中国唐代文学会暨国际学术讨论会代表来临海参观考察。临海市政府有关部门决定。扩修该墓的墓坦和道路，并修建仿唐石碑亭一座。该工程具体由郑广文纪念馆实施，博物馆负责业务指导。同时，临海市文化局为此发文通知大田镇人民政府，希望当地政府大力协助，处理好修复范围内的有关事宜。

4 月 5 日　浙江省文化厅、城建厅转发浙政发（90）第 9 号文件，关于同意全省 13 个省保单位保护范围及建设控制地带的划定的通知。

4 月 13 日　临海市文化局报告市政府要求解决省级文物保护单位"千佛塔"、"溪口、涌泉窑址群"和浙江省自然化石产地保护区"上盘翼龙化石产地保护区"的树标经费 3500 元。并要求解决文物藏品建档费用 1500 元，请市政府审批下拨或列入年度文物经费预算内。

5月15日 红光镇下白岩村任直孝送交博物馆西晋残青瓷佛饰堆塑瓶一只、青瓷碗二口。

5月29日 浙江省文物局同意成立台州地区文物鉴定小组，王中河任组长，陈明康为副组长，金祖明、郑文斌、徐三见三人为成员。

6月 中国东南滨海地区古代文化学术讨论会在江苏省张家港市召开，博物馆任林豪参加此次会议，并递交本人撰写的《天台山洞天福地与神话传说》、徐三见撰写的《东瓯国疆域北界考》等两篇论文，供大会交流。

7月23日 临海市文化局报告市政府，要求将郑广文纪念馆及八仙岩摩崖公布为市级文保单位。郑广文纪念馆为唐代著名的"诗书画三绝"广文博士郑虔的纪念建筑，具有一定的历史意义与文物价值；馆内清代的八仙岩摩崖、石刻等，也有一定的艺术价值。

8月7日 巾山西塔落架大修工程竣工，临海市政府于市招待所会议厅举行落成典礼。台州地区文化局局长王中河、临海市副市长王中苏、茅奉天等出席。茅奉天副市长代表市政府肯定了这一大修工程，要求保护好巾山上的文物古迹，促进临海旅游的开发。同时，对地市各单位及社会各界人士积极资助西塔维修表示感谢。

此次西塔落架大修共耗资14.27万元。其中，单位资助8.68万元，个人资助0.5923万元。修塔过程中先后发现的文物有石雕佛像6躯，恭塔3座（内残1座），"宋大中祥符元年九月二日造记"塔砖2块，明万历刻本《瑜伽焰口集要》一册，清康熙年抄本《妙法莲花经》一册，另有唐开元及宋太平、咸平铜钱60余枚等。

9月8日 由于今年第6、15、17号等台风相继侵袭临海，临海的一些文保单位及博物馆馆舍均遭受到严重损坏。为此，博物馆报告市文化局，要求解决维修省级文保单位桃渚城、市级文保单位大田城隍庙及馆舍等经费 7.3 万元。

是日 临海市文化局向浙江省文物局报告省级文保单位桃渚城因台风暴雨所造成的严重损坏的情况。

9 月 14 日 临海市人民政府发出临政（90）第 128 号文件，公布"郑广文纪念馆与八仙岩摩崖"为市级文物保护单位。

是月 博物馆与台州地区方志办公室合编的《台州近代著名学者项士元》一书出版。

10 月 6 日 浙江省文物局文物处处长姚仲元、博物馆处处长傅传仁来临，在台州地区文管会办公室主任陈明康与临海博物馆馆长徐三见等陪同下，检查了博物馆文物展厅工程及维修后的巾山西塔，考察了千佛塔、桃渚城、太平天国台门等省、市级文保单位。检查期间，市委副书记王以泉、文化局领导接待了姚、傅两处长，并就文物展厅工程的经费短缺一事作了汇报，请求省文物局继续帮助解决。

10 月 16 日 为解决文物陈列厅开放后的人员不足，博物馆报告临海市文化局，要求在 1991 年增加编制 10 人，其中保卫、美工各 1 人，管理人员 8 人。

10 月 30 日 根据《中华人民共和国文物保护法》和《浙江省文物保护管理条例》的规定，临海市人民政府报告浙江省政府，要求划定临海千佛塔与溪口、涌泉窑址群两个省级文保单位的保护范围及建设控制地带。具体内容如下：

一、千佛塔的保护范围，以塔基为基点，四面各延伸 30 米，建设控制地带，东、西、北三面在保护范围外再延伸 50 米，西向再延 20 米。保护范围内旧建筑应拆除，不得新建与文物无关的建筑物。建控地带内的建筑，高度不超过 15 米，以求保护气氛协调。

二、溪口、涌泉窑址群分别为溪口乡的鲶鱼坑口、官田山、开井、安王山、呑里坑及涌泉镇的西呑等六个点。

保护范围。鲶鱼坑口窑址，以坑口水沟汇合处为基点，东西各延 30 米，南延 40 米；安王山窑址，以山麓的唯一樟树为基点，北延 20 米，南延 30 米，东西各延 35 米；岙里坑窑址，以山麓柏树坦为中心，东西各延 100 米，南北各延 50 米；西岙窑址，以窑址上山小路为基点，东至西岙坑东岸，西延 40 米，南北各延 50 米。建控地带。各点均在保护范围的基础上四周再延 30 米。

10 月 31 日　临海市人民政府发文公布调整后的市文物管理委员会成员名单。主任茅奉天，副主任孙彪、邵志强，委员孙文彬、刘守钗、沈加田、俞芷江、侯大福、张哲福、徐三见、毛志勤、项继联。市文管会下设办公室、主任项继联（兼），副主任徐三见。

是日　浙江省文物局梅福根副局长、省考古所王士伦所长一行四人至临海，在台州地区文管会陈明康、金祖明，临海市府办秘书董敏及博物馆徐三见、任林豪等陪同下考察了城关元帅殿。而后，于台州地区群艺馆会议室对元帅殿的保护问题进行了座谈。王士伦所长谈了三条意见，即：一、元帅殿系台州重要的明代晚期建筑物，且有地区特色，应列为市级文保单位。二、元帅殿烧香拜佛是不妥的，给学校使用或办企业也不行，如作为老年人休息地还是可取的。三、建议是否作为台州古建筑陈列馆，地、市可一起搞。目前在学校与群众争执使用权的情况下，是否先让文物部门保护起来。接着，梅福根副局长及在座的各位均相继发言，基本上与王士伦所长的意见相一致，提请市政府考虑。后省考古所于 11 月 7 日寄给市政府关于对元帅殿考察的《鉴定》及《建议》各一份。

是月　尤溪镇叶岙村叶功华家发现《明口斌墓志铭》残志一方。

11 月 3 日　临海市文化局发文任命任林豪为临海博物馆副馆长。

11 月 7 日　日本龙谷大学教授山田明尔、副教授木田知生、讲师入泽崇及《东南文化》编辑部主任贺云翱、南京艺术学院副教授阮荣春等一行至临海考察佛教文化。在台州地区方志办公室丁式贤、地区文管会金祖明、《台州日报》记者周琦及博物馆徐三见、任林豪等陪同下，参观了博物馆收藏的西晋青瓷佛饰魂瓶，并作摄影记录。

是日　浙江省文物考古研究所寄给临海市政府关于对元帅殿考察的《鉴定》及《建议》各一份。

11月13日　博物馆于城南峰山头（今属江南街道）马彩飞家征藏《元张公留圹志》一方。

11月23日　博物馆保卫干部马欣于小溪乡庙前村（今属江南街道）发现《宋王之望妾□氏圹志》一方。

11月27日　中国唐代文学研究会第五届年会暨国际学术讨论会国内外专家学者一行27人至临海考察郑虔的史迹。宁波市委书记项秉炎（原台州地委书记）及台州地区、临海市领导黄兴国、林希才、李相缪、瞿素芬、卢武等在华侨宾馆会见了全体来宾。

11月28日　参加中国唐代文学研究会第五届年会暨国际学术讨论会的国内外专家学者分别参观了临海市级文保单位郑广文纪念馆、郑虔墓，并游览了东湖、巾山等名胜古迹。

11月29日　参加中国唐代文学研究会第五届年会暨国际学术讨论会的国内外专家学者，在博物馆徐三见、任林豪陪同下继续去天台考察。

是月　博物馆副馆长任林豪撰写的《张伯端与〈悟真篇〉及南宗的传承》、《天台山国清寺建筑概况》、《试论天台山国清寺塔的建筑年代》、《传教寺石刻造像》、《临海出土西晋文物》等文章发表在《东南文化》该年第六期。

12月12日　临海市文化局报告市人民政府，要求公布元帅殿为临海市文物保护单位。

12月27日　博物馆馆长徐三见和保卫干部马欣等二人至城

西龙岭乡俞家岙（今属括苍镇），征集彭家晓保存的宋代陶骥及其妻墓志二方。

是年 博物馆工作人员丁伋撰写的《民国时期台州地区刊出版概况》发表在《浙江出版史料》第五辑。

1991 年

1 月 14 日 临海市人民政府上报的《关于划定省级文保单位千佛塔与溪口、涌泉窑址群的保护范围及建控地带的报告》，经浙江省文化厅、城建厅审核后，其中"溪口、涌泉窑址群"被列入送交省人民政府的审批报告之中。

1 月 16 日 博物馆馆长徐三见、博物馆工作人员李玮及省文保单位文保员桃渚城虞彦明参加了在仙居举行的台州地区文物工作经验交流暨表彰会。会上，徐三见汇报了临海博物馆文物管理安全的工作情况。其后，临海博物馆被评为藏品管理和文物安全先进单位，李玮被评为台州地区文物先进工作者，虞彦明被评为台州地区优秀业余文保员。

1 月 17 日 博物馆于汛桥镇李小东家征藏《清王守治墓志铭》一方。

1 月 29 日 博物馆工作人员李玮、马欣二人于汛桥镇栏界桥董吾友家征藏《明蒋彦暨妻孙氏合葬墓志铭》一方。

2 月 2 日 临海市人民代表大会常务委员会主任张文述、副主任郑伯南及陈宗秋、祝英红等在临海文化局副局长项继联的陪同下，视察了博物馆文物展厅工地。博物馆徐三见、郑文斌汇报了该工程的进度，及因经费困难已被迫停工的情况。请求市人大帮助解决，以便早日竣工和陈列开放，发挥文物在精神文明建设中的应有作用。

2 月 3 日 博物馆保卫干部马欣于城南特产场卢秀义家征集《宋赵汝俞妻杨氏墓志铭》一方。

2 月 4 日 为使博物馆文物展出能配合临海市的"两五"活

动，早日成为爱国主义、历史唯物主义的教育场所。临海市文化局报告市人民政府，计划暂时砍掉300平方米的序厅，争取博物馆能在国庆期间陈列开放，请求市政府最低限度先拨款35万元，确保工程继续进行。

3月8日　临海市市长蔡学武，副市长元茂荣、茅奉天，城建委副主任花林岳，四建公司副经理陈永明、陈永龙，文化局领导孙彪、项继联等来博物馆研究有关文物展厅工程问题。博物馆馆长徐三见汇报了该工程的进度及因经费困难而停工的情况，请求市领导帮助设法解决。经讨论，市领导均认为工程要继续搞，经费问题应先搞个节约的方案，市里解决一部分，省里再要一点。会后，大家同去展厅工地进行了考察。

3月6日　根据临海市文化局党组意见，原图书、文化、博物三馆党支部分为三个支部。博物馆全体党员以无记名投票形式进行了选举，选举徐三见为党支部书记。

3月11日　中共临海市机关党委发文同意建立中共临海市博物馆支部，徐三见任支部书记。

3月12日　临海市文化工作会议在市招待所三楼会议厅召开，博物馆馆长徐三见、副馆长任林豪及李玮等参加了会议。会议听取了临海市文化局副局长孙彪关于1990年文化工作总结与1991年文化工作设想的报告，同时还交流了文化工作经验，表彰了先进集体与先进个人。博物馆被评为文化系统先进单位，徐三见、李玮二人被评为文化系统的先进工作者。

4月17日　博物馆于汛桥镇杨梅村周岙项得福家征藏《明潘应化墓志铭》一方。

是月　博物馆副馆长任林豪撰写的《天台山洞天福地与神话传说》发表在《中国道教》该年第三期。

5月7日　临海市公安局移交博物馆破获的走私书画一件，经浙江省文物鉴定委员会鉴定，该件书画系清康熙时所作，有较高的艺术价值，属国家三级文物。

6月5日　临海市文管会按照浙江省人民政府（89）第107号文件精神，赴涌泉、溪口、上盘等地树立省文保单位"涌泉、溪口窑址群"及浙江省自然化石产地保护区"临海翼龙化石产地保护区"标志石碑。

6月10日　根据市级文保单位法轮寺文保小组"关于改建该寺东厢房"的书面报告及市宗教科的意见，临海市文管会认为改建东厢房有利于该寺大雄宝殿的保护，消除火灾隐患。即致函朝阳乡人民政府就拆除重建东厢房的位置提出以东鲁公路为基点，屋西向，其跨度为9米内的意见，供审批参考之用。

7月19日　临海市政府在市府二楼会议室召开有关消防工作会议，博物馆副馆长任林豪参加了会议。会议的主要议题是如何落实火灾隐患的整改措施，文物保护单位需要进行整改的有十一处，其中省级文物保护单位二处。

7月29日　中央电视台《望长城》摄制组徐海婴、段树诚、王益平、李群等一行四人至临海拍摄省文保单位桃渚城、谭纶画像碑与戚继光表功碑，并就有关以上二处文保单位采访了博物馆馆长徐三见。该节目系中央电视台与日本东京广播公司联合摄制的大型系列片，计有四部十二集，长达700分钟。

8月8日　《台州日报》报道了王金龙撰写的关于临海桃渚北涧古墓被盗挖一事后，临海市文管会办公室指派博物馆副馆长任林豪、博物馆保卫干部马欣二人实地调查。经查，被盗挖的古墓为元王勋墓及王子春家祖坟。二墓均于6月18日左右被盗挖，盗墓者系北涧人，因该人十分霸道，村民不敢举报，致使元延祐六年所修之王勋墓的封门被拆，墓志被砸碎。王勋生平"沉潜理义之学，而旁及岐黄之术"，以医名。

8月13日　临海市文管会办公室将北涧王勋墓被盗的调查情况向市政府作了汇报，并建议根据1991年6月29日通过的《全国人大常委会关于惩治盗掘古文化遗址、古墓葬犯罪的补充规定》及《文物保护法》的有关规定由公安部门处理。

8月26日　大田区下安乡泄下村章山头（今属东塍镇）一座古墓因挖土被掘，博物馆馆长徐三见、副馆长任林豪及保卫干部马欣三人至实地调查。经勘察，墓为宋代的竖穴土坑墓，墓内除主人胡炳的墓志尚存外，其余随葬物已为挖墓人拿走。据群众提供的线索，找到了挖墓人尤小平进行谈话，并告知政策。

8月27日　尤小平送交博物馆下安乡泄下村章山头宋墓出土的金钗（残）、银簪（残）各一件，猪心形铜镜一枚。金钗重1.6222克，银簪重19.0218克。

8月28日　城关赤城路北段因拆迁，出土"临海县正堂《告示碑》"一通。博物馆任林豪、马欣二人前往现场实地考查，认为该碑有一定历史价值，经协商后征集入藏。

是月　临海市文化局与博物馆合编的《临海革命文化史大事记》和《革命（进步）文化名人传》完成。《大事记》共分五个时期：一是五四运动与党的创建时期，二是大革命时期，三是土地革命战争时期，四是抗日战争时期，五是解放战争时期。《名人传》分别为项士元、邵全建、毕修勺、宋成志、陆翰文、邵茂樟等六人。

9月1日　为加强爱国主义教育，临海市文化局、文化馆与博物馆共同承接的，浙江省博物馆筹办的《昨天的屈辱》在东湖展厅展出。该展览展期一月，参观观众达1.32万人次。《台州日报》对此曾作专题报道。

9月5日　浙江省博物馆工作座谈会在杭州召开，临海博物馆副馆长任林豪参加了会议，

9月9日　为确保文物安全，博物馆根据浙江省《保卫工作条例》，专门制订了《治安保卫工作条例实施细则》。该《细则》计有十七条，包括认真学习、宣传《文物保护法》等法规，要求全馆人员严格执行库房及展厅制度，自觉执行《文物工作守则》，协助公安部门依法组织侦查与文物有关的案件等。

9月15日　博物馆副馆长任林豪执笔的《浙江临海黄土岭东

汉砖室墓发掘简报》在《东南文化》该年第五期发表。

10月22日　浙江省委副书记刘枫在台州地委书记黄兴国、临海市市长卢武、市委副书记洪显周等陪同下来博物馆视察，并参观了部分馆藏文物精品。

10月23日　博物馆征集两头门乡浚头村出土的唐五代青瓷盘口壶、青瓷钵、青瓷罐、青瓷碗等文物8件。这批出土文物是浚头村黄联木等人在挖墙基时发现的，博物馆根据有关规定给予了一定的物质奖励。

10月26日　按照《中华人民共和国文物保护法》与《浙江省文物保护管理条例》以及浙江省财政厅、文化厅关于统筹安排各级文保单位"四有"工作经费的通知。临海市文化局报告市财政局，请求落实临海市文保单位"四有"工作经费11.85万元，于1992年至1994三年内分批下拨。同时，文保单位建档需要购置照相机（含广角、变焦、翻拍、冲扩设备）一架，计6000元，也请求在1992年一并下拨，以便确保按时完成建档工作。

10月30日　市级文保单位"台州府城"的江下街段城墙，由于年久失修，多处倒缺，加上该段依城的街面屋于去年烧毁。为保护台州府城的完整，经上级有关部门同意，临海城建部门会同博物馆具体进行维修，维修工作历时近月，于是日完成。

是月　博物馆副馆长任林豪与天台县建筑设计室高级工程师陈公余合作的《天台宗与国清寺》一书由中国建筑工业出版社出版发行。

11月8日　浙江省人民政府批转省文化厅、城乡建设厅的请示，公布临海为省级历史文化名城。

11月25日　早期佛教造像南传系统中日学术研讨会在南京召开，博物馆馆长徐三见参加了会议，并交流了论文《天台国清寺塔发现之线刻菩萨像研究》。此外，博物馆所藏的西晋堆塑佛饰魂瓶也在南京博物院举办的"中国南方早期佛教艺术展"上展出，同时博物馆副馆长任林豪为之所撰的介绍文章一道编入《中国南方早期佛教艺术展》一书。

是月　博物馆工作人员丁伋与馆长徐三见合作的《浙江临海发现一件五代青瓷盘口壶》一文在《考古》该年第十一期发表。

12月9日　博物馆副馆长任林豪与保卫干部马欣至杜桥，对金满故居进行调查考察。

12月16日　浙江省文物局博物馆处处长陈文锦、保卫科长吕可平及省文物鉴定委员会委员汪济英、曹锦炎、柴眩华、钟凤文等一行七人至临海，对博物馆部分藏品进行了鉴定。经鉴定，馆藏宋"大晟"应钟、商青铜直内戈、南宋龙泉青瓷月影梅花碗等三件为国家一级文物。

是月　博物馆副馆长任林豪撰写的《桐柏山高道徐灵府》与《一心向道的陈抟高徒张无梦》二文在《天台风物》上发表。

1992 年

1月7日　根据浙江省文物局通知，博物馆上报临海市级文保单位台州城、太平天国台门及明建民房、大成殿、巾山群塔、郑广文纪念馆、杨哲商烈士墓、东湖烈士墓、梅浦窑址、侯缄墓、大岭石窟造像、王士琦墓前石刻、张布墓前石刻、永丰桥、水洋佛号石柱、清潭头造像、五孔岙窑址、大田城隍庙、郑虔墓、法轮寺、山项卢家牌坊、沿海烽火台等二十一处。

2月13日　临海市文化局报告市政府，为利用文物进行爱国主义和历史唯物主义教育，使博物馆珍藏的文物早日陈列展出，认为博物馆展厅（一期工程）基建分两步走较为现实，即缓建序厅，保证主厅。按这一原则，共需各项经费35万元，除去市政府1991年下拨的10万元，尚缺额25万元，请市政府如数拨给，确保工程如期完工，争取早日陈列对外开放。

2月14日　博物馆就云古斋承包问题进行讨论，参加人员有馆长徐三见、副馆长任林豪，以及郑文斌和施克平。方针是招标承包，承包基数3600元。最后商定，在云古斋库存物资无亏损的情况下，考虑到今年工作的重点，继续由郑友明承包一年。

2月26日　临海市文化局在市文化馆召开基层单位领导班子会议，博物馆馆长徐三见和副馆长任林豪参加了会议。会议的主要议题：一是研究市文化工作会议事宜，二是布置植树工作。

3月2日　博物馆召开全体工作人员会议，学习了人民日报社论《改革的胆子再大一点》。

3月2日至4日　经临海市志办主任梁光军邀请，上海复旦大学历史地理研究所周振鹤教授前来临海了解明代著名人文地理学家王士性的有关史迹。并在博物馆工作人员丁伋的陪同下，考察了原王士性的白鸥庄（今市橡胶厂、浙江水泵总厂及回浦中学等处），在双港水晶坦考察王士性墓地等。

3月4日　博物馆馆长徐三见及工作人员李玮被市文化局评为临海市文化系统1991年度先进工作者。

3月6日　河头镇西岙村群众在建房时发现五代古墓葬一座，出土陶釜、陶勺各一件，青瓷碗二口、青瓷瓜棱壶（残）及魂瓶各一件。博物馆接获报告后，由馆长徐三见和保卫干部马欣至现场调查，征集所有出土器物，并给予奖励费60元。

是日　临海市人民政府同意市宗教科关于要求修复涌泉延恩寺的报告。

3月9日至10日　临海市文化工作会议在市政府招待所三楼会议室召开，博物馆馆长徐三见、副馆长任林豪和工作人员李玮参加了会议。

3月19日　博物馆馆长徐三见和保卫干部马欣受临海市政府委托，专程赴杭州报送临海为国家级历史文化名城的报告及有关资料。

3月27日　博物馆副馆长任林豪和保卫干部马欣至城关派出所，了解城东办事处三峰村明参将李某墓被盗之事。

3月30日　博物馆召开全体工作人员会议，学习中央2号文件《关于邓小平同志的重要讲话》。

3月31日 博物馆工作人员郑友明继续承包云古斋,并与博物馆签订承包合同。合同规定,承包期为一年,年承包额为3600元。同时,郑友明的工资及其本身开支均由他自行负责。

是月 邵家渡乡吕公岙村董大方于村边王家岙的山腰上出土六朝窖藏钱币约一百斤。

4月2日 临海市文化局召开基层领导班子会议,博物馆馆长徐三见、副馆长任林豪参加了会议。

4月3日 临海市文管会致函浙江省文物局和浙江省自然博物馆,根据1989年6月在临海上盘的协商约定,要求复制一具临海上盘出土的由省自然博物馆保管的翼龙化石标本,以用于临海博物馆开馆时的陈列展出。

4月7日 北京市古建筑研究所所长王世仁一行,在博物馆副馆长任林豪、临海市古建筑公司总经理黄大树等陪同下,前往台州府城墙、千佛塔、元帅殿等古建筑考察。王所长认为:台州府城墙现存多为明代建筑,至今还保留几千米长是不多见的,应抓紧维修;更为难得的是"兴善门"的瓮城,内开设左右两门,类似于北京的正阳门,其他地方尚未见到。千佛塔是元代建筑,元代如此高大的楼阁式的塔也是不多见。元帅殿属明代中期的建筑,体量这样大的古建筑保留至今也是少有的。对于这样的历史文物,希望临海能切实的予以保护。

4月10日 根据浙江省文化厅(1992)第14号文件精神,博物馆拟定了在临海市创建文明城市竞赛活动中,做好《文物保护法》的宣传、文保"四有"建档、藏品管理、打击文物走私及利用文物开展历史唯物主义和爱国主义教育等工作目标。

4月11日 随着博物馆业务工作的不断开展,同时博物馆新展厅也即将落成开放。原设的两个中级岗位与临海博物馆的规模和实际地位已不相适应,故报告临海市文化局,要求增设田野考古和古籍整理等中级岗位两个。

是日 临海市文化局报告浙江省文物局转国家文物局,临海市系省级历史文化名城，现正在报批国家级历史文化名城。要求维修市区内省级文保单位千佛塔、小瀛洲及待批省级文保单位台州府城墙，由于本市财政紧张，恳请国家文物局将上述单位列入修缮计划，拨款维修，以保证这些文物古迹得到安全保护。

5月2日　博物馆馆长徐三见、副馆长任林豪二人赴天台参加天台山文化研究会第二届年会。会上，徐三见被选为该会理事、副秘书长；任林豪被选为理事。

5月5日　博物馆工作人员李玮、马欣二人至邵家渡乡吕公岙村，征集董大方家出土的六朝窖铜钱币九十斤。经清理，钱币多为东汉五铢钱，另有少量半两、货泉、大泉五十、剪边五铢等。

5月8日　临海市文管会办公室致函台州行署机关事务管理局，由于市级文保单位大成殿西南的行署两幢新宿舍已建成，根据文管会与管理局签订的议定书条款规定，应及时做好大成殿移交给临海市文物主管部门管理，并拆除殿西的附属房、砌好通道和天井之间的花墙等，以便做好大成殿的保护工作。

5月18日　博物馆召开全体工作人员会议，学习毛主席《在延安文艺座谈会上的讲话》。

5月19日　接浙江省文物局博物馆处陈文锦处长电话，就临海琳山学校关于著名生物学家朱洗先生的透雕象牙球要求归还该校进行答复。根据有关规定，即过去已征藏于博物馆的，是不能归还的，主要考虑到对该文物的安全保护。

5月29日　台州府城墙始建于东晋，现为临海市文物保护单位，该城周长6000米，西、南二面除城垛被毁外，尚有1400多米城墙基本保存完好。鉴于临海已公布为浙江省历史文化名城，并正上报为国家级历史文化名城，临海市政府决定修复西、南、北三面的城垛。为此，临海市文化局拟文报告浙江省文物局审批。

6月3日　博物馆因为目前的文物库房条件不理想，为确保文物藏品的安全与保护，临海市文化局报告浙江省文物局计划将正在建设的文物展厅三层作为部分文物库房，并要求省局拨款25万元，以作改善库房费用。

6月6日 据群众举报，邵家渡乡桥东村村民陈苗兴非法掘得文物十三件，并将其中一件倒卖。接报后，博物馆副馆长任林豪、保卫干部马欣即往调查处理。在邵家渡乡副乡长朱克礼、派出所民警柳学森、文化员谢先坎等的配合和支持下，依照《文物保护法》的有关规定，罚没非法所得60元，并悉数收缴其余文物十二件。

6月13日 临海市赵市长助理在市府办秘书以及文化局领导项继联的陪同下，前来博物馆视察。馆长徐三见就馆内的藏品、人员编制、展厅基建等情况作了重点汇报。

6月26日 台州地区文管会办公室信息反馈，临海东塍镇格溪沈村曾出土了一批古钱币，据说已为一公安人员拿走。博物馆副馆长任林豪、保卫干部马欣即前往实地调查，经查确有其事。这批古钱系一窖藏，为该村陈方正在建房挖地基时发现，数量约50余斤，大多为市公安局信访室沈启华拿去，仅留下1.75斤。根据《文物法》的有关规定，临海市文管会对此作了详细调查，并报告给市公安局。公安局对此非常重视，会同博物馆进行查处，最后沈启华承认有此事。

是日 征集陈方正所留出土钱币216枚。

6月30日 博物馆召开全体工作人员会议，学习江泽民总书记在中央党校省级干部进修班上的讲话。

7月14日 临海市公安局信访室民警沈启华送回非法侵占的出土钱币5.5公斤，其中有唐开元60枚，北宋小平760枚、折二194枚，南宋小平4枚、折二146枚、折三1枚、折五1枚，元小平7枚、折十1枚，总计1174枚。

7月24日 明代王士性，是我国历史上杰出的人文地理学家。临海作为王士性的故乡和省级历史文化名城，对王士性研究更是责无旁贷的。为了进一步全面、深入研究王士性，以扩大临海的知名度，博物馆与临海王士性研究课题筹备组报告临海市政府要求解决课题研究经费 6.1 万元，并解决王士性著作点校、出版费 1 万元，活动经费 3000 元，资料费 5 万元，其他费用今后逐步解决。

8 月 28 日　为了支持搞好老干部的体育活动，经临海市委办、老干部局、文化局及博物馆、文化馆、图书馆共同协商，将东湖展厅后属于博物馆、文化馆、图书馆共有的场地，临时借给老干部局作为老干部活动的门球场地，并同时签订了使用场地协议书。

8 月 31 日　十六号台风侵入临海，连续暴雨，导致水位急剧上升，东湖全部为洪水淹没。地处东湖的博物馆通道被阻，室外水深 1.5 米，办公室水深 80 厘米，为保证国家财产的安全，馆内值班的工作人员奋力搬迁档案、重要书籍及资料至橱顶和楼上。此次台风，造成博物馆房顶严重漏雨，书橱、藤椅、折椅等办公用品也损坏不少，还有许多书籍资料浸水，约计损失 8000 元。

是月　为了进一步加强对台州府城墙这一文物的保护，顺利开发临海旅游。临海市政府与城建、文物等有关部门商定，委托市古建公司对望江门至丰泰门之间的城垛进行维修。

9 月 20 日　浙江省文物保护单位桃渚城因受十六号与十九号两次台风的袭击，后所山东北角城墙及其他地段城墙六处倒塌和开裂。临海市文化局报告浙江省文物局，要求拨款 6000 元，以便尽快修复。

9 月 22 日　爱国乡山头许杨庵明代杨文墓被盗。杨文，号筼光，临海人。应募抗倭，因功授台州卫指挥、海门卫参将，官至迈阳总兵。

9 月 23 日　东塍镇格溪沈村出土的古钱币，经浙江省文物鉴定委员会鉴定，均属一般古钱，每枚约值人民币五角。

9 月 25 日　白水洋镇上峰戚继光纪念馆建成，为了充分利用该馆进行爱国主义教育，同时做好该馆的保护管理工作。临海市文管会办公室根据该纪念馆筹备组的要求，同意由潘行运、朱四妹、张英良三人组成保护管理小组，潘行运任组长，朱四妹为副组长。

10月7日　博物馆副馆长任林豪和保卫干部马欣会同公安局内保科前往爱国乡山头许杨庵，对明代杨文墓被盗现场进行查看。经查，盗墓人不详，追回当地村民自墓内拿走的金簪、银簪（残）各一支，银戒指（二只为花戒）三只。

10月20日　在临海文化局局长孙彪的带领下，博物馆馆长徐三见、副馆长任林豪，以及博物馆工作人员马欣、冯适然，文化局工作人员稽美清、莫彦明等，前往桃渚商量筹建桃渚抗倭陈列馆事宜，并参观了椒江戚继光纪念馆。

10月24日至25日　浙江省文物考古研究所所长王士伦、考古所文保室主任张书恒等一行二人，在博物馆副馆长任林豪和临海市古建公司经理黄大树的陪同下，对临海市文物保护单位"大成殿"以及"元帅殿"进行了考察。经过详细的考察，他们认为"大成殿"的木作具有浓郁的地方风格，且体量高大，保存基本完好。从古建筑的角度来说，要比浙江省文保单位黄岩孔庙大成殿、衢州孔庙大成殿完美，可以申报浙江省文物保护单位。"元帅殿"为临海保存比较完整的明代古建筑，具有明显的地方特色，在适当的时候也可以申报省级文保单位。但从目前来看，建筑构件有的已经脱落，有的已经朽烂，急需抢救性维修。

10月27日　临海市文化局报告浙江省文物局，要求推荐桃渚城为全国重点文物保护单位。

10月28日　博物馆召开全体工作人员会议，学习江泽民总书记所作的《十四大报告》。

11月10日　为了加强文物保护、宣传文物知识、充分发挥文物的爱国主义和历史唯物主义教育作用，博物馆根据桃渚镇政府及当地群众的要求，通过实地考察，同意桃渚镇及城里村委会利用该城北斗宫七间房屋改造为桃渚抗倭陈列馆。陈列馆拟分五室，即戚继光塑像、抗倭组画陈列、文物史料、有关书画陈列、旅游资源开发等，并希望他们做好筹建的具体工作。

11 月 20 日　为使博物馆的一期工程早日完成，并尽快投入使用，以发挥其应有的社会效益，由临海市政府、文化局牵头，召集四建公司、博物馆等单位，举行协调会议。经过协商，与会者达成共识。同时，博物馆与四建公司签订了一期工程扫尾协议书。因经费不足，缓建序厅，扫尾工程项目包括主厅未完工部分，以及围墙、南大门、值班室、保卫用房、厕所和场地整理、水泥路面等。前工程欠款 20 万元，以月利 1.5% 计算，博物馆应付给四建公司 11 万元，经协商，实付 7 万元，另 4 万元作资助刻碑纪念。前工程拖延，由博物馆作一次性补贴给泥水、木工、油漆等误工费 7000 元。工程如期完工，则一次性奖给施工人员 1000 元。逾期每日扣罚 20 元，工程完工，即行决算。自决算之日起，博物馆在一年内付清全款，欠款期内按 1% 月利付息，如逾年则按月利 2% 付息，二年内付不清，即按月利 3% 付息。同时，协议还明确，工程款由市文化局负责担保。

11 月 21 日　台州府城墙望江门至丰泰门之间的城垛维修工程结束。该段城墙总长 30.5 米，垛高 1.52 米、宽 2.57 米，垛口高 0.64 米、宽 0.42 米。

11 月 27 日　为了发展第三产业，提供广大市民游乐服务，博物馆与临海市委党校、宣传部在博物馆展厅后面空场地联办东湖迷宫游乐场。经三方协商，于是日签订了协议。采取个人集资入股办法，总股金 2.5 万元，计 50 股，每股 500 元，博物馆 13 股，党校 23 股，宣传部 14 股。另付博物馆场租费每月 100 元。游乐场由三单位各派二人参加管理，开办期限为 3~5 年。终止营业后，其材料等折价处理，所得资金按股返还，水泥场地无偿给博物馆。

12 月 1 日　博物馆一期工程扫尾工作开始。

12 月 16 日 临海市文化局报告市编制委员会要求及时解决增编展厅管理人员八名,以确保展厅文物陈列的安全。

12 月 17 日 博物馆等与台建公司签订修建东湖迷宫游乐场合同。工程项目包括场地平整、迷宫建筑物、售票房、大门、花坛等,总造价为 1.65 万元。开工之日首付台建公司 8000 元,余款待完工后付清。工期自签订之日起,按图施工,保质保量,于 12 月 24 日前竣工。

是日 临海市文管会同意当地群众自筹资金修复康谷广福寺,要求维修时必须保持建筑的原有风貌。

12 月 19 日 博物馆移交临海市城建委清“大将军”铁炮一门,安置在已修复的台州府城墙望江门至丰泰门间的敌台上,由城建委市政处毛连章凭领条领取。

是月 张家渡镇溪边王村村民洪华挖砖土时发现唐代文物。

1993 年

1 月 8 日 根据文保“四有”档案工作的需要,博物馆报告临海市文化局,要求拨款 3500 元,购置照相机一架及部分照相器材等。

1 月 16 日 博物馆馆长徐三见参加了在市园林管理处召开的临海市绿地系统总体规则会审会议,并提出了几点合理建议。

是日 临海市文化局召开基层领导班子会议,传达市换届选举工作会议精神,博物馆副馆长任林豪参加了会议。

1 月 24 日 博物馆与临海市委宣传部、党校联办的“东湖迷宫游乐场”正式对外营业。

1 月 28 日 博物馆馆长徐三见出席在市园林管理处召开的临海老城改建、控制、详细规划会审会议,并提出了许多合理的建议。

2 月 5 日 小溪乡(今属江南街道)农民黄友善送交博物馆《明王球墓志》一方。

2月19日　涌泉镇大岙村一座古墓被盗。

2月22日　涌泉镇派出所副所长汤新明来博物馆反映大岙村古墓被盗情况，并带来墓砖三块。博物馆馆长徐三见与保卫干部马欣即往现场调查，经了解，确认古墓被盗掘的事实，但不知盗掘者姓名及有无随葬物被盗。

3月3日　为了更好地发挥桃渚城的抗倭遗址的历史教育作用，促进当地旅游事业的发展，桃渚镇城里村经镇政府同意，正式报告博物馆要求建立"桃渚抗倭陈列馆"。

3月4日　临海市文化局召开基层单位领导班子会议，就市文化工作会议及选举工作进行了布置，博物馆馆长徐三见、副馆长任林豪参加了会议。

3月9日　博物馆继续承租面积为165.07平方米的回浦路139号公房（即红楼三楼），月租金330.14元，并与市房管处签订了租赁合同。

3月初　坐落于小芝镇里岙村石柱坟山麓的宋代余焕墓被盗。

3月16日　临海市文化工作会议召开，博物馆保卫干部马欣被评为临海市1992年度文化系统先进工作者，并受到市文化局的通报表扬。

3月23日　桃渚镇党委书记林文英、桃渚城里村支部书记郎伯纯等人来馆，就要求建立"桃渚抗倭陈列馆"和如何开发旅游事业等问题与博物馆馆长徐三见、副馆长任林豪等一起商谈。大家一致认为，浙江省文物保护单位桃渚抗倭古城，风光秀丽、景色优美，附近有石柱山的天柱峰、玉壶岩、明霞洞，芙蓉山的碧云洞、雨花洞、芙蓉洞、九龙洞、莲花洞、石鼓洞，方岩石林以及桃渚江中的十三渚等一大批旅游景点。通过这些旅游景点的开发，定能促进桃渚的经济发展。

3月25日　博物馆副馆长任林豪和保卫干部马欣前往小芝镇，在派出所民警郭修平的陪同下，调查里岙村宋代余焕墓被盗一事。墓一共两圹，方向偏东南，砖石混构。长250、宽90、深

103 厘米。出土《宋故校尉余公墓志》、《宋故孺人何氏墓志》各一方。

4月1日 博物馆一期工程扫尾工作完工。

4月5日 博物馆全体会议决定,为丰富群众的文化生活、增加本单位职工福利,筹办东湖露天舞厅,并附设小卖部。经营方式:舞厅建设采用集资合股,据估算需资金1万元,每职工为一股,缴纳股金1000元。舞厅由马欣管理,其他职工按股自愿参加值班,每班三人,徐三见、马欣的班工资为8元,其余二人为6元一班。小卖部以收场租形式,作为舞厅收入的一部分,舞厅设会计、出纳各一人,每月补贴30元。分配形式:舞厅的全部收入,每年上交博物馆2000元,主要用于文博事业及职工福利,然后留成10%作为舞厅的发展基金,余则按股计息分成,月利为2%,股份五年不变。但调出本单位者,即自动退股,发还其原始股金。如因事业或建设要停办舞厅,则舞厅资金不留尾,一次性按股分结。

4月10日 博物馆报告临海市文化局,要求开办"东湖露天舞厅"。

4月11日 临海市文化局局发文同意开办"东湖露天舞厅"。

4月11日至13日 浙江省考古学会第三次年会暨考古工作会议在温州瓯海宾馆召开,博物馆副馆长任林豪参加了会议。

4月12日 博物馆任命马欣为"东湖露天舞厅"经理。

是日 张家渡镇溪边王村民洪华送交博物馆其挖砖土时发现的唐代青瓷壶、青瓷缸、陶镳斗各一件。

4月19日 接杜桥文化站李兴连报告,杜桥周边地区多处古墓被盗。

4月20日 接溪口乡文化站金小明报告,溪口乡开井村一座古墓被盗。盗墓人金敬时,开井村人。墓中出土文物四件,一件完整者,已转至椒江扬司;另三件还在盗墓人手中。

是日 临海市文管会报告市公安局,要求对发生在城西、涌泉、小芝、杜桥、溪口等地的盗墓活动予以足够重视，严厉打击盗墓犯罪分子，切实维护文物的安全。

4月21日　接大田镇西溪村王光勖报告，4月19日晚，西溪村一座俗称"王都堂墓"的古墓被盗。

4月24日　博物馆副馆长任林豪和保卫干部马欣至西溪，调查古墓被盗事件。经现场勘察，被盗墓葬一共三圹，系石板构筑而成，宽、深各1米。盗墓者及所失文物不明。

4月26日　台州地区文物工作会议在黄岩市文化馆会议室召开，会议议程一共是二项，一是传达浙江省文物工作会议精神，二是布置年度工作计划。博物馆副馆长任林豪参加了会议。

4月30日　博物馆工作人员冯适然与博物馆签订承包"云古斋"合同。承包期为1年，即1993年5月1日至1994年4月30日结束。年承包额为3600元，每月15号交付一次，每次300元。逾期每日罚款10元。冯的工资及本身开支均由其自行负责。

5月4日　桃渚镇城里村筹办的"桃渚抗倭陈列馆"在临海市城建委、文化局及博物馆等单位帮助下正式开馆。浙江省文物局副局长梅福根、临海市委副书记刘铮等领导参加了开馆典礼，并作了重要讲话。博物馆馆长徐三见、副馆长任林豪以及老馆长郑文斌也参加了开馆典礼。该馆共分文物史料、抗倭组画、桃渚风光和名人书画等四室。展品达120件（幅）。

5月5日　通过有关政策法律的教育，溪口乡开井村农民金敬时至博物馆，送回自古墓中非法窃取的青瓷五管瓶一件，青瓷双耳杯三件。

5月11日　博物馆于城关桃源路王宗亭家征藏《明孙铿墓志铭》一方。

6月3日至4日　首届天台山文化学术研讨会在天台县国清饭店召开，博物馆馆长徐三见、副馆长任林豪参加了会议，并提交论文三篇。

6月8日　博物馆召开全体工作人员会议，学习江泽民总书记《当前的经济工作》的讲话。

6月14日　接红光镇文化站报告,该镇东埭村有一古墓被盗挖。

6月15日　博物馆副馆长任林豪、保卫干部马欣等前往东埭村盗墓现场了解被盗挖情况。经勘察,被盗之墓为西晋古墓,墓的封门已被打开,墓砖上有"大熙元年八月"、"宋氏"铭文。

6月21日　博物馆保卫干部马欣自汛桥镇寺前征集明王宗沐妻秦氏墓志一方。

7月9日　为进一步改善临海市的文物保护工作,浙江省财政厅、文物局联合发文,一次性补助省级文物保护单位"谭纶画像碑与戚继光表功碑"保护经费5万元。

7月12日　世居在市级文保单位太平天国台门内的陈清林因其祖传砖木结构的一间半房屋长期失修,正房后墙倾斜严重,影响附屋,目前附屋横条均用毛竹插柱,随时有倒塌危险。为此,陈报告博物馆要求按原状修理,以防倒塌。

7月28日　博物馆根据市委、市府(1992)58号文件精神,同意博物馆工作人员郑友明停薪留职的请求。

7月29日　临海市劳动人事局批准博物馆工作人员郑友明停薪留职。

8月10日　康岭乡岭根村王文庆故物画桌被盗,经公安部门追回后,委托临海市文管会鉴定。经台州地区文物鉴定组成员金祖明、徐三见等鉴定,该画桌桌面材质为花梨木,基本完好,桌长2.83米、宽0.47米,案脚为红木,以敲料回卷纹图案做成纱灯式,下有底盘、方斗足。王文庆是辛亥革命史上有一定影响的人物,该桌当有一定的纪念意义,属近代文物。根据画桌质地、工艺水平,按国内文物收购价估值为3000元。

8月19日　博物馆接临海市文化局调干通知,博物馆工作人员施克平因工作需要,调往台州公路管理处工作。

8月28日　博物馆通过公开报名和业务考试,致函杜桥中学商借该校教师王敏到馆工作。

8月29日　杜桥中学同意借用该校教师王敏，并附注说明王敏的所有工资、福利均由博物馆负责。王属新分配的大学生，工资为137元，自8月份起发给。

8月30日　博物馆保卫干部马欣承包"东湖露天舞厅"，博物馆与马欣签订了承包合同。承包期为二年，即自1993年9月1日至1995年8月31日止，每年承包额为5000元，小卖部执照归马欣使用，全套音响设备亦交马使用，水电费、管理费等舞厅支出均由承包人负责自理。

8月31日　博物馆工作人员李玮赴杭州参加浙江省文物系统业务档案管理培训班学习。

9月2日　李玮在浙江省文物系统业务档案管理培训班上介绍了临海博物馆的档案整理工作。

9月7日　临海市文化馆陈达华承租博物馆东湖东岸新馆内的平屋四间半（靠东头），并签订了房屋承租合同。承租期自1993年9月10日至1994年12月止，月承租额为650元，租款分两次交付本馆，每次交付承租额的一半，即5090元，第一次要求在1993年9月20日前付清，第二次须在1994年5月25日前付清。

10月4日　鉴于临海市文物管理委员会部分成员工作变动，市政府决定作适当调整。调整后的文管会班子如下，市文管会主任：林建华（副市长）；副主任：孙彪（市文化局）、张增良（市府办）；委员：吕信高（公安局）、王初阳（财税局）、施巨兴（计经委）、俞芷江（城建委）、董官升（农经委）、张哲富（工商局）、毛志勤（土管局）、卢三军（文化局）、徐三见（博物馆）。市文管会下设办公室，卢三军兼办公室主任，徐三见任副主任，办公室设在市文化局内。

10月15日　临海市文化局在市文化馆会议室召开第三产业普查工作会议，博物馆副馆长任林豪与会计王敏参加了会议。根据会议要求，博物馆的云古斋需要进行填报。

10月18日　由来自美国、英国、日本、印尼、捷克五国九位古陶瓷专家组成的 ZA-11009 文化艺术团，在浙江省和台州地区文物部门领导的陪同下，来博物馆参观考察临海古窑址出土的瓷器标本。他们对溪口、涌泉的东汉至南朝窑址群烧制的产品工艺之精、水平之高感到震惊，认为它代表了当时陶瓷生产的最高水平，对以往以越窑为代表的传统观点必须重新认识。另外，对许墅、梅浦窑址烧制的五代至宋的产品也十分感兴趣。过去，他们经常看到菲律宾、日本等东亚国家出土的大量中国瓷品，但一直不知产自何地。今日看了许墅、梅浦窑的标本后，才知都是临海的产品。

10月21日　浙江省文化厅副厅长何福清及随行四人，在临海市文化局局长孙彪的陪同下来博物馆视察工作。博物馆徐三见馆长汇报了博物馆的有关文博工作和展厅基建工作。然后，陪同至展厅工地参观。

10月29日　临海市抽纱服饰厂李书记电告博物馆，城南花鼓岩附近发现古墓，并已出土文物。博物馆工作人员李玮、马欣、王敏三人与李书记和养路段老吴等至现场察看，在被挖的墓两边尚有二三座不同时代的墓。从已被挖掘墓的出土器物看，应为唐墓。出土器物有青瓷多角瓶（残）、铁鼎及青瓷盘口壶、青瓷罐、青瓷碗等碎片，均征集入藏。

11月12日　沿溪乡朱总军送交给博物馆其在宁波保国寺做工时所得的新石器时代和石钺（残，但经胶粘后可完整）等二件。

11月16日　临海社会名人孙德明、杨叔威、杨通标、杨仲瑜等十余人联名报告博物馆，要求重建巾山上的原抗清民族英雄杨节愍公祠。杨节愍公祠中原有许多珍贵历史文物及陈列，"文革"时为杨氏等人秘密分散保存。在未建新祠前，要求将"不浪舟"作为临时祠址，并请博物馆帮助把现占住在"不浪舟"的两户居民迁出。杨氏等人愿献出全部保存的文物，并承担文物的挖掘、搬迁及安装陈列等费用。

12月2日　临海市检察院胡士秋等二人代表检察院将没收保存在该院的一批文物移交给博物馆，计有黄杨绿翡翠手镯一对、玉花片、玉帽正各一件，玉杂件三件。这批玉器为涌泉镇横山村冯小伦等在1973年冬修农田水利中挖坟时出土的，并一直私藏冯家。因该村群众多次举报，经检察院查实，以违反《文物保护法》的有关规定予以没收。

12月7日　征集巾山村张叶　送来的五代青瓷莲花碗一口，影青童子花卉模印碗二口。

12月11日　白水洋镇企办电告博物馆，该镇象坎村在地质钻探时，于离地表50米深处取出动物化石一块。接报后，徐三见馆长与保卫干部马欣二人即前往该镇现场了解情况，得知化石已为负责钻探施工的仙居朱溪下交㫒民工陈福华带回老家。

12月13日　陈福华将白水洋镇象坎村出土的化石送交博物馆。此化石后经中国社会科学院古脊椎动物和古人类研究所张森水教授鉴定，属东方剑齿象，时代为中晚期更新世，距今约一百万年至一、二四万年，系常见的一种象类化石。

12月21日　城内元帅殿是台州很有特色的明代庙宇建筑，经浙江省考古所王士伦研究员现场鉴定后，建议予以保护。由于一些具体问题，目前尚未公布为文保单位。但该建筑年久失修，多处损坏，为保护好它的现状，临海市文管会意见：由现在殿内活动的老人吕素贞、郭顺花、沈良和三人组成一个保护管理小组，负责公布之前这段时间的保护管理工作。

12月23日　博物馆上报临海市财政局有关博物馆文物展厅工程的拨款和经费缺口情况。文物展厅自1987年底动工至今，其间浙江省文物局以验收太平天国台门和小瀛洲的名义先后拨款35.975万元，临海市政府拨款60万元，合计95.975万元。其中征地拆迁支出32.244193万元，支付工程款52.3496万元，共计费用 92.1068 万元，结余 3.8681 万元。据施工单位四建公司估算，尚缺口 30 万元。

是日　因博物馆保存着二万余件文物和十万多册古籍，为国家二级风险单位，也是临海市消防重点单位之一，经市里组织的消防安全大检查，原配置的十只灭火器已无法适应安全防范的需要。因此博物馆报告临海市文化局，要求解决消防经费 1250 元。

是月　汛桥镇杨梅大岙村农民张森满在田间劳作时出土新石器时代石钺一件。

1994 年

1 月 4 日　中华人民共和国国务院批准并公布临海市为第三批国家历史文化名城。

1 月 8 日　博物馆新馆内的四间半平房出租给临海市房屋拆迁指挥部临仙路拓宽办公室使用，并于当日签订了"租赁合同"。承租期自 1993 年 12 月 10 日至 1994 年 6 月 30 日止，月租费为 650 元，附加舞厅协用费 50 元。共计租费为 4666.6 元，于本月内付清。

1 月 11 日　汛桥镇杨梅大岙村农民张森满送交博物馆新石器时代石钺一件，并报告了该村此前曾有人挖掘过数座古墓及出土和发现墓志等情况。

1 月 18 日　博物馆召开全体职工会议，馆长徐三见传达临海市委组织部、劳动人事局《关于党政群机关（含市级事业单位）工作人员年度考核》文件与实施方案，并决定徐三见、任林豪、李玮三人为本馆考核小组成员。考核内容为德、能、绩三项，考核等次分别是优秀、称职、不称职，考核方法以个人总结、群众评议并提出等次，然后由单位考核小组综合评定。馆领导参加市文化局考核评定。

1 月 24 日　博物馆向上级有关部门书面报告关于博物馆定编设岗的计划。报告的主要内容是：临海历来为台州的政治文化中心，现在市委、市政府又制定了建设中等城市规划目标，但博物馆目前的情况与中等城市的目标是不相适应的。比照一般的博物馆现状，结合我市的实际情况，认为临海博物馆的编制人员应不少于29人。设岗计划，馆设置三部，具体分考古部8人（包括文物保护、库房、古籍）；陈列部5人（包括美工、电工）；群工部10人（包括讲解管理、宣传、电教等）。另办公室3人，保卫科3人。专业人员中拟高级职务1名，中级职务5名，初级职务11名。

　　1月26日　台州地区文管会会同地区公安处，对博物馆的安全工作进行了检查。通过检查，肯定了博物馆昼夜值班、库房双人双锁的安全措施，并对防盗、消防等方面存在的问题提出了一些改进意见。

　　1月27日　台州地区文管会发文，下拨临海市博物馆省级重点文物保护单位"四有"建档工作补助经费2500元。

　　2月6日　博物馆发给仙居县朱溪下交峷村村民陈福华"荣誉证"一本，对其送交白水洋镇象坎村出土的东方剑齿象化石行为进行奖励。

　　2月17日　临海市人大主任单学标、副主任钟正德、李永炉，副市长林建华，原市人大主任张文述及文化局局长孙彪等20余人来博物馆视察历史文化名城和博物馆工作，馆长徐三见具体汇报了历史文化名城、文博工作以及文物展厅基建因经费短缺出现施工困难等问题。市人大领导在听取工作汇报后，强调要做好历史文化名城的保护工作。具体意见：一是市领导要作一次专门研究，要大力宣传历史文化名城的公布与保护；二是要重视博物馆展厅的基建扫尾工作，并要求在今年搞好陈列、对外开放。

　　2月18日　市人大通过对博物馆的工作视察，形成市人大办公室（94）5号文件，发给市属各部门、单位。

　　2月18日　临海市电视台王怡德等来博物馆拍摄征藏的东方剑齿象化石及市场乡出土的疑为恐龙蛋化石的电视片，准备与国务院批准公布临海市为国家级历史文化名城一起，作为新闻向全市广大电视观众播映。

2月19日 临海市文化局、城建委联合向市政府报告"关于要求公布元帅殿为市级文物保护单位"。报告的主要内容为：元帅殿坐落在城关桂花巷8号，该殿面阔、进深各三间，属七架梁带双步后单步抬梁式结构，始建于明弘治三年（1490年），至今已有五百余年历史，经浙江省文物局、考古所专家实地考察鉴定，确认该殿为台州明代建筑的典型实例。根据《文物保护法》有关规定，市政府应尽快公布其为市级文物保护单位。

2月20日 博物馆就要求解决博物馆工作人员丁伋的基本生活等问题专门向临海市委作了书面请示。请示的主要内容是：丁伋现年64岁，祖居临海城关，于1949年9月参加人民银行台州支行工作，1952年8月因故退职，1958年支农岭根村，1980年被我馆聘为研究员，系临时工。其对台州的历史和临海的文史有很深的研究，但至今孑然一身，生活无着落，请求领导解决他的基本生活和医疗保健，以解除后顾之忧。

2月23日 为了大力宣传、保护和建设好临海国家级历史文化名城，临海市委副书记姚盛德、宣传部长包国强、市政府副市长林建华、市政协副主席朱启舟、市人大教卫文体委员会主任高木兰、市委办副主任张增良、市府办副主任杨华平，以及台州地区文管会主任金祖明、临海城建委副主任于友富、文化局局长孙彪、副局长卢三军、杨玲等各部门有关领导，在博物馆馆长徐三见、副馆长任林豪的陪同下，视察了台州府城墙、南山殿塔、千佛塔、元帅殿、郑广文纪念馆等文物保护单位和古迹。市电视台王怡德等人随同视察，并拍摄了以上文物古迹的录像宣传片。

3月1日 临海市文化局召开会议，商量有关国家级历史文化名城的宣传、保护和建设事宜。博物馆馆长徐三见、副馆长任林豪参加了会议。

3月2日 中央电视台报道了中共临海市委副书记姚盛德、

宣传部长包国强、副市长林建华、政协副主席朱启舟等四套班子领导及宣传、文化、城建等部门负责人等再次视察临海城关地区文物古迹的消息。

3月11日　博物馆与市委宣传部、党校联办的"东湖迷宫游乐场",经三单位领导商定,改为个人承包经营。通过投标,宣传部的尤碧华以10002元中标,承包了"东湖迷宫游乐场"的经营权。

3月15日　临海市文化工作会议在市电影公司"豪华电影厅"召开,会议总结了1993年的文化工作,布置了1994年文化工作要点。博物馆馆长徐三见在会上作了"以国家级历史文化名城为契机,做好我市文博工作"的发言。会议还评选出1993年度文化工作先进集体和先进工作者,徐三见、马欣二人被评为先进工作者。

3月17日　临海市人民政府公布元帅殿为市级文物保护单位,并划定了元帅殿的具体保护范围和建设控制地带。

3月27日　临海市文物保护单位"东湖烈士陵园"的保护林标志碑于夜晚被人砸毁,肇事者及原因不明。

3月30日　邵家渡乡磨石坑村村民罗茂顺送交博物馆其于下呈岙山脚挖土时发现的新石器时代石犁形器一件,博物馆根据有关规定给予奖励费30元。

是月　博物馆被台州地区文化局评为1993年度文艺档案工作先进集体,博物馆工作人员李玮也被评为台州地区文艺档案工作先进工作者,同时受到表彰。

4月2日　根据临海市公安局有关规定与要求,内保列管单位均应进行防盗报警器联网。博物馆报告临海市文化局,请求解决防盗报警器及联网安装等经费3000.8元,并每月管理费50元。

4月12日　邵家渡乡磨石坑村罗姚民送交博物馆新石器时代刀形石器一件,该石器系罗姚民与其兄罗茂顺在下呈岙山脚挖土时发现的,虽已残碎成六片,但还是可以复原。博物馆根据有关规定，给予奖励费20元。

4月16日　市场乡小田村方素生送交博物馆所谓"恐龙蛋化石"三颗，其中二颗稍残，一为半颗。

4月18日至19日　临海市人大教卫文体委员会主任高木兰、王维军以及陈中秋等一行4人，在市文化局局长孙彪、博物馆副馆长任林豪的陪同下，视察了桃渚抗倭古城、大千山、上盘"临海翼龙化石产地保护区"等历史文化遗迹。

4月20日　《中国画报》社主任记者金耀文在临海市委宣传部副部长颜邦林、文化局副局长卢三军、文化馆王登以及博物馆工作人员李玮的陪同下，参观考察并拍摄了城区的谭纶画像碑与戚继光表功碑、千佛塔、巾山塔群、台州城墙等文物古迹。随后，又参观了位于城东开发区的"国华珠算博物馆"，并作摄影记录。

是日　临海市政协副主席朱启舟带领部分政协委员，在博物馆馆长徐三见、保卫干部马欣的陪同下，视察了王文庆故居及其墓、王士琦墓前石刻、侯缄墓、巾山双塔、南山殿、千佛塔及杨节愍公祠遗址等文物古迹。

4月24日　为了更好地做好文物古迹的保护、发掘和建设工作，博物馆根据临海市政协、文化、城建及文物部门对全市文物古迹的视察情况，撰写了《临海市文物古迹调查意见》。《意见》提出，以张家渡王士琦墓、象鼻岩为突破口，带动全市对文物古迹、名胜的保护、发掘与建设工作。对城关的台州府城墙、太平天国台门、小瀛洲、千佛塔和古街道等文物古迹进行保护与建设。在原有的基础上再选择一批有历史、文化、艺术价值的文物古迹为市级文保单位，如王文庆故居、洪颐煊故居、杨节愍公祠、杨哲商烈士故居及康岭乡的广福寺等。加强历史文化名城地位和作用的宣传，提高市民意识，为保护、开发和利用打下基础。

4月27日　根据国家文物局、公安部《文物系统博物馆风险等级和安全防护级别的规定》，临海博物馆属二级风险单位。依照预防为主、确保重点、打击犯罪、保障安全的方针，并结合本单位的实际情况，博物馆制定了《安全防范、风险等级规划》实施细则。

4月29日　按照浙江省财政厅、文化厅联合下发（1991）289号《关于统筹安排各级文保单位"四有"工作经费的通知》，临海市文化局报告市政府，计划在1994年内完成五个省文保单位和两个拟推荐为省文保单位的台州府城墙、王士琦墓前石刻的"四有"工作。要求尽快解决这七个文保单位的"四有"建档经费4.93万元，其余市级文保单位的"四有"建档工作计划在1995和1996两年内完成。

4月30日　博物馆工作人员冯适然承包本馆"云古斋"，并与馆领导签订了承包合同。承包期为三年，即从1994年5月1日至1997年4月30日止，年承包额为7200元，按月上交。承包期间，冯适然的工资由其自理。

5月12日　临海市公安局移交给博物馆自盗墓犯罪嫌疑人手中没收的出土文物7件，其中晋代青瓷平底碗3件、青瓷凹底小碗2件，青铜镜2枚。

是日　涌泉镇管岙戎旗村郭顺发送交博物馆新石器时代石钺一件，博物馆根据有关规定，颁发郭顺发"荣誉证"一本。

5月19日　道教第十九洞天——临海盖竹洞，因香火不慎造成火灾，烧毁洞前房屋及凉亭等建筑。博物馆建议，重建时，要注意房屋式样的设计，最好通过文物与城建等部门审阅，保证古而不俗，原汁原味。

5月21日　城南丰山头许万宫送交博物馆断为两截的春秋战国时期青铜短剑一柄，博物馆根据有关规定发给奖励费60元、"荣誉证"一本。

是日　城南丰山头许舟利送交博物馆新石器时代石刀一件，博物馆根据有关规定发给奖励费20元，并"荣誉证"一本。

6月3日　为了确保文物的安全，在临海市公安局内保科的帮助下，博物馆文物库房新安装福建泉州无线电三厂生产的"红外线警报器"数只，购买和安装费用为3410元。

6月16日　临海市市长陈国平、政协副主席朱启舟、市政府办公室主任杜康、城建委主任陈道化，在文化局局长孙彪、副局长卢三军的陪同下，视察了城关的千佛塔、东湖小瀛洲等文物古迹和博物馆展厅工地。在博物馆工地，馆长徐三见向陈市长等领导介绍了展厅基建因经费缺口而至今无法竣工的情况，陈市长当即决定，解决展厅工程经费27万元。同时，为了做好临海的历史文化名城工作，进一步对历史文物古迹进行保护，指示市财政拿出50万元，其中修复小瀛洲碑亭及新建"东湖石刻碑廊"25万元，宣传历史文化名城经费10万元，其余作为千佛塔等文物的维修经费。

7月2日　全国政协常委、国家文物局专家组组长罗哲文和全国政协委员、中国社会科学院顾问陈高华一行，在临海市委副书记姚盛德、副市长林建华、市文化局局长孙彪及博物馆馆长徐三见等陪同下，考察了临海的台州府城墙、千佛塔、大成殿等重点文物保护单位和西大街等古街道。考察结束后，罗哲文、陈高华对这些文物古迹的保护和历史文化名城保护规划与建设，分别提出了宝贵意见。

7月5日　为全面推进浙江省文博系统的文物档案工作，对在文物工作中形成的档案材料实行科学、规范、系统化管理，浙江省文物局下发了《浙江省文物档案工作暂行办法》。该《暂行办法》的意见稿曾事先征求全省文博系统各单位的意见，并根据各地的反馈意见作了修改与补充。临海博物馆的文物建档与《暂行办法》基本上一致，仅在大类下面的属类稍有不同，无需变动。

7月11日　韩国光为文化广播电台金敬珠、李年洙等三人在浙江省外事办周正祥与临海市外事办周燕鸣的陪同下，来博物馆了解、交流有关历史上的新罗国与台州的海上交通运输等史料问题。博物馆副馆长任林豪和工作人员丁伋与他们一起座谈，并随往江下街的码头与龙兴寺遗址进行考察。

7月12日 浙江省八届人大临海代表组会同临海市副市长林建华以及市府办、城关镇、城建委、文化局等部门领导，在博物馆副馆长任林豪、工作人员李玮的陪同下，对位于城关的洪颐煊故居、巾山群塔、千佛塔、台州府城墙、元帅殿、大成殿、太平天国台门、郑广文纪念馆、谭纶画像碑与戚继光表功碑等文物古迹进行了视察。代表们对台州行署目前无序使用大成殿的情况意见很大，感到文物安全受到严重威胁。人大代表林浦雁等为此邀请台州地区副专员梁毅，听取代表们的意见。梁副专员在听取意见后强调，地区机关要支持临海市的文物保护工作，并指示临海市及行署机关事务管理局等部门拟出一个切实可行的保护大成殿方案，机关事务管理局与临海市博物馆签订的有关保护大成殿的协议，应予执行。

8月22日 国务院以国函（1994）第86号文件通知浙江省人民政府，同意台州地区撤地设市，即：撤销台州地区和县级黄岩市、椒江市，设立台州市（地级市），市政府驻新设立的椒江区。台州市辖玉环、三门、天台、仙居四个县和新设立的椒江、黄岩、路桥三个区。临海市、温岭市的行政管理委托台州市人民政府代管。

8月31日 浙江省财政厅与省文物局联合下文，补助临海省级文保单位千佛塔专项保护经费5万元。

9月1日 日本大阪市谷町1-3-5株式会社城健友、都筑玄恒、广内捷修等6人来临海了解和拍摄有关《日本的佛教》专题片，博物馆副馆长任林豪陪同他们前往唐代临海龙兴寺遗址和千佛塔进行参观和拍摄。

9月6日 河头镇姜村朱小平送交博物馆铜铳一件，该铜铳为城关银山花园建筑工地出土，上有"明正统九年春台州卫补造"及"台字243号"铭文。博物馆根据有关规定,给予朱小平奖励费80元。

9月16日 台州地区文管会下发《关于临海、黄岩、温岭等地做好高速公路土建工程中文物保护工作的通知》。通知说:经多次实地勘踏和复检,证实沿线地下有春秋战国、汉、三国、两晋、南北朝等时期的古墓葬及五代时期的青瓷窑址等文物古迹。根据《文物保护法》与《文物保护法实施细则》规定,凡出土文物均属国家所有。强调要采取切实措施,依法做好文物保护工作。在土建工程中如发现文物,要督促施工单位加强保护现场,并及时报告文物管理部门进行抢救,杜绝破坏、私藏、哄抢出土文物等事情发生。

10月11日 临海博物馆与市园林管理处就"东湖石刻碑林"的管理、使用问题签订协议。协议明确碑林的管理权属文化部门,即由博物馆负责碑林的文物保护和日常管理工作。碑林作为东湖公园内的一个景点向游人开放,文物部门不单独设立售票点售票,在不影响文物、碑林设施及碑林景观的情况下,无偿允许园林部门开展盆景、花木等与园艺有关的临时性展览活动。

10月26日 根据浙江省文物局文物处处长姚仲源等的指示,博物馆副馆长任林豪主持并邀请台州地区文管会办公室主任金祖明与市古建公司项目经理何帮进等,对欲重建城楼的台州府城墙兴善门段进行了小规模的考古试掘。经现场定位,在东北角开2.2米×2.2米探方一,深度0.3米。发现残破柱础石二只,外边一只距东边城墙0.9米,北边1.9米,两柱础石之间中对中相距1.8米。

是日 临海市文明城市文化生活检查组一行7人来博物馆进行检查,查看了文物保护"四有"档案,并参观了碑廊工地及新馆工程。

10月27日 博物馆报告临海市财政局,要求解决文保"四有"档案经费及文物安全报警装置经费8000元。

11月6日　浙江省文明城市检查组领导来博物馆检查指导工作，博物馆馆长徐三见作详细汇报。

11月18日至19日　浙江省考古工作座谈会在武义县召开，博物馆副馆长任林豪参加了会议。

11月24日　由于临海境内的甬台温高速公路土建工程即将开工，按高速公路沿线野外考古勘察，工程涉及的杨梅东岙至青岭、马岙岭至水洋、梅岙至石牛及黄土岭隧道北侧道口的山坡，分布着大量东汉至三国两晋时期的古墓葬。为保护好祖国的文化遗产，台州市文物管理委员会经国家文物局批准成立了台州市文物考古队，并通知临海市文管会组建5～7人的文物考古分队，队长及队员名单必须于12月1日前上报台州文管会。

11月29日　根据台州市文管会的通知，由于台州高速公路临海段开工在即，为做好土建工程中抢救性文物的考古发掘工作，临海市文管会决定成立临海市文物考古分队。分队由博物馆徐三见、任林豪、李玮、马欣、王敏及水洋文化站董仁忠、汛桥文化站李卫华、邵家渡文化站谢先坎、大田文化站柳秀友九人组成，博物馆馆长徐三见任队长，副馆长任林豪任副队长。

12月5日　博物馆第一期工程（展厅）基本完工，工程决算已由临海市四建公司作出。按照决算，工程总费用为1180426元，经市建设银行审核结果为1029463元，其中土建工程，四建公司决算为963757元，银行审定为817594元，净减146163元；附居工程，四建公司决算为99916元，银行审定为97720元，净减为2196元；水电工程，安装公司决算为46753元，银行审定为44149元，净减为2604元。减去博物馆前已付给四建公司工程款390000元及提供的木材、钢材折额99377元，尚应付给四建公司540086元。为此，临海市文化局报告市政府，要求实数解决工程款540000元。

是日　博物馆馆长徐三见和工作人员李玮与四建公司一处处长陈永龙、临海市建设银行小邓等，就工程款有关问题作了协商。确定除原工程承包协议中给四建公司人工补贴金额数外，今再补给该公司行工费等 10000 元。此外，前工程款欠款的利息 40000 元，原经市领导在场协商定为资助本馆立碑纪念，现重新商定，仍按利息付给该公司 40000 元。另付给市建设银行工程决算审核费 10471 元。

是日 浙江省文物局与省公安厅二处联合下发《关于审定我省各级风险文博单位的通知》，临海市博物馆被审定为浙江省文博系统第一批风险等级单位中的二级风险文博单位。

12 月 30 日 台州市文化局与人事局联合发文至临海市文化局、劳动人事局，根据浙江省文化厅、人事厅浙文职改（1994）95 号文件通知，经浙江省文博专业高级职务评审委员会 1994 年 12 月 22 日评审通过，临海市博物馆徐三见具有副研究馆员职务任职资格。

1995 年

1 月 9 日 博物馆召开全体工作人员会议，讨论并安排有关工作。

1 月 21 日 临海文物众多，而且博物馆是台州唯一的二级风险单位，文物安全消防责任很大。经市消防大队、文化局领导与文化系统保卫干部的联合消防安全检查，确认博物馆和多处文保单位存在着不安全因素。要求博物馆立即作出具体整改措施，措施包括迅速更换办公室，更换文物库房与太平天国台门内的老化电线；博物馆库房上的图书馆书库要逐步减少贮藏量，以减轻房层的负重；文化馆碰碰车游乐场不规范的电线，必须重新整理；博物馆新展厅、文物库房要配备防火警报器与防火探头，文保单位太平天国台门和大成殿要配备 20 只以上灭火器。为了完成以上整改措施，博物馆报告市政府请求安排整改经费 5 万元人民币。

是日 临海市人民政府为了进一步保护台州府城墙，计划修复兴善门城楼和沿江和北固山上的古城墙。兴善门城楼风格为清式，重檐歇山顶，面阔五间，通高 11.2 米，通面宽 14.9 米，通进深 8 米。又城市建设需要，需将城内的赤城路与城外的江滨路连接，但因兴善门外有瓮城，难以使二路连接，故拟在城门两侧开通道（开两个洞门），以方便交通及保护瓮城。为此，临海市文化局报告浙江省文物局研究审批。

1 月 25 日　孔庙大成殿系临海市级重点文保单位，原被台州地区机关事务管理局用作杂物仓库，消防安全问题很大。根据临海市文管会与该局《关于文保单位大成殿西南两幢旧房拆建问题议定书》的意见，为进一步做好临海历史名城的保护和建设工作，该局贮藏于大成殿内的杂物全部搬出，正式移交给市文管会管理。

1 月 28 日　为了做好对文保单位大成殿的安全保护工作，博物馆聘请孙志贤专职负责管理，并与之订立了有关管理大成殿的协议。

2 月 8 日　临海是浙江省收藏、保管文物最丰富的县市之一，但文物经费却一直处于全省的低下水平，各方面工作难以开展。自国务院于 1994 年公布临海为国家级历史文化名城以后，文物的工作量大幅度提升，经费开支也不断增加。为使临海的文物工作得以正常开展，博物馆报告市文化局，要求市政府在 1995 年度预算中考虑增加文物经费 3 万元。

2 月 25 日　博物馆再次报告临海市文化局，请求上级解决博物馆展厅工程欠款 540086 万元。

3 月 6 日　临海市文化局在新华书店四楼会议室召开基层单位领导班子会议，讨论先进部门联评和市文化工作会议事宜。博物馆馆长徐三见、副馆长任林豪参加了会议。

3 月 10 日　临海市文化局下文，决定对市新华书店等 10 个先进集体和张国良等 37 名先进工作者予以表彰。博物馆作为先进集体、博物馆工作人员王敏作为先进工作者，均受到表彰。

3月15日　浙江省文物局就临海城南门开车道及重建城楼一事进行函复。函中强调临海是国家级历史文化名城,台州府城墙是名城保护的主要内涵,具备防御和防洪的双重功能,有着较高的历史和科学价值。根据《文物保护法》和历史文化名城保护精神,不宜在兴善门两侧破城开道,否则将破坏南门一带历史风貌及古城特色。城门楼以遗址保护为主,个别进行重建,要有科学依据,必须清理遗迹和查考史料。所报的兴善门城楼设计建筑风格与古城不一致,具体结构上也存在问题,需作进一步修改调整。修改后的设计要重新报批。

3月17日　浙江省自然博物馆副馆长蔡正全等一行七人来博物馆,帮助鉴定市场乡小田村方春生送交的所谓恐龙蛋化石。经鉴定,不属恐龙蛋化石,确认为石核。

3月20日　浙江省博物馆李纲等三人来博物馆,参观临海宋梅浦古窑址出土的瓷片标本。他们对梅浦窑的产品评价很高,认为总体质量要好于黄岩沙埠窑址的产品。

3月23日　临海城建部门未经文物部门同意而在兴善门西侧城墙拆开了三个大缺口。事情发生后,博物馆立即报告市政府,并与市政府领导及文化、城建等部门领导一起,专程赴浙江省文物局请示解决办法。

是月　杜桥镇文保员彭连生于连盘乡雉溪垦埠黄泥山头村(今属杜桥镇)发现《宋黄处恭圹志》一方。

4月3日　张家渡许胜波送交博物馆其在钱徐村出土的唐青瓷多角瓶等三件,其中二件为残器。

4月5日　博物馆根据有关规定,邮寄上交文物的张家渡许胜波"荣誉证"一本。

4月5日至6日　临海市政府召开第十三次市长办公会议,讨论了博物馆新馆在二季度开馆的问题。办公会议要求市财政局与文化局一起算清博物馆基建账目,市里将原安排建造体育馆的资金先调整用于博物馆的资金缺口,确保博物馆在二季度内开馆展出。

4月8日　为增强名城意识、加强文物保护、进一步做好历史文化名城保护工作，临海市文管会专门印制了有关名城保护的文件，下发至全市各乡镇政府及文保单位所在地的村委会。

4月12日　中央电视台"千集电视片"《百家姓》摄制委员会任曙林导演等四人至博物馆了解宋代谢深甫及有关谢氏史料。并参观了东湖石刻碑林，拍摄了碑林所陈列的其他谢氏墓志及谭纶画像碑与戚继光表功碑。

4月18日　临海市政府下拨给博物馆第一期工程（展厅）缺口经费52万元，同时要求博物馆抓紧结束工程，筹备文物陈列，争取早日对外展出。

4月19日　在临海市文化局局长刘浩的主持下，博物馆与四建公司就博物馆展厅工程款问题进行商量，最后达成有关协议。具体协议如下：

1. 市博物馆在4月25日前交付四建公司工程款50万元，尚欠4万元在三年之间付清，不计利息。

2. 市四建公司在4月底前完成工程遗留部分，并按原合同规定交付博物馆使用。

3. 未尽事项，双方协商解决。

4月20日　临海市文化局报告市政府，要求市政府将1989年垫借的巾山西塔维修经费5万元，根据《文物保护法》的有关规定，改垫借为下拨经费。

4月26日　博物馆按照本月19日与四建公司签订的《协议》，给付四建公司基建工程款425937元（不包括水电工程款）。

4月27日　博物馆召开全体职工会议，徐三见馆长传达了浙江省博物馆安全防范工作会议精神。这次会议的主要议题就是风险等级和安全防范工作，要求一级风险单位在1996年底达到标准，二级风险单位在1997年底达到标准。特别是一级文物要购置专用保险柜。同时强调，博物馆与银行等单位均为风险等级单位，临海博物馆要做好技防、人防、犬防工作，要大力宣传文物的安全。新馆开馆前，必须先装好报警设备，原来国家调拨给我们的声控类报警用不上，要重新购买适用的报警器。会议最后就开馆的准备工作作了安排。

5月2日 为解决博物馆新馆开馆费用不足的困难，开始向台州市在临单位及本市各部门单位筹集资助款，经统计最后筹集资助款41680元。

5月13日 博物馆副馆长任林豪、保卫干部马欣，以及临海市公安局指派的蒋尚才等三人，押送馆藏商青铜直内戈、宋大晟应钟、南宋龙泉青瓷月影梅花碗、南宋青瓷公道杯等文物至宁波进行文物定级鉴定。经国家文物巡回鉴定组专家耿宝昌、张浦生等人的鉴定，临海博物馆的四件文物，均为国家一级乙文物。

5月29日 浙江省文物局就临海市文化局上报的在台州府城墙南城修建通道一事作出批复，原则同意在临海城南城兴善门西侧修建一处通道门洞。同时要求门洞的设计不宜高大，其形式要保持古城门的传统风格，要保护好临海古城及周围的历史环境风貌。

6月6日 临海市文化局根据《文物保护法》第七条"革命遗址、纪念建筑物、古文化遗址、古墓葬、古建筑、石窟寺、石刻等文物，应当根据它的历史、艺术、科学价值，分别确定为不同的文物保护单位"的规定，建议市政府公布本市康岭乡的王文庆故居（辛亥革命时较有影响的人物）、城内三井巷的洪颐煊故居（清代著名学者）和三井巷的陈宅（古建筑）、东湖石刻碑林、广文路4号的杨哲商烈士故居等五处为市级文物保护单位。

6月13日 浙江省文物局就台州师专叶哲明教授关于把临海市郑虔祠墓列为省级文物保护单位的提案作了答复。答复首先感谢叶教授对浙江省文物保护工作的关心和支持，认为叶教授建议把郑虔祠、墓列为省级文保单位所列的三点理由很有说服力。决定将在第四批省级文保单位推荐中，指派有关专家和领导进行核查与评审后，报请省人民政府批准公布。答复还将叶教授的建议转告临海市文物行政主管部门，希望对郑虔祠墓的推荐工作予以重视。

　　6月28日　由于博物馆文物展厅的防盗、防火安全要求特别高，根据临海市的有关规定，展厅必须安装两个以上消防栓，水管必须用二寸管以上安装，此需缴纳2.4万元城市建设费。因博物馆展厅工程款尚欠4万元，扫尾工作还需2万元，开馆费用需5万元，总资金缺口11万元，无力再承担建设费。为此，临海市文化局报告市政府，要求免缴建设费。

　　7月10日　梁肖华副市长作出批示，同意博物馆免缴2.4万元城市建设费。

　　7月13日　四建公司东郭巷"台运集资房"工地由于没有供电部门报登的电源户头，经该公司陈小龙、蒋通轰等与博物馆领导商定，暂从博物馆展厅工地搭电使用，并达成协议：

　　1. 四建公司工地搭用博物馆电源，未经允许任何外户不能再搭用。

　　2. 由于搭电一事未向供电部门报批，今后用电时，如受到供电部门制约或处理（罚款）等，后果均由四建公司负责。

　　3. 如因超负荷用电造成博物馆电路与电器损坏，四建公司必须据实赔偿。

　　4. 四建公司自用电之日起至工程结束，以电度表实际计量，按工程用电价与博物馆结算，并及时付清电费。

　　7月14日　博物馆新馆原定于8月上旬正式开馆，因扫尾工程最快至7月底才能完成，又考虑到届时天气正热，达不到开馆的自身效果。因此，博物馆建议临海市文化局，定在国庆前夕（暂定9月25日）开馆，这样既能丰富国庆节活动内容，又增添节日气氛，也会收到较好的开馆效果。

　　7月24日　根据浙江省文物局通知，博物馆填报临海市级文保单位调查表，计有太平天国台门及明建民房、五孔呑窑址、东湖烈士墓、杨哲商烈士墓、王士琦墓前石刻、大岭石窟造像、巾山群塔、梅浦窑址、大成殿、法轮寺、台州府城、卢家牌坊、张布墓前石刻、侯缄墓、永丰桥、郑虔墓、大田城隍庙、水洋佛号石柱、清潭头石窟造像、烽火台、郑广文纪念馆与八仙岩摩崖、元帅殿等22个单位。同时还填报了桃渚城、谭纶画像碑与戚继光表功碑、千佛塔、溪口、涌泉窑址群等四处省级文保单位建筑面积调查表，另填报"临海翼龙化石产地保护区"一处。

7月30日　博物馆与陆培娟、金笑君签订《回浦幼儿园承包协议书》。协议规定：承包期为10年，即自1995年8月1日起至2005年7月31日止。承包额按现招生收费每人每学期为420元标准，招生人数多少而定，如招生70人以下，则年承包额为2万元，超过70人，则超过部分每人每年上交给博物馆140元，上述基数三年不变。三年后承包额以原额度为基数，按照幼儿收费涨幅比例上浮。幼儿园所有开支、业务、管理及所发生的问题均由承包人负责。

8月16日　博物馆展厅工程竣工验收。参加验收的有临海市城建委建工处俞学兴、建筑质量监督站宋仁顺等二人，台州建筑设计院胡亮平，市四建公司陈小龙、张增龙、章国富等六人，水电安装公司金小法、陈友富、王修法等三人，博物馆馆馆长徐三见、副馆长任林豪及博物馆基建具体经办人李玮也参加了验收。验收工作结束后，验收人员集中四建公司会议室进行座谈。会上，市建筑质量监督站、台州设计院及建工处等同志一致认为，该工程由于经费紧缺，致使工程拖搁时间很长，就工程而言，总的质量还是可以的，对安全不影响，但在具体项目中存在着诸多问题。如：基础有些下沉，造成地面有多处裂缝；门框欠准确，周围有空隙，有的还会摇动；水管安装存在变换材质，如洗手槽排水管用塑料管替代铁管、有的水龙头关不死，电灯尚有几盏未安装等问题。通过座谈，各方达成一致意见。门框等要整修加固、地面裂缝要修补，水管材质仍按图纸要求复原，电器未完成的抓紧完成，确保按时开馆。

8 月 30 日　博物馆与马欣签订关于继续承包东湖露天舞厅的协议。协议规定，承包时间为二年，即自 1995 年 9 月 1 日至 1997 年 8 月 31 日止，年承包额 6000 元，按月交付，其他事项均按原承包协议不变。

9 月 15 日　临海市人民政府于郑广文纪念馆隆重举行郑虔诞辰 1310 周年公祭，来自全国各地的文史工作者、郑氏后裔及临海群众 300 余人参加了公祭大会，市委书记苏建国致欢迎词，市长蔡学武宣读祭文。大会期间，同时举办中国唐代文学会郑虔学术研讨会及经贸洽谈会。博物馆馆长徐三见、副馆长任林豪应邀参加公祭大会和学术研讨会。

9 月 19 日　为贯彻"保护为主，抢救第一"的方针，进一步加强文物保护工作，改善临海文物保护状况。浙江省文物局一次性补助文物保护专项经费 5 万元，用于省保单位桃渚城的保护与维修。

9 月 25 日　博物馆付给临海四建公司的水电安装公司水电工程款 4.4 万元。

9 月 28 日　博物馆展厅工程及东湖石刻碑林竣工落成，并举行开馆典礼和馆藏书画精品展览。浙江省文物局副局长陈文锦、原副局长梅福根、博物馆处沈坤荣，台州市文化局局长张武鹏、台州市文管会副主任方本华、文管会办公室主任金祖明，临海市纪委书记徐亦平、市委宣传部长包国强、市人民政府副市长林建华等省市及临海市领导参加了开馆典礼。参加典礼的还有台州各县市的文物部门及本市各部门的单位代表共 100 余人。

开馆展出的 80 多幅书画选自馆藏 3000 多幅作品中，大多属于精品。其中元代 2 幅、明代 5 幅、清代 76 幅。有明代的项圣谟，清代的林则徐、陆远、任伯年、蒲华、伊秉绶，近代的徐悲鸿、刘海粟、于右任、沈尹默，当代有赖小其、黄幼吾、诸乐三、商承祚、费新我等名家的精品。还有地方名家周润祖、齐召南、方洁、傅啸生、柯璜等力作。

是日，天台县博物馆为祝贺临海博物馆新馆开馆，赠送恐龙蛋化石两颗。

10月9日 博物馆给付市四建公司，博物馆展厅工程欠款利息4万元。

10月13日 日本光西大学文学部教授内田庆节、松浦章、藤善真澄、宫下三郎等四人在杭州国际旅行社导游的陪同下，来博物馆咨询、交流有关南宋《诸蕃志》一书及作者赵汝适的有关情况。博物馆副馆长任林豪、工作人员丁伋等与他们交流，并一起合影纪念。

10月18日 博物馆因文物征集、文物鉴定经费不足，报告临海市人民政府。今年以来，博物馆计已征集汉及六朝陶瓷器、唐代铜镜、宋墓志等文物50余件，花去征集费5000余元。又在5月份国家文物局专家组文物巡回鉴定中，花去出差、用车、押运、接待分摊等费用5000余元。由于博物馆经费仅为人头费，特请示市政府帮助解决1万元。

10月21日 博物馆上报临海市文化局关于要求解决1995年度经费严重不足的报告。博物馆今年财政预算为7.9万元，因物价上涨等因素，早已入不敷出。加上正常开支以外的大笔费用，如大成殿收回及碑林建成后，管理人员工资及水电费等1万元；推荐台州府城、元帅殿、郑虔墓与郑广文纪念馆等四处省文保单位，建立"四有"档案所花的测绘、拍照、资料复印等经费1.2万元；新馆落成及开馆安装报警器，部分古书画装裱及陈展用品、保卫和管理等各种费用1.3万元。为此，要求市财政年度补助4万元。

10月25日 临海市文化局报告市政府，台州府城于1983年4月15日公布为县级文保单位，郑虔墓于1986年10月17日公布为市级文保单位，当时两处文保单位仅划定了保护范围，没有划定相应的建控地带。按照《文物保护法》有关规定，现补划建控地点如下：台州府城，在保护范围基础上，内外再延伸 250 米。郑虔墓，在保护范围基础上，四周再扩展 50 米。

是日 临海市文化局报告浙江省文物局，台州府城始建于六朝，扩建于唐代，定型于宋朝，为临海历史文化名城内涵的核心。城墙全长 6000 余米，现除东面被拆无存外，西南两面 2200 米保存基本完好，北面北固山上尚保留着 2000 余米的城墙基础。为加强历史文化名城建设，扩大文物的影响，发挥文物在爱国主义教育中的作用。临海市政府拟对北固山段古城墙进行全面修复，计划参照西南现存城墙的形式结构，保持明代风格，坚持临海古城特色。

10 月 30 日 临海市政府将划定的浙江省文物保护单位"溪口、涌泉窑址群"保护范围与建设控制地带上报省政府审批。

11 月 29 日 浙江省文物局博物馆处处长梅可锐及其办公室工作人员一行来博物馆检查文物安全有关工作。随后，馆长徐三见陪同他们至国华珠算博物馆参观。

12 月 18 日 根据上级公安部门的布置与要求，博物馆开展"创安"活动，收到了较好的效果。为确保安全，维护单位正常工作，特向临海市公安局内保科申请参加 1995 年度创建《治安安全单位》活动。并根据市公安局关于深入开展创建《治安安全单位》活动的通知，结合本单位的实际，对照"创安"十条标准，总结了"创安"活动达标工作，提交了《关于要求"创安"验收的报告》。

12 月 28 日 近几年来，博物馆为保护临海的历史文化遗产做了大量的工作，临海能成为国家历史文化名城与博物馆工作人员的努力是分不开的。但博物馆的全年经费仅为 7.9 万元，而工作人员年工资总额即达 8.18 万元，要开展文博工作困难很大，为此，博物馆报告有关部门，要求从 1996 年起，年度经费增加 5 万元，以确保临海文博工作的有效开展。

1996 年

1月4日 博物馆召开全体工作人员会议,对过去一年的工作进行了总结,并评选王敏为文化系统先进工作者。

1月16日 位于回浦路的太平天国台门是临海市的文物保护单位,为木结构古建筑。由于西厢房后面的附属房今辟为饭店,造成用电量剧增,近来多次发生冒火现象。同时,台门内居民的电线严重老化,随着家电设备的日益增加,存在着严重的火灾隐患。为此,临海市文管会办公室报告市消防大队要求尽快对太平天国台门进行消防安全检查。检查总火表及表外线是否承受得了?多少住户电线老化需要更新?空调的电线负荷能力怎么样?还有铜、铝线混用的住户其接线头是否有问题和要否更换。以切实保护文物保护单位的安全。

1月17日 位于杜桥镇卢家村的"卢氏石牌坊",为临海市文物保护单位。因保护范围内长期被当地预制场堆积沙土,造成保护标志埋没于沙土之中,直接影响或有损于牌坊的建筑风貌和文物的保护。根据群众的报告,临海市文管会办公室致函卢家村委会,重申了"卢氏石牌坊"的保护范围,以及临海市政府《关于加强文物保护的通告》,要求村委会妥善做好牌坊的保护工作。

是月 博物馆保卫干部马欣被全国文物安全保卫工作表彰大会评为全国文物安全保卫先进工作者,并获得先进表彰"光荣册"一本。

2月9日 博物馆报告临海市政府,市级文物保护单位"元帅殿"经过四个月的维修,工程已基本结束,尚有不少经费缺口。另博物馆新馆展厅落成后,最近进行了场地绿化,并需进一步完善。又"碑林"建成至今一直没有用电装置,近来也进行了安装。由于经费不足,困难较多。因此,要求市政府补助1.2万元。

是日 根据市文化馆的实际困难,经临海文化局领导协调,原"红楼"博物馆使用的三楼办公用房从 1996 年 2 月 10 日起，无限期交由文化馆使用。文化馆补偿给博物馆装修费用 4000 元，房租的付款方式依旧不变。

2 月 12 日　经林建华副市长审批，解决文保单位"元帅殿"维修、博物馆场地绿化、"东湖石刻碑林"用电装置等补助经费6000 元。

2 月 16 日　临海市文管会办公室就市公安局消防大队（96）2 号《太平天国台门重大火险隐患问题的通知》发给博物馆，提出几点意见。其中，文物保护单位属市文管会管理（主任由副市长兼），具体由下设办公室管理（主任由市文化局长兼），原要求对太平天国台门进行消防防火的第一通知，也应发给相应的单位。

根据《文物保护法》第十五条规定，有关太平天国台门的线路装修，应由使用单位及住户负责。有关外线、用电测算及更换电表等均与电力部门有关的《通知》应抄报给市供电局。

另外，《通知》中所说的"禁止使用液化石油气和其他生活用火……"在目前尚未迁出住户之前，实际上是办不到的。

2 月 19 日　临海市文联、美协与博物馆联合在文物展厅举办"新疆美术、摄影家金城'天山'艺术作品展"。展期自农历初一至初十。金城为临海大石岭景人，长期生活工作于新疆，他的作品具有浓郁的边疆风情，深得观众的赞赏。

是月　博物馆被评为临海市文化系统 1995 年度先进单位；工作人员马欣被评为文化系统先进工作者。

是月　博物馆荣获临海市公安局保卫工作先进集体称号。

3 月 18 日　根据群众要求，台州市文管会办公室主任金祖明、工作人员劳宇红、临海博物馆馆长徐三见、副馆长任林豪共同对位于杜桥镇杜东村桑园的花台门民居进行了鉴定。该民居为四合院、南向、梁架结构，双层两坡，台门屋及正房均七间，两厢各三间共计二十间。斗拱呈仰"八"字形，并饰有云纹等，雕刻较为精致，装修颇讲究，窗上嵌有蓝、绿宝石（玻璃料）。经详细考证，确认其建筑年代为清乾隆年间，但木作保留了一些明末清初的手法，有一定建筑艺术特色。考虑到杜桥一带保存的文物古迹不多，因此，建议当地政府予以保护，今后维修时，要注意保护原状，做到修旧如旧。

是月　博物馆经临海市文化局的安排，与录像经营户潘希岳、潘文国、朱国强三人签订了录像放映经营的责任书。

4月1日　为保护好杜桥的卢家石牌坊，临海市文管会办公室致函杜桥镇政府和卢家村委会，并提出保护意见。一是机耕路尽可能予以改道，如无法改道，则尽量往东偏移。二是在牌坊与机耕路之间设置相应的隔离带，但隔离带不宜过于高长与厚实，以免影响牌坊的景观和气氛。三是采取相应措施，减轻机动车的震动力或增强牌坊的抗震力。四是清除牌坊底下堆放的各种杂物。

是日　由于临海市文保单位太平天国台门西厢房附屋的"光明小吃店"装有空调、电冰柜等设施，其超载用电造成总电表屡冒火花，给文保单位带来极大的不安全因素。根据市消防大队(96) 8号《太平天国台门重大火险隐患的通知》精神和整改意见要求。为了加强文物保护，确保太平天国台门的安全，临海市文管会办公室致函市工商局要求促使"光明小吃店"立即迁移或吊销该饭店的营业执照。否则一旦出了问题，后果不堪设想。

4月8日　博物馆馆长徐三见出席台州市政协第一届第二次会议，并在会议期间列席台州市第一届人民代表大会第二次会议。

4月15日　博物馆报告给临海市文化局，关于当前存在和急需解决的重大问题。一是临海博物馆经浙江省文物局、公安厅二处审定为二级风险单位，按照《文物系统博物馆风险等级和安全防护级别的规定》要求，需安装防盗探测器，设立报警控制室等。省文物局明文规定期限为1997年底完成，需技防设施费30

万元。二是博物馆虽已开馆，但没有基本陈列，受到了省有关领导和群众的批评，因此急需搞一个基本陈列。经最低估算，基本陈列的陈列费用为 32 万元。三是博物馆目前处于展厅与库房两地分开的特殊情况，且文物库房系 70 年代初建造的普通房代用，存在着严重的不安全因素，必须尽快重建，需经费 60 万元。四是博物馆正常开放后，需增加人员编制和经费，又为了紧密联合东湖公园，新馆必须开设西大门。为此，市政府应从总体上考虑，切实解决以上问题，真正发挥博物馆在社会主义精神文明建设中的作用。

5 月 2 日　临海市公安局向博物馆移交于涌泉镇查获的盗墓文物三十余件，主要为六朝青瓷器和铜器等。

是日　博物馆报告临海市文化局，要求解决加固文物展厅门窗和制作展览镜框经费 11750 元。

7 月 1 日　临海市房管处与博物馆重新签订租用"红楼"三楼办公用房的租赁合同，月租为 379.7 元。

8 月 15 日　台运段职工杨通亨送交博物馆道教"元始天尊"画像等二幅，及阎罗王画像数张。因画面破碎，绘画技艺又差，最后交由本人带回。

8 月 16 日　城东三峰村农民黄正德向博物馆送交三峰寺大殿挖基础时出土的青瓷碗、青瓷油灯盏、青瓷水盂和唐代瓦当等文物四件，博物馆根据有关规定奖励人民币 50 元。

8 月 22 日　博物馆的文物库房与图书馆的基藏书库同处一座楼房，系 70 年代初建造的普通办公用房，当时权作库房使用。目前，三楼文物库房收藏着 2 万余件文物和 10 万多册古籍，二楼图书馆书库存放着 10 万多册藏书。由于该楼房的本身结构问题和长期失修，加上藏书量过多，超负荷使用，致使地面下沉且大面积开裂，楼层随时都有倒塌的危险。为此，博物馆与图书馆联合报告临海市文化局，要求尽快采取措施，确保馆藏文物、图书的安全。

9月2日　台州市委、市政府举办的"走向明天的辉煌"图片展览在博物馆一楼展厅举行。

是日　浙江省博物馆主办、临海博物馆承办的"国际礼品展"也同时在博物馆二楼展厅开展。"国际礼品展"的展品均为世界上各国国家元首、政府及各种代表团来浙江访问或参观等活动时赠给省领导和有关部门、单位的，同时也有浙江省组团出国访问和其他交流活动时，受礼的艺术品。计有34个国家和地区的100件展品，其中不少属于珍贵的工艺品，如巴西紫晶宝石葡萄，月亮色宝石鸟，玛瑙石、水晶镀金花瓶和美国的金盘等。

9月16日　浙江省委副书记王金山在省政府秘书长黄兴国、新任台州市委书记孙忠焕、副书记陈定新，临海市市长蔡学武等陪同下，在游览东湖后，参观了博物馆东湖石刻碑林。

是日　小溪乡小溪村农民洪仁杰，送交博物馆其征集于城南张家岙王来福家的《宋陈椿墓志》一方，博物馆根据有关规定给予洪等奖励费人民币85元。

是日　根据两头门西溪村村民要求，博物馆馆长徐三见、副馆长任林豪，以及老馆长郑文斌等前往该村考察了鹿何故居、钱王宫等二处古建筑。

9月17日　台州市文化局长会议的代表，参观了博物馆东湖石刻碑林。

9月25日　历时二十四天的"国际礼品展"圆满结束，受到了参观者的一致好评。

9月27日至28日　浙江省文物工作会议在杭州玉泉饭店举行，博物馆副馆长任林豪参加了会议。

10月1日　临海市文联、书法协会、美术协会联合在博物馆展厅举办"临海'96'书画精品展"。

10月14日　临海市文化局局长刘浩、副局长张辉至博物馆，与馆长徐三见、副馆长任林豪一起，商量博物馆基本陈列事宜。

10月17日　本着优势和资源互补的原则，博物馆与西郊花木场签订了租赁合同，将博物馆院内的部分场地租与花木场使用。租期五年，即 1996 年 10 月 20 日至 2001 年 10 月 19 日，租金前三年每年三千元，后两年每年为四千元。

10 月 21 日　博物馆就"临海史迹展览"陈列问题于博物馆库房举行了座谈会，台州市文管会原主任陈明康及博物馆徐三见、任林豪、李玮、汤慧君、王敏等出席了会议。会议由徐三见主持，着重对陈列提纲、陈列手法、展柜、展厅外部改装、西大门修建等问题进行了座谈。

11 月 25 日　为了加强对创建国家文明卫生城市工作的领导，经博物馆领导研究决定，对博物馆的创建文明卫生城市工作领导小组成员进行调整：组长徐三见，副组长任林豪；成员为马欣、汤慧君。

12 月 9 日　博物馆就关于创建《治安安全单位》的验收、自查自验、达标等工作向临海市公安局内保科作了书面的报告。

12 月 12 日　博物馆是精神文明建设的重要组成部分，就临海而言，她更是历史文化名城的重要窗口。由于各种因素的制约，临海博物馆的硬软件建设目前在浙江省内处于低级水平。按照国家文物局的要求和浙江省文化厅制定的标准，差距十分明显。如地县一级博物馆，浙江省定标准为三个类级，在人员编制上，一类 40 人，二类 30 人，三类 20 人；馆舍一类 5000 平方米，二类 3500 平方米，三类 2000 平方米；经费一、二类人均 1.5 万元，三类 1 万元。而临海博物馆的现状是：编制 9 人，馆舍 1200 平方，人均经费 8800 元（含工资及文物征集等费用）。为此，博物馆报告临海市文化局，希望市政府与政策职能部门予以高度重视，切实解决好存在的问题，以便博物馆在精神文明建设中发挥更大的作用。

12 月 26 日　博物馆召开了全体工作人员参加的馆务扩大会议，会议由馆长徐三见主持，主要商量并决定了以下事项：

一、博物馆内部拟下设办公室、保卫科、考古部、陈列群工部等四个工作部门。办公室由汤慧君负责，保卫科由马欣负责，陈列群工部由徐三见负责，考古部由任林豪负责。

二、商量和讨论了博物馆的岗位职责及规章制度，与会人员一致同意实行所制定的岗位职责及规章制度，并决定于 1997 年 1 月 1 日起执行。

三、安全保卫方面在岗位职责的基础上另行制订《安全保卫工作条例》。

1997 年

8 月 29 日　浙江省人民政府公布临海"郑虔墓"为浙江省文物保护单位。

12 月 13 日　中央电视台午间新闻节目对临海古城墙的维修工作进行了报道。

1998 年

1 月 8 日　接杜桥派出所蔡计里副所长电话，杜桥派出所破获盗墓案一起，追缴文物数十件。博物馆副馆长任林豪及临海文化局局长刘浩、文化市场办公室主任沈建中等即前往，听取了有关情况汇报，并查验了所缴文物。回临海后，刘浩局长向陈广健市长作专题汇报。

1 月 12 日　博物馆馆长徐三见、副馆长任林豪、保卫干部马欣，以及临海市文化局局长刘浩、办公室主任孙敏华、文化市场办公室主任沈建中等前往杜桥，对日前杜桥派出所追缴的 74 件文物作初步鉴定。经鉴定，有二级文物 7 件，三级文物 32 件，其中有几种文物在临海还是首次发现，具有较高的历史价值。

1 月 21 日　浙江电视台"新闻联播"节目，对临海杜桥派出所破获的盗墓案进行了报道。之前，台州电视台和临海电视台也就此事先后进行了报道。

3 月 5 日　天台远泰程控有限公司工作人员来博物馆安装新

馆主楼展厅的电视计算机防盗系统。

3月8日 浙江省文物局下属浙江泰宁安全技防有限公司总经理王林、业务主管张旗工程师等，来博物馆指导主楼展厅计算机防盗系统的安装工作。

3月9日至10日 德国廉亚明博士自温州抵临海考察古代摩尼教遗址和遗迹，并在博物馆馆长徐三见、副馆长任林豪的陪同下参观了东湖石刻碑林。

3月15日 台州市企协第二届"全浙"书展领导小组成立，博物馆馆长徐三见、工作人员吴健任领导小组成员。

3月16日 浙江省文物局下属浙江泰宁安全技防有限公司总经理王林一行三人，来博物馆负责调试新展厅计算机防盗系统。

3月19日 台州市公安局内保科南存金科长一行三人在临海市内保科管副科长的陪同下，来博物馆检查了新展厅计算机防盗系统的安装与调试，并提出了宝贵意见。

3月30日 台州市公安局技防办、内保科、台州质量监督站、台州广播电视局、临海市公安局内保科等一行十余人，对博物馆新展厅的计算机防盗系统进行初检，并提出修改意见。

3月22日至26日 博物馆副馆长任林豪当选为临海市政协委员，并参加了在台州影剧院召开的临海市政协十届一次会议。

3月23日至27日 博物馆馆长徐三见当选为临海市人大常委会委员，并参加了在台州影剧院召开的临海市十二届一次人代会。

3月22日 临海市委书记胡宣义等领导至博物馆参加"临海辉煌五年展"，并检查了展厅计算机防盗系统。

4月6日至11日 浙江省文化系统档案管理省级达标培训班在杭州举行，博物馆吴健参加了学习。

4月16日 浙江省文物局原副局长梅福根，以及省文物鉴定中心柴眩华、周永良一行三人来临海，对杜桥盗墓案中所缴获的文物作了鉴定，并出具了浙江省文物鉴定书。

5月29日　临海市公安局刑侦大队向博物馆移交邵家渡出土的西班牙双柱银元302枚，民国陶罐2只，瓷碟1只。

6月23日　博物馆办公室及库房开始迁至东郭巷新馆，搬迁工作全面展开。

6月23日　日本天台宗宗务厅总务部长等一行四人至临海，考察了千佛塔及古龙兴寺遗址。并于晚上在市委书记胡宣义、市长陈广健的陪同下参观了博物馆史迹陈列展览。

7月22日　博物馆接收杜桥派出所移交的盗墓文物74件，其中二级文物3件，三级文物20件，一般文物51件。工作人员马欣、吴健赴杜桥参加了交接工作，并在交接书上签字，所有接收文物于当天安全入库。

7月23日　临海电视台新闻联播节目对博物馆接收杜桥派出所移交的盗墓文物工作作了报道。

7月26日　台州电视台新闻联播节目对博物馆接收杜桥派出所移交的盗墓文物作了报道。

8月12日　博物馆库房及办公室搬迁工作顺利结束。

8月16日　临海市文化系统"敬业奉献"演讲比赛在市招三楼会议室举行，博物馆王薇参加了比赛，并荣获第二名。

9月12日　国家文物局文物保护司副司长晋宏逵和许言，在浙江省文物局文物考古处副处长吴志强、省考古所古建筑研究设计院院长黄滋的陪同下至临海，考察了浙江省文物保护单位桃渚抗倭古城及台州府城墙。这次考察的目的，是浙江省文物局为推荐桃渚城和台州府城墙申报第五批国家重点文物保护单位而作准备。

9月29日　博物馆王薇获临海市"国税杯"射击比赛女子组第1名。

9月30日　博物馆王薇荣获临海市可口可乐杯"我爱临海献青春"演讲比赛三等奖。

是月　博物馆吴健的书法作品入展第二届全浙书展，并编入作品集。

10月1日　博物馆新馆正式对外开放。

10月7日至8日　全国人大常委毛昭晰、中国社科院考古研究所研究员杨鸿勋、浙江省文物局文物处副处长吴志强和杨新平、省考古研究所副研究员刘斌等一行至临海,重点考察了桃渚城、东洋镇石仓村石仓,并参观了台州府城墙沿江段。

11月13日　浙江省博物馆蔡小辉等至博物馆接运参加"全省打击文物走私犯罪活动成果展"的三件文物。

11月17日　温岭市农林局张一晨等来博物馆查找有关古代温岭高橙的文献记载。

11月20日　台州市政协副主席叶哲明、政协文史委主任王妙增率领台州市政协文史委员会考察组一行12人,在临海市政协副主席谢玉仙、文史委副主任马曙明的陪同下,调研临海的文物工作。台州市文管会办公室主任崔建国、临海博物馆馆长徐三见就台州及临海的文物工作作了汇报。

1999年

1月1日　浙江省文物保护单位"台州府城墙"作为旅游点,开始对外开放。

1月29日　浙江省博物馆归还博物馆参加"全省打击文物走私犯罪活动成果展"的三件文物。

2月5日　根据《文物保护法》及有关规定,温岭市文化局文物办将温岭市的文物藏品,其中包括一级品一件,二级品十七件,寄存于临海博物馆的中心库房,并就此签订寄存协议书。

2月8日　临海市章清副市长在市文化局局长许健捷的陪同下来博物馆指导工作,并参观了"文物陈列展"。

2月23日　清雍正《紫阳真人圣旨碑》自大石百步运抵博物馆。

3月5日　浙江省文物考古研究所工程师宋喧至临海,对浙江省文物保护单位"千佛塔"的维修进行实地考察,并做前期准备工作。

3月11日 博物馆工作人员吴健被临海市委宣传部评为1998年度宣传思想先进工作者和优秀基层宣传员。

3月15日 临海市十二届人大二次会议和政协十届二次会议隆重举行,博物馆馆长徐三见和副馆长任林豪分别作为人大代表和政协委员参加了本次大会。

是月 根据临建〔1999〕2号文件《关于拆除市博物馆办公室与库房之间平房的通知》博物馆原馆舍于4月初拆迁完毕。

4月12日 博物馆馆长徐三见、副馆长任林豪被评为"台州市文博工作先进个人"。

4月21日 浙江省文物保护单位"四有"工作培训班在绍兴举办,博物馆吴健参加了这次学习。

5月 浙江省文物保护单位"临海千佛塔"开始进行维修。

6月10日 博物馆馆长徐三见与工作人员马欣、王敏将馆藏革命文物送往金华进行鉴定,经浙江省文物鉴定委员会汪济英等专家确认,其中二级二件,三级八件,一般文物三件。

7月17日至20日 由台州市委宣传部、党史办举办的"台州解放五十周年"图片展在博物馆举行,参观人数达6310人。

7月25日 临海市文化局局长许健捷、博物馆馆长徐三见和博物馆工作人员马欣、吴健等前往桃渚,对古城的三个城门、瓮城以及两个敌台进行测绘。

8月17日 以浙江省文物局办公室副主任吕可平为组长,由浙江省文物局、省公安厅、台州市公安局、文物处以及临海市公安局内保科等单位组成的临海博物馆安全技防工程验收小组一行11人,对博物馆的安全技防工程进行了验收,并确认为合格工程。

8月26日 博物馆于城关西门外校场巷37号征藏《明·金锡宸妻陈氏厝志》一方。

8月30日　浙江省文物局副局长陈文锦、文物处副处长吴志强等前来临海，实地考察浙江省文物保护单位"台州府城墙"，协商有关临海城市防洪与古城墙的关系问题，并与临海市水利局负责这一项目的阮峰（原副局长）进行了商谈。最后，陈文锦副局长提出：要处理好城市防洪与古城保护的关系，希望临海市水利部门多拿出几个方案，最好请国家一级的专家参与会审，找出一个最好的方案。

9月　原临海劳动人事局副局长何达兴等于张家渡镇大岙村（今属括苍镇）发现《宋曹勋妻王氏墓志》一方。

10月1日至3日　"临海光辉50年"邮展在博物馆举行，参观人数达1000人次。

12月4日　参加在椒江举行的浙江省文物工作会议的浙江省文物局局长鲍贤伦和省文物局博物馆处、文物处、办公室等部门的负责人，以及温州、舟山等地的文物干部一行20余人在台州市副市长王中苏、台州市文化局局长周春梅等领导陪同下，至临海考察参观台州府城墙、千佛塔、龙兴寺等文物古迹，临海市文化局局长许健捷、博物馆馆长徐三见陪同考察。

是月　浙江省文物保护单位"临海千佛塔"维修工程结束。

2000年

3月6日　博物馆党支部进行改选，徐三见当选为书记，马欣当选为副书记。

3月19日　临海市人大第十二届三次会议和政协第七届三次会议开幕，博物馆馆长徐三见、副馆长任林豪分别作为人大代表和政协委员参加本次会议。

5月12日至17日　台州市人大第二届一次会议在椒江召开，博物馆馆长徐三见当选台州市人大代表并参加了会议。

5月24日至31日　由浙江省委保密委员会举办的"浙江省保密教育图片展"在博物馆展厅开展，参观人数达一千余人。

6月8日至16日 台州市文物处组织全市文博干部赴陕西西安、河南洛阳等地考察文物工作，博物馆副馆长任林豪以及工作人员马欣、吴健、汤慧君、张巧英参加了这次考察。

7月13日至14日 浙江省委常委、常务副省长吕祖善，在省劳动厅厅长韩云根、省卫生厅厅长李兰娟、省体改办副主任郭剑彪和台州市委常委、常务副市长陈云金、台州市政府副秘书长张锦鸣，台州市劳动局局长魏陆民，以及临海市市长陈广健的陪同下。考察了临海的浙江省文物保护单位桃渚城、台州府城墙，和望江门城楼、兴善门、龙兴寺、千佛塔等文物古迹。

7月14日 城关镇西郊办事处留贤村104国道旁离地20多米的山体上，因开采岩石发现南宋古墓葬二座六圹。接到报告后，博物馆立即组织人员对该墓进行抢救性清理，共出土《宋王玠暨妻范氏圹志》和《宋王玠继室张氏圹志》各一方、铜锁三枚、影青小碟二只、铜双鱼饰一件，以及钉环、铁钉和"大平通宝"钱币等文物。

8月8日 博物馆于小溪乡白岩岙（今属江南街道）征集《宋王之望墓志》一方。

8月20日 浙江省政协主席刘枫，在台州市政协主席朱福初和临海市市长陈广健、市政协主席刘铮的陪同下，考察了浙江省文物保护单位桃渚城。

9月13日至15日 全国政协委员、国家文物局古建筑专家组组长罗哲文与北京古建筑研究所所长王世仁、中国文物研究所总工程师傅清远一行三人至临海，考察了临海的历史文化古迹。并与临海市市长陈广健和各界人士进行座谈，对临海的文物保护工作予以充分肯定。

9月21日至22日 临海市文联第四次代表大会在华侨宾馆胜利召开，博物馆馆长徐三见和工作人员吴健作为代表参加会议。

10月14日 日本国东町町长和夫人以及国东町安国寺林落

遗地博物馆馆长金田信子等，在全国人大常委毛昭晰教授、临海市市长陈广健的陪同下，参观考察了临海的台州府城墙、龙兴寺等文物古迹。

10月27日　国家文物局副局长张柏、文物处干部詹德华（女）和浙江省文物局局长鲍贤伦、文物处处长吴志强出席了在临海举行的中国古城会，并在台州市文化局局长李建平、临海市委宣传部长李建进等陪同下考察了台州府城墙与桃渚城。

10月27日至30日　2000年中国古城会在临海隆重召开，著名历史文化名城保护专家周干峙、罗哲文、郑孝燮、徐禾、阮仪三、王健平等参加了会议。与会专家在临海期间，考察了临海境内的台州府城墙、历史街区、桃渚古城等历史文化遗存和括苍山等著名景点。

10月29日　中国第一任驻美大使紫泽民、中国历史文化名城委员会副理事长兼秘书长张富青、副理事长王景慧，全国历史文化名城保护专家委员会副主任委员郑孝燮，中国人民大学教授徐禾等专家，在临海市领导陈广健、王国忠、尤福初的陪同下，参观考察了桃渚城。

2001 年

1月12日　连盘乡雉溪垦埠黄泥山头村（今属杜桥镇）扩建通村道路时，出土《宋黄之奇圹记》一方。

2月18日　临海市人民政府48号文件批复了关于公布五洞桥等十个文物点为市级文物保护单位的请示。

3月11日　临海市政协第十届委员会第四次会议召开，博物馆副馆长任林豪作为政协委员参加了本次大会。

3月13日　临海市人大十二届五次会议召开，博物馆馆长徐三见参加了本次大会。

3月31日至4月1日　桃渚军事古城保护与开发旅游规划评审会在临海国际大酒店举行，会议由台州市计经委李昌道主持，临海市副市长张政煜致欢迎词，临海市市长陈广健最后发言。博物馆馆长徐三见参加了这次会议。

4月1日　博物馆于连盘乡雉溪垦埠黄泥山头村（今属杜桥镇）征藏《宋黄之奇圹记》和《宋黄处恭圹志》各一方。

4月5日　浙江省文物局办公室副主任吕可平、省公安厅二处厉科长、台州市文物处处长崔建国，以及台州市文物处工作人员劳宇红等来博物馆进行安全方面的调研和工作检查指导。

5月30日至6月2日　浙江省历史文化遗产普查培训班在宁波举办，博物馆吴健参加了这次培训。

6月25日　国务院［2001］25号文件公布临海台州府城墙、桃渚城为第五批全国重点文物保护单位。

是月　台州市代市长史久武在临海调研期间，参观了浙江省文物保护单位台州府城墙。史久武在考察中指出，临海历史悠久，文化底蕴深厚，人民崇文重教，这是临海的特点，也是优势。历史不能重造，文物不会再生，必须切实保护好这个得天独厚的资源。要珍惜"国家历史文化名城"这个资源，要在建设发展中处理好城市发展与文化遗产保护两者之间的关系。

7月6日至7日　台州市第三次文物普查工作会议在玉环召开，博物馆工作人员吴健参加了这次会议。会议期间，还组织代表参观了三台潭遗址发掘现场。

7月7日至8日　临海市文化局党组织下属基层各单位支部书记赴嘉兴南湖参观学习，博物馆支部副书记马欣参加了本次活动。

8月3日　临海市人民政府在华侨宾馆举行国务院批准台州府城墙、桃渚城为国保单位庆祝座谈会。台州市文化局局长李建平、临海市市长陈广健，以及刘铮、李永炉、林建华、谢玉仙、朱坚国等临海市领导和临海市文化局等有关部门的负责人出席了座谈会。

9月11日至13日　浙江省文博系统藏品建档工作经验交流

会在湖州召开，博物馆工作人员吴健参加了本次会议。

9月17日　王士琦墓园旅游开发规划会审在临海华侨宾馆四楼会议室举行，会议由临海市计经委主持，张正煜副市长以及文物行政管理部门和各相关部门的负责人出席了会议。此次规划的编制单位为上海复旦大学旅游开发中心，编制的指导思想比较符合文物保护的原则，对文物仅作保护性整治，不改变它的现状。经过讨论，会议原则上通过了该规划，同时也对存在的一些问题提出了修改意见。

9月30日　全国重点文保单位台州府城墙揭碑仪式在览胜门城楼前隆重举行，市委书记陈广健、市长叶维军以及四套班子领导举行揭碑仪式。

10月4日　原中宣部副部长龚心翰、上海《新民晚报》总编辑金福安、上海记协主席丁锡满、上海《文汇报》党委书记吴谷军、上海文汇新民报业集团社长赵凯、上海《申江服务导报》总编辑徐炯、上海电台台长李尚智、上海东方广播电台台长陈乾年等一行30多人至临海参观考察，并在临海市委书记陈广健、代市长叶维军、市领导李建进等有关部门领导的陪同下，游览了全国重点文物保护单位台州府城墙。参观后，龚心翰欣然挥毫写下了"千年府城，还看今朝"八个大字。丁锡满也在题词册上作七绝来赞美古城："长城直上白云山，何处风光的江南。海寇倭奴休猖獗，戚家大将守雄关"。

10月3日　国家计委社会发展司司长杨庆蔚、浙江省计委社会发展处处长魏芳勋至临海，在临海市委副书记、代市长叶维军及有关部门领导的陪同下，参观了全国重点文物保护单位"台州府城墙"。

10月11日　博物馆于邵家渡乡东山（今属邵家渡街道）征藏《宋董亨复圹志》一方。

10月26日　博物馆馆藏"书画精品展"开展仪式在博物馆展厅隆重举行，市委书记陈广健、代市长叶维军，以及陈祥荣、李建进、龚维湘、林建华、罗雪志等市领导为开展仪式剪彩，并兴致勃勃地观看了展出的书画。这次展出的作品上起明代，一共102幅，其中国画64幅、书法38幅。正在市书画院举办个展的著名画家吴山明教授也参加了书画展。

是日　中央委员、全国政协教科文卫委员会主任刘忠德一行，在代市长叶维军等的陪同下，考察了全国重点文物保护单位"桃渚城"。

是日　"2001年江南长城节"在临海隆重开幕。

10月29日　全国人大常委会副委员长曹志一行，在浙江省人大常委会副主任祝耀祖、台州市委书记孙忠焕、市委秘书长胡宣义、台州市人大常委会副主任郭友于以及临海市委书记陈广健、市人大常委会主任单学标、市公安局局长翁于挺、市长助理朱坚国等的陪同下，考察了全国重点文物保护单位"台州府城墙"。考察结束后，曹志副委员长欣然为临海亲笔题词"古城新韵"。

11月6日　来自俄罗斯、马来西亚的艺术家，以及中国美术家协会副主席、浙江省美协主席肖锋教授等一行，在临海市委常委、宣传部长李建进的陪同下，参观了全国重点文物保护单位"台州府城墙"。

11月18日　为期3个月的浙江省第三次历史文化遗产普查工作正式在临海全市范围内展开，博物馆馆长徐三见、副馆长任林豪、支部副书记马欣、工作人员吴健等，开始对临海境内具有历史、艺术、科学价值的古文化遗址进行摸查。

2002 年

1月22日　临海市委组织部在市文体局会议室，宣布了文体局的班子组成名单，博物馆副馆长任林豪拟任市文体局副局长、党组成员。

1月24日　临海市委在华侨宾馆三楼会议室召开"市科技人

才座谈会"，市文体局副局长任林豪作为"台州市首届科技新秀"参加了会议，并就临海的文物保护工作和历史文化名城的深厚内涵问题作了发言。

1月30日　临海历史文化名城研究会在鼓楼召开会议，讨论古街、古民居等历史文化遗产的保护工作，市文体局副局长任林豪参加了会议。

3月6日　临文体〔2002〕12号文件转发临海市人民政府通知，任命博物馆副馆长任林豪为临海市文化体育局副局长。

3月15日　临海市委、市政府在市委八楼会议室召开全国重点文物保护单位"桃渚城"的开发与保护会议，市文体局副局长任林豪参加了会议。

3月18日至22日　临海市人大第十二届第五次会议召开，博物馆馆长徐三见作为本次会议主席团成员出席了大会。

3月25日至31日　台州市人大第二届第三次会议在椒江召开，博物馆馆长徐三见作为本次人大会代表参加了会议。

4月15日　临海市文体局召开班子会议，对局班子成员的工作进行了分工。副局长任林豪负责历史文化名城、文物、博物等工作，并联系博物馆、古城博物馆、郑广文纪念馆、文博科。

4月18日至20日　浙江省"全国文物、博物馆单位基本情况普查"工作会议在杭州召开，博物馆张巧英参加了此次会议。

5月19日　浙江省文化厅副厅长沈敏、台州市文体局局长张蕴华、副局长林丹军，在临海市宣传部长李建进、市文体局领导许健捷、何才多、秦青峰、李爱俭的陪同下，对博物馆的工作进行了检查和指导。

10月26日　浙江省文化厅厅长沈才土等一行，在临海市文体局局长许健捷的陪同下，至博物馆检查指导工作。

7月28日至8月3日　浙江省文博系统领导干部上岗培训班在杭州举办，临海市文体局副局长任林豪、古城博物馆馆长朱晓峰、市博物馆副书记马欣、市郑广文纪念馆负责人郑瑛中等参加了培训，并通过考核取得了结业证书。

9月2日至3日　浙江省国保单位"四有"工作会议在绍兴举行，博物馆馆长徐三见、支部副书记马欣参加了本次会议。

9月3日　临海市委在华侨宾馆三楼会议室召开会议，商量在东湖公园内建立钱氏陈列室，对外进行展示的有关问题。市文体局副局长任林豪参加了会议，并接受了陈列的初步设计、文物复制等工作。

是月　由博物馆馆长徐三见为执行主编，临海文体局副局长任林豪、原市文联主席龚泽华等为主要撰稿人的《历史文化名城——临海》一书，由浙江人民出版社出版。

12月20日　全国文物工作会议在北京召开，临海市文体局副局长任林豪参加了在市电信局二楼会议室举行的此次电话会议。会上，国务院副总理李岚清作了重要讲话。

2003 年

3月9日　临海市第十三届人民代表大会召开，博物馆馆长徐三见参加了本次会议。

3月11日至12日　台州市文物工作会议在三门召开，台州市文体局局长张蕴华及各县市文体局博物馆领导参加了会议，会上各单位对2002年工作作了总结，台州市文物处对2003年工作作了部署。

4月9日　金满纪念馆在临海市杜桥镇假山村金满故居前落成，同时举行了金满铜像揭幕和临海市爱国主义教育基地命名授牌仪式。台州政协副主席叶哲明、临海市委常委金先明、市委宣传部副部长董英姿、原市人大主任张文述，以及市文体局局长许健捷和博物馆馆长徐三见等出席了本次的落成典礼。

4月13日　由浙江省文化厅副厅长兼省文物局局长鲍贤伦率领的省文物保护工作考察调研组至临海，在临海市副市长徐林德以及有关部门领导的陪同下，考察了东湖公园、台州府城墙等景点和文物古迹，并对临海的文物保护工作给予了充分肯定。

4月17日 浙江省文化遗产保护与土地政策座谈会在杭州召开，临海市文体局副局长任林豪参加了会议，并就临海的全国重点文物保护单位"桃渚城"在保护和土地处理等问题作了发言。

6月3日 台州市人大教科文卫委员会一行3人，在市人大副主任张新干的带领下，至临海调研文物保护工作。临海市文体局副局长任林豪参加了调研座谈会，并汇报了临海的文物保护工作。

7月 由临海市文体局副局长任林豪牵头组织，市文体局文博科沈建忠、博物馆吴健、郑广文纪念馆郑瑛中等参加的文物工作小组，完成了临海市文物保护单位巾山群塔、元帅殿、大成殿、王士琦墓前石刻为浙江省文物保护单位的申报工作。

11月30日 由浙江省博物馆、浙江省电视台影视文化频道、《杭州每日商报》主办，临海市博物馆协办的"浙江省首届民间鉴定大会（台州区）"在博物馆举行。浙江省文物鉴定专家汪济英、牟永抗、余子安，以及由浙江省博物馆常务副馆长陈浩、副馆长赵雁君率队的省博物馆中青年专家，对来自台州各地的200多位民间收藏爱好者的藏品进行了免费鉴定。

10月18日 原中央政治局委员，全国政协第八届、九届副主席杨汝岱偕夫人谭小英至临海，在台州市委副书记周国辉，临海市领导马世宙、叶维军等的陪同下，参观考察了全国重点文物保护单位台州府城墙和古城博物馆。

12月5日 临海市人民政府临政发〔2003〕201号文件批复邓巷洪家等十四处文物点为市级文物保护单位。

后　记

　　《临海文物志》的编著构思始于 2002 年 1 月，当时我们正完成《临海宗教志》和《临海墓志集录》的编撰工作。临海是国家级历史文化名城，全市共有全国重点文物保护单位 2 处，浙江省文物保护单位 4 处，市级文物保护单位 44 处。面对着数量众多、分布范围广泛、形式变化丰富的文物古迹，我们意识到了其中蕴含的文化意义，即如何把保护和利用历史文化遗产作为建设文化大市的重要内容，并采取各种抢救、维护和合理利用等措施，让深厚的文化积淀得到了有效的保护延续。作为文史和文物工作者，我们无法拒绝临海历史文化这种极具魅力的深情召唤。由此，我们开始了开拓性的撰写工作。马曙明作为课题的负责人，从书的论证立项、整体策划、体例纲目的设计，到撰写部分章节，并自始至终负责组织、出版工作。任林豪承担了撰稿、统稿、定稿及统校工作。近三年来，我们几乎利用了全部的节假日和休息时间，甚至每天工作到深夜，其中甘苦唯有自知。

　　本书的撰写宗旨和目的在于，以历史唯物主义、辩证唯物主义的基本观点为指导，以史料为依据，介绍已发现的历史文物，揭示其丰富多彩的文化内涵，为研究临海的政治、经济、文化的发展提供历史资料。在书的体例上，采用了不同于一般文物志的写法，而是以各级文物保护单位为主要内容，馆藏文物不在记叙范围之内。第一章"临海历史文物概说"的撰写以时代为序，从旧石器时代中期直至清代，意图对临海的历史勾勒出一个轮廓。

其余各章从历史、文化视野和文物层面上展开，并力求角度新、资料准、品位高。最后一章"临海文物、博物馆重要事记"，记述了从汉建元三年（前138年）至公元2002年长达2140年间临海文物和博物馆事业的发展脉络，以此作为一种新的尝试。同时，书中有出处的"引文"尽量加以"夹注"；不明出处的，多来源于以下所列的参考书，特此予以说明。

本书在编写过程中，参考了《台州金石志》、《浙江古代史》、《台州文化概论》和《历史文化名城——临海》诸书，以及《临海县文物普查重点单位资料汇编》、《临海市历史文化遗产普查资料汇编》等资料，并吸收了前辈学者与本世学人的许多研究成果；特别是部分引用了临海博物馆李玮先生、郑文斌先生与吴健先生所编的《临海博物馆大事记》。书中所用的图片，极少量采自于《历史文化名城——临海》、《临海县文物普查重点单位资料汇编》、《临海市历史文化遗产普查资料汇编》等书和资料，大部分由本书编委、临海博物馆马欣先生提供。谨向他们表示感谢。

最后，我们要感谢国家文物局科技专家组成员、南京博物院副院长奚三彩研究员，临海市政协尤福初主席、罗雪志副主席，他们于百忙之中赐序，这是对我们的鞭策和鼓励。感谢著名书法家、文物学家、浙江省文物局局长鲍贤伦先生题写了书名，使本书蓬荜生辉。同时，本书的出版还得到了文物出版社副总编辑张昌倬先生和责任编辑李睿先生，中国社会科学院世界宗教研究所副所长张新鹰先生、《世界宗教研究》杂志社社长黄夏年先生等的大力支持与帮助，在此一并表示我们的感激之情。由于时间关系和种种因素的限制，书中定有这样那样的疏漏与失误之处，诚望得到专家、学者、师友和读者的批评指正。

编　者

二〇〇五年五月三十日